THE

PUBLICATIONS

OF THE

Lincoln Record Society

FOUNDED IN THE YEAR

1910

VOLUME 28

FOR THE YEAR ENDING 30TH SEPTEMBER, 1931

I

Seal of Bishop Hugh of Wells (1209–1235)

Seal of the Chapter of Lincoln (12th and 13th centuries)

For the Seals see Appendix II

THE

Registrum Antiquissimum

OF THE

Cathedral Church of Lincoln

Volume II

EDITED BY

C. W. FOSTER

M.A., HON. D.LITT., F.S.A.

CANON OF LINCOLN AND PREBENDARY OF LEICESTER SAINT MARGARET

PRINTED FOR

THE LINCOLN RECORD SOCIETY

BY

THE HEREFORD TIMES LIMITED, HEREFORD

1933

PREFACE

Once more the thanks of the Lincoln Record Society are due to the Dean and Chapter of Lincoln, for their encouragement and help in connexion with the editing of their archives. They have given unlimited facilities of access to their documents, and they have again made a grant towards the cost of the work.

The present volume, unlike the first volume which contained many charters that had been previously printed, consists of texts very few of which have been published before. The documents comprise charters of bishops and lay magnates, indulgences, the Choristers' charters and cartularies, with documents relating to episcopal lands and administration, and to some of the prebendal estates in the county of Lincoln. Volume III, of which most of the text is in type, will contain charters of land situate almost entirely outside Lincolnshire. In volumes IV and V there will appear the Lincolnshire charters of the Common of the Canons, arranged according to wapentakes, thus following the order of the REGISTRUM ANTIQUISSIMUM. A final volume will be devoted to the charters of the City of Lincoln, arranged, as in the REGISTRUM ANTIQUISSIMUM, under the heads of their respective parishes. As stated in the Introduction to Volume I, it is intended that all the documents of the Dean and Chapter down to 1235, the year of the death of Bishop Hugh of Wells, shall be printed in these volumes. But that date has not been treated as a limit to be strictly observed. Indeed the REGISTRUM ANTIQUISSIMUM itself has many later additions, and even where its text is not later than 1235, it has often seemed advisable to include later charters which continue a series which is begun in that cartulary. In the previous volume, with but few exceptions, a complete apparatus of the various readings was furnished, partly because of the great import- ance of royal and other charters, and partly as a demonstration of the accuracy of the REGISTRUM ANTIQUISSIMUM. In the present volume, and also in subsequent volumes, it is deemed sufficient that only important differences of reading should be given. In place of an Introduction to each volume, it is intended that there shall be an Epilogue in the final volume.

I am grateful for the appreciation with which Volume I has been received in England, France, Germany, and America. Moreover, the publication of the Lincoln archives is welcomed in Sweden, Norway, and Denmark, countries which sent forth their sons to find by conquest a new home in Britain. Some errors have been pointed out and some additional notes supplied by several scholars. For these the reader is referred to pages xlv–xlvii of the present volume. For a few of them I am indebted to Dr H. E. Salter ; and some I have discovered for myself ; but the largest part of them has been contributed by Mr Charles Johnson who, through having at hand the material collected by the late Professor H. W. C. Davis for the reigns of Henry I and Stephen, and from his own knowledge, has been able to date some of the documents with greater precision than I had been able to do. Mr Johnson justly deprecates the absence of brief indications of the data relied on in assigning limits of time to undated charters (*The English Historical Review* xlvii, 487). His criticism came too late for this omission to be remedied in the larger part of the present volume, but the indications that he desiderates will be supplied in Volume III. It has not been found possible to do much, though a little shall be attempted, to meet another of his criticisms (*ibid.*), namely, that too great economy has been exercised in the annotation of the charters. The number of charters is so large that it seems likely that the present edition will, with no more than a few occasional notes, run to six volumes. The chief aim of the SOCIETY is to supply an accurate edition of the texts in order that they may be available for students.

When reviewing Volume I in *History* (xviii, 43) Mr V. H. Galbraith emphasised the importance of the twelfth century royal charters at Lincoln for the study of Henry II's chancery, and lamented the fact that twelve of the surviving original charters of that king had not been reproduced in facsimile. He pleaded that facsimiles of these might be given in the second volume. This suggestion has been adopted, and the facsimiles will be found in Appendix I. The reader may be referred to an article by Mr Galbraith in *The Antiquaries Journal* (xii, 269–78) on seven of these original charters of Henry II, which seemed to him to present unusual features to such an extent as to incline him to question their genuineness. He paid a special visit to Lincoln in order to inspect the documents, and it is satisfactory to be able to state that the inspection dispelled his doubts.

This preface gives me an opportunity of expressing my deep sense of the honour which has been bestowed upon me by the University of Oxford in conferring the degree of Doctor of Letters, *honoris causa*, in recognition of the work which I have been able to do during the last thirty years chiefly in connexion with the archives at Lincoln.

It remains gratefully to acknowledge the help that I have received from several scholars and friends. In the dedication of this volume I have tried to express my sense of the great debt which I owe to Professor F. M. Stenton. Mrs Stenton has given me expert help in some of the documents which are concerned with legal proceedings; and she has lightened my work by compiling the subject index. Dr Walther Holtzmann, Professor of History in the University of Halle, with his intimate knowledge of the papal chancery, has again rendered valuable assistance in connexion with the papal documents. Professor A. Hamilton Thompson has contributed learned notes to two charters. The Rector of Lincoln College, Oxford, has kindly supplied information about the Bible-readership at his college. Mr T. Gambier Parry has transcribed a charter in the Bodleian Library. I wish to acknowledge the debt that I owe to my old college friend, Canon J. E. Standen, for his careful and scholarly reading of the proofs. His recent death is a great loss to his many friends. Another friend, Mr George S. Gibbons, has also read the proofs, though his accurate sense of scholarship has sometimes been offended by the grammatical vagaries of the medieval scribes. The care and accuracy of the Hereford Times Company and its readers must again be gratefully acknowledged. Mr John Johnson, of the Oxford University Press, has given valuable advice about the reproduction of the charters in facsimile. Mr R. Ingamells has made the drawings of the seals in the frontispiece. Miss F. E. Thurlby, my secretary, has given me skilful and untiring help in preparing the work for the press and in reading the proofs; and she has played a large part in the making of the index of persons and places.

C. W. FOSTER

Timberland, Lincoln
28 November, 1933

CONTENTS

ILLUSTRATIONS

ERRATA.

Plate   V.   Bishop Alexander's charter—*for* 21 *read* 13

Plate IX.   *Add* Bishop Hugh I : 1191–95   –   577   263

ABBREVIATIONS AND NOTES

General Abbreviations

Abs. – – – – –	Abstract.
Marg. – – – – –	Margin.
Om. – – – – –	Omit, omits.
Pd – – – – –	Printed.
Preb. – – – – –	Prebend, prebendary.
Q – – – – –	Quis, the Redactor of the Registrum Antiquissimum now identified with Master John of Schalby. See vol. i, pp. xxviii ff.
Q2 – – – – –	The redactor's scribes. See vol. i, p. xxxivn.
Rubric – – – –	A rubricated title in the several cartularies.
Texts : MS— – – –	Under this head are specified the several texts used for each charter in this edition, the text from which a charter is printed having the first place assigned to it.
Var. R. – – –	Various reading (*or* readings).
* † ‡ – – – –	One or other of these signs is used to indicate the beginning of a new page of the Registrum Antiquissimum, when it comes in the middle of a charter.
Witn. – – – –	Witness.
1, 2, 3, etc. – – –	Indicate the numbers of the charters in the Registrum Antiquissimum. See vol i, p. xiv.

MANUSCRIPTS

A. – – – – – Registrum Antiquissimum (D. and C., A/1/5). See vol. i, p. xiii ff.

Add. Chart. – – – – Additional Charter. See vol. i. p. xiv.

Add. (Extran.) Chart. – – Additional (Extraneous) Charter. See vol. i, p. xiv.

Bl. Bk. – – – – Liber Niger or Black Book of the Church of Lincoln, ed. by Henry Bradshaw, in *Lincoln Cathedral Statutes*, vol. i, (D. and C., A/2/1).

C. – – – – Cotton Cartulary (Brit. Mus., Cotton MS, Vesp. E xvi). See vol. i, pp. xl, xli.

Cant. – – – – Liber de Ordinationibus Cantariarum (D. and C., A/1/8). See vol. i, pp. xlii–iii.

Ch. Roll – – – Charter Roll (in Public Record Office).

Chor. I – – – Choristers' Cartulary, No. I (D. and C., A/1/4/3). See vol. i, p. xliii.

Chor. II – – – Choristers' Cartulary, No. II (D. and C., A/2/4).

D. – – – – The Cartulary entitled ' Carte tangentes Decanatum Beate Marie Lincoln' ' (D. and C., A/1/7). See vol. i, p. xlii.

D. and C. (in references) – Muniments of the Dean and Chapter of Lincoln.

I. – – – – *Inspeximus.* For the several charters of *Inspeximus*, i–x, see vol. i, pp. lvi–lxii.

Libellus – – – Libellus de Cartis Pensionum (D. and C., Bj/5/17).

Martilogium – – – Liber Johannis de Schalby sive Martilogium (D. and C., A/2/3). See vol. i, pp. xxxi–iii.

Orig. — — — — — Original charter in the muniment room of the Dean and Chapter of Lincoln.

P. — — — — — Registrum Præantiquissimum (D. and C., A/1/4/2). See vol. i, pp. xxxix, xl.

R. — — — — — Registrum (D. and C., A/1/6). See vol. i, pp. xli, xlii.

R.A., Reg. Ant. — — — Registrum Antiquissimum.

Reg. — — — — — Lincoln Episcopal Registers.

S. — — — — — Registrum Superantiquissimum (D. and C., A/1/4/1). See vol. i, p. xxxix.

PRINTED BOOKS

C.C.R. — — — — — *Calendar of the Charter Rolls* (Rolls Series).

Cal. Inq. — — — — *Calendar of Inquisitions post mortem* (Rolls Series).

Cal. Close Rolls — — — *Calendar of the Close Rolls* (Rolls Series).

C.P.R. — — — — — *Calendar of the Patent Rolls* (Rolls Series).

D.B. — — — — — *Domesday Book* (Record Commission).

Delisle — — — — L. Delisle in Bibliothèque de L'Ecole des Chartres, vol. lxix.

E.H.R. — — — — *The English Historical Review.*

Eyton — — — — — Eyton, R. W., *Court, Household, and Itinerary of King Henry II.* London and Dorchester, 1878.

Farrer, *Itin.* — — — — Farrer, W., *An Outline Itinerary of King Henry the First.* Oxford.

Giraldus Cambrensis — — *Giraldi Cambrensis Opera*, ed. by J. F. Dimock (Rolls Series).

L.R.S. – – – – –	The Publications of the Lincoln Record Society.
The Lincolnshire Domesday –	*The Lincolnshire Domesday and the Lindsey Survey*, ed. C. W. Foster and T. Longley (Lincoln Record Society, vol. xix).
Mon. – – – – –	*Monasticum Anglicanum*, ed. Caley, Ellis, and Bandinel. London, 1817–30.
Red Book – – – –	*The Red Book of the Exchequer* (Rolls Series).
Regesta – – – –	Davis, H. W. C., *Regesta Regum Anglo-Normannorum*. Oxford, 1913.
V.C.H. – – – –	*Victoria County History.*

NOTES

The text of these volumes attempts to reproduce the documents letter for letter, with all marks of accentuation. Endorsements of original charters earlier than the seventeenth century have been printed. The abbreviated Latin forms have been extended, and where there might be any doubt in regard to the form intended italics have been used. The compendium which frequently occurs at the end of a name has been retained unless it has seemed likely that an extension was contemplated, and for such extensions italics have been used. Since the use of capitals in medieval texts is arbitrary, the modern use has been adopted, a course which may serve as a guide to the sense, and also help the student more readily to catch sight of names. The punctuation of the documents, though sometimes capricious, has been adhered to. Since print can never be a perfect substitute for an original document, facsimiles of some of the most important original charters are provided.

The historical year, beginning 1st January, is used throughout this edition, except that in the texts of documents the original has been adhered to.

MANUSCRIPTS ADDITIONAL TO THOSE DESCRIBED IN THE INTRODUCTION TO VOLUME I

THE CHORISTERS' CARTULARY, No. II

A manuscript of sixteen leaves of vellum, entitled *Statuta Choristarum*, written towards the end of the fourteenth century. Some of the leaves are much decayed through damp, but what is illegible may sometimes be supplied from the Choristers' Cartulary, No. I, which is described above, volume I, p. xliii. Two leaves in the middle of the volume are missing. The cartulary was rebound in Canon Wickenden's time. It is printed or collated in this volume, and is referred to as Chor. II, the manuscript described above in volume I being referred to as Chor. I. The reference in the Dean and Chapter's muniment room is A/2/4.

CHORISTERS' CARTULARY, No. III

This consists of seven leaves which are very badly decayed, and much of it is illegible. Mr Bradshaw thought that it was written about 1330, and that the handwriting is that of the second part of the Black Book. He considered that it was the original from which the Choristers' Cartulary, No. II, was transcribed. To the present writer, however, that cartulary does not appear to be an exact copy. So much of the manuscript has perished that it has not been used for the present volume. The reference is A/2/10/1.

LIBER DE CARTIS PENSIONUM

This is a manuscript of twenty-six leaves of vellum, containing forty-four charters chiefly concerning pensions, followed by accounts relating to the bishopric 1335–38, 1347, *sede vacante*. The writing belongs to the fourteenth century, and the binding is limp vellum, on which there are some traces of writing. On the front of the cover there is the title, *Liber de Cartis Pensionum*. The reference is Bj/5/17.

LIST OF CHARTERS

PRINTED IN THIS VOLUME WHICH ARE INCLUDED IN THE
REGISTRUM ANTIQUISSIMUM

REG. ANT.	ORIGINAL TEXTS	R.		OTHER TEXTS AT LINCOLN	THIS VOL.
196	Dij/84/1/13	–	–	Ivii(3)	309
197	Dij/88/1/8	–	–	–	310
198	–	–	–	Libellus, 6	313
199	–	–	–	–	314
200	Dij/87/3/3	–	–	–	315
201	Dij/86/1/1	163	–	–	316
202	–	–	–	–	317
203	–	–	–	–	318
204	–	246	–	–	319
205	–	–	–	–	320
206	Dij/88/1/57	–	–	Ivii(2)	321
207	Dij/88/1/58	–	–	–	322
208	–	–	–	–	323
209	–	–	–	–	324
210	–	–	–	–	325
211	–	–	–	–	326
212	–	–	–	–	327
213	–	–	–	–	328
214	–	–	–	–	329
215	–	–	–	P12	330
216	–	–	–	–	331
217	–	–	–	–	332
218	–	–	–	P1	333
219	Dij/83/3/7	–	–	–	334
220	–	–	–	P13	336
221	Dj/20/1/1	–	–	–	357
222	Dj/20/1/1	–	–	–	358
223	Dj/20/1/1	–	–	Bp Hugh's roll	359
224	Dj/20/1/1	–	–	Cant. 59, 374	361

Reg. Ant.	Original texts	R.	Other texts at Lincoln	Extraneous texts	This vol.
225	Dj/20/1/2,3	–	Cant. 58, 373	–	363
226	–	–	Bp Hugh's roll	–	365
227	–	–	–	–	366
228	–	–	Ivii(4)	Charter roll	367
229	–	–	–	–	368
230	Dij/68/2/30	–	–	–	369
231	–	–	–	Patent roll	370
232	Dij/89/1/16	336	–	–	374
233	Dij/72/2/9	–	–	–	375
234	Dij/72/2/10	–	–	–	376
235	–	–	–	–	377
236	–	–	–	–	378
237	–	–	–	–	379
238	–	–	–	–	380
239	Dij/73/2/1	–	–	–	382
240	–	–	–	–	383
241	Dij/83/1/6	–	–	–	384
946 = 232	–	–	–	–	–
995 = 222	–	–	–	–	–
997 = 223	–	–	–	–	–
998 = 224	–	–	–	–	–
1004 = 222	–	–	–	–	–
1053	–	–	–	–	388
1054	–	–	–	–	389
1055	–	–	–	–	390
1056a	–	–	–	–	394
1056b	Dij/63/1/12	–	Chor. I, 1 Chor II, 17	–	391
1057	–	–	–	–	392
1058	–	–	Cant. 87, 273	–	395
1059	–	–	–	Feet of Fines	396
1060	–	–	–	–	403
1061	–	–	–	–	404
1062	–	–	Chor. I, 6 Chor. II, 22	–	405

LIST OF ADDITIONAL CHARTERS

PRINTED IN THIS VOLUME WHICH ARE NOT INCLUDED IN THE
REGISTRUM ANTIQUISSIMUM

ORIGINAL TEXTS	R.	CHOR. I	CHOR. II	OTHER TEXTS AT LINCOLN	EXTRANEOUS TEXTS	THIS VOL.
Dij/88/1/9	–	–	–	–	–	311
Dij/88/1/4	–	–	–	–	–	312
–	–	–	–	P14	–	335
–	60	–	–	–	–	337
Dij/64/2/1	–	–	–	–	–	338
Dij/87/1/26	–	–	–	–	–	339
Dij/87/1/28	–	–	–	–	–	340
Dij/87/1/27	–	–	–	–	–	341
Dij/87/1/25	–	–	–	–	–	342
Dij/87/1/30	–	–	–	–	–	343
Dij/87/1/29	–	–	–	–	–	344
Dij/87/1/24	–	–	–	–	–	345
Dij/73/2/14	–	–	–	–	–	346
Dij/88/2/59	–	–	–	–	–	347
–	–	–	–	Cant. 1261	–	348
–	–	–	–	Cant. 1262	–	349
Dij/55/3/2	–	–	–	–	–	350
Dij/55/3/1	–	–	–	–	–	351
Dij/55/3/3	–	–	–	–	–	352
Dij/69/3/31	–	–	–	–	–	353
Dij/61/4/13	–	–	–	–	–	354
Dij/57/1/8	–	–	–	–	–	355
Dij/57/1/4	–	–	–	–	–	356
–	–	–	–	Cant. 2	–	360
Dj/20/1/4	–	–	–	–	–	362
–	–	–	–	Cant. 377	–	364
A/1/1/61	–	–	–	–	Patent roll	371
Dj/20/1/7	–	–	–	Cant. 379	–	372
–	–	–	–	Cant. 380	–	373
Dj/20/1/6	–	–	–	–	–	381

ORIGINAL TEXTS	R.	CHOR. I	CHOR. II	OTHER TEXTS AT LINCOLN	EX- TRANEOUS TEXTS	THIS VOL.
–	–	–	–	Cant. 378	–	385
Dj/20/1/5	–	–	–	Cant. 376	–	386
–	–	–	–	Cant. 375	–	387
–	–	–	–	Cant. 25	–	393
–	–	–	–	Cant. 4	–	397
–	–	–	–	Cant. 381	–	398
–	–	–	–	Cant. 382	–	399
–	–	–	–	Cant. 383	–	400
–	–	–	–	Cant. 384	–	401
Dij/50/2/2	–	–	–	Cant. 385	–	402
Dij/61/2/1	–	–	–	–	–	406
Dij/61/2/2	–	–	–	–	–	407
Dij/61/2/3	–	–	–	–	–	408
Dij/61/2/4	–	–	–	–	–	409
Dij/61/2/5	–	–	–	–	–	410
Dij/61/2/6	–	–	–	–	–	411
Dij/61/2/7	–	–	–	–	–	412
Dij/61/2/8	–	–	–	–	–	413
Dij/61/2/9	–	–	–	–	–	414
Dij/61/2/10	–	–	–	–	–	415
Dij/61/2/11	–	–	–	–	–	416
Dij/61/2/12	–	–	–	–	–	417
Dij/61/2/14	–	–	–	–	–	418
Dij/61/2/15	–	–	–	–	–	419
Dij/61/2/16	–	–	–	–	–	420
Dij/61/2/13	–	–	–	–	–	421
Dij/61/2/17	–	–	–	–	–	422
Dij/61/2/19	–	–	–	–	–	423
Dij/61/2/21	–	–	–	–	–	424
Dij/61/2/18	–	–	–	–	–	425
Dij/61/2/20	–	–	–	–	–	426
Dij/61/2/22	–	–	–	–	–	427
Dij/61/2/23	–	–	–	–	–	428
–	–	–	1	Bl/Bk	–	429

ORIGINAL TEXTS	R.	CHOR. I	CHOR. II	OTHER TEXTS AT LINCOLN	EX-TRANEOUS TEXTS	THIS VOL.
–	–	–	–	A/2/8, f.38	–	430
–	–	–	51	A/2/8, f.38	–	431
–	–	–	2	–	–	432
–	–	–	3	–	–	433
–	–	–	4	–	–	434
–	–	–	5	–	–	435
–	–	–	6	–	–	436
–	–	–	7	–	–	437
–	–	–	8	–	–	438
–	–	–	9	–	–	439
–	–	–	10	–	–	440
–	–	–	11	–	–	441
–	–	–	12	–	–	442
–	–	–	13	–	–	443
–	–	–	14	–	–	444
–	–	–	15	Sutton's roll	–	445
–	–	–	16	–	–	446
Dij/63/1/13	–	2	18	–	–	448
Dij/63/1/14	–	3	19	–	–	449
–	–	4	20	–	–	450
–	–	5	21	–	–	451
Dij/72/2/13	–	7	23	–	–	453
Dij/72/2/15	–	8	24	–	–	454
Dij/72/2/17	–	9	25	–	–	455
–	–	10	26	–	–	456
–	–	11	27	–	–	457
Dij/72/2/12	–	12	28	–	–	458
–	–	13	29	–	–	459
Dij/72/2/18	–	14	30	–	–	460
–	–	15	31	–	–	461
Dij/87/1/23	–	16	32	–	–	463
Dij/87/1/31	–	17	33	–	–	462
–	–	18	34	–	–	464
Dij/74/2/33	–	19	–	–	–	465

ORIGINAL TEXTS	R.	CHOR. I	CHOR. II	OTHER TEXTS AT LINCOLN	EXTRANEOUS TEXTS	THIS VOL.
Dij/74/2/31	–	20	–	–	–	466
Dij/74/2/29	–	21	–	–	–	467
Dij/74/2/41	–	22	–	Reg.	–	468
Dij/74/2/30	–	23	–	–	–	469
–	–	24	–	–	–	470
–	–	25	–	–	–	471
Dij/74/2/32	–	26	35	–	–	472
Dij/87/2/3	–	–	–	–	–	473
Dij/87/2/5	–	27	36	–	–	474
Dij/87/2/6	–	–	–	–	–	475
Dij/87/2/4	–	–	–	–	–	476
Dij/87/2/7	–	28	37	–	–	477
–	–	29	38	–	–	478
–	–	30	39	–	–	479
–	–	31	40	–	–	480
–	–	32	41	–	–	481
–	–	33	42	–	–	482
–	–	34	43	–	–	483
–	–	35	44	–	–	484
–	–	36, 37	45, 46	–	–	485
–	–	38	–	–	–	486
–	–	39	–	–	–	487
–	–	40	–	–	–	488
–	–	–	47	Reg.	–	489
–	–	–	48	–	–	490
–	–	–	49	–	–	491
–	–	–	50	–	–	492
–	–	–	52	–	–	493
–	–	–	53	–	–	494
Dij/65/1/8	–	–	–	–	–	495
Dij/65/1/13	–	–	–	–	–	496
–	101	–	–	–	Assize roll C13d	497
Dij/65/1/10	102	–	–	–	C12	498(i)

Original Texts	R.	Chor. I	Chor. II	Other Texts at Lincoln	Ex- traneous Texts	This Vol.
Dij/65/1/5a	–	–	–	–	–	498(i)
Dij/65/1/5b	103	–	–	–	–	498(ii)
Dij/65/1/5c	104	–	–	–	–	498(iii)
–	105	–	–	–	–	498(iv)
–	106	–	–	–	–	498(v)
–	107	–	–	–	–	498(vi)
Dij/65/1/5d	108	–	–	–	–	498(vii)
Dij/65/1/17	–	–	–	–	–	499
Dij/65/1/7	–	–	–	–	–	500
Dij/65/1/9	–	–	–	–	–	501
Dij/65/1/4	–	–	–	–	–	502
Dij/65/1/2	–	–	–	–	–	503
Dij/65/1/1	–	–	–	–	–	504
Dij/65/1/11	–	–	–	–	–	505
Dij/65/1/20	–	–	–	–	–	506
Dij/65/1/18	–	–	–	–	–	507
Dij/65/1/19	–	–	–	–	–	508
Dij/67/1/11	251	–	–	–	–	509
Dij/67/1/12	252	–	–	–	–	510
Dij/67/1/25	–	–	–	–	–	511
Dij/67/1/26	–	–	–	–	–	512
Dij/67/1/15,15a	–	–	–	–	–	513
Dij/67/1/13	253	–	–	–	–	514
–	255	–	–	–	Feet of Fines	515
Dij/67/1/17	254	–	–	–	–	516
–	256	–	–	–	–	517
–	257	–	–	–	–	518
–	258	–	–	–	–	519
Dij/67/1/24,23	273	–	–	Reg.	–	520
Dij/67/1/10,16	271, 272	–	–	Reg.	–	521
–	259	–	–	–	Chancery inq. ad q. d.	522
Dij/67/1/20,18	260	–	–	–	Patent roll	523
–	270	–	–	–	–	524

ORIGINAL TEXTS	R.	CHOR. I	CHOR. II	OTHER TEXTS AT LINCOLN	EXTRANEOUS TEXTS	THIS VOL.
–	262	–	–	–	–	525
Dij/67/1/19	261	–	–	–	–	526
–	265	–	–	–	–	527
–	264	–	–	–	–	528
–	266	–	–	–	–	529
–	267, 268	–	–	–	Assize roll	530
–	263	–	–	–	–	531
Dij/67/1/14	269	–	–	–	Feet of Fines	532
Dij/67/1/22	269a	–	–	–	Feet of Fines	533
–	274	–	–	Reg.	–	534
–	275	–	–	–	–	535
Dij/67/1/27	–	–	–	–	–	536
Dij/68/2/19	–	–	–	–	–	537
Dij/68/2/5	–	–	–	–	–	538
Dij/68/2/16	–	–	–	–	–	539
Dij/68/2/15	–	–	–	–	–	540
Dij/68/2/13	–	–	–	–	–	541
Dij/68/2/14	–	–	–	–	–	542
Dij/68/2/8	–	–	–	–	–	543
Dij/68/2/9	–	–	–	–	–	544
Dij/68/2/10,11	–	–	–	–	–	545
Dij/68/2/12	–	–	–	–	–	546
Dij/68/2/25	1220	–	–	–	–	547
Dij/68/2/4	–	–	–	–	–	548
Dij/68/2/17	1219	–	–	–	–	549
Dij/68/2/6	–	–	–	–	–	550
Dij/68/2/7	–	–	–	–	–	551
Dij/68/2/21	–	–	–	–	–	552
Dij/68/2/20	–	–	–	–	–	553
Dij/68/2/23	–	–	–	–	–	554
Dij/68/2/24	–	–	–	–	–	555
Dij/68/2/22	–	–	–	–	–	556
Dij/72/18,19	–	–	–	–	Feet of Fines	557
Dij/68/2/26	–	–	–	–	–	558

ORIGINAL TEXTS	R.	CHOR. I	CHOR. II	OTHER TEXTS AT LINCOLN	EXTRANEOUS TEXTS	THIS VOL.
Dij/68/2/27	–	–	–	–	–	559
Dij/68/2/28	–	–	–	–	–	560
Dij/68/2/29	–	–	–	–	–	561
Dij/70/2/67	–	–	–	–	–	562
Dij/70/3/12	–	–	–	–	–	563
Dij/70/3/17	–	–	–	–	–	564
Dij/70/3/38	–	–	–	–	–	565
Dij/70/3/37	–	–	–	–	–	566
Dij/70/3/13	–	–	–	–	–	567
Dij/70/3/27	–	–	–	–	–	568
Dij/70/3/16	–	–	–	–	–	569
Dij/70/3/35	–	–	–	–	–	570
Dij/70/3/15	–	–	–	–	–	571
Dij/70/3/26	–	–	–	–	–	572
Dij/70/3/10	–	–	–	–	–	573
Dij/70/3/39	–	–	–	–	–	574
Dij/72/3/35	1808	–	–	–	–	575
Dij/73/1/25	–	–	–	–	–	576
Dij/83/3/21	–	–	–	–	Fairfax MS	577
Dij/83/3/19(ii)	–	–	–	–	–	
Dij/83/3/21a(i)	–	–	–	–	–	
Dij/83/3/21a(i–v)	–	–	–	–	Fairfax MS	578
–	–	–	–	–	Fairfax MS	579
Dij/83/3/19	–	–	–	–	Fairfax MS	580
Dij/83/3/20	–	–	–	–	–	581
Dij/83/1/41	1658	–	–	–	–	582
Dij/83/2/48	183	–	–	–	–	583
Dij/83/2/51	181	–	–	–	–	584
Dij/83/2/49	182	–	–	–	–	585
Dij/83/2/53	178	–	–	–	–	586
Dij/83/2/52	179	–	–	–	–	587
Dij/83/2/50	180	–	–	–	–	588
Dij/83/2/42	–	–	–	–	–	589
Dij/83/2/41	–	–	–	–	–	590

Original Texts	R.	Chor. I	Chor. II	Other Texts at Lincoln	Extraneous Texts	This Vol.
Dij/83/2/55	–	–	–	–	–	591
Dij/83/2/45	–	–	–	–	–	592
Dij/83/2/44	–	–	–	–	–	593
Dij/83/2/46	184	–	–	–	–	594
Dij/83/2/39	–	–	–	–	–	595
Dij/83/2/40	–	–	–	–	Feet of Fines	596
–	185	–	–	–	–	597
–	185a	–	–	–	–	598
–	186	–	–	–	–	599
–	187	–	–	–	–	600
–	190	–	–	–	Patent roll	601
–	188	–	–	–	–	602
–	189	–	–	–	–	603
–	191, 192	–	–	–	–	604
Dij/83/2/38	193	–	–	–	–	605
–	–	–	–	Cant. 5	–	606
Dij/52/2/2	194	–	–	Cant. 61, 366	–	607
–	195	–	–	–	–	608
Dij/84/2/2,5	385	–	–	–	–	609
Dij/84/2/4,7	386	–	–	–	–	610
Dij/84/2/1	–	–	–	–	–	611
Dij/84/2/3	–	–	–	–	–	612
Dij/84/2/10	–	–	–	–	–	613
Dij/84/2/13	–	–	–	–	–	614
Dij/84/2/14	–	–	–	–	–	615
Dij/84/2/15	–	–	–	–	–	616
Dij/84/2/16	–	–	–	–	–	617
Dij/84/2/17	–	–	–	–	–	618
Dij/84/2/9,11	–	–	–	–	–	619
Dij/84/2/11	–	–	–	–	–	620
Dij/84/2/21	–	–	–	–	–	621
Dij/84/2/19	–	–	–	–	–	622
Dij/84/2/20	–	–	–	–	–	623
Dij/84/2/6	–	–	–	–	–	624

Original Texts	R.	Chor. I	Chor. II	Other Texts at Lincoln	Ex- traneous Texts	This Vol.
Dij/84/1/17	–	–	–	–	–	625
Dij/84/1/18	–	–	–	–	–	626
Dij/84/1/19	–	–	–	–	–	627
Dij/84/1/20	–	–	–	–	–	628
Dij/84/1/21	–	–	–	–	–	629
Dij/84/1/22	–	–	–	–	–	630
Dij/84/1/23	–	–	–	–	–	631
Dij/84/1/27	–	–	–	–	–	632
Dij/84/1/28	–	–	–	–	–	633
Dij/84/1/25	–	–	–	–	–	634
Dij/84/1/30	–	–	–	–	–	635
Dij/84/1/31	–	–	–	–	–	636
Dij/84/1/15	–	–	–	–	–	637
Dij/84/1/14	–	–	–	–	–	638
Dij/69/1/3	–	–	–	–	–	639
–	–	–	–	lvii(5)	Charter roll	640
Dij/87/1/41	–	–	–	–	–	641

CORRECTIONS AND ADDITIONS
FOR VOLUME I

p. xxxvii—For the early use of Arabic numerals in Europe see an article by Mr G. F. Hill, F.S.A., in *Archæologia*, vol. lxii, part i, 137–190. One of Mr Hill's examples, taken from Brit. Mus., Royal MS xii C ix, which he thinks is probably English, and attributes to the end of the thirteenth century (*ibid.* pp. 151 (table III, 14), 172), is not unlike the series of figures used by John of Schalby.

pp. xxxvii–viii, *s.v. marginalia*—Some of the unexplained signs are probably intended to indicate that a piece has been checked. The plea rolls have similar signs.

p. lxi, l. 5—*for* 341 *read* 367.

p. lxi, l. 6—*for* 318 *read* 321.

p. lxi, l. 7—*for* 306 *read* 309.

p. lxiii, l. 24—*after* 201 *add* , 234.

p. lxvi, l. 5—*under* D *insert* 100.

p. lxx, after l. 18—*insert* R49—no. 207 in this volume.

no. 1, note—*add* Mr Curtis H. Walker argues that the writ could not have been issued before April, 1072 (E.H.R. xxxix, 399–400).

no. 5—*under* Text *add* Pd—*Regesta*, no. 374 (abstract).

no. 6, ll. 7, 8—*for* Ascott [under Wychwood *read* Ascot [in Milton.

no. 10—The juxtaposition of T. and E. as sheriffs suggests a date approximating to that of no. 2, in which case the king would be William I and the bishop would be Remigius.

no. 11—*under* Texts : Pd—*add Regesta*, no. 430 (abstract).

no. 20—*under* Texts : MS—*add* D234.

no. 22, l. 9—*for* 1135 *read* 1133. (Henry left England in August, 1133.)

no. 25—*under* Texts : Pd—*add* Farrer, *Itin.*, no. 321 (abstract).

no. 32—*under* Texts : *add* Pd : Farrer, *Itin.*, p. 154, no. 256A (abstract).

no. 38, l. 3—*for* 1109 *read* 1105. (Robert Fitz Hamo was wounded in Normandy in 1105, and does not attest charters afterwards.)

no. 42, p. 32, l. 4—*for* xxxiii *read* xxiii.

no. 58, l. 6—*for* 1107 *read* 1105. (See no. 38, above.)

no. 74, l. 2—*for* Chester *read* Derby.

no. 74—*under* Texts : Pd—*add* Farrer, *Itin.*, no. 483 (abstract).

no. 83, l. 6—*for* 1154 *read* 1139. (William de Albini became an earl in 1139, and is afterwards never described by his family name alone. The date of no. 83 is probably later than that of no. 94.)

no. 85, l. 5—*for* 1147 *read* 1154.

no. 89, l. 3—*for* 1135 *read* 1147. (Count Eustace begins to attest charters in 1147.)

no. 90—The date is probably before bishop Nigel's arrest in 1139.

no. 91—*for* 1147 *read* 1139. (The date is probably before bishop Henry of Winchester's defection in 1139.)

no. 92—*for* 1148 *read* 1139. (The chancellor is Roger who was disgraced in 1139, because Aubrey de Vere the elder, who is a witness, died 1140–1.)

no. 93, l. 3—*for* 1148 *read* 1153. (Hugh did not become bishop of Durham till 1153.)

no. 94, l. 9—H. W. C. Davis suggests that the writ was issued at the dedication of Godstow abbey in 1139, relying on the similarity of the lists of witnesses in the present text and the Godstow charter in the *Monasticon* iv, 363.

no. 100, l. 3—*for* 1145 *read* 1146. (See p. 212.)

no. 100, l. 15—*for* Belu*n* *read* Beln' (Adam de Belnai appears in the Abingdon Chronicle (*Chronicon Monasterii de Abingdon* (Rolls Series) ii, 179, 182). There may be confusion with Beauvais (*Bellovacum*) or Beaume (*Belne*)).

no. 101, ll. 4–5—Stephen was in Normandy in 1137, which seems to be a likely date.

no. 119—*add* Size : 8 x 3⅜ inches.

no. 121—*add* Size : 5½ x 3⅝ inches.

no. 137—*under* Texts : MS—*add* D100 (*inspeximus*).

no. 143—*under* Texts : *set* Delisle, pp. 550–1 *after* Pd—.

no. 195, l. 13—*for* Ald*elmi* *read* Ald*elini*. (The usual form is Adelin'. Perhaps the writ issued when the see was vacant, 1182–83, or 1184–86, unless the bishop was then abroad.)

no. 198—*under* Var. R. *omit* for the first time. The debt was paid off there and then. Mr Charles Johnson has called attention to the following passage in a letter from Giraldus to Saint Hugh : " In crastino vero cum apud Dorchecestriam ad vos venirem, dixistis mihi secreto quod propter exactionem palii inventoris, cujus ossa ultrix flamma perurat, oportebat vos infra xv. dies Londinum ire, et finem inde utcumque facere ; unde non erat vobis tutum in hoc articulo de curialibus quenquam offendere " (*Giraldi Cambrensis Opera* (Rolls Series) i, 266).

no. 204, l. 3—*for* Leighton[-Buzzard, co. Bedford] *read* Leighton [-Bromswold, co. Huntingdon].

no. 204—*under* Texts : *for Charterum read* Chartarum.

no. 209, l. 11—*after* quintidecimi *omit the reference to* Var. R. ; *and omit* Var. R. : [1] *sic.*

no. 222, p. 162, Note, l. 5—*for* Ramsey *read* Ramsay.

no. 255, p. 209, l. 11—*for* Nettleton *read* Nettleham.

no. 307, ll. 13, 14—*for* H. de .N. *read* H. [. .] .N. (The word between H. and N. cannot be read, owing to injury to the cartulary. It is certainly not the usual sign which P uses for *et* (cp. Facsimile facing p. xxxix in vol. I, above.) The conjunction, however, is required, because the bishop is evidently addressing two of his archdeacons. The archdeaconries, moreover, are far from Lincoln, and perhaps the initials stand for Huntingdon and Northampton. It is less likely that the letters represent the names of the archdeacons, though Bedford and Huntingdon were each held by a Nicholas at the appropriate time. No archdeacon of the name of H. is known.)

p. 294—The text is a very bad one, and Mr Charles Johnson suggests the following emendations—

　　l. 1—*for* insulas *read* infulas (*i.e. chasubles*).

　　l. 4—*for* insulam *read* infulam.

　　l. 12—*for* gulecc'm punctatam *probably read* culcitram punctatam (*i.e. a counterpane*).

　　l. 32—*for* unum culcetorem *probably read* unam culci tram.

Index

CORRECTIONS AND ADDITIONS
FOR VOLUME II

no. 429—*under* Texts *add* Bl. Bk. f. 38. Pd—*Linc. Cath. Statutes* i, 410 ; cp. *ibid.* iii, 362.

no. 478—The choristers' house was in the Close, next the Chancery on the north (*Linc. Cath. Statutes* iii, 910, *s.v.* Choristae).

no. 622, l. 15 (Lat.), no. 623, l. 33 (Lat.), and no. 628, l. 14 (Lat.)— the sacrist's name seemingly is Rollainus. The *in* in these three texts is represented by three minims none of which is dotted. In no. 628 the first minim is detached from the last two. In Cant. no. 88, the form is *Rolano sacrista*, and in Cant. no. 562, *Rolanno*. *Rollanus de Neuilla* appears as a witness *temp.* Henry III (L.R.S. xviii, p. 8 (Lat.)).

no. 629, l. 27 (Lat.)—*for* solute *read* solutas.

Magnates

309. Notification by Simon [II] earl of Northampton to the
dean and chapter that he has granted to the church of Lincoln
and bishop Robert [II] the meadow near Northampton, which
is called Fordales, namely one mark of rent, in compensation for
the render of the church of Sawtry [co. Huntingdon] which the
bishop and chapter quitclaimed to him for the founding of Sawtry
abbey, and that the meadow shall be free of render. (1148—
1151.)

De prato quod uocatur Fordailes. (A marg.).

Sim*on* comes Norh*amtonie*[1] decano Ligcolniensi[2] 7 capitulo
eiusdem eclesie omnibusque baronibus suis Francis 7 Anglis
et omnibus sanctę eclesię fidelibus salutem ;   Sciatis me
5   concessisse 7 dedisse sanctę Marię Licolniensi[2] ęcclesię 7 Roberto
eiusdem ecclesię episcopo pratum iuxta Norh*amtonie*[3] quod
uocatur Fordales scilicet unam marchatam[4] reditus perpetualiter habendum 7 tenendum . in recompensacione reditus
ęcclesie de Saltre ; quam predictus episcopus .R. 7 capitulum
10   Ligcol'[5] ecclesie michi solutam 7 quietam clamauerunt ad
constituendam abbaciam ; sine reddendo redditu ; Testibus
Roberto Grim*bald* . Simone filio Petri . Roberto Foliott'[6] .
Sehero[7] de Quenci . Elie Foliott'[8] Johanne de Stuteuill*a*
Hugone capellano ;

Endorsed :   (1) de quodam prato extra Norhampton*am* quod vocatur Fordales
(14 cent.).   (2) iiij.
   A strip at the foot for seal, and below it a ribband torn off.   Size : 8½ x 4
inches.
   Texts : MS—Orig. Dij/84/1/13.   A.   lvii (3).   Pd—Cal.iv,149(3).
   Var. R. : [1] Noramt' A.   [2] Lincolniensi A.   [3] Norhamt' A.   [4] marcatam A.
[5] Lincol' A.   [6] Foliot A.   [7] Seher A.   [8] Elye Foliot A.
   Note : Earl Simon founded Sawtry abbey in 1146, and *inter alia* endowed it
with the church of the village (*Mon.*v,521–2).   For the date of this text cp. no. 330
below.

A

197

310. Charter of Simon earl of Northampton, addressed to bishop Robert [II] granting the church of Tansor [co. Northampton] to the church of Lincoln for the prebend of Rannulf of Nassington, canon of Lincoln. (1151—1168.)

> De ecclesia de Tanesour' (A marg.).
>
> Simon comes Norhamtonie . venerabili patri ac domino . Roberto dei gracia Lincoll'¹ episcopo . omnibusque hominibus suis Francis 7 Anglis ꞉ salutem . Sciatis me concessisse
> 5 ecclesiam de Tanesouera ecclesię sancte Marie Lincol' in perpetuam elemosinam . ad prebendam Rannulfi de Nessintona Lincoll' ecclesię canonici . pro anima patris 7 matris mee² 7 predecessorum meorum . 7 pro salute mea . Testibus . Roberto Oxenefordie archidiacono . Ricardo archidiacono
> 10 Hesexie³ . magistro Henrico Londonie canonico . Rogero precentore Lincoll' . Radulfo de Monemue . Johanne Romano . Nicolao de Hamt'. Gaufrido capellano . Gisleberto Elemosinario⁴ . Laurentio scriba Waltero de Haltona . Roberto Grimbald'. Waltero de Baill' . Hugone Grimbald'.

Facsimile opposite.
Endorsed : (1) S. comes Norh'. de Nessingtuna (12 cent.).   (2) Tangit prebendam de Nassington' (13 cent.).
Slit for seal-tag.   Size : 4⅞ x 4 inches.
Marginalia in A : Inter cartas de . . . . (*the whole having been almost erased*).   *A small head has been roughly sketched in the left hand margin.*
Texts : MS—Orig. Dij/88/1/8. A.
Var. R. : ¹ Lincol' A. ² *sic.* ³ Hessexie A. ⁴ Elemosinar' A.

ADD. CHART.

311. Agreement made in the chapter of Lincoln between Roger [de Rolveston] the dean and the chapter and the prebend of Nassington and William de Avalun canon of that prebend, on the one part, and Ralf de Cameis, knight, of the other part, namely, that the prebend and the canon holding it shall receive a yearly pension of five marks from the church of Tansor and him who holds it, saving to Ralf and his heirs the right of presenting a clerk to the remainder. Any clerk thus presented shall do fealty to the church of Lincoln and the canon, and shall attend the chapter of the prebend ; and Ralf and his heirs shall not give the church to any other college than the church of Lincoln. If, however, Roald son of Alan or his heirs prove their right of presenting to any part of the church, this composition shall be observed proportionately in respect of the part which Ralf or his heirs shall retain ; but master Helias, who was instituted to the church before

Sim Com de hame. veri pr de d'no. Rob de gra Lincoll
ep̄c. Omnibus hoib; suis francis 7 anglis. Sal. Sciatis
me qcessisse æclam de Tancoverd æcctie sce Marie Lincoll
in pperuam elemosina. Ad pbenda bann de Hessurod
Lincoll æcctie canonice. p anima pris 7 matris mee 7 predecessor meor. 7 p salute mea. Test. Rob Oxen Archid
Bricg. Archid Huscrte. Mag henr lond cantores. Roz
preceator Lincoll. Rob de Chonem. Ioħe romano. Hic
de hame. Gaufrid Capetts. Gislet clerm. Lauf scriб
Wates de hale. Rob Grimb. Wates de Bautt. Hugone
Grimb.

4 7/8 in. × 4 in.   310

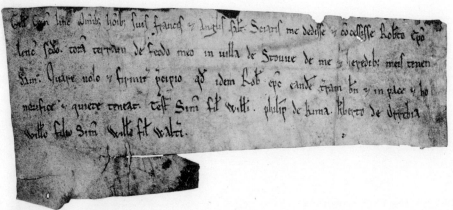

Gilt Com Linc Omib; hoib; suis francis 7 anglis Sal. Sciatis me dedisse 7 cocessisse Robto ep̄o
Linc scdo. tota terram de feodo meo in uilla de Scouue de me 7 heredib; meis tenen
dam. Quare uolo 7 firmiter pcipio q̄ idem Rob ep̄o eande terram bn 7 in pace 7 ho
norifice 7 quiete teneat. Test Sim fil willi. philip de kima. Rbcto de Verebia
willo filio Sim. willo fil walti.

7 in. × 3 in.   315

the dispute arose, and ought therefore to possess it as long as he
lives, shall answer for the said pension in its entirety, even though
Roald or his heirs prove their right of presenting to a part of the
church. At Lincoln. (Before 1223.)

Indented

C Y R O G R A P H V M

Hec est conuentio facta in capitulo Lincoln' inter Rogerum
decanum 7 idem capitulum Lincoln' 7 prebendam de Nessing-
tona 7 Willelmum de Aualun canonicum eiusdem prebende
5 ex una parte . 7 Radulfum de Cameis militem ex alia parte .
videlicet quod dicta prebenda 7 eiusdem prebende pro tempore
canonicus percipiet quinque marcas annuas de ecclesia de
Tanesoura 7 ab eo qui eam tenuerit imperpetuum . scilicet
duas marcas 7 dimidiam ad festum sancti Michaelis . 7 duas
10 marcas 7 dimidiam ad Pascha ꞉ nomine pensionis . Saluo
iure presentandi clericum ad residuum ꞉ ipsi Radulfo 7
heredibus suis inperpetuum . Ita quidem quod quilibet clericus
ab eis presentatus fidelitatem ecclesie Linc' 7 eiusdem prebende
pro tempore canonico fidelitatem faciet . 7 securitatem de
15 dicta pensione ad dictos terminos persoluenda ꞉ prestabit .
7 capitulum prebende sequetur ꞉ sicut 7 alie ecclesie ad
dictam prebendam pertinentes . Idem etiam Radulfus uel
heredes sui dictam ecclesiam alicui alii collegio quam capitulo
Linc' ꞉ conferre non poterunt . Hec autem conventio inper-
20 petuum 7 plene obseruabitur ꞉ nisi Roaldus filius Alani uel
heredes sui ius patronatus in eadem ecclesia pro aliqua parte
euicerint . tunc enim pro ea parte quam predictus Radulfus
de Cam' uel heredes sui retinuerint ꞉ dicta compositio proportionaliter obseruabitur . Magister tamen Helyas qui ante
25 litem motam in eadem ecclesia institutus est . 7 ea ratione
ecclesiam illam quamdiu uixerit integre possidere debebit ꞉
licet predictus Roaldus uel heredes sui pro aliqua parte
patronatum euicerint ꞉ de dicta pensione pro tempore canonico
de Nessington' integre respondebit . Et ut hec conuentio
30 rata 7 inconcussa permaneat ꞉ idem capitulum 7 dicti Willelmus 7 Radulfus (huic scripto sigilla sua apposuerunt . Huius
conuentionis testes sunt . Gollanus abbas Andeg' . Hugo
tunc prior de Haltebarg' . magister Willelmus tunc officialis
Lincoln' . magistri Lambertus de Beuerlacu . Robertus de
35 Grauele . Helias de Louington' . Galfridus de Sancto Mauro .
Philippus de Orrebi . Willelmus filius Walteri . Walterus
Flameng' . Bartholomeus de Rakincton' . Philippus Waleis .
7 multis aliis.

No ancient endorsement.
Three braids for seals. Size: 7⅛ x 5⅝ inches.
Text: MS—Orig. DIJ/88/1/9.

ADD. CHART.

312. Memorandum of the friendly settlement of a dispute about archidiaconal rights in the village of Tansor between John [Houton] archdeacon of Northampton and sir William de Avalun, canon of Lincoln, effected in the chapter of Lincoln by the mediation of bishop Robert [Grosseteste] and the dean and chapter; namely, that William has acknowledged the right of the archdeacon, and in token of restitution has granted that the chaplain who ministers in Tansor church shall come to the next chapter at Oundle [co. Northampton], and do before the archdeacon what should be done there. The archdeacon has granted to William that he shall, while he holds the prebend of Nassington, hear causes in the village and correct the chaplain and the parishioners, who shall not be required to attend the chapter at Oundle. But after William's vacation of the prebend, the jurisdiction shall revert to the archdeacon, with the proviso that, if at any time the church of Tansor shall be made a prebend, the jurisdiction shall remain to William and his prebend. Meanwhile William shall pay two shillings a year to the archdeacon in the next chapter of the place after the Michaelmas synod at Northampton. Done in chapter at Lincoln, 2 April, 1236.

Indented

CIROGRAPHVM

Memoriter tenendum . quod controuersia que fuerat inter Johannem archidiaconum Norhampton*ie* ex una parte . 7 dominum Willelmum de Aualuns canonicum Lincoln' ex
5 altera . super iure archidiaconali in villa de Tanesoure ⁊ in capitulo Linc' . mediantibus venerabili patre Roberto Linc' episcopo . 7 viris venerabilibus decano 7 capitulo eiusdem ecclesie . de assensu partium amicabiliter conquieuit in hunc modum . Videlicet quod dictus .W. in primis coram predictis
10 recognouit ius ipsius archidiaconi in iure prefato . 7 in signum restitucionis ei facte ⁊ concessit quod capellanus ministrans in ecclesia prenominata ⁊ ueniet ad proximum capitulum loci . scilicet de Vndele . facturus ibidem coram archidiacono ⁊ quod tunc ibi fuerit faciendum . Dictus uero archidiaconus
15 pro bono pacis concessit dicto .W. quod ipse tota uita sua in prefata uilla causas audiat . 7 corrigat que uiderit tam in capellano quam parochianis ⁊ corrigenda. Ita quod neque capellanus . neque parochiani ulterius sequi capitulum de Vndele compellantur ⁊ dum prenominatus Willelmus uixerit .
20 7 prebendam de Nassenton*a* tenuerit . Post mortem

aut . . . .[1] ssum ipsius ⋰ tota iurisdiccio ad archidiaconum Norhampton*ie* qui pro tempore fuerit ⋰ libere
reuertetur . eo excepto quod si ecclesia de Tanesoure aliquo
tempore inprebendata fuerit ⋰ libere 7 absolute ipsi 7
25   prebende sue in perpetuum remaneat iurisdiccio memorata .
Interim autem prenominatus .W. soluet dicto archidiacono
nomine possessionis sue ⋰ duos solidos annuos . in proximo
capitulo loci post synodum sancti Michaelis Norhampton*ia* .
Ne ergo istud a memoria hominum tractu temporis elabatur ⋰
30   presenti scripto in modum cyrographi confecto sigilla parcium
una cum sigillo capituli Linc' ⋰ sunt appensa . videlicet illi
parti quam habet dictus archidiaconus ⋰ sigillum dicti .W.
una cum sigillo capituli . 7 parti illi quam habet dictus .W ⋰
sigillum archidiaconi prenominati ⋰ cum sigillo capituli . Actum
35   in capitulo Linc' .iiij⁰. nonas . Aprilis . anno gracie . millesimo .
ducentesimo . tricesimo sexto.

No ancient endorsement.
Two slits for seal-tags.   Size :   6⅛ x 7 inches.
Text :   MS—Orig. Dij/88/1/4.
Var. R. :   [1] *there is a hole.*

198

313.   Notification by Robert [' le Bossu '] earl of Leicester that
in the manor of Knighton [co. Leicester] he holds ten pounds in
land of the bishop and church of Lincoln, by inheritance, to himself
and his heirs, by the service of one knight, in such wise that if
any one of them fail to do homage, the bishop shall compel him
through that land by the judgement of his court according to the
statute of the realm.   (1160–1163.)

De manerio de Knigteton' (marg.).
Robertus comes Lecestrie omnibus hominibus suis Francis
7 Anglis salutem . Sciatis quod teneo in manerio de Cnigtetun*a*
.x. libratas terre de episcopo 7 ecclesia Linc' hereditarie michi
5   7 heredibus meis pro homagio nostro per seruicium unius
militis . 7 ita quod si quis nostrum defecerit pro homagio
faciendo uel obseruando ⋰ episcopus Linc' cohercebit eum
per illam terram secundum iuditium curie sue . iuxta statutum
regni . Hiis . testibus . Rogero Ebor*acensi* archiepiscopo .
10   Gileberto episcopo Hereford*ensi* . Laur*entio* abbate de Westmon*asterio* . Gileberto de Semping*ham*' . Willemo Burdet .
Iuone de Harewecurt . Rob*erto* . pincerna . Gaufrido abbate .
Ernaldo de Bosco . Andrea Reuel . Ricardo de Taurai . Radulfo
Basset . Hugone Burdet . Waltero de Aincurt . Waltero de
15   Amundeuill*a* . Gileberto de Nuefuilla . Symone filio Willelmi .
Willelmo de Coleuilla . Hugone Bardulf'.

Texts : MS—A. Libellus de Cartis Pensionum, no. 6.

199

314. Grant, by count Alan of Brittany and Richmond, to bishop Alexander, his heirs and assigns, of Kneeton [co. Nottingham] in fee and inheritance, to hold of the count and his heirs by the service of one knight ; and specially that Robert de Alvers, son of the bishop's niece, shall be his heir, unless the bishop, in his lifetime, grant it in inheritance to any other of his heirs. (Circa 1144–6.)

De Kniueton' (marg.).

Alanus . comes Britann*ie* . 7 Richemont' . omnibus hominibus
7 amicis suis clericis 7 laicis salutem . Sciatis me dedisse 7
concessisse Alexandro episcopo Linc' 7 heredibus suis quibus
5   eam dare uoluerit Kniuetunam cum omnibus pertinenciis suis
in feudum 7 hereditatem scilicet tenendam de me 7 de
heredibus meis per seruicium unius militis . 7 nominatim
Robertus de Aluers filius neptis eiusdem Alexandri episcopi
sit heres eius nisi ipse alicui alij heredum suorum eam in
10   uita sua in heredi*tatem concesserit . Hiis testibus . Rualdo
constabulario . Scotland*ie* dapifero . Gosfrido filio Aldroani .
Radulfo filio Ribaldi . Rogero filio Gwiomari . Alano de
Munby . Gosfrido Trihamton' . Eudone de Grenesbi . Roberto
filio Gilleberti falconarii.

Folio 35d.

Text : MS—A.

200

315. Grant by Gilbert [II] [of Ghent], earl of Lincoln, to bishop Robert II of all the land of his fee in the village of Stow Saint Mary. (1148—1156.)

De terra Gilberti de Gant in villa de Stowe (A marg.).

Gille*bertus* comes Linc' omnibus hominibus suis Francis
7 Anglis salutem . Sciatis me dedisse 7 concessisse Roberto
episcopo Linc'[1] . secundo . totam terram de feodo meo in uilla
5   de Stouue[2] de me 7 heredibus meis tenendam . Quare uolo
7 firmiter precipio quod idem Robertus episcopus eandem
terram bene 7 in pace 7 honorifice 7 quiete teneat . Testibus
Simone filio Willelmi . Philippo de Kima . Herberto de
Orrebia[3] Willelmo filio Simonis . Willelmo filio Walteri.

Facsimile facing page 2.
Endorsed : (1) Gillebertus comes Linc' de Stowa (contemp.).   (2) Stowe iiii (14 cent.).
Marginalia : Inter cartas comitum.
Strip at foot for seal (part torn off), and below it a ribband (torn off).   Size : 7 x 3 inches.
Texts : MS—Orig. Dij/87/3/3.   A.
Var. R. : [1] Lincol' A.   [2] Stoue A.   [3] add (*superfluously*) salutem A.

R̄ ani Comes Cestr̄ Omnib; s̄te eccl̄e fidelib; sal̄. Sciant om̄es t̄am p̄sentes q̄ fut̄uri q̄ ego humīl nuptyante eleuātuis sp̄ũm
restrouqꝫ s̄ce M̄arie lincolien̄s eccl̄e xb libͥatas ꝑeddr̄ ꝑ anm̄ in reco̅mpensacōem sup̄norꝺ q̄ ꝑ me soꝛ ꝑ meos sibi illata fuꝛ;
siuꝫ ꝑuentem, ꝫ uꝰ bon̄orū minorꝯ cōstͥbuo cōcess̄ ꝫ dd̄i ede eccl̄e īmeat eccl̄am Kappendone̅ cū suͥ ꝑtmecͥis; ī ꝑpetuā
elemosm̄a habend̄a ꝫ tenend̄a. ꝫ illis undehacꝯ xb libͥis. Que faͥ111 uaboͥe illͥ eccl̄e ꝑlene minuere nō fugͥue. ego se me
supꝑlebͥ habeo ad ualoͥe̅ xb libͥas. Et si uͥt̄ xb libͥ eccl̄e ualoͥa supꝑhibund̄a uequͥo = ill̄ꝺ q̄ supꝑꝺ ꝑeddco
eccl̄a īmeolien̄s; ubi ill̄ꝺ Asp̄ofuꝺ̄ iDomeꝯ ꝑsone ꝑeddend̄i, = Simon fit Wall̄. hͤbgon̄ Afͥenciaꝺ? Robꝺ Baff̄
Robꝺ de cad. Robꝺ le belum̄s̄ Bat̄ manfel̄. Philipp̄ de choma. Robꝺ fit Walꝺ eglebͥ fit loucen̄. Rann̄
uicꝯ.

201

316. Notification by Rannulf earl of Chester that, whereas he purposed to give to the church of Lincoln fifteen pounds of rent in restitution for the damages inflicted upon it by him or his men, he has, by the advice of good men, given to the said church the church of Repton [co. Derby] to have and to hold for these fifteen pounds. (Circa 1150.)

De ecclesia de Rapendon' (A marg.).

Rannulfus comes Cestrie[1] . omnibus sancte ecclesie fidelibus salutem Sciant omnes tam presentes quam futuri . quod ego diuina inspirante clementia proposui restituere sancte
5 Marie Lincoliensi[2] ecclesie xv libratas redditus per annum . in recompensationem dampnorum que per me seu per meos sibi illata fuer*ant* suisque pertinentibus Vnde bonorum uirorum consilio concessi 7 dedi eidem ecclesie Lincol'[4] ecclesiam[5] Rappendone[6] . cum suis pertinentiis . in perpetuam elemosinam
10 habendam 7 tenendam ? pro illis uidelicet xv libratis . Que si in ualore illius ecclesie plene inuente non fuerint ? ego de meo supplere[7] habebo ad ualorem xv librarum . Et si ultra xv libras ecclesie ualor superhabundauerit ? illud quod supererit reddet eccll*es*ia Lincoliensis[4] ? ubi illud disposuero
15 idonee persone reddendum . T*estibus* Simone[8] filio Willelmi Hugone ostriciariu*s*[9] . Roberto Bass*et* . Roberto de Calz . Roberto de Belmes . Radulfo Mansel[10] . Philippo de Chima[11] . Roberto filio Walteri . Gisleberto[12] filio Hugonis . Rannulfo vice*comite*.

Facsimile opposite.
Endorsed : (1) .A. (13 cent.).   (2) xli (13 cent.).   (3) Comes Ran' (13 cent.).
Strip at foot for seal with below it a ribband (torn off).   Size : 7¾ x 3¾ inches.
Marginalia : Inter cartas comitum A. Merston' Rappendone R.
Texts : MS—Orig. Dij/86/1/1.   A.   R163.
Var. R. :   [1] Cestrie A.   [2] Lincolniensi A.   [4] Linc' A.   [5] *om.* ecclesiam R.
[6] Rapendone A.   [7] suplere A.   [8] Sym' A.   [9] *sic* ; ostriciarius A.   [10] Maunsel R.
[11] Kyma A.   [12] Gilberto R.
Note : For the date cp. no. 329 below.

202

317. Notification by R[oger] bishop of Chester that the end of a settlement has been reached to the following effect between the church of Chesterfield and the church of Wingerworth [co. Derby] which, as the former claimed, had been wrongly constituted within the boundaries of its parish : The church of Chesterfield shall retain the parishioners of Hasland and Tapton, and the church of Wingerworth shall be the mother church for the other parishioners of that village, but shall itself be a daughter church of Chesterfield, so that the parson of Chesterfield shall send his clerk there and depose him as he may do at Chesterfield. He shall also acknowledge that he has received from Nicholas four bovates, a dwelling-place for the priest's use, and the additional tithe which Nicholas has placed on each carucate beyond the six thraves which the church of Chesterfield is wont to have, not as from the patron of a church, but as from a man who has given these things in alms and ought to warrant them. The agreement is confirmed by the bishop of Chester in his synod at Derby, with the assent of the representatives of bishop Alexander of Lincoln, Philip [de Harecurt] dean [of Lincoln], Walter archdeacon [of Derby], and others, and of Robert de Ferrers and Nicholas, and many others. (1129–1138.)

De concordia facta inter ecclesiam de Cesterfeld 7 ecclesiam de Wingrorda (marg.).

.R. dei gracia Cestrensis episcopus omnibus commisse sibi ecclesie salutem . Notum facimus tam presentibus quam
5 futuris finem concordie que facta est inter ecclesiam de Cestrefeld 7 illam de Wingrorda . quam calumpniabat ecclesia de Cestrefeld iniuste esse factam infra terminos sue parrochie . Hic finis scilicet . quod Nicholaus clauem ecclesie de Wingrorda reddidit super altare de Cestrefeld ut matri
10 sue ecclesie . 7 concessum est ex utraque parte quod ecclesia de Wingrorda sit mater ecclesia cum omnibus parrochianis illis illi uille pertinentibus exceptis illis de Haselont . 7 de Tapetona qui remanent Cestrefeld ut matri ecclesie . 7 cum predictis parrochianis ecclesia de Wingrorda adiacebit ecclesie
15 de Cestrefeld sicut filia matri . ita quod persona de Cestrefeld ibi mittet clericum suum . 7 deponet rationabiliter sicut in illa de Cestrefeld . 7 persona de Cestrefeld recognoscet de Nicholao .iiiior. bouatas terre . 7 managium ad opus sacerdotis . 7 super plus decime quod Nicholaus apposuit de una quaque
20 carrucata super .vi. trauas quas ecclesia de Cestrefeld habebat antiquitus sicut de illo homine qui libere 7 quiete hec in elemosinam dedit ecclesie . 7 ea warentire debet non ut de aduocato ecclesie . *7 clericus erit ibi residuus . 7 per personam ecclesie Cestrefeld faciet rectitudinem Nicholao ʑ si opus
25 fuerit . 7 sic faciet persona de Cestrefeld de decimis suis de Wingrorda ʑ quod uoluerit sicut de aliis decimis suis . Et hanc conuentionem confirmaui ego Rogerus Cestrensis episcopus in sinodo meo . apud Derebiam concedentibus missis ab episcopo .A. Lincolniensi . Philippo decano . 7 Waltero

30   . archidiacono . 7 aliis . 7 Roberto de Ferar*iis* . 7 Nicholao .
7 aliis quam pluribus.

Marginalia : Va   cat hic quia scribitur in prima parte in titulo de
composicionibus (marg. Q).
Text : MS—A.
Note : This charter reveals an attempt to erect a parochial chapel into a parish
church to the detriment of the mother church to which it was subordinate. The
effect of the concord is to give the chapel of Wingerworth the status of a mother
church to which the people of the place are to resort for sacraments and to pay
their dues, instead of going to Chesterfield ; but it is to remain a parochial chapel,
served by incumbents who are simply clerks appointed during the pleasure of the
parson of Chesterfield. As a matter of fact, Wingerworth remained till modern
times a chapel of Chesterfield, served by curates appointed in this way (Bacon,
Liber Regis, p. 178), and it was not until the nineteenth century that the incumbent
was instituted as rector. It would seem that Nicholas had endowed the chapel
of Wingerworth, which perhaps he had built, with a tithe from the carucates of
Wingerworth in addition to the ancient payment which they owed to the church
of Chesterfield, and had claimed to be the patron of Wingerworth. He now
renounces his claim to the patronage, and acknowledges that his new endowment
is a gift in alms to the parson of Chesterfield. The persons mentioned as assenting
are interested in various ways : bishop Alexander sent his representatives because
William Rufus had given the church of Chesterfield to his predecessor ; Philip
the dean because he was rector of Chesterfield ; Walter because he was the archdeacon of the place ; Robert de Ferrers because he was Nicholas' feudal superior ;
Nicholas for reasons which are apparent. Nicholas and his heirs held a knight's
fee in Brailsford and Wingerworth of the Ferrers family. Nicholas was described
as ' de Wingerworth,' but his successors used the name of Brailsford (Historical
Manuscripts Commission, *Manuscripts of the Duke of Rutland* iv, 54). Robert de
Ferrers became earl of Derby in 1138, so the present text is before that date.

*Folio 36.
Hdl.   . 3 . 6 .

203

318. Grant by Roger de Mowbray to the church of Lincoln
of the church of Empingham [co. Rutland], to hold it as it was
best held by any predecessor of the grantor, namely, Gilbert of
Ghent, and Walter his son, and Gilbert of Ghent son of Walter ;
provided that if anyone shall attempt to prove that the said church
never was nor ought to be a prebend of the church of Lincoln, the
present charter shall not prevent Roger from acting in accordance
with his right. (Henry II.)

De ecclesia de Empingham' (A marg.).
Rogerus de Molbrai . omnibus parrochianis sancte Marie
Lincol' . salutem . Noueritis me concessisse deo 7 ecclesie
sancte Marie Linc' ecclesiam de Empingham cum terris 7
5   decimis 7 omnibus aliis rebus seu consuetudinibus ad prefatam
ecclesiam pertinentibus . quatinus memorata ecclesia Linc' .
ita bene 7 in pace 7 honorifice 7 libere 7 quiete eandem
ecclesiam de Empingeham cum omnibus rebus ac libertatibus
seu consuetudinibus ad ipsam pertinentibus imperpetuum
10   atque inconcusse teneat :' sicut eam unquam melius 7 liberius
7 quietius tempore alicuius predecessorum . idest Gisleberti

de Gant . 7 Walteri filii eius . 7 Gisleberti de Gant filii Walteri ante me tenuit . Ea tamen conditione quod siquis disrationare uoluerit quod predicta ecclesia de Empingham in prebenda
15 sancte Marie Linc' nunquam fuerit aut esse non debuerit .' nullatenus propter hanc presentem cartam remaneat quin ego ea que ad ius meum pertinent inde faciam.

Text : MS—A.

204

319. Gift by Robert de Tenchebrai to the church of Saint Mary of Aylesbury of half a hide in Quarrendon [co. Buckingham] in exchange for the grant of the cemetery of Quarrendon, namely, one virgate of land held in villeinage formerly promised for this purpose, another virgate of Robert's own *culturae*, to sow every year five acres lying together in each of three places, and the whole tithe of his demesne and of his men, and with the virgate of demesne as much meadow as belongs to one virgate in the same village. (1135–1147.)

De dimidia hida terre in Querendon*a* (marg.).
.A. dei gracia Linc' episcopo Robertus de Tenechebrai salutem . Nouerit paternitas uestra domine[1] me dedisse deo 7 ecclesie beate Marie de Ailesbe*r*ie dimidiam hidam terre
5 in Querendona in elemosinam liberam 7 ab omni seruitio quietam . 7 pro concessu cimiterii habendi in eadem uilla de[2] Querendona scilicet unam uirgatam de villanatu olim ad hoc ipsum dispositam 7 promissam . 7 aliam de propriis culturis meis ad seminandum in ea singulis annis .xv. acras .'
10 in tribus locis . in unoquoque .v. acras simul . 7 totam decimam plenarie de proprio meo dominio 7 de omnibus hominibus meis in blado 7 in cunctis rebus aliis . 7 pratum cum ipsa virgata de dominio .' quantum pertinet ad unam virgatam eiusdem uille . Testibus . Baldrico de Sigillo . 7 Alexandro
15 capellano regis . 7 Waltero de Hildesdona . 7 Edwardo[3] de Querendona . 7 Alexandro de Podiis . 7 Hugone Blundo . 7 aliis.[4]

Text ; MS—A. R246.
Var. R. ; [1] domine *is interlineated* A. [2] de *is interlineated* A. [3] Eadwardo R.
[4] *add* Valete R.

205

320. Writ of Robert count of Meulan commanding Walter de Belmes and the men of Empingham to cause bishop Robert

[I] to have the tithe which belongs to his church in the same village as fully as it was given in the time of Gilbert of Ghent. (Before 5 June, 1118.)

> De decimis de Empingham' (marg.).
> Robertus comes de Mellent Waltero de Belmes . 7 hominibus de Epingeham salutem . Precipio uobis ut faciatis habere Roberto episcopo Linc' decimam que pertinet ecclesie sue
> 5 de eadem uilla . ita plenarie sicut plenius data fuit tempore Gileberti de Gant . Et uidete ne inde audiam clamorem . Valete.

Marginalia : Inter cartas comitum . . . (13 cent.).
Text : MS—A.
Note : Cp. above, vol. i, 28.　Count Robert died 5 June, 1118.

Folio 36d.

206

321. Notification by Robert [de Gorham] the abbot and the convent of Saint Albans [co. Hertford] of a composition with respect to the claim of subjection which bishop Robert [II] of Lincoln and his chapter had preferred against them : The bishop and dean and chapter have renounced their claim of jurisdiction over the monastery and its fifteen privileged churches, which shall henceforth be free to receive chrism, oil, benediction of abbots, ordination of monks and clerks, dedication of the said churches, consecrations of altars, and any other sacraments from any bishop they please. In return for this, the abbot, with the consent of his chapter, has granted to the church of Lincoln in perpetuity the village of Fingest [co. Buckingham], with its church, as an estate of ten pounds' worth of land. Also the tithe of the church of Wakerley [co. Northampton], which the church of Lincoln heretofore had from the abbot and monks as a yearly payment for the aforesaid churches, shall remain to the church of Lincoln. Further, the rest of the churches of the monastery or its cells throughout the bishopric of Lincoln shall render to the bishop and his archdeacon such obedience and subjection as is due from other churches. At Westminster. (Circa 8) March, 1163.

> De concordia facta inter Robertum episcopum et capitulum ecclesie Linc' . 7 Robertum abbatem 7 conuentum sancti Albani super subieccione . 7 aliis . 7 super xv. ecclesiis priuilegiatis . De villa de Tingehurst　(A marg.).

5   Robertus . dei gracia abbas ecclesię sancti Albani . 7 totus
conuentus eiusdem loci . Vniuersis sancte matris ecclesię
filiis salutem . Notum sit vniuersitati uestre quod controuersia
illa quam Robertus Linc' episcopus . 7 eius capitulum monasterio nostro 7 nobis de subiectione mouerant ; consilio 7
10   opera domini nostri .H'. secundi . illustris regis Anglorum 7
uenerabilis patris nostri .T. Cantuariensis . archiepiscopi .
7 domini Rogeri Eboracensis archiepiscopi . aliorum etiam
episcoporum H'. Wintoniensis . Nigelli . Heliensis . Willelmi .
Norwicensis . Jocellini Saresbiriensis . Bartholomei .
15   Exoniensis . Hylarii . Cicestrensis . Hugonis . Dunelmensis .
Ricardi Choventrensis[1] . Gilleberti . Herefordensis ; hoc modo
sopita est . Predictus episcopus . 7 A. decanus . 7 vniuersum
capitulum Linc' . querimonie qua nos 7 monasterium nostrum
in subiectionem petebant ; inperpetuum renuntiauerunt .
20   et omne ius quod sibi . 7 ecclesie sue in persona nostra . 7
monasterio nostro . 7 in xv.[2] ecclesiis nostris . priuilegiatis
uendicabant ; in manu domini regis . in presentia dominorum
Cantuariensis . 7 Eboracensis . archiepiscoporum . 7 supradictorum episcoporum omnino refutauerunt . concedentes .
25   ut de cetero liberum sit nobis 7 monasterio nostro . 7 prenominatis ecclesiis crisma . olevm[3] . benedictionem abbatum .
ordinationes [4]monachorum 7 clericorum[4] . dedicationes predictarum ecclesiarum . 7 consecrationes altarium . 7 cetera
si que sint[5] sacramenta ; a quo maluerint episcopo absque
30   eorum reclamatione accipere . Nos autem 7 assensu totius
capituli nostri pro hac refutatione 7 renuntiatione consenciente
œ' fauente domino rege villam de Tingehurst ad ius monasterii
nostri pertinentem cum ecclesia 7 omnibus ad eandem uillam
pertinentibus pro .x.[6] libratis terre . ecclesie Linc' perpetuo
35   iure possidendam concessimus . Decima de Wakerlęę . quam
ecclesia Linc' . á nostra prius habuerat ; pro annuo censu
predictarum ecclesiarum .xv.[2] penes eam perpetuo remanente .
Porro relique ecclesie monasterii nostri uel cellarum nostrarum
passim per Linc' episcopatum constitute . eam obedientiam
40   7 subiectionem quam alie ecclesię debent ; episcopo Linc'
7 eius archidiacono . exhibebunt . Et si quid conceptum est
in priuilegiis utriusque ecclesie super illis ecclesiis uel cellis .
uel personis in eis commorantibus tam clericis monachis .
quam laicis ; nullum robur aduersus hanc pactionem optineat .
45   Quod ne decetero reuocari possit in litem ; scripti presentis
attestatione 7 sigilli nostri 7 capituli appositione confirmamus . Testibus Episcopis prenominatis . Abbatibus ;
Laurentio Westmonasteriensi .Willelmo Rameseiensi . Reginaldo
Persorensi . Gregorio .Malmesbiriensi . Clemente . Eboracensi .
50   Archidiaconis ; Gaufrido Cantuarie . Ricardo Pictav' . Comitibus ; Roberto Legrecestrie . Hugone . Norfolcie . Willelmo

12 in. × 5⅝ in.

Ego alexand̄ dr̄ gr̄ lincol̄ ep̄s do ecclī̄e de Grerū . . . .

334

6 in. × 1¾ in.

Qr̄ ad honor̄ dī ⁊ pac̄ ecclī̄e . . . .

Rob̄ de crrefeld̄ . ⁊ mult̄ al̄iis.

322

15 in. × 4¾ in.

Arund*ell* *:* Baronibus *:* Ricardo de Luci 7 Ricardo . de Hum*eto* . Henrico filio Geroldi . Anno ab incarnato domino .M'. C. lx.iij. mense Martio . apud Westm*onasterium*.

Facsimile facing page 12.
Endorsed : (1) Tingehurst (14 cent.).   (2) .j.
Slit for one seal, and tag for another.   Size : 12 x 5¾ inches.
Marginalia in A : Nota subieccionem abbatis sancti Albani (15 cent.).
Texts : MS—Orig. Dij/88/1/57.   A.   Ivii (2).   Pd—*C.C.R.*iv,149(2).
Var. R. : [1] Couent' A.   [2] quindecim A.   [3] oleum A.   [4].[4] clericorum 7 monachorum A.   [5] sunt A.   [6] decem A.   [7] Malmeb' A.
Note : For the dispute between the two churches, see *Gesta Abbatum Monasterii Sancti Albani* (ed. H. T. Riley, Rolls Series) i, 128–59. For the king's charter confirming this composition, see above, vol. i, 64–6.

207

322. Composition between the church of Lincoln and the church of Saint Albans with respect to processions : The church of Saint Albans shall have every year from the part of Hertfordshire which is contained in the diocese of Lincoln solemn processions on the days of old accustomed. It shall also have the procession of the churches of Chesham [co. Buckingham], Luton, and Houghton Regis [co. Bedford] ; provided, however, that these three churches shall furnish a procession for the church of Lincoln together with the other churches of the archdeaconries in which they are situate. The church of Lincoln shall, outside the times of the processions of Saint Albans, have its processions from Hertfordshire in the same county, the parishioners having the indulgence of not being forced to journey as far as Lincoln ; saving to Saint Albans' own churches their ancient liberty. At Saint Neots [co. Huntingdon]. (1155–1159.)

De processionibus habendis apud sanctum Albanum de Herfordsir*a* (A marg.).
Quod ad honorem dei 7 pacem ecclesie gestum est dignum est commendari memorie . ne rerum gestarum elabente
5   noticia *:* contingat aliquo fortasse casu que in pacem redacta sunt iterato perturbari . Vnde 7 quod inter Lincolniensem ecclesiam 7 ecclesiam sancti Albani in reformatione pacis actum est presenti scripto committitur . ut si quando necesse fuerit *:* ad ipsum ob rerum habendam fidem recurratur .
10   Hoc itaque inter ecclesias ipsas[1] [actum[2]] est 7 earum pleno assensu presenti cyrographo confirmatum . Habebit singulis annis ecclesia beati Albani solennes[3] processiones* de tota Herfordscira quantum in Lincolniensi parrochia continetur .

diebus quibus eas dinoscitur . antiquitus habuisse . sexta
15 scilicet feria proxima post Ascensionem domini . uel sexta
feria infra Pentecosten ⫶ si qui forte ad diem predictum non
uenerint . Habebit etiam ecclesia beati Albani processionem
ecclesiarum istarum . de Cestresham . de [L²]uitonia . de
Hohtuna . sic tamen ut ipse tres ecclesie processionem
20 Lincolniensi⁴ ecclesie cum aliis ecclesiis archidiaconatuum in
quibus sunt constitute exhibeant . Quod si qui de Herfordscira uel predictis locis processionem hanc ecclesie beati
Albani exhibere noluerint ⫶ episcopus uel officialis eius qui
eos coercendi⁵ potestatem habuerit ⫶ infra uiginti dies ex
25 quo requisitus fuerit ecclesiastica iusticia ipsos ad satis-
factionem ad sanctum Albanum uenire compellet . Quod
si episcopus uel officialis eius aliquo interueniente casu non
fecerit ⫶ assentit in hoc episcopus 7 Lincolniensis⁶ ecclesia
ut abbas ecclesie sancti Albani eos canonice coercendi⁵ singulis
30 annis quibus episcopus uel officialis eius ultra terminum
statutum iusticiam facere distulerit ⫶ liberam habeat facultatem . Que uero pie statuta 7 concessa sunt ne aliquatenus
impediantur . utrinque prouisum 7 statutum est ne episcopus
Lincoln'⁴ uel aliquis officialium suorum clericos uel laicos
35 de Herfordscira⁷ ad synodum uel conuentum aliquem euocet
temporibus quibus processiones iam dictas sequi debent .
neque in duabus festiuitatibus sancti Albani . sed neque
proximis octo diebus ante uel post ipsas solennitates⁸ . nec
aliquo modo iam dictas processiones aut consuetas beati
40 Albani uenerationes impediant . Lincolniensis quoque ecclesia
extra iam dicta tempora post festum sancti Iohannis processiones suas de Herfordscira in eodem comitatu cum uoluerit
habeat . hac parrochianis suis indulta pietate ne ob loci
remotionem Lincolniam fatigari compellantur . Quod quidem
45 monachi non impedient ⫶ conseruata propriis ecclesiis beati
Albani libertate quam ab antiquo habere noscuntur . Facta
est autem hec compositio apud sanctum Neotum presentibus
7 pariter consentientibus ex parte Lincolniensis⁹ ecclesie
Rodberto¹⁰ episcopo Linc' . Henrico Huntendonie . Willelmo
50 Norhantunnie¹¹ . Dauid Bucchinghamie . Rodberto¹⁰ Oxene-
fordie archidiaconis . Humfrido subdecano . Rogero cantore
Hamone cancellario . magistris Reginaldo Simplici . Radulfo
Cadom' . Nicholao de Sigillo . Ex parte ecclesie beati Albani
Rodberto¹⁰ abbate eiusdem loci . magistro Laurentio . Hugone
55 Partes . Adam cellarario . Symone de Merstuna . Nicholao
filio Geruasii . His¹² testibus Ricardo Lundoniensi . 7
Gilleberto Herefordensi . episcopis . Godefrido Egenesam' .
7 Petro de Alba Marla abbatibus . Rodberto de Meritona .
7 Hereberto de sancto Neoto prioribus . Hugone de Marin'
60 . 7 Radulfo de Dici archidiaconis . Gilleberto filio Jocelini

Lund' . magistro Ambrosio . 7 Ricardo Min*e*rua . Alueredo
de Watamest' . Rodberto[10] de Terrefeld' . 7 multis aliis.

CYROGRAPHVM:[13]

Facsimile facing page 13.
Endorsements: (1) Inter abbatem de Sancto Albano 7 ecclesiam Lincoln' (13
cent.). (2) Composicio inter decanum 7 capitulum ex vna parte 7 abbatem 7
conuentum Sancti Albani ex altera super Pentecost' oblationibus . 7 alia capitulum
7 monasterium de Eynesham iuxta Oxon' super eidem oblationibus (14 cent.).

Two seals attached by tags to the head of the charter: (1) brown wax, pointed
oval 2⅞ x 8 inches; figure of the abbot, vested, standing with the right hand holding
pastoral staff, and the left hand a book: **[SI]GILLVM ROD[BE]RTI** . . . . .
. . . . . Size of charter: 15 x 4¾ inches.
Texts: MS—Orig. Dij/88/1/58. A.
Var. R.: ¹ *om.* ipsas A. ² *supplied from* A, *the original charter having been injured.*
³ Sollempnes A. ⁴ Linc' A. ⁵ cohercendi A. ⁶ Lincol' A. ⁷ Herdfordscira A.
⁸ sollempnitates A. ⁹ Lincoln' A. ¹⁰ Roberto A. ¹¹ Norhamtun' A. ¹² Hiis A.
¹³ *om.* A.
Note: For the dispute about processions see *Gesta Abbatum Monasterii Sancii
Albani*, pp. 130–1, where it is stated, ' Hujus vero compositionis forma a prædicto
Episcopo Gileberto Herefordensi, cognomento " Folioth," dictata est: utriusque
ecclesiæ sigillis concessa et confirmata est ' (p. 131). Cp. *ibid.*, iii, 505–6.

*Folio 37.

Hdl.   . 3 . 7 .

Folio 37d.

208

323. Grant by William Panet, minister of the brethren of
the Temple dwelling in Gaul, and the whole chapter of the brethren
in England, to bishop Robert [II] and his successors, of the place
of the Temple near the city of London first built by the brethren,
to hold for a yearly pension of seven shillings. Lest the extent
of the place hereafter be in doubt, the boundaries are committed
to writing. At the New Temple, May, 1161.

De domibus Lundon' (marg.).

Vniuersis sancte matris ecclesie filiis frater Willelmus
Panet fratrum Templi in Gall*ie* commorantium minister .
7 vniuersum capitulum fratrum Angl*ie* . salutem . Vniuersitati
5   tam presentium quam futurorum harum relatione innotescimus
nos concessisse p*ro* .c. marcis nobis solutis Roberto episcopo
Linc' . 7 eius successoribus imperpetuum locum Templi iuxta
urbem Lond' primo á nobis edificatum sibi 7 ecclesie Linc' .
á nob*is* possidendum . sub annua pensione .vii. solidorum .
10   qui in ebdomada paschali singulis annis persoluentur . Et
ne inposterum quantitas loci dubitationem inducat dignum
duximus metas scripto commendare . Latitudo ex parte
aquilonis a uia publica usque ad fossam 7 clausturam que
claudit ambitum ex parte austri uersus gardinum . Longitudo

15   uero a parte occidentis a capite stabuli ultra ecclesiam 7
     cimiterium quantum terra nostra in orientem protenditur .
     Hiis testibus . Nigello Elyensi episcopo . Giselberto Here-
     ford*ensi* episcopo . Roberto comite Legrec*estrie* . Willelmo
     comite Gloecestr*ie* . Henrico filio Geroldi camerario regis .
20   Willelmo de Bello Campo . Roberto archidiacono Oxen*efordie* .
     Roberto de Burnh*am*' . Anno ab incarnatione domini .m⁰ .
     c. lx⁰. i⁰. mense Maii . apud nouum Templum per manum
     .W. capellani.

Marginalia : Inter cartas abbatum priorum 7 virorum religiosorum.
Text : MS—A.

209

324. Grant by R[obert 'le Bossu'] earl of Leicester to the church
of Lincoln and bishop Alexander and his successors, in satisfaction
of the damages inflicted by the earl or his men, of ten burgesses
(whose names are given) within the walls of Leicester with their
messuages and lands and dwellings, to hold as the earl or his father
or any of his predecessors best held them.   (1139–1147.)

     De decem burgensibus in Legercestr*ia* (marg.).
     .R. comes Legrec*estrie* . Radulfo vicecomiti 7 omnibus
     baronibus 7 hominibus suis Francis 7 Anglis salutem . Sciatis
     me pro satisfactione ac dampnorum per me seu per meos
5   ecclesie Linc' episcopo illatorum restitutione dedisse in
     elemosinam firmam ac perpetuam prefate ecclesie Linc' . 7
     .A. episcopo . 7 omnibus successoribus eius episcopis decem
     burgenses infra muros Legrec*estrie* cum domibus 7 terris ac
     mansionibus suis liberos atque a gablis siue adiutoriis atque
10   omnibus exactionibus reliquis omnino quietos . cum socha
     etiam 7 sache 7 tol 7 the*am* 7 infangentheof . 7 omnibus
     libertatibus 7 dignitatibus reliquis . Vnde 7 uolo ac firmiter
     precipio quatinus ecclesia Linc' 7 episcopus predictos
     burgenses cum domibus 7 terris ac mansionibus suis ita
15   bene 7 in pace 7 libere 7 honorifice 7 quiete teneat¹ sicut
     unquam pater meus uel ego uel aliquis predecessorum
     nostrorum eos melius 7 liberius 7 honorificentius 7 quietius
     tenuit . Burgensium autem quos ecclesie Linc' 7 episcopo
     dedi *:* ista sunt nomina . Suein*us* filius Thedrici . Stori filius
20   Sache . Walrauen . Rodbertus Fine . Willelmus filius Rauen .
     Daired*us* ad portam . 7 Erneis' uicinus suus . Osmundus
     filius Sym*onis* . Brunnig*us* . Robertus Schlenc . Testium
     quoque qui donationi huic interfuerunt *:* ista sunt nomina .
     Symon comes Norhamtun*ie* . Robertus abbas de Geuedona .

25 Geruasius abbas de Luda . Bernardus prior de Chenildewrda .
    7 de hominibus episcopi . Rogerus de Ameri . Hugo con-
    stabularius . Radulfus de Aluers . Malgerius de Houtuna .
    De hominibus quoque comitis Legrec*estrie* . Ernaldus de
    Bosco . Willelmus Burdet*us* . Gaufridus Abbas . Fulco
30 Trussellus . Gaufridus Abbas . Willelmus de Nouo Mercato .
    Radulfus filius Gisleberti.

Marginalia : . . . . . inter cartas comitum.
Text : MS—A.   Pd—Nichols, *History of Leicestershire*, II, i, appendix VIII,
'extracted from the Book called Remigius' Register, f. 37' (i.e., the Registrum
Antiquissimum).
Var. R. : ¹ *sic.*

Folio 38.

Hdl.   . 3 . 8 .

                                210

325. Grant by Robert Grimbald to the church of Lincoln of
half a mark of silver yearly in his mill of Owston [co. Leicester],
on condition that the church of Saint Andrew of Owston and the
canons there be quit of all customary episcopal dues except Peter's
pence. (1148–1166.)

        De redditu dimidie marce in molendino de Osoluest'.
    (marg.).
        Domino patri .R. dei gracia episcopo Linc' . Robertus
    Grim*bald'* salutem . Sciatis quod dedi 7 concessi inperpetuum
5   ecclesie sancte Marie Linc' uno quoque anno dimidiam marcam
    argenti in molendino meo de Osulueston' ea conditione quod
    ecclesia sancti Andréé de Osulueston' 7 canonici ibidem deo
    seruientes sint liberi 7 quieti ab omnibus episcopalibus
    consuetudinibus excepto denario beati Petri.

Text : MS—A.

                                211

326. Confirmation by Simon earl of Northampton of the next
preceding grant. (1148–1166.)

        De redditu eodem (marg.).
        Venerabili domino suo .R. dei gracia episcopo Linc' Symon
    comes Norhamt*onie* salutem . Sciatis quia uolo 7 concedo
    quod ecclesia sancte Marie Linc' habeat imperpetuum uno
5   quoque anno dimidiam marcam argenti in molendino de
    Osulueston*a* sicut Robertus Grim*bald'* illam ei dedit scilicet
    ea conditione quod ecclesia sancti Andréé de Osulueston'
    7 canonici regulares ibidem deo seruientes sint quieti 7 liberi
    ab omnibus episcopalibus consuetudinibus excepto denario
10 beati Petri.

Text : MS—A.

                                                              B

212

327. Grant by Richard Fitz-Urse to the church of Lincoln, as an augmentation of the prebend of Rannulf the canon, of the chapel of Wood Newton [co. Northampton], of the fee of Robert Marmiun, with the tithes and possessions belonging to it, to wit, the manse which Thedric the priest held and in which he dwelt, and that which Robert his son-in-law held, and the manse of Cobbe, and the manse of Thedric the nephew of Wlueua, and the lands belonging to those manses. (Before 1169.)

De capella de Newetona (marg.).

Notum sit tam futuris quam presentibus quod ego Ricardus filius Vrsi concessi ecclesie sancte Marie Linc' in elemosinam 7 incrementum prebende Rannulfi canonici capellam de
5 Neutona de feudo Roberti Marmiun cum decimis 7 rebus omnibus eidem pertinentibus . scilicet cum mansura quam Thedricus presbiter tenuit . in qua ipse manebat . 7 illa quam Robertus gener eius tenuit . 7 mansura Cobbe 7 mansura Thedrici nepotis Wlueue 7 terras predictis mansuris pertinentes .
10 Testibus . Willelmo archidiacono . 7 toto capitulo . 7 Ricardo Engaina . Willelmo Olifard' . Roberto de Burnobusca.

Text : MS—A.
Note : The prebend is Nassington.

213

328. Confirmation by Simon de Chanci of his father's gift to the church of Lincoln of fifteen shillings in land in Boultham [co. Lincoln] for the restoration of the church of Corringham which his father burned with fire. (Twelfth century.)

De .xv. solidatis terre in Bultham (marg.).

Que a patribus rationabiliter fiunt iure a filiis rata conseruantur qui eis in uniuersitate possessionis succedunt . Hoc attendens ego Symon de Chanci concedo ecclesie sancte
5 Marie Linc' .xv. solidatas terre in Buletham quietas 7 ab omni seruitio terreno liberas quas pater meus dedit ad restaurationem ecclesie de Coringham . que per ipsum incendio conflagrauit . 7 ad remissionem peccatorum suorum 7 ut perpetuam habeat firmitatem . hec de sua donatione mea
10 concessio[1] presentis scripti testimonio confirmo . Et hii sunt testes . Martinus clericus de Wilgetona . 7 Robertus de Nouilla . 7 Osbertus de Calz . Geralinus le Bof . Galfridus Brito . Symundus filius Walteri . 7 Robertus frater eius . Hugo de Granesbi.

Text : MS—A.
Var. R. : [1] sic.

214

329. Confirmation by T[heobald] archbishop of Canterbury
to bishop Robert [II] and the church of Lincoln of Rannulf earl
of Chester's gift of the church of Repton [co. Derby] (see no. 316
above). (1148–1151.)

De ecclesia de Rapendon' (marg.).

.T. dei gracia Cantuariensis archiepiscopus 7 Anglor*um*
primas venerabili fratri . *Roberto* . Linc' episcopo salutem .
Que diuinis usibus sunt mancipata ecclesiastica debent tuitione
5 muniri . Eapropter dilecte in Christo frater .R. Linc' episcope
tuis iustis postulationibus annuentes *:* tibi 7 per te Linc'
ecclesie ecclesiam Rappendone cum omnibus suis pertinenciis
in perpetuam confirmamus elemosinam possidendam ex
munificentia illustris comitis Rannulfi de Cestra collatam .
10 in recompensationem dampnorum ab eodem comite ecclesie
Linc' illatorum . sicut sepedicti comitis de Cestra priuilegium
distinguit.

Text : MS—A.

Folio 38d.

215

330. Confirmation by T[heobald] archbishop of Canterbury of
earl Simon's grant of Fordales [near Northampton] to bishop Robert
[II] and the church of Lincoln (see no. 309 above). (1148–1151.)

Confirmatio .T. de prato quod uocatur Fordailes[1] (marg.).

.T. dei gracia Cantuar*iensis* archiepiscopus 7 Anglorum
primas venerabili fratri .R. Linc'[2] episcopo salutem . Que
diuinis sunt usibus mancipata *:* ecclesiastico debent munimine
5 roborari . Eapropter dilecte in Christo frater .R. Linc'[2] episcope
tuis iustis postulationibus annuentes tibi 7 per te Linc'[2]
ecclesie[3] pratum iuxta Norhamton*am*[4] quod uocatur Fordales
perpetualiter in elemosinam possidendum confirmamus a
nobili uiro Symone comite de Norhamton*ie*[5] concessum in
10 recompensationem ecclesie de Saltre quam tu frater episcope
prefato comiti ad construendam abbatiam liberam dedisti
7 absolutam.[6]

Texts : MS—A. P12.
Var. R. : [1] Fordales P marg. [2] Lincol' P. [3] P *has* episcopo *for* ecclesie. [4] Nor-
han*tonam* P. [5] Norhant' P. [6] *add* Valete P.

216

331. Grant by A. of Lincoln, in the presence of bishop Robert II,
to the church of Lincoln of the manse of Boniva and a bovate
which was Frane's. (Circa 1150–1160.)

De mansione Boniue 7 bouata terre (marg.)

.A. de Linc' omnibus amicis suis tam presentibus quam futuris vniuersis quoque sancte matris ecclesie filiis tam clericis quam laicis salutem . Nouerit uniuersitas uestra
5 me pro amore dei 7 pro redemptione anime méé . pro animabus quoque patris ac matris méé omniumque meorum dedisse 7 concessisse ecclesie sancte Marie Linc' mansionem Boniue . 7 bouatam terre que fuit Fran' in puram 7 perpetuam elemosinam liberas 7 quietas ab omni seculari
10 exactione absolutas cum omnibus ad ipsas pertinentibus . Volo itaque 7 liberalitatem uestram exoro quatinus pro amore dei 7 meo huiusmodi donationem ratam habeatis . Testes sunt . Hugo de Beius . Robertus episcopus Linc' secundus . in cuius presentia facta fuit hec donatio . 7
15 Robertus archidiaconus . 7 Willelmus filius Osberti . 7 Humfridus subdecanus . 7 Hamo cancellarius . 7 Wigerus . 7 Rogerus . 7 Gilebertus . 7 Siwardus . 7 multi alii canonici . 7 Ricardus frater meus . 7 Dionisius . 7 multi alii.

Marginalia : Hec est inter cartas ciuitatis Linc.
Text : MS—A.

217

332. Agreement confirmed in the chapter of Lincoln, and grant by the chapter to Alan the priest, son of Algar of Stoke [co. Lincoln], that he may hold the chapel of Stoke with the tithes of the demesne which was Colegrim's when the chapel was dedicated, and four bovates and a certain manse, rendering therefor five shillings a year to the chapter. (Twelfth century.)

De capella de Stohes (marg.).

Notum sit presentibus 7 futuris hoc pactum firmatum esse in capitulo sancte Marie Lincoliensis 7 ab ipso capitulo concessum Alano sacerdoti filio Algari de Stokes quod teneat
5 capellam de Stoches cum decimis de dominio quod fuit Colgrimi quando capella dedicata fuit . 7 quatuor bouatis terre 7 quadam mansione redditurus singulis annis .v. solidos capitulo sancte Marie Lincol'.

Text : MS—A.
Note : In 1086, Colegrim, Drew de Beurere's man, held land in South Stoke and North Stoke (*The Lincolnshire Domesday*, 12/91, 30/25, 26).

218

333. Grant by bishop Alexander to Humphrey *in prebendam* of the church of Saint John in Newport [in Lincoln] and half a carucate which was Aye the priest's, and half a carucate which was of [the church of] All Saints [in the Bail], and half the church of Holy Trinity in Wigford, and one messuage of land in the High street between the smiths and the church of Dunholme, and the whole tithe of Robert de Bussei in Hough on the Hill [co. Lincoln], and one carucate of land in the same village. (1123–1148.)

> De dimidia carucata terre que fuit Aye sacerdotis 7 dimidia carucata . que fuit Omnium Sanctorum 7 cetera. De prebenda de Dunham (marg.).
>
> Alexander episcopus Linc' dedit Humfrido in prebendam
> 5 ecclesiam sancti Johannis in Neuport 7 dimidiam carrucatam terre que fuit Aye sacerdotis . 7 dimidiam carrucatam terre que fuit Omnium Sanctorum . 7 dimidiam ecclesiam sancte Trinitatis in Wicheford' . 7 unam mansionem terre in magno uico inter fabros . 7 ecclesiam de Duneham . 7 totam decimam
> 10 de dominio Roberti de Bussei in Hacam . 7 in eadem uilla unam carrucatam terre.

Marginalia : De ecclesia sancti Johannis in Niweport 7 de terra Aie sacerdotis P.
Texts : MS—A. Pl.
Note : This charter effects the endowment of the prebend of Newport and Dunham.

219

334. Grant by bishop Alexander to the church of Girton [co. Nottingham] of licence to fish in the Trent as far as the water of the village and the land of the church of Lincoln extend in those parts, and especially in the pool called Licche. (Probably 1145–1148.)

> De potestate piscandi in Trente (A marg.).
>
> Ego Alexander dei gratia Lincol' episcopus do ęcclesię de Grettuna[1] potestatem & libertatem piscandi in Trenta quantum aqua eiusdem uillę & terrę ęcclesię nostrę in illis
> 5 partibus durat . 7 nominatim per lacum illum qui uocatur Licche ita ut a nemine desturbetur[2] nec pro aliquo dimittat per totum piscari . Teste Adelelmo[3] archidiacono.

Facsimile facing page 13.
No endorsement.
Ribband (half of it torn off), and below it a strip for seal. Size : 6 x 1¾ inches.
Texts : MS—Orig. Dij/83/3/7.
Var. R. : [1] Gretuna A.   [2] disturbetur A.   [3] Adele'mo A.
Note : Adelm's archdeaconry is not known. He does not come into Henry of Huntingdon's ' De contemptu mundi,' and so he belongs probably to Alexander's last years.

ADD. CHART.

335. Confirmation by Adelm the dean and the chapter of the gift by bishop Robert [II] made, in their presence and with their consent, to master Ralf of Caen of the subdeanery with all that belongs to it, namely, the church of Saint Mary of Leighton [Bromswold, co. Huntingdon] and the chapel of Sale, to hold to Ralf and the subdeans who shall succeed him. (Circa 1162.)

De ecclesia de Lacton' . 7 capella de Sales (marg.).

Adelelmus[1] decanus beate Marie Linc' 7 capitulum eiusdem loci ꞓ Omnibus fidelibus sancte matris ecclesie salutem . Noscat uniuersitas uestra nos concessisse 7 presenti carta confirmasse donationem quam dominus noster Robertus dei gratia Lincol' episcopus fecit in presentia nostra . 7 assensu nostro . magistro Radulfo de Cadomo de subdecanatu ecclesie nostre cum omnibus que ad eundem sub-decanatum in ecclesia Lincoll' uel extra pertinere noscuntur . scilicet ecclesiam sancte Marie de Lectona . 7 capellam de Sala . cum omnibus ad eandem ecclesiam adiacentibus . in terris . 7 pratis . 7 decimis . 7 oblationibus . 7 hominibus . 7 cum omnibus libertatibus suis . in bosco 7 plano . 7 in omnibus aliis locis . Quare firmiter confirmamus . quod sicut dominus noster episcopus Robertus dedit subdecanatum 7 concessit ꞓ idem Radulfus subdecanus 7 successores sui sudecani[1] ꞓ prenominatum subdecanatum bene . 7 in pace . 7 honorifice . 7 quiete . 7 libere . teneant . 7 in perpetuum beneficium ꞓ possideant . 7 volumus quod nullus super [the charter is unfinished].

Text : MS—P14.
Var. R. : [1] sic.
Note : For Sale, see vol. i, p. 209, above.

220

336. Grant by A[delm] dean of Lincoln, of the land which he bought on the south side of the church of Lincoln between the houses of R[alf of Caen] the subdean and Ilbert the canon, to make houses for the use of the common. (Circa 1160.)

[1]De terra inter domos subdecani ꞓ 7 mansionem Ilberti canonici[1] (marg.).

Sciant presentes 7 futuri quod ego .A. Linc'[2] ecclesie decanus dedi 7 concessi terram meam quam emi que est ex parte 5 ecclesie meridiana inter domos .R. subdecani 7 mansionem Ilberti canonici ad faciendas domos ad opus commune.

Texts : MS—A. P13.
Var. R. : [1-1] De bederna canonicorum Linc' P.   [2] Lincoll' P.
Note : The mention by P of the bedern is interesting since it is the only notice of the building which is known.   To Professor A. Hamilton Thompson the writer is indebted for the following note :—

"The Bedern at York and Beverley was originally the common dwelling-house of the canons.   At York the name became applied to the common hall and chapel of the vicars choral, who were incorporated as a college early in the fifteenth century.   The Bedern chapel still remains.   At Beverley the word was always applied to the common house of the canons, long after the days when there had ceased to be any actual community of life ; and the share in the common fund which formed the basis of each of the prebends (originally equal) was known as the portion or corrody *de bederna*. The use of the word at Beverley became so nearly equivalent to *communa* that the use at Lincoln may have a merely financial significance ; but in the context it evidently refers to buildings connected with the administration of the common fund, and this was the use of the Beverley bedern from an early period. The word is usually taken to mean ' house of prayer,' and its original application was certainly to the common dwelling-place of a religious community."

Add. Chart.

337. Letters of protection by Nichola de la Haye, castellan of Lincoln castle, and Geoffrey de Cerland, issued at the instance of the Legate, to the church of Lincoln, the dean and canons, and their households. (1217.)

Quedam littera domine N. de Haia 7 Galfridi de Cerland' de protectione ecclesie Lincoln' (title).

Omnibus fidelibus Domini .H. regis Anglie has litteras visuris domina .N. de Haya castellana Linc' 7 Galfridus de Cerland
5 salutem in domino . Noueritis quod sub proteccione 7 custodia domini regis 7 nostra 7 omnium fidelium suorum recepimus ecclesiam Linc' cum omnibus ad eam per-tinentibus . . decanum 7 canonicos 7 clericos gloriose virginis Marie 7 familias eorum (domos (res (7 possessiones suas
10 vbicumque in potestate nostra fuerint siue in ecclesia siue extra . Ita quod nullus nostrorum (scilicet in fidelitate domini regis existencium ⁏ siue eciam inimicorum nostrorum vbicumque obuiare poterimus ⁏ in nullo eis forisfaciat . Quare vestre mandamus vniuersitati 7 rogamus ⁏ quatinus ecclesiam
15 Linc' . . decanum 7 canonicos vniuersos eiusdem ecclesie vt fideles domini regis 7 omnia bona eorum vbicumque sint ⁏ manuteneatis protegatis 7 defendatis nullum malum ipsis vel suis inferentes vel inferri permittentes . Super hiis eciam faciendis 7 obseruandis ⁏ speciale mandatum a domino Legato
20 nuper recepimus . Vt autem omnia premissa fideliter per-ficiamus pro posse nostro ⁏ decano 7 capitulo predicte Lincoln' ecclesie has litteras nostras patentes sigillis nostris signatas fecimus in testimonium Valete.

Text : MS—R60.
A letter of the lady N. de la Haye and Geoffrey de Cerland with reference to the ward of the church of Lincoln.
(margin) A letter of the lady N. de la Haye and Geoffrey Cerland.
To all the faithful subjects of lord H . . king of England who shall see this letter the lady N. de la Haye commandant of the castle of Lincoln and Geoffrey de Cerland Greeting in the Lord. KNOW ye that we have taken in charge and ward of the lord king and of ourselves and of all his faithful subjects the church of Lincoln with all its appurtenances the dean and the canons and the clergy of the glorious virgin Mary together with their households houses goods and possessions wherever they may lie under our authority whether within the church or without. In such wise that no one of our servants to wit of those in the fealty of the lord king and no one even of our enemies wherever we may have power to prevent it may do them injury in anything. WHERE-FORE we charge you all and appeal to you that you maintain protect and

defend the church of Lincoln the dean and all the canons of the same church as faithful subjects of the lord king and all their goods wherever they may be neither inflicting nor suffering to be inflicted any harm upon their persons or their goods. With respect to such action and observance we have lately received a special mandate from the lord Legate. MOREOVER that we may faithfully perform the duty set forth to the extent of our power we have in witness issued to the Dean and Chapter of the aforesaid church of Lincoln these our letters patent sealed with our seals. FAREWELL.

ADD. CHART.

338. Notification by R[oger] the dean and the chapter of Lincoln that they have inspected and confirmed the following charters of bishops of Lincoln in favour of Gilbertine houses. At Lincoln. May (probably 1195–1200).

(i) ℂ Confirmation by bishop Hugh [I] to the convent of Saint Mary of Sempringham of the churches of Saint Andrew of Sempringham with the chapel of Pointon, the church of Saint Æthelthryth of Stow by Threckingham with the chapel of Birthorpe, the church of Saint Peter of Kirkby [Laythorpe], and the church of Saint Mary of West Torrington [all in co. Lincoln]. (1189–1192.)

(ii) ℂ Notification by bishop Hugh [I] that he has instituted the convent of Sempringham in the church of Stow and the chapel of Birthorpe, and has appropriated the church and chapel to the convent. (1195.)

(iii) ℂ Notification by bishop Hugh [I] that he has appropriated the church of Laughton [near Folkingham, co. Lincoln] to the convent of Sempringham, and has instituted the convent in the same church. (1195.)

(iv) ℂ Notification by bishop Hugh [I] that he has instituted the convent of Sempringham in the church of Billingborough [co. Lincoln], and has appropriated the church to the convent. (1192–1200.)

(v) ℂ Confirmation by bishop Robert [II] of the church of Saint Andrew of Billinghay to the nuns of Catley and their brethren, and appropriation of the same to their use. (1149–1166.)

(vi) ℂ Confirmation by bishop Hugh [I] to the convent of Bullington of the churches of Saint James of Bullington, Saint Peter of Burgh [le Marsh], Saint Mary of Burgh [le Marsh], Saint Mary of Winthorpe, the mediety of the church of All Saints of Friskney, the third part of the church of Saint Andrew of Fulletby, the church of Saint Albinus of Spridlington, the church of All Saints of Ingham, and the mediety of the church of Saint Michael of Hackthorn [all in co. Lincoln]. (Circa 1189–1191.)

(vii) ⁋ Appropriation by Geoffrey bishop-elect of Lincoln to the canons and nuns of Bullington of the churches of Burgh [le Marsh], and the churches of Winthorpe [co. Lincoln], Prestwold [co. Leicester], Ingham, Bullington, Langton [by Wragby], [South] Reston, [West] Torrington, Hameringham, and Saint Albinus of Spridlington [co. Lincoln]; and confirmation of what the canons and nuns have in the churches of [South Ferriby], Fulletby, Hackthorn, and Friskney [co. Lincoln.　(1175–1181.)

(viii) ⁋ Confirmation by bishop Hugh [I] to Sixhill priory of the churches of All Saints of Sixhill, Saint Helen of Ludford [Magna], Saint Thomas of [North] Willingham, All Saints of Tealby, Saint Thomas in Market Rasen, Saint Mary of East Wykeham, the mediety of the church of Saint Edward of West Wykeham, and the churches of Saint Margaret of Saleby and Saint Peter of [South] Cadeby [all in co. Lincoln]. (Circa 1189–1191.)

(ix) ⁋ Appropriation by bishop Hugh [I] to the prior and convent of Ormsby of the churches of Saint Helen of [North] Ormsby, Saint Andrew of Utterby, Saint Mary of Fotherby, Saint Saviour of Little Grimsby, All Saints of South Elkington, and the mediety of the church of Saint Edith of Grimoldby [all in co. Lincoln]. (Circa 1189–1191.)

(x) ⁋ Confirmation by bishop Hugh [I] to the nuns of Alvingham of the churches of Saint Mary of [North] Cockerington, Saint Leonard of [South] Cockerington, Saint Adelwold of Alvingham, Saint Margaret of Keddington, and Saint Helen of Little Cawthorpe [all in co. Lincoln]. (1191–1195.)

(xi) ⁋ Confirmation by bishop Hugh [I] to the canons of Malton [co. York] of the churches of Ancaster and Winterton (co. Lincoln). (Circa 1191–1195.)

(xii) ⁋ Appropriation by bishop Hugh [I] to the house of Chicksands [co. Bedford] of the churches of Chicksands, Stotfold with the chapel of Astwick, Haynes, Cople, Keysoe [co. Bedford], and Linslade [co. Buckingham]. (Circa 1191–1195.)

Uniuersis sancte matris ecclesie filiis ad quos presens pagina peruenerit .R. decanus 7 capitulum Lincolnie salutem in

domino . Ad vniuersitatis uestre noticiam uolumus peruenire
quod nos venerabilium patrum prelatorum ecclesie nostre
5 Lincoln' litteras inspeximus in forma subscripta,
    [i] ⁋ Omnibus sancte matris ecclesie filiis ad quos presens
    scriptum peruenerit . Hugo dei gracia Lincoln' episcopus
    salutem in domino . Cum ex officio cure pastoralis nobis
    incumbat quosque fideles sub regimine nostro constitutos
10   in suo iure fouere . speciali tamen quadam prerogatiua
    sollicitudinis religiosis personis prouidere tenemur . ut
    7 in spiritalibus[1] proficiant ⁊ ⁊ bona sua temporalia
    tuicione nostra mediante ⁊ quietius 7 securius possideant .
    Hinc est quod pietatis intuitu concedimus 7 episcopali
15   auctoritate 7 presentis scripti patrocinio confirmamus .
    conuentui ecclesie beate Marie de Sempingham . ecclesias
    quas canonice adepti in diocesi nostra possidere
    noscuntur perpetuo possidendas secundum cartas dona-
    torum suorum . scilicet ecclesiam sancti Andréé de Semp-
20   ingham cum capella de Pointun . 7 ceteris pertinenciis
    suis ex dono Rogeri filii Jocelini . ecclesiam sancte
    Ædeldride de Stov iuxta Trikingham cum capella de
    Birkethorp' 7 ceteris pertinenciis suis ex dono Willelmi
    Pikenot . ecclesiam sancti Petri de Kirkebi que est
25   iuxta Lafford' uersus orientem cum pertinenciis suis
    ex dono Alicie de Gaunt comitisse . 7 Hugonis de Nouilla .
    ecclesiam beate Marie de Westiringtun cum pertinenciis
    suis ex dono Agnetis filie Jocelini 7 Rogeri Musteil filii
    eiusdem Agnetis . 7 de concessione 7 confirmacione
30   bone morie[2] Roberti episcopi predecessoris nostri . saluis
    episcopalibus consuetudinibus 7 Linc' ecclesie dignitate .
    Hiis testibus . Hamone decano Linc' . Roberto archi-
    diacono Huntend' . Stephano cancellario Lincoln' .
    magistro Rogero de Roluestun . magistro Willelmo de
35   Monte . magistro Ricardo de Sualeclif . Roberto de
    Insula . Galfrido de Lechelad' . Eustachio clerico .
    Gerardo de Rouwell'.
    [ii] ⁋ Omnibus Christi fidelibus ad quos presens scriptum
    peruenerit . Hugo dei gracia Linc' episcopus salutem
40   in domino . Vniuersis notum esse uolumus nos pietatis
    intuitu canonice instituisse conuentum de Semp*ingham*
    in ecclesia de Stov 7 capella de Birkethorp' 7 eas eidem
    conuentui cum omnibus pertinenciis suis in proprios
    usus perpetuo possidendas concessisse ex dono Willelmi
45   Pikenot eiusdem ecclesie patroni . saluis episcopalibus
    consuetudinibus 7 Linc' ecclesie dignitate . 7 ut hec
    nostra concessio perpetuam habeat firmitatem ⁊ eam
    presenti scripto 7 sigilli nostri apposicione corroboramus .
    Testibus . Ham*one* Linc' ecclesie decano . **magistro**

50   Willelmo subdecano . magistro Rogero archidiacono
Leic' . magistro Winemero archidiacono de Norhamt' .
magistro Stephano archidiacono . de Bukingham .
magistro Willelmo Linc' ecclesie cancellario . magistro
Ricardo de Sualeclif . 7 magistro Gerardo de Rouwelle .

55   magistro Symone de Siwelle . Radulfo de Virin . Ricardo
de Kime . Galfrido de Lechelad' canonicis.

[iii]   ℭ Omnibus Christi fidelibus ad quos presens scriptum
peruenerit . Hugo dei gracia Linc' episcopus salutem
in domino . Ad noticiam uestram uolumus peruenire

60   quod magister Robertus de Bellafago quicquid iuris in
ecclesia de Loctun contra conuentum de Semp*ingham*
sibi uendicauerat ⁊ in manu nostra sponte resignauit .
firmiter in uerbo domini promittens quod de cetero
super predicta ecclesia prenominato conuentui occasione

65   alicuius instrumenti uel alterius rei per se uel per alium
nullam mouebit questionem . Nos igitur paci 7 utilitati
predicti conuentus pietatis intuitu prouidere uolentes ⁊
predictam ecclesiam de Loctun cum omnibus pertinenciis
suis in perpetuum memorato conuentui de Semp*ingham*

70   libere 7 quiete in proprios usus possidendam concessimus .
7 ipsam in ea canonice instituimus ex dono Huberti
de Rie 7 Radulfi Child eiusdem ecclesie patronorum .
saluis episcopalibus consuetudinibus 7 Linc' ecclesie
dignitate . Vt autem hec nostra concessio perpetuam

75   habeat firmitatem eam presenti scripto 7 sigilli nostri
apposicione corroboramus . Testibus Hamone Linc'
ecclesie decano . magistro Willelmo subdecano . magistro
Rogero archidiacono Leic' . magistro Winem*ero* archidiacono de Norhamt' . Roberto archidiacono de Hunt' .

80   magistro Stephano archidiacono de Bukingh' . magistro
Willelmo Linc' cancellario . magistro Ricardo de Sualeclif.

[iv]   ℭ Omnibus Christi fidelibus ad quos presens scriptum
peruenerit . Hugo dei gracia Linc' episcopus salutem

85   in domino . vniuersis notum esse uolumus nos pietatis
intuitu canonice instituisse conuentum de Semp*ingham*
in ecclesia de Bilingburc 7 eam eidem conuentui cum
omnibus pertinenciis suis in proprios usus perpetuo
possidendam concessisse ex dono Rogeri Burn[e]l dicte

90   ecclesie patroni saluis episcopalibus consuetudinibus 7
Linc' ecclesie dignitate . 7 ut hec nostra concessio
perpetuam habeat firmitatem eam presenti scripto 7
sigilli nostri apposicione corroboramus . Hiis testibus .
magistro Willelmo cancellario Linc' . magistro Ricardo

95   de Sualeclif . Roberto de Capella . magistro Gerardo de
Rouwell' . magistro Alexandro de Aunest' . Galfrido de
Deping' canonicis Linc'.

[v] ℂ R. dei gracia Linc' episcopus . omnibus sancte matris
ecclesie filiis salutem . Licet cunctis sub presulatus
100   nostri regimine constitutis ex iniuncti officii debito
tenemur obnoxii paterna sollicitudine prouidere . Hiis
tamen uberius debitores existimus quos subarctioris
uite proposito deo seruire nouimus . Inde est quod ad
peticionem 7 precem Petri filii Henrici de Bilingheie
105   concessimus 7 presentis scripti attestacione confirmauimus dilectis in Christo filiabus nostris sanctimonialibus
de Catteleia 7 fratribus earum clericis 7 laicis qui sunt
de ordine de Semp*ingham* in diocesi nostra constitutis
in insula que uocatur Catteleia . ecclesiam sancti Andréé
110   de Bilingheia cum omnibus pertinenciis suis quam Petrus
eiusdem ecclesie patronus assensu heredum suorum eis
in perpetuam elemosinam sub nostra dedit presencia .
sicut ipsius Petri carta testatur . quatinus eam perpetuo
ad proprios usus de consensu nostro possideant . 7 ad
115   maiorem predictarum sanctimonialium in posterum
securitatem 7 pacem ⁊ hanc confirmacionis nostre
paginam sigilli nostri apposicione munitam 7 bonorum
testimonio uirorum roboratam eisdem concedere dignum
duximus . episcopali auctoritate sub anathemate
120   inhibentes ⁊ ne quis eas ausu temerario á iam dicta
ecclesia sibi ex dono predicti Petri per manus nostras
collata aliqua arte detrahere uel defraudare presumat .
Hiis testibus . Roberto archidiacono . magistro Malgero .
Roberto decano de Noket' . Galfrido de Cauz . Wydone
125   de Ver . Eustachio de Bergates . Galfrido milite de
Scapwic.
  [vi] ℂ Omnibus Christi fidelibus ad quos presens scriptum
peruenerit . Hugo dei gracia Linc' episcopus salutem
in domino . Quoniam iustum fore nouimus religiosos
130   quosque in bono statu semper fouere 7 ad pacis sue
tutelam manu proteccionis munire ⁊ conuentui sancte
Marie de Bulington' beneficia ecclesiastica ei canonice
collata confirmare dignum piumque decreuimus . ex
quibus ista propriis nominibus duximus exprimere .
135   7 presenti scripto atque sigilli nostri munimine confirmare . Videlicet ecclesiam sancti Jacobi de Bulington' .
ecclesiam sancti Petri de Burg' . 7 ecclesiam sancte
Marie de Burg' . ecclesiam sancte Marie de Winethorp' .
medietatem ecclesie Omnium Sanctorum de Freskeneia .
140   terciam partem ecclesie sancti Andréé de Fuleteby .
ecclesiam sancti Albini de Sprillington' . ecclesiam
Omnium Sanctorum de Ingham . medietatem ecclesie
sancti Michaelis de Haketorn' . Volumus etiam 7 precipimus ut hec omnia prenominata beneficia cum eorum

145   pertinenciis libere 7 inconcusse sicut eis iuste 7 canonice
collata sunt in perpetuum teneant 7 possideant . Saluis
episcopalibus consuetudinibus 7 Linc' ecclesie dignitate .
Hiis testibus . magistro Hamone summo decano .
Winem*ero* subdecano . Roberto de Hard*res* . Sampsone
150   canon*icis*.

[vii]   ¶ .G. dei gracia Linc' electus vniuersis catholice ecclesie
filiis salutem . Vniuersitati uestre notum fieri uolumus
nos pietatis intuitu concessisse in perpetuam elemosinam
canonicis 7 sanctimonialibus de Bulington'[3] ecclesias
155   de Burg'[4] . 7 de Winthorp'[5] . 7 Prestwald'[6] . 7 de
Ingham[7] . 7 de Bulingtun'[8] . 7 de Langetun'[9] . [10]7 de
Ristun'[11] . 7 de Tiringtun'[12] . 7 de Hamringham . 7
ecclesiam sancti Albini de Sperlingtun'[13] cum capellis
7 omnibus pertinenciis suis ad proprios usus eorum
160   perpetuo possidendas . 7 quicquid iuris habent in
ecclesiis de Feribi . 7 Fuletebi[14] . 7 Haketorn'[15] . 7
Freskeneie[16] . de assensu 7 donacione eorum qui ius
patronatus in ipsis ecclesiis habere dinoscebantur .
sicut in eorundem cartis plenius continetur . Et ne hec
165   nostra concessio processu temporis alicui uenire possit
in dubium uel aliqua fraudis machinacione infirmari ⁄
dignum duximus eam sigilli nostri munimine corroborare .
Salua in omnibus Linc' ecclesie dignitate . Testibus
Adam episcopo de sancto Asaph . magistro Petro de
170   Melid*e* . Willelmo decano de Braidel' . magistro Roberto
de Cantebrig*ia* . magistro Symone . Roberto Codice .
Gregorio capellano episcopi . Philippo de Kimba[17] .
[18]Symone fratre eius.[19]

[viii]   ¶ Omnibus Christi fidelibus ad quos presens scriptum
175   peruenerit . Hugo dei gracia Linc' episcopus salutem
in domino . Quoniam iustum fore nouimus religiosos
quosque in bono statu semper fouere . 7 ad pacis sue
tutelam manu proteccionis munire ⁄ conuentui sancte
Marie de Sixle beneficia ecclesiastica ei canonice collata
180   confirmare dignum piumque decreuimus . ex quibus
ista propriis nominibus duximus exprimere . 7 presenti
carta atque sigilli nostri munimine confirmare . videlicet
ecclesiam Omnium Sanctorum de Sixle . ecclesiam
sancte Helene de Ludeford' . ecclesiam sancti Thome
185   de Wifilingham . ecclesiam Omnium Sanctorum de
Tauelesbi . ecclesiam sancti Thome in Est Rasne .
ecclesiam sancte Marie de Hest Wicham . 7 medietatem
ecclesie sancti Ædwardi de West Wicham . ecclesiam
sancte Margarete de Salebi . ecclesiam sancti Petri de
190   Katebi . Volumus autem 7 precipimus ut hec omnia
prenominata beneficia cum eorum pertinenciis libere

7 inconcusse sicut eis iuste 7 canonice collata sunt in
perpetuum teneant 7 possideant . Saluis episcopalibus
consuetudinibus 7 Linc' ecclesie dignitate . Hiis testibus .
195 magistro Hamone summo decano . [Wi]nem*ero* subdecano . Roberto de Hardr*es* . Sampson' canonico
Lond*onie* . magistro Rogero de Roldest*on'* . Roberto
Bardulf . magistro Ricardo.

[ix] ℂ Omnibus Christi fidelibus ad quos presens scriptum
200 peruenerit . Hugo dei gracia [Linc'] episcopus salutem
in domino . Quoniam iustum fore nouimus religiosos
quosque in bono statu semper fouere . 7 ad pacis sue
tutelam manu proteccionis munire ⁊ ad instanciam
dilectorum fratrum nostrorum canonicorum tocius
205 capituli Linc' concedimus 7 confirmamus caritatiue
in proprios usus priori 7 conuentui de Ormesbi qui
sunt de ordine de Semp*ingham* . omnia beneficia
ecclesiastica subscripta eis collata cum suis pertinenciis
ex quibus ista propriis nominibus duximus exprimere .
210 7 presenti carta atque sigilli nostri munimine [confir-
mare] . videlicet ecclesiam sancte Elene de Ormesbi .
ecclesiam sancti Andréé de Vthterbi . ecclesiam sancte
Marie de Foterbi . ecclesiam sancti Saluatoris de Parua
Grimesbi . ecclesiam Omnium Sanctorum de Suth
215 Elkingtun' . 7 medietatem ecclesie sancti [E]dithe de
Grimwolbi . Volumus etiam 7 precipimus ut hec omnia
prenominata beneficia cum eorum pertinenciis libere
7 inconcusse habeant 7 teneant inperpetuum cum dei
benediccione 7 nostra . Saluis episcopalibus 7 sinodalibus
220 tantum . Hiis testibus Haim*one* [decano] . Rogero de
Rollest*on'* . Rogero de Bohun . Willelmo de Aualuns .
Theobaldo de Buzas . Hamelino decano.

[x] ℂ Omnibus Christi fidelibus ad quos presens scriptum
peruenerit . Hugo dei gracia Linc' episcopus salutem
225 in domino . Quoniam vniuersis nostre dicioni[20] subditis
pro nostra possibilitate teneamur sua iura illibata
conseruare . maxime domibus religiosis debe[amus]
ecclesias 7 possessiones illarum clipeo nostre proteccionis 7 auctoritatis tegere defendere 7 manutenere .
230 Attendentes igitur sanctitatem religiose domus ancil-
larum Christi monialium de Aluingham ecclesiastica
beneficia que eis sunt à Christi fidelibus [collata] sicut
eis sunt racionabiliter collata prout carte donatorum
[testantur . saluo] episcopali auctoritate confirmamus .
235 de quibus in presenciarum duximus propriis uocabulis
exprimendas . ecclesiam sancte Marie de Cokeringtun' .
7 ecclesiam sancti [Leonar]di eiusdem uille . 7 ecclesiam
sancti Adelwaldi de Aluingh*am'* . 7 [ecclesi]am sancte

Margar[et]e de Kedington' . 7 ecclesiam sancte Elene
240　　　de Calthorp' . que quidem ecclesiastica beneficia cum
omnibus pertinenciis suis prefatis monialibus in perpetuum concedimus . 7 nostra auctoritate confirmamus . Salua Linc' ecclesie dignitate 7 episcopalibus
dign[itate] . 7 c[onsuetudi]nibus . Quod ut ratum
245　　　habeatur 7 firmum presenti scripto 7 sigillo nostro
duximus confirmandum . Testibus . Hamone Linc'
decano . magistro Rogero archidiacono Leic*estrie* .
magistro Ricardo.

[xi] ℂ Omnibus Christi fidelibus ad quos presens scriptum
250　　　peruenerit . Hugo dei gracia Linc' ep[iscopus] salutem
in domino . Nouerit vniuersitas uestra nos concessisse
7 presenti carta confirmasse . deo 7 beate Marie virgini .
7 domui de Malton' que est de ordine de Semp*ingham* .
7 canonicis ibidem deo famulantibus . ex dono Willelmi
255　　　de Vesci ecclesiam de Anecas*tra* cum omnibus pertinenciis suis . 7 ex dono Johannis constabularii Cestr*ie*
ecclesiam de Wintrington' cum pertinenciis suis in
perpetuum possidendas . Saluis episcopalibus consuetudinibus 7 Linc' ecclesie dignitate . Quod ut firmam
260　　　7 perpetuam opt[ine]at stabilitatem presenti scripto 7
sigilli nostri patrocinio confirmamus . Hiis testibus
Hamone decano Linc' ecclesie . magistro Stephano
cancellario Linc' . Roberto archidiacono Huntedon*ie* .
magistro Vacario . magistro Ricardo de Sualeclif .
265　　　Theobaldo de Bos' . Roberto de Capella . Reimundo .
Hugone de sancto Edwardo . Eustachio de Wiltun'.

[xii] ℂ Omnibus Christi fidelibus ad quos presens scriptum
peruenerit . Hugo dei gracia Linc' episcopus eternam
in domino salutem . Ne ea que locis religiosis fidelium
270　　　deuocione collata sunt alicuius leuitate seu malignitate
possint in posterum reuocari ? antiquorum cauit
prudencia scriptis auctenticis ea imprimenda . ut
posterorum memorie fidelius traderentur . Quorum pia
nos uestigia sequentes ut consimili prouidencia domus
275　　　de Chikesand' . indempnitati prouideamus . beneficia
ei in episcopatu nostro misericordie intuitu collata eidem
domui 7 hiis qui in ea deo famulantur dignum piumque
duximus in proprios usus confirmare . Ipsa que beneficia
nominibus propriis exprimere . videlicet ecclesiam ville
280　　　de Chikesand' . ecclesiam de Sto[tfold' cum] capella de
Estwic eidem ecclesie pertinente . ecclesiam de Hagnes .
ecclesiam de Coggepol . ecclesiam de Kaisou . ecclesiam
de Lincelade . Volumus itaque 7 precipimus ut prefata
domus de Chikesand 7 religiosi in ea habitan[tes prefata
285　　　bene]ficia cum omnibus pertinentiis suis . sicut eis

iuste 7 canonice collata sunt ? libere 7 pacifice in
perpetuum possideant . Saluis episcopalibus con-
suetudinibus 7 Linc' ecclesie dignitate . Hiis testibus .
Hamone Linc' ecclesie decano . magistro Rogero de
290   [. . . . . . . pre]centore . Willelmo cancellario . magistro
Ricardo de Sualeclif . magistro Gerardo de Rouwell' .
Galfrido de Lechelade . Hugone de sancto Edwardo .
Eustachio de Wiltun'.

Nos igitur predictas collaciones a[ppropriaciones 7 or]dina-
295 ciones ratas habentes ? ipsas sigilli nostri munimine duximus
confirmandas . Dat' apud Lincoln' mense Mayo . Vale[te].

Endorsed : (1) De apropriacionibus ecclesiarum domus de Sempingh' (13 cent.).
(2) Contingit episcopum (15 cent.).
The seal with its tag has been torn from the foot of the charter. Size : 14¼ x
19 inches.
Text : MS—Orig. Dij/64/2/1. (The charter is decayed in places, and in the printed
text the missing words have been supplied conjecturally within brackets.) The
original text of no. vii above, which is preserved in the British Museum, Harl. Chart.
43 C 36, is printed by Professor Stenton, *Danelaw Charters*, pp. 4, 5.
Var. R. : [1] *sic*. [2] *for* memorie. [3] Bulinctona D.L. [4] Burc D.L. [5] Wintorp
D.L. [6] Prestewalda D.L. [7] Ingam D.L. [8] Bulinctona D.L. [9] Langetuna D.L.
[10] *insert* 7 de Thetforda 7 de Oxecumba D.L. [11] Ristuna D.L. [12] Tiringtona D.L.
[13] Sperlinctona D.L. [14] Fulletebi D.L. [15] Hachetorna D.L. [16] Freskenei D.L.
[17] Kymba D.L. [18] *insert* 7 D.L. [19] *add* 7 Symone 7 Willelmo filiis Philippi de
Kymba . 7 Willelmo de Polum . 7 pluribus aliis D.L. [20] *for* iurisdiccioni.
Notes : Nos. vi and vii—The church of Saint Mary, Burgh le Marsh, ceased to
exist as a parish church at an early date, since it is not mentioned in the earliest
institutions to benefices at Lincoln. The two churches of Burgh are referred to in
1193 (Stenton, *Danelaw Charters*, pp. 11, 12), and perhaps in 1256 (Stenton,
Transcripts of Charters, pp. 92, 92, where the repetition of ' de Burc ' (p. 92, n. 1)
may be intentional).
No. viii—West Wykeham, East Wykeham, and South Cadeby were formerly
three adjoining parishes lying immediately east of Ludford Magna. The church
of East Wykeham is now a ruin, and the villages of West Wykeham and South
Cadeby have long been entirely depopulated, though the sites of their churches,
streets, and toftsteads may still be clearly traced in the grass closes (see *The
Lincolnshire Domesday*, pp. lii, liii, lxxi, lxxii).

ADD. CHART.

339. Grant by bishop Robert [II] to the nuns of Sempringham
of his mill near the old ford of Sleaford for forty shillings a year.
(1148–1166.)

Robertus dei gratia Linc' episcopus . vniuersis catholice
ecclesie filiis salutem . Vniuersitati[1] uestre notum fieri uolumus
nos inperpetuum monialibus de Sempingham concessisse
tenendum molendinum nostrum iuxta antiquum uadum
5 Slafordie . per . xl . solidos annuatim . pro omni seruitio . Vnde
uolumus 7 presenti carta nostra hoc eis confirmamus quod
prefatum molendinum cum suis pertinenciis . per predictos .xl.
solidos bene 7 in pace . honorifice 7 quiete in perpetuum
teneant . Testibus . magistro Roberto de Burnham . magistro
10 Malgero . magistro Radulfo medico . Rogero filio Willelmi .

Rob̄t di ḡra linc ep̄c. Vniuersis catholice ecc̄lie filiis Salt. Vniuersitati ur̄e notum fieri uolum̄ nos
impp̄etuum monialit̄ de Sempingh̄a concessisse tenendu molendinu n̄r̄m iuxta antiquum
uadum Slaford. p̄. xl̄ solid̄ annuatim. p̄ omni seruitio. Vn uolumus ʒ p̄senti carta n̄r̄a h̄ eis confirmamus q̄d p̄fatum molendinu cum suis p̄tinentiis. p̄ p̄dictas. xl̄ solid̄ bn̄ ʒ in pace. honorifice ʒ quiete in p̄petuu teneant. T̄. Maḡr Rob̄ d̄ burnh̄. maḡr malḡ. maḡr Rad̄ med̄. Roḡ fil
Willi. Will̄o cl̄r̄c canonic. Laur̄ cler̄. Hervei cler̄. huḡ Salsei d̄ dunnesb̄.

Gaufridus di ḡra linc elect̄s. Vniuers̄is catholice ecc̄lie filiis sal̄. Vniuersitati ur̄e notu fieri uolum̄ nos
impp̄etuum monialib̄ de Sempingh̄a concessisse tenendum molendinu n̄r̄m iuxta antiquum uadum
Slaford. p̄. xl̄ solid̄. annuatim p̄ omni seruitio. Vnde uolumus ʒ p̄senti carta n̄r̄a hoc eis confirmamus q̄d p̄fatum molendinum cum suis p̄tinentiis. p̄ p̄dictas. xl̄ sol̄. bn̄ ʒ in pace. honorifice.
ʒ quiete imp̄petuu teneant. T̄. Petro archid̄ linc. Ricardo capello. Laur̄ cl̄ico. Maḡro Rob̄. de
Chimeli. Maḡro Joh̄e de kam̄. Alb̄ino decano legr̄. Rob̄ medico.

Capit̄m ecc̄lie sc̄e Marie linc. Vniuers̄ii catholice ecc̄lie filiis sit. Horu nob̄ sit q̄d venabit pat̄r n̄r
Rob̄t linc ep̄c n̄ro consilio ʒ assensu concessit ecc̄iam de langeford Rob̄to archidiacono oxenfordie in p̄benda ecc̄lie n̄re cu om̄ib̄ suis p̄tinenciis sic ea Radulf̄us lundoniensis decan̄ melr̄ ʒ
lib̄ꝰ tenuit. Statuit etia ide ep̄c n̄ro consilio ʒ assensu ut p̄dicta p̄benda imp̄petuum
comitet̄ oxenfordense archidiaconatu ita ut de c̄ero om̄ oxenfordensis archidiacon̄ ex eade
p̄benda canonic̄ sit linc ecc̄lie. His testib̄. A. decano. R. p̄centore. Ha. cancellario. Husfrid̄
subdecano. Henr̄. archid̄. Hugone archid̄. Dauid archid̄. Wigo. Gilleb̄to. Sigardo. Reinaldo.
Radulf̄o decabāno. Pagano. Hylb̄to. Nicholao de hamt̄ona. ʒ toto capto.

p̄bend̄ de ecc̄lia d̄ langeford

Willelmo Clem*ente* canoni*cis* . Lavrentio clerico . Herve*io* clerico . Hugone Salwe*in* . de Dunnes*bi*.

Facsimile facing page 32.
Endorsed : (1) De confirmatione capituli Lincolniensis de molendino Eslaforde (12 cent.). (2) De Sempingeh*am* (13 cent.).
Tag for seal, and also slit for another tag, though it is not apparent that the charter required a second seal. Size : 7 x 4¼ inches.
Text : MS—Orig. Dij/87/1/26.
Var. R. : ¹ *corrected from* Vniuersatati.
Note : The ancient ford referred to in this charter was probably the ford by which the Roman road, called Mareham Lane, which approached Sleaford from the south, crossed the river Slea. Mareham Lane, at a point about a mile south of Sleaford, has been diverted at a right angle towards the west, but its ancient line, running immediately to the east of the Old Place, in Old Sleaford, may be traced on the Ordnance map. The ford was close to the now disused Coggleford mill, and it is not unlikely that there has been a mill near the place from early times. The bishop had eight mills in old Sleaford in 1086 (*The Lincolnshire Domesday*, 7/43).
Hugh Selvein held four knights' fees of the bishop of Lincoln in 1166 (*Red Book of the Exchequer* i, 375).

Add. Chart.

340. A similar grant by Geoffrey bishop elect of Lincoln. (1173–1182.)

Gaufridus dei gratia Linc' electus . vniuersis catholice ecclesie filiis salutem . Vniuersitati uestre notum fieri uolumus nos inperpetuum monialibus de Sempingh*am* concessisse tenendum molendinum nostrum iuxta antiquum uadum
5 Slafor*die* ⟩ per .xl. solidos ⟩ annuatim pro omni seruicio . Vnde uolumus 7 presenti carta nostra hoc eis confirmamus quod prefatum molendinum cum suis pertinentiis ⟩ per predictos .xl. solidos . bene 7 in pace ⟩ honorifice ⟩ 7 quiete inperpetuum teneant . Testibus . Petro archidiacono Linc' . Ricardo
10 capellano . Laurentio clerico . magistro Roberto ⟩ de Chante-b'r . magistro Johanne de Kant*ia* . Albino decano Legr*ecestrie* . Roberto medico.

Facsimile facing page 32.
Endorsed : De electo Lincolnie (12 cent.).
Tag for seal. Size : 8¾ x 4⅛ inches.
Text : MS—Orig. Dij/87/1/28.

Add. Chart.

341. Ratification by bishop Walter [of Coutances] of bishop Robert's grant of the same mill to the nuns of Sempringham. (1183–1184.)

Walterus dei gratia Lincoln' [episcopus¹] omnibus catholice ec[clesie fil¹]iis salutem . Uniuersitati uestre notum fieri uolumus nos concessisse dilectis filiabus n[ostris in¹] Christo sanctimonialibus de Sempingh*am* molendinum iuxta
5 antiquum uad[um d¹]e Lafford cum omnibus pertinentiis suis tenendum de nobis 7 successoribus nostris perpetuis

temporibus per .xl. solidos annuatim pro omni seruitio . 7
ratam habere concessionem quam predecessor noster bone
memorie Robertus quondam Lincoliensis episcopus eisdem
10 sanctimonialibus super predicto molendino fecerat . Quod
quia ad noticiam posterorum nostrorum peruenire cupimus .
sigilli nostri munimine duximus corroborandum . Testibus .
Rogero capellano . magistro Johanne Cornuwalensi . magistro
Hugone . de Lund' . Waltero Mape . magistro Gregorio .
15 Radulfo decano de Westburch . Radulfo clerico de Stou.

Endorsed : De Waltero episcopo Linc' (12 cent.).
Tag for seal.   Size :   5½ x 6⅝ inches.
Text :   MS—Orig. Dij/87/1/27.
Var. R. :   ¹ *supplied conjecturally, the charter having been injured.*

Add. Chart.

342. Release by William of Lincoln, son of Geoffrey son of
Joel, to bishop Hugh [II] and the church of Lincoln of his right
in one mill in Sleaford, called Sheriff's mill, and in a toft in Old
Sleaford and three bovates in the fields of Sleaford and Holdingham. Further release by William of his right in the wardship of
the bishop's houses, or of any cellar of the bishop's at Lincoln, or
of his butlery, or of his other matters there or elsewhere. All this
William has sworn to observe, first in chapter, and afterwards in
the full shire court of Lincoln ; and for this the bishop has given
him ten marks. (1230.)

Omnibus Christi fidelibus ad quos presens scriptum
peruenerit . Willelmus de Lincoln' filius Galfridi filii Johelis :
salutem in domino . Nouerit uniuersitas uestra me remisisse
7 quietum clamasse de me 7 heredibus meis inperpetuum .
5 venerabili patri 7 domino Lincoln' episcopo Hugoni secundo
7 successoribus suis 7 ecclesie Lincoln' . totum ius 7 clamium
quod habui uel habere potui in vno molendino cum pertinenciis
in Lafford' . quod uocatur Schireuesmilne . 7 in vno tofto
in Veteri Lafford' cum pertinenciis : quod Willelmus le Cumber
10 tenuit . 7 in vna bouata terre cum pertinenciis in campis
Lafford' : quam Alanus de Nauenby tenuit . 7 in vna bouata
terre cum pertinenciis in campis similiter Lafford' : quam
Hugo Keuins tenuit . 7 in vna bouata terre cum pertinenciis
in campis de Haldingham : quam Reginaldus Poplican tenuit (
15 Habend' 7 tenend' eidem episcopo 7 successoribus suis 7
ecclesie Lincoln' integre . quiete 7 pacifice cum omni iure
quod ad me uel heredes meos quocumque modo pertinebat
uel pertinere potuit in eisdem in dominicis aut in seruiciis
imperpetuum . Preterea remisi 7 quietum clamaui de me
20 7 heredibus meis imperpetuum . predicto episcopo 7 successoribus suis 7 ecclesie Lincoln' : totum ius 7 clamium

quod ego uel heredes mei uel aliquis antecessorum meorum
habuimus . habere potuimus aut habere clamauimus in custodia
domorum ipsius episcopi 7 successorum suorum aut alicuius
25 cellarii sui Lincoln' uel butellerye sue aut aliarum rerum
suarum ibi uel alias ubicumque . Ita quod nec ego nec aliquis
heredum meorum aliquid iuris uel emolumenti nobis aliquo
umquam tempore vendicabimus aut vendicare poterimus in
premissis . Et quod tam ego quam heredes mei supradicta
30 omnia firmiter 7 fideliter imperpetuum obseruabimus ; primo
in capitulo 7 postmodum in pleno comitatu Lincoln' iuraui
tactis sacrosanctis Si uero predictus dominus episcopus uel
aliquis successorum suorum ad maiorem securitatem suam
7 ecclesie sue quantum ad premissa uel aliquod eorum huic
35 carte aliquid addendum uiderit uel mutandum ; ego 7 heredes
mei hoc ad mandatum ipsorum sub debita predicti iuramenti
mei bona fide 7 sine dolo 7 malo ingenio faciemus ; omni
exceptione . dilatione 7 excusatione remotis imperpetuum .
Pro hac autem remissione 7 quietaclamancia omnium pre-
40 dictorum ; dedit michi sepedictus dominus episcopus ; decem
marcas argenti . Vt igitur predicta omnia perpetuam optineant
firmitatem ; presenti scripto sigillum meum apposui . Hiis
testibus . Willelmo decano 7 Roberto archidiacono Lincoln' .
Johanne precentore . Willelmo cancellario 7 Waltero thesau-
45 rario ; Lincoln'. Johanne Bedefordie . Matheo Bukinghamie .
Gilberto Huntedonie 7 Roberto Leicestrie ; archidiaconis .
Simone de Hal' . Henrico de Coleuill' . Ricardo Cotele .
Radulfo filio Reginaldi . Gilberto de Treylly tunc senescallo
domini episcopi . magistro Willelmo de Beningeword' . Radulfo
50 de Warauill' . Willelmo de Winchecumb' . Ricardo de Oxon'
7 Thoma de Askeby . canonicis Lincoln' . Johanne de Paris' .
Willelmo 7 Petro fratribus eiusdem . Reginaldo de Niweport .
Petro de Ponte . Egidio de Hundegate . Willelmo 7 Roberto
Cawes . 7 aliis.

Endorsed : (1) Carta Willelmi de Linc' filii G. filii Joelis facta domino Linc'
super . . . . Lafford' (13 cent.). (2) Lafford' (14 cent.). (3) .ij.
Seal on tag : Round, 1¼ inches, green wax ; a fleur-de-lis, with the legend :
+ S' WILLELMI FILII GALFRIDI.
Size : 7½ x 5⅝ inches.
Text : MS—Orig. Dij/87/1/25.

ADD. CHART.

343. A similar charter. (1230.)

Omnibus Christi fidelibus ad quos presens scriptum
peruenerit . Willelmus de Lincoln' filius Galfridi filii Johelis ;
salutem in domino . No[uerit[1]] vniuersitas uestra me venerabili
patri 7 domino Lincoln' episcopo Hugoni secundo 7 suc-
5 cessoribus s[uis[1]] 7 ecclesie Lincoln' concessisse . red[i[1]]disse

7 quietum clamasse de me 7 heredibus meis imperpetuum ⸗
molendinum quod uocatur Sch[ireues¹]milne . prope Lafford'
[ex parte¹] orientali ⸴ cum omnibus pertinenciis suis . 7 vnum
toftum in veteri Lafford' quod Willelmus le [Cumber¹]
10 aliquando tenuit [7 unam¹] bouatam terre in campis Lafford'
quam Alanus de Nauenb' tenet pro . . . . vnam
bouatam terre in camp[is Lafford¹] quam Hugo Keuins tenet
pro sex solidis per annum 7 vnam bouatam terre in campis
de Haldingham quam Reginaldus Poplican tenet pro tribus
15 solidis 7 tribus denariis per annum . Habenda 7 tenenda
eidem episcopo 7 successoribus suis 7 ecclesie Lincoln' integre .
quiete 7 pacifice cum omni iure quod ad me quocumque
modo pertinebat uel pertinere potuit in eisdem ⸴ imper-
[petuum¹] . Preterea remisi 7 quietum clamaui de me 7
20 heredibus meis imperpetuum predicto episcopo 7 successoribus
suis 7 ecclesie Lincoln' totum ius 7 clamium quod ego uel
Galfridus pater meus aut aliquis antecessorum meorum
habuimus . habere potuimus uel habere cl[amauerimus¹] in
custodia domorum ipsius episcopi 7 successorum suorum .
25 aut alicuius cellarii sui ⸴ vel aliarum rerum suarum . Ita quod
nec ego [nec aliquis¹] heredum meorum aliquid iuris uel
emolumenti nobis aliquo umquam tempore uendicare poterimus
aut uendicabimus in premissis . Et quod [tam¹] ego
quam heredes mei supradicta omnia firmiter 7 fideliter
30 imperpetuum obseruabimus ⸴ primo in capitulo 7 postmodum
in pleno comitatu Lincoln' ⸴ iuraui tactis sacrosanctis . Si
autem predictus dominus episcopus aut aliquis successorum
suorum ad maiorem securitatem suam 7 ecclesie sue quantum
ad premissa uel aliquod eorum . huic carte aliquid addendum
35 uiderit uel mutandum ⸴ ego 7 heredes mei hoc ad mandatum
ipsorum sub debita predicti iuramenti mei bona fide 7 sine
dolo 7 malo ingenio faciemus ⸴ omni exceptione dilatione
7 excusatione remotis imperpetuum . Pro predictorum uero
molendini 7 tofti 7 terrarum predictarum concessione 7
40 redditione 7 prefate custodie ac omnium supradictorum
perpetua quietaclamancia ut predictum est ⸴ dedit michi
sepedictus dominus episcopus decem marcas argenti . Ad
perpetuam igitur omnium predictorum firmitatem ⸴ presenti
scripto sigillum meum apposui . Hiis testibus . Willelmo
45 decano 7 Roberto archidiacono Lincoln' . Johanne precentore.
Willelmo cancellario 7 Waltero thesaurario ⸴ Lincoln' .
Johanne Bedefordie . Matheo Bukinghamie . Gilberto Huntedonie 7 Roberto Leicestrie ⸴ archidiaconis . Simone de Hal' .
Henrico de Koleuill' . Ricardo Cotele . Radulfo filio Reginaldi .
50 Gilberto de Treilli tunc senescallo domini episcopi . magistro
Willelmo de Beningeword' . Radulfo de Warauill' . Willelmo
de Winchecumb' 7 Ricardo de Oxon' ⸴ canonicis Lincoln' .

Johanne de Paris' . Willelmo 7 Petro fratribus eiusdem ?
7 aliis.

Endorsed : (1) Lafford' (13–14 cent.).   (2) .i.
Seal on tag : The same as no. 342 above.   Size : 6¾ x 6 inches.
Text : MS—Orig. Dij/87/1/30.
Var. R. : ¹ *Supplied conjecturally, the charter having been injured* ; *cp. no.* 342
above.

ADD. CHART.

344. Release by Maud de Colvill, late the wife of Richard
Selvain of Dunsby [near Bourne, co. Lincoln], in her free widowhood,
to bishop H[ugh II], for sixteen shillings, of her right in the land
which was Richard Selvain her late husband's in the town of
Sleaford, which ought to belong to her in dower. (Circa 1230.)

     Omnibus sancte matris ecclesie filiis ad quos presens carta
     peruenerit ? Matildis de Coleuille quondam uxor Ricardi
     Saluani de Dunesby salutem . Ad vniuersitatis uestre noticiam
     uolo peruenire me spontanea uoluntate 7 libera uiduitate
5   mea concessisse 7 quietum clamasse totum ius 7 clamium quod
     habui uel habere potui in terra que fuit Ricardi Saluani
     quondam uiri mei in villa de Lafford' . que me in dotem
     contingere debuit . domino .H. Lincoln' episcopo 7 successoribus
     suis inperpetuum pro sexdecim solidis argenti quos michi
10 dedit . ut ipse dictam terram libere possideat absque calumpnia
     7 aliquo grauamine mei imperpetuum . Et in huius rei testi-
     monium presentem cartam sigilli mei munimine roboraui .
     Hiis testibus . domino . Gileberto de Trelli senescallo eiusdem
     domini episcopi . domino . Henrico de Lafford' decano .
15 Johanne de Burgo tunc clerico domini episcopi . Alexandro
     de Lafford' clerico . Radulfo de Toftis . Iuone de Welles .
     Radulfo filio Radulfi de Lafford' . Willelmo de Haydur diacono
     7 aliis.

Endorsed : (1) Lafford' (13–14 cent.).   (2) .iij.   (3) Scriptum (13–14 cent.).
Tag for seal.   Size : 6½ x 2¾ inches.
Text : MS—Orig. Dij/87/1/29.

ADD. CHART.

345. Grant by Thomas of Ancaster, dwelling in Sleaford, to
bishop Oliver [Sutton] of a selion of land in Old Sleaford and
Quarrington. (1280–1299.)

     Omnibus sancte matris ecclesie filiis ad quorum notisciam
     presens scriptum peruenerit . Thomas de Anecaster manens
     in Lafford' salutem in domino sempiternam . Nouerit
     vniuersitas vestra . me dedisse . concessisse . 7 hac presenti
5 carta mea confirmasse . domino Oliuero episcopo Linc' .
     et successoribus suis ? vnum selionem terre arrabilis in
     teritorio de Ueteri Lafford' . 7 Queringthon' iacentem
     super le Redherth inter terram domini episcopi Linc' ex

parte orientali . et terram quondam Galfridi Swyn ex parte
10 occidentali Tenendum 7 habendum . predicto domino Oliuero
episcopo Linc' 7 successoribus suis . libere . quiete . solute .
7 pacifice . in omnibus pertinenciis sine omni seruicio seculari
in perpetuum . Et ego predictus Thomas de Anecaster 7
heredes mei . predictum selionem . prenominato domino
15 Oliuero episcopo Linc' . 7 successoribus suis omni modo quo
predictum est warantizabimus . adquietabimus . 7 inperpetuum defendemus . In cuius rei testimonium huic carte
sigillum meum apposui . Hiis testibus domino Ranulpho de
Rii . Ricardo de Huwell' . Dauid' de Fletewyk' . Radulpho
20 de Lafford' . Willelmo filio Johannis Gregori . Willelmo le
Louerd' . Rogero clerico . 7 aliis.

Endorsed : (1) Nouum feoffamentum de quadam terra in Lafford' (13 cent.).
(2) Lafford' .xiij. (13 cent.).
Tag for seal.   Size : 9½ x 3¾ inches.
Text : MS—Orig. Dij/87/1/24.

ADD. CHART.

346. Notification by the chapter of Lincoln that bishop
Robert [II] has granted to Robert [Foliot] archdeacon of Oxford
the church of Langford [co. Oxford] as a prebend of Lincoln, as
Ralf dean of London best held it ; and that the bishop has, by
the counsel and consent of the chapter, ordained that the prebend
shall be annexed to the archdeaconry of Oxford in perpetuity,
so that henceforth the archdeacon may, by reason of the prebend,
be a canon of Lincoln. (1151—1155.)

Capitulum ecclesie sancte Marie Linc' . vniuersis catholice
ecclesie filiis salutem . Notum uobis sit quod venerabilis
pater noster Robertus Linc' episcopus nostro consilio 7
assensu concessit ecclesiam de Langeford Roberto archi-
5 diacono Oxenfordie in prebendam ecclesie nostre cum omnibus
suis pertinenciis sicut eam Radulfus Lundoniensis decanus
melius 7 liberius tenuit . Statuit etiam idem episcopus nostro
consilio 7 assensu ut predicta prebenda imperpetuum comitetur
Oxenfordensem archidiaconatum ita ut de cetero omnis
10 Oxenfordensis archidiaconus ex eadem prebenda canonicus
sit Linc' ecclesie . His testibus . A. decano . R. prescentore .
Hamone cancellario . Humfrido subdecano . Henrico archidiacono . Hugone archidiacono . Dauid archidiacono . Wigero .
Gilleberto . Siwardo . Reinaldo . Radulfo de Cadamo . Pagano .
15 Hylberto . Nicholao de Hamtona . 7 toto capitulo.

Facsimile facing page 32.
Endorsed : Capituli Linc' quod prebenda de Langford' sit annexa archidiaconatui
Oxonie. (13 cent.).   Attached to the charter by a string there is a docket with the
words : ' Prebend de ecclesia de Langeford ' (13 cent.).
The strip for the seal has been torn off.   Size : 8 x 3¼ inches.
Text : MS—Orig. Dij/73/2/14.

Notes : Robert Foliot became archdeacon of Oxford in the latter part of 1151 (Le Neve), and bishop of Hereford 1174. Ralf of Langford occurs as dean of Saint Paul's, London, in 1142, so he was not Robert Foliot's immediate predecessor in the archdeaconry of Oxford. Since Henry of Huntingdon is a witness, the present text cannot be later than 1155.

On the rule that a canon must hold a prebend see vol. i, p. xix. Part of Langford was formerly in Berkshire.

ADD. CHART.

347. Grant by David abbot of Bourne of the church of Saint Mary of Wothorpe [co. Northampton] for the maintenance of the nuns dwelling in the same church ; and decree that the college of nuns shall not exceed thirteen in number. (Circa 1160.)

Uniuersis sancte matris ecclesie filiis tam presentibus quam futuris David diuina pacientia dictus abbas ecclesie beati Petri de Brunna eiusdemque conuentus ecclesie salutem . 7 insolubilem fraterne caritatis affectum . Quum innumeris
5　cotidie comperimus inditiis suam diei malitiam non sufficere . set hostili uersutia mortalium cordibus paulatim non set ut uerius dicamus inpetuose succrescere . 7 illa iam uidemus prenuntiata instare tempora quibus multorum refrigescit caritas . fideque rarescente multorum apertissime iam habundat
10　iniquitas eorum paci qui se nostre commiserunt sollicitudini attenti cura prospicere duximus necessarium . Inde est quod sanctimonialium in ecclesia beate dei genitricis Marie de Wrytorp degentium earumque procuratorum sustentationi tam hiis qui in presentiarum quam qui in futuro se ibidem
15　diuino famulatui mancipauerint . [ean]dem ecclesiam de Writorp cum appenditiis suis uniuersis collatis 7 conferendis liberam 7 ab omni ex[actione qui]etam concedimus imperpetuum . Precauentes etiam ne collectionis multitudine . . . . a grauentur in posterum . ne tercium decimum
20　uelatarum collegium excedat numerum [presenti decreui]mus institutione . Vt igitur prenotate sanctimoniales suarum sollicitius operentur salutem . . . . ecclesie nostre statu diuine quietius supplicent maiestati . hoc ne callida . . . . orum . . . . tate uiolentur . im-
25　pressione sigilli capituli [nostri] decreu[imus ro]borare . Te[stibus . . . .]ardre . Aluredo abbate de Striuel' . Geru[asio . . . .]a priore . . . . Harowald' cum multis aliis.

Endorsed : Extra Staunford (13–14 cent.).
Slit for seal-tag. Size : 5⅞ x 5⅛ inches.
Text : MS—Orig. Dij/88/2/59.
Note : David abbot of Bourne occurs in 1156, 1163, etc. (*V.C.H., Lincolnshire,* ii, 178 ; Stenton, *Danelaw Charters,* p. 128).

ADD. CHART.

348. Notification by bishop Hugh [I] that, with the consent of Haimo the dean and the chapter, he has confirmed to the canons of the hospital of Lincoln (see *Note* below), of the order of Sempringham, the prebend of Canwick [co. Lincoln], which bishop Robert [II] granted to them. The canons of the hospital have promised to maintain a clerk, who shall be a priest or deacon or subdeacon, to minister in the church of Lincoln ; and R[oger] the prior of the order of Sempringham has granted the full brotherhood of his order to all the canons of Lincoln, so that there may be done for them, whether living or dead, in the hospital and in the other houses of the order, as the canons of the order are wont to do for their own members. (1189–1195 ; probably circa 1190.)

    Confirmacio Hugonis episcopi de prebenda de Kannewyk'
7 de clerico inueniendo.
    Omnibus Christi fidelibus Hugo dei gracia Lincoln' episcopus
salutem in domino . ad omnium vestrum noticiam peruenire
5 cupimus nos diuine dileccionis intuitu 7 promouende religionis
affectu ex consensu 7 voluntate Hamoni decani 7 capituli
Lincoln' ecclesie deo 7 canonicis hospitalis Lincoln' qui sunt
de ordine de Sempyngham concessisse 7 hac carta nostra
confirmasse prebendam de Kannewyk' quam bone memorie
10 Robertus quondam Lincoln' episcopus assensu predicti capituli
eis dedit 7 concessit 7 carta sua confirmauit quatinus eandem
prebendam bene 7 pacifice 7 integre possideant sine omni
contradiccione 7 reclamacione ecclesie nostre imperpetuum ⟩
Ipsi vero canonici spontanea voluntate nobis 7 prefato capitulo
15 promiserunt quod quemdam clericum ydoneum in ordine
presbiteratus vel diaconatus vel subdiaconatus perpetuis
eorum stipendiis 7 inpensis exhibebunt qui possit in ecclesia
nostra in hiis que ad diuina spectant officia congrue ministrare
Qui si propter rationabilem causam fuerit ammouendus per
20 memoratum capitulum ammouebitur Et ipsi canonici alium
eidem capitulo presentabunt ⟩ Quod si eo decidente[1] vel
conuicto alium presentare noluerit[1] licebit sepedicto capitulo
ecclesiastica cohercione in beneficio prefate prebende compellere eos vt clericum ydoneum capitulo presentent Vt autem
25 hec concessio nostra 7 confirmacio inuiolabilis 7 illibata
permaneat presentis scripti communicione 7 sigilli nostri apposicione eam corroborare dignum duximus Magister vero . R.
prior ordinis de Sempyngham cunctis canonicis predicti
capituli Lincoln' ecclesie 7 successoribus eorum plenariam
30 fraternitatem ordinis sui concessit vt fiat pro eis tam viuis
quam pro defunctis in prefata domo 7 in omnibus domibus
aliis eiusdem ordinis sicut pro suis facere solent Nos eciam 7
predictum capitulum nostrum eis communionem et participacionem oracionum ecclesie nostre concessimus imperpetuum
35 Hiis testibus Hamone decano Lincoln' Winemero subdecano.

Text : MS—Cant.1261 (written by a 15 cent. hand).
Var. R. : ¹ *sic.*
Note : The religious house referred to in this text is Saint Katherine's priory, which was situate a little way beyond the Great Bargate which formed the southern entrance to the medieval city of Lincoln. The founder was bishop Robert Chesney, who bestowed upon the priory the prebend of Canwick and granted to it the care and custody of a still older foundation, the hospital of Saint Sepulchre, which adjoined it on the north (see vol. i, 120–1). The association of the two foundations was so close that they were not always clearly distinguished in documents, as for instance in the present text.

ADD. CHART.

349. Presentation by the prior and convent of the house of Saint Katherine without Lincoln to the Dean and Chapter of sir Robert Swaby, chaplain, unto the office of clerk of the hospital, which being vacant belongs to the presentation of the prior and convent by reason of the prebend of Canwick in the church of Lincoln. Given in the chapter house of the priory. 1 April, 1440.

Venerabilibus viris 7 dominis domino decano 7 capitulo ecclesie cathedralis Lincoln' prior domus sancte Katerine extra Lincoln' ordinis sancti Gilberti de Sempyngham eiusdem que loci conuentus reuerencias 7 honores tantis viris debitas .
5 Ad officium clerici hospitalis racione prebende de Canwyk' in ecclesia Lincoln' predicta vacans 7 ad nostram presentacionem pertinens dilectum nobis in Christo dominum Robertum Swaby capellanum presentamus intuitu caritatis humiliter supplicantes quatinus ipsum Robertum ad dictum officium
10 admittere 7 ipsum in eodem instituere dignemini cum gracia 7 fauore In cuius rei testimonium sigillum domus nostre commune presentibus est appensum Dat' in domo nostra capitulari primo die Aprilis anno domini millesimo cccc^{mo} quadragesimo.

Text : MS—Cant.1262 (written by a 15 cent. hand).

ADD. CHART.

350. Grant by bishop William [of Blois] to master William son of Fulk, the bishop's clerk, of the prebend of *Decem Librarum*, on the resignation of Peter de Columpna, canon of Lincoln, which prebend the bishop had formerly conferred upon the said Peter at the instance of pope Innocent III, and which in the time of the bishop's predecessors had been held by Simon de Trou, and after him by Alan of Buckden. William son of Fulk is to receive the £10 out of the ferm of the archdeaconry of Lincoln. (1203–1206.)

Omnibus Christi fidelibus ad quos presens scriptum peruenerit ؛ Willelmus dei gracia Lincoln' episcopus salutem eternam in domino . Nouerit uniuersitas uestra nos ad resignacionem dilecti in Christo filii Petri de Columpna

5   Lincoln' ecclesie canonici *:* dedisse 7 concessisse caritatis
intuitu dilecto in Christo filio magistro Willelmo filio Fulconis
clerico nostro *:* illam prebendam decem librarum esterlingorum *:* quam ad instanciam 7 petitionem domini pape
Innocentii tercii *:* eidem Petro antea contuleramus . quam
10   etiam tempore predecessorum nostrorum magister Symon de
Trou . 7 post eum magister Alanus de Buggenden' habuerant *:*
perpetuo possidendam . Et ipsi magistro Willelmo dictas
decem libras assignauimus percipiendas *:* ubi predicti canonici
eas percipere consueuerunt . videlicet de firma archidiaconatus
15   Lincoln' *:* per manum ipsius archidiaconi . scilicet centum
solidos ad Pascha . 7 centum solidos ad festum sancti Michaelis .
Vt autem hec nostra donatio 7 concessio perpetuam obtineant
firmitatem *:* eas presenti scripto 7 sigilli nostri patrocinio
communiuimus . Testibus . Rogero decano . Philippo . sub-
20   decano . magistris Gir*ardo* de Rowell' . Gilberto de Malbertorp' . Adam de sancto Edmundo . 7 Thoma de Fiskerton' *:*
Lincoln' ecclesie canonicis . magistro Willelmo de Stauenb' .
Alexandro de Torkes*ei*a . Rogero . Petro . Waleranno 7 Karolo
clericis *:* 7 multis aliis.

Endorsed : (1) Prebenda .x.li. (13 cent.).   (2) De prebenda .x. librarum (13 cent.).
Tag for seal.   Size : 5½ x 5⅛ inches.
Text : MS—Orig. Dij/55/3/2.

ADD. CHART.

351. Notification and ratification by Roger the dean and the
chapter of the preceding grant of bishop William. (Circa 1203–
1206.)

Omnibus sancte matris ecclesie filiis ad quos presens
scriptum peruenerit *:* Rogerus decanus 7 capitulum Lincoln'
ecclesie salutem in domino . Noueritis quod venerabilis pater
noster Will[elmus dei gracia] Lincoln' episcopus ad resigna-
5   cionem fratris 7 concanonici nostri Petri de Columpnia *:*
d[ilecto in Christo] magistro Willelmo filio Fulconis illam
prebendam Decem Librarum esterlingorum *:* quam ad instantiam 7 petitionem domini pape Innocentii tercii *:* eidem
Petro antea contulerat . quam etiam retroactis temporibus
10   magister Symon de Trou . 7 post eum magister Alanus de
Buggenden habuerant *:* perpetuo possidendam . Ipse etiam
episcopus dictas decem libras eidem Willelmo assignauit
percipiendas *:* ubi predicti canonici eas percipere consueuerunt .
videlicet de firma archidiaconatus Lincoln' per manum ipsius
15   archidiaconi . scilicet centum solidos ad Pascha . 7 centum
solidos ad festum sancti Michaelis Nos autem dictam donationem . concessionem . 7 assignationem ratam 7 gra[tam
habentes] de mandato ipsius episcopi memorato Willelmo
stallum in choro 7 l[ocum in capitulo as]signauimus *:* secundum

20 ecclesie nostre consuetudinem . In huius autem rei testi-
m[onium . . . .] sigillum nostrum apponi fecimus .
Testibus . Rogero decano 7 capitulo.

No ancient endorsement.
Slit for seal-tag. Size : 5⅜ x 4½ inches.
Text : MS—Orig. Dij/55/3/1.
Var. R. : There are two holes in the charter, and the missing words have been
supplied conjecturally within brackets.

ADD. CHART.

352. Grant by bishop Hugh [II], with the assent of William
the dean and the chapter, to Peter de Chevermunt of fifteen marks
[*Decem Librarum*] in the name of a prebend of Lincoln, to be
received by Peter from the render of the archdeaconry of Lincoln,
until the bishop shall provide for him in the church of Lincoln ;
which being done, the fifteen marks shall revert to the bishop.
At Lincoln. 28 September, 1225.

    Omnibus Christi fidelibus ad quos presens scriptum
peruenerit ⁊ Hugo dei gratia Linc' episcopus ⁊ salutem in
domino . Nouerit vniuersitas uestra nos de assensu Willelmi
decani 7 capituli nostri Linc' . dedisse 7 concessisse dilecto
5 in Christo filio . Petro de Cheueremunt . quindecim marcas
annuas nomine prebende Linc' de redditu nostro de archidiaconatu Linc' per manum archidiaconi eiusdem loci annuatim
percipiendas ⁊ ad quatuor anni terminos . videlicet ad Natale
domini quinquaginta solidos . ad Pascha quinquaginta solidos .
10 ad Natiuitatem beati Johannis Baptiste quinquaginta solidos .
7 ad festum sancti Michaelis quinquaginta solidos . habendas
7 tenendas eidem Petro ⁊ donec illi in ecclesia nostra Linc'
per nos uel successores nostros competenter prouideatur .
Statuentes de consilio predictorum decani 7 capituli . ut cum
15 ipsi . P. fuerit sicut dictum est prouisum ⁊ extunc predicte quindecim marce tanquam ius nostrum 7 proprius redditus noster
absque omni reclamatione 7 contradictione ad nos 7 successores
nostros libere quiete reuertantur . Quod ut firmitatem optineat ⁊
presenti scripto sigillum nostrum una cum sigillo predicti
20 capituli nostri Linc' ⁊ duximus apponendum . Hiis testibus
Willelmo decano . Johanne precentore . Ricardo cancellario .
Roberto Linc' . 7 Willelmo Wellen*si* archidiaconis . Johanne
subdecano . magistro Roberto de Grauel*e* . Gilberto de Scardeburg*o* . Waltero Blundo . Rogero de Bristoll*ia* . magistro
25 Stephano de Cicestr*ia* . Petro de Hunger*ia* . magistris Willelmo
de Linc' . Rogero de Laccock' . 7 Amaur*ico* de Buggeden' .
Rogero de Bohun' . 7 Hugone de Well*is* canonicis Linc' . Dat'
per manum Radulfi de Wareuill' canonici Linc' in capitulo
Linc' . quarto kalend' Octobris ⁊ anno pontificatus nostri
30 sexto decimo.

Endorsed : De prebenda .xv. marcis (13 cent.).
Tag for seal, and slit for another tag. Size : 7 x 3⅜ inches.
Text : MS—Orig. Dij/55/3/3. Attached by a string to this and the two preceding charters is a strip of parchment, 7 x ¾ inches, with the words, 'Conting' prebendam decem librarum'.

ADD. CHART.

353. Notification by the canons and brethren of the hospital of Elsham [co. Lincoln] that, William Clement their prior being dead, they have, by common consent, and with the assent of their patron, elected brother Henry to be prior, and have presented him to the dean of Lincoln ; and request that the bishop will confirm the election. (1209–1218.)

Reuerendo domino 7 patri in Christo .H. dei gracia Lincoln'
episcopo . canonici 7 fratres hospitalis de Ellesham sue
sanctitatis serui 7 filii . subiecte deuotionis obedientiam . 7
debitam reuerentiam . Sancte paternitati uestre innotescere
5 curamus nos defuncto Willelmo Clementis priore nostro :
communi assensu capituli nostri necnon 7 assensu aduocati
nostri . eligisse nobis in priorem dilectissimum nobis fratrem
nostrum . Henricum . religionis 7 honestatis moribus
· · · · · · · · · · · · · · · · 7 aduocatum nostrum pre-
10 sentasse domino decano ecclesie Lincolniensis . ad quam
regendam nos diuina adiuuante clementia . Sic . igitur . suscepto
domus nostre regimine : canonicos . fratres . pauperesque
domus nostre secundum · · · · · · · · · · · caritate trac-
tando . hospites benigne recipiendo . edificiis domui nostre
15 necessariis construendis insistendo tam apud nos quam apud
affines nostros : satis laudabiliter inuenitur . Huic reuerentis-
sime pater . 7 domine . sanctitatis uestre clemencie cum
summa deuotione deposcimus . quatinus diuine caritatis
intuitu . assensu 7 auctoritate dignitatis uestre electio nostra
20 super tanto 7 tam digno uiro : confirmetur stabilisque permaneat . Valeat in domino sanctitas uestra.

Endorsed : Decretum de Ellesham' (13 cent.).
A ribband, and below it a strip in which there is a slit for a seal-tag. Size : 5½ x 4½ inches.
Text : MS—Orig. Dij/69/3/31 (the document is illegible in places).
Note : William Clement was still prior in 1208, and Henry appears as prior in November, 1218 (above, vol. i, 250 ; *Final Concords* (Lincolnshire Records), i, 83, 124).

ADD. CHART.

354. Award of Stephen archbishop of Canterbury and cardinal in a dispute between bishop Hugh [II] and the chapter of Lincoln on the one part and the master, priors, and canons of the order of Sempringham on the other part about the churches and benefices which, being of their patronage, should, as the said canons claim, by reason of their privileges be appropriated to their use. The

archbishop's award is that the bishop and chapter shall concede
to the order of Sempringham the church of Billingborough, a mediety
of the church of Cranwell, five parts of the church of Anwick, the
church of Alford with the chapel of Rigsby, and the church of
[South] Cadeby, saving suitable vicarages which are to be constituted
by the bishop ; and that the use of all the privileges on which the
canons relied in the dispute shall cease during the whole time of
bishop Hugh. (1214–1219.)

Cut through in straight line

C Y R O G R A P H V M

Omnibus Christi fidelibus ad [quos pre]sens scriptum
peruenerit . S. [permission]e diuina Cantuar*iensis* archi-
5 episcopus totius Ang*lie* primas 7 sancte Romane ecclesie
cardinalis salut[em in dom]ino . Cum controu[ersi]a que
uertebatur inter venerabilem fratrem nostrum .H. Lincolnien-
sem episcopum 7 capitulum Lincoln' ex una parte 7 magistrum
ac priores 7 canonicos ordinis de Sempingeha*m* ex alia super
10 ecclesiis 7 beneficiis ecclesiasticis ad eorumdem canonicorum
ut di[citur] aduocationem pertinentibus quas occasione
priuilegiorum suorum in usus proprios habere contendebant
nobis [. . . . . summo] pontifice commissa ⫶ tandem post
multas altercationes partibus in presentia nostra constitutis
15 7 [. . . . . con]ferentibus ac promittentibus se ratum
hab[ituros] quod nos super eodem negotio duceremus dis-
ponendum ⫶ prehabita de[liberatio]ne matura Ita duximus
ordinare . quod subscripta beneficia tunc uacancia scilicet
ecclesia de Billingeburg' . medietas ecclesie de Cranewell' .
20 quinque partes ecclesie de A[mewi]c . ecclesia de Auford cum
capella de Riggesb' . ecclesia de Cateb' cessantibus prius litigiis
in hiis de quibus tunc erat [de seruic]io seculari contentio
. 7 iudicio pro eis faciente ⫶ 7 saluis competentibus vicariis
arbitrio episcopi secundum estimationem beneficiorum in eis-
25 dem constituendis ⫶ ad usus cedant eiusdem ordinis monialium
ubi sunt moniales ⫶ in supplementum defectus quem con-
sueuerant in potu sustinere . De eadem etiam prouisione nostra
toto tempore episcopi memorati cessabit usus omnium
priuilegiorum suorum quorum occasione dicti canonici
30 mouerunt eidem episcopo questionem . Iidem etiam magister
priores 7 canonici . rescriptis occasione priuilegiorum suorum
inpetratis uel inpetrandis ⫶ non utentur . saluis eis beneficio
iuris communis 7 gracia si quam de ceteris beneficiis uacantibus
uel de cetero uacaturis que de eorum fuerint aduocatione ⫶
35 duxerint iidem episcopus 7 capitulum faciendam . In huius
igitur rei robur 7 testimonium presenti scripto sigillum nostrum
duximus apponendum Hiis testibus . magistro .W. de

Bardena*y* Wellen*si* . magistro .A. de Tiln*eia* Elyen*si* archidiaconis . Roberto de Bristoll' . magistro Thoma officiali
40 nostro . magistro Waltero de Einesham . magistro Willelmo
de Bea[uton] . [Wi]llelmo de Bosco . Rogero de Ponte Aldo-
mari . Johanne de Waltham . Vincentio de Norwico 7 aliis.

No ancient endorsement.
Tag for seal. Size : 6⅜ x 6½ inches.
Text : MS—Orig. Dij/61/4/13.
Var. R. : *The charter has nine holes, and some of the missing words have been supplied
conjecturally, enclosed within square brackets.*
Notes : The name in line 20 of which only the first and last letters remain is
evidently Amewic (or a variant), that is, the modern Anwick. Ralf son of Fulk
of Amewic gave five parts of the church to Haverholme priory, and Geoffrey son
of Roger of Amewic gave the sixth part (*Haverholme Priory Charters*, in *Lincolnshire
Notes and Queries* xvii, 31. Cp. *Liber Antiquus Hugonis Wells*, ed. A. Gibbons, p. 87).
South Cadeby is an extinct village between Grimblethorpe and Calcethorpe
(Foster, *Final Concords* ii (L.R.S. xvii), pp. lviii–lx).
Adam Tilney became archdeacon of Ely, and died, holding that office, 6 Novem-
ber, 1219.

ADD. CHART.

355. Mandate of pope Innocent [IV] to the priors of Ely and
Warter and the archdeacon of Rochester with respect to the suit
between bishop [Robert Grosseteste] and the dean and chapter
of Lincoln concerning the bishop's right to visit the church of
Lincoln. At the Lateran. 31 October, 1243.

Innocentius episcopus seruus seruorum dei . Dilectis filiis
. . Elien*si* . 7 . . de Wartre Eboracen*sis* diocesis prioribus .
7 . . archidiacono Roffen*si* . salutem 7 apostolicam benedictionem . Exhibita nobis . decani 7 capituli ecclesie
5 Lincolnien*sis* petitio continebat ⸲ Quod cum felicis recorda-
tionis .G. papa . predecessor noster venerabili fratri nostro .
Wigornien*si* episcopo . 7 dilectis filiis . . Wigornien*si* 7 . .
Subirie archidiaconis Norwicen*sis* diocesis questiones exortas .
inter ipsos ex parte . una 7 venerabilem fratrem nostrum
10 . . episcopum Lincolnien*sem* ex altera super uisitatione ipsius
capituli 7 ecclesiarum ad dignitates 7 prebendas ⸍ ac com-
muniam eiusdem ecclesie spectantium ac rebus aliis de
uoluntate partium sub certa forma suis litteris commiserit
cognoscendas ⸍ ut uidelicet eas infra certum tempus si de
15 ipsarum uoluntate procederet terminarent ⸲ alioquin sufficienter
instructas remitterent ad apostolice sedis examen ⸲ huiusmodi
conuentione prius firmata inter partes ac etiam acceptata ⸍
quod eisdem episcopo 7 decano a uisitatione . capituli 7
predictarum ecclesiarum interim omnino cessantibus alia
20 omnia pertinentia ad huiusmodi questiones in eo statu in
quo tempore consecrationis eiusdem episcopi fuerant re-
manerent ⸍ ex parte ipsorum coram magistris .T. 7 .J.
officialibus dictorum . episcopi ⸲ 7 archidiaconi Wigornien*sis* .
quibus ipsi tertio coniudice tunc excusato legitime com-
25 miserant . usque ad eorum beneplacitum uices suas fuit

excipiendo prepositum (quod cum idem episcopus post
huiusmodi lites motas contra tenorem predicte conuentionis
ueniens ipsos possessione uel quasi statuta 7 constitutiones
faciendi una cum eis (ac presentandi ordinationis tempore (

30   clericos chori examinandos ab eis (quos ipse iuxta eiusdem
ecclesie antiquam 7 approbatam consuetudinem ordinare .
tenetur absque examinatione aliqua duxerit spoliandos (
denegando absque rationabili causa tales presentatos sibi
ordinationis tempore ordinare ac faciendo statuta 7 con-

35   stituciones per seipsum tantum que cum eis tenetur facere
ac etiam promulgare . in quorum possessione uel quasi ante
7 post consecrationem ipsius fuerant usque ad tempus quo
ab eo spoliati fuerunt (pacifice 7 quiete prout erant probare
parati (ad respondendum sibi non debebant . nisi prius

40   habita restitutione compelli . Et quia magister Thomas
iamdicti Wigornien*sis* episcopi (ac nominatus .J. dicti archidiaconi officialis (eorundem episcopi 7 archidiaconi in parte
subdelega[ti . . . . . . coniudice te]rtio excusato legitime
has eorum exceptiones denuo propositas coram eis admittere

45   contra iustitiam denegarent . iidem sentientes indebite se
grauari ab eis ad delegatos (7 a delegatis (qu[i exceptione]s
non audiebant easdem ad sedem apostolicam [appellarunt] .
Postmodum uero dum de [. . . . .]
inter partes hinc inde amicabiliter tinctaretur (quatuor

50   uidelicet decanus 7 tres alii (de capitulo fuer[. . . . .
. . . .] Lincolnien' episcopum per dict[. . . . . .
. . . .]um destinati (iniuncto eis uerbotenus
dumtaxat (ut cum ipso non nisi de amicabili compositione
vel perpetua pace [. . . . .]rent (nullis litteris

55   procuratoriis concessis eisdem [. . . . .]
mandati fines temere excedentes dictus decanus suo (reliqui
uero eorum 7 capituli nomine renuntiauerunt omnibus exceptionibus preter quam peremptoriis (7 appellationibus preter
[. . . . .]positis

60   [. . . . .] prop[. . . . .
. . . .] quantum in eis erat ad contestandum cum eodem
episcopo litem (iuramentis prestitis obligando ꝰ confectasque
super huiusmodi conuentione iniqua per clericos eiusdem
E[cclesie . . . . l]itteras [. . . . . .

65   . . . .]ebat ꝰ preter conscientiam ipsius
capituli sigillarunt . Sed idem capitulum conuentioni huiusmodi quamcito ad ipsius peruenit notitiam contradicens
om[. . . . .
. . . .]onem iam suspenso procederetur ad

70   sedem apostolicam appellauit . ac dictus Wigornien*sis* episcopus
7 magister .R. de Kirkam Norwicen*sis* dioc*esis* quibus
reli[. . . .

. . . . ca]pitulo suspensionis ⟨ 7 in aliquos excommunicationis sententias promulgarunt 7 una cum dicto
75 archidiacono Subirie huiusmodi negotium resumente[. . . .

. . . .

. . . .]eptatam ut superius est ex-
pressum ⟨ perperam decreuerunt [. . . . . .] admitti ipsum
quatenus potuere de facto in possession[em . . . .

80 . . . .]
solummodo constitutum appellationibus innouatis predictis
fuit ad sedem apostolicam appellatum . Ac iidem contemptis
legitimis appellationibus [. . . .

. . . . . de capitulo fecerunt per . . priorem sancte [. . . . .

85 . . . . ex]communicationis sententias pro-
mulgari . Quare petebat dictorum decani 7 capituli procurator
ut dictas suspensionis 7 excommunicationum sententias
[. . . . .]nes eorum legitimas promul-
gatas ⟨ conuentione a predict[. . . . .]

90 non obstante . denuntiari nullas ⟨ ac reuocari in statum
debitum quicquid post appellaciones predictas in eorum .
esset preiudicium temere attemptatum ⟨ per discretos aliquos
faceremus . Procurator uero dicti episcopi proposuit ex
aduerso ⟨ quod cum idem episcopus ex parte una 7 predicti

95 decanus 7 capitulum Lincolnien*si* ex altera inter se con-
uenerint ⟨ ut exceptionibus dilatoriis 7 cauillationibus omnibus
prorsus omissis ⟨ coram prefato Wigornien*si* episcopo 7
collegis suis litis contestatio fieret ac deinde causa plene
instructa per diffinitiuam terminaretur sententiam si de

100 partium procederet uoluntate ⁑ alioquin ad apostolice sedis
remitteretur examen . dicti decanus 7 capitulum se ad dila-
torias exceptiones contra conuentionem huiusmodi conuer-
terunt . Cumque a iudicibus ipsis terminus prefigeretur
partibus ad litem legitime contestandam ⟨ . . decanus pro

105 se . . precentor . . cancellarius 7 . . thesaurarius procuratores
eiusdem capituli sicut per ipsius litteras constitit euidenter ⟨
cum eodem episcopo taliter conuenerunt ⟨ ut in prefixo
termino comparerent ad litis contestationem in principali
negotio faciendam . exceptionibus propositis ⁑ 7 etiam propon-

110 endis ⟨ 7 appellationibus preter quam a diffinitiua renuntiantes
omnino ⁑ ac litteris impetratis 7 impetrandis illis dumtaxat
exceptis que ad dictos Wigornien*sem* 7 collegas fuerant iam
obtente . 7 quamquam maior 7 sanior pars predicti capituli
acceptasset compositionem ipsam 7 iuramento firmasset ⟨

115 quidam tamen de capitulo ipso ad cauillationum diffugia
redeuntes ⟨ spreta eadem conuentione . ⟨ quasdam appella-
tiones frustratorias prius ad sedem apostolicam interiectas
ut dicitur innouarent ⁑ 7 ob hoc parere iudicibus ipsis con-
tumaciter recusantes ⟨ ut iudicio moras ingererent longiores ⟨

120 a carissimo in Christo filio nostro . . Rege Anglie illustri
obtinuerunt . eisdem iudicibus litteras destinari ʹ ut in causa
ipsa eo irrequisito nullatenus procedere attemptarent . Verum
cum pluries ad litem contestandam citati fuissent ʹ 7 nec
per se nec per procuratorem legitimum comparerent ʹ prefati
125 iudices in quosdam de capitulo ipso excommunicationis in
quosdam uero suspensionis sententias eorum . exigente
contumacia promulgarunt ? quas cum dampnabiliter uili-
penderent ʹ in quasi possessionem iuris uisitandi ʹ 7 possessionem cuiusdam sequestri de quo in libello ab episcopo ipso
130 porrecto mentio habebatur . eundem episcopum induxerunt .
7 instante iam biennii fine . infra quod eorum erat iurisdictio
limitata ʹ decreuerunt processum totum fore ad sedem
apostolicam remittendum ʹ certo termino partibus assignato
postquam creatio summi pontificis nota esset in Anglia quo
135 in eius presentia comparerent . Vnde petiit ipsius episcopi
procurator ʹ ut processum eorundem iudicum approbantes
dictas obseruari sententias inuiolabiliter mandaremus . Quia
uero nobis non constitit de premissis ʹ discretioni uestre
per apostolica scripta mandamus . quatinus ʹ uocatis . qui
140 fuerint euocandi 7 auditis hinc inde propositis quod canonicum
fuerit appellatione postposita statuatis . facientes quod
statuentis auctoritate nostra firmiter obseruari . Testes autem
qui fuerint nominati si se gratia . odio . uel timore . subtraxerint ʹ per censuram ecclesiasticam cessante appellatione
145 cogatis ueritati testimonium perhibere . Quod si non omnes
hiis exequendis potueritis interesse . ʹ duo uestrum ea
nichilominus exequantur . Dat' [space] Lateran' [space]
ij [space] kal' [space] Nouembris . pontificatus [space] nostri
[space] anno [space] primo : ;

Endorsed : Delegacio inter episcopum et capitulum pro visitacione et aliis (14
cent.).
The cord for the seal has been torn away. Size : 19 x 18½ inches.
Text : MS—Orig. Dij/57/1/8.
Var. R. : *The middle of the document has perished, and there are five other holes.
The words enclosed in square brackets have been supplied conjecturally. For some of
these suggestions the editor is indebted to Professor W. Holtzmann.*
Note : For another mandate, dated 22 December, 1243, see *Papal Letters*, ed.
W. H. Bliss, i, 203–4 ; and for the pope's definitive sentence see above, vol. i,
pp. 225–8, and 356 below.

ADD. CHART.

356. *Inspeximus* by bishop Robert [Grosseteste] of the
definitive sentence of pope Innocent [IV] that the bishop is to be
admitted to visit the dean and chapter, the canons, and others
(see vol. i, no. 273). (Circa 1245.)

　　Omnibus Christi fidelibus ad quos presens scriptum
peruenerit Robertus dei gracia Lincoln' episcopus salutem
in domino . Literas domini pape non cancellatas nec abolitas

D

aut aliqua parte sui uic[iatas . inspeximus] in hec uerba .
5 Innocencius episcopus seruus seruorum dei venerabili fratri
episcopo Lincoln' salutem 7 apostolicam benediccionem .
(*etc., as printed in volume i*, pp. 225–8, *but with the following
various readings* :

no. 901, l. 5—*for* purget *read* perurget.
10   l. 6—*for* agitare *read* agitate.
ll. 10, 24, 38, 41, 42, 54, 63—*for* Linc' *read*
Lincoln'.
l. 30—*omit* que.
l. 34—*for* promouere *read* mouere.
15   l. 42—*for* requirendus assensus *read* assensus
requirendus.
l. 43—*for* requisita *read* irrequisita.
l. 45—*for* exiberi *read* exhiberi.
l. 46—*for* conferentur *read* conferuntur.
20   l. 53—*omit* ac.
l. 58—*for* perpetuum silencium *read* silencium
perpetuum.
ll. 63, 95—*for* exibeant *read* exhibeant.
l. 68—*for* sancciones *read* sanctiones.
25   l. 70—*for* isto *read* ipso.
l. 84—*before* in *insert* autem.
l. 98—*for* impetitione *read* impeticcione.
In huius igitur [rei] testimonium presenti scripto sigillum
nostrum duximus apponendum.

No endorsement.
Tag for seal. Size : 12¾ x 11 inches.
Text : MS—Orig. Dij/57/1/4. (The charter has been injured by damp, and
missing words have been supplied within brackets.)
Note : The present text has been discovered since volume I was printed.

BISHOP HUGH II

*Folios 39–45d, containing numbers 221–241, form a section of the
Registrum Antiquissimum which is written on closely trimmed leaves
which are much shorter than the rest of the volume (see above, Introduction, vol. i, p. l).*

Folio 39.

Hdl.   HUGO EPISCOPUS   SECUNDUS (rubric).   . 3 . 9 .

221

357. Letter of W[alter] archbishop of York to pope Innocent
[IV], stating that on account of the risk of sending original instru-
ments to distant places, he has, at the request of the dean and
chapter of Lincoln, caused transcripts to be made, under his seal,
of certain grants of bishop Hugh II. 12 November, 1251.

Carta domini .W. archiepiscopi Ebor*acensis* . ad dominum
papam directa (A rubric)'.
Sanctissimo patri in Christo . 7 domino reuerendo .
Innocencio . dei gracia summo pontifici . deuotus filius .W.
5   Ebor*acensis* ec[clesie m¹]inister hu[milis . cum¹] optata salute
pedum oscula beatorum . Cum meticulosum necnon pericu-
losum existat instrumenta originalia ecclesie per que in
aduersis hiis diebus frequenter contingen[tibus . pl¹]ena debet
parari securitas ⫶ ad loca remota tum propter maris pericula .
10 viarum discrimina . ac alia incommoda que insurgere solent
deferre ⫶ venerabiles uiri decanus 7 capitulum Lincoln'²
ecclesie michi humiliter supplicarunt . vt quarumdam bone
memorie Hugonis episcopi Lincoln'² ecclesie concessionum
transcripta ⫶ inpressione³ sigilli mei munire curarem . Ego
15 autem sicut pium est 7 honestum peticioni annuens eorundem ⫶
ipsas concessiones originales audiui 7 easdem inspectas non
cancellatas . non abolitas . nec in aliqua sui parte viciatas
de uerbo ad uerbum feci transcribi 7 earum transcripta
subscripta ⫶ sigilli mei inpressione³ muniri.
20 [*Here follow numbers* 358, 359 *and* 361, *below.*]
⁴Dat' pridie idus Nouembris anno domini . millesimo .
ducentesimo . quinquagesimo . primo . conseruet uitam
vestram altissimus per tempora diuturna.⁴

Endorsed : (1) Domino Ricardo de Wysebech' uel magistro R . . . . de Glen'
(13 cent.)   (2) Domino Ricardo de Wysebech' uel . . . . . Alano de . . . . .
(13 cent.).   (3) Transcripta cartarum quarundem pensionum ecclesie Linc' (query
Q).   (4) Confirmatio per Hugonis Linc' episcopum (13 cent.).
    Fragments of oval seal on tag enclosed in black leather case.   Size : 9⅞ x 21¼
inches.
    Texts : MS—Orig. ᴅj/20/1/1. A.
    Var. R. : ¹ *supplied from* A, *since there are holes in the charter.* ² Linc' A. ³ im-
pressione A. ⁴⁻⁴ A *omits this clause here, and adds it at the end of no. 361 below.*

222

358. Grant by bishop Hugh II, with the assent of Roger [de
Rolveston] the dean and the chapter, to the canons of Lincoln, in
augmentation of their common, of a yearly render of thirty marks
from the church of Nettleham, forty marks from the church of
Gosberton, one hundred shillings from the church of Grayingham,
one hundred shillings from the church of Stilton [co. Huntingdon],
and fifteen marks from the church of Woburn [co. Buckingham].
At Lincoln.   29 March, 1220.

¹Carta Hugonis Lincoln' episcopi de ecclesiis de Netelham
. Gosberdchirch' . Stilton' . 7 de Wburn'¹ (A rubric).
    Omnibus Christi fidelibus . ad quos presens scriptum
peruenerit ⫶ Hugo dei gracia . Linc'² episcopus salutem in

5   domino . Nouerit vniuersitas uestra nos pro salute anime
    nostre . 7 antecessorum 7 successorum nostrorum . ad honorem
    dei . 7 gloriose virginis . de assensu Rogeri decani . 7 capituli
    nostri Linc'² . concessisse . 7 dedisse . in liberam . puram .
    7 perpetuam elemosinam . canonicis ibidem deo seruientibus .
10 in perpetuum augmentum commune sue . de ecclesia de
    Netelham'³ triginta marcas . de ecclesia de Gosberdkirch'⁴
    quadraginta marcas . ⁶de ecclesia de Greingham⁵ . centum
    solidos⁶ . de ecclesia de Stilton' . centum solidos . de ecclesia
    de Wburn'⁷ . quindecim marcas . habendas 7 recipiendas de
15 ipsis ecclesiis cum proximo uacauerint . annuatim in quatuor
    anni terminis . per manus eorum qui pro tempore ipsas
    ecclesias tenuerint per nos . uel successores nostros qui de
    ipsis ecclesiis 7 omnibus pertinenciis earum disponemus .
    7 ordinabimus pro uoluntate nostra imperpetuum . libere .
20 7 quiete . 7 absque omni contradiccione⁸ . saluo predicte
    commune ecclesie Linc'¹ redditu memorato annuatim ⸴ de
    eisdem . Statuimus autem quod vnusquisque eorum qui
    quamcumque predictarum ecclesiarum tenuerit ut dictum
    est ⸴ sacramentum faciat fidelitatis decano 7 capitulo Linc'²
25 de redditu predicto integre 7 sine diminucione aliqua ⸴ terminis
    suis persoluendo . Decernentes insuper quod si aliquis ipsorum
    maliciose contra hoc umquam venire presumpserit ⸴ 7 legittime
    commonitus id emendare noluerit ⸴ ipsum tam diu ab officio
    7 beneficio fore suspensum ⸴ donec super hiis satisfecerit
30 competenter . maiori eciam pena feriendum ⸴ iuxta arbitrium
    nostrum 7 successorum nostrorum ⸴ si nec sic errorem suum
    duxerit corrigendum . Quod ut ratum 7 firmum imperpetuum
    perseueret ⸴ presenti carte sigillum nostrum vna cum sigillo
    predicti capituli nostri . Lincoln' . duximus apponendum .
35 Hiis testibus . domino Jocelino⁹ Bathoniensi episcopo .
    Willelmo precentore Wellensi . magistris Johanne de Hoy-
    land' . Willelmo de Cantia . Amarico¹⁰ de Buggeden'¹¹ .
    Lamberto de Beuerlaco . 7 Hugone de Mareseya . Huberto
    Husey¹² . Roberto de Campuill'¹³ . 7 Gilberto fratre eius .
40 Laurencio de Wilton'¹⁴ . Willelmo de Winchecumbe . 7
    Oliuero de Chedneto clericis . Datum per manum nostram
    in pleno capitulo Linc'² . die Pasche . pontificatus nostri
    anno vndecimo ;

Marginalia : *opp. l.3.* Expeditur. *opp. ll.19-34.* Hic apparet quod capitulum
debet habere de ecclesiis de Nettilham xxx marcas de ecclesia de Gosberkirk
xl marcas de ecclesia de Stelton' c solidos de ecclesia de Woburn' xv marcas de
ecclesia de Greyngham c solidos (15 cent.).
    Texts : MS—A222. A995. A1004. Orig. Dj/20/1/1 (see no. 357 above, l. 20).
    Var. R. : ¹⁻¹ *om.* A995 A1004. ² Lincoln' Orig. ³ Nettelham A995 A1004.
⁴ Gosberdkyrch' Orig. ; Goseberkyrch A995. ; Goseberkirke A1004. ⁵ Grehingham
A1004. ⁶⁻⁶ *om.* de ecclesia de Greingham Orig. ; *written in marg.* A222. ⁷ Wouburne
A1004. ⁸ *for* contradiccione *read* reclamacione A1004. ⁹ Jocellino Orig. A995 ;
Joscellino A1004. ¹⁰ Amaurico A1004. ¹¹ Bugden' A1004. ¹² Hesey A1004.
¹³ Camuill' A1004. ¹⁴ Willeton' A1004.

Folio 39d.
Hdl. Hugo episcopus *Linc' secundus* (rubric).

223

359. Grant by bishop Hugh [II], with the assent of William
[de Thornaco] the dean and the chapter, to the canons of Lincoln,
as an augmentation of their common fund, together with five
marks from the church of Brattleby otherwise granted to them
by the bishop, of a yearly render of forty-five marks from the church
of Hambleton [co. Rutland] when next it shall become vacant,
to be paid at Lincoln to the provost of the common fund.
At Lincoln. 9 September, 1232.

Omnibus Christi fidelibus ad quos presens scriptum
peruenerit . Hugo dei gracia Linc'[1] episcopus . salutem in
domino . Nouerit vniuersitas uestra[2] nos pro salute anime
nostre . 7 antecessorum 7 successorum nostrorum . ad honorem
5 dei 7 gloriose Virginis . de assensu Willelmi . decani . 7 capituli
nostri Linc'[1] . concessisse 7 dedisse in liberam puram 7
perpetuam elemosinam . canonicis ibidem deo seruientibus
7 seruituris imperpetuum . augmentum commune sue[3] . cum
quinque marcis . de ecclesia de Brotelby . alias sibi per nos
10 concessis . quadraginta quinque marcas de ecclesia de Hamesdon'[4] cum proximo uacauerit . annuatim in duobus anni
terminis . videlicet in festo sancti Martini . viginti duas
marcas . 7 dimidiam . et in festo Penthe*costen*[5] . viginti duas
marcas . 7 dimidiam . soluendas apud Linc' . preposito
15 commune per manus eorum qui pro tempore ipsam ecclesiam
tenuerint . instituendi per nos 7 successores nostros patronos
eiusdem . qui de ipsa ecclesia 7 omnibus pertinenciis suis
disponemus 7 ordinabimus imperpetuum pro uoluntate nostra .
libere . 7 quiete . absque omni contradiccione . saluo predicte
20 commune redditu memorato annuatim de eadem . Statuimus
autem quod qui pro tempore tenuerint ipsam ecclesiam ut
predictum est ; sacramentum faciant fidelitatis . decano 7
capitulo ; Linc'[1] . de redditu integre 7 sine diminucione
aliqua . periculo . 7 sumptibus rectoribus[6] eorundem terminis
25 predictis persoluendo . Decernentes insuper quod si aliquis
ipsorum maliciose contra hoc umquam uenire presumpserit ;
7 legittime commonitus id emendare noluerit . ipsum per
nos 7 successores nostros ab officio 7 beneficio tam diu fore
suspensum ; donec super hiis satisfecerit competenter . maiori
30 eciam pena feriendum iuxta arbitrium nostrum 7 successorum
nostrorum . si nec sic ; errorem suum duxerit corrigendum .
De assensu eciam dictorum decani . 7 capituli nostri statuimus
ut singuli canonici qui ante tempora nostra singulis diebus

nomine commune sue tres denarios recipere solebant ꞉ duodecim
35   denarios diurnos ad minus recipiant imperpetuum a tempore
vacacionis ecclesie memorate . Saluis eis insuper omnibus
aliis prouentibus quos cum communa prius percipere consueuerunt . Saluis eciam in omnibus episcopalibus consuetudinibus . 7 Linc'[1] ecclesie dignitate . Vt autem hec
40   omnia perpetua gaudeant 7 firma stabilitate ꞉ presenti scripto
sigillum nostrum . vna cum sigillo predicti capituli nostri
Linc'[1] duximus apponendum . Hiis testibus . Willelmo decano .
Roberto archidiacono . Willelmo cancellario . 7 Waltero
thesaurario Linc'[1] . Johanne Norhamptone . Gilberto Huntin-
45   donie . 7 Amaurico Bedefordie . archidiaconis . Willelmo subdecano . magistris Roberto de Grauell' . Stephano de
Cicestria[7] . canonicis Linc'[1] . Dat' per manum nostram in
capitulo Linc'[1] . quinto idus Septembris . pontificatus nostri .
anno .xx°. iij°.

Texts : MS—A223. A997. Orig. DJ/20/1/1 (see above, no. 357, 1. 20). Roll
IX, mem. 8, of bishop Hugh of Wells. Pd—*L.R.S.*vi,251–2 (slightly abridged).
Var. R.: ¹ Lincoln' Orig. ² *om.* uestra A997. ³ *om.* sue A997. ⁴ Hameldon'
Orig. A997. ⁵ Pentecost' Orig. A997. ⁶ rectorum Orig. A997. ⁷ Cycestr' Orig. A997.

ADD. CHART.

360. Note concerning the chantry, ordained by bishop Hugh
of Wells, at the altar of Saint Hugh, consisting of a principal chaplain
and of two other chaplains, a deacon and subdeacon, who are vicars
of the choir of Lincoln.

Cantaria ordinata pro anima Hugonis de Welles in altari
beati Hugonis de vno capellano principali preficiendo per . .
episcopum Lincoln' qui pro tempore fuerit ꞇ 7 sede vacante ꞇ
per . . decanum 7 capitulum . 7 duobus aliis capellanis ꞇ vno
5   diacono 7 vno subdiacono vicariis de choro Lincoln' . Qui
quidem duo capellani secundarij ꞇ diaconus 7 subdiaconus
per . . decanum 7 capitulum sunt sicut expedire viderint ꞇ
assumendi.

Text : MS—Cant. 2.

224

361. Ordination by bishop Hugh II, with the assent of William
[de Thornaco] the dean and the chapter, touching ten marks to be
paid yearly from the church of Asfordby [co. Leicester] by the
hands of master Alard of Arundel, the parson of the church, and
his successors, for distribution, on each anniversary of the bishop's
death, to the canons and other ministers of the church of Lincoln,
and to feed the poor. Until the church of Riseholme [co. Lincoln]
becomes vacant, two and a half marks are to be taken out of the

ten marks for the chaplains who shall celebrate for the bishop
and all the faithful. At Lincoln. 9 September, 1232.

    ¹Carta eiusdem .H. episcopi . Lincoln' . de .x. marcis . de
ecclesia de Effordeby¹ (rubric).

    Omnibus Christi fidelibus ad quos presens scriptum
peruenerit . Hugo dei gracia Linc'² episcopus . salutem in
5 domino . Nouerit vniuersitas uestra quod nos interueniente
dilectorum filiorum Willelmi decani 7 capituli nostri . Linc'² .
assensu ꞉ de decem marcis annuatim de ecclesia de Effordeby³
per manus magistri Alardi de Arundell' 7 successorum suorum
ipsius ecclesie personarum soluendis . ut in presenti carta
10 continetur inferius ꞉ Ordinauimus in hunc modum . videlicet
quod in die anniuersarii nostri singulis annis imperpetuum .
vnicuique de canonicis presentibus duodecim denarii dis-
tribuantur . de vicariis . vnicuique sex denarii . aliis autem
clericis chorum frequentantibus . 7 laicis seruientibus ecclesie
15 meritis eorum 7 condicionibus attentis ꞉ dimidia marca . de
toto autem residuo pascantur eo die pauperes imperpetuum .
quot inde pasci poterunt . in pane . 7 potagio . ceruisia . 7
vna⁴ ferculo . Ordinauimus eciam quod interim donec* dies
prenotatus uenerit ꞉ emantur de predictis decem marcis
20 panni 7 sotulares annuatim pauperibus distribuendi . eo
tantum excepto quod donec ecclesia de Rysum vacauerit ꞉
due marce 7 dimidia . capellanis pro nobis 7 cunctis fidelibus
celebraturis assignate ꞉ de dictis decem marcis assummentur .
Item ordinauimus quod clerici qui pro tempore per nos 7
25 successores nostros in ecclesia predicta de Effordeby³ instituentur ꞉ sustineant onera illius ordinaria . debita . 7 consueta .
7 predictas decem marcas annis singulis Linc'² soluant .
periculo . 7 sumptibus eorundem . in duobus anni terminis .
videlicet in festo sancti Martini quinque marcas . 7 tantumdem
30 in festo Penthe*costen* . preposito commune . 7 capellano
principali de capellanis pro animabus celebraturis ut dictum
est . Et hoc coram decano 7 capitulo iurabunt corporaliter
cum super eo fuerint requisiti . per dictos autem prepositum
7 capitulum⁵ . de consilio predictorum decani 7 capituli pre-
35 libatorum omnium sicut diximus fiet distribucio . Saluis in
omnibus episcopalibus consuetudinibus . 7 Linc'² ecclesie
dignitate . Quod ut perpetuam optineat firmitatem ꞉ presenti
scripto sigillum nostrum vna cum sigillo predicti capituli
nostri Linc'² . duximus apponendum . Hiis testibus . Willelmo
40 decano . Roberto archidiacono . Willelmo cancellario . 7
Waltero thesaurario Linc'⁶ . Johanne Norhamption*ie* . Gilberto
Huntendon*ie* . 7 Amaurico Bedefordie archidiaconis . Willelmo
subdecano . magistris Roberto de Grauell' 7 Stephano de
Cicestr*ia*⁷ [Theobaldo ꞉ 7 Ricardo de Cancia ꞉ Galfrido Scoto ꞉
45 Warino de Kirketon' ꞉ Thoma de Norton ꞉ 7 Roberto de

Bollesouer capellanis ⸿ magistris Willelmo de Lincoln' ⸿
Roberto de Brincla ⸿ 7 Waltero de Well' ⸿ Petro de Hungaria ⸿
Radulfo de Warrauill' ⸿ 7 Willelmo de Wynchecumb' ⸿ diaconis ⸿
magistris Nicholao de Euesham ⸿ 7 Ricardo de Wendouer ⸿
50 Ricardo de Oxon' ⸿ 7 Thoma de Askeby ⸿ subdiaconis ⸿ (added
by Cant. 374)] canonicis Linc'² . Dat' per manum nostram
in capitulo Linc' . quinto idus⁸ Septembris pontificatus nostri .
anno .xx°. tercio.⁹

Marginalia : Expeditur vide (13 cent.).
Texts : MS—A224. A998. Orig. ᴅj/20/1/1 (see above, no. 357, l. 20). Cant. 59.
Cant. 374.
Var. R. : ¹⁻¹ om. A998. ² Lincoln' Orig. ³ Esfordeby or Effordeby Orig. Cant.
59. Cant. 374. ⁴ uno A998. Cant. 59 Cant. 374. ⁵ capellanum Cant. 59 Cant. 374.
⁶ add ecclesie A998. ⁷ Cycestr' A998. ⁸ om. idus A998. ⁹ In A224 and A998 here
follows the clause, Dat' pridie idus Nouembris . . . diuturna, which is printed at the
end of no. 357 above. The inclusion of this clause here suggests that nos. 358, 359,
361, were copied from the archbishop of York's exemplification (see above, no. 357, l. 20).
Note : The bishop conferred the church of Asfordby on master Alard de Arundell,
who was instituted to it in 1232-3, saving ten marks to be paid to the provost of
the common of the church of Lincoln for wine and other things. Two years later
he vacated the church of Asfordby by his institution to the church of Althorpe
[co. Lincoln] (L.R.S.iii,237, and vi,321,323).

*Folio 40.
Hdl.   Hugo episcopus LINC' SECUNDUS (rubric). .4.0.

ADD. CHART.

362. Grant by bishop Hugh [II], with the assent of Roger
[de Rolveston] the dean and the chapter, to the church of Lincoln
of a perpetual render of one hundred shillings from the church of
Kilsby [co. Northampton], five marks from the church of Fingest
[co. Buckingham], and ten marks from the church of Asfordby
[co. Leicester], in augmentation of the maintenance of the clerks
of the choir by whom the office of the Blessed Virgin is celebrated
in the church of Lincoln, in a certain place assigned thereto, namely,
solemn mass every morning, and the other services at the appointed
hours. In chapter at Lincoln. 29 March, 1220.

Omnibus Christi fidelibus ad quos presens scriptum
peruenerit ⸴ Hugo dei gracia Linc' episcopus salutem in
domino . Nouerit vniuersitas uestra nos ad honorem dei 7
gloriose Virginis matris sue cuius inutiles serui sumus . de
5   assensu Rogeri decani 7 capituli nostri Linc' concessisse 7
dedisse ecclesie Linc' redditum subscriptum in liberam . puram .
7 perpetuam elemosinam . pro salute anime nostre . 7 omnium
antecessorum 7 successorum nostrorum in augmentum perpetue sustentacionis clericorum de choro Linc' per quos
10 celebretur officium de ipsa Virgine gloriosa in ecclesia Linc'
in loco certo ad hoc deputato . videlicet missa sollempnis

singulis diebus mane . 7 alia officia de eadem secundum horas
similiter constituta ⸵ de ecclesia de Kildesby centum solidos
de ecclesia de Tinghurst' quinque marcas . de ecclesia de
15 Esfordeby decem marcas . reddendas annuatim de ipsis
ecclesiis cum proximo uacauerint in quatuor anni terminis .
preposito officii illius per manus illorum qui pro tempore
ipsas ecclesias tenuerint per nos uel successores nostros . qui
de ipsis ecclesiis . 7 omnibus pertinenciis earum disponemus
20 7 ordinabimus pro uoluntate nostra inperpetuum libere 7
quiete . 7 absque omni contradiccione ⸵ Saluo predictis clericis
predicto redditu annuatim de eisdem . Constituimus autem
de assensu ipsius decani 7 capituli nostri ut cappellanus de
choro vir s . . . . . . uite laudabilis 7 opinionis probate
25 prepositus huius officii a decano 7 capitulo constitutus ⸵
integre tam redditum prenominatum quam omnem alium
redditum ad hec officia exequenda iam assignatum . 7
inposterum assignandum pia largicione fidelium ⸵ terminis
statutis recipiat . 7 fideliter 7 bona fide distribuat singulis
30 septimanis predictis clericis de choro executoribus officii
memorati ⟨ secundum ordinacionem nostram 7 predicti capituli
nostri salubri uolente domino factam prouisione . Statuimus
etiam quod unusquisque eorum qui quamcunque predictarum
ecclesiarum tenuerit ut dictum est . sacramentum faciat
35 fidelitatis decano 7 capitulo Linc' de predicto redditu integre
7 sine diminucione aliqua predicto preposito suis terminis
persoluendo . Decernentes insuper quod si aliquis eorum
maliciose contra hoc unquam uenire presumpserit . 7 legittime
commonitus id emendare negglexerit ⸵ ipsum tam diu ab
40 officio 7 beneficio fore suspensum . donec super hiis satisfecerit
competenter . maiori etiam pena feriendum iuxta arbitrium
nostrum 7 successorum nostrorum ⸵ si nec sic errorem suum
duxerit corrigendum . Nos uero ad eliminandam prorsus
omnem maliciam . 7 ad perpetuam huius concessionis 7 con-
45 stitucionis nostre firmitatem . una cum omnibus sacerdotibus
ecclesie Linc' sollempniter excommunicauimus omnes illos
qui fraudulenter 7 maliciose hanc elemosinam nostram uel
aliorum huic officio ut diximus assignatam uel assignandam .
subtraxerint . diminuerint . uel ad alios usus minus licite
50 conuerterint . contra nostram 7 capituli nostri ordinacionem .
Vt igitur hec omnia perpetua gaudeant . stabilitate . presenti
scripto sigillum nostrum una cum sigillo predicti capituli
nostri Linc' duximus apponendum . Hiis testibus . domino
Joscelino episcopo Bathon*iensi* . Willelmo precentore Wellensi .
55 magistris Johanne de Hoyland' Willelmo de Cant*ia* . Amaurico
de Buggeden' . Lamberto de Beuerlaco . 7 Hugone de Mareseia .
Huberto Hesey . Roberto de Caumuill' 7 Gilberto fratre eius .
Laurencio de Wilton' . Willelmo de Winchecumb' . 7 Oliuero

de Ch[edne]to clericis . Dat' per manum nostram [in] capitulo
60 Linc' die Pasche [pontificatus nostri] anno vndecimo.

Endorsed : De pens*ione* minist*rorum* misse beate Marie . Salue . (query Q).
The foot of the charter is much damaged, and all signs of sealing have disappeared.
Size : 8½ x circa 7½ inches.
Text : MS—Orig. Dj/20/1/4. The words enclosed in square brackets are supplied
conjecturally since the charter has been injured.

225

363. Grant by bishop Hugh II, with the assent of William
[de Thornaco] the dean and the chapter, as an augmentation of
the maintenance of three chaplains, one deacon, and one subdeacon,
being vicars choral of Lincoln, who shall celebrate daily for the
soul of the bishop and others, of thirty-four and a half marks, to wit,
two and a half marks from the church of Riseholme, which is of
the patronage of the abbot of Lessay, twenty marks from the
church of Paxton [co. Huntingdon], and twelve marks from the
church of Great Carlton [co. Lincoln], which churches are of the
bishop's patronage ; and assignment of eight pounds of wax yearly
from one bovate at Owersby [co. Lincoln]. The duties of the
chaplains are described. At Stow Park. 16 August, 1234.

Carta eiusdem .H. de ecclesiis de Rysum . Paxton' . 7 de
Carleton' (A rubric).

[1]Omnibus Christi fidelibus ad quos presens scriptum
peruenerit ? Hugo dei gratia Lincoln'[2] episcopus salutem in
5 domino[3] . Cum sine diei certi seu temporis prefinitione soluturi
simus nature debitum cupientes ut expedit nobis itinerantibus
prouidere uiaticum in presenti 7 in futuro remedium ?
interueniente dilectorum filiorum Willelmi decani 7 capituli
nostri Lincoln'[2] assensu dedimus 7 assignauimus perpetuo ad
10 trium capellanorum . vnius diaconi 7 unius subdiaconi
vicariorum de choro Lincoln'[2] per decanum 7 capitulum
successiue sicut expedire uiderint assumendorum perpetue
sustentationis augmentum . 7 ad alios pios usus subscriptos ?
triginta quatuor marcas 7 dimidiam . scilicet . duas marcas
15 7 dimidiam de ecclesia de Rysum . cum primo uacauerit que
est de patronatu abbatis 7 conuentus de Exaquio ? non
obstante ordinatione nostra de dictis[4] duabus marcis 7 dimidia ?
alias facta . Item . viginti marcas de ecclesia de Paxton' . 7
duodecim marcas de ecclesia de Karleton'[5] . que quidem
20 ecclesie de aduocatione nostra sunt ? annuatim apud Lincoln'[2]
per manus rectorum ipsarum pro tempore qui per nos 7
successores nostros patronos earumdem instituendi ? ipsarum
ecclesiarum cum pertinentiis omnia onera ordinaria debita
7 consueta sustinebunt ? soluendas periculo 7 sumptibus

25 eorundem rectorum in duobus anni terminis . videlicet in
festo sancti Martini de ecclesia de Rysum sexdecim solidos
7 octo denarios . de ecclesia de Paxton' decem marcas . 7 de
ecclesia de Karleton' sex marcas . 7 tantumdem in festo
Penthecosten[6] :' ille de predictis capellanis qui perpetuus erit
30 ad id per nos 7 successores nostros . uel sede uacante :' per
dictos[7] decanum 7 capitulum Lincoln'[2] preficiendo . De qua
quidem pecunia[8] idem capellanus quatuor denarios singulis
diebus ad opus suum retinebit . 7 soluet dictis duobus
capellanis qui quasi ebdomadarii erunt per circuitum :' vtrique
35 denarios tres . diacono autem 7 subdiacono similiter quasi
ebdomadariis :' utrique duos denarios .* 7 singulis sabbatis
fiet solutio supradicta . Saluis nichilominus omnibus ipsis :'
stipendiis suis 7 aliis que eos racione vicariarum suarum
contingunt . Et hii omnes vespertinum ac matutinum officium
40 mortuorum cum commendatione tanquam pro corpore presenti pro nobis in loco deputato ad hoc in profestis[9] diebus
ante vesperas In festis etiam post uel[10] ante :' cum commodius
poterunt 7 melius sine dampno uel nocumento seruicii ecclesie
simul inperpetuum decantabunt . Predictus uero sacerdos
45 principalis missam pro nobis specialiter 7 pro cunctis
fidelibus defunctis singulis diebus priusquam canonici ingrediantur chorum ad primam :' cum diacono 7 subdiacono
indutis albis 7 sericis celebrabit . 7 cum sollempnitate :'
tanquam pro corpore presenti . secundus :' pro animabus
50 regum 7 aliorum patronorum ecclesie nostre . predecessorum
nostrorum . patrum 7 matrum . parentum . [11]amicorum . 7
benefactorum nostrorum . 7 eiusdem ecclesie nostre . 7 omnium
fidelium defunctorum :' cum oracione speciali pro nobis . 7
cum cantu si uoluerit . Tertius etiam :' pro canonicis . fratribus .
55 7 sororibus ecclesie nostre Lincoln'[2] 7 pro cunctis fidelibus
defunctis . Et hii duo singulis diebus celebrabunt ante primam
uel post :' cum commodius poterunt . 7 vni seruiet diaconus .
7 alii subdiaconus prenotati . Et si forte aliquis eorum
infirmitate uel alia de causa prepeditus officium istud ut
60 dictum est temporibus suis exequi non ualeat :' alius de choro
ydoneus ad ipsius instantiam illud interim exequetur .
Alioquin :' de solutione predicta pro tempore quo defuerit :'
nequaquam sibi respondeatur . Ad quod quidem cum
predictis assignauimus annuas octo libras cere de bouata
65 terre in Ouresby que fuit Willelmi de Copland' per manum
Stephani de Grafham[13] 7 heredum uel assignatorum suorum
in festo beati Laurentii martyris[14] singulis annis Lincoln'[2]
reddendis prout in carta ipsius Stephani quam de nobis habet
continetur . [12]Prefatus etiam sacerdos principalis habebit
70 custodiam altaris illius :' ubi premissa fient . librorum etiam
7 vasorum . vestimentorum quoque atque aliorum que ad

officium illud pertinent . 7 ad id luminaria duos videlicet
cereos trium librarum ad vespertinum ac matutinum officium
7 dum misse celebrantur . 7 candelas cum neccesse fuerit .
75　incensum etiam 7 alia ad predictum officium pertinentia
sufficienter inueniet 7 honorifice[12] . Si autem ad aliquam
missam de predictis oblatio peruenerit ·' tota simul cum eo
quod de predictis triginta quatuor marcis 7 dimidia supererit
post predictorum onerum deductionem ·' cedet in usus sepedicti
80　principalis sacerdotis . saluo uno denario ei qui missam
celebrauerit . Illi quoque qui pro tempore dictarum ecclesiarum
rectores[15] futuri fuerint ·' instituentur in hac forma . scilicet .
quod predictam pecuniam annuatim terminis statutis sicut
predictum est ·' integre soluent 7 fideliter . 7 hoc etiam coram
85　dictis decano 7 capitulo iurabunt corporaliter cum per eos
inde fuerint requisiti . Et si forte quod absit peccuniam[16]
sepedictam predicto modo non soluerint ·' ad ipsam persoluendam[17] cum satisfactione canonica de termino quolibet
non obseruato 7 de expensis ob id factis . 7 dampnis que
90　propter hoc euenerint per nos 7 successores nostros prout
iustum fuerit compellentur . Nos autem 7 predicti decanus
7 capitulum communi assensu sollempniter excommunicauimus omnes illos quicunque contra hanc nostram ordinacionem aliquo tempore maliciose uenire presumpserint nisi
95　commoniti resipuerint 7 de contemptu satisfecerint competenter . Saluis in omnibus episcopalibus consuetudinibus
7 Lincoln'[2] ecclesie dignitate . Quod ut perpetuam optineat
firmitatem ·' presenti scripto sigillum nostrum una cum
sigillo predicti capituli nostri Lincoln'[2] duximus apponendum .
100　Hiis testibus . Willelmo decano . Roberto archidiacono .
Willelmo cancellario . 7 Waltero thesaurario Linc' . Johanne
Norhamptonie . Gilberto Huntingdonie[18] . 7 Amaurico Bedefordie archidiaconis . [Willelmo[25]] subdecano . magistris
Roberto† de Grauel' . Stephano de Cycestria[19] . Theobaldo .
105　7 Ricardo de Cantia[20] . Galfrido Scoto . 7 Roberto de
Bolesouer'[21] ·' capellanis . [magistris[25]] Roberto de Brincl' . 7
Waltero de Well' . Radulfo de Warrauill'[22] . Petro de
Hungaria . 7 Willelmo de Winchecumb'[23] ·' diaconis .
Ricardo de Oxon' . 7 Thoma de Aske[by[24] ·' subdiaconis[25]]
110　canonicis Lincoln[2] . Dat' per manum Guarini de Kirketon'
capellani canonici Lincoln' apud Parkum[26] Stowe .xvij°
kalendas Septem[bris . ponti[25]]ficatus nostri anno vicesimo
quinto.

Endorsed : Carta super ordinatione altaris beati Hugonis (13 cent.). No. 3 :
no endorsement.
Slits for two seal-tags. Size : 11 x 13½ inches. No. 3 has a slit for a seal-tag.
Size : 8 x 12½ inches.
Marginalia in A : (1) Ordinacio cantarie Hugonis de Wellis episcopi. (2) Ex-
peditur.

Texts : Orig. Dj/20/1/no.2.   Orig. Dj/20/1/no.3 (a duplicate).   Cant. 58.   Cant. 373. A.   Pd—*Linc. Cath. Statutes* ii, pp. lxv–vi (in part, the date being wrongly given as 1221).
Var. R. :   ¹ *The initial O is illuminated in red and green.*   ² Linc' A.   ³ *om.* in domino A.   ⁴ de dictis *duplicated* A.   ⁵ Carleton' A.   ⁶ Penth' A.   ⁷ dictum A. ⁸ peccunia A.   ⁹ profestis diebus (*i.e. weekdays that are not dedicated to a saint*). ¹⁰ *for* uel *read* hoc A.   ¹¹ *insert* 7 A.   ¹²–¹² A and Cant. 58 *transfer this clause so that it follows* respondeatur *in l.* 63, *above.*   ¹³ Graham A ; (*the name appears as* Grafham *in no.* 367, *below*).   ¹⁴ martiris A.   ¹⁵ facti *cancelled here* A.   ¹⁶ pecuniam A. ¹⁷ soluendam A.   ¹⁸ Huntendon' A.   ¹⁹ Cicestr' A.   ²⁰ Cancia A.   ²¹ Bollesouere A. ²² Warauill' A.   ²³ Wychecumb' A.   ²⁴ Ascheby Orig. no. 3.   ²⁵ *supplied from* Orig. no. 3, Orig. no. 2 *having been injured.*   ²⁶ Parchum A.

**Folio 40d.*

Hdl.   HUGO EPISCOPUS *Linc' secundus* (rubric).

†*Folio 41.*

Hdl.   *Hugo episcopus* LINC' SECUNDUS (rubric).   .4.1.

ADD. CHART.

364. Renunciation by Gilbert rector of Riseholme of the suit between Geoffrey warden of the altar of Saint Hugh in the church of Lincoln and himself touching the yearly payment of a render of two and a half marks from the church of Riseholme to the said altar. Gilbert binds himself by oath to make the said payment henceforth ; and he has paid to Geoffrey sixteen shillings and eightpence in respect of the term of Saint Martin last past. 12 February, 1248.

[A]nno domini (Mᵒ (CCᵒ (XLᵒ (vijᵒ. die Jouis proximo ante festum sancti Valentini comparuit in capitulo Lincoln' Gilbertus rector ecclesie de Risum coram venerabilibus viris (H. de Lexington' tunc Linc' ecclesie decano (W. de Beningworth'
5   subdecano (magistris (Serlone (Ricardo Cor*nubiensi* 7 . R'. de P*erton*' (dominis (R'. de Bollesouer (7 Thoma de Askeby canonicis Lincoln' (renuncians in totum liti mote inter Galfridum tunc custodem altaris beati Hugonis in maiori ecclesia Linc' existentis ex vna parte (7 ipsum ex
10   altera (super redditu duarum marcarum 7 dimidie (de ecclesia de Risum annuatim dicto altari beati Hugonis soluendarum (obligans se per sacramentum ab ipso corporaliter prestitum (decetero se dictum redditum duarum marcarum 7 dimidie (terminis statutis altari supradicto fideliter soluturum (
15   quam diu dicte ecclesie de Risum habuerit administracionem (arreragiis (laboribus (7 expensis hinc inde factis �ᵒ omnino remissis (Et ad recognicionem 7 solucionem dicti redditus decetero plenarie faciendam (secundum ordinacionem dudum a bone memorie Hugone quondam episcopo Lincoln' factam ᵒ
20   soluit idem Gilbertus memorato Galfrido custodi altaris beati Hugonis propria manu (firmam de termino sancti Martini eiusdem anni prescripti (scilicet .xvj. solidos 7 octo denarios .

In cuius rei testimonium sigillum capituli vna cum sigillo
dicti Gilberti tunc rectoris ecclesie de Risum presenti scripto
25 est appositum (Testibus (Ricardo de Neuport' rectore ecclesie
de Faldingworth' (Willelmo filio Willelmi fratre dicti Gilberti :'
Guthredo (Nicholao de Wynchecumb' (Johanne de
Leycestria (Galfrido de Hakethorn' (vicariis Linc' (Rogero
preposito commune (Johanne filio Fulconis 7 multis aliis.
Text : MS—Cant. 377.

226

365. Grant by bishop Hugh II, with the assent of William
[de Thornaco] the dean and the chapter, of six marks yearly from
the church of Kilsby [co. Northampton] for the maintenance of
two servants to guard the church of Lincoln and all its contents
by day and night. At Lincoln. 9 September, 1232.

Carta eiusdem Hugonis . de .vj. marcis . annuis de ecclesia
de Kildeby . ad sustentacionem .ij. seruientes (rubric).
Omnibus Christi fidelibus ad quos presens scriptum
5 peruenerit . Hugo dei gracia Linc' episcopus salutem in
domino . Nouerit uniuersitas uestra nos de assensu dilectorum
filiorum Willelmi decani . 7 capituli nostri Linc' . pro salute
anime nostre . 7 animarum antecessorum 7 successorum
nostrorum ob honorem eciam 7 reuerenciam gloriose Virginis
10 Marie . concessisse . dedisse . 7 assignasse ad duorum seruientum sustentacionem qui successiue per decanum 7 capitulum
eligendi[1] 7 preficiendi ecclesiam nostram Linc' . cum omnibus
contentis in ea . die nocteque custodient . sex marcas annuas
de ecclesia de Kyldeby[2] cum primo uacauerit soluendas
15 Linc' imperpetuum sine diminucione qualibet sacriste Linc'
qui pro tempore fuerit . in duobus anni terminis . videlicet
in festo sancti Martini quadraginta solidos . 7 in festo
Penthecosten[3] quadraginta solidos . per manus eorum qui
dictam rexerint ecclesiam de Kildeby per nos 7 successores
20 nostros patronos eiusdem instituendi . 7 per ipsum sacristam
seruientibus ipsis proporcionaliter de consilio decani 7 capituli
predictis terminis numerandas . Dicti uero clerici rectores
ecclesie memorate dictas sex marcas . ut dictum est imperpetuum . soluent periculo . 7 sumptibus eorundem . Et
25 super hoc cum per decanum 7 capitulum fuerint requisiti :'
super sacrosancta prestabunt corporaliter sacramentum .
Statuimus autem quod ob hanc nostram assignacionem de
oneribus thesaurarium Linc' contingentibus quoad numerum
seruientum quos inuenire debet ibidem . 7 eorum stipendia .
30 nichil umquam subtrahatur uel diminuatur . Saluis in omnibus
episcopalibus consuetudinibus 7 Linc' ecclesie dignitate .
Quod ut perpetuam optineat firmitatem :' presenti scripto

sigillum nostrum vna cum sigillo predicti capituli nostri
Linc' duximus apponendum . Hiis testibus . Willelmo decano .
35　Roberto archidiacono . Willelmo cancellario . 7 Waltero
thesaurario Linc' . Johanne Norhampton*ie* . Gilberto Huntendon*ie* . 7 Amaurico . Bedeford*ie* . archidiaconis . Willelmo
subdecano . magistris Roberto de Grauel' . Stephano de
Cicestr*ia* . Theobaldo 7 Ricardo de Canc*ia* . Galfrido Scoto .
40　War*ino* de Kirketon' . Thoma de Norton' . 7 Roberto de
Bollesouer' capellanis . magistris Willelmo de Linc' . Roberto
de Brincl' . 7 Waltero de Well' . Petro de Hungar*ia* . Radulfo
de Warauill' . 7 Willelmo de Winchecumb' . diaconis . magistris
Nicholao de Euesha*m*' . 7 Ricardo de Wendour' . Ricardo
45　de Oxon' 7 Thoma de Askeby subdiaconis . canonicis Linc' .
Dat' per manum nostram . in capitulo Linc' . quinto idus
Septembris . pontificatus nostri anno vicesimo tercio.

Marginalia : vide.
Texts : MS—A. Roll of bishop Hugh of Wells, no. ix, mem. 8.　Pd—*L.R.S.*vi,252
(somewhat abbreviated).
Var. R. :　¹ *for* eligendi *read* prouidendi Roll.　² Kyldesby Roll.　³ Pentecost'
Roll.

227

366. Charter of A[dam] the abbot and the convent of Eynsham
[co. Oxford], reciting that, whereas the burgesses of Oxford, having
sworn to abide by the mandates of the church, were enjoined,
amongst other things, as a penalty for the hanging of clerks,
to distribute fifty-two shillings yearly to poor scholars, and also to
feed one hundred poor scholars every year on Saint Nicholas day
[6 December], the abbot and convent have taken this charge upon
themselves, in such wise that for feeding a hundred poor clerks
on Saint Nicholas' day they will yearly, on the same day, give
sixteen shillings and eight pence to be distributed amongst those
who should have been fed, so that each one shall receive two pence.
(Circa 1215.)

　　Carta abbatis de Eynesha*m*' pro suspendio clericorum apud
Oxon*iam* (rubric).*
　　Omnibus Christi fidelibus ad quos presens scriptum
peruenerit .A. dei gracia . abbas Eyneshami*e* . 7 eiusdem loci
5　conuentus salutem in domino . Nouerit vniuersitas uestra
quod cum burgenses Oxon*ie* pro suspendio clericorum mandatis ecclesie per omnia stare iurassent ·: secundum statutum
venerabilis patris domini Nicholai Tuscula*ni* episcopi .
apostolice sedis legati . 7 eis ab eodem inter cetera fuisset
10　iniunctum quod quinquaginta solidos 7 duos solidos annuatim
imperpetuum in usus pauperum scolarium dispensandos de

consilio venerabilis patris Hugonis tunc episcopi Linc' 7
successorum suorum . uel archidiaconi loci . seu eius officialis .
aut cancellarii . quem episcopus Linc' scolaribus ibidem
15 preficiet . Ita scilicet . quod viginti sex solidi soluentur
annuatim in festo Omnium Sanctorum . et viginti sex solidi
in capite ieiun*ii* . Preter hec eciam quod centum pauperes
scolares die sancti Nicholai singulis annis pascent imperpetuum . quos episcopus Linc' . uel archidiaconus loci . seu
20 eius officialis . aut ipse cancellarius . uel alius ad hoc ab
episcopo Linc' deputatus prouiderit . Istud onus in nos
integre suscepimus singulis annis perpetuo faciendum *?*
secundum formam premissam . Ita tamen quod ad centum
pauperes clericos die sancti Nicholai pascendos *?* eodem die
25 sexdecim solidos 7 octo denarios dabimus annuatim inter
ipsos qui inde pascendi fuerint distribuendos . vt singuli
singulos duos denarios accipiant . per man*us* eorum quos
episcopus Linc' ad hoc assignauerit . ad hoc autem nos
episcopo 7 ecclesie Linc' per cartam nostram presentem
30 obligauimus imperpetuum 7 presenti scripto sigilla nostra
apposuimus . Teste capitulo.

Marginalia : Scribatur cum composicionibus (query Q).
Text : MS—A. Pd—*Linc. Cath. Statutes* ii, pp. lxvi—vii. Salter, *Cartulary of
Eynsham* ii, 163 (slightly abbreviated).
Note : Adam was abbot of Eynsham from 1213 till 1228, when he was deposed
by the bishop of Lincoln. The penalty for hanging certain clerks recorded in this
charter was imposed on the town of Oxford in 1213 ; and, in 1215, the burgesses
arranged with Eynsham abbey to make a yearly payment for them (Salter, *op. cit.*,
i, pp. xviii–xx). Mr Salter adds :—
  ' In 1526 and 1535 we find this payment still made by Eynsham, though the
  sum is given as £3 6s. 8d. When the monastery came into the hands of the
  king, it was ordered that the " University should receive the payment from
  the general receiver of the augmentation of the revenues of the king " ; and to
  this day the University accounts record that the Vice-Chancellor receives
  £2 18s. 6d. from the Paymaster-General ' for a poor scholar ' ' (*ibid.*, pp. xx, xxi).

Folio 41d.

Hdl.   HUGO EPISCOPUS *Linc' secundus* (rubric).

228

367. Grant by bishop Hugh [II] to Robert de Rye, son and
heir of Philip de Rye, and his heirs issuing from him, and for lack
of such heir to Alice his sister, of the advowson of the church of
Gosberton [co. Lincoln] which Philip gave to the bishop, saving to
the common fund of the canons of Lincoln forty marks a year
which the bishop, while he had the full advowson, had formerly
granted to them, to be paid by the parson for the time being. At
Stow Park. 8 May, 1233.

    Carta predicti . Hugonis . de .xl*a*. marcis annuis commune
de Linc' . de ecclesia de Gosberdchirch' (rubric).

Omnibus Christi fidelibus ad quos presens scriptum
peruenerit . Hugo dei gracia Linc'[1] episcopus salutem in
5　domino . Nouerit uniuersitas uestra nos concessisse . dedisse .
7 hac presenti carta nostra confirmasse Roberto de Rya
filio 7 heredi Philippi de Rya . 7 heredibus suis de eo
prouenientibus . 7 si ipse sine huiusmodi herede decesserit .
Alicie sorori sue 7 heredibus qui de ea peruenerint . aduoca-
10　cionem ecclesie de Gosberdchirch' . quam dictus Philippus
nobis dedit 7 carta sua confirmauit . habendam 7 tenendam
imperpetuum eidem Roberto 7 heredibus suis . aut Alicie
sorori sue 7 heredibus de ea prouenientibus ut predictum
est ? saluis commune canonicorum Linc'[1] quadraginta marcis
15　annuis quas eis prius concesseramus de eadem dum ipsius
ecclesie plenam habuimus aduocacionem per manum eius
qui pro tempore ipsius ecclesie persona fuerit in duobus
terminis anni persoluendis . Statuimus eciam quod quicumque
dictam ecclesiam tenuerit sacramentum faciat fidelitatis in
20　institucione sua decano 7 capitulo Linc'[1] de predicta peccunia
integre 7 sine diminucione terminis statutis persoluenda .
Decernentes insuper quod si quis maliciose contra hoc
umquam uenire presumpserit 7 legittime commonitus id non
emendauerit ? a termino non obseruato tam diu maneat ab
25　officio 7 beneficio suspensus ? quousque[2] tam super peccunia
predicta quam super interesse ? predictis decano 7 capitulo
satisfecerit competenter . maiori eciam pena feriendus iuxta
arbitrium nostrum 7 successorum nostrorum . si nec sic
errorem suum duxerit corrigendum . Si uero dictus Robertus .
30　7 Alicia soror sua sine heredibus de eis prouenientibus ut
prediximus decesserint ? aduocacio predicta sine contradiccione 7 difficultate qualibet ad nos 7 successores nostros
integre reuertetur . Quod ut perpetuam optineat firmitatem
[3]presens scriptum sigilli nostri munimine[3] duximus roborandum
35　. Hiis testibus . Waltero teshaurario Linc'[1] . Willelmo archidiacono . Leycestrie[4] . Roberto de Bollesouer' capellano .
Radulfo de Warauill' . Willelmo de Winchecumb' .* magistro
Ricardo de Wendouer' . 7 Thoma de Askeby[5] . canonicis Linc' .
Gilberto de Treylli[6] seneschallo nostro . magistro Alardo de
40　Arundell' . Johanne de Crakall' . Stephano de Castell' . 7
Johanne de Burgo clericis . Willelmo de Dyua iuniori . Petro
de Cotington' . Johanne de Camera . Waltero venatore .
Helia[7] de la Mara[8] . Stephano de Grafham . Galfrido de Stowa[9] .
Rogero Marescallo . 7 aliis . Dat' per manum Warini
45　de Kyrketon' . capellani canonicorum Linc'[1] . apud
Parcum . Stowe .viij[o] . id' Maii . pontificatus nostri . anno
.xx[o] iiij[o].

Marginalia: (1) Expeditur.　(2) Pencio de Gosberkyrke.
Texts: MS—A. Ivii (4).　Charter roll, 3 Edward III, mem. 2. Pd—*C.C.R.*iv,
149(4) (abstract).

E

Var. R. in Charter roll : ¹ Lincoln'. ² quociens. ³⁻³ presenti scripto sigillum nostrum. ⁴ Leicestr'. ⁵ Askeby. ⁶ Treilly. ⁷ Helya. ⁸ Mara. ⁹ Stouwa.

Note : The remainder to Alice de Rye and the reversion to the bishop, mentioned in the text, did not come into effect since Robert de Rye left issue.

*Folio 42.

Hdl.   *Hugo episcopus* LINC' EPISCOPUS (rubric).   . 4 . 2 .

229

368. Covenant by Philip de Rye that he will ratify whatever ordination or disposition bishop Hugh II may make touching the advowsons of the churches of Gosberton and Grayingham [co. Lincoln]. (1209–1218.)

Carta ratihabicionis Philippi de Rya de ordinacione facta per dominum .H. Linc' . episcopum de ecclesiis de Gose*bertch'* . 7 de Greingham' (rubric).

Omnibus Christi fidelibus ad quos presens scriptum
5 peruenerit ꞉ Philippus de Rya salutem . Nouerit uniuersitas uestra quod sponte . 7 propria ductus uoluntate concessi . 7 hac carta mea confirmaui . venerabili patri 7 domino meo . domino Linc' episcopo Hugoni secundo quod ordinet 7 disponat de aduocacionibus ecclesiarum de Gose*bertchirch'*
10 7 de Greingha*m'* pro uoluntate sua . ratum 7 gratum habiturus quicquid ipse inde fecerit uel ordinauerit . Et ne contra hanc concessionem meam venire possim ꞉ eam sacramento corporaliter á me prestito in presencia ipsius 7 aliorum subscriptorum firmaui 7 presenti carte mee sigillum meum
15 apposui . Hiis testibus . Willelmo archidiacono Stowe . magistro Willelmo de Linc' . magistro Theobaldo de Cancia . magistro Ricardo de Tinghurst' . magistro Willelmo de Bra*n*cewell' . Thoma de Fiskerton' capellano . Petro de Bathon*ia* . Rogero Bacun . Oliuero de Chedn*eto* 7 Stephano
20 de Cicestr*ia* clericis . Roberto de Mandeuill' . Henrico de Coleuill' . Willelmo de Stretton' militibus . Lamberto nepote meo . et multis aliis.

Text : MS—A.

230

369. Ratification by Hugh bishop of Coutances and Robert the abbot and the chapter of Lessay of the ordination made by bishop Hugh II touching the churches of Fillingham, Brattleby, Riseholme, and Great Carlton [co. Lincoln], to this effect : The abbot and convent of Lessay shall have twenty marks yearly from the church of Fillingham in the name of a perpetual benefice, and the presentation whenever the church is vacant ; further, two and a half marks from the church of Riseholme and five marks

from the church of Brattleby shall go yearly to augment the common
of the canons of Lincoln, to be received at the hands of the rectors
who shall be instituted on the presentation of the abbot and convent ; the church of Great Carlton, however, the bishop reserves
for his own disposition in perpetuity. (1226–1235.)

    Carta ratihabitionis .H. Constanc*iensis* episcopi . 7 .
abbatis . de Exaquio super ordinacione facta per dominum
.H. Linc' episcopum . de ecclesiis de Feli*n*ga*m'* . Brotelby .
Risu*m'* 7 de Carlet' (A rubric).

5   Omnibus Christi fidelibus ad quos presens scriptum
peruenerit .' Hugo dei gratia Constantien*sis* episcopus .
Robertus abbas 7 capitulum de Exaquio .' salutem in domino .
Noueritis nos ratam habere 7 acceptam ordinationem super
ecclesiis de Felingeham' . Brotelby . Rysun . 7 Karleton' .
10   factam per dominum Linc' episcopum Hugonem secundum. &' [1]
in eam consensisse .' que talis est . Omnibus Christi fidelibus
ad quos presens scriptum peruenerit .' Hugo dei gratia Lincoln'
episcopus .' salutem in domino . Nouerit uniuersitas uestra
quod cum dilecti in Christo Robertus abbas 7 conuentus
15   de Exaquio super ecclesiis de Filingeham'[2] . Broteby[3] . Rysun[4] .
7 Karleton' . ad eorum patronatum spectantibus sponte .
simpliciter . 7 absolute . de assensu 7 voluntate uenerabilis
fratris Hugonis Constantien*sis* episcopi dictorum abbatis 7
conuentus diocesani nostre se subiecerint ordinationi per
20   Anketillum priorem de Bosgraue proc[ur[5]]atorem suum ad
hoc litteratorie constitutum eodem etiam abbate tunc presente .'
nos de assensu dilectorum filiorum Willelmi decani 7 capituli
nostri Lincoln' de predictis ecclesiis in hunc modum du[ximus[5]]
ordinandum . Videlicet . quod abbas 7 conuentus de Exaquio
25   habeant in ecclesia de Filingeham cum primo uacauerit .
viginti marcas . eo computato si quid prius de ea percipere
consueuerunt, per manus eorum qui in ipsa ecclesia pro
tempore canonice fuerint instituti nomine perpetui beneficii
percipiendas . in duobus anni terminis . videlicet in festo
30   sancti Martini .' decem marcas . 7 in festo Pentecosten .'
decem marcas . Ita quidem quod si dicte ecclesie rectores
dictos terminos uel aliquem de eis non obseruauerint .' soluent
monachis memoratis viginti solidos nomine pene pro termino
non obseruato . Ordinauimus etiam quod quociens eadem
35   ecclesia uacauerit .' abbas 7 conuentus predicti saluis sibi
predictis viginti marcis .' presentent nobis 7 successoribus
nostris ad ipsam clericum idoneum a [nobis[5]] in ea personam
instituendum . qui omnia onera illius ecclesie ordinaria .
debita . 7 consueta sustinebit . Item . ordi*nauimus quod due
40   marce 7 dimidia de ecclesia de Rysun . 7 quinque marce de
ecclesia de Brotelby cum primo uacauerint . cedant in

augmentum commune canonicorum ecclesie nostre Lincoln'
annuatim percipiende per manus eorum qui pro tempore
dictas rexerint ecclesias ad dictorum abbatis 7 conuentus
45 presentationem per nos 7 successores nostros in eisdem
instituendi qui personaliter ibidem in officio sacerdotali
ministraturi de omnibus ordinariis debitis 7 consuetis pro
ecclesiis ipsis respondebunt . Ecclesiam uero de Magna Karleton' cum pertinentiis suis ordinationi nostre reseruauimus
50 in perpetuum . Preterea uolumus 7 concedimus quod sepedicti
abbas 7 conuentus annuam pecuniam quam in ecclesiis
predictis percipere consueuerunt ; percipiant . donec hec
nostra ordinatio per supradictarum viginti marcarum per-
ceptionem plene fuerit effectui mancipata . Si autem ecclesias
55 de Brotelby 7 de Rysun uel unam earum infra prenotatum
terminum uacare contigerit ; dilecti filii supradicti . decanus
7 capitulum cum beneficium inde sibi superius concessum
receperint ; sepedictis monachis pro ecclesia de Brotelby de
una marca . 7 pro ecclesia de Rysun . de tribus solidis interim
60 tantummodo respondebunt . Saluis in omnibus episcopalibus
consuetudinibus 7 Lincoln' ecclesie dignitate . In huius autem
ratihabitionis nostre testimonium ; presenti scripto sigilla
nostra duximus appendenda[6].

Endorsed : (1) Magna Carlton' . aduo*cacio*. (2) . iiii. (3) De Filigha*m* . Brotelby .
Risum . pens' (14 cent.).
Tag for seal. Size : 9¼ x 7½ inches.
Texts : MS—Orig. Dij/68/2/30. A.
Var. R. : ¹ *for* & *read* 7 A. ² Felingeha*m* A. ³ Brotelby A. ⁴ Risum A. ⁵ *supplied
from A, the original having been injured.* ⁶ apponenda A.
Note : The abbot and convent of Lessay presented to the church of Great Carlton
in 1226–7. On the next vacancy William de Ingoldemel' was instituted, between
20 December, 1234, and 8 February, 1234–5, the bishop being patron, and there
was reserved a yearly sum of twelve marks which was assigned for the use of the
chaplains and clerks who ministered at the altar of the blessed Hugh (*L.R.S.* ix,
154, 210). The date of the present text, therefore, is 1226–1235.

Folio 42d.

Hdl.   Hugo episcopus *Linc' secundus* (rubric).

231

370. Writ of Henry III granting to bishop Hugh II licence
to make his testament touching his possessions movable and
immovable, and commanding that no sheriff or royal bailiff nor
any other secular person shall lay his hand on the goods which the
bishop shall leave in his testament. At Westminster. 27 May,
1227.

Carta domini .H. regis Angl*ie* de confirmacione facta domino
Hugoni Linc' episcopo de testamento suo faciendo (rubric).
Henricus dei gracia . rex Angl*ie* . dominus Hybern*ie* .
dux Normann*ie* . 7 Aquitann*ie* . comes Andeg*ie* . archiepiscopis .

5   episcopis . abbatibus . prioribus . comitibus . baronibus .
    iustic*iariis* . vicecomitibus . prepositis . 7 omnibus balliuis .
    7 fidelibus suis salutem . Sciatis nos concessisse . 7 presenti
    carta nostra confirmasse venerabili patri Linc' episcopo .
    Hugoni secundo quod testamentum suum quod legittime
10   condiderit de rebus mobilibus suis 7 rebus aliis firmum sit
    7 stabile . Concedentes 7 firmiter precipientes quod nullus
    vicecomes . uel balliuus noster . uel alia quecunque persona
    secularis manum mittat ad bona sua que in testamento suo
    reliquerit . quominus executores testamenti sui libere 7 quiete
15   7 absque omni contradiccione 7 impedimento illud exequi
    possint secundum quod idem episcopus inde legittime
    ordinauerit . Hiis testibus . dominis .J. Bathon*iensi* . 7
    W. Carleol*ensi* . episcopis . Huberto de Bur*go* . comite de
    Cant*ia* . iusticiar*o* nostro .W. Maresc*allo* . comite Penbrochi*e* .
20   Radulfo filio Nicholai . seneschallo nostro . Willelmo filio
    Warini . Henrico de Aldithele . 7 aliis . Dat' per manum
    venerabilis patris .R. Cicestr*ensis* episcopi . cancellarii nostri
    apud Westm*onasterium* .xxvij. die Maii . anno regni nostri
    vndecimo.

Texts: MS—A. Patent roll, 11 Henry I, part i, mem. 3.   Pd—*C.C.R.*i, 42
(abstract).   *Giraldus Cambrensis* (Rolls Series) vii, 230–1.

ADD. CHART.

371. Writ of Henry III to the same effect as no. 370, above.
At Fulham. 15 May, 1229.

    Henricus dei gracia rex Angl*ie* . dominus Hybern*ie* . dux
    Norm*annie* 7 Aquitan*ie* . comes Andegau*ie :* archiepiscopis .
    episcopis . abbatibus . prioribus . comitibus . baronibus .
    iusticiar*iis* . vicecomitibus . prepositis . 7 omnibus balliuis
5   7 fidelibus suis . salutem . Sciatis nos concessisse 7 presenti
    carta nostra confirmasse venerabili patri Lincoln' episcopo
    Hugoni secundo quod testamentum suum quod legittime
    condiderit de rebus mobilibus suis 7 rebus aliis . firmum sit
    7 stabile . Concedentes 7 firmiter precipientes quod nullus
10   vicecomes uel balliuus noster uel alia quecunque persona
    secularis *:* manum mittat ad bona sua que in testamento
    suo reliquerit . quominus executores testamenti sui libere
    7 quiete 7 absque omni contradictione 7 impedimento illud
    exequi possint . secundum quod idem episcopus inde legittime
15   ordinauerit . Hiis testibus . dominis . Ricardo Dunolm*ensi*
    episcopo . Waltero Karleol*ensi* episcopo thesaurario nostro .
    Huberto de Burgo comite Canc*ie* iusticiario nostro . Johanne
    de Monemue . Stephano de Segraue . Radulfo de Trubleuill' .
    Hugone Dispensatore . Henrico filio Auch*eri* . Ricardo de
20   Gray . Henrico de Capella . 7 aliis . Dat' per manum
    venerabilis patris Radulfi Cicestr*ensis* episcopi cancellari

nostri apud Fuleham' quintodecimo die Maii anno regni
nostri tertiodecimo ;

Endorsed : (1) VI H.iij. (13 cent.). (2) De testamento (13 cent.).
Seal-tag torn away. Size : 6¾ x 5½ inches.
Texts : MS—Orig. A/1/1/61. Patent roll, 13 Henry III, part i, schedule, mem. 2.
Pd—*C.C.R.*i,105(abstract).

ADD. CHART.

372. Will of bishop Hugh [II] : The bishop leaves to his brother
[Jocelin] bishop of Wells his wardship of Thurning [co. Huntingdon],
and of the land and heirs of Cromwell [co. Nottingham], which is
of his own fee, to the use of the hospital of Wells (ll. 4–21) ; to
the same hospital the land of Dornford [co. Oxford], which
he gave with Agatha his niece in marriage, unless she shall have an
heir of her body (ll. 21–28) ; the remainder of the lease of the
land of Owersby [co. Lincoln] to be for distribution to the poor
religious houses of his diocese and other poor people (ll. 28–37) ;
legacies to the heads of several religious houses (ll. 37–48) ; legacies
to servants (ll. 49–70) ; legacy to the canon of the prebend of
Leicester for constructing buildings in his prebend (ll. 70–72) ;
legacies to his poor relations (ll. 72–74) ; legacy to the works of the
church of Lincoln (ll. 75–79) ; legacies to his successor and the
bishops of the province (ll. 79–81) ; provision for the expenses of
his burial, and of his executors, and of the altar near his place of
burial (ll. 82–90) ; disposition of one hundred and twelve pounds,
received from William dean of Lincoln, and lent to the abbot and
convent of Eynsham (ll. 90–102) ; direction that debts and legacies
shall be paid out of his movable goods and crops (ll. 102–12) ; dis-
posal of the residue (ll. 112–22) ; gift of the manors of South Elkington and Cawthorpe [in Covenham], [co. Lincoln], to the abbot and
convent of Louth Park abbey for the remainder of the bishop's
term, with a pension (ll. 122–54) ; legacy to a servant at Dorchester
[co. Oxford] (l. 155) ; appointment of executors, and their duties
(ll. 156–74) ; appeal to the archbishop, and to the dean and chapter
of Lincoln, and the archdeacons, to enforce the execution of the
will (ll. 174–92) ; bequest to the king of the bishop's best palfrey
and best cup (ll. 194–96) ; bequest to Richard Cotele, knight,
for the marriage of his daughters (ll. 196–98). At Stow Park.
1 June, 1233.

In nomine Patris 7 Filii 7 Spiritus Sancti Amen. Ego
Hugo dei gracia Lincoln' ecclesie [qualiscunque] minister .
condo testamentum meum in hunc modum Lego 7 concedo

domino Bathon*iensi* episcopo fratri meo 7 cui assignauerit
5   [custodiam meam de] Tunring cum omnibus pertinenciis
[suis] habendam 7 tenendam libere 7 quiete . do[nec heres ad
legitimam] peruenerit etatem . conuertendo per manus ipsius
domini episcopi uel assignatorum suorum quicquid inde
ceperint *:* in usus 7 emendationem hos[pitalis Wellensis]
10   vna cum ducentis marcis quas eidem domino episcopo pridem
pacaui ad opus hospital[is supradicti . Do in]super eidem
domino episcopo 7 cui assignauerit *:* custodiam terre 7 heredum
de [11]Crombwell' que est de feodo meo 7 maritag[ia eorundem
heredum ibi] non disparagentur . volens 7 ordinans quod
15   predictus dominus episcopus uel assignati sui de exiti[bus
eiusdem m]anerii faciat usque ad etatem heredum *:* ad opus
hospitalis [12]Well*ensis* 7 sustentationem ipsius pro salute
anime mee [7 pro animabus patris 7 matris] méé 7 omnium
antecessorum 7 heredum meorum 7 pro anima Iordani
20   de Turri *:* sicut ordinaui de custodia mea de [13]Tunring
faciendum . Preterea . do eidem hospitali 7 fratribus ibidem
deo seruientibus 7 seruituris imperpetuum [totam terram
meam de] [14]Derneford' quam dedi cum Agatha nepte mea in
maritagium *:* nisi de corpore suo heredem habuerit, cui
25   terra debeat[1] remanere . Item . concedo 7 assigno Radulpho
de Warauill' 7 Ricardo de Oxon*ia* canonicis Lincoln [tanquam
attornatis Galfridi] filii Bald*wini* 7 Petri de Bathon*ia* qui in
principio firme sue ita michi concesserunt *:* totam terram de
[15]Orresby cum omnibus pertinentiis suis quam Inger*ardus*
30   de Bouinton' 7 Johanna uxor sua dimiserunt predictis Galfrido
7 Pe[tro vsque ad terminum in] cirographo contentum facto
in curia domini regis . ut ipsi Radulphus 7 Ricardus uel
unus eorum si uterque uacare non poterit, uel cui uel quibus
assignauerint *:* teneant eam in manu sua per totum terminum .
35   7 omnes fructus 7 exitus ex ea pro[uenientes] distribuant
singulis annis pauperibus domibus religiosis episcopatus mei
7 aliis pauperibus pro anima mea . Item . leg[o prior]i de
[16]Kaldwell'[2] .i. marcam . priori de [17]Noketon' .i. [marcam] .
priori de [18]Kima .i. marcam . abbati de [19]Brunna .ii. [marcas] .
40   priori de [20]Ellesha*m*' .ii. marcas . abbati de [21]Humber*stain* *:*
i. marcam . priori de [22]Markeby *:* i. marcam . priori de [23]Torn-
holm' .i[i. marcas .] abbati de [24]Tuppeholm' .i. marcam .
abbati de [25]M[e]ssend*en* .xl. solidos . abbati de [26]Barling'
xx. solidos . priori de [27]Torkesey .i. marcam . abbati de
45   [28]Osulueston' .xx. solidos . priori de [29]Landa .i. marcam .
abbati de [30]N[utel' .x]ll. solidos . priori de [[31]Bradewell'] .i.
marcam . priori de [32]Dunstap'll' .xl. solidos . priori [33]Sancti
Neoti .xl. solidos . 7 priori [34][Hu]ntedon' .xl. solidos . Item
lego Iohanni de camera *:* x. marcas . Petro de Cotinton'
50   .x. marcas . magistro Hugoni coco *:* x. marcas . Rogero

mareschallo [x.] marcas . Willelmo seruienti de ³⁵Bugeden' .c.
solidos . Willelmo Lu[po] .x. marcas . Willelmo seru[ienti
Ley]cestrie .c̄. [solidos] . Willelmo de Tunring ⸴ ii. marcas .
Willelmo de Wodeford' ⸴ ii. marcas . Iohanni seruienti de
55   ³⁶Esfordeby ⸴ iii. marcas . Reginaldo de Treilly ⸴ v. marcas .
Elye³ Kotele ⸴ v. marcas . Ricardo de Ispania .ii. marcas 7
dimidiam . Rogero filio Willelmi ⸴ x. marcas . Thome marescallo ⸴ v. marcas . Henrico Cauchais de ³⁷Tingehurst' ⸴ v.
marcas . Gilberto de camera ⸴ ii. marcas . Waltero ostiario
60   .i. marcam . Iohanni de capella .xx. solidos . Bufeto nuncio ⸴
iiii. marcas . Hankino de pistrino . [i.] marcam . Iohanni
de curru ⸴ xx. solidos . Pagano ⸴ i. marcam . Galfredo Rom'
.i. marcam . Thome carecario ⸴ i. marcam . Reginaldo carecario ⸴
i. marcam . Roberto clerico custodi domorum Linc' ⸴ xl.
65   solidos . Odino de Bugeden' ⸴ xl. solidos . Roberto de Well'
c[oco] de[cani] Lincoln' ⸴ xx. solidos . filio magistri Waleis ⸴
ii. marcas . Volo insuper quod per executores meos detur
de bonis meis seruientibus nunciis 7 garcionibus meis 7 aliis
quibus non lego uel quibus minus lego ⸴ prout viderint
70   [expedire .] Item lego canonico prebende Leicestrie⁴ . ad
edificia sibi construenda in prebenda sua ⸴ xl. marcas . nisi
interim fecero grantum suum . Item lego pauperibus parentibus
meis apud ³⁸Well' 7 circa Pilton' .lx. marcas . ubi dominus
frater meus [7] alii executores mei uiderint expedire . Item .
75   lego fabrice ecclesie méé Lincoln' ⸴ c. marcas . 7 totum
mairemium quod habuero in decessu meo ⸴ per totum
episcopatum meum . ita quod reseruetur usque in tempus
successoris mei . 7 detur ei pro .l. marcis . si uoluerit . pacandis
eidem fabrice ⸴ antequam illud recipiat Item . lego successori
80   meo ⸴ xxvi ⸴ carrucatas⁵ boum . 7 domino Cantuariensi 7
singulis episcopis prouincie sue in Anglia ⸴ [vnum anulum .
Item lego] ad exequias meas faciendas 7 ad emendum ea
que necessaria fuerint altari quod est iuxta sepulturam meam ⸴
c. marcas . 7 [ad in]ueniendas necessarias expensas execu-
85   toribus meis qui prosequentur executionem testamenti mei
[.lx. marcas .] ut quod inde residuum fuerit ⸴ cedat testamento
meo . Predicto uero altari meo lego totam capellam meam
excepto paruo missali . quod vendatur 7 distribuatur
pauperibus pro anima Rogeri de Bristollia quondam canonici
90   Lincoln' . Ordino insuper quod centum duodecim libre quas
recepi a Willelmo decano Lincoln' depositas in custodia sua
7 mutuo datas Nicholao abbati 7 conuentui ³⁹Einesham
super cartas suas quas penes me [habeo] reddantur ipsi decano
uel cui assignauerit ad faciendum inde ⸴ quod uiderit
95   faciendum . de quibus iam acquietaui me versus eundem
decanum de .l. marcis quas recepi ab eisdem abbate 7
conuentu . 7 de .v. [solidos 7] viii denarios . quos . scilicet

.v. solidos 7 .viii. denarios recepi a predicto decano ultra
summam antedictam . 7 sciendum quod dicti abbas 7 conuentus
100 soluerunt michi postmodum .l. marcas de predicto prestito
eis facto : quas adhuc[6] debeo 7 ipsi debent totum residuum
de predictis .c.xii. libris . Volo autem quod tam debita quam
legata mea : perficiantur de bonis meis . In primis videlicet
de blad[is 7 inst]auris m[ei]s 7 postmodum de pecunia si
105 quam in morte mea habuero . Si[militer as]signo ad hoc
faciendum : omnia bona mea mobilia 7 omnes fructus tam de
bladis in terra mea seminatis ante mortem meam quam
fructus virgultorum 7 vinearum eodem anno . scilicet .
usque ad festum sancti Michaelis proxim[e post obitum]
110 meum prouenientes . 7 omnia alia que me quocunque modo
contingunt tam de prouentibus reddituum quam de vasis . equis
7 iocalibus meis . Totum uero quod residuum fuerit de bonis
meis : detur pauperibus domibus religiosis episcopatus m[ei
7 leprosis] pauperibus 7 magistris 7 scolaribus Oxon' ac
115 conuersis de Iudaismo in episcopatu meo . 7 pauperibus
hominibus maneriorum meorum . 7 precipue illis hominibus
quorum blada habui que seminauerunt in dominicis meis
per dominum regem [post]quam f[ui confirmatus .] nec ea
michi postmodum remiserunt 7 que dominus rex de iure
120 non potuit illis warantizare . 7 etiam aliis hominibus meis
si quos grauaui 7 alibi vbi executores mei cognouerint me
teneri 7 uiderint ex[ped]ire . Preterea assigno [7 concedo
abbati] 7 conuentui de [40]Parco Lude maneria de [41]Suthelkin-
ton' 7 de [42]Kaltorp' cum omnibus pertinentiis . libertatibus
125 7 consuetudinibus suis . habenda 7 tenenda integre quiete
7 pacifice usque ad terminum inter me 7 Roesiam de Kime
7 Philippum [filium suum con]stitutum . a die videlicet
beati Luce euangeliste anno domini .M⁰.cc⁰. xxvii : usque
ad .x. annos proximo sequentes completos . 7 in eadem forma
130 qua ipsa maneria cum pertinentiis suis michi concessa sunt
7 carta sua confirmata : saluis michi cata[llis meis que]
fuerint in terris illis 7 pertinentiis 7 bladis que seminata
fuerint in eisdem terris 7 pertinentiis in ultimo anno tenure
méé . ad executionem testamenti mei . 7 saluo eo quod ego
135 dicta maneria cum pertinentiis interim tenebo in manu mea
quamdiu michi placuerit . reddendo inde dictis abbati 7
conuentui .x. marcas . annuas in duobus anni terminis .
scilicet . in festo sancti Michaelis : v. marcas . 7 in festo
Penthecostes : v. marcas . Insuper assigno 7 concedo eisdem
140 abbati 7 conuentui .v. marcas . annuas de custodia terre
7 heredis Radulfi de Wyhun quam Gilberto de Treilli
senescallo meo 7 Radulfo de Warauill' concessi 7 tradidi
habendam 7 tenendam cum pertinentiis suis usque ad
legittimam[7] ipsius heredis etatem . reddendo inde dictis

145 abbati 7 conuentui .v. marcas . annuas ꞉ terminis supradictis .
Ordino etiam 7 concedo quod computatis predictis .v. marcis
annuis quamdiu eas receperint [7 comput]atis omnibus que
de predictis maneriis ad eosdem abbatem 7 conuentum
quocunque modo peruenerint ꞉ satisfiat eis per executores
150 testamenti mei usque ad summam cc. marcarum [. ita quidem]
quod quicquid ultra dictarum cc. marcarum summam ad
ipsos [occasione dictorum] maneriorum 7 custodie de Wyhun
uel aliunde quocunque modo peruenerit ꞉ executoribus nostris
[fideliter] restituant ad executionem testamenti mei faciendam
155 Item . lego Waltero seruienti meo de Dorkecestre ꞉ x. marcas .
H[uius igitur testamenti] mei executores constituo predictum
dominum Bathoniensem fratrem meum . Robertum archidiaconum Linc' Walterum thesaurarium . [I.] Norhamptonie
7 .W. Leicestrie archidiaconos . Warinum 7 Robertum
160 capellanos meos . Gilbertum de Treilly⁸ . Radulphum de
[Wa]rauill . [Tho]mam de Askeby Iohannem de Crakall' 7
Iohannem de Burgo clericos meos [in] hunc modum . assigno
7 const[ituo] dictos Gilbertum . Radulphum . Thomam .
Iohannem . 7 Iohannem ꞉ ad vendenda bona mea 7 colligendam
165 inde pecuniam per consilium predicti domini fratris mei 7
aliorum executorum meorum 7 ad deponendam eam in
tutis locis donec prouis[um fuerit] per cons[ilium] eorum [qui
interesse] poterunt cum episcopo . quid cui uel quibus 7
quando sit distribuendum iuxta presentis testamenti mei
170 ordinationem . Si uero dominus frater meus interim decessit⁹
quod deus auertat ꞉ vel alius aut alii executorum meorum .
volo [7 ordino quo]d super[stites eorum nichilomi]nus testamentum meum fideliter exequantur in fide qua deo 7 michi
tenentur . Supplico igitur flexis genibus venerabili patri 7
175 domino Cantuariensi archiepiscopo 7 ipsum [in vir]tu[te]
Spiritus Sancti lacrimabiliter contestor . quatinus ob¹⁰
remissionem [peccatorum suorum non sustineat testamentum]
meum quantum in ipso est ꞉ ab aliquo infirmari . Set si qui
apparuerint raptores . distractores uel perturbatores quo-
180 m[in]us executores mei testamentum [m]e[um] libere ualeant
adimplere . ipse cum super hoc requisitus f[uerit vniuer]sos [7
singulos per ecclesiasticam] compescat districtionem . Rogo
insuper decanum 7 capitulum meum Lincoln' 7 archidiaconos
[meos vniuers]os 7 singulos [cum] omni qua possum deuotione
185 7 eos obtestor per aspersionem sanguinis Ihesu Christi
quat[inus si qui in iurisdictione sua 7 potestate ap]paruerint
impeditores uel perturbatores testamenti mei vt predixi ꞉
ipsos ecclesiastica s[eueritate desistere com]pellan[t . In
predictorum autem omnium] robur 7 testimonium ꞉ presenti
190 testamento meo sigillum meum [vna cum sigillis predictorum
domini fratris mei .] decani 7 capituli 7 aliorum executorum

meorum feci apponi . Actum [apud Parcum Stowe kalendis
Ju]nii anno domini [M°]cc° xxxiii° . pontificatus scilicet mei
anno vicesimo [quarto .] Preterea [lego domino meo regi]
195 pul[criorem] palefridum [7 cuppam] pulcriorem quam
[habuero in decessu meo . Item lego Ricardo Cotele .] milit[i
predicti domini fratris m]ei ⸴ xl. marcas . ad filias ipsius
Ricardi [maritandas].

Endorsed : (1) Testamentum Hugonis secundi Lincoln' episcopi (14 cent.).
(2) T[estamentum] Hugonis Wells olim Lincoln' episcopi (18 cent.).
The foot of the document to which the seals were affixed has perished. Size :
11 x circa 15 inches.
Texts : MS—Orig. Dj/20/1/7. Cant.379. Pd—*Giraldus Cambrensis* (Rolls
Series) vii, 223–30 (cp. 204n.), ed. J. F. Dimock, from the original Dj/20/1/7.
Var. R. : *The surface of the document has been much injured by damp, and the
words enclosed within brackets have been supplied from* Cant.379. [1] deberet G.
Camb. [2] Kaldewell' G. Camb. [3] Eliæ G. Camb. [4] Leycestre G. Camb. [5] carrucatas
G. Camb. [6] *for* adhuc *read* admodum. [7] legitimam G. Camb. [8] Treilli G. Camb.
[9] decesserit G. Camb. [10] *for* ob *read* ad G. Camb.
Identifications : [11] Cromwell, co. Nottingham. [12] The hospital of Saint John
the Baptist at Wells, which was founded by bishop Hugh. [13] Thurning, co. Huntingdon. [14] Dornford (in Wootton), co. Oxford. [15] Owersby, co. Lincoln. [16] Caldwell priory, co. Bedford. [17] Nocton Park priory, co. Lincoln. [18] Kyme priory,
co. Lincoln. [19] Bourne abbey, co. Lincoln. [20] Elsham priory, co. Lincoln.
[21] Humberstone abbey, co. Lincoln. [22] Markby priory, co. Lincoln. [23] Thornholm
priory, co. Lincoln. [24] Tupholme abbey, co. Lincoln. [25] Missenden abbey, co.
Buckingham. [26] Barlings abbey, co. Lincoln. [27] Torksey priory, co. Lincoln.
[28] Osolveston abbey, co. Leicester. [29] Laund priory, co. Leicester. [30] Nutley
abbey, co. Buckingham. [31] Bradwell priory, co. Buckingham. [32] Dunstable priory,
co. Bedford. [33] Saint Neot's priory, co. Huntingdon. [34] Huntingdon priory.
[35] Buckden, co. Huntingdon. [36] Asfordby, co. Leicester. [37] Fingest, co. Buckingham. [38] Wells, Pilton, co. Somerset. [39] Eynsham abbey, co. Oxford. [40] Louth
Park abbey, co. Lincoln. [41] South Elkington, co. Lincoln. [42] Cawthorpe (in
Covenham Saint Bartholomew), co. Lincoln.
Note : Professor E. A. Freeman states that quite early in his episcopate bishop
Hugh made an earlier will, a copy of which is preserved in the Libus Albus of the
church of Wells (*Giraldus Cambrensis* (Rolls Series) vii, p. xcv). For Henry III's
charters confirming the bishop's will, see above, vol. i, pp. 176–8.

ADD. CHART.

373. Grant by Richard the abbot and the convent of Westminster to bishop Hugh II that, on hearing of his death, the service
of the dead shall be performed for him in their convent as for an
abbot of Westminster, and that on that day one hundred poor
shall be fed ; and the convent shall have wine and pittances ;
and also that the anniversary shall be observed every year for
ever. (Circa 1230.)

[O]mnibus Christi fidelibus presens scriptum inspecturis ⸴
Ricardus dei gracia abbas West*monasterii* 7 eiusdem loci
conuentus ⟨ salutem in domino Nouerit vniuersitas vestra
nos concessisse ⟨ 7 presenti carta nostra confirmasse ⟨ venerabili
5 patri domino Hugoni secundo Linc' episcopo ⟨ quod audito
obitu ipsius fiet seruicium defunctorum pro eo in conuentu
West*monasterii* sollempniter ⟨ sicut pro abbate West*monasterii* ⟨

Et eo die pascentur centum pauperes pro anima ipsius in
pane (potu (7 companagio competenti . Et habebit conuentus
10 Westmonasterii eo die vinum 7 pitancias honorabiles . Et
sic singulis annis imperpetuum in die anniuersarii sui cum
consimili refeccione conuentus 7 pauperum ipsius anniuersarium sollempniter obseruabitur in monasterio memorato (
Fiet eciam eisdem diebus specialis in eodem officio memoria
15 in conuentu Westmonasterii pro canonicis Lincoln' defunctis (
7 ipsius ecclesie benefactoribus (Vt autem hec nostra
concessio rata sit 7 stabilis perseueret : eam presenti scripto (
7 sigillorum nostrorum apposicione corroborauimus.

Text : MS—Cant. 380.

232

374. Notification of the award of certain papal delegates in
a dispute between bishop Hugh II and the chapter of Lincoln of
the one part and Richard the abbot and the convent of Westminster
of the other part, concerning the churches of Oakham and Hambleton [co. Rutland], from which the abbot and convent claimed a
pension of twenty pounds, with a procuration of two days a year.
They also claimed the appropriation of the church of Hambleton.
The award : The abbot and convent shall have in the name of a
perpetual benefice the fruits and issues of the church of Oakham
and of the chapels of Langham, Egleton, Brooke, and Gunthorpe
with the village of Thorpe [by the Water] [co. Rutland], and the
manse which is on the west side of the church of Oakham, with
the lands, homages, and rents which belong to the said church
and chapels, excepting the portion of the rector who shall be presented to the diocesan by the abbot and convent. Further, the
bishop shall ordain as seems good to him with respect to the church
of Hambleton and its advowson and a pension of twenty shillings
from the church of Saint Peter in Stamford [co. Lincoln] and the
chapel of Braunston [co. Rutland]. Also the abbot and convent,
when they hear of bishop Hugh's death, shall perform the service
of the dead for him in their convent, as for an abbot of Westminster,
and shall feed a hundred poor people ; and they shall observe his
anniversary, making a special memorial for him and for deceased
canons of Lincoln and benefactors of that church. September, 1231.

Carta ordinacionis ecclesiarum de Okham' . 7 de Hameledon'
(A232 rubric).

Indented

Omnibus Christi fidelibus presens scriptum [inspecturis .

5   Robert[1]]us Lincoln*ie*[2] Johannes Bedeford*ie* ː archidiaconi .
Ricardus prior de Hurleya . 7[3] magister Willelmus de Lyra[4] ː
salutem in domino . Nouerit uniuersitas uestra quod cum
inter dominum Lincoln'[2] episcopum Hugonem secundum 7
capitulum Lincoln'[2] ex una parte 7 Ricardum abbatem 7
10   conuentum Westmonaster*ii* ex altera super ecclesiis de
Okham[5] 7 de Hameledon'[6] cum earum pertinentiis de quibus
dicti monachi pe[teba[1]]nt pensionem viginti librarum cum
annua procuratione duorum dierum per annum . 7 ecclesiam
de Okham[7] cum suis pertinentiis in proprios usus auctoritate
15   priuilegiorum suorum de predictis ecclesiis 7 earum pertinentiis
coram precentore Eboraci 7 coniudicibus suis a domino papa
delegatis questio uerteretur ː dicti iudices de consensu predictarum partium super toto negocio memorato nos
deputauerunt ordinatores . ita quod quicquid a nobis uel
20   tribus de nobis ordinaretur ː ratum 7 stabile permaneret .
qui de mandato 7 auctoritate * iudicum[8] predictorum onus
ordinationis suscipientes inuocata Spiritus Sancti gratia
ordinauimus in hunc modum . Videlicet quod predicti abbas
7 conuentus cedente uel decedente domino Gilberto Marescallo
25   rectore ecclesie de Okham[7] . habebunt nomine perpetui beneficii integre omnes fructus 7 prouentus ecclesie de Okham[7] 7
capellarum subscriptarum in pios usus conuertendos . scilicet .
de Langham . Egelton' . Broc . Guntorp[9] . cum uilla de Thorp[10] ː
[7 manso[1]] qui est ex parte occidentali ecclesie de Okham[7] .
30   7 omnibus terris . homagiis . 7 redditibus ad predictas
ecclesiam[11] 7 capellas pertinentibus . exceptis hiis que ad
rectorem ipsius ecclesie de Okham[7] ab [abbate 7] conuentu
Westmonaster*ii* diocesano perpetuo presentandum pertinebunt . Ad cuius portionem pertinebunt ista . videlicet . totum
35   altelagium ecclesie de Okham[7] 7 predictarum capellarum .
cum omnibus minutis decimis . obuentionibus ad altelagium
qualitercumque spectantibus . 7 cum medietate decimarum
feni omnium parrochianorum[12] tam ecclesie de Okham[7] quam
predictarum capellarum cum una carrucata terre cum
40   pertinentiis quam nunc habet vicarius . 7 cum manso quem
tenuit vicarius tempore huius ordinationis . qui quidem mansus
est ex parte australi ecclesie . Habebit etiam idem rector
decimas garbarum ad ualentiam trium marcarum in parrochia[13]
de Okham[7] arbitrio bonorum virorum assignandas 7 esti-
45   mandas sub debito iuramenti tam clericorum quam laicorum .
7 preter hec recipiet dictus rector unam marcam que consueuit
solui ecclesie de Okham[5] de capella de Cnossenton' . 7 siquid
ulterius adquirere possit de eadem . 7 sustinebit idem rector
omnia onera episcopalia 7 archidiaconalia ordinaria 7 consueta
50   ad prefatas ecclesiam 7 capellas pertinentia . 7 faciet tam
predictam matricem ecclesiam quam capellas per idoneos

capellanos 7 ministros deseruiri . De extraordinariis uero
oneribus quilibet pro sua respondeat portione . Ordinauimus
etiam quod dominus episcopus Lincoln' de ecclesia de Hamele-
55 don'[14] 7 de iure patronatus eiusdem 7 de pensione viginti
solidorum de ecclesia sancti Petri in Stanford*ia*[15] 7 de omnibus
aliis pertinentiis suis . item de capella de Bra*n*teston'[16] ordinet
secundum quod uiderit secundum deum ordinandum .
Ordinauimus etiam quod licebit utrique parti absque alter-
60 utrius siue alicuius impedimento cum tempus se optulerit
7 dictas ecclesias uacare contigerit *:* omnibus hiis uti que
per ordinationem istam eis sunt concessa . Preterea ad
instantiam nostram predicti abbas 7 conuentus concesserunt .
quod audito obitu uenerabilis patris episcopi predicti fiet
65 seruicium defunctorum pro eo [17]in conuentu Westmonaster*ii*
sollempniter sicut pro abbate Westmon*asterii* . 7 eo die pascentur centum pauperes pro anima ipsius . in pane[18] . potu .
7 companagio competenti . 7 habebit conuentus West-
mon*asterii*[17] eo die uinum 7 pitantias honorabiles . 7 sic singulis
70 annis imperpetuum in die anniuersarii sui cum consimili
refectione conuentus 7 pauperum *:* ipsius anniuersarium
solempniter obseruabitur in monasterio memorato . Fiet
etiam eisdem diebus specialis in eodem officio memoria in
conuentu Westmon*asterii* pro canonicis Lincoln' defunctis .
75 7 ipsius ecclesie benefactoribus . Et super hoc ipsi episcopo
litteras suas patentes conficient abbas 7 conuentus memorati .
Ordinauimus insuper quod si Gilbertus Marescallus rector
ecclesie de Okham[7] . 7 Rogerus de Sancto Johanne rector
ecclesie de Hameledon'[19] pensionem viginti librarum dictis
80 monachis reddere uoluerint *:* cessabit petite ab abbate 7
conuentu procurationis exactio . sin autem *:* liberum sit eis
ius suum prosequi contra eosdem ubi uoluerint absque omni
impedimento episcopi uel capituli inposterum procurando .
Ordinauimus etiam quod si quid in ista ordinatione obscurum
85 fuerit uel interpretatione dignum *:* licebit nobis quod obscurum
fuerit declarare . siue interpretandum *:* interpretari *:* manente
in omnibus 7 per omnia huius ordinationis substantia . Cum
autem hec ordinatio esset a nobis concorditer facta 7 in
presentia partium recitata 7 ab eisdem recepta *:* ipsam tam
90 appositione sigillorum ipsarum partium [20]quam sigillorum
nostrorum[20] duximus roborandam . Act' anno domini
millesimo . ducentesimo . tricesimo primo . mense Septembris.

Endorsement : (1) Carta super ordinatione ecclesiarum de Ocham' . 7 Hameled'
(13 cent.). (2) De ecclesia de Hameldon' (14 cent.). (3) .+.
First seal-tag torn away. Second and third seal-tags with broken seals. Size :
12½ x 8¼ inches.
Marginalia in A232 : Scribatur in composicionibus (query Q). [*The charter is
entered at A946 amongst the appropriations of churches.*]
Texts : MS—Orig. Dij/89/1/16. A232. A946. R336.

Var. R. : ¹ *supplied from* A232, *the original charter having been injured.* ² Linc.
A232 A946. ³ *om.* 7 R. ⁴ Lira A232. ⁵ Okeham A946 ; Ocham R. ⁶ Hamele-
den' A946 ; Hameldon' R. ⁷ Ocham R. ⁸ *om.* iudicum A232. ⁹ Gunthorp A946.
¹⁰ Torp A232. ¹¹ ecclesias A946. ¹² parochianorum A232 A946. ¹³ parochia A232
A946. ¹⁴ Hameldon' A946 R. ¹⁵ Sanford A946 ; Staunford' R. ¹⁶ Braundeston'
R. ¹⁷⁻¹⁷ *written in lower marg., and marked for insertion in text* A232. ¹⁸ *insert*
7 R. ¹⁹ Hameldon' A232 A946 R. ²⁰⁻²⁰ *om.* R.

Note : Gilbert Marescall', who is mentioned in the text, was presented, as an
acolyte, by the abbot and convent of Westminster to the church of Oakham (*Hoc-
ham*), and was instituted in 1226–1227, saving to William the vicar of the church
and to Roger de Sancto Johanne vicar of the chapel of Braunston (*Branteston'*)
their right which they had in those vicarages ; saving also his right to Geoffrey
who held the chapel of Knossington (*Gnossington'*). The bishop also protested
that Gilbert had no right in the church of Hambleton (*Hameldon'*) by this institution ; and he was enjoined, under oath, not to pay to the monks of Westminster
the pension that they demanded until they shewed that it was due and of olden
time (*L.R.S.*vi,138).

Note by Professor A. Hamilton Thompson : ' *Annua procuratio duorum dierum*
means that the abbot and convent of Westminster claimed two days' entertainment,
or a fee in lieu of it, for their representatives who periodically visited Oakham.
Abbot William Postard (1191–1200) assigned an annual payment of 21 marks to
the infirmary from the churches of Oakham and Hambleton (Pearce, *Monks of
Westminster*, p. 46), and there was also a rent from the same churches to the pittancer
(*ibid.* p. 47). The *custos* of the church of Oakham (after 1334, Ashwell, Staines,
and Oakham) was one of the obedientiaries of the monastery, and the treasurer of
the abbey manors held courts at Oakham, so that visitors from Westminster were
frequently on the spot. The award frees the rectors from the procuration, if they
pay the pension of twenty pounds demanded : if not, the abbot and convent
shall be free to prosecute their claim against the rectors at will, without any
hindrance from the bishop and chapter. *Inposterum procurando* seems to mean
exacting procurations henceforward.'

**Folio* 43.

Hdl.   *Hugo episcopus* LINC SECUNDUS (rubric).   . 4 . 3 .

Folio 43d.

Hdl.   HUGO EPISCOPUS *Linc' secundus* (rubric).

233

375. Grant by bishop Hugh, with the assent of Roger [de
Rolveston] the dean and the chapter, to Walter son of Robert and
his heirs of all the assart made or to be made in the bishop's wood
of Harthey [co. Huntingdon], for a yearly render of ten pounds
at the terms in which the render of the manor of Bugden [co.
Huntingdon] is wont to be made, of which manor the assart
shall be a possession. At Lincoln. 25 May, 1219.

Carta eiusdem Hugonis Linc' . de .x. libris annuis pro
assarto de Herteya (A rubric).

Omnibus Christi fidelibus ad quos presens carta peruenerit :
Hugo dei gracia Linc' . episcopus . salutem in domino . Nouerit
5 vniuersitas uestra nos de assensu Rogeri decani 7 capituli
nostri Linc' concessisse 7 dedisse Waltero filio Roberti
totum assartum factum 7 faciendum de bosco nostro de

Herteya[1] . habendum 7 tenendum sibi 7 heredibus suis de
nobis 7 successoribus nostris iure hereditario inperpetuum
10 bene . 7 in pace . libere . integre . 7 honorifice cum omnibus
pertinenciis . libertatibus . 7 liberis consuetudinibus suis .
Reddendo inde nobis 7 successoribus nostris inperpetuum
decem libras esterlingorum singulis annis in quatuor anni
terminis . in quibus redditus manerii nostri de Buggeden'
15 reddi consueuit . Cuius manerii pertinenciam totum predictum assartum cum hominibus in eo mansuris 7 omnibus
pertinenciis suis esse volumus 7 perpetuo attornamus ad
faciendum ibidem sectas 7 consuetudines que alia huiusmodi
libera tenementa facere debent . Quod vt ratum sit 7 firmum
20 presenti carta nostra 7 sigillo nostro 7 capituli nostri Linc'
duximus confirmandum . Hiis testibus . Rogero decano Linc' .
Willelmo archidiacono Linc' . Rogero cancellario . Reginaldo
subdecano . Reimundo[2] archidiacono Leicestrie . magistro
Johanne archidiacono Stowe . magistro Willelmo filio Fulconis .
25 magistro Gilberto de Scardeburgo . Hugone de Sancto Edwardo .
magistro Roberto de Holm . magistro Roberto de Grauel' .
Petro de Hungaria . Petro de Bathonia . Petro de Keuermunt .
canonicis Linc' . 7 multis aliis . Dat' per manum Willelmi
de Thornaco[3] archidiaconi Linc' apud Linc' in capitulo ?
30 octauum kalendas Junii pontificatus nostri anno decimo.

Endorsed : (1) Carta episcopi 7 capituli Linc' facta Waltero filio Roberti super
assarto faciendo in bosco de Hertheye (13 cent.). (2) Boggeden' (? 13 cent.).
(3) .ij.
Three slits for seal-tags. Size : 8¾ x 4 inches.
Texts : MS—Orig. Dij/72/2/9. A.
Var. R. : [1] Herteya A. [2] Reymundo A. [3] Thorn A.

234

376. Ordination by bishop Hugh [II], with the assent of Roger
[de Rolveston] the dean and the chapter of Lincoln, (in settlement of
a dispute between Robert archdeacon of Huntingdon, canon of
the prebend of Brampton [co. Huntingdon], and Walter son of
Robert, knight), whereby the bishop grants his licence to Walter
to build a chapel for himself at the place called Harthey [co.
Huntingdon], and to have a chantry there for himself and his heirs ;
saving certain rights to the mother church of Brampton. In
chapter, at Lincoln. 25 December, 1221.

Carta eiusdem .H. pro capella Walteri militis in parochia
de Bramton' (A rubric).

Indented
C Y R O G R A P H V M
5 Omnibus Christi fidelibus ad quos presens scriptum
peruenerit Hugo dei gratia Linc' episcopus salutem in domino .

Nouerit vniuersitas uestra quod cum inter dilectum filium
Robertum archidiaconum Huntingdon*ie* canonicum prebende
de Bramton' ex una parte 7 Walterum filium Roberti militem
10 ex altera super quadam capella quam idem miles sibi uoluit
construere in loco qui dicitur Herthey . quem quidem locum
idem archidiaconus ad suam prebendam de Bramton' iure
parochiali asseruit pertinere questio uerteretur ./ tandem
utraque pars inde mera 7 spontanea uoluntate appellacione
15 7 contradiccione cessantibus ./ se nostre submiserit ordinacioni .
Nos autem super premissis de assensu 7 uoluntate Rogeri
decani 7 capituli nostri Linc' ordinauimus in hunc modum .
videlicet quod liceat prefato militi libere suis sumptibus sibi
capellam construere in predicto loco qui dicitur Herthey[1]
20 matrici ecclesie de Bramton' cum omnibus ad predictum
locum de Herthey[1] pertinentibus pleno iure parochiali sub-
iectam . 7 quod idem .W. 7 heredes sui habeant inperpetuum
cantariam suam in eadem per capellanum ibidem residentem
quamdiu uoluerint 7 ministrantem . Licebit autem eidem
25 militi 7 heredibus suis ad hoc sibi eligere capellanum idoneum[2]
successiue quem uoluerint . Quo electo 7 dicto archidiacono
uel successoribus suis qui pro tempore fuerint canonici apud
Bramton' per eundem militem uel heredes suos presentato ./
idem archidiaconus 7 successores sui ipsum sine contradiccione
30 7 difficultate admittent ad diuinum officium in sepedicta
capella ut dictum est exequendum . Concessit autem idem
archidiaconus ad onera eiusdem militis 7 heredum suorum
quoad exhibitionem capellani in dicta capella ministrantis
ab eis faciendam leuius sustentanda ./ omnes minutas
35 decimas 7 oblaciones prouenientes tam de domo[3] dicti militis ./
quam de tenentibus ipsius si processu temporis aliqui fuerint
apud Herthey[1] . Saluis omnibus decimis garbarum integre
7 sine diminutione matrici ecclesie de Bramton' de predicto
loco de Herthey[1] prouenientibus . Saluo etiam dicte ecclesie
40 primo 7 principali legato ./ cum honore sepulture . Sustinebunt
etiam dictus .W. 7 heredes sui omnia alia onera eiusdem
capelle tam in libris . uestimentis quam in omnibus aliis
generaliter ad diuinum * officium in sepedicta capella
exequendum ./ pertinentibus . 7 quoad ipsam capellam
45 sustentandam 7 reficiendam . Dicti uero tenentes matricem
ecclesiam de Bramton' bis in anno uisitabunt scilicet die
Pasche . 7 die beate Marie Magdalene 7 omnia[4] ecclesiastica
sacramenta percipient de eadem . Similiter 7 dictus miles
7 maiores de familia sua eandem ecclesiam bis in anno
50 uisitabunt scilicet die Pente*costen*[5] 7 die beate Marie Magdalene.
Iurabunt etiam idem .W. 7 heredes sui qui pro tempore
fuerint ./ quod memoratam matricem ecclesiam de Bramton'
secundum formam premissam quoad predictam capellam

F

conseruabunt indempnem . 7 quod in eadem capella nullum
55 parochianum eiusdem ecclesie aliter quam ut predictum est
uel etiam alterius procurabunt uel quantum in ipsis erit
scienter sustinebunt in preiudicium matricis ecclesie de
Bramtona[6] uel uicinarum ecclesiarum admitti . 7 hoc idem
iurabit presbiter qui pro tempore celebrabit ibidem . Saluis
60 in omnibus episcopalibus consuetudinibus 7 Linc' ecclesie
dignitate . Vt autem hec nostra ordinatio perpetuam optineat
firmitatem . presenti scripto sigillum nostrum una cum sigillo
predicti capituli nostri Linc' simul cum sigillis partium .
duximus apponendum . Hiis testibus . Rogero decano .
65 Galfrido precentore . Ricardo cancellario . Reimundo
Leircestrie[7] . Matheo Bukinghamie[8] . 7 Hugone Stowe archidiaconis . Johanne subdecano . magistris Willelmo filio
Fulconis . Gilberto de Scardeburgo . Ricardo de Lindwud'[9] .
Roberto de Grauel' . Waltero Blundo . Rogero de Bristoll'[10]
70 7 Roberto de Wassingburn' 7 magistro Stephano de Cicestria .
Petro de Hungaria . 7 magistro Willelmo de Linc'[11] . Willelmo
de Aualon' . Petro de Bathonia 7 Petro de Cheueremunt[12] .
canonicis Linc' . Datum [per] manum Thome de Fiskerton'
capellani canonici Linc' in capitulo Linc' apud Linc' octauum .
75 kalendas . Ianuarii . pontificatus nostri anno tercio decimo.

Endorsed: Herteie in prebenda de Bramton' (13 cent.),
Two seal-tags, and slit for third seal-tag. Size: 9⅜ x 7¾ inches.
Texts: MS—Orig. Dij/72/2/10. A.
Var. R.: [1] Herthei A. [2] ydoneum A. [3] dono A. [4] insert tunc A. [5] Penth' A.
[6] Bramton' A. [7] Leyc' A. [8] Bokingham' A. [9] Lindwd' A. [10] Bristowe A.
[11] Nicol' A. [12] Cheueremont A.

*Folio 44.

Hdl.   Hugo episcopus LINC' SECUNDUS (rubric)   . 4 . 4 .

235

377. Quitclaim by Roger de Sowe for himself and his heirs to
bishop Hugh II and his successors of all his right in the lands and
tenements of Boughton, Howell, and Asgarby [by Sleaford] [co.
Lincoln], belonging to the bishop's fee, which bishop Hugh I gave
to Simon son of Guy de Wlfton', his predecessor ; which quitclaim
Roger has caused to be enrolled in the king's court at Westminster.
10 February, 1232.

Carta quieteclamacionis Rogeri de Stowa . eidem Hugoni
episcopo facta (rubric).
Omnibus ad quos presens scriptum peruenerit Rogerus de
Stowe salutem . Noueritis me remisisse 7 quietum clamasse
5 de me 7 heredibus meis uenerabili patri Linc' episcopo Hugoni
secundo 7 successoribus suis . 7 ecclesie sue Linc' imperpetuum .
totum ius 7 clamium quod habui uel habere potui in terris

7 tenementis de Baketon' . Huwell' . 7 Asgareby . que terre
7 tenementa sunt de feodo eiusdem episcopi . 7 quas terras
10 7 tenementa uenerabilis pater Linc' episcopus Hugo primus .
predecessor suus dedit Symoni filio Widonis de Wlfton'
antecessori meo pro homagio 7 seruicio suo . Ita quod nec
ego Rogerus uel heredes mei decetero aliquid iuris in predictis
terris uel tenementis . uel in aliqua parte earundem terrarum
15 uel tenementorum exigere . clamare . uel habere poterimus
in dominico uel in seruicio . Ad maiorem autem huius rei
securitatem :' recordata fuit 7 inrotulata hec mea remissio
7 quieta clamancia in curia domini regis apud Westm*onasterium*
a die sancti Hillarii in unum mensem anno regni . regis .H.
20 filii regis . Johannis . xvjº. coram Stephano de Setgraue .
Roberto de Lexinton' . Willelmo de Ebor*aco* . magistro
Roberto de Scardelawe . Radulfo de Norwico . 7 Ada filio
Willelmi . iusticiar*iis* domini regis . tunc ibidem presentibus .
In huius rei testimonium :' presenti scripto sigillum meum
25 apposui . Hiis testibus . dominis .R. Cicestre*nsi* . domini
regis cancellarii .J. Bathon*iensi* . episcopis . predictis iustic*iariis* . Johanne filio Galfridi . Willelmo de Luscy . Radulfo
de Pisehal' . Ricardo de Wok'séé . 7 aliis.

Text : MS—A.
Note : The name of the grantor was certainly Sowe or Sowes, and not Stowe as
in the text. The evidence supplied by several feet of fines (*Lincolnshire Final
Concords* i, 250, 255 ; *ibid.* ii (*L.R.S.*, vol. xvii), 39, 77, 146, 166, 178, 213) shews
that Roger was a son of Simon son of Guy de Wlfton', and that he had two sons,
Simon and Roger de Sowes, and two uncles, Peter de Bugden and Gilbert de Ulftonia.
The first of these references indicates that the land in the text was a tenth part of
a knight's fee.

236

378. Collation by bishop Hugh II to Warin of Kirton, chaplain,
of the parsonage of the church of Nettleham [co. Lincoln], and
institution of him in it as parson, with a description of the parsonage.
At Stow Park. 4 April, 1233.

Carta eiusdem Hugonis . de collacione ecclesie de Netelham
(rubric).
Omnibus Christi fidelibus ad quos presens scriptum
peruenerit :' Hugo dei gracia . Linc' episcopus salutem in
5 domino . Nouerit vniuersitas uestra nos personatum ecclesie
de Netelham dilecto in Christo filio Warino de Kirketon'
capellano contulisse ipsumque in ea canonice personam
instituisse . Consistit autem dictus personatus in toto altaragio .
7 omnibus * minutis decimis tocius parochie . 7 in decimis
10 garbarum . 7 feni de .xxᵗⁱiiijᵒʳ . bouatis terre in eadem villa .
scilicet de quatuor bouatis terre Alicie de Solario . de quatuor
bouatis qui fuerunt Radulfi filii Vlsi¹ . de quatuor bouatis

que fuerunt Leticie . de duabus bouatis Swani de la Grene .
de duabus bouatis que fuerunt Rogeri le Paumer de duabus
15 bouatis que fuerunt Hugonis filii Sibille . de duabus bouatis .
Hugonis prepositi . de .ij. bouatis GodeFr*idi* filii Radulfi . de
.ij. bouatis Hugonis filii Swynild' . 7 habebit idem persona
aream quamdam in orientali parte tocius mansi ecclesie que
continet in sui² latitudine tres perticatas . 7 in longitudine
20 quantam durat totum transuersum ipsius curie . ad curti-
lag*ium* . habebit eciam partem principalis mansi ecclesie
uersus occidentem . cum tota minori grangia . ita quod
linealiter includatur ab occidentali parte grangie decani .
Saluis in omnibus Linc' ecclesie dignitate ? 7 episcopalibus
25 consuetudinibus . Quod ut perpetuam optineat firmitatem ?
presenti scripto sigillum nostrum duximus apponendum .
Hiis testibus . Waltero thesaurario Linc' . Roberto de Bolesouer' . capellano . magistris Waltero de Wermen' . 7 Ricardo
de Wendou*er* . Willelmo de Winchecumb' . 7 Thoma de Askeby .
30 canonicis Linc' . magistro Alardo de Arundell' . 7 Stephano
de Cast' . clericis . Dat' per manum nostram apud Parcum
Stowe . iiijᵗᵒ . Aprilis . pontificatus nostri . anno .xxᵒiiijᵗᵒ.

Text: MS—A.
Var. R.: ¹ *probably for* Vlfi. ² *sic.*

Folio 44d.

Hdl. HUGO EPISCOPUS

237

379. Agreement made between bishop Hugh II and Henry
de Nevill that, whereas the bishop claimed against Henry the
guard of five knights at his castle of Newark in respect of the fee
of five knights which Henry holds of him, the bishop agrees that
Henry during his life shall henceforth perform the guard of three
knights at the bishop's castle of Sleaford, in war or when the peace
of the realm is disturbed, for forty days in the year ; and the
bishop remits to Henry for his life the guard of two of the five
knights, saving the bishop's right to the guard of the two knights
after Henry's death. (Circa 1218.)

Carta domini Hugonis Linc' episcopi de warda facienda
in castro de Newerk' . per .H. de Neuill' . 7 heredes suos
(rubric).

Notum sit omnibus tam presentibus quam futuris quod
5 ita conuenit inter dominum Linc' episcopum Hugonem
secundum petentem . 7 Henricum de Neuill' deforciantem de
warda quinque militum quam idem episcopus clamauit uersus
eum de feodo quinque militum quod idem Henricus de eo

      tenet . 7 quam wardam idem episcopus petiit uersus eum
10 faciendam in castro suo de Newer*ca* . scilicet quod idem
      Henricus . 7 heredes sui in castro eiusdem episcopi de Lafford'
      decetero facient imperpetuum wardam trium militum propter
      necessitatem werre . uel in pace regni perturbata . scilicet
      per .xl[a]. dies in anno . Et predictus episcopus pro se 7
15 successoribus suis de assensu capituli sui remisit eidem
      Henrico . tota uita ipsius Henrici wardam duorum militum
      de predictis quinque militibus . saluo eidem episcopo 7
      successoribus suis 7 ecclesie sue Linc' post decessum ipsius
      Henrici iure 7 clamio que habent 7 habere se dicunt in warda
20 illorum duorum militum . Et ut conuencio rata 7 inconcussa
      inposterum permaneat ? factum est hoc scriptum inter eos
      in modum cyrographi 7 appositum est sigillum ipsius episcopi
      cum sigillo capituli sui parti que remanet ipsi Henrico . 7
      sigillum ipsius Henrici parti que remanet ipsi episcopo .
25 Hiis testibus . Galfrido de Salicosa Mara . Johanne Bonet
      tunc vicecomite . Jodlano de Neuil' . Alano de Multon' .
      Johanne de Neuill' fil*io* Galfridi de Neuill' . Symone de Chancy .
      Will*elmo* de Bilingh*ey* . Jocelino de Chanci . Gilberto de
      Riggeb*y* . Osberto Arsic . Jordano de Brakeb*erga* . Johanne
30 de Hamb*y* . Jollano de Heilling' . Willelmo filio Roberti .
      Hereueo Darci . Rogero de Torpel . Haraldo filio V*m*fridi .
      Lamberto de Buss*y* . Radulfo de Cro*m*bwell' . Nigello de
      Lisur*iis* . Willelmo de Charnel' . Radulfo Selueyin . Girardo
      de Howell' . H*en*r*ico* de Coleuil' . Ricardo Selueyn . Hugone
35 de Ringesdon' . Roberto Camerario . Galfrido de Campan*a* .
      Adam de M*e*rlo . Radulfo de Hoyland . Gilberto Cusyn .
      Alexandro de Laford' . Waltero Malerb' . Jordano . de Luda .

Marginalia : Pro episcopo in Neuerk' (query Q).
Text : MS—A.
Note : Most of the witnesses, or perhaps all, are the bishop's knights.

238

380. Notification by R. the abbot and the convent of Barlings
that they owe to bishop Hugh and his successors four shillings a
year for certain land of the bishop's fee in the parish of Saint Faith
in Newland, which John son of Richard son of Sigerith of Newland
gave them. [The charter is unfinished.]

      Carta abbatis 7 conuentus de Berling' de .iiij[or]. solidis .
      annui redditus (rubric).
      Omnibus Christi fidelibus ad quos presens scriptum
      peruenerit .R. dei gracia . abbas de Berling . 7 eiusdem loci
5 conuentus salutem eternam in domino . Ad omnium uolumus
      peruenire noticiam quod nos debemus venerabili patri episcopo
      Linc' Hugoni secundo 7 successoribus suis quatuor solidos

per annum pro quadam terra in parochia sancte Fidis in
Noua terra que est de feodi[1] ipsius episcopi . quam quidem
10   terram dedit nobis Johannes filius Ricardi filii Sigerith de Neu
[*the rest is missing, the following leaf having been cut out*].

Text : MS—A.   The foliation shews that the missing folio must have been missing
in Q's time.
Var. R. :   [1] *sic.*

ADD. CHART.

381. Letter of bishop Hugh [II] to parsons, vicars, chaplains,
and clerks, granting an indulgence for the performance of certain
services during the interdict. (1209–1213.)

     Hugo dei gratia Lincoln' episcopus omnibus personis .
vicariis perpetuis capellanis 7 clericis . . . .
constitutis ∴ salutem gratiam 7 benedictionem . Gratia nobis
7 pax a deo patre nostro . . . .
5   . . . . . betis clericis nostris in negocium ecclesie nostre ad
uos missis . quos cum nostri . . . .
     . . . . tis . Vnde ad amplioris honoris cumulum uobis
multiplicandum am . . . .
quam uobis fecimus in generali fraternitate Linc' ecclesie
10   noua uobis . . . .
addere . pro eo quod in ecclesie nostre operatione apparet ex
elemosinar' . . . .
diligitis cum propheta decorem domus d[omine] 7 locum
habitationis eius glorie . Hanc . . . . nouam nobis
15   superaddimus indulgentiam ∴ quod cum inter uos aduenerint
. . . . ci ierene nostre operationis nuntii in die predicationis
eorum vbi forte aliquam ecclesiam sub interdicto conclusam
. . . . erint ∴ Liceat eis auctoritate nostra eclesias
reserare . campanas pulsare . parrochianos conuocare . . . .
20   diuina celebrare atque publice penitentes secum in ecclesias
introducere . Preterea si qui casu fo . . . . . . ienti fuerint
uel aquis submersi uel in locis campestribus defuncti quorum
nomina scripta fuerunt in libro fraternitatis uestre nisi
excommunicati fuerint ex nomine ∴ Liceat predictis nuntiis
25   fraternitatis uestre . . . defunctos ad ecclesias deferre 7 in
cimiterio sollempniter sepelire.

No endorsement.
Tag for seal. Size : 7 x 4⅝ inches.
Text : MS—Orig. dj/20/1/6.

BISHOP ROBERT GROSSETESTE
Folio 45.

Hdl.   GROSSET'. ROBERTUS LINC' EPISCOPUS   .4.5.

239

382. *Inspeximus* by H[enry of Lexington] the dean and the
chapter of Lincoln of a composition, dated at Dorchester, 12 June,

1249, between master John of Uffington, late canon of the prebend
of Langford Manor, and master William of Pocklington, late rector
of the prebendal church of Langford, about common in master
John's demesne pastures. At Lincoln. 26 July, 1252.

Indented

Carta decani 7 capituli Linc' de amicabili composicione
inter magistros Johannem de Offinton' 7 Willelmum de
Poclinton' . (A rubric).

Omnibus Christi fidelibus ad quos presens scriptum
5 peruenerit .H. decanus 7 capitulum Linc' . salutem in domino .
Noueritis nos scripturam composicionis inite inter magistrum
Johannem de Offinton' quondam canonicum prebende de
Langeford' manerii ex parte vna . 7 magistrum Willelmum de
Poclinton' quondam rectorem ecclesie prebendalis de eadem
10 ex altera ꞉ in hec uerba inspexisse .
Nouerint vniuersi sancte matris ecclesie filii presens
scriptum visuri uel audituri quod hec est amicabilis 7 realis
compositio inter magistrum Johannem de Offinton' domni .
pape . capellanum canonicum prebende laicalis[1] feodi de
15 Langeford' ex vna parte . 7 magistrum Willelmum de Pokelin-
ton' rectorem ecclesie prebendalis de Langeford'[2] ex altera
super communa quam dictus magister Willelmus racione
dicte ecclesie de Langeford' sibi uendicauit in dominicis
pasturis dicti magistri Johannis de consensu venerabilis
20 patris domini Roberti tercii Lincoln'[3] episcopi facta . videlicet
quod dictus magister Willelmus 7 successores sui in omnibus
dominicis pasturis dicti magistri Johannis 7 successorum
suorum ad dictam prebendam suam laicalem pertinentibus ꞉
habebunt libere medietatem tot animalium 7 pecorum in
25 dictis pasturis pascencium cum libero ipsorum ingressu 7
egressu ꞉ quot dictum magistrum Johannem 7 successores
suos in eisdem pasturis pascenda habere continget . Hiis
tamen adiectis quod si dictus magister Johannes 7 successores
sui nec habeant nec uelint nec possint in eisdem pasturis
30 aliquod animal aut pecus . uel forte minorem numerum
animalium 7 pecorum in dictis pasturis habere ꞉ nichilominus
licebit dicto magistro Willelmo 7 successoribus suis octodecim
bestias siue boues siue affros ad carucas suas deputatas in
eisdem pasturis habere pascentes . ita quod in vniuerso non
35 habeat ultra octodecim capita ad carucas suas deputata in
eisdem pasturis pascencia . Habebunt eciam idem magister
Willelmus 7 successores sui in dictis pasturis duodecim uaccas
cum exitu earundem eiusdem anni . 7 duodecim aueria ociosa .
7 ducentas oues . centum per sexies viginti computatis .
40 scilicet centum multones 7 centum oues matrices . cum agnis
earundem eiusdem anni . Ita quod iidem agni eant 7 pascant

tam in pratis quam in bladis cum agnis dicti magistri Johannis
7 successorum suorum . uel absque agnis eorundem si ipsi
agnos nec habeant . nec uelint nec possint habere . 7 tunc
45 eant 7 pascant tamen in pratis 7 pasturis . Item si contingat
dictum magistrum Johannem uel successores suos aliquam
pasturam uendere aliquibus aliis quam parrochianis dicte
ecclesie de Langeford' *!* tunc idem magister Willelmus 7
successores sui recipient proportionaliter precium tocius
50 vendicionis . sicut superius dictum est de aueriis . uel ipse
magister Willelmus 7 successores sui loco medietatis precii
dicte venditionis *!* medietatem tot animalium 7 pecorum in
dictis pasturis habebunt pascencium *!* quot dicta pastura
uendita sustinebit . uel sustinere poterit . Nulla tamen vendicio
55 fiat pasture *!* uel mutatio . uel eciam subtraccio . quo minus
predicta ordinatio in omnibus obseruetur . Item . uacce cum
exitu earum 7 alia ociosa aueria dicti magistri Willelmi 7
successorum suorum prenotata *!* generaliter libere ingredientur
dictas pasturas in vigilia Inuentionis sancte Crucis sine
60 qualibet alicuius hominis aut hore diei calumpnia *!* 7 dicte
bestie ad carucas deputate *!* similiter dictas pasturas ingredientur in vigilia sancti Augustini in Maio *!* nisi aueria dicti
magistri Johannis . uel successorum suorum quecumque
fuerint *!* easdem pasturas cicius ingrediantur . Vt autem
65 omnia prenotata perpetue firmitatis robur optineant *!* ad
perpetuam rei geste memoriam presens *scriptum in modum
cyrographi confectum *!* dictus dominus Lincoln' vna cum
predictis canonicis Johanne 7 Willelmo . necnon 7 magister
Robertus de Marisco eiusdem episcopi officialis . 7 dominus
70 Johannes de Crackehal' canonici Lincoln'4 sigillorum suorum
munimine roborauerunt . Act' apud Dorkecestr*iam* .ij. idus
Junij . anno gracie millesimo . ducentesimo . quadragesimo
nono . 7 pontificatus dicti domini episcopi quartodecimo .
⚏ Nos autem dictam composicionem diligenter auditam .
75 7 plenius intellectam . ratam habentes 7 gratam . eam cum
sigilli nostri apposicione confirmamus . Hec autem acta sunt
apud Linc' in crastino sancti Jacobi apostoli . de consensu 7
consilio tocius capituli generaliter tunc conuocati . anno domini
.mᵒ.ccᵒ. quinquagesimo secundo . Valete.

The inspeximus

Marginalia : Contingit prebendam de La*n*ford' (Q).
Text : MS—A. The inspected charter is printed from the original text.

The Charter inspected

Endorsed : Langeford (14 cent.).
Seals : (1) Only the upper half remains ; green wax. *Obverse*—large pointed
oval ; figure of bishop [Robert Grosseteste] standing, vested, with mitre, the right
hand raised in blessing, the left holding pastoral staff.
         + ROBERTV[S . . . .]COPVS
Reverse—pointed oval, the Virgin and Child.

+ AVE [MARIA GRACIA PLENA DOMINVS TECVM]
(2) A mere fragment of a small green, pointed oval seal.
                    [+ . . . . GTON . . .]
(3) and (4) seal tags only.
    Size : 8½ x 7¼ inches.
    Texts : MS—Orig. Dij/73/2/1.   A.
    Var. R. : ¹ layical' A.   ² om. de Langeford' A.   ³ for Lincoln' read Linc' ecclesie
A.   ⁴ Linc' A.

Folio 45d.

Hdl.   ROBERTUS EPISCOPUS GROSSETESTE (rubric).

240

383. Grant by William the abbot and the convent of Pipewell
to bishop Robert [III] and his successors of a yearly render of two
shillings at Lyddington for the wards, reliefs, and escheats which
may fall to him in respect of one virgate of land of his fee in Stoke
Dry [co. Rutland], which the abbot and convent have of the gift
of Gilbert de Hauvill.   (1235–1253.)

    Carta Willelmi abbatis de Pipwell' . de .ij. solidis . annui
    redditus apud Lidinton' (rubric).
    Omnibus Christi fidelibus presentem cartam inspecturis
    uel audituris . Willelmus diuina miseracione abbas de Pipwell'
  5 . 7 eiusdem loci conuentus salutem in domino . Nouerit
    uniuersitas uestra nos vnanimi consensu . 7 uoluntate con-
    cessisse venerabili patri Roberto Linc' episcopo . quod
    reddemus ei successoribusque suis imperpetuum . duos solidos
    annuos apud Lidinton' . videlicet ad Pascha . duodecim
 10 denarios . 7 ad festum sancti Michaelis .xij. denarios . pro
    wardis . releuiis . 7 escaetis que prefato domino episcopo 7
    successoribus suis accidere possent . de una virgata terre que
    est de feodo eiusdem domini episcopi in Dryestok' . quam
    habemus de dono Gilberti de Hauuill' . Saluis predicto domino
 15 episcopo 7 successoribus suis . ecclesieque Linc' . omnibus
    aliis seruiciis . 7 consuetudinibus debitis que percipere con-
    sueuerunt temporibus retroactis . Concedentes pro nobis 7
    successoribus nostris quod liceat prefato domino episcopo
    suisque successoribus distringere nos per predictam terram
 20 7 catalla ibi inuenta imperpetuum pro predicto redditu terminis
    statutis soluendo . 7 pro aliis seruiciis 7 consuetudinibus
    debitis secundum que uiderint expedire . Nos uero successores-
    que nostri redditum predictum prefato domino episcopo
    7 successoribus suis contra omnes gentes warantizabimus .
 25 Quod ut perpetuam optineat firmitatem ꞏ presentem cartam .
    sigilli capituli nostri munimine roborauimus . Hiis testibus .
    et cetera.

    Marginalia : (1) Contingit episcopum (Q). (2) Nota pro episcopo in dominio
suo de Lydyngton (query 14 cent.).
    Text : MS—A.

241

384. Quitclaim by Adam of Louth, chaplain, to bishop
Robert III of his right in one bovate and one toft in Louth, in
return for which the bishop has granted the premises to Adam for
his life, for a yearly render of five shillings. (Circa 1245.)

Carta quieteclamacionis Ade de Luda de una bouata terre
7 uno tofto cum pertinenciis in Luda (rubric).

Omnibus Christi fidelibus presentem paginam inspecturis
uel audituris ∴ Adam de Luda capellanus salutem in domino .
5 Nouerit uniuersitas uestra me remisisse 7 quietum clamasse
de me 7 heredibus meis in perpetuum . domino Roberto dei
gratia Linc' episcopo 7 successoribus suis 7 ecclesie Linc' in
perpetuum totum ius quod habui uel habere potui in una
bouata terre 7 in uno tofto cum pertinentiis in Luda que
10 aliquando tenui . 7 postea dimisi Thome de Gosepol clerico .
Ita quod nec ego . nec aliquis heredum meorum aliquid
iuris nobis poterimus uendicare in dicta terra 7 tofto
cum pertinentiis in perpetuum . Pro hac autem remissione .
7 quieta clamantia ∴ prefatus dominus episcopus concessit
15 michi dictam terram 7 toftum tenenda de eo quamdiu uixero .
Reddendo ei 7 successoribus suis . quinque solidos ad terminos
quibus alius redditus manerii de Lud' reddi consueuit . Ita
quod non licebit michi de dicta terra 7 tofto cum pertinentiis
aliquid dare . uendere . uel aliquo modo alienare uel etiam
20 ad firmam ponere . post concessionem uel decessum meum
uel postquam aliquid de dicta terra 7 tofto cum pertinenciis
dedero uendidero . uel alienauero . uel etiam ad firmam
posuero ∴ dicta terra 7 toftum cum pertinentiis integre
reuertentur ad dictum dominum episcopum 7 successores
25 suos 7 ecclesiam Linc' quieta de me 7 heredibus meis in
perpetuum . Quod ut perpetuam optineat firmitatem ∴ presens
scriptum sigilli mei apposicione roboraui . Hiis testibus .
Galfrido de Hichenden' . tunc balliuo Lude . Thoma Malherb' .
Willelmo filio Thome . Johanne de Mercato . Ricardo clerico .
30 Rogero Malherb' . Rogero de Hoyland' . Willelmo de Rowell' .
Thoma clerico . 7 aliis.

Endorsed : (1) Luda (13 cent.). (2) .i. (13 cent.). (3) Carta Ade capellani de
Luda (13 cent.).
Tag for seal. Size : 7¼ x 3⅞ inches.
Marginalia in A : Contingit episcopum (Q).
Texts : MS—Orig. Dij/83/1/6. A. (This text ends at *firmitatem* in line 26.
The foliation shews that the next leaf was missing in Q's time.)

ADD. CHART.

385. Mandate of pope Innocent [IV] commanding the priors
of Bolton and Warter to hear and determine an appeal by the
warden and ministers of the altar of Saint Hugh in the church

of Lincoln against master Reginald of Bath, rector of Paxton [co.
Huntingdon], who now refuses to pay to them twenty marks a
year out of the issues of the church of Paxton, in accordance with
the ordinance of bishop Hugh [II].   13 August, 1245.

[I]nnocencius episcopus seruus seruorum dei (dilectis filiis
de Bolton' (7 de Wartria prioribus Eboracensis diocesis (
salutem (7 apostolicam benediccionem . Sua nobis dilecti
filii (custos 7 ministri altaris sancti Hugonis maioris ecclesie
5 Lincoln' insinuacione monstrarunt (quod cum bone memorie
Hugo Lincoln' episcopus decani 7 capituli Linc' accedente
consensu (deliberacione pia 7 prouida ordinasset vt de
prouentibus ecclesie de Paxton' in qua ius patronatus habebat (
rector qui esset in ea instituendus pro tempore (dictis custodi
10 7 ministris in predicto altari tres missas singulis diebus cele-
brantibus pro defunctis (viginti marcas argenti solueret
annuatim (in omnes contra venientes excommunicationis
sentencia promulgata ./ prout in instrumento pupplico confecto
exinde dicitur plenius contineri (Magister Reginaldus de
15 Bathonia rector eiusdem ecclesie Lincoln' diocesis (licet
eis dictas marcas aliquando persoluisset (eas tamen nunc
soluere indebite contradicens (contra sentenciam ipsam
temere veniendo (super hoc in communi forma (videlicet
super reuocandis alienatis illicite vel distractis (ad . . abbatem
20 de Hida 7 suos coniudices litteras apostolicas impetrauit (
quarum auctoritate prefatis custodi 7 ministris peciit
perpetuum imponi silencium super huiusmodi pecunia repe-
tenda (Quare iidem custos 7 ministri (ad apostolice sedis
prouidenciam recurrentes (nobis humiliter supplicarunt (vt
25 cum ecclesie predicte redditus ad solucionem ipsius pecunie
7 sustentacionem congruam rectoris eiusdem (sufficientis
existant compelli iam dictum rectorem ad soluendam eis
pecuniam supradictam (7 satisfaciendam congrue de sub-
tractis (non obstante processu per easdem litteras habito
30 mandaremus . Quocirca discrecioni vestre per apostolica
scripta mandamus (quatinus vocatis qui fuerint euocandi (
7 auditis hinc inde propositis (quod canonicum fuerit
appellacione postposita statuatis (facientes quod statueritis
per censuram ecclesiasticam firmiter obseruari (Testes autem
35 qui fuerint nominati (si se gracia (odio vel timore subtraxerint (per censuram eandem appellacione cessante (
cogatis veritati testimonium perhibere Dat' Lugdun' idus
Augusti (pontificatus nostri (anno tercio.

Text : MS—Cant. 378.

ADD. CHART.

386. Public tripartite instrument of the prior, archdeacon, and precentor of Saint Albans, who had been commissioned by mandate of pope Innocent [IV], dated at Perugia, 30 July, 1252, to hear and determine the suit between Reginald of Bath, rector of Paxton, and Geoffrey warden of the altar of Saint Hugh (see no. 385 above). The instrument records that the suit was settled on the following terms : While Reginald holds the church of Paxton he shall pay to the warden ten marks a year ; and that other ten marks shall be received by the warden, as to one hundred shillings from the chapter of Lincoln (which, however, Reginald himself, if he becomes a canon of the church, shall pay), and as to two and a half marks from the warden and his co-vicars of their own gift, for the sake of peace. After Reginald's death or resignation, however, his successors in the church of Paxton shall pay to the warden and his co-vicars twenty marks a year. In the conventual church of Saint Albans, 10 July, 1253.

> Littere 7 forma de lite inter magistrum Reginaldum rectorem de Paxton' (7 custodem 7 vicarios altaris beati Hugonis de xx^{ti} marcis annuis 7 . . . . lis conquieuit inter eosdem (Cant. rubric).

5　　　　　*Indented at top and left hand side*

C Y R O G R A P H V M¹

Omnibus Christi fidelibus presens scriptum uisuris uel audituris . prior . . archidiaconus . 7 . . precentor sancti Albani Lincolniensis² diocesis salutem in domino sempiternam .
10　Mandatum domini pape suscepimus in hec uerba . Innocentius episcopus seruus seruorum dei . dilectis filiis . . priori . . archidiacono . 7 . . precentori Sancti Albani Linc'² diocesis salutem . 7 apostolicam benedictionem . In causa que inter dilectos filios . magistrum Reginaldum rectorem eclesie de
15　Paxton' Linc'² diocesis ex parte una . 7 . . custodem 7 vicarios altaris beati Hugonis in maiori eclesia³ Lincol'² super redditu annuo viginti marcarum argenti quem dicti custos . 7 vicarii ex quadam ordinacione facta per bone memorie .H. episcopum Linc'² . in eclesia³ ipsa de Paxton' se habere contendunt ex
20　altera uertitur . dilectum filium nostrum .J. tituli . sancti Laurentii in Lucina presbiterum cardinalem dedimus auditorem . verum quia lite in eius presentia legitime contestata . per ea que fuerunt coram eo hinc inde preposita sibi de meritis eiusdem cause non potuit plene liquere ⁒ discrecioni
25　uestre per apostolica scripta mandamus quatinus testes quos utraque pars super articulis uobis ab eodem cardinali cum interrogatoriis partium sub suo sigillo transmissis duxerit

producendos infra duos menses a receptione presentium
prudenter per uos uel per alios recipere . ac iuxta eadem
30 interrogatoria diligenter examinare curetis . Et si forte aliqua
partium testes aduerse partis reprobare uoluerit ⁒ admittatis
testes qui super reprobatione huiusmodi infra unum alium
mensem illis proximum producti fuerint ac sollicite examinetis
eosdem . Postmodum uero si de partium uoluntate processerit ⁒
35 causam ipsam infra spacium aliorum duorum mensium subse-
quentium iudicio uel concordia terminare curetis . facientes
quod decreueritis per censuram eclesiasticam⁴ firmiter obseruari .
Alioquin ex tunc eandem causam cum dictis omnium testium
predictorum . ac prefatis articulis . ⁊ interrogatoriis inclusis
40 sub uestris sigillis ad nostram presentiam remittatis prefixo
partibus termino peremptorie competenti . quo per se uel
per procuratores idoneos cum omnibus actis . munimentis .
⁊ rationibus suis causam ipsam contingentibus ⁒ nostro se
conspectui representent . iustam dante domino sententiam
45 recepture . Testes autem qui fuerint nominati si se gracia .
odio . uel timore subtraxerint ⁒ per censuram eandem appellatione cessante cogatis ueritati testimonium perhibere .
Quod si non omnes hiis exequendis potueritis interesse ⁒ duo
uestrum nichilominus exequantur . Dat' Perusii .iij. kalendas .
50 Augusti pontificatus nostri anno decimo . Huius igitur
auctoritate mandati constitutis in presentia nostra . magistro
Reginaldo rectore eclesie⁵ de Paxton' personaliter . ⁊ Galfrido
custode altaris sancti Hugonis pro se ⁊ conuicariis suis habente
mandatum ab eisdem uicariis ad agendum . defendendum .
55 componendum . ac iurandum in animas dictorum uicariorum .
Productis hinc inde testibus ⁊ examinatis ⁒ de consensu
partium . nostra immo uerius apostolica auctoritate interueniente ⁒ lis conquieuit in hac forma . Scilicet quod dictus
magister Reginaldus quolibet anno quam diu tenuerit eclesiam⁶
60 de Paxton' soluet apud Linc'² dicto custodi uel suo certo
assignato⁷ decem marcas argenti ad duos anni terminos .
uidelicet ad festum sancti Martini quinque marcas . ⁊ ad
festum sancte Trinitatis . quinque marcas . Et alias decem
marcas predictus custos percipiet a capitulo Lincol'⁸ eclesie⁵ .
65 ⁊ a se . ⁊ conuicariis suis ad predictos terminos . uidelicet a
capitulo Linc'² eclesie⁵ . centum solidos dum idem magister
non fuerit canonicus ecclesie Linc' . quod si fuerit ⁒ soluet
centum solidos dictis custodi ⁊ uicariis loco illorum centum
solidorum de bonis eclesie⁵ de Paxton' quam diu eandem
70 tenuerit eclesiam⁶ . et a se ⁊ collegis suis duas marcas ⁊ dimidiam de dono suo pro bono pacis quas soluet sibi ⁊ conuicariis
suis nomine dicti magistri terminis supradictis quolibet anno
quam diu dictus magister Reginaldus⁹ tenuerit eclesiam⁶ de
Paxton' . Post cuius decessum uel a dicta eclesia³ recessum ⁒

75 saluum erit ius quo ad possessionem . 7 [proprieta[10]]tem
tam eclesie[5] de Paxton' 7 successori predicti Reginaldi in
eadem :' quam custodi ac s[ociis sui[10]]s altaris sancti Hugonis
eclesie[5] Linc'[2] quo ad ordinacionem super viginti marcis ab
eclesia[3] de Paxton' quolibet anno percipiendis a dictis vicariis .
80 q[uam f[10]]ecerat quondam bone memorie . Hugo quondam
prefate eclesie[5] episcopus . quam formam pacis obseruandam
ad uitam dicti Reginaldi quam diu tenuerit eclesiam[6] de
Paxton' ut predictum est :' tam dictus Reginaldus . quam
dictus Galfridus . custos pro se 7 conuicariis suis tactis sacro-
85 sanctis euuangeliis[11] corporaliter iurauerunt . Et quia dictus
Galfridus nullum mandatum habuit ad conponendum a
decano 7 capitulo Linc' bona fide promisit quod procurabit
a dictis decano 7 capitulo ratificacionem seu confirmacionem
presentis conpositionis si poterit . alioquin :' dictus Galfridus
90 7 conuicarii sui conseruabunt indempnem prefatum Reginaldum quo ad dictos decanum 7 capitulum super obseruacione
prefate conposicionis . vt autem dicta conpositio bona fide .
7 sine fraude . quam diu prelibatus Reginaldus sepe dictam
eclesiam[6] tenuerit obseruetur :' Nos de consensu partium
95 predictarum reseruauimus nobis iurisdiccionem ad conpel-
lendum partes sine strepitu iudiciali unica monicione tamen
premissa per censuram eclesiasticam[4] ad obseruacionem
conpositionis prenotate . Et renunciatum fuit hinc inde
omni appellacioni impetrationi . facte . 7 faciende super
100 premissis 7 regie prohibitioni . 7 omni iuris benefitio ciuillis
uel canonici quo ad premissa . Atestationes uero in eadem
causa recepte . 7 instrumenta dictum negocium siue causam
contingencia remanebunt penes nos ad dictum negocium
instruendum cum opus fuerit . Et ad perpetuam memoriam
105 habendam :' fiet quasi publicum instrumentum super
premissis tripartitum tam penes nos . quam penes partes
remansurum . Pro areragiis autem unius anni 7 dimidii
que dictus magister Reginaldus debebat :' soluet predicto
custodi sex decim marcas argenti . videlicet ad festum
110 Omnium Sanctorum octo marcas . 7 ad Pascha alias octo
marcas proxima sequens . In cuius rei testimonium huic scripto
tripertito sigilla nostra una cum sigillis partium alternatim
sunt apensa . Acta in conuentuali eclesia[3] Sancti Albani .
die Iouis proxima post translationem sancti Thome martiris .
115 anno domini . M°. CC°. L° tercio.

Endorsed : De cantaria Hugonis Welles (14 cent.).
Four tags for seals. Size : 10½ x 11⅜ inches.
Texts : MS—Dj/20/1/5. Cant. 376.
Var. R. : [1] CYROGRAPHVM *is repeated along the indentation on the left hand
side.* [2] Lincoln' Cant. [3] ecclesia Cant. [4] ecclesiasticam Cant. [5] ecclesie Cant.
[6] ecclesiam Cant. [7] *for* assignato *read* attornato. [8] Linc' Cant. [9] *om.* Reginaldus
Cant. [10] *supplied from* Cant. [11] ewangeliis Cant.

BISHOP HENRY LEXINGTON

ADD. CHART.

387. Ordinance of bishop Henry [Lexington], made, with the
consent of the parties, to settle a dispute between Geoffrey of
Banbury, vicar and warden, with the other vicars, of the altar
of Saint Hugh [I], and Walter rector of Great Carlton [co.
Lincoln], touching a yearly payment of twelve marks from the church of
Great Carlton to the said vicars. The bishop ordains that the
warden and other vicars shall receive one hundred shillings a year
from the rector and his successors, and that the rector shall within
the space of five years pay to the dean and chapter fifty marks
for arrears and damages and costs. (1253–1258.)

Litteras Henrici Linc' episcopi de ordinacione facta de
assensu capituli de .xij. marcis percipiendis de ecclesia de
Carleton' (rubric).

[U]nuiersis presentes litteras inspecturis (Henricus misera-
5 cione diuina Lincoln' episcopus ; salutem (in domino sempiternam (Vniuersitati vestre presentibus patefiat (quod
cum olim inter dilectos in Christo filios (Galfridum de
Bannebiria capellanum vicarium ac custodem altaris sancti
Hugonis (7 ceteros vicarios in ecclesia nostra Lincoln' ex
10 parte vna (7 Walterum rectorem ecclesie de magna Carleton'
nostre diocesis ex altera ; super quadam prestacione annua
duodecim marcarum dictis vicariis de ipsa ecclesia de Carleton'
ex ordinacione bone memorie .H. predecessoris nostri debita (
in cuius quidem solucione dictus rector diu retro cessauerat (
15 vt dicebant (auctoritate apostolica (questio verteretur (
Tandem post multas altercaciones (tediosos labores (parcium
sumptus que superfluos atque graues ; dicte partes expressa
pura 7 spontanea voluntate (in premissa causa (tam super
principali quam accessoriis ; ordinacioni nostre hinc inde
20 super hoc sacramento prestito corporali (se totaliter
subiecerunt (Nos igitur qui ex officii nostri debito cunctis
subditis nostris (quietem 7 pacem (7 precipue viris ecclesiasticis (quo magis diuinis sint obsequiis intendentes (
vehementer appetimus (7 vt facilius a dispendiosis laboribus
25 releuentur ; ad sedandam litem (7 controuersiam supradictam ; accedente capituli nostri assensu pia consideracione (
prouisionem de premissis in nos suscepimus ordinandam (
Pensatis itaque facultatibus dicte ecclesie de Carleton' necnon
7 oneribus consuetis preter extraordinaria debitis de eadem ;
30 necnon racionibus 7 defensionibus dicti rectoris pro dicta
sua ecclesia propositis ; attento etiam tam pio ac vtili (7
laudabili seruicio (in cuius subsidium dicta annua prestacio
per dictum predecessorem nostrum vsibus predictorum

vicariorum fuerit assignata volentes qua possumus industria
35 in hac parte (dictarum parcium dispendia hinc inde (sub
equitatis compendio coartare (habito super hiis sollempni
tractatu 7 diligenti (deliberacione etiam prehabita competenti (necnon virorum prudentum ac iurisperitorum
communicato consilio ac optento ." ita super hiis duximus
40 ordinandum . In nomine domini amen . Paci 7 tranquillitati
dictarum parcium prospicere ac dicte liti finem imponere
cupientes ." ordinamus (volumus (7 statuimus (vt dicti
custos 7 vicarii (ac sui successores imperpetuum percipiant
centum solidos annuatim de bonis dicte ecclesie de Carleton' (
45 per manus dicti rectoris (7 successorum suorum in eadem (
ad duos terminos infrascriptos (videlicet die sancti Martini
in hyeme quinquaginta solidos (7 die Pentecosten quinquaginta solidos (Ordinamus insuper 7 volumus 7 statuimus (
quod dictus rector pro arreragiis (dampnis (7 expensis (que
50 dicta ecclesia nostra Lincoln' (ac dicti vicarii sustinuerant
in hac parte ." soluat quinquaginta marcas . . decano 7 capitulo (
eiusdem ecclesie infra quinquennium (a die nostre istius
ordinacionis (videlicet (die Anunciacionis beate Marie
quinque marcas (7 die sancti Jacobi apostoli (quinque
55 marcas (Volumus etiam / ordinamus (quod dicte quinquaginta marce deductis tantummodo debitis de eadem summa (
que dictis capitulo 7 Galfrido debentur (pro expensis dicte
litis per disposicionem dictorum . . decani 7 capituli (in
comparacionem reddituum seu rerum mobilium quam cicius
60 poterit conuertantur assignandorum per eosdem in integrum
in vsum 7 vtilitatem seruicii supradicti (Caueat autem dictus
rector (qui ad obseruandam huiusmodi ordinacionem nostram
se obligauerat per suum prestitum corporaliter super sacrosancta ewangelia sacramentum ." ne contra eam in aliquo
65 veniens (reatum incurrat periurii (sicut penam priuacionis
a dicto suo beneficio voluerit euitare (ad huiusmodi vero
ordinacionis nostre obseruacionem in posterum tenendam (
firmiter 7 habendam ." nobis 7 nostris successoribus (necnon
. . decano 7 capitulo Lincoln' ecclesie vacante sede (plenam
70 potestatem 7 cohercionem de plano (7 absque quolibet
strepitu iudiciali ." 7 insuper interpretandi (7 declarandi (
si quid dubium apparuerit in ipsa ordinacione (imperpetuum
reseruamus . In premissorum autem omnium robur 7 testimonium nos 7 capitulum nostrum presens scriptum sigillorum
75 nostrorum munimine fecimus roborari (Testibus (. . decano
Linc' (.H. subdecano (.M. 7 .S. Stowie 7 Leycestr*ie* archidiaconis (magistris .P. de Audeham (.R. de Rauelingham (
R. de Perton' (7 .R. de Fuldun' . dominis .W. de Ingham (
G. de Tham' (.R. de Wisebech' (7 .J. de Derb' (dicte ecclesie
80 canonicis (7 aliis.

Text : MS—Cant. 375.

*Folios 234–238d, containing numbers 1053–1062 of the Registrum
Antiquissimum, which are a continuation of, and (with the exception
of No. 1060) by the same hand as, folios 39–45d (pages 50–90
above), though here the leaves have not been trimmed as they have been
there (see above, Introduction, vol. i, pp. xxxviii, liii).*
Folio 234.
Hdl.   Henricus de Lexinton' . episcopus Linc'.

1053

388. Ratification by the prior and convent of Lewes [co.
Sussex] of the ordination, dated at Fingest, 3 February, 1256, by
bishop Henry [Lexington] of a vicarage in the church of Melton
[Mowbray, co. Leicester], which church was appropriated to the
use of the priory by bishop Robert [Grosseteste] ; and of the
bishop's ordinance that the prior and convent shall make the yearly
payments of thirteen marks for the use of the vicars and clerks
ministering in the church of Lincoln, and of two marks to the
archdeacon of Leicester. At Lewes, March, 1256.

 Carta domini .H. dei gracia Linc' episcopi super ordinacione
per ipsum facta de ecclesia de Meauton' (rubric).
 Uniuersis Christi fidelibus presens scriptum inspecturis .
frater Willelmus humilis prior sancti Pancratii de Lewes . 7
5 eiusdem loci conuentus salutem in domino . Noueritis quod
nos ordinacionem factam per venerabilem . patrem Henricum
diuino permissione Linc' episcopum super ecclesia de
Meuton' ratam 7 gratam habemus . Que talis est . Omnibus
Christi fidelibus ad quos presens scriptum peruenerit ꝰ
10 Henricus permissione diuina Linc' episcopus . salutem in
domino sempiternam . Cum viri religiosi prior 7 conuentus
monasterii Lewen*sis* . Clun*iacensis* . ordinis . Cicestr*ensis*
diocesis pretendentes coram nobis ecclesiam de Meuton'
nostre diocesis . cum suis pertinenciis . suis usibus olim esse
15 concessam . per bone memorie Robertum Linc' episcopum
predecessorem nostrum intuitu pietatis . Que postmodum
ipsi monasterio cum omnibus ad eam pertinentibus . tam
per loci metropolitanum . quam per sedem apostolicam
exstitit confirmata . ac ipsi postmodum a possessione eiusdem
20 ecclesie per contrarium factum suum ex quadam simplicitate
ut asserunt essent diucius destituti ꝰ 7 tandem supplicantibus
ipsis ex sedis apostolice prouidencia ad ius pristinum in
integrum restituti . prout per instrumenta auctentica exinde
confecta . coram nobis exhibita . 7 plenius intellecta ostendere
25 nitebantur ꝰ se demum finaliter pure 7 absolute ordinacioni
nostre super ipsa ecclesia cum omnibus suis pertinenciis .

ac vicaria in eadem taxanda 7 ordinanda in omnibus 7 per omnia submisissent . sicut in auctenticis suis litteris patentibus . quas exinde nobis fecerant plenius continetur ? nobis
30 humiliter supplicantes ut ex officio nostro super hiis sibi gratiam impendere curaremus ? Nos prehabito consilio decani . archidaconorum . 7 aliorum plurium canonicorum ecclesie nostre Linc' . deuotis dictorum prioris 7 conuentus supplicacionibus inclinati . ordinacionem huiusmodi in nos suscepimus
35 faciendam . Ratum igitur 7 gratum habentes quod per predictum predecessorem nostrum factum exstitit in hac parte ? Ordinamus auctoritate pontificali . 7 statuimus ordinando . quod in dicta ecclesia de Meuton' sit perpetua vicaria Dictique prior 7 conuentus . ac eorum successores . futuris
40 temporibus successiue presbiterum ydoneum nobis 7 successoribus nostris canonice presentent instituendum euo[1] perpetuo in eadem vicaria . Qui duos capellanos . vnum diaconum . 7 vnum subdiaconum competentes 7 honestos ipsius vicarii sumptibus exhibendos . secum continuo habeat .
45 residentes ad diuina obsequia in eadem ecclesia perpetuo sustinenda . Habeant autem dicti prior 7 conuentus integre 7 pacifice totam terram pertinentem ad ecclesiam de Meuton' . cum pratis . pascuis . 7 pasturis . 7 omnibus aliis ad dictam terram ecclesie pertinentibus . Percipiant etiam iidem prior
50 7 conuentus totam decimam garbarum 7 feni . 7 totam decimam agnorum . 7 principalia legata in viuis animalibus ac pecoribus consistencia . 7 triginta solidos annuos de abbate 7 conuentu de Werwedon' . quas ecclesia de Meuton' consueuerat ab eisdem percipere nomine decimarum . Et vicarius
55 qui pro tempore fuerit percipiet totum altaragium dicte ecclesie de Meuton' . scilicet totam decimam lane . omnesque alias minutas decimas . oblaciones . 7 obuenciones . vndecunque ad dictam ecclesiam nomine altaragii pertinentes . Sustinebunt autem dicti prior 7 conuentus . onera reficiendi . reparandi .
60 ac etiam de nouo construendi cancellum dicte ecclesie cum necesse fuerit . 7 etiam omnia onera extraordinaria . Ad hec pro recompensacione dampnorum que ex dicta appropriacione . ac nostra ordinacione contingere possent in hac parte ? ordinamus . 7 statuimus quod dicti prior 7 conuentus
65 soluant annuatim imperpetuum in signum reuerencie 7 honoris . 7 conseruacionem indempnitatis de dictis bonis ecclesiasticis suis usibus assignatis . tresdecim . marcas argenti . ecclesie nostre Linc' in ipsa ecclesia per suum proprium* nuncium sacriste eiusdem loci tradendas die
70 Natiuitatis beati Johannis Baptiste in usus vicariorum ac clericorum ministrancium in ipsa ecclesia conuertendas . prout super hoc duxerimus ordinandum . Item quod soluant perpetuo annuatim archidiacono loci qui pro tempore fuerit

pro dampnis suis in posterum recompensandis preter annuam
75 procuracionem quam vicarius ei soluet ; duas marcas argenti .
uel suo certo nuncio ad ecclesiam de Meuton' dicto die sancti
Johannis . Preterea assignabunt dicti prior 7 conuentus .
dicto vicario vnum mansum edificatum ab omni onere 7
seruicio liberum 7 quietum prope ecclesiam competentem
80 sibi 7 suis ad inhabitandum . si quem ibi talem habeant .
alioquin ; mansum alium adeo liberum 7 quietum ecclesie
vicinum sibi assignent . 7 eidem vicario pre manibus decem
marcas . persoluant . absque more dispendio . ad edificia
sibi construenda ibidem . Vicarius autem qui pro tempore
85 fuerit . ac ipsa vicaria sustinebunt omnia onera ordinaria .
debita 7 consueta dictam ecclesiam de Meuton' contingencia .
7 inueniendi . reficiendi . 7 reparandi libros . vestimenta .
calices 7 alia uasa . ceteraque omnia ornamenta ecclesiastica
in ecclesia memorata . Hec autem ordinamus 7 statuimus .
90 7 perpetuo manere uolumus illibata . Saluis in omnibus
episcopali . 7 Linc' ecclesie dignitate . 7 nobis ac successoribus
nostris auctoritate ac potestate interpretandi . 7 declarandi .
si quid dubium super dicta ordinacione personatus 7 vicarie
forsan emerserit in futurum . 7 etiam compellendi dictos
95 priorem 7 conuentum ac vicarium suosque successores ad
plenam obseruacionem huius nostre ordinacionis . inter-
pretacionis . 7 declaracionis eiusdem si qua fieri contingat
de plano . 7 absque strepitu iudiciali . per sequestracionem
7 subtractionem fructuum 7 prouentuum dicte ecclesie de
100 Meuton' . aliisque modis quibus nobis uisum fuerit expedire .
Act' apud Tyngehirst'. iij⁰ . nonas . Februarii . anno domini
.M⁰. CC⁰. l⁰. quinto . presentibus magistris .R. de Sancta
Agatha tunc officiali Linc' . Dauid de Sancta Fredeswida .
archidiacono . Dereb' . Johanne de Dereb' . Rogero de Caua .
105 domino Willelmo de Hampton' canonicis Linc' . dominis
. R. de Drayton' . R. de Wika . W. de Benington' . G. de Leyc' .
Hugone de Selthon' . Johanne de Sar' . 7 aliis . In cuius rei
testimonium . nos 7 capitulum nostrum Linc' presenti scripto
sigilla nostra duximus apponenda . Nos uero in signum 7
110 testimonium predicte ratificationis per nos facte . presentibus litteris signa nostra fecimus apponi . Dat' apud
Lewes . anno domini .M⁰. CC⁰. l⁰. v^to . mense Marcii.

Marginalia : Scribatur inter pensiones (Q).
Text : MS—A.
Var. R. : ¹ suo *in the text, by error.*
Note : The text relates to part of the endowment of the vicars choral (see A. R.
Maddison, *A Short Account of the Vicars Choral, etc.,* pp. 1–8 ff. Later grants will
be found in the cartularies of the vicars choral. The grant of bishop Grosseteste
alluded to in the text no longer exists.

Folio 234d.

Hdl.   HENRICUS *episcopus.*

1054

389. Letters of the prior and convent of Lewes, addressed to bishop Henry [Lexington], appointing a proctor to ratify, on their behalf, the bishop's ordination concerning the church of Melton [Mowbray]. March, 1256.

Carta ratihabicionis prioris 7 conuentus sancti Pancracii de Lewes super ordinacione facta a domino .H. Linc' episcopo (rubric).

Venerabili in Christo patri . domino . Henrico dei gracia .
5 Lin' episcopo . frater Willelmus humilis prior sancti Pancracii de Lewes . 7 eiusdem loci conuentus salutem . cum honore 7 reuerencia debita 7 deuota . Ordinacionem per uos nuper factam apud Tyngehirst' super ecclesia nostra de Meuton' vestre diocesis . sicut in scripto uestro exinde confecto plenius
10 continetur . ratam 7 gratam in omnibus habentes ." dilectum fratrem 7 conmonachum nostrum Willelmum latorem presentium procuratorem nostrum constituimus specialem . ad iurandum in animas nostras pro nobis 7 successoribus nostris . quod nos inperpetuum plene obseruabimus 7 faciemus . ac
15 procurabimus ipsam inuiolabiliter obseruari . nec impetrabimus . aut impetrari aliquid per nos aut alium procurabimus . per quod in aliquo poterit uiolari . 7 si qua fuerint impetrata ad infirmacionem dicte ordinacionis in toto . aut aliqua sui parte ." eisdem ex nunc renunciamus . 7 uolumus quod omnino
20 careant viribus 7 vigore . 7 ad ea specialiter renuncianda nomine nostro . 7 ad petendum . 7 recipiendum nomine nostro a uobis . 7 capitulo uestro . dictam ordinacionem consignatam sigillis uestris auctenticis plenam 7 liberam dicto procuratori nostro concedimus potestatem . * Ratum 7 gratum habituri
25 quicquid dictus procurator nomine nostro fecerit in premissis . Hoc idem decano 7 capitulo Linc' . omnibusque presentes litteras inspecturis significamus . Dat' . anno domini .Mᵒ. ducentesimo . quinquagesimo quinto . mense Marcii.

Marginalia : Scribatur inter pensiones (Q).
Text : MS—A.

*Folio 235.

Hdl.   Henricus EPISCOPUS.

1055

390. Bond of the prior and convent of Lewes engaging that they will make the payments ordained in No. 388, above. 1 May, 1256.

Carta eiusdem prioris 7 conuentus ad reddendum singulis annis . vicariis Lin' . ecclesie .xiij. marcas . 7 .ij. marcas 7 dimidiam . archidiacono Leycestrie (rubric).

Omnibus Christi fidelibus . presentes litteras inspecturis .
5 frater . Willelmus humilis prior sancti Pancratii Lewens*is* .
7 eiusdem loci conuentus . salutem in domino sempiternam .
Nouerit vniuersitas uestra nos de consensu communi 7
spontanea uoluntate nostra obligatos esse ex ordinacione
venerabilis patris domini Henrici dei gracia Linc' episcopi .
10 vicariis in ecclesia cathedrali Linc' ministrantibus . 7 futuris
temporibus ministraturis . ad soluendum tresdecim marcas
argenti . annuatim in ecclesia Linc' per proprium nuncium
nostrum periculo nostro imperpetuum . sacriste eiusdem
ecclesie . uel eius uices gerenti ad opus dictorum vicariorum
15 die Natiuitatis sancti Johannis Baptiste . 7 duas marcas
argenti . archidiacono Leycestr*ie* 7 eius successoribus archidiaconis qui per tempora fuerint imperpetuum . uel eius
certo nuncio . dicto die sancti Johannis Baptiste apud Meuton'
de bonis ecclesie de Meauton' . prout in hac parte dictus
20 dominus episcopus ordinauit . nec impetrabimus . aut impetrari
per nos aut alios procurabimus . aliquid . per quod presens
obligacio in aliquo poterit uiolari . Et si qua fuerint
impetrata ad infirmacionem obligacionis predicte . in toto .
aut in aliqua sui parte ꝰ ex nunc renunciamus eisdem . 7
25 uolumus quod omnino careant viribus 7 uigore . 7 si contingat
nos quod absit contra dictam ordinacionem in aliquo uenire .
7 prefatos episcopum 7 suos successores vicarios . archidiaconum 7 suos successores propter defectum nostrum in hac
parte sumptus aliquos facere ꝰ nos omnes dictos sumptus .
30 7 dampna . sine aliqua difficultate . uel cause congnicione .
ad primum mandatum prenominatorum episcopi . vicariorum .
7 archidiaconi . restituemus eisdem . Ita quod eorum simplici
assercione . uel eorum procuratorum tantum super hoc .
sine ulteriori probacione credatur . Renunciantes in premissis
35 omni appellacioni . contradiccioni . cauillacioni . 7 fori
priuilegio cuicunque . 7 constitucioni de duabus dietis . ac
omnibus priuilegiis ordini nostro indultis . seu indulgenciis
dicte ordinacioni in aliquo preiudicantibus . aut qualicunque
remedio nobis in hac parte competenti seu competituro .
40 Subicimus etiam nos 7 omnia bona nostra mobilia 7 immobilia
ecclesiastica . 7 mundana . in episcopatu Linc' quantum
ad omnia premissa fideliter obseruanda . iurisdiccioni domini
episcopi uel cuiuscumque alterius iudicis . quem ipsi uoluerint
eligere . ut liceat ei sine aliquo iudiciali strepiti[1] per sequestra-
45 cionem bonorum nostrorum uel subtraccionem . uel quibuscunque aliis modis quibus melius uiderint expedire ꝰ compellere nos ad obseruanciam dicte ordinacionis . 7 ad plenam
restitucionem omnium dampnorum ut predictum est ꝰ 7
etiam expensarum . Hec autem omnia premissa 7 singula
50 sub ypotheca omnium rerum nostrarum in episcopatu Linc'

quas habemus . uel habituri sumus fideliter promittimus obseruare . 7 expresso consensu nostro nos istis litteris nostris presentibus dictis vicariis 7 archidiaconis obligamus . In pre*missorum autem omnium robur 7 testimonium ./ presenti scripto sigillum nostrum duximus apponendum . Dat' . anno domini .Mº. CCº. quinquagesimo sexto . kal' Maij.

Marginalia : Et hoc (Q) [*sc.* scribatur inter pensiones].
Text : MS—A.
Var. R. : [1] *recte* strepitu.

**Folio 235d.*

Hdl. HENRICUS *episcopus.*

1056b

391. Gift by Peter the abbot and the convent of Owston to the dean and chapter of Lincoln, for the better performance of divine service, of twenty shillings from their chamber for the maintenance of the boys ministering in the choir, to be paid every year into the hands of the succentor. Friday, 8 March, 1258.

Carta abbatis de Osolueston' . de .xxti . solidis . annuis reddendis ad sustentacionem clericorum in choro Linc' ecclesie (A rubric).

Uniuersis sancte matris ecclesie filiis ad quos presens scriptum peruenerit . Petrus permissione diuina abbas de Osolueston' . 7 eiusdem loci conuentus salutem in domino . Nouerit vniuersitas vestra nos diuine caritatis intuitu de camera nostra contulisse decano 7 capitulo Lincoln' ecclesie ad cultum diuinum in eadem ecclesia deuocius exequendum ./ viginti solidos sterlingorum ad sustentacionem puerorum in choro predicte ecclesie ministrancium per manus eiusdem succentoris singulis annis inperpetuum assignandos . quos predicto succentori qui pro tempore fuerit ad Pascha domini nos perpetuo soluere per proprium nuncium apud Lincoln' in prefata ecclesia obligamus . Et si non fecerimus quod absit ./ dabimus nomine pene pro quolibet termino n[on obserua[1]]to vnam marcam argenti fabrice Lincoln' ecclesie principali peticione nichilominus in suo robore permanente . subicientes quantum ad hec nos 7 omnia bona nostra mobilia 7 inmobilia iurisdiccioni dominorum decani 7 capituli predicte Lincoln' ecclesie . vt possint nos tam . ad dictorum viginti solidorum annuorum quam pene si committatur ./ solucionem ./ conpellere de plano sine strepitu iudiciali . per interdicti ac excommunicacionis sentencias . 7 modis aliis quibuscumque viderint expedire . appellacione . excepcione . beneficio restitucionis in integrum . defensione qualicumque . seu quocumque iuris uel facti remedio nobis conpetenti . uel conpetituro non obstantibus ./ quibus omnibus 7 singulis

expresse duximus renunciandis . Act' mense Martii . die
30   Veneris proxima ante festum beati Gregorii . pape . anno
gracie . millesimo . ducentesimo . quinquagesimo septimo .
7 pontificatus venerabilis patris domini Henrici de Lessington'
tunc dei gratia Lincoln' episcopi . anno quarto . In cuius rei
testimonium huic scripto sigillum nostrum apposuimus . 7
35   predictorum domini episcopi 7 capituli sigilla eidem fecimus
apponi.

Marginalia in A : tangens pueros.
Slit for seal-tag.   Size : 8½ x 4 inches.
Endorsed : Carta abbatis 7 conuentus de Osolueston' de .xx. solidis soluendis
ad Pascha apud Linc' ad opus puerorum chori.
Texts : MS—Orig.Dij/63/1/12.   A.   Chor.I,1.   Chor.II,17.
Var. R. :   ¹ *supplied from* A.
Note : For other grants for the maintenance of the choristers, see below,
pp. 137-91.

1057

392. Notification by bishop Henry [Lexington] that he has
ordained that the abbot and convent of Owston, at their request
on account of their poverty, shall retain the church of Slawston
[co. Leicester], which is of their patronage, to their own uses ;
and that he has constituted a vicarage in the same church, and
apportioned the revenues between the abbot and convent as
appropriators and the vicar. At Stow Park. 29 March, 1258.

Carta domini .H. Linc' episcopi . de collacione ecclesie de
Slauston' abbati 7 conuentui de Osolueston' . (rubric).

Uniuersis sancte matris ecclesie filiis . ad quos presens
scriptum peruenerit . Henricus . permissione diuina Lincoln'
5   episcopus . salutem in domino sempiternam . Ad vniuersitatis
uestre noticiam per presentem paginam uolumus peruenire .
quod cum dilecti filii abbas 7 conuentus de Osolueston' .
dicti patroni ecclesie de Slauston' . ordinacionem ipsius
ecclesie uacantis uoluntati nostre simpliciter submiserint 7
10   absolute ⸴ Nos intellecto quod dictum monasterium temporalium rerum inopia sit oppressum . attento etiam quod
sacre religionis domus non sufficit edificari nisi adhibeatur
cura cum effectu . ut expense eam decentes . 7 ad sacra-
mentorum ministerium . 7 ad religionem obseruantium
15   alimenta prouideantur . dictorum abbatis 7 conuentus inopie
pio compacientes affectu . ac eorum necessitati prout cure
pastoralis nos ammouet sollicitudo in aliquo consulere
intendentes . neccessitate ipsa perurgente . ac utilitate
religionis digna fauore plenius suadente . competenti tractatu .
20   7 deliberacione prouida prehabitis de ecclesia memorata
diuino intuitu in hunc modum auctoritate pontificali duximus
ordinandum . Quod sepefati abbas 7 conuentus ecclesiam
de Slauston' supradictam in usus proprios retineant . eiusque

prouentus 7 redditus in huiusmodi usus conuertant . vicario
25 in eadem in qua iugem ordinamus 7 constituimus uicariam
perpetuo seruituro . de ipsius ecclesie prouentibus porcione
congrua reseruata pro sustentacione sua . 7 ad onera que
inferius exprimentur sibi incumbencia supportanda* . Porciones autem dictorum abbatis 7 conuentus . ac vicarii
30 prelibati ita duximus distinguendas . Quod abbas 7 conuentus
in parochia dicte ecclesie de Slauston' in qua decem carucate
terre consistunt . omnes decimas de .vij. carucatis ipsius
terre prouenientes . 7 vnam carucatam terre que est de
dominico ecclesie supradicte . ac medietatem decime feni .
35 necnon 7 mansum ecclesie iam edificatum optineant inconcusse . Totum uero altaragium dicte ecclesie . reliqua etiam
medietatem decime feni . 7 decimam prouenientem de reliquis
tribus carucatis terre memorate . videlicet de octo uirgatis
terre de feodo Hugonis de Neuill' in territorio de Slauston' .
40 quarum Yuo Camerarius tenet tres . Reginaldus Abbe .
unam . Joerius filius Sare vnam . Radulfus Fabbe 7 Godefridus
de Greyuill' unam . Adam filius Yuonis . 7 Thomas de Neuill' .
vnam . Agnes filia Hugonis de Neuill' 7 Walterus Albert .
vnam . Item de tribus uirgatis terre in territorio memorato
45 de feodo de Huntedon' . quarum unam tenent . Robertus
Gyrun . 7 Radulfus Alheile . Johannes uero filius Agnetis .
7 ipsa Agnes mater eiusdem Johannis . unam 7 dimidiam .
Willelmus Pavy . dimidiam . Item de vna uirgata de feodo
de Aubeny . in territorio supradicto . cuius medietatem tenet
50 Radulfus Alheile . 7 aliam Willelmum de Crawenhou . vicarius
nobis . 7 successoribus nostris a predictis abbate 7 conuentu
ad dictam vicariam successiue pro tempore presentandus ?
per hanc nostram ordinacionem inperpetuum racione uicarie
percipiet memorate . cui dictus abbas 7 conuentus mansum
55 hac prima uice loco congruo sine more dispendio construent
competentem . reficiendum deinceps uel de nouo faciendum .
si casus uel neccessitas hec exigat . per vicarium prelibatum .
Onera synodalium . 7 alia synodalibus minora archidiacono
contingencia . necnon extraordinaria pro sua rata subiturus .
60 abbate 7 conuentu supradictis procuracionem archidiaconi .
7 alia onera ordinaria . vniuersa 7 singula . necnon 7 extraordinaria pro sua rata . quocienscunque 7 qualitercunque
emerserint sustinentibus uniuersa . Qui quidem libros competentes . 7 ornamenta dicte ecclesie sufficiencia inuenient ista
65 vice . 7 cancellum ecclesie quociens opus fuerit emendabunt .
Vicario qui pro tempore fuerit tam circa dictorum librorum
ac ornamentorum reparacionem cum necesse fuerit . quam
nouorum antiquis usu consumptis uel inutilibus effectis
comparacionem medietatem sumptuum inposterum minis-
70 trante . Nobis 7 successoribus nostris ad augend' vicariam

ipsam reseruata si processu temporis reperiatur insufficiens
potestate . Saluo iure patronatus cuilibet ad quem debeat
pertinere . si de eo quandocunque inter aliquos moueri con-
75 tigerit questionem . Saluisque nobis 7 successoribus nostris
Linc' episcopis . omni iure episcopali . 7 Linc' ecclesie dignitate .
Vt autem plena fides huic nostre ordinacioni adhibeatur . 7
dictis abbati 7 conuentui perpetua securitas preparetur ⸵
presentem paginam tam nostro quam capituli nostri Linc'
80 sigillo fecimus communiri . Dat' apud Parcum Stowe .iiijᵗᵒ.
kalendas Aprilis . anno domini .Mᵒ. CCᵒ. lᵒ. octauo . 7
pontificatus nostri anno quarto.

Text : MS—A.

*Folio 236d.

Hdl.   HENRICUS *episcopus.*

[THE FALDINGWORTH CHANTRIES]
ADD. CHART.

393. Note concerning the chantries for the soul of Richard
of Faldingworth ordained in the chapel of Saint Giles in the church
of Lincoln : There shall be two chaplains, stationed together in one
house, wearing the habit and being followers of the choir as vicars,
who shall be appointed by the dean and chapter. One shall be
the principal and shall provide himself with a fellow, whom he
shall present to the dean and chapter for admission. They shall
receive their stipends at the hand of the provost, namely, twelve
marks by virtue of certain lands and tenements which are in the
hand of the chapter in Newport. And the chapter shall apply
half a mark for the yearly observance of Richard's obit.

Pro Ricardo de Faldyngworth' (rubric).

Cantarie pro anima Ricardi de Faldingworth' ordinate in
capella sancti Egidii ecclesie Lincoln' de duobus capellanis
celebraturis in eadem ⟨ 7 staturis simul in vna domo ⟨ ac
5 gestaturis habitum . 7 facturis sequelam chori vt vicarii ⟨
preficiendis per . . decanum 7 capitulum . Ita quod vnus
eorum sit principalis ⟨ 7 prouideat sibi de socio . . decano 7
capitulo presentando ⟨ 7 per eosdem si sit idoneus admittendo .
7 recipient stipendia sua per manus prepositi pro certis terris
10 7 tenementis . existentibus in manu capituli in Neuport .
videlicet duodecim . marcas . Et capitulum obseruabit
anniuersarium dicti Ricardi singulis annis ⟨ apponendo .
dimidiam marcam.

Text : MS—Cant. 25.
Note : The founder of the chantry or chantries was Richard son of Herbert of
Newport, who in the latter part of his life was known as Richard of Faldingworth

since he was rector of that parish. He was instituted as Richard of Neuport, clerk, in the eleventh year of bishop Hugh, 1220, on the presentation of Beatrice de Muncy. Another clerk, William Maulovel, was presented at the same time by Herbert de Nevill. Both the presentors agreed to submit to the ruling of the bishop, who decided in favour of Beatrice, and Richard for the sake of good peace undertook to pay William twenty shillings a year (L.R.S. iii, 211. Cp. *Linc. Cath. Statutes* ii, pp. ccxliv, cclxii).

1056a

394. Lease granted by the Dean and Chapter to Gernigan of Newport, for eleven pounds a year, of all the land and tenements which they have in the fields of Lincoln, the Bail, and Newport, by the gift or assignment of Richard son of Herbert of Newport, with the manse in which the said Richard dwells. (Circa 1255.)

Carta cyrographata de terris 7 tenementis que Gerniganus tenet de capitulo Linc' . 7 heredes sui (rubric).

Sciant presentes 7 futuri . quod ita conuenit inter Ricardum . decanum ecclesie Linc' . 7 eiusdem loci capitulum ex vna
5 parte . 7 Gerniganus de Neuport' ex altera . videlicet quod predicti decanus 7 capitulum dimiserunt 7 concesserunt predicto Gernigano totam terram 7 tenementa que habuerunt in campis Lincoln' . 7 in Ballio . 7 in Neuport de dono seu assignacione Ricardi filii Hereberti de Neuport . vna cum
10 manso quem dictus Ricardus inhabitauit . 7 cum gardino . columbario . 7 cum omnibus edificiis in dictis tenementis 7 manso existentibus . Habend' 7 tenend' predicto Gernigano 7 heredibus suis . de predictis decano 7 capitulo . 7 eorum successoribus imperpetuum . Reddendo inde annuatim dictis
15 decano 7 capitulo vndecim libras sterlingorum ad duos terminos anni . videlicet medietatem infra quindenam sancti Michaelis. 7 aliam medietatem infra quindenam Pasce . 7 dimidiam marcam infra octabas sancti Michaelis . ad obitum dicti Ricardi faciendum . Et reddendo ac faciendo redditus
20 7 seruicia debita capitalibus dominis . 7 aliis . de omnibus terris 7 tenementis predictis pro eisdem decano 7 capitulo . tanquam attornatus eorundem inperpetuum . Ita quidem quod si predictus Gerniganus uel heredes sui cessauerint in solucione predictarum .xi. librarum . 7 dimidie marce ad
25 terminos predictos ⸴ ipsi duplicabunt solucionem debitam quolibet termino non obseruato infra mensem proxime sequentem . Et ad predictam solucionem fideliter faciendam singulis annis inperpetuum sicut predictum est ⸴ obligauit idem Gerniganus omnia bona sua mobilia 7 immobilia . ita
30 quod eisdem decano 7 capitulo 7 eorum successoribus . libere 7 sine occasione distringere liceat ipsum Gerniganum 7 heredes suos tam per alias terras 7 catalla eorum ⸴ quam per predictam terram 7 tenementa que ei dimiserunt . 7 eciam per censuram ecclesiasticam si necesse fuerit usque

35 ad plenam solucionem omnium predictorum . Et ita quod
nec liceat eidem Gernigano uel eius heredibus predictam
terram uel tenementa alicui dimittere seculari persone seu
religiose quin ad primogenitum ipsius Gernigani integre
descendant . Et sic ad primogenitum filium uel filiam de
40 herede in heredem sine participacione aliqua ullo tempore
inter heredes inde facienda . Nec licebit eisdem domos in
predictis tenementis constructas uel earum aliquam ab eisdem
amouere . set debent eas in statu quo fuerint tempore confeccionis huius scripti uel meliori sustinere . Et si contigerit
45 quod dictus Gerniganus uel aliquis heredum suorum per
alicuius consilium uel fauorem participacionem inde fecerit
de facto . 7 si de iure contra hanc conuencionem facere non
debeat ⁒ licebit predictis decano 7 capitulo . 7 eorum successoribus totam terram predictam . 7 tenementa ut sua
50 propria ingredi . 7 illa in dominico suo tenere integre sine
aliqua dicti Gernigani uel heredum suorum contradiccione
uel reclamacione . Et ad perpetuam huius rei securitatem ⁒
confecta est hec scriptura in modum cyrographi cuius una
pars residet penes dictum Gerniganum signata sigillo pre-
55 dictorum decani . 7 capituli . 7 altera pars residet penes
dictos decanum 7 capitulum signata sigillo dicti Gernigani .
Et sciendum quod ad omnia 7 singula supradicta fideliter
obseruanda ⁒ dictus Gerniganus in capitulo Linc' tactis
sacrosanctis ewangeliis corporale prestitit sacramentum . 7
60 illud idem faciet heres ipsius ipso decedente . 7 eodem modo
quilibet heres successiue . Hiis testibus . dominis Symone .
de Barth' . Galfrido de Tama . Willelmo de Hemmingburg
canonicis Linc' . Radulfo Berengar' . Alexandro de Wynchecumb' . Waltero de Eylesbir' . vicariis . * Willelmo filio
65 Egidii . tunc maiore ciuitatis Linc' . Radulfo de Geyton'
tunc preposito Linc' . Petro filio Mauricii . Ada de Messingham . Ada de Hospitale . Juello de Ballio . Alexandro .
speciario . et aliis.

Marginalia : (1) .B.   (2) Vacat (Q).   The letter B in the margin and the letter
A in the margin of the following charter indicate that the order of the two docu-
ments is to be transposed.
Text : MS—A.

*Folio 236.

Henricus EPISCOPUS.

1058

395. Grant by Richard son of Herbert of Newport, rector of
Faldingworth [co. Lincoln], of seven bovates in the fields of Lincoln,
with tofts in the Bail and Newport, for the perpetual maintenance
of two chaplains (who shall not be vicars of the church of Lincoln),

to celebrate divine service at the altar of Saint Giles where, by
grant of the dean and chapter, he has chosen to be buried. June,
1253.

Carta Ricardi filii Hereberti de Neuport . rectoris ecclesie
de Faldingwrthe (A rubric).

Ordinacio cantariarum pro anima Ricardi de Faldingworth'
in capella sancti Egidii (Cant. 87, rubric).

5   Omnibus sancte matris ecclesie filiis hanc cartam visuris
uel audituris . Ricardus filius Hereberti de Neuport . rector
ecclesie de Faldingwrth'[1] . salutem in domino sempiternam .
Nouerit vniuersitas uestra me diuine pietatis intuitu . 7 pro
salute anime méé antecessorum . successorum . benefactorum
10 meorum 7 omnium fidelium defunctorum concessisse . 7
presenti carta mea confirmasse deo 7 ecclesie beate Marie
Linc' . cuius exaltacionem semper desideraui . 7 decano . 7
capitulo eiusdem ecclesie . vij[tem] . bouatas terre arabilis . in
campis Linc' iacentes . quarum una fuit predicti Hereberti
15 patris mei cui successi que continet septemdecim acras . 7
dimidiam perticatam . cum duabus acris 7 una perticata .
in Langedales[2] iacentibus . que non sunt de illa bouata .
videlicet sub cliuo uersus Nouam terram iacent due acre . 7
dimidia . sub cliuo uersus Burton' due acre 7 dimidia perticata .
20 in Nortfeld[3] . due acre . 7 .iij. perticate . 7 dimidia . in
Langedal'[4] tres perticate . * 7 quatuor acre . in Estfeld
tres acre . 7 tres perticate . 7 dimidia . in Estgarthesende .
vna acra . Secundam bouatam terre emi de Alicia de Bekering'
quondam vxore Petri de Bekering' . que continet quindecim
25 acras terre . quarum quinque perticate iacent sub cliuo uersus
Nouam terram . sub cliuo uersus Burton' . due acre 7 tres
perticate . in Nortfeld[3] tres acre . 7 vna perticata . in Langedales cum Scortes . 7 Esfargthesend'[5] tres acre . 7 tres
perticate . in Estfeld quatuor acre . Terciam bouatam emi de
30 Albreda filia Roberti filii Martini que continet .xvj[im]. acras .
7 dimidiam . quarum tres acre iacent sub cliuo uersus Nouam
terram . sub cliuo uersus Burton' due acre . in Northfeld
due acre . In Langedale tres perticate 7 dimidia . in Estgarthesende tres acre . 7 tres perticate . 7 dimidia . in Estfeld' .
35 tres acre . 7 tres perticate . Quartam bouatam emi de Margeria
filia Wigoti de Kam[6] . que continet quindecim acras 7
dimidiam . 7 vnam perticatam . quarum sex perticate iacent
sub cliuo uersus Nouam terram . sub cliuo uersus Burton' .
quinque acre . 7 vna perticata . in Estfeld' due acre . 7 vna
40 perticata . 7 dimidia . in Langedale 7 Estgarthend'[5] quinque
acre . in Nortfeld[3] due acre . De Jueta dicta Winter . emi
.vij. acras . 7 dimidiam . 7 dimidiam perticatam . quarum
quinque perticate iacent sub cliuo uersus Nouam terram .
sub cliuo uersus Burton' . quinque perticate . in Langedale

45   7 Estgard'[7] sex perticate . in Nortfeld[3] quinque perticate .
     7 dimidia . in Estfeld' due acre 7 vna perticata . De Roberto
     filio Radulfi Cunning emi triginta 7 nouem acras . 7 duas
     perticatas . quarum .vij. acre iacent sub cliuo . uersus Nouam
     terram . sub cliuo uersus Burton' . due acre . 7 due perticate .
50   in Langed*ale* 7 Scortes . vij[tem] . acre . 7 tres perticate . in
     Nortfeld[3] cum Scortes .viij°. acre . 7 tres perticate . in Estfeld' .
     vndecim acre 7 dimidia . in Estgard'[5] . quatuor perticate 7
     dimidia . Quas quidem terras habui de dono 7 uendicione
     predictarum personarum . prout earundem carte super hiis
55   confecte plenius testantur . Concessi etiam eisdem . decano .
     7 capitulo . 7 quieteclamaui . omnia edificia . tofta . 7 domos .
     sita tam in Neuport' . ciuitate Linc' . quam suburbio .
     cum pratis . pascuis . pasturis . libertatibus . 7 omnibus
     asiamentis infra villam 7 extra . ad me 7 heredes meos . 7
60   ad dictas terras . edificia . tofta . 7 domos quocunque iure
     pertinentibus . vna cum redditibus undecunque prouenienti-
     bus . ab predictis . decano 7 capitulo plenarie inperpetuum
     percipiendis . videlicet de uno tofto in Ballio Linc' sito quod
     fuit quondam Jordani de Ballio . viginti 7 septem solidis .
65   7 viij°. denariis . ad duos terminos anni . scilicet ad Pasca
     .xiij[cim]. solidis 7 decem denariis . 7 ad festum sancti Michaelis
     .xiij[cim] . solidis . 7 decem denariis . de tofto in Neuport'
     quod fuit Ang*er*i .xij[cim] . denariis . predictis terminis . de
     uno tofto in Sostancgate[8] tribus solidis[9] . terminis predictis
70   percipiendis . de tofto in Sostancgat'[8] quod fuit Petronille
     .v. solidis . eisdem terminis . de uno tofto in parochia beati
     Johannis in Neuport' sito .x. solidis . eisdem terminis . de
     quodam furno sito infra mansum in quo habitaui ? viij°.
     solidis . eisdem terminis . 7 de quadam terra iacente iuxta
75   dictum mansum .vij[tem] . solidis . Ius eciam 7 clamium . quod ego
     7 heredes mei habui . uel habuimus racione dictarum terrarum .
     edificiorum . domorum . 7 reddituum . seu aliquo modo habere
     potero uel poterimus . seu michi uel ipsis accrescere poterit
     in futurum . dictarum terrarum . edificiorum . domorum .
80   quacunque occasione . eisdem decano 7 capitulo . sine aliquo
     retinemento concessi . Tenenda 7 habenda inperpetuum
     in liberam 7 perpetuam elemosinam . libere . quiete .
     pacifice . Ita quod dicti decanus . 7 capitulum sustentabunt
     inperpetuum . duos capellanos . non vicarios . in ecclesia
85   Linc' . ad altare beati Egidii diuina celebrantes . vbi sepulturam
     quam elegi dicti decanus . 7 capitulum michi concesserunt
     inuenientes competenter alia diuinorum celebracioni neccess-
     saria . quorum unus pro anima mea specialiter . 7 pro anima-
     bus . antecessorum . successorum . benefactorum . † 7 omnium
90   canonicorum Linc' ecclesie . 7 omnium fidelium defunctorum .
     cum pleno seruicio defunctorum missam singulis diebus

celebrabit . 7 alius capellanus missam de beata Virgine cum
oracione pro defunctis 7 memoria de omnibus sanctis inperpetuum celebrabit . Ita quod vnus capellanorum erit maior
95 altero . secundum quod decanus . 7 capitulum ordinabunt .
Quorum principalis capellanus recipiet annuatim duodecim
marcas . ad duos terminos . videlicet ad festum sancti Michaelis
sex marcas . 7 sex marcas . ad Pascha . 7 prouidebit sibi
de socio . decano 7 capitulo presentando . 7 ab eisdem si
100 sit ydoneus admittendo . 7 stabunt simul in una domo .
Uolo etiam quod dicti capellani gerant habitum vicariorum
Linc' ecclesie . sequantur chorum cum eisdem . 7 intersint
omnibus horis canonicis . 7 omni seruicio ecclesie Linc'
personaliter . ut vicarii . Sint etiam sub potestate . cohercione .
105 iurisdiccione . 7 proteccione decani . 7 capituli . predictorum .
7 per eosdem in dicto ministerio exequendo preficiantur . 7
si demeruerint destituantur . Preterea . decanus . 7 capitulum
obseruabunt anniuersarium meum singulis annis die obitus
mei in ecclesia Linc' dimidiam marcam inter canonicos ibidem
110 residentes distribuendo . Preterea uolo quod ecclesia beati
Nicholai . in Neuport' . ubi ego fui baptizatus . 7 antecessorum
meorum ossa requiescunt percipiat omnes decimas prediales
de dictis terris . non obstante aliqua ordinacione facta uel
facienda a quocunque per quam possit dictarum decimarum
115 percepcio impediri . Faciendo annuatim pro dictis terris .
edificiis . 7 domibus ⁊ debitum seruicium capitalibus dominis .
videlicet pro bouata que fuit patris mei . heredibus Gamel
pelliparii tres clouhas gariofili ad festum beati Botulphi .
Pro bouata que fuit Alicie de Bekeringe . eiusdem heredibus
120 ad Natale domini vnum denarium . 7 domino Johanni Maunsel
qui est dominus feodi quinque solidos . videlicet ad Pascha
.xxx^{ta} . denarios . 7 ad festum beati Michaelis .xxx^{ta}.
denarios . pro bouata que fuit Albrede predicte ⁊ eiusdem
heredibus . vnam libram cimini ad festum beati Michaelis .
125 7 domino feodi . quinque solidos . videlicet ad festum beati
Michaelis . duos solidos . 7 ad Pascha duos solidos . 7 ad Natale
domini .xij. denarios . Pro terra que fuit Juete Winter .
eiusdem heredibus unum . denarium . ad Natale domini .
domino Johanni Maunsel qui est dominus feodi .ij. solidos .
130 7 .vj. denarios . ad Natale . domini . Pro bouata que fuit
Margerie predicte eiusdem heredibus . dimidiam libram
cimini ad festum beati Michaelis . domino Johanni Maunsel
qui est dominus feodi .v. solidos . 7 .iiij^{or}. denarios . scilicet
ad festum beati Michaelis .xxx^{ta} 7 duos . denarios . 7 ad
135 Pascha .xxx^{ta}. 7 duos . denarios . Pro . xxx^{ta}. 7 .ix. acris que
fuerunt Roberti Cunning eiusdem heredibus ad Natale domini
.iij. obolos . 7 heredibus .W. de[10] Kaunberlein[11] de Burton'
qui sunt domini feodi decem solidos . 7 vj. denarios . 7 tres

quadrantes . videlicet ad Penthecosten .vij. solidos . 7 .vj.
140 denarios . 7 .iij. quadrantes . 7 ad festum sancti Michaelis
.iij. solidos . Pro tofto in Ballio Linc' quod fuit quondam
Jordani de Ballio . Ricardo filio eiusdem dimidiam marcam .
videlicet ad festum beati Michaelis .xl^a. denarios . 7 ad Pascha
.xl^a. denarios . 7 domine feodi scilicet Petronille de Vaus[12]
145 tres solidos ad festum beati Johannis Baptiste . Pro duobus
toftis sitis in Neuport 7 manso in quo habitaui ⫶ predictis
decano . 7 capitulo .vij^{tem}. solidos . 7 sex . denarios . videlicet
tres solidos . 7 .ix. denarios . ad festum beati Michaelis . 7
tres solidos 7 nouem . denarios . ad Pascha . Pro terra iacente
150 iuxta dictum mansum . comiti . Sarum .xx^{ti}. denarios .
videlicet .x. denarios . ad Pascha . 7 .x. denarios . ad festum
beati Michaelis . Pro tofto quod fuit patris mei . domino
regi .ij^{os}. . denarios . ad festum beati Michaelis . Et ad maiorem
securitatem tradidi dictis decano 7 capitulo . omnes cartas
155 quas habui a quocumque de dictis terris . edificiis . 7 domibus .
In cuius rei testimonium ⫶ presenti carte sigillum meum
apposui . anno domini . M^o . CC^o . quinquagesimo tercio .
mense Junii . Hiis testibus . dominis Thoma de Beaufou
tunc maiore Linc' . Waltero Brand[13] . Willelmo de Par*is* .
160 Willelmo filio Egidii . Johanne de Par*is* . Johanne de Luda .
Roberto de Canuilla[14] . Gilberto de Ponte . Willelmo Badde .
Henrico Cotty[15] . Ada de la Houme[16] . Johanne Bern . Rogero
filio Benedicti . Johanne de solario . ciuibus Linc' . 7 aliis.

Marginalia : .A. Scribatur inter obitus (Q).
Texts : MS—A.   Cant.87. Cant.273.
Var. R. :   [1] Faldingworth' Cant.87 Cant.273.   [2] Langdailes Cant.87 Cant.273.
[3] Northfeld Cant.87 Cant.273.   [4] Langdale Cant.87 Cant.273.   [5] Estgarthesend'
Cant.87 Cant.273.   [6] Kamb' Cant.87 Cant.273.   [7] Esgarthesend'   Cant.87 ;
Esgarthes' Cant.273.   [8] Sastangat' Cant.87 Cant.273.   [9] *for* tribus solidis *read*
duobus solidis sex denariis Cant.87 Cant.273.   [10] *for* de *read* le Cant.87 Cant.273.
[11] Chaumberlayn Cant.273.   [12] Veaus Cant.87 Cant.273.   [13] Brand' Cant.87.
[14] Caumpuill' Cant.87 ; Caumuill' Cant.273.   [15] Cotti Cant.87 Cant.273.   [16] *for*
de la Houme *read* de Hulmo Cant.87 Cant.273.
Note : Cant. nos. 209–272 contain various grants by which Richard son of
Herbert, the founder, obtained the land with which he endowed the chantry or
chantries.

*Folio 237

Hdl.   *Henricus* EPISCOPUS.

†*Folio 237d.*

Hdl.   HENRICUS *episcopus.*

Folio 238
Hdl.   *Henricus* EPISCOPUS.

1059

396. Final concord whereby Richard son of Herbert, parson
of Faldingworth, grants to Richard [Gravesend] the dean and

the chapter of Lincoln ten tofts and seven bovates in the suburb
of Lincoln ; in consideration of which the dean and chapter grant
the premises to Richard son of Herbert for his life, with reversion
to themselves in pure and perpetual alms. At Westminster.
20 January, 1255.

Concordia finalis in curia domini regis . inter predictos .
decanum . capitulum . 7 Ricardum filium Hereberti (rubric).

Hec est finalis concordia facta in curia domini regis . apud
Westmon*asterium* . in octabis sancti Hillarii . anno regni .
5 regis . Henrici . filii regis . Johannis .xxx⁰. nono . coram Rogero
de Thurkelby . Alano de Watsaund' 7 Egidio de Ordington'
iusticiariis . 7 aliis domini regis . fidelibus . tunc ibi presentibus . inter magistrum Ricardum decanum . 7 capitulum
Linc' . querentes . 7 Ricardum filium Hereberti personam
10 ecclesie de Faldingwrth' deforciantem . de decem toftis . 7
septem bouatis terre . cum pertinenciis in Linc' . 7 in suburbio
Linc' . Vnde placitum conuencionis summonitum fuit inter
eos in eadem curia . Scilicet quod predictus Ricardus filius
Hereberti recognouit predicta tofta 7 terram cum pertinenciis
15 esse ius ipsius decani . 7 capituli Linc' . vt illa que idem
decanus 7 capitulum habent de dono predicti Ricardi filii
Hereberti . Et pro recognicione . fine . 7 concordia ? idem
decanus . 7 capitulum concesserunt . predicto Ricardo filio
Hereberti predicta tofta 7 terram cum pertinenciis . Habenda
20 7 tenenda eidem Ricardo filio Hereberti de predicto decano .
7 successoribus suis 7 predicto capitulo tota uita ipsius
Ricardi filii Hereberti . Reddendo inde per annum dimidiam
marcam argenti ad Pascha . pro omni seruicio . consuetudine .
7 exaccione . Et post decessum ipsius Ricardi filii Hereberti
25 predicta tofta . 7 terra cum pertinenciis reuertentur ad predictum decanum 7 successores suos . 7 predictum capitulum .
Tenenda de heredibus ipsius Ricardi filii Hereberti in puram
perpetuam . elemosinam . inperpetuum . Et heredes predicti
Ricardi filii Hereberti . warantizabunt . acquietabunt 7
30 defendent . predicto decano . 7 successoribus suis 7 predicto
capitulo . predicta tofta 7 terram cum pertinenciis . contra
omnes homines . ut puram . 7 perpetuam elemosinam . liberam
7 quietam ab omni seruicio . 7 exaccione imperpetuum.

Texts : MS—A. P.R.O., Feet of Fines 130/38/39. Pd—L.R.S. xvii, 110
(abstract).

[BISHOP LEXINGTON'S CHANTRY]

ADD. CHART.

397. Note concerning the chantry of Henry Lexington, late
bishop of Lincoln, consisting of two chaplains celebrating at the

altar of Saint John the Baptist ; and concerning the bishop's
obit.

    Cantaria pro anima Henrici de Lexington' quondam episcopi
Lincoln' ordinata in predicto altari sancti Johannis Baptiste
de duobus capellanis preficiendis per . . decanum 7 capitulum .
7 percepturis annis singulis de magistro . . priorissa 7 conuentu
5 monialium de Lekeburn' pro tenementis 7 redditibus adquisitis
quondam de domino Roberto filio Petri de Lekeburn' milite
per manus prepositi ecclesie Lincoln' duodecim marcis .
videlicet eorum singulis sex marc'.
    Item ordinacio obitus eiusdem.

Text : MS—Cant. 4.
Note : ' in predicto altari '—the altar has been mentioned in Cant.1 with reference to the chantry of Edward II and queen Isabel. The bishop's obit was celebrated on 8 August (Linc. Cath. Statutes iii, 819n).

ADD. CHART.

398. Grant in alms by Robert son of Peter of Legbourne [co.
Lincoln], knight, to the church of Lincoln of a yearly rent of fifteen
pounds which the prioress and convent of Legbourne were wont
to render to him for the manor which they bought from him in
Legbourne, for the maintenance of two chaplains who shall celebrate for the souls of the late bishop Henry and king John ; and
for a distribution to be made amongst the ministers of the said
church on the day of the bishop's anniversary, according to the
ordination of the executors of his testament, who have given Robert
son of Peter three hundred and forty-five marks. (Circa 1260.)

    Carta Roberti de Lekeburn' feoffans ecclesiam Linc' de
.xv. libris annuis percipiendis de monasterio de Lekeburn'
(rubric).

    [O]mnibus Christi fidelibus ad quos presens scriptum
5 peruenerit ? Robertus filius Petri de Lekeburn' miles salutem
in domino sempiternam (Noueritis me dedisse (concessisse (
7 hac presenti carta mea confirmasse pro me 7 heredibus
meis imperpetuum (deo (7 ecclesie cathedrali beate Marie
Lincoln' in liberam puram 7 perpetuam elemosinam (annuum
10 redditum quindecim librarum sterlingorum (quem magister (
priorissa (7 conuentus monialium de Lekeburn' (michi reddere
debuerunt (7 consueuerunt annuatim pro manerio quod de
me emerunt in Lekeburn' (percipiendum annuatim de
eisdem magistro (priorissa (7 conuentu (7 eorum suc-
15 cessoribus (vel assignatis in predicta ecclesia Lincoln' (ad
tres anni terminos (videlicet (ad festum sancti Johannis
Baptiste (centum solid' (die sancti Nichclai (centum solid' (
7 ad Pascha (centum solid' (ad inueniendum 7 sustinendum
duos capellanos (pro animabus bone memorie Henrici

H

20 quondam Lincoln' episcopi (7 felicis recordacionis regis
Johannis (diuina in eadem ecclesia Lincoln' imperpetuum
celebraturos (Et distribuendum pro anima dicti episcopi
inter canonicos (vicarios (pauperes clericos (pueros (7
alios dicte ecclesie ministros (necnon 7 pauperes quolibet
25 die anniuersario episcopi defuncti memorati secundum ordinacionem 7 disposicionem executorum testamenti ipsius Tenendum 7 habendum eidem ecclesie (libere (quiete (bene in
pace (7 imperpetuum in liberam (puram (7 perpetuam
elemosinam (Et ego 7 heredes mei vel assignati predictum
30 annuum redditum (prefate ecclesie (tanquam liberam (
puram (7 perpetuam elemosinam contra omnes gentes
warantizabimus (adquietabimus (7 defendemus imperpetuum (Pro hac autem donacione (concessione 7 confirmacione ⁏ dederunt michi executores prenominati defuncti ⁏
35 trescentas quadraginta quinque marcas premanibus (Vt
eciam hec mea datio concessio (7 confirmacio firmitatem
optineant (7 stabilitatem ⁏ presenti carte sigillum meum
apposui (Testibus (dominis Roberto de Welle (Ricardo de
Harington' (Galfrido de Appelby (7 Willelmo de Tawell'
40 militibus (magistro .P. precentore (magistro Johanne de
Derb' (dominis Galfrido de Tama (Willelmo de Hampton' (
7 Willelmo de Hemmingburgh' canonicis Linc' (Waltero
persona de Ratheby (Rogero preposito Lincoln' ecclesie .W.
filio persone de Luda (7 aliis.

Text : MS—Cant. 381.

ADD. CHART.

399. Bond of Robert son of Peter of Legbourne that he will
indemnify the church of Lincoln if, through his default, it shall
lose the yearly rent granted in the preceding charter. In chapter
at Lincoln. Wednesday, 19 May, 1260.

Obligacio eiusdem Roberti ad seruandum dictam ecclesiam
indempnem si molestetur aliqualiter racione dicti redditus
(rubric).

[O]mnibus sancte matris ecclesie filiis ad quos presens
5 scriptum peruenerit (Robertus filius Petri de Lekeburn'
miles (salutem (in domino sempiternam (Noueritis me
concessisse pro me 7 heredibus meis (ac me 7 heredes meos
matrici ecclesie Linc' spontanee obligasse (quod nos prefatam ecclesiam indempnem conseruabimus (versus quos-
10 cunque christianos 7 iudeos quoad debita quecunque in
quibus quibuscunque tenebar (racione alicuius contractus
per me facti cum quocunque christiano vel iudeo (7 maxime
versus dominum regem (vsque in diem confeccionis presentis
littere (Ita quod si predicta ecclesia pro defectu mei vel

15 heredum meorum aliquid amiserit de annuo redditu quindecim
librarum ⟨ quem per assignacionem meam de magistro ⟨
priorissa ⟨ 7 conuentu de Lekeburn' annuatim debet percipere ⟨
prout in carta mea inde confecta plenius continetur ⟨ vel
eciam aliquas expensas seu sumptus fecerit ⟨ circa dicti
20 redditus defensionem ⦂ Ego 7 heredes mei quicquid perdiderit
ecclesia memorata ⟨ eidem de redditu equiualente ⟨ 7 expensis
si que facte fuerint circa eius defensionem ⦂ integre 7 plenarie
satisfaciemus ⟨ In quorum testimonium presenti scripto
sigillum meum apposui ⟨ Testibus ⟨ magistro Petro precentore
25 Linc' ⟨ magistro Johanne de Derb' ⟨ dominis .G. de Tham'
.W. de Hampton' ⟨ 7 Willelmo de Hemmingburgh' canonicis
Linc' ⟨ Waltero persona de Ratheby ⟨ Simone de Jarewell'
rectore ecclesie de Wathamstede ⟨ 7 aliis ⟨ Dat' in capitulo
Linc' die Mercurii in festo sancti Dustani[1] ⟨ anno gracie ⟨
30 millesimo ⟨ ducentesimo ⟨ sexagesimo.

Text : MS—Cant. 382.
Var. R. : [1] sc. Dunstani.

ADD. CHART.

400. Bond of Robert the master, Joan the prioress, and the
convent of Legbourne that they will pay the said rent of fifteen
pounds to the church of Lincoln, which shall have the right to
distrain in the event of their default. In chapter at Lincoln.
Wednesday, 19 May, 1260.

Scriptum magistri ⟨ priorisse 7 conuentus de Lekeburn'
factum dicte ecclesie decano 7 capitulo de eodem redditu
(rubric).

[O]mnibus sancte matris ecclesie filiis ⟨ ad quos presens
5 scriptum peruenerit ⟨ Robertus magister ⟨ Johanna priorissa ⟨
7 conuentus monialium de Lekeburn' ⟨ salutem ⟨ in domino
sempiternam ⟨ Cum nos 7 successores nostri ex assignacione
domini Roberti de Lekeburn' militis pro se 7 heredibus suis
matrici ecclesie Lincoln' imperpetuum simus obligati in
10 quindecim libris annuis eidem ecclesie persoluendis ⟨ ad tres
anni terminos ⟨ videlicet ad festum sancti Johannis Baptiste ⟨
centum solid' ⟨ die sancti Nicholai ⟨ centum solid' ⟨ 7 ad
Pascha ⟨ centum solid' ⟨ ad inueniendum 7 sustinendum
duos capellanos pro animabus Henrici quondam Linc' episcopi
15 7 regis Johannis diuina in eadem ecclesia imperpetuum
celebraturos ⟨ Et ad faciendum singulis annis anniuersarium
episcopi memorati pro quodam manerio cum suis pertinenciis ⟨
quod ab eodem domino Roberto emimus in Lekeburn' ⦂
Vniuersitati vestre presentis pagine tenore innotescat ⟨ quod
20 nos vnanimi spontanea voluntate nostra concessimus decano
7 capitulo Lincoln' ⟨ 7 eosdem licenciauimus ⟨ si aliquo tempore

solucioni[1] predicti annui redditus deputato vel assignato ⸌
ipsum in predicta ecclesia Linc' soluere distulerimus ⸌ quod
liceat eisdem decano 7 capitulo ⸌ per balliuos ⸌ prepositos ⸌

25　7 ministros suos ⸌ nos 7 successores nostros distringere per
omnimodam districtionem ⸌ secundum legem terre ⸌ per
aueria 7 animalia nostra vbicunque locorum nostrorum in
Lekeburn' 7 extra ⸌ preterquam infra ianuas abbacie nostre
in Lekeburn' ⸌ videlicet in omnibus terris 7 locis nostris in

30　Karledale 7 Cathedale ⸌ siue fuerint de feodo dicti domini
Roberti siue de feodo alterius cuiuscunque ⸌ seu eciam fuerint
terre de elemosina ⸌ siue de laico feodo ⸌ Et quod liceat eisdem
decano 7 capitulo districciones factas pro dicto redditu ⸌
tenere ⸌ 7 maiores pro sua voluntate facere ⸌ Ita quod per

35　nullius fori priuilegium liberentur ⸌ nisi prius de predicto
redditu ⸌ 7 eius arreragiis si que fuerint ⸌ integre 7 plenarie
eisdem satisfecerimus . In quorum omnium robur 7 testimonium ⸌ sigillum nostrum commune presenti scripto apponi
fecimus ⸌ Testibus ⸌ domino Roberto de Lekeburn' milite ⸌

40　magistro .P. precentore ⸌ magistro Johanne de Derb' ⸌ dominis ⸌
Galfrido de Tham' ⸌ Willelmo de Hampton' ⸌ 7 Willelmo de
Hemmingburgh' canonicis Linc' ⸌ Waltero persona de
Ratheby ⸌ Rogero de Thureuile preposito Linc' ecclesie ⸌
Simone de Jarwell' rectore ecclesie de Wathamsted' ⸌ 7 aliis ⸌

45　Dat' in capitulo Linc' die Mercurii in festo sancti Dunstani ⸌
anno gracie ⸌ mᵒ ⸌ ccᵒ ⸌ sexagesimo.

Text : MS—Cant. 383.
Var. R. : 1 sic.

ADD. CHART.

401. Release by Philip [Wilughby] the dean and the chapter
to the prioress and convent of Legbourne, in consideration of the
poverty of the nuns, of sixty shillings a year of the aforesaid rent
of fifteen pounds. In chapter at Lincoln. 15 August, 1290.

Relaxacio facta per decanum 7 capitulum dictis ⸌ priorisse
7 conuentui de .lx. solidis de redditu predicto (rubric).

[P]er presens scriptum pateat vniuersis ⸌ quod nos Philippus
decanus 7 capitulum ecclesie Lincoln' ⸌ ad festum Assump-

5　cionis gloriosissime virginis Marie ⸌ anno domini ⸌ mᵒ ⸌ ccᵒ ⸌
nonagesimo ⸌ habito in capitulo nostro ecclesie predicte
diligenti tractatu super annua prestacione quindecim librarum
argenti in qua priorissa 7 conuentus domus monialium de
Lekeburn' ⸌ eidem ecclesie Linc' ad obseruacionem obitus

10　bone memorie domini Henrici quondam Lincoln' episcopi
per cartam suam fuerunt astricte ⸌ demum ad exiguitatem
7 tenuitatem facultatum 7 bonorum domus eiusdem de
Lekeburn' ⸌ precipue ad instanciam venerabilis patris domini
Oliueri dei gracia Lincoln' episcopi in hac concessione nostra

15 presentis (pie compassionis oculo diuine caritatis intuitu
    gratuitum respectum habentes (prefatis priorisse 7 conuentui
    pauperum monialium domus eiusdem de annua prestacione
    predicta quindecim librarum argenti ; sexaginta solidos
    annuos (vt residuum prestacionis pretacte facilius promp-
20 cius (atque libencius nobis plene persoluant decetero in
    futurum iuxta prioris carte sue continenciam tribus terminis
    consuetis ; ex certa sciencia (communi assensu (7 vnanimi
    voluntate nostra graciose relaxamus (ac pro nobis 7 suc-
    cessoribus nostris imperpetuum remittimus annuatim (Ita
25 tamen quod quociens prefata priorissa 7 conuentus domus
    eiusdem de Lekeburn' per mensem 7 amplius post aliquem
    terminum de predictis in solucione facienda nobis seu suc-
    cessoribus nostris de residuo prelibato forsan defecerint
    infuturum ; possimus libere totum pro eodem termino exigere
30 ab eisdem (7 nichilominus ad alias coherciones in prima
    littera sua contentas (secundum tenorem illius procedere (
    quam quantum ad residuas annuas (duodecim libras predictas (
    volumus in suo statu manere (non obstante quantum ad
    terminum illum quo defecerint hac concessione nostra pre-
35 dicta . In cuius rei testimonium (huic scripto dupplicato ;
    sigillum capituli nostri Linc' (ac sigillum commune domus
    monialium de Lekeburn' prelibata mutuo sunt appensa (
    Dat' die (loco (7 anno superius annotatis.

Text : MS—Cant. 384.

ADD. CHART.

402. Ordination made by the executors of the testament of
bishop Henry with respect to the aforesaid rent of fifteen pounds
which was bought out of the goods of the deceased : Two chaplains
shall celebrate at the altar of Saint John, where the bishop's body
rests, for the souls of the bishop and king John, and they shall
receive twelve marks yearly to be divided equally between them.
The remainder of the rent shall be distributed on the day of the
bishop's anniversary, namely on the vigil of the Assumption of the
blessed Virgin [14 August] among the ministers of the church and
the poor, and Lina the anchoress of Saint John called the Poor
shall receive four shillings on the said day as long as she lives.
Circa 1260.

    Ordinacio cantarie de pecunia predicta imperpetuum
sustinende pro animabus .H. episcopi 7 regis Johannis
(rubric).
    Omnibus Christi fidelibus ad quos presens scriptum
5 peruenerit (Ricardus miseracione diuina Lincoln' episcopus .
Rogerus archidiaconus Lincoln' ; Ricardus de Sutton' .

7 magister Johannes de Derby (canonici Lincoln' ecclesie .
ac Symon de Jarewell' . exequtores testamenti bone memorie
Henrici quondam Lincoln' episcopi ꓽ salutem in domino
10 sempiternam . Nouerit vniuersitas vestra (quod nos (interueniente assensu Roberti decani 7 capituli Lincoln' ecclesie
de annuo redditu quindecim librarum empto de bonis predicti
defuncti a domino Roberto filio Petri de Lekeburne milite .
7 de magistro (. . priorissa (7 conuentu monialium de Leke-
15 burne (in predicta ecclesia Lincoln' (per manum prepositi
eiusdem ecclesie (pro manerio (quod fuit prefati militis in
Lekeburne annuatim percipiendo ꓽ taliter ordinauimus .
videlicet quod duo capellani per nos omnes (vel per aliquos .
seu aliquem nostrum quam [diu] vixerimus prouidendi (7
20 postea per dictos decanum 7 capitulum successiue substituendi (
qui in ipsa ecclesia ad altare beati Johannis (vbi quiescit
corpus episcopi [memorati (pro animabus i]psius (ac pie
recordacionis regis Johannis (necnon omnium fidelium
defunctorum diuina imperpetuum celebrabunt ꓽ duodecim
25 marcas d[e eodem redditu per manus dicti prepositi] percipiant
pro equali porcione inter ipsos diuidendas (videlicet in festo
[sancti Nicholai] sex marcas . 7 ad Pascha ꓽ sex mar[cas (
Residuum vero dicti redditus die an]niuersario defuncti
pre[notati (videlicet in vigi]lia Assumpcionis beate [Virginis]
30 quolibet anno (inter canonicos . vic[arios (pauperes clericos (
seruientes (pueros (7] alios ecclesie ministros per manum
eiusdem prepositi taliter distribuatur (quod [quilibet]
canonicus (qui dicti anniuersarii cele[bracioni interfuerit ꓽ
percipiat .ij. soli]dos . Quilibet vicarius (duodecim denarios .
35 clericus custos altaris sancti Johannis duod[ecim] denarios .
Quilibet eciam pauper clericus ser[uiens vel minister in
officio min]istrans clericali ꓽ sex denarios . 7 quilibet puer
seruiens uel minister in officio ministrans laicali ꓽ tres
denarios . Lina eciam anachorita sancti Johannis dicti
40 Pauperis (quam diu vixerit (quatuor solidos de dicta distribucione eodem die percipiat Si quid autem post dictam distribucionem superfuerit de predicto redditu ꓽ per eundem prepositum inter pauperes diuidatur . Nos eciam Ricardus Lincoln'
episcopus de voluntate 7 assensu memoratorum decani 7
45 capituli statuimus 7 ordinamus (quod supradicti duo
capellani in vna 7 eadem domo simul habitent . 7 commorentur (
vt sic commorantes officio mortuorum matutino pariter 7
vespertino (ad quod simul peragendum in predicta ecclesia
uel extra (singulis diebus eosdem volumus esse astrictos (
50 necnon 7 diuinorum celebracioni pro an[imabus dictorum
d]efunctorum (7 omnium fidelium (liberius vacent honestius
7 contemplacius . Nec prohibemus quin capellani predicti
vicarias optineant in ecclesia memora[ta (si eis conf]erantur .

Vt autem predicta omnia 7 singula perpetuam optineant
55 firmitatem presenti scripto (sigilla nostra (vna cum sigillo
capituli prenominati (in testimonium su[nt appe]nsa.

Endorsed : de .c. Henrici episcopi (contemp.).

Fragment of seal on tag, green, pointed oval : Obverse—an ecclesiastical figure,
vested in chasuble, etc., on diapered ground. Reverse—the bishop in mitre,
kneeling in prayer, facing to left, and above probably the Virgin and Child, with
the legend : **TÉ [RI]CARDE REGO PORTA SALVTIS [EGO].** Four other
tags, and two slits for tags. Size : 10 x 6½ inches.

Texts : MS—Orig. Dij/50/2/2. Cant. 385.

Var. R. : *The words enclosed within square brackets have been supplied from Cant.,
the original charter having been injured.*

1060

403. Ordination of the vicarage of the churches of [Castle]
Bytham and Holywell [co. Lincoln]. . . . June, 1291.

The entry which follows was made by an Elizabethan hand
and corresponds to the last 20 lines of volume i above, page 82, with
the addition of the clause, In cuius rei testimonium sigillum nostrum
presentibus est appensa . Dat' apud Ludam . . . . idus Junii anno
domini millesimo cc^{mo} nonagesimo primo 7 pontificatus nostri
duodecimo.

Text : MS—A.

Folio 238d.

BISHOP RICHARD GRAVESEND

1061

404. Grant by Thomas the abbot and the convent of Selby
[co. York] to the church of Lincoln, for the increase of divine
worship, of ten marks a year from the goods of their churches in
the diocese of Lincoln, namely, Crowle, Luddington, Redbourne,
and Stallingborough. At Selby. 26 March, 1263.

Omnibus Christi fidelibus ad quos presens scriptum
peruenerit ꞉' Thomas . abbas de Seleby 7 eiusdem loci conuentus salutem in domino . Lincolniensem ecclesiam in cuius
diocesi bona suscepimus 7 in qua de dicte ecclesie gracia .
5 ecclesiastica beneficia retinemus ꞉' congruis 7 votiuis honoribus
respicere cupientes ꞉' contemplacione venerabilis patris nostri .
dei gracia . domini Ricardi Lincoln' episcopi . qui se nobis
nostroque monasterio fauorabilem exhibuit ꞉' damus 7 concedimus deo 7 ecclesie beate Marie Lincoln' ad augmentum
10 cultus diuini in eadem .x. marcas . annuas de bonis ecclesiarum
nostrarum in eadem diocesi existencium . scilicet . de Crul .
Ludington' . Redburn' . 7 Stalingbur' . in decus 7 utilitatem
dicte ecclesie Linc' . secundum disposicionem predicti domini

Ricardi . aut successorum suorum ፧ episcoporum Linc' 7
15 decani . ac capituli Linc' ፧ conuertendas . Soluendas annuatim
integre 7 plenarie sacriste Linc' in thesaurario Linc' in octabis
sancti Martini . Volumus etiam 7 concedimus . ut si in dicte
solucionis termino defecerimus ፧ archidiaconus Linc' . 7
archidiaconus Stowe qui pro tempore fuerint . uel eorum
20 alter post unicam denunciacionem capituli Linc' . dictam
peccuniam de bonis dictarum ecclesiarum nostrarum redigi
faciant sine aliqua nostri contradiccione . seu qualibet ex
parte nostra reclamacione ፧ quamdiu dictas ecclesias in
proprios usus tenuerimus . In cuius rei testimonium ፧ sigillum
25 capituli nostri est appensum . Dat' apud Seleby .vij°. kalendas .
Aprilis . anno domini .M°. CC°. lx°. tercio.

Marginalia : Pro pueris (Q).
Text : MS—A.
Note : There is a further grant of three marks a year from the goods of these
churches in Chor. I, no. 18 (see below, no. 464).

1062

405. Grant by Walter the prior and the convent of Caldwell
[co. Bedford] of two marks from the goods of their house to be
divided year by year equally amongst twelve boys ministering in
the church of Lincoln, namely, cerofers and thurifers, elected by the
precentor or his vicegerent as suitable for the office of singing and
ministering.   (1264.)

Omnibus Christi fidelibus presentes litteras visuris uel
audituris ፧ frater Walterus prior de Caudewell'[1] 7 eiusdem
loci conuentus salutem eternam in domino . Nouerit vniuersitas
uestra nos diuine pietatis intuitu concessisse 7 donasse inper-
5 petuum .x[ij]. pueris in ecclesia Linc' ministrantibus. videlicet
. ceroferar*iis* 7 turibular*iis* a precentore eiusdem ecclesie
seu vices eius gerente electis . in officio cantandi 7 ministrandi
ydoneis ፧ duas marcas annuas de bonis monasterii nostri .
eisdem per nuncium proprium infra octabas sancti Martini
10 hiemalis[2] apud Linc' saluo transmittendas . precentori uel
eius uices gerenti ipsorum nomine numerandas . aliquibus
de ipsis presentibus . 7 inter eosdem .xij. 7 non alios pro
equalibus porcionibus diuidendas . Si uero in solucione
dictarum duarum marcarum aliquo termino quod absit .
15 cessauerimus ፧ jurisdiccioni decani 7 capituli Linc' ecclesie
7 cohercioni nos in hac parte subiecimus . ut quacunque
decreuerint censura ecclesiastica seu cohercione possint nos
sine strepitu iudiciali ad dictarum duarum marcarum solucionem plenarie faciendam ፧ compellere . excepcionibus .
20 allegacionibus . priuilegio quolibet personali uel reali . seu
quocunque iuris remedio canonici uel ciuilis . nobis competentibus . uel in posterum competituris ፧ non obstantibus .

quibus expresse in hac parte renunciauimus . In cuius rei
testimonium ⁆ sigillum capituli . nostri . presentibus duximus
25 apponendum . Dat' . anno domini .Mᵒ. ccᵒ. lxₒ³ . quarto .
ad⁴ Pentecosten.

Marginalia : Pro pueris (Q).
Texts : MS—A.   Chor.ɪ, no. 6.   Chor.ɪɪ, no. 22.
Var. R. : ¹ Caldewell' Chor.II.   ² yemalis Chor.I.   ³ quinquagesimo Chor.I ;
lᵒ Chor.II.   ⁴ for ad read in ebdomoda Chor.I Chor.II.
Note : This is part of the endowment of the choristers (see below, pp. 137—91).
1264 is a more probable date than 1254, because it was bishop Gravesend who,
about the former date, was arranging for the endowment of the choir-boys ; and
moreover the position of the text in the Registrum Antiquissimum points to the
episcopate of Gravesend rather than of Lexington.

INDULGENCES

ADD. CHART.

406. Indulgence granted by Henry [Lexington] bishop of
Lincoln, remitting twenty days of the penance enjoined upon
those who, being penitent and confessed, shall go to hear the sermons
of members of the church of Lincoln, and shall say the Lord's
Prayer and the Salutation of the Blessed Virgin three times for
holy Church and the land of England.   At Buckden.   26 October,
1257.

    Omnibus Christi fidelibus ad quos presentes litere
peruenerint Henricus permissione diuina Lincoln' episcopus ⁆
salutem in domino sempiternam . Dignum est ut inter quos
recepimus presulatus honorem accepte potestatis graciam
5 prouide dispensemus ⸾ ut exinde tam ecclesia nostra Lincoln'
amplioribus laudibus attollatur ⸾ quam in ea deuocio fidelium
ardentius augmentetur ⸾ Nos igitur de dei omnipotentis
misericordia 7 gloriose virginis Marie in cuius honore dicta
fundatur ecclesia ac omnium sanctorum meritis plenius
10 confidentes ⸾ omnibus parrochianis nostris 7 aliis quorum
diocesani hanc nostram indulgenciam ratam habuerint vere
penitentibus 7 confessis qui ad predicaciones eorum qui de
gremio prefate existunt ecclesie deuocius audiendas accesserint
7 ter Dominicam Oracionem terque Salutacionem de beata
15 Virgine pro pace 7 stabilitate ecclesie sacrosancte 7 terre
dixerint Anglicane ⸾ de iniuncta sibi penitencia viginti dies
misericorditer relaxamus . In cuius rei testimonium presentibus literis nostrum sigillum duximus apponendum .
Dat' apud Bugeden' .vj. kalendas Nouembris anno gracie
20 .Mᵒ. ccᵒ. Lᵒ septimo ⁆ 7 pontificatus nostri quarto.

Endorsed : Indulgencie concesse audientibus predicaciones in ecclesia Linc'
(*probably referring to this and the following documents*).
Tag for seal.   Size : 7 x 3¼ inches.
Text : MS—Orig. Dij/61/2/1.

407. Indulgence granted by Godfrey [de Ludham] archbishop of York remitting twenty days of the penance enjoined upon those who, being penitent and contrite, shall go to the places where the dean or any other canon of Lincoln shall preach, and shall strive to implement their exhortations and sound counsels by works. At Scrooby [co. Nottingham]. 5 October, 1264.

Vniuersis Christi fidelibus presentes litteras inspecturis Godefridus miseracione diuina Eboracensis archiepiscopus Anglie primas salutem in domino sempiternam . Vt deuocio fidelium ad audiendum uerbum dei eo feruentius excitetur
5 quo auditoribus huiusmodi preter doctrinam salubrem 7 pabulum uerbi uite que percipiunt salutaris indulgencia elargitur omnibus uere penitentibus 7 contritis qui ad loca . ubi decanus ecclesie beate Marie Linc' uel aliquis alius eiusdem ecclesie canonicus predicauerit (ad audiendum illorum pre-
10 dicacionem deuote accesserint ; ac ipsorum exhortaciones 7 monita salutaria opere studuerint adimplere ; viginti dies . de iniuncta sibi penitencia misericorditer relaxamus Dat' apud Scroby .iij. nonas . Octobris anno domini .mº. cc. l. quarto.

No endorsement.
Fragment of seal and counterseal on strip, shewing an ecclesiastical figure on the obverse and reverse. Below the strip a ribband. Size : 7 x 3 inches.
Text : MS—Orig. Dij/61/2/2.

408. Indulgence granted by Richard [Gravesend] bishop of Lincoln remitting twenty days of the penance enjoined upon those who, being penitent and confessed, shall go to hear the sermons of the members of the church of Lincoln. At Lincoln. 14 April, 1259.

Omnibus Christi fidelibus ad quos presentes littere peruenerint ; Ricardus permissione diuina Lincoln' episcopus salutem in domino sempiternam . Dignum est ut inter quos recepimus presulatus honorem accepte potestatis graciam
5 prouide dispensemus (ut exinde tam ecclesia nostra Lincoln' amplioribus laudibus attollatur (quam in ea deuotio fidelium ardentius augmentetur . Nos igitur de dei omnipotentis misericordia . 7 gloriose virginis Marie (in cuius honore dicta fundatur ecclesia ac omnium sanctorum meritis
10 plenius confidentes (omnibus parochianis nostris 7 aliis quorum diocesani hanc nostram indulgenciam ratam habuerint vere penitentibus 7 confessis (qui ad predicaciones eorum qui de gremio prefate existunt ecclesie deuotius audiendas

accesserunt ⟨ de iniuncta sibi penitentia viginti dies miseri-
15 corditer relaxamus . In cuius rei testimonium presentibus
litteris nostrum sigillum duximus apponendum . Dat' apud
Lincoln' .xviij. kalendas Maii . anno gracie M⁰. CC⁰. L⁰. nono .
7 pontificatus nostri anno primo.

Endorsed : Indulgencia.
Tag for seal. Size : 7 x 3 inches.
Text : MS—Orig. Dij/61/2/3.

ADD. CHART.

409. Indulgence granted by the same bishop remitting forty
days of the penance enjoined upon those who, being penitent and
confessed, go to hear the sermons of the canons of Lincoln. At
Nettleham. 26 April, 1264.

Omnibus Christi fidelibus ad quos presentes littere
peruenerint Ricardus miseracione diuina Linc' episcopus
salutem in domino sempiternam . Dingnum est ut inter quos
recepimus presulatus honorem ⁊ accepte potestatis graciam
5 prouide dispensemus . vt ex inde tam ecclesia nostra Linc'
amplioribus laudibus attollatur ⁊ quam in ea deuocio fidelium
ardencius augmentetur . Nos igitur de dei omnipotentis
misericordia 7 gloriose uirginis Marie in cuius honore dicta
fundatur ecclesia ac omnium sanctorum meritis plenius
10 confidentes ⟨ omnibus parochianis nostris 7 aliis quorum
diocesani hanc nostram indulgenciam ratam habuerint uere
penitentibus 7 confessis qui ad predicaciones canonicorum
ecclesie supradicte deuocius audiendas accesserint ⁊ de iniuncta
sibi penitencia quadraginta dies misericorditer relaxamus .
15 In cuius rei testim[oni]um presentibus litteris sigillum nostrum
duximus apponendum . Dat' apud Nettilham' . vj⁽ᵗᵒ⁾ . kalendas.
Maii . anno gr[acie] .M⁰. CC⁰. sexagesimo quarto . 7 pontificatus
nostri sexto.

No endorsement.
Tag for seal. Size : 7 x 2½ inches.
Text : MS—Orig. Dij/61/2/4.

410–420. Indulgences granted by several bishops to those
who, being contrite and confessed, shall go to hear the sermons of
canons and other members of the church of Lincoln, or shall say
the Paternoster with Ave Maria for the souls of Henry [Lexington]
sometime bishop of Lincoln and all the faithful dead, or [no. 416]
contribute to the fabric fund, or [nos. 417, 420] do any other manual
alms. The bishops of Salisbury, Bath and Wells, Coventry
and Lichfield, and Norwich, who issued their indulgences at
Kenilworth on 1 September, 1266, were evidently attending the
parliament which the king summoned to meet there on 24 August.

ADD. CHART.

410. Indulgence granted by Walter [de la Wyle] bishop of Salisbury remitting twenty days of penance. At Kenilworth. 1 September, 1266.

Vniuersis sancte matris ecclesie filiis Walterus miseracione diuina Sarum episcopus salutem in domino sempiternam . Ad caritatis opera fidelium deuocionem prout possumus excitare cupientes ∶ de dei misericordia . gloriose Virginis
5 7 omnium sanctorum meritis confisi . omnibus parochianis nostris 7 aliis quorum diocesani ratam habuerint nostram indulgenciam (qui predicacionem canonicorum Lincol' deuote audierint 7 pro anima pie memorie Henrici quondam Lincoln' episcopi 7 animabus omnium fidelium ter Oracionem Domini-
10 cam cum Salutacione beate Virginis intima dixerint affecione dummodo vere contriti fuerint 7 confessi (de iniuncta sibi penitencia viginti dies misericorditer relaxamus . In cuius rei testimonium sigillum nostrum presentibus fecimus apponi . Dat' apud Kenelworth' die sancti Egidii . abbatis . anno
15 gracie .Mᵒ. CCᵒ. LXᵒ. sexto.

No endorsement.
Fragment of seal on strip. Size : 7¼ x 2¼ inches.
Text : MS—Orig. Dij/61/2/5.

ADD. CHART.

411. Indulgence granted by . . bishop of Bath and Wells remitting twenty days of penance. At Kenilworth. 1 September, 1266.

Vniuersis sancte matris ecclesie filiis . . miseracione diuina Baton*iensis* 7 Wellens*is* episcopus ∶ salutem in domino sempiternam . Obsequium domino gratum prestare tociens opinamur quociens ad pias operaciones mentes fidelium
5 excitamus . ad ipsorum igitur deuocionem amplius excitandam de omnipotentis dei misericordia . gloriose Virginis matris eius omniumque sanctorum meritis 7 precibus confidentes (parochianis nostris ac aliis quorum diocesani ratam habuerint
10 hanc nostram indulgenciam . vere contritis 7 confessis (qui ex deuocione predicacionem canonicorum Lincoln' ecclesie audierint (seu pro anima pie memorie Henrici quondam Lincoln' episcopi 7 animabus omnium fidelium defunctorum ter Oracionem Dominicam cum Salutacione Virginis gloriose pia mente dixerint ∶ viginti dies de iniuncta penitencia sibi
15 misericorditer relaxamus . In cuius rei testimonium sigillum nostrum presentibus est appensum . Dat' apud Kenigwrþ' intrante mense Septembris . anno gracie .Mᵒ. CC. LXᵒ. sexto.

Endorsed : Indulgencie concesse audientibus predicaciones in ecclesia Linc'.
Strip for seal torn off. Size : 7½ x 2¼ inches.
Text : MS—Orig. Dij/61/2/6.

ADD. CHART.

412. Indulgence granted by William [Bruce] bishop of the church of Llandaff remitting twenty days of penance. At Saint Edmunds. 12 February, 1267.

Vniuersis sancte matris ecclesie filiis ⟨ Willelmus miseracione diuina Landauensis ecclesie minister humilis salutem in domino sempiternam . Obsequium domino gratum prestare tociens opinamur ⟨ quociens ad pias operaciones ⟨ mentes
5   fidelium excitamus . ad ipsorum igitur deuocionem amplius excitandam ⸴ de omnipotentis dei misericordia . gloriose Virginis matris eius . omnium que sanctorum meritis 7 precibus confidentes ⟨ parochianis nostris ac aliis quorum diocesani ratam habuerint hanc nostram indulgenciam ⟨
10   vere contritis 7 confessis ⟨ qui ex deuocione ⟨ predicacionem canonicorum Lincoln' ecclesie ubicunque predicauerint ⟨ uel aliorum in Lincoln' ecclesia ⟨ audierint . seu pro anima pie memorie Henrici quondam Lincoln' episcopi 7 animabus omnium fidelium defunctorum ⟨ Oracionem Dominicam cum
15   Salutacione Virginis gloriose pia mente dixerint ⸴ viginti dies de iniuncta sibi penitencia misericorditer relaxamus . In cuius rei testimonium ⟨ sigillum nostrum presentibus est appensum . Dat' apud Sanctum Edmundum .ij. idus Februarii . anno gracie .Mᵒ. CCᵒ. LXᵒ. sexto.

No endorsement.
Tag for seal. Size : 7 x 3⅜ inches.
Text : MS—Orig. Dij/61/2/7.

ADD. CHART.

413. Indulgence granted by Robert [Chause] bishop of the church of Carlisle remitting forty days of penance. At Coventry. 4 November, 1266.

Vniuersis sancte matris ecclesie filiis ⟨ Robertus miseracione diuina Karl*eolensis* ecclesie minister humilis salutem in domino sempiternam . Obsequium domino gratum prestare tociens opinamur ⟨ quociens ad pias operaciones ⟨ mentes fidelium
5   excitamus . ad ipsorum igitur deuocionem amplius excitandam ⸴ de omnipotentis dei misericordia ineffabili . gloriose Virginis matris eius . omnium que sanctorum meritis [7 precibus] confidentes ⟨ parochianis nostris ac aliis quorum diocesani ratam habuerint hanc nostram indulgenciam ⟨ vere contritis
10   7 confessis ⸴ qui ex deuocione ⟨ predicacionem canonicorum Lincoln' ecclesie ubicunque predicauerint . uel aliorum in Lincoln' ecclesia audierint seu pro anima pie memorie Henrici quondam Lincoln' episcopi 7 animabus omnium fidelium defunctorum . ter . Oracionem Dominicam cum Salutacione

15 Virginis gloriose pia mente dixerint ⟨ quadraginta dies de
iniuncta sibi penitencia misericorditer relaxamus In cuius rei
testimonium ⟨ nostrum sigillum presentibus est appensum
. Dat' apud Couentr*iam* die Jouis proxima post festum Omnium
Sanctorum anno gracie .M⁰ .CC⁰. LX⁰. sexto . Valete.

No endorsement.
Part of seal on strip : green, pointed oval, the bishop standing vested under
a canopy, his right hand raised in blessing, the left holding a pastoral staff. Below
the strip a ribband.
Size : 7 x 3 inches.
Text : MS—Orig. Dij/61/2/8.

ADD. CHART.

414. Indulgence granted by Henry bishop of Galloway remitting forty days of penance. At ' Mariscus '. 13 November,
1266.

Omnibus presentes litteras visuris uel audituris . Henricus
permissione diuina Cand*ide* Case episcopus salutem 7 sinceram
in domino caritatem . De omnipotentis dei misericordia .
beate 7 gloriose virginis Marie omnium que sanctorum dei
5 specialiter confidentes ⟨ omnibus parochianis nostris 7 aliis
quorum diocesani hanc nostram indulgenciam ratam habuerint
. confessis . vere penitentibus . 7 contritis qui pia deuocione
ad maiorem Lincoln' ecclesiam uel alium locum accedent
in futurum ad audiendum uerbum domini per canonicum
10 eiusdem ecclesie seu alium quemcumque de ipsius ecclesie
gremio proponendum . vel pro anima venerabilis patris pie
memorie domini Henrici quondam Lincoln' episcopi 7 animabus
omnium fidelium defunctorum Oracionem Dominicam cum
Salutacione beate Virginis ter pia mente dixerint ⸴ seu aliam
15 elemosinam fecerint manualem ⸴ quadraginta dies de iniuncta
sibi penitencia misericorditer relaxamus . In cuius rei testimonium nostrum sigillum presentibus est appensum . Dat'
apud Mariscum die Sabbati proxima post festum sancti
Martini in hyeme . anno domini .M⁰. CC⁰. LX⁰. sexto.

Facsimile facing page 253.
No endorsement.
Fragment of seal on tag. Size : 7 x 4⅜ inches.
Text : MS—Orig. Dij/61/2/9.

ADD. CHART.

415. Indulgence granted by R[oger Skerning] bishop of
Norwich remitting twenty days of penance. At Kenilworth.
1 September, 1266.

Vniuersis sancte matris ecclesie filiis .R. miseracione diuina
Norwycensis episcopus salutem in domino sempiternam .

Obsequium domino gratum prestare tociens opinamur .
quociens ad pias operaciones mentes fidelium excitamus . ad
5 ipsorum igitur deuocionem amplius excitandam ⸴ de omnipotentis dei misericordia . gloriose Virginis matris eius
omniumque sanctorum meritis 7 precibus confidentes parochianis nostris ac aliis quorum diocesani ratam hanc nostram
habuerint indulgenciam . vere contritis 7 confessis qui ex
10 deuocione predicacionem canonicorum Lincolniensis ecclesie
audierint (seu pro anima pie memorie Henrici quondam
Lincoln' episcopi 7 animabus omnium fidelium defunctorum
ter Oracionem Dominicam cum Salutacione Virginis gloriose
pia mente dixerint (viginti dies de iniuncta sibi penitencia
15 misericorditer relaxamus . In cuius rei testimonium sigillum
nostrum presentibus est appensum . Dat' Kenelworth' intrante
mense Septembris . anno gracie .Mᵒ. CCᵒ. LXᵒ. sexto.

No endorsement.
Fragment of seal on strip.   Size : 7½ x 3 inches.
Text : MS—Orig. Dij/61/2/10.

ADD. CHART.

416. Indulgence granted by R[oger Longespée] bishop of
Coventry and Lichfield remitting fifteen days of penance. At
Kenilworth. 1 September, 1266.

Vniuersis sancte matris ecclesie filiis .R. diuina miseracione
Couentr*ensis* 7 Lyche*feldensis* ecclesiarum minister humilis .
salutem in domino sempiternam . Obsequium domino gratum
prestare tociens opinamur . quociens ad pias operaciones
5 mentes fidelium excitamus . ad ipsorum igitur deuocionem
amplius excitandam (de omnipotentis dei misericordia
gloriose virginis Marie matris eius beati Cedde episcopi
omniumque sanctorum meritis 7 precibus confidentes (
parochianis nostris ac aliis quorum diocesani ratam hanc
10 nostram habuerint indulgenciam vere contritis 7 confessis
qui causa deuocionis predicacionem canonicorum Lincoln'
ecclesie audierint . pro anima pie memorie Henrici quondam
Lincoln' episcopi 7 animabus omnium fidelium defunctorum
ter Oracionem Dominicam cum Salutacione beate Virginis
15 mente pia dixerint (uel ad ipsius ecclesie fabricam aliqua
caritatis subsidia contulerint ⸴ quindecim dies de iniuncta
sibi penitencia misericorditer relaxamus . In cuius rei testimonium sigillum nostrum presentibus est appensum . Dat'
Kenelworth' . kalendas Septembris anno domini .Mᵒ. CCᵒ. LXᵒ.
20 sexto . 7 nostre consecracionis nono . Valete.

No endorsement.
Fragment of seal on strip and, below it, a ribband.   Size : 7¼ x 3¼ inches.
Text : MS—Orig. Dij-61/2/11.

417. Indulgence granted by Robert [Stichill] bishop of Durham remitting forty days of penance. At Stamfordham [co. Northumberland]. 19 October, 1266.

Omnibus presentes literas visuris uel audituris ⸤ Robertus miseracione diuina ecclesie Dunelm*ensis* minister humilis salutem 7 sinceram in domino caritatem . De omnipotentis dei misericordia . beate 7 gloriose virginis Marie omnium
5 que sanctorum dei specialiter confidentes ⸤ omnibus nostris parochianis 7 aliis quorum diocesani hanc nostram indulgenciam ratam habuerint ⸤ confessis . vere penitentibus 7 contritis qui pia deuocione ad maiorem Lincoln' ecclesiam uel alium locum accedent in futurum ad audiendum verbum
10 domini per canonicum eiusdem ecclesie seu per alium quemcumque de ipsius ecclesie gremio ⸤ proponendum . vel pro anima venerabilis patris pie memorie domini Henrici quondam Lincoln' episcopi 7 animabus omnium fidelium defunctorum Oracionem Dominicam cum Salutacione beate Virginis .
15 ter . pia mente dixerint ⸍ seu aliquam elemosinam fecerint manualem ⸍ .xlª. dies de iniuncta penitencia misericorditer relaxamus . In cuius rei testimonium ⸤ nostrum sigillum presentibus est appensum . Dat' apud Stanfordham .xiiijº. kalendas Nouembris anno gracie .Mº. CCº. LXº. sexto.

No endorsement.
Slit for seal tag. Size : 7½ x 2⅞ inches.
Text : MS—Orig. Dij/61/2/12.

418. Indulgence granted by Peter bishop of Orkney remitting forty days of penance. At Lincoln. 15 August, 1274.

Omnibus presentes litteras visuris uel audituris . Petrus miseracione diuina Orkadensis episcopus salutem 7 sinceram in domino karitatem . De omnipotentis dei misericordia . beate 7 gloriose Virginis Marie 7 omnium sanctorum dei
5 specialiter confidentes . omnibus parochianis nostris 7 aliis quorum diocesani hanc nostram indulgenciam ratam habuerint . confessis . vere penitentibus 7 contritis qui pia deuocione ad maiorem Linc' ecclesiam . uel alium locum accedent infuturum ad audiendum uerbum dei per canonicum eiusdem
10 ecclesie . seu per alium quemcumque de ipsius ecclesie gremio proponendum . vel pro anima venerabilis pie memorie domini Henrici quondam Linc' episcopi 7 animabus omnium fidelium defunctorum Oracionem Dominicam cum Salutacione beate Virginis pia mente dixerint .xl. dies de iniuncta penitencia
15 misericorditer relaxamus . In cuius rei testimonium

sigillum nostrum presentibus est appensum . Dat' . Linc'
.xviij. kalendas Septembris . anno gracie .M°. CC°. LXX quarto.

No endorsement.
Strip for seal torn away.　Size : 6½ x c.3 inches.
Text : MS—Orig. Dij/61/2/14.

ADD. CHART.

419. Indulgence granted by Robert bishop of the church
of Dunkeld remitting . . . days of penance.　At Torksey. . . . . . .,
1277.

　　　Vniuersis sancte matris ecclesie filiis . . . .
　　　sione diuina Dunkeldensis ecclesie minister . . . .
　　　. . . . . deo obsequium . . . .
　　　credimus quociens fidelium mentes . . . .
5　　excitamus . Ea propter de misericordia dei . . . . . tentis
　　　ac meritis gloriose Virginis . . . . nostri 7
　　　omnium sanctorum confidentes . . . .
　　　. . . . . ionis parochianis quorum dio . . . .
　　　. . . . ratam habuerint vere contritis 7 confessis qui pre-
10　　dicacionem canonicorum Linc' . . . . eciam
　　　aliorum in ecclesia predicta deuote audierint vel pro pie
　　　memorie Hen . . . .
　　　lium defunctorum animabus Oracionem Dominicam cum
　　　Salutacione beate Virginis . . . . . . de iniuncta sibi peni-
15　　tencia misericorditer relaxamus . Dat' apud Thorkesei . . .
　　　. . . . . anno domini .M°. CC°. septuagesimo septimo
　　　Valete.

No endorsement.
Tag for seal.　Size : c.7½ x 3¼ inches.
Text : MS—Orig. Dij/61/2/15.
Var. R. : *Part of the charter has perished.*

ADD. CHART.

420. Indulgence granted by Archibald bishop of Moray
remitting . . . days of penance.　(Probably circa 1265–1275.)

　　　Omnibus presentes literas visuris uel audituris (Archibaldus
　　　miseracione diuina ecclesie Morauyensis minister humilis
　　　salutem . 7 sinceram in domino caritatem . De omnipotentis
　　　dei misericordia . beate 7 gloriose virginis Marie . omnium
5　　que sanctorum dei sp[ecialiter confi]dentes (omnibus nostris
　　　parochianis 7 aliis quorum diocesani hanc nostram indul-
　　　genciam ratam habuerint (confessis . vere . . . .
　　　contritis . qui pia deuocione ad maiorem Lincoln' ecclesiam
　　　vel alium locum accedent in futurum ad audiendum
10　　. . . . . . . canonicum eiusdem ecclesie seu alium quem-
　　　cunque de ipsius ecclesie gremio proponendum . vel pro
　　　anima venerabilis . . . . . memorie domini Henrici quondam

I

Lincoln' episcopi 7 animabus omnium fidelium defunctorum
Oracionem Dominicum . . . . salutacione beate Virginis ter
15 pia mente dixerint seu aliquam elemosinam fecerint manualem
. . . . . . [di]es de iniuncta penitencia misericorditer relaxamus . In cuius rei testimonium (nostrum sigillum
presentibus est appensum Dat'.[1]

No endorsement.
Tag for seal. Size : 7½ x 2¼ inches.
Text : MS—Orig. Dij/61/2/16.
Var. R. : *The charter has been badly injured.* [1] *sic.*

---

421. Indulgence granted by R[obert of Holy Island] bishop
of Durham remitting forty days of the penance of those who shall
hear the preaching of the canons of Lincoln. At [Bishop] Auckland,
co. Durham. 16 February, 1276.

Omnibus sancte matris ecclesie filiis presentes litteras
inspecturis .R. permissione diuina episcopus Dunolme*nsis*
salutem . in domino . Obsequium deo gratum tociens prestare
opinamur (quociens mentes fidelium ad deuocionem et
5 caritatis opera (excitamus . Nos igitur de omnipotentis dei
misericordia beate Marie Virginis . apostolorum Petri 7 Pauli .
sancti Cuthberti confessoris gloriosi . ac omnium sanctorum
dei meritis confidentes omnibus parochianis nostris 7 aliis
quorum diocesani hanc nostram indulgenciam ratam habuer-
10 int ⸴ de peccatis suis vere contritis 7 confessis (qui predicacionem canonicorum Lincolniensis ecclesie deuote
audierint (quadraginta dies (de iniuncta sibi penitencia (
misericorditer relaxamus . In cuius rei testimonium sigillum
nostrum (presentibus est appensum . Dat' apud Aucland (
15 xiiij. kalendas . Martii . anno domini . millesimo ducentesimo .
septuagesimo quinto.

Endorsed : Canonicorum Linc' xl dies (13 cent.).
Tag for seal.
Text : MS—Orig. Dij/61/2/13.

422. Indulgence granted by William [Gainsborough] bishop of
Worcester remitting forty days of enjoined penance to those who
shall repair to the church of Lincoln. At Wellesbourne [co. War-
wick]. 18 May, 1303.

Vniuersis sancte matris ecclesie filiis (ad quorum noticiam
presens scriptura peruenerit (frater Willelmus permissione
diuina Wygorniensis ecclesie minister humilis salutem in
domino sempiternam . De dei omnipotentis misericordia 7

5 gloriose Marie Virginis matris eius (sancti Francissi confessoris 7 omnium sanctorum meritis confidentes (omnibus
parochianis nostris (7 aliis quorum diocesani hanc nostram
indulgenciam ratam habuerint (vere penitentibus 7 confessis (
qui ad ecclesiam cathedralem beate Marie virginis Lincolnie
10 deuote accesserint (7 ibidem a canonicis dicte ecclesie seu
aliis vice 7 nomine eorundem verbum diuine predicacionis
audierint (ac pro pace domini regis 7 regni (7 pro Christi
fidelibus viuis 7 defunctis Oracionem Dominicam cum Salutacione beate Virginis supradicte dixerint pia mente ./ quadra-
15 ginta dies indulgencie concedimus per presentes . In testimonium vero premissorum sigillum nostrum presentibus est
appensum . Dat' apud Welleburn' .xv. kalendas . Junii .
anno domini millesimo trecentesimo tertio.

No endorsement.
Fragment of the episcopal seal on strip. Below the strip a ribband. Size :
9¼ x 3¼ inches.
Text : MS—Orig. Dij/61/2/17.

423. Indulgence granted by Robert [Wisheart] bishop of
Glasgow remitting forty days of enjoined penance to those [who
shall support] the fabric fund [of the church of Lincoln]. At
Torksey. 18 February, 1305.

Omnibus sancte matris ecclesie filiis Robertus permissione
diuina Glasguensis ecclesie in Scocia episcopus ./ salutem in
domino sempiternam . Attendentes altissimo non mediocriter
complacere quicquid deuocionis ac . . . .
5 locis ac venerabilibus impenditur . nos de omnipotentis dei
misericordia gloriose . . . . gerni
patroni nostri . . . . tis . . . .
. . . .
. . . . caritat . . . . in
10 extremis . . . . subueniend' eidem fabrice
. . . . induxerint ./ quadraginta dies
de . . . . penitencia deo propicio misericorditer relaxamus . In cuius rei testimonium presentibus
litteris sig[illu]m nostrum apponi fecimus . Dat' apud Torkesey
.xij. kalendas . Martii anno domini Mᵒ. trecentesimo . quarto.

No endorsement.
Broken seal on tag. Size : 9 x 6½ inches.
Text : MS—Orig. Dij/61/2/19 (a very fine charter which has been badly injured).

424. Grant of indulgence by John [Dalderby] bishop of
Lincoln : The Redeemer of the human race has condescended to

sinners who are altogether turned from their fault by providing divers manners of helps that they may merit pardon. As a place may be holy to the Name of God, after the manner of the temple of the earthly Jerusalem, by a title of honour, having been specially begun with a certain prerogative of dignity, so to press forward for the fulness of its completion, and to preserve it when completed, and to provide assistance for this purpose, with holy zeal, the bishop holds to be pleasing to God and meritorious in men. He, therefore, trusting to the mercy of God and the merits of the glorious Virgin, the Mother of God, the bishop's patroness, and of the most holy confessor Saint Hugh and of all the saints, has remitted forty days of enjoined penance to all his parishioners, and to all others whose diocesans ratify this indulgence, who being penitent and confessed shall come now or hereafter to the cathedral church of Lincoln for the sake of devotion, or shall contribute to the fabric fund by gift or legacy. The bishop also ratifies all indulgences granted or hereafter to be granted by archbishops and bishops who obtain the grace of the apostolic see. At Fingest [co. Buckingham]. 17 March, 1305.

Vniuersis sancte matris ecclesie filiis ad quos presentes littere peruenerint (Johannes permissione diuina Lincoln' episcopus salutem (in eo qui est caput omnium saluandorum . Redemptor humani generis peccatoribus a culpa omnino conuersis (ad
5 veniam promerendam (adiutoria (diuersimoda prouidendo concessit (Sane quanto locus venerabilis fuerit diuino nomini quasi ad modum templi terrestris Ierusalem (honoris titulo quadam prerogatiua decoris specialius inchoatus ꞉ tanto ad eius consummacionis cumulum insistere 7 consummatum
10 conseruare (7 ad hoc pio studio iuuamen prestare deo placitum 7 hominibus meritorium reputamus . De dei igitur omnipotentis misericordia (gloriose virginis Marie genitricis eiusdem patrone nostre sanctissimi que confessoris sancti Hugonis 7 omnium sanctorum meritis confidentes (omnibus parochianis
15 nostris 7 aliis quorum diocesani hanc nostram indulgenciam ratam habuerint de peccatorum suorum maculis vere penitentibus 7 confessis ad ecclesiam nostram cathedralem Lincoln' (causa deuocionis 7 oracionis decetero accessuris (illam ve caritatis subsidio per se aut alios nomine suo visi-
20 taturis (eiusdem que fabricam siue ex dono siue ex legato aut modo alio promoturis (quadraginta dies de iniuncta sibi penitencia in domino misericorditer relaxamus (omnes indulgencias a quibuscumque archiepiscopis 7 episcopis gratiam sedis apostolice optinentibus prius in hac parte
25 concessas 7 inposterum concedendas (ratas habentes pariter

7 acceptas . In cuius rei testimonium sigillum nostrum presentibus est appensum . Dat' apud Tingehirst' .xvj. kalendas
Aprilis . anno domini .M⁰. CCC⁰. quarto.

Endorsed : Indulgencia episcopi Lincol' pro fabrica cum confirmacione aliarum
. . . . . . (15 cent.).
Two holes for seal-cord.   Size :   8¾ x 5 inches.
Text : MS—Orig. Dij/61/2/21.

ADD. CHART.

425. Indulgence granted by John [Halton] bishop of Carlisle
remitting forty days of enjoined penance to those who shall support
the fabric fund of the church of Lincoln.   At Horncastle.   12 May,
1305.

   . . . . iis ad quorum noticiam presentes littere peruenerint ⸌ Johannes miseracione diuina
Karleolensis episcopus ⸴ salutem ⸌ . . . .
. . . . . . is . fidelium Christi deuociones ⸌ ad caritatis
5 opera volentes propensius excitare ⸴ de dei omnipotentis
misericordia . . . . is eius ⸌ omniumque sanctorum meritis confidentes ⸌ omnibus parochianis nostris ⸌ ac
aliis quorum diocesani . . . . am ratam habuerint ⸌ 7 acceptam ⸌ vere contritis ⸌ 7 confessis ⸌ qui ad fabricam
10 cathedralis ecclesie . . . . a contulerint subsidia caritatis ⸴ quadraginta dies ⸌ de iniuncta sibi penitencia ⸌
misericorditer . . . . Horncastram .iiij⁰. idus .
Maii . anno domini .M⁰. CCC^mo . quinto . 7 pontificatus nostri
terciodecimo.

Endorsed : Indulgencia xl dierum per episcopum Karliolensem pro fabrica concessa (15 cent.).
Fragment of episcopal seal on tag.   Size :   c.8 x 3½ inches.
Text : MS—Orig. Dij/61/2/18 (the left hand end of the charter has been torn
off).

ADD. CHART.

426. Indulgence granted by Walter [Reynolds] archbishop of
Canterbury remitting forty days of enjoined penance to those who
shall support the fabric fund of the church of Lincoln, or shall
make any offering to the high altar.   At Lincoln.   11 October,
1314.

   . . . .
noticiam prese . . . .
issione diuina Cantuari*ensis* archiepiscopus . . . . . . Angl*ie*
. . . . salutem . . . .
5 . . . . 7 deo gratum tociens . . . .
. . . . amur ⸌ quociens ad oracionis deuocionem 7
al . . . caritatis 7 pietatis . . . .
genciarum munera ⸌ mentes fidelium . . . . mus . De

dei igitur omnipotentis summe 7 indiuidue Trinitatis miseri-
10 cordia . . . . rie (sancti
Thome martiris (7 omnium sanctorum meritis confidentes :'
omnibus parochianis nostris 7 aliis quorum dyocesani hanc
nost . . . . ratam habuerint 7 acceptam (de peccatis suis vere contritis 7 confessis (
15 qui ad fabricam ecclesie cathedralis Lyncoln' in honore beate
virginis Marie . . . . struct' . . . de bonis sibi a deo collatis
contulerint (uel qui in honore gloriose virginis predicte (ad
maius altare dicte ecclesie (temporibus congruis 7 oportunis (
quicquam optulerint . mente pia :' quadraginta dies de iniuncta
20 sibi penitencia deo propicio (misericorditer relaxamus .
Ratificantes ex nunc singulas indulgencias per quoscunque
ad hoc potestatem habentes in id idem concessas 7 in posterum
concedendas . In cuius rei testimonium sigillum nostrum
presentibus est appensum . Dat' Lyncoln' .v^to (idus (Octobris .
25 anno domini millesimo .ccc^mo. quartodecimo (et consecracionis nostre [blank].

Endorsed : Domini Walteri dei gracia [Cant' archiepiscopi (14 cent. *interlined*)]
pro fabrica 7 magno altari (14 cent.).
Seal on tag : green, large oval, broken : the archbishop standing vested, with
right hand raised in blessing ; on his left side a small shield with the three lions
of England, and in left hand base a winged calf. Legend : . . . .
. . . . **IEPS TOCIVS** . . . . . .
Size : 10 x 4½ inches.
Text : MS—Orig. Dij/61/2/20 (the charter has been badly injured).

ADD. CHART.

427. Indulgence granted by John [Wisheart] bishop of Glasgow
remitting forty days of enjoined penance to those who shall pray
at the tomb of John Dalderby, late bishop of Lincoln, whose body
lies buried before the altar of Saint John the Evangelist in the
church of Lincoln.   At Lincoln. . . . ., 1321.

Vniuersis sancte matris ecclesie filiis ad quos presentes
littere peruenerint frater Johannes dei et apostolice sedis
gratia episcopus Glasguensis salutem in domino sempiternam .
Ad ea debet pastoralis cura populum excitare catholicum :'
5 que prestant indigentibus proximis remedia :' et operantibus
proficiunt ad salutem . De dei igitur omnipotentis misericordia (gloriose Virginis . . . . beatorum Petri 7 Pauli
apostolorum (sancti Dominici confessoris (sanctique Kente-
gerni (episcopi (patroni nostri (omniumque sanctorum
10 meritis confidentes :' omnibus parochianis nostris (7 al[iis
quorum dioc]esani hanc nostram indulgenciam ratam habuerint . de peccatis suis uere contritis penitentibus 7 confessis :'
ad tumulum bone memorie d[omini Johannis] de D[alderby]
Lincolniensis episcopi cuius corpus coram altari sancti Johannis
15 ewangeliste in ecclesia cathedrali Lincol . . . .

quiescit humatum causa deu[otionis . . . .]
anima (et animabus omnium fidelium defunctorum Oracionem
Dominicam cum Salutacione Virginis gloriose dixerint p[ia]
mente : quadraginta dies [de . . . .] pe[nitencia]
20   misericorditer in domino relaxamus . In cuius rei testimonium
sigillum nostrum presentibus est appensum Dat' apud Lincoln'
. . . . Julii . . . . . domini millesimo .ccc^{mo}. vicesimo primo . et pontificatus nostri tercio.

No ancient endorsement.
Tag for seal.   Size :   11⅜ x 6¼ inches.
Text : MS—Orig. Dij/61/2/22.
Var. R. : *The words enclosed within square brackets have been supplied conjecturally,*
the original text having been badly injured.

ADD. CHART.

428. Grant of indulgence by William [Atwater] bishop of
Lincoln addressed to all persons ecclesiastical and temporal in his
diocese :

The city of Lincoln, which once, with very few exceptions, ex-
celled the other cities of this England not only in the company of
people who had their lawful abode there, but also in the richness
and art of its buildings and the wealth of its resources, the adorn-
ment of its churches, and the other possessions which embellish
it, has now come to such indigence and disaster, that unless it is
speedily aided by the singular devotion of men who support it
with their labours, diligence, and outlay, will come to greater and
almost irreparable decay. But certain men of experience and
skill with whom the bishop has taken counsel are of opinion that
it would be greatly to the advantage of the city and its citizens
and the people of the neighbourhood if a certain dyke, called Foss
Dyke, which begins at the river Trent near Torksey and runs
towards Lincoln were dug out and made deeper, wider, and longer
as far as Lincoln. For, as it is stated, merchants, as well native
as foreign, would bring their goods to Lincoln at less cost, and also
the citizens and inhabitants of Lincoln would be able more easily
and safely to convey their commodities and saleable goods to
other places. But for the performance of so great a work the
resources of the citizens are quite insufficient. The bishop therefore
invites and exhorts the whole body of them in the tender love of
Jesus Christ that when his faithful sons, the mayor of Lincoln
for the time being,   Clark of the same city, or
Peter Effard, citizen of the same city, or any one of the burgesses
shall come with the presents to them, their churches, or places,

to implore their alms, they shall admit them with favour and aid and assist them. And in order that the bishop may the more freely excite their minds to do this, he grants by these presents to all christians of his diocese of either sex, and to others whose diocesans shall ratify and accept this indulgence, who being contrite, confessed, and penitent, shall put their hands to this work, forty days' indulgence as often as they shall do it. At the Old Temple, London. 4 December, [1518].

Willelmus permissione diuina Lincoln' episcopus vniuersis et singulis abbatibus prioribus archidiaconis que et eorum officialibus necnon rectoribus vicariis et aliis cuntis ac personis aliis ecclesiasticis et temporalibus quibuscunque per diocesim
5 nostram Lincoln' vbilibet constitutis salutem gratiam 7 benedictionem Vniuersitati vestre per presentes significamus quod cum ciuitas nostra Lincoln' que quondam non solum vniuersitate populi iure degentis sumptuosis atque artificiosissimis edificiis ⟨ rerum que opilentia ⟨ ecclesiarum ornatu
10 aliis que rebus que ciuitatem honestissimam ornant decorant et illustrant ceteras huius Anglie vrbes ⟨ perpaucis exceptis ⟨ precellebat ⟨ iam ad eam inopiam et ruinam quod dolenter referimus ⟨ deuenit ⟨ quod nisi hominum eam singulari amore prosequentium laboribus industria et impensis mature
15 succurratur ad maiorem decasum et ferme irrecuperabilem nostris diebus ⟨ quod nollemus ⟨ perueniet ⟨ Arbitrantur tamen quidam prudentes et experti cum quibus consulimus quod prefate vrbi nostre et ciuibus eiusdem ac illius vicinie non mediocriter proesset ⟨ si quedam fossa vocata Fosse dyke
20 incipiens aput flumen Trentam iuxta Torkesey extendens que se Lincolniam versus profundius latius et longius vrbem predictam adusque effoderetur . et ampliaretur . Nam sic vt asseritur mercatores tam indigine quam extranei leuiori precio [bene] suas merces Lincolniam trahicerent ⟨ atque
25 ciues et incole Lincoln' suas commoditates et res venales ad alia loca facilius et securius aduectare possint ⟨ sed ad tantum opus perficiendum facultates ciuium prefatorum minime sufficiunt Vniuersitatem igitur vestram in d[omino inuita]mus et hortamur atque vos omnes 7 singulos in
30 visceribus Jhesu Christi attentius rogamus ⟨ quatinus cum dilecti nobis in Christo filii m[aior] nostre ciuitatis Lincoln' quiscunque pro tempore existens [blank] Clark eiusdem nostre ciuitatis [blank] aut Petrus Effard eiusdem [ciuitatis] ciuis seu eiusdem ciuitatis burgencium aliquis vna cum
35 presentibus . ad vos ecclesias seu loca vestra accesserint aut ipsorum aliquis accesserit elemosinas benevolentias 7 subsidia vestra caritatiua ad illius fosse emendationem et debitam estimacionem pie imploraturi ⟨ ipsos cum omni fauore ad

hoc faciendum admittatis eisdem quoque humanitatis vestre
40 officia impendatis ⟨ Necnon ad opus predictum cum eisdem
auxiliantes sitis et coadiuuantes vestra subsidia caritatiua
eisdem certificantes ⟨ Et nos vt eo libentius mentes vestras
et aliorum nostrorum fidelium ad sic faciendum excitemus
omnibus et singulis nostre diocesis vtriusque sexus christianis
45 et aliis quorum diocesani hanc nostram [indulgenciam] ratam
habuerint pariter et acceptam de peccatis suis contritis
confessis et penitentibus qui ad opus predictum manus
po . . . . utrices xl^{ta} dies indulgenciam
totiens quotiens hoc fecerint misericorditer in domino con-
50 cedimus per presentes sigillo nostro . . . .
. . . . nostro sigillo in hospicio [nostro] apud Vetus
Templum London' iiij^{to} die Decembris anno domini millesimo
. . . . Et nostre consecrationis anno
. . . .

No endorsement.
Tag for seal torn away. Size : 13 x 8 inches.
Text : MS—Orig. Dij/61/2/23.
Var. R. : *The words enclosed within brackets have been supplied conjecturally.*
Note : The date of the text has been lost through injury, but the year is evidently
1518. On 29 April in that year the king appointed commissioners of sewers, including
bishop William Atwater and the mayor of Lincoln, ' for the district between the
bridge of Torkesey and the water of Brayford, near Lincoln ' (*Letters and Papers,*
Henry VIII, vol. ii, part ii, no. 4131). On 10 June the Common Council of Lincoln
resolved that there should be gathered in the city 100 marks for the work, every
man giving of his good will as much as he would grant (Common Council Book
1511–1541, f. 80). On 14 December, a minute makes mention of the bishop's
indulgence, and states that the Committee, in addition to arranging for divers
citizens to ride about the city and collect funds, appointed a committee of collectors
to ride into the county to know and unite what will be granted to the work ; and
Mr Mayor and his brethren are to seek the authority of the archdeacons of Lincoln
and Stow in their rooms (*ibid.*, f. 92b). The editor is indebted to Mr J. W. F. Hill
for these notes from the minutes of the Council.

[In addition to the preceding indulgences, there are fragments of similar documents
in Dij/61/2, namely,
No. 24—dated 7 July, 1308, and the first year of the bishop's consecration.
No English bishop is possible at this date.
No. 25—dated 1320, and the first year of the bishop's consecration ; possibly
Rigaud Asser, bishop of Winchester.
Nos. 26—30, of which nothing intelligible remains.]

REGISTRUM CHORISTARUM II

ADD. CHART.

429. Notification by the Dean and Chapter of an ordination
of bishop Richard Gravesend, dated 1264 : The choir-boys of the
church of Lincoln formerly lived of the alms of the canons. But
the bishop ordained that their number should be twelve, of whom
two should be thurifers, and that they should dwell in community
in one house under a master ; and he procured that certain rents

and pensions should be assigned to them. While the boys lived of the alms of the canons, their government and admission to the choir belonged to the precentor, but the same bishop ordained that they should be admitted by the dean and chapter and be governed by a master appointed by them. At Lincoln. (Circa 1321.)

Ordinacio Puerorum de Choro Ecclesie Lincoln' (rubric) . De Statutis Choristarum (title) . 2° thuribularij (marg.).

¶ Ad perpetuam rei memoriam est sciendum quod pueri de choro ecclesie Lincoln' olim de elemosinis canonicorum
5　eiusdem ecclesie vixerunt . Set bone memorie dominus Ricardus de Graueshend episcopus Lincoln' ordinauit . quod dicti pueri forent duodecim numero 7 de illis duodecim forent duo turribularii 7 in vna domo manerent 7 viuerent communiter sub vno magistro 7 assignauit eis certos redditus
10　7 pensiones eis concedi procurauit . Et de concensu capituli sui 7 precentoris qui tunc fuit ⸍ ad quem dum de elemosinis vixerunt spectabat dictorum puerorum instruccio ⸍ 7 disciplina 7 eorundem in choro admissio 7 ordinacio prout in libro qui dicitur Registrum ecclesie continetur ordinauit : quod dicti
15　pueri admitterentur ex tunc per decanum 7 capitulum : 7 custodia eorum ac pertinencium ad eos committeretur per eosdem decanum 7 capitulum magistro pro tempore eis deputando 7 quod idem magister raciocinia administracionis sue in bonis eorum dictis decano 7 capitulo redderet annuatim .
20　Et quod nichilominus deputaretur eidem magistro aliquis de canonicis residentibus qui superuideret facta sua 7 corrigeret ea corrigenda si posset : alioquin ⸪ ea decano 7 capitulo intimaret.

Text : MS—Chor. II, no. 1.
Note : The *Registrum* mentioned in line 14 is the *Liber Niger* (see *Linc. Cath. Statutes* iii, 161–2). Schalby also gives the substance of the bishop's ordination (*ibid.*, p. 161).

Add. Chart.

430.　A similar notification. At Lincoln. 14 January, 1382.

Littera testimonialis capituli de ordinacione Puerorum (*title* in Statuta).

¶ Vniuersis sancte matris ecclesie filiis ad quos presentes littere peruenerint subdecanus 7 capitulum ecclesie cathedralis
5　Linc' decano eiusdem absente . salutem in omnium Saluatore Vestre vniuersitati innotescimus per presentes . quod scrutatis per nos archiuis ecclesie nostre predicte inuenimus inter cetera quamdam fundacionem domus 7 ordinacionem puerorum de choro videlicet . choristarum . ecclesie Linc' predicte in
10　hec verba Ad perpetuam rei memoriam est sciendum . quod

idem pueri . de choro ecclesie Linc' olim de elemosinis .
canonicorum . eiusdem ecclesie vixerunt . set bone memorie
dominus Richardus de Graueshend' episcopus Linc' ordinauit .
quod dicti pueri forent duodecim numero 7 de illis duodecim
15 forent duo turribularij 7 in vna domo manerent . 7 viuerent
communiter sub vno magistro Et assignauit eis certos redditus .
7 pensiones eis concedi procurauit imperpetuum Et de concensu capituli sui et presentoris qui tunc fuit . ad quem dum
de elemosinis vixerunt spectabat dictorum puerorum instruccio
20 7 disciplina 7 eorundem in choro admissio 7 ordinacio . ordinauit quod dicti pueri admitterentur ex tunc . per decanum 7
capitulum 7 custodia eorum ac pertinencium ad eos committeretur per eosdem decanum 7 capitulum vni de canonicis
residentibus qui superuideret et de bonis suis disponeret ac
25 corrigenda corrigeret . et facta sua secundum posse in melius
reformaret Act' sunt hec sub anno domini millesimo cc⁰
LXIIIJ⁰ 7 pontificatus eiusdem venerabilis patris Ricardi sexto
in quorum omnium testimonium sigillum nostrum commune
hiis duximus apponendum Dat' Linc' xiiij die Januarij anno
30 domini M⁰ ccc⁰ octogesimo primo.

Text : MS—A/2/8, f. 38 (a volume of *Statuta*, written in 1527).

ADD. CHART.

431. A note that the Dean and Chapter shall maintain
perpetually at Lincoln College, Oxford, a bible-clerk who shall be
nominated by them out of the company of the choristers.

Quomodo decanus 7 capitulum exhibebunt vnum choristam
in collegio Lincoln' apud Oxoniam.
Ad effectum vt prefati decanus 7 capitulum habeant
5 nominationem vnius clerici de societate choristarum ecclesie
Lincoln' ydonei tam in gramatica quam in cantu eruditi ad
officium lectoris biblie in dicto collegio quotiens futuris
temporibus vacauerit preferend' 7 iuxta ordinationem predictam illam nominationem inter cetera continentem
10 preficiend'.

Texts : MS—Chor. II, no. 51. A/2/8, f. 38.
Notes : The present text is a fifteenth century addition to Chor. II. The
appointments of Poor Clerks appear in the earliest chapter act books (circa 1310).
Their status was between the Choristers and the Vicars, and the chapter act books
shew that it was not unusual for a chorister to become a poor clerk and, later, a
vicar. The poor clerks lived in common, under the rule of a provost, in a house
which stood on the east side of the Close, near to the Priory. On the day of the
obit of Geoffrey Pollard, ' pro cuius anima domos habent,' they were to cause a
solemn mass to be sung. They had the keepership of numerous altars assigned to
them, and the duty of assisting the priests at mass (Maddison, *Vicars Choral, etc.*,
pp. 20–1, 82–9; *Linc. Cath. Statutes* iii, 361–2). Master Geoffrey Pollard was
prebendary of Brampton in 1276–7 (L.R.S. xx, p. xxxvii), and it was his house
that was assigned to John of Schalby in 1308 (above, i, p. xxx).
The origin of the Bible-readership or Bible-clerkship cannot be determined without
prolonged search in the chapter-acts. The late Dr Andrew Clark, in his MS notes

on Lincoln college, 1487–1687, says under the head of Bible-clerk : " His original status and duties were much more those of a servant than of a student. He had a room in College, but originally no commons. When allowed commons he was allowed them at the same rate as the cook. His share in the obits was on a small scale, comparable to that of the parish-clerk of All Saints. He had care of the chapel ; ringing the bell, and lighting the stairs. He read the Latin chapter at meals in the hall. He acted as a sort of College messenger and did odd jobs in the College service . . . . . (In 1780 the Bible-clerk's stipend appears to have been £10 a year)."

The Rector of Lincoln College, to whom the writer is indebted for this extract, adds : " There is still a clause in the statutes of Lincoln College enabling the Rector to appoint a Bible-clerk ' ut antiquitus consuevit,' or if he likes, two Bible-clerks. The appointment is in the Rector's hands, and there is no provision that his choice is limited to former choristers of Lincoln Cathedral. Since at least the middle of the last century the emoluments have been paid into the Scholars' Fund, and the Rector has claimed the right to nominate a scholar. I believe that Mark Pattison did so from time to time, and within my own memory the late Rector, Dr Merry, exercised the right once or twice ; but as the old emoluments are now merged in the endowments of the regular scholars the appointment would disorganize the scheme of scholarships, and the Rector has abstained from using the clause, which has fallen into desuetude. I should conjecture that the Parliamentary Commission of 1854 may have abolished the old practices and modified the Statutes as regards the Bible-clerkship."

Of the seven persons who were nominated by the dean and chapter as Bible-readers at Lincoln college from 1520 to 1559 (L.R.S. xii, 60, 121–2, 165–6, 178, 182 ; xiii, 18 ; xv, 137), a fairly exhaustive search has failed to reveal that any of them obtained a degree at Oxford or became vicars choral, or held preferments in the diocese of Lincoln.

ADD. CHART.

432. Memorandum by dean Henry [Mansfield] and the chapter of the possessions assigned to the boys. At Lincoln. 26 November, 1321.

De bonis eorum (rubric). Donacio decani et capituli choristis (marg.).

℗ Bona autem ad dictorum puerorum sustentacionem assignata continentur in sequenti littera cuius est talis tenor.

5   ℗ Vniuersis ad quos presentes littere peruenerint Henricus decanus 7 capitulum ecclesie Lincoln' salutem in omnium Saluatore Ne prouentus ad sustentacionem puerorum de choro ecclesie Linc' predicte assignati a nostris posteris ignorentur eos presentibus inseri fecimus nominatim ad
10   perpetuam memoriam futurorum.

℗ Percipiunt siquidem iidem pueri prouentus ecclesiarum de Parua Askeby iuxta Gretham in Lindesia (7 sancti Bartholomei extra Linc' (ac quarte partis ecclesie de Hibaldestowe nobis appropriatarum ad vsus eorum (Saluis
15 porcionibus vicarii[s] perpetuis in dictis ecclesiis de Askeby 7 de Hibaldestowe assignatis (Pensiones autem a locis religiosis percipiunt infrascriptis videlicet de abbate 7 conuentu de Seleby quadraginta solidos De priore 7 conuentu de Caldewell' viginti sex solidos 7 octo denarios (De priore
20 7 conuentu de Couentria viginti sex solidos 7 octo denarios (De priore 7 conuentu de Malton' sexaginta sex solidos (De

abbate 7 conuentu sancti Jacobi extra Norhampton' tresdecim
solidos 7 quatuor denarios (De priore 7 conuentu de Hauerholm' centum solidos (De abbate 7 conuentu Osolueston'
25   viginti solidos (De rectore ecclesie de Guthmundele tresdecim
solidos 7 quatuor denarios De vicario ecclesie de Hibaldestowe
sex solidos 7 octo denarios Percipiunt eciam de redditu assise
in Gamelesthorp duodecim denarios De communa nostra ad
robas ipsorum puerorum annis singulis triginta solidos Et
30   de obitibus prouenientibus de communa nostra 7 extra
communam suam porcionem prout contigerint annuatim
De quolibet autem canonico non residente octodecim denarios
pro ministracione eorum in sua propria septimana Hanc
autem percepcionem ab episcopis Lincoln' qui fuerunt pro
35   tempore 7 nostris predecessoribus salubriter institutam tenore
presencium approbamus . 7 eam continuari volumus absque
impedimento diminucione vel obstaculo perpetuis temporibus
in futurum In cuius rei testimonium sigillum nostrum presentibus est appensum Dat' Linc' vj kalendas Decembris .
40   anno domini millesimo ccc^{mo} vicesimo primo.

Text : MS—Chor. ii, no. 2.

ADD. CHART.

433. A note of yearly payments for the boys from the chantries
and obit of Richard of Faldingworth. (1321.)

   ¶ Et est sciendum quod de terris redditibus 7 prouentibus
assignatis ad inueniendas cantarias pro anima Ricardi de
Faldyngworth ordinatas dum huiusmodi terre redditus 7
prouentus erant in manibus capellanorum celebrancium pro
5   anima dicti Ricardi seu firmariorum suorum consueuerunt
dicti pueri per multa tempora percipere triginta tres solidos
7 quatuor denarios 7 anniuersarium eiusdem Ricardi de
cantariis 7 facere annuatim Set huiusmodi terris redditibus
7 aliis prouentibus ad dictam cantariam inueniendam olim
10   assignatis . ad manus capituli dicte ecclesie deuolutis (sub-
tracta fuit per capitulum prestacio xxxiij solidos 7 iiij^{or}
denarios predicta.

Text : MS—Chor. ii, no. 3.
Note : See nos. 393–396, above.

ADD. CHART.

434. The revenues of the church of Ashby [Puerorum].
(1321.)

    De ecclesia de Askeby (rubric).

   ¶ Prouentus ecclesie de Askeby predicte concistunt in
terris pratis pascuis redditibus 7 iuribus infrascriptis scilicet
in campo boriali apud Westedyke vna cultura continens

5 xj seliones qui faciunt[1] Item ibidem in alio loco v seliones
Item ibidem in alio loco j selio Item vltra Enderbigat' j selio
Item apud Marstall' Crosse ix seliones Item apud Staynrigges
in diuersis locis ix seliones Item iuxta croftum Petri at ye
Damme j selio Item super le Gryffe in diuersis locis xij
10 seliones Item apud Douedale j selio Item iuxta Somerebigat'
j selio Item apud Haschowe 7 Slacherin in ij locis iiij seliones
Item apud Personndyk' vij seliones Item apud Godrykholm'
in j loco vj capita selionum . Quod autem dicti pueri consueuerunt percipere dicte pecunie summam . de terris 7 redditibus
15 predictis patet per formam dimissionis eorundem facte
Johanni Kempe cuius tenor in penultimo folio huius quaterni
expressius continetur . Item ibidem in alio loco xvj seliones
Item apud Rowlescrofte in vno loco j selio Item ibidem in
alio loco vj seliones Pratum in eodem campo in ij locis apud
20 Godrykholm' iij perticate Item apud Dowedale j acra Item
apud Personndyk' dimidia acra Item apud Littildales in ij
locis dimidia acra Item in campo de Stanesby dimidia acra
Item iuxta Askeby vna placea que vocatur Pesholm' que
falcatur quolibet anno continens vj acras 7 dimidiam Pastura
25 in eodem campo in Godrykholm' vna placea continens j
acram Item apud Marstall' cum le myre j acra Item apud
le Gryfe j perticata . Item iuxta mansum rectorie vna placea
iacens quolibet anno in separabili continens j acram Item
vna placea que vocatur Calfcroft' iacens quolibet anno
30 in separabili continens j acram 7 dimidiam . Item in campo
australi in le Hayes vna cultura continens xix seliones Item
ibidem alia cultura continens xvij seliones Item ibidem in
alio loco vj seliones Item iuxta Calcroft' dyk' in vno loco iiij
seliones Item ibidem in alio loco vj capita Item ibidem in
35 alio loco iij seliones Item apud Holm' iiij seliones Item apud
Westhowe j selio Item apud Fencroft dyk' ij seliones Item
iuxta le Mare que ducit versus Suthmore iij seliones Item
apud Granhowe ij seliones Item apud Stinkmore iij seliones
Item vltra le Bek' in eodem campo apud Kuilberth vij seliones
40 Item apud Disewelles xiij seliones Item apud Graynegates
in vno loco vj seliones Item ibidem in alio loco iij seliones
Item apud Stanewelledale iiij seliones Item apud Dokhowe
iij seliones Item iuxta le Maredale ij seliones Item iuxta le
Wrangmar' iiij seliones Item apud Dedmansgraue in vno
45 loco iiij seliones . Item ibidem in alio loco iiij seliones Item
apud Dokhowe iij seliones . Item apud Calkholm' vj buttes
Item iuxta Wytcroswang' iij seliones Item in le Riskplatt'
v buttes Item iuxta le Mare que ducit versus Scrayffeld ij
seliones Item apud Gasthehowe iij seliones Item vna cultura
50 que vocatur Fouxwang' xj seliones Pratum in eodem loco .
preter Pesholm' vna placea que vocatur Milncroft' continens

ij acras 7 dimidiam Item apud Gatemilne Bek' j acra . Item
apud Dokhowe 7 Ryskplatte pratum quod solebat vendi
pro viij denariis Item apud Wrangmar' Cheuettes que solebant
55 vendi pro iiij denariis Item iuxta Kuilberth dimidia perticata
Item in tribus locis in le Southmor' j acra 7 j perticata Item
in le Hayes in quatuor locis viij seliones prati continentes .
ij acras 7 dimidiam Item iuxta Mykylmor' syk' Cheuettes
continentes iij perticatas . Item in le Outegat' dimidia acra
60 Pastura preter pasturam . quolibet anno in separabili iacentem
vna placea . apud Joneshowe . de j acra.

Marginalia : *opp. l.* 5—In campo boriali.   *opp. l.* 22—Stansby.   *opp. l.* 31
— australi.
Text : MS—Chor. ii, no. 4.
Var. R. : ¹ *Sic—probably intended for deletion.*
Note : The reference in l. 16 is to no. 441.

ADD. CHART.

435. Rents of assize of the church of Ashby [Puerorum]. (1321.)

Redditus assise (rubric).

¶ Willelmus Oppiby tenet de ecclesia de Askeby . terram
suam . 7 toftum suum 7 reddit per annum ad tres terminos
videlicet ad festos sancti Michaelis . Purificacionis beate
5 Marie 7 sancti Botulphi iij solidos quolibet termino xij denarios
Et rector habebit wardam heredis sui si sit infra etatem
Item Hugo vicarius tenet vnum toftum in Parua Gretham
7 reddit per annum ad terminos predictos xviij denarios
quolibet termino vj denarios . Et idem inueniet vnam mulierem
10 in autumpno per vj dies que habebit iantaculum 7 prandium
suum ad rectoriam 7 cenam domi cum ea . Item Hugo tenet
vnum toftum in Askeby 7 soluit per annum xij denarios ad
terminos predictos pro equali porcione Item Willelmus filius
Nicholai tenet j toftum in Askeby 7 soluet per annum xviij d' .
15 ad terminos predictos pro equali porcione Et idem inueniet
vnam mulierem ad metendum in autumpno per duos dies
7 habebit per diem iantaculum 7 prandium 7 cenam suam
cum ea Item rector vel custos eiusdem ecclesie habebit curiam
suam de dictis tenentibus a tribus septimanis si voluerit
20 Item communem pasturam ad animalia iuxta libitum.

Text : MS—Chor. ii, no. 5.

ADD. CHART.

436. *Inspeximus* by bishop Henry [Burghersh] of bishop
Oliver's ordination of the vicarage of Ashby [Puerorum]. At
Banbury. 3 November, 1321.

De vicaria de Askeby (rubric).

¶ Vicaria autem dicte ecclesie concistit in porcionibus
designatis in litera episcopali cuius est talis tenor . Vniuersis

presentes litteras inspecturis Henricus permissione diuina
5 Linc' episcopus salutem in omnium Saluatore Vniuersitati
vestre notum facimus per presentes quod examinato registro
pie memorie domini Oliueri predecessoris nostri de ordinacionibus vicariarum ecclesiarum nostre diocesis compertum
est in eo inter cetera contineri quod idem dominus Oliuerus
10 vicariam ecclesie de Parua Askeby in forma que sequitur
ordinauit . Volumus 7 decernimus quod vicaria ecclesie de
Parua Askeby concistat in porcionibus infrascriptis videlicet
in decima lane agnorum lactis ortorum qui fossatis vel muris
circumclauduntur aucarum pullorum 7 aliorum minutorum
15 necnon 7 in omnimodis oblacionibus 7 mortuariis que ad
quinquaginta solidos 7 sex denarios estimantur vna cum
quatuor marcis quas vicarius qui pro tempore fuit a decano
7 capitulo nostre ecclesie Linc' vel ab eo qui puerorum de
choro ecclesie nostre Lincoln' regimini fuerit deputatus in
20 festis beati Martini in yeme 7 Pentecosten pro equali porcione recipiet annuatim soluet que idem vicarius sinodalia 7
letare ac vinum inueniet 7 oblatas Alia autem onera tam
ordinaria quam extraordinaria ad eosdem decanum 7 capitulum
volumus pertinere Ordinamus insuper quod precentor ecclesie
25 nostre antedicte vel alius prefato regimini assignatus quocienscunque prescripta vacauerit vicaria personam idoneam decano
7 capitulo nominent ad eandem que nobis per eosdem decanum
7 capitulum canonice presentata de manibus nostris seu
successorum nostrorum canonicam recipiat institucionem in
30 ea In cuius composicionis testimonium sigillum nostrum
presentibus est appensum Dat' apud Bannebury iij nonas
Nouembris anno domini millesimo ccc^{mo} vicesimo primo.

Text : MS—Chor. ii, no. 6.
Note : The date of bishop Oliver's ordination of the vicarage is 30 November,
1289, at Bassingham (Bishop Sutton's rolls, no. i, mem. 21).

ADD. CHART.

437. The revenues of the fourth part of the church of
Hibaldstow. (1321.)

De Hibaldstowe (rubric).

℧ Prouentus autem quarte partis ecclesie de Hibaldestowe
concistunt in porcionibus subscriptis Ad eandem namque
porcionem pertinent in terris dominicis xlij acre terre arabilis
5 ex vtraque parte ville videlicet ad seminandum vno anno
xx acre 7 alio anno xxij acre que valent vno anno xiij solidis
7 iiij denariis 7 alio anno xiij solidis viij denariis precium
acre viij denariis quam seminatur Item totam decimam
garbarum de feodo abbatis de Burgo in parochia de Hibalde-
10 stowe que valet per annum vj marcis 7 aliquando plus Item
de vicario de Hibaldstowe dimidiam marcam annuatim Item

de quadam placea vasta in Gamelesthorp xij denarios per
annum Dicte autem xlij acre iacent in locis campi de
Hibaldestowe subscriptis In campo boriali videlicet super
15　Heykenyng' ex occidenti parte de Gamelesthorpe iij perticate
Item super le Lynlandes de Gamelesethorp j perticata Item
super Northewode abbuttans super Doriuall' j perticata
Item super eundem furlanges abbuttans super selionem
subdecani dimidia acra Item ex parte orientali Potterstyk'
20　abbuttantes super terram subdecani iij perticate . Item
super Grumdales ij acre 7 j perticata Item super Blakemeldes
j perticata 7 dimidia . Item super Holm' abbuttantes super
Stokewell' iij perticate Item super eundem furlang' iuxta
terram Thome Tanur j perticata Item super Stanyewell'
25　dimidia acra Item super Scalby mere dimidia acra . Item
super nouem acras j. perticata 7 dimidia Item super Bosell'
buttes iij perticate Item super Gretthorn v perticate Item iuxta
Staynpittes v perticate Item buttans super toftum Halfbarn' j
perticata 7 dimidia Item super Giuelandes vj acre 7 dimidia
30　Item ex parte occidentali de Scallebigat' dimidia acra Item
iuxta culturam prioris de Nouo Loco . ex vtraque parte de
Bryggatte ij acre 7 j perticata Item super Lynlandes de
Hibaldstowe j perticata . Item super Benrigges iuxta terram
Galfridi de Wyten' vicarii j acra 7 dimidia 7 j perticata Item
35　abbuttans super Mykelldall' j perticata 7 dimidia Item
abbuttans super le Segges dimidia acra Summa xxiij acre 7
j perticata In campo australi videlicet sub pariete Thome
Tanur j perticata . Item a pariete Thome Tanur vsque ad
venellam Philippi de Caysthorp' j acra Item ex vtraque
40　parte de Kyrketungat' j acra 7 dimidia Item apud Hakethon'
j acra 7 j perticata Item ad portam Grangie v perticate 7
dimidia Item sub pariete Grangie j acra 7 dimidia Item abbutt'
super foruram Johannis filii Hugonis j acra Item ex vtraque
parte vie de Scotre iij perticate Item super eundem furlang'
45　dimidia acra Item super le Westlanges abbuttant super
stratam iij perticate Item apud Ferthinghill' iij perticate
Item apud Fotheuedland j acra Item super Merfurlang'
abbuttant super Bradmere ij perticate 7 dimidia Item iuxta
Waterfur' abbuttat super Redburngat' j perticata Item ex
50　orientali parte de Redburngat' abbuttat super Doriuall'
dimidia acra . Item abbuttant super Waterfur' iij perticate
7 dimidia Item super Yondayll' dimidia acra Item super
Fulbeks iij perticate Item sub via de Redburn' j perticata
Item apud Wymerkdyg' iij perticate Item super Yueling' j
55　perticata Item super Northholm' iij perticate Item super
Lynlandes dimidia acra Item iuxta culturam Grangie abbuttat
super croftum Ricardi filii Henrici j perticata Item iuxta
molendinum ventriticum abbuttant super Redburngat' 7

к

super foruram Johannis filii Hugonis ij acre 7 j perticata
60 Summa xx acre 7 j perticata.

Marginalia : *opp. l.* 14 — Campo boriali. *opp. l.* 37 — Campo australi.
Text : MS—Chor. ii, no. 7.

Add. Chart.

438. *Inspeximus* by bishop Henry [Burghersh] of bishop
Richard [Gravesend's] ordination of the vicarage of Hibaldstow.
At Banbury. 3 November, 1321.

De vicaria de Hibaldstowe (rubric).

℟ Vicaria autem dicte ecclesie de Hibaldestowe concistit
in porcionibus designatis in littera episcopali que talis est
Vniuersis presentes litteras inspecturis Henricus permissione
5   diuina Linc' episcopus salutem in omnium Saluatore .
Vniuersitati vestre notum facimus per presentes . quod
examinato registro domini Ricardi predecessoris nostri de
ordinacionibus vicariarum ecclesiarum nostre diocesis compertum est in eo inter cetera prout sequitur contineri Concistit
10 autem vicaria de Hibaldestowe in omnimodis decimis ecclesie
de Hibaldestowe decima garbarum dumtaxat excepta Item
in dimidia marca a porcionibus subdecani ecclesie Linc' 7
magistri Stephani de Sandewyco . archidiaconi Essexie
singulis annis percipienda Et vicarius 7 alii vicarii qui pro
15 tempore fuerint soluent singulis annis dimidiam marcam
monialibus de Goukewell' 7 magistro Johanni de Hotun'
corectori illius ecclesie 7 successoribus suis in illa porcione
quam idem J. optinet dimidiam marcam aliis oneribus in
pristino statu remanentibus . In cuius compercionis testi-
20 monium sigillum nostrum presentibus est appensum Dat'
apud Bannebiry iij nonas Nouembris . anno domini millesimo
ccc^{mo} vicesimo primo.

Text : MS—Chor. ii, no. 8.
Note : Bishop Gravesend's ordination of the vicarage was dated at Fingest,
12 November, 1264 (L.R.S. xx, 90–1).

Add. Chart.

439. Notification by bishop Henry [Burghersh] concerning the
patrons who presented to the vicarage of Hibaldstow in the time
of bishop John [Dalderby]. At Banbury. 3 November, 1321.

Per quos fiet presentacio eiusdem (rubric).

℟ Ad dictam autem vicariam cum vacauerit debet fieri
presentacio per personas nominatas in littera episcopali
subscripta qui debent personam presentandam nominare
5   secundum ordinem contentum in eadem littera cuius est
talis tenor Vniuersis presentes litteras inspecturis Henricus
permissione diuina Linc' episcopus salutem in omnium

Saluatore . Vniuersitati vestre notum facimus per presentes
quod examinato registro de admissionibus clericorum ad
10　beneficia ecclesiastica in diocesi Linc' . tempore bone memorie
domini J. proximi predecessoris nostri factis . compertum
est in eo inter cetera contineri quod Galfridus de Whytten'
capellanus ad vicariam ecclesie de Hibaldestowe dicte diocesis
vacantem ad presentacionem magistri Henrici de Benyng-
15　worth subdecani Nicholai de Wytcherch' canonici 7 domini
Ricardi de Rowell' canonici 7 custodis puerorum de choro
ecclesie Linc' necnon 7 priorisse 7 conuentus de Goukewell'
per eundem predecessorem nostrum iij idus Aprilis anno
domini millesimo ccc^{mo} decimo admissus extitit 7 vicarius
20　perpetuus cum onere personaliter ministrandi 7 continue
residendi in ea canonice institutus In cuius compercionis
testimonium sigillum nostrum presentibus est appensum .
Dat' apud Bannebiry iij nonas Nouembris anno domini
millesimo ccc^{mo} vicesimo primo.

Text : MS—Chor. ii, no. 9.

ADD. CHART.

440. Mandate [of the bishop]. Although all the aforesaid
patrons ought to present to the vicarage, nevertheless they ought
in alternate turns, when the vicarage is vacant, to enforce [fulfil-
ment] according to the ordinance of the aforesaid payments. [The
bishop] therefore commands [the sequestrator] to sequestrate the
fruits of the prebend [of Welton Ryval] until satisfaction be made
concerning the said payments. (1310–1312.)

¶ Set licet omnes predicti debeant ad dictam vicariam cum
vacauerit presentare tamen separatim debent ad eam . cum
vacauerit alternis vicibus . iuxta ordinem prestacionum
compellere predictarum Vobis firmiter iniungendo mandamus
5　quatenus fructus 7 prouentus prebendarum earundem [uel
prebende eiusdem¹] ex causa predicta sequestretis 7 sub
arco custodiatis sequestro donec dictis ministris de dictis
prestacionibus plenarie fuerit satisfactum 7 a nobis aliud
habueritis in mandatis Contradictores vobis 7 rebelles per
10　censuram ecclesiasticam vice 7 auctoritate nostra canonice
compescentes Et quid super hiis duxeritis faciendum nos
infra tres ebdomodas¹ a tempore recepcionis presencium
computandas certificetis per vestras patentes litteras harum
seriem continentes Dat' 7 [cetera].

Text : MS—Chor. ii, no. 10.
Var. R. : ¹ sic.
Note : The aforesaid patrons are those named in no. 439 above. The prebend
is evidently that of Welton Ryval which derived part of its income from the church
of Hibaldstow (L.R.S. xiii, 186). Nicholas de Whitchurch, who was prebendary from
1295 to 1312, is named in no. 439 as one of the patrons of the vicarage. The
payments referred to are those specified in no. 438, above. Geoffrey de Whytten

was instituted to the vicarage of Hibaldstow 11 April, 1310 (Reg. ii, f. 93), and it was probably during the preceding vacancy that the failure to make the payments had occurred. The mandate may therefore be dated 1310–1312.

ADD. CHART.

441. Lease for twenty years granted by Jocelin [of Kirmington] the dean and the chapter to John Kempe of Linwood and Alice his wife of the lands and tenements which the dean and chapter had of the gift of Richard son of Herbert of Newport, formerly rector of Faldingworth, in the city and suburb of Lincoln, for a yearly rent of twelve marks for the use of two chaplains celebrating at the altar of Saint Giles in the church of Lincoln for the soul of the said Richard ; and also, for celebrating his obit, six shillings and eightpence ; and to the boys of the choir thirty-three shillings and fourpence. 1 November, 1305.

Faldingworth' (rubric).

℣ Vniuersis Christi fidelibus ad quorum noticiam presens scriptum peruenerit per illud pateat euidenter quod anno domini ab incarnacione Mᵒ cccᵐᵒ quinto ad festum Omnium
5 Sanctorum facta fuit hec conuencio inter Gocelinum decanum 7 capitulum ecclesie Linc' ex parte vna 7 Johannem Kempe de Lynwode 7 Aliciam vxorem eius ex altera videlicet . quod iidem decanus 7 capitulum concesserunt 7 dimiserunt ad firmam prefatis Johanni 7 Alicie omnia messuagia terras 7
10 tenementa que iidem decanus 7 capitulum habuerunt ex dono 7 concessione Ricardi filii Herberti de Neuport' quondam rectoris ecclesie de Faldingeworth in ciuitate 7 suburbio ac teritorio eiusdem cum redditibus pascuis pasturis 7 omnibus aliis suis pertinenciis infra ciuitatem Linc' 7 extra . Habenda
15 7 tenenda eisdem Johanni 7 Alicie de eisdem decano 7 capitulo a festo sancti Michaelis anno domini millesimo cccᵐᵒ sexto vsque ad terminum xx annorum proximo¹ sequencium plenarie completorum Faciendo inde dominis capitalibus feodi pro dictis decano 7 capitulo seruicia debita 7 consueta 7 Reddendo
20 annuatim eisdem decano 7 capitulo ad opus duorum capel-lanorum celebrancium ad altare beati Egidii in ecclesia Linc' pro anima dicti Ricardi vel eisdem capellanis prout iidem decanus 7 capitulum ordinauerint duodecim marcas argenti ad duos anni terminos videlicet ad festum sancti Michaelis
25 sex marcas 7 ad festum Pasche sex marcas Reddendo insuper eisdem decano 7 capitulo singulis annis in festo sancti Michaelis ad obitum dicti Ricardi in prefata ecclesia cele-brandum sex solidos 7 octo denarios 7 de redditu commune canonicorum dicte ecclesie debito de eisdem terris 7 tenementis
30 ab antiquo octodecim solidos duos denarios obolum 7 quad-rantem necnon 7 pueris de choro ecclesie predicte xxxiij

solidos 7 quatuor denarios annis singulis pro equalibus porcionibus soluendos terminis suprascriptis Et dicti Johannes
7 Alicia domos 7 edificia quecunque in dictis mesuagiis
35 existencia cum muris gardinis sepibus 7 omnibus aliis
pertinenciis vsque ad dictum terminum completum in bono
statu suis sumptibus sustentabunt ac defectus quoscunque
tempore dicte conuencionis existentes in eisdem pro quibus
reparandis dicti decanus 7 capitulum eisdem Johanni 7 Alicie
40 certam summam pecunie pre manibus soluerunt 7 iidem
Johannes 7 Alicia ad ipsorum reparacionem pro dicta pecunia
se ex conuencione astrinxerunt propriis expensis reficient ac
etiam reparabunt . terras insuper sufficienter colent 7 fimabunt
ac ipsas bene cultas prout requirit tale tempus anni ac omnia
45 alia in bono statu in fine termini sui reddent eisdem decano
7 capitulo 7 dimittent Et si contingat quod absit predictos
Johannem 7 Aliciam in solucione predictorum suis terminis
deficere aut destructionem in dictis tenementis facere terras
minus bene colere vel easdem aliis dimittere cum suarum
50 personarum industria sic electa seu defectus notabiles in
edificiis 7 aliis premissis dimittere incorrectos . liceat predictis
decano 7 capitulo a tempore a quo premissa secundum boni
viri arbitrium apparuerint si iidem Johannes 7 Alicia ipsa[1]
corrigere 7 emendare seu de dictis pecuniarum summis 7
55 earum qualibet cum dampnis 7 expensis occasione retardate
solucionis euenientibus trina monicione ex parte eorundem
decani 7 capituli continente spacium duarum mensium premissa eosdem Johannem 7 Aliciam a predictis tenementis
omnibus 7 singulis libera 7 propria auctoritate expellere 7
60 easdem[2] aliis ad firmam tradere seu in manu propria retinere
Et si iidem Johannes 7 Alicia de redditibus predictis suis
terminis vt pretangitur satisfecerint 7 in omnibus iuxta
conuencionem prescriptam bene se habuerint dicti decanus
7 capitulum post lapsum termini predicti eisdem Johanni 7
65 Alicie vel suis heredibus si ad hoc apti seu ydonei extiterint
predicta messuagia terras 7 tenementa cum suis pertinenciis
pre omnibus aliis dimittent condicionibus suprascriptis
quousque ad hoc ydonei sint reperti ita quod scripta inde
remouentur Predicti insuper decanus 7 capitulum omnia
70 messuagia terras 7 tenementa cum suis pertinenciis prescriptis
eisdem Johanni 7 Alicie vsque ad finem predicti termini 7
quousque ea tenuerint contra omnes gentes warrantizabunt
Et ad premissa fideliter tenenda 7 obseruanda ac in premissorum testimonium tam dicti decanus 7 capitulum quam
75 memorati Johannes 7 Alicia presenti scripto in modum
cirograffi confecto alternatim sigilla sua apposuerunt Hiis
testibus domino Henrico de Baiocis milite magistris Ricardo
de Stretton' tunc custode beati Petri in dicta ecclesia Linc'

Herueo de Luda tunc clerico commune eiusdem ecclesie
80 Alexandro le Boteler' Waltero de Hauuyle Johanne ad Fontem
de Lincoln' 7 aliis.

Text : MS—Chor. ii, no. 11.
Var. R. : ¹ *Some such word as* nolint *seems to be needed here.* ² *sic.*

ADD. CHART.

442. Royal licence in mortmain granted to the abbot and
convent of Selby to assign to the bishop of Lincoln and the dean
and chapter the church of Ashby [Puerorum] which is of their
patronage ; and licence to the bishop and dean and chapter to
receive the same church. At Westminster. 27 April, 1286.

Licencia regis de Askeby (rubric).

¶ Edwardus dei gracia rex Angl*i*e dominus Hibern*i*e 7 dux
Aquitanie omnibus ad quos presentes littere peruenerint
salutem Sciatis quod cum dilecti nobis in Christo abbas 7
5 conuentus de Seleby quorum domus ex progenitorum nostrorum
quondam regum Angl*i*e elemosinis est fundata decano 7 capitulo
beate Marie Linc' in decem marcis annuis racione cuiusdam
contractus inter prefatos abbatem 7 conuentum 7 eosdem
decanum 7 capitulum dudum initi teneantur per quarum
10 quidem decem marcarum annuarum solucionem status dicte
domus plurimum est depressus Nos eis in hoc vt tenemur
subuenire volentes concedimus pro nobis 7 heredibus nostris
quod dicti abbas 7 conuentus ecclesiam de Askeby patronatus
eorundem infra episcopatum Linc' situatam dare 7 assignare
15 possint venerabili patri episcopo Linc' 7 decano 7 capitulo 7
eorum successoribus vel ipsam ecclesiam ordinacioni dictorum
episcopi decani 7 capituli submittere Et quod ipsi de eadem
ecclesia libere ordinare valeant ad releuamen eiusdem oneris
7 aliorum onerum incumbencium domui supradicte prout
20 secundum deum vtilitati dicte domus de Seleby viderint
expedire Et prefatis episcopo 7 decano 7 capitulo insuper
concessimus quod ipsi de predicta ecclesia ordinare possint
in forma predicta . Nolentes quod iidem abbas 7 conuentus
seu prefati episcopus decanus 7 capitulum racione statuti
25 nostri de terris 7 tenementis ad manum mortuam non ponendis
per nos vel per heredes nostros inde occasionentur in aliquo
vel grauentur . In cuius rei testimonium has litteras nostras
fieri fecimus patentes Teste me ipso apud Westmonasterium
xxvij die Aprilis anno regni nostri quartodecimo.

Text : MS—Chor. ii, no. 12. Pd—C.P.R., 1281–1292, p. 235 (calendared), where
the date is given as 28 April.

ADD. CHART.

443. Grant by the abbot and convent of Selby to the dean

and chapter of Lincoln of the advowson of the church of Ashby
[Puerorum]. At Selby. 18 April, 1286.

    ⁋ Carta patronatus ecclesie eiusdem (rubric).

    ⁋ Vniuersis Christi fidelibus ad quos presens scriptum
peruenerit Willelmus permissione diuina abbas de Seleby 7
eiusdem loci conuentus salutem in domino sempiternam
5 Nouerit vniuersitas vestra nos dedisse concessisse 7 hac
presenti carta nostra confirmasse decano 7 capitulo Linc'
aduocacionem ecclesie de Parua Askby iuxta Horncastra*m*
cum omnibus iuribus 7 pertinenciis suis imperpetuum Ita
videlicet quod nec nos nec successores nostri ius seu clameum
10 in dicta ecclesia seu in aduocacione eiusdem vendicare seu
exigere poterimus in futurum In cuius rei testimonium sigillum
capituli nostri presentibus apponi fecimus Dat' in capitulo
nostro apud Seleby xiiij kalendas Maij anno domini millesimo
cc° octogesimo sexto.

Text : MS—Chor. ii, no. 13.

ADD. CHART.

444. Commendation by bishop Oliver [Sutton] to Richard de
Horton, treasurer of Lincoln, of the church of Ashby [Puerorum]
for six months. At Stow Park. 18 June, 1286.

    De eadem (rubric).

    ⁋ Oliuerus permissione diuina Linc' episcopus dilecto in
Christo filio magistro Ricardo de Horton' thesaurario . ecclesie
nostre Linc' capellano salutem graciam 7 benediccionem
5 Ecclesiam de Parua Askeby iuxta Horncastra*m* nostre
diocesis vacantem . ad quam per dilectos in Christo filios
decanum 7 capitulum ecclesie nostre Linc' eiusdem ecclesie
de Askby patronos nobis legitime presentatus existis tibi
ob vtilitatem ipsius ecclesie 7 alias ex certa 7 rationabili
10 causa vsque ad semestrem tempus secundum formam vltimi
consilii Lugdon' duximus commendandam Saluis in omnibus
episcopalibus consuetudinibus 7 ecclesie nostre Linc' dignitate
In cuius rei testimonium sigillum nostrum presentibus est
appensum Act' 7 dat' apud Parcum Stowe xiiij kalendas
15 Julij anno domini m° cc° octogesimo sexto 7 pontificatus
nostri septimo.

Text : MS—Chor. ii, no. 14.

ADD. CHART.

445. Appropriation by bishop Oliver [Sutton] to the dean
and chapter of Lincoln of the church of Ashby [Puerorum] which

is of their patronage, for the maintenance of the choir-boys ; and ordination of a vicarage in the same church. At Bassingham. 30 November, 1289.

Appropriacio ecclesie de Askby (rubric).

℟ Oliuerus permissione diuina Lincoln' episcopus dilectis in Christo filiis decano 7 capitulo ecclesie nostre Linc' salutem graciam 7 benediccionem . Cum decime egencium sint tributa
5 in egenis non solum paupertas set Christi magis est seruitus attendenda vt illis precipue constituatur de Crucifixi patrimonio alimentum qui cum nequeant de parentum 7 propinquorum opibus sustentari in sortem eius ad seruiendum altari 7 operandum in eius sanctuario sunt electi Pia igitur con-
10 sideracione volentes pueris de choro ecclesie nostre Linc' quos non solum egenos verum eciam ab vngue tenero disciplinis liberalibus mancipatos 7 quasi organa electa diuinis laudibus applicatos in dicta ecclesia nostra tanquam nouellas oliuarum fructificancium plantaciones ad honorem dei 7 ecclesie nostre
15 decorem a bone memorie Ricardo predecessore nostro nouimus esse plantatos 7 successiue fore plantandos in alimentis necessariis vberius prouideri vt dicta ecclesia nostra nec in minimis membris suis paciatur defectum ecclesiam de Parua Askby que de vestro patronatu existit nunc vacantem cum
20 omnibus suis iuribus 7 pertinenciis vobis ad sustentacionem dictorum puerorum in vsus proprios caritatis intuitu concedimus 7 donamus inperpetuum per presentes Saluis in omnibus episcopalibus consuetudinibus 7 Linc' ecclesie dignitate necnon competenti . vicaria quam concistere
25 volumus 7 decreuimus in porcionibus infrascriptis videlicet in decima lane agnorum lactis ortorum qui fossatis vel muris circumclauduntur . aucarum pullorum 7 aliorum minutorum necnon 7 in omnimodis oblacionibus et mortuariis que ad quinquaginta solidos 7 vj denarios estimantur . vna cum
30 iiij marcis quas vicarius qui pro tempore a vobis vel ab eo qui dictorum puerorum regimini deputatus fuerit in festis beati Martini in yeme 7 Pentecostes pro equali porcione recipiet annuatim . Soluet que idem vicarius sinodalia 7 Letare ac vinum inueniet 7 oblatas Alia autem onera vniuersa
35 tam ordinaria quam extraordinaria ad vos volumus pertinere . Ordinamus insuper quod precentor ecclesie nostre antedicte vel alius prefato regimini assignatus quocienscunque prefata vacauerit vicaria personam ydoneam vobis nominet ad eandem que nobis per vos canonice presentata de manibus nostris
40 seu successorum nostrorum canonicam recipiat institucionem in ea Salua nobis 7 successoribus nostris potestate istam ordinacionem mutandi minuendi 7 augendi ac si quid dubium fuerit interpretandi quociens videbitur oportunum In cuius

rei testimonium sigillum nostrum presentibus est appensum .
45 Dat' apud Basingham .ij kalendas Decembris anno domini
M⁰ CC⁰ octogesimo nono 7 pontificatus nostri decimo.

Texts : MS—Chor II. no. 15.   Bishop Sutton's roll I, mem. 21.
Note : *Letare* in line 34 appears elsewhere in bishop Sutton's roll as *Letare
Ierusalem* which is the introit for the fourth Sunday in Lent.   The meaning of the
term as applied to an ecclesiastical due is plain, because it was on that Sunday
(mothering Sunday) that offerings were made from parishes to the cathedral church.
These offerings were generally, by the fourteenth century, made at the Whitsuntide
processions, and were known therefore as pentecostals or whitsun-farthings.   These
payments, however, were made at Pentecost in the twelfth century (see above,
vol. i, pp. 257–9).

ADD. CHART.

446. Surrender by Agnes formerly the wife of William son
of Nicholas of Stainsby to the Dean and Chapter of her right in a
toft in Ashby [Puerorum], which William her husband held of the
dean and chapter.   (13th–14th century.)

Askby (rubric).
De toffto in Aschby de dono 7 resignacione Agnetis Stansby
vidue (marg.).
¶ Omnibus Christi fidelibus ad quos peruenerit presens
5 scriptum ego Agnes quondam vxor Willelmi filii Nicholai de
Stanesby salutem in domino sempiternam Nouerit vniuersitas
vestra me sursum reddidisse 7 omnino pro me 7 heredibus
meis inperpetuum¹ clamasse venerabilibus viris decano 7
capitulo matricis ecclesie Linc' totum ius 7 clameum quod
10 habui in vno tofto in Parua Askby iuxta Gretham iacentem
inter toftum abbatis 7 conuentus de Reuesby ex parte orientali
7 toftum domini Johannis de Kyrketon' militis ex parte
occidentali Quod quidem toftum Willelmus maritus meus
tenuit de dictis dominis decano 7 capitulo matricis ecclesie
15 Linc' dum vixit ad voluntatem eorundem Ita quod nec ego
nec heredes mei nec aliquis nomine nostro aliquod ius vel
clameum in dicto tofto vel in aliqua parte eiusdem exigere
de cetero poterimus vel vendicare quouismodo . In cuius rei
testimonium presentibus sigillum meum apposui Hiis testibus
20 Roberto de Gunby Johanne Bek' magistro Ada de Nouo
Castro Waltero de Stanesby Henrico Parker' de Askby
predicta 7 aliis multis.

Text : MS—Chor. II, no. 16.
Var. R. : ¹ quietum *has been omitted.*

REGISTRUM CHORISTARUM I

[Hoc] est transcriptum cartarum . 7 ceterorum scriptorum
ad [p]ueros [ecclesie] Lincoln' [pertinencium] (rubric).

447. [Chor. I, no. 1 = Registrum Antiquissimum, no. 1056b
(page 102, above).]

Add. Chart.

448. Bond of Peter the abbot and the convent of Owston binding themselves to pay to the succentor of the church of Lincoln twenty shillings a year from their chamber for the use of the choir-boys. 8 March, 1258.

Vniuersis sancte matris ecclesie filiis ad quos presens scriptum peruenerit ⁊ Petrus permissione diuina abbas de Osoluyston'[1] 7 eiusdem loci conuentus salutem in domino . Nouerit vniuersitas uestra nos diuine caritatis intuitu de
5 camera nostra contulisse succentori Lincoln' ecclesie ad cultum diuinum in eadem ecclesia deuocius exequendum viginti solidos sterlingorum usibus puerorum in choro predicte ecclesie ministrancium per manus eiusdem succentoris singulis annis inperpetuum assignandos quos predicto succentori qui
10 pro tempore fuerit ⁊ in ecclesia prelibata ad Pascha domini nos perpetuo soluere obligamus . Et si non fecerimus quod absit ⁊ dabimus nomine pene pro quolibet termino non obseruato unam marcam argenti fabrice Lincoln' ecclesie principali peticione nichilominus in suo robore permanente .
15 Subicientes quantum ad hec nos 7 omnia bona nostra mobilia 7 immobilia iurisdiccioni dominorum ⁊ decani 7 capituli predicte Lincoln' ecclesie ut possint nos tam ad dictorum viginti solidorum annuorum quam pene si committatur solucionem compellere de plano sine strepitu iudiciali per interdicti
20 ac excommunicacionis sentencias 7 modis aliis quibuscumque viderint expedire . appellacione . excepcione . beneficio restitucionis in integrum . defensione qualicumque seu quocumque iuris vel facti remedio nobis competenti uel competituro non obstantibus quibus omnibus 7 singulis expresse
25 duximus renunciandum . Act' mense Marcii die Veneris proxima ante festum beati Gregorii pape . anno gracie . millesimo . ducentesimo . quinquagesimo . septimo . et pontificatus venerabilis patris domini Henrici de Lexyngton'[2] dei gracia tunc Lincoln' episcopi anno quarto . In cuius rei
30 testimonium huic scripto sigillum nostrum apposuimus . Et predictorum . domini episcopi . et capituli sigilla eidem fecimus apponi.

Endorsed : Osoluiston' .xx. solidi . ad Pascha.
Three tags for seals.   Size :   10½ x 4½ inches.
Texts : MS—Orig. Dij/63/1/13.   Chor. I, no. 2.   Chor. II, no. 18.
Var. R. : ¹ Osolueston' Chor. II.   ² Lessington' Chor. II.

Add. Chart.

449. Gift by John the prior and the convent of the Gilbertine priory of Malton [co. York], rectors of the church of [King's] Walden [co. Hertford], of five marks to be paid every year from their chamber for the boys ministering in the church of Lincoln. If they shall

fail to make the payment, the bishop or the archdeacon of Huntingdon shall have power to compel them by sequestration of or distraint
upon the goods of their church of [King's] Walden, the appropriation
of which was granted to them by the apostolic see. If the said
church shall cease to be appropriated to them, the gift shall cease.
(1258–1270.)

Malton (Chor. II, marg.).

Omnibus Christi fidelibus ad quos presens scriptum
peruenerit Johannes prior 7 conuentus de Malton' ordinis
de Sempyngham Eboracensis dyocesis . rectores ecclesie de
5 Waleden Lincol' dyocesis salutem in domino sempiternam .
Nouerit vniuersitas uestra quod nos deuocionis causa 7 zeli
quem erga ecclesiam Lincol' gerimus 7 donante domino
perpetuis temporibus habituri sumus vnanimi consensu nostro
7 de uoluntate venerabilis patris nostri dompni Willelmi
10 dei misericordia magistri ordinis de Sempyngham damus 7
caritatis intuitu concedimus pueris in predicta ecclesia Lincol'
ministrantibus quinque marcas annuas de camera nostra
Lincol' recipiendas . videlicet ad festum sancti Martini in
yeme duas marcas 7 dimidiam . et ad festum Pentecosten
15 duas marcas 7 dimidiam in vsus 7 sustentacionem eorum
secundum disposicionem venerabilis patris domini Ricardi
dei gracia Lincol' episcopi 7 decani qui nunc est aut qui pro
tempore fuerit . ac capituli Lincol' assignandas atque
conuertendas . Quod si in predicte pecunie solucione aliquo
20 terminorum quod absit cessauerimus uolumus 7 expresse
consentimus quod episcopus Lincol' aut archidiaconus
Huntingdonie qui pro tempore fuerit aut eorum officiales
ad requisicionem decani seu capituli Lincol' possint nos ad
hoc compellere per sequestracionem bonorum ecclesie nostre
25 de Waleden per graciam sedis apostolice nobis in usus proprios
concesse . Et si per decem dies post sequestracionem in solucione qualitercunque cessauerimus . per eiusdem ecclesie
bonorum distraccionem vsque ad mensuram arreragiorum
absque nostra qualibet reclamacione nos possint coartare .
30 Renunciamus eciam in hac parte impetrandis Ad hanc autem
prestacionem annuam tenebimur 7 teneri volumus solum
quam diu dictam ecclesiam de Waleden ex iam facta nobis
gracia in proprios vsus optentam retinuerimus . In cuius
rei testimonium huic scripto cyrograffato cuius alteri parti
35 sigillum venerabilis patris domini Lincol' episcopi est appensum ∶ sigillum capituli nostri apposuimus . 7 sigillum memorati
magistri nostri ordinis nostri de Sempyngham apponi pro-
curauimus in testimonium consensus ipsius.

Endorsed : Carta prioris de Malton' de quinque marcis annuis pueris de choro soluendis ad festum sancti Martini duas marcas 7 dimidiam . 7 ad Pentecosten duas marcas 7 dimidiam.

Folded. Written on the fold : Irrotulatur per Hugonem Fuller auditorem (13 cent.).

Two slits for seal-tags. Size : 9½ x 5 inches.

Texts : MS—Orig. Dij/63/1/14. Chor. I, no. 3. Chor. II, no. 19.

ADD. CHART.

450. Grant by John the abbot and the convent of Saint James without Northampton to the church of Lincoln of one mark yearly, to be assigned to the use of the ministers of that church according to the award of bishop Richard [Gravesend]. In chapter. 24 December, 1267.

Carta sancti Jacobi extra Norhanton' (rubric).

Omnibus Christi fidelibus ad quos presens scriptum peruenerit (Johannes permissione diuina abbas sancti Jacobi extra Norhampton' 7 eiusdem loci conuentus salutem in
5 domino sempiternam . Cupientes vt deuoti filii matrem nostram ecclesiam Lincoln' honorare considerantes eciam sincere dileccionis affectum quem pius (ac venerabilis pater noster (Ricardus dei gracia Lincoln' episcopus erga nos gessit 7 adhuc gerit ; damus 7 concedimus vnam marcam
10 argenti annuatim predicte ecclesie Linc' in vsus ministrorum eiusdem iuxta arbitrium predicti domini . . episcopi . conuertandam 7 assignandam . Quam quidem marcam promittimus bona fide nos solituros de ecclesia nostra imperpetuum in festo sancti Michaelis sacriste dicte ecclesie Lincoln' qui
15 pro tempore fuerit . In cuius rei testimonium presentibus litteris sigillum nostrum commune duximus apponendum . Dat' in capitulo nostro (vigilia Natalis domini . anno gracie millesimo . ducentesimo . sexagesimo . septimo.

Texts : MS—Chor. I, no. 4. Chor. II, no. 20.

ADD. CHART.

451. Grant by W. the prior and the convent of Coventry to the church of Lincoln of two marks a year, to the use of the ministers of that church according to the award of the Bishop and Dean and Chapter. The said two marks shall be paid to the treasurer or the sacrist of the church of Leicester abbey, and, in case of default, the archdeacon of Leicester shall cause the money to be collected from the goods of the priory's churches of Packington and Scraptoft [co. Leicester]. In chapter. 16 July, 1265.

Carta de Couentr' (rubric).

[O]mnibus Christi fidelibus ad quos presentes littere peruenerint (frater .W. Couentr' ecclesie prior humilis 7

eiusdem loci conuentus salutem in domino sempiternam .
5 Lincoln' ecclesiam in cuius diocesi . . . . suscepimus .
7 in qua de dicte ecclesie . . . . ecclesiastica bona
retinemus (cont . . . . . . cione eciam venerabilis patris
domini R[icardi] dei gracia Lincoln' episcopi (qui se nobis
nostroque monasterio fauorabilem exhibuit congruis 7 votiuis
10 honoribus respicere cupientes (damus 7 concedimus deo 7
ecclesie beate Marie Lincoln' ad augmentum cultus diuini
duas marcas annuas de bonis monasterii nostri in vsus 7
vtilitatem ministrorum dicte ecclesie Lincoln' secundum
disposicionem predicti domini . . episcopi . aut successorum
15 suorum . . episcoporum Lincoln' . 7 . . decani . ac capituli
Linc' . conuertendas . soluendas annuatim integre 7 plenarie
thesaurario ecclesie beati Marie de pratis Leycestr' (vel
sacriste eiusdem infra octabas beati Martini . Volumus etiam
7 concedimus 7 consentimus vt si in dicte solucionis termino
20 defecerimus ." . . archidiaconus Leyc' qui pro tempore fuerit
ad vnicam denunciacionem capituli Lincoln' dictam pecuniam
de bonis ecclesiarum nostrarum de Pakenton' . 7 de Scrapetoft'
redigi faciat sine aliqua nostri reclamacione seu qualibet ex
parte nostra contradiccione . Necnon valeat nos per censuram
25 ecclesiasticam vnica tamen monicione premissa post decem
dies a tempore quo in solucione cessauerimus ." ad solucionem
plenariam cohercere . In cuius rei testimonium pre[senti
scripto sigillum capituli nostri] duximus [apponendum . Dat']
in capitulo nostro die [Jouis proxima ante] festum sancti
Kenelmi [martyris] . anno domini . millesimo . ducente[simo]
30 sexagesimo quinto.

Texts : MS—Chor. I, no. 5.   Chor. II, no. 21.
Var. R. :   *The words enclosed within square brackets have been supplied from*
Chor. II.

452. [Chor. I, no. 6 = Registrum Antiquissimum, no. 1062
(page 120, above).]

ADD. CHART.

453. A duplicate of no. 454, below.

Endorsed : (1) De appropriacione porcionis de Hybald' (13 cent.).   (2) Pueris
choristis . Linc' 7 de xxvj solidis viij denariis soluendis per priorem 7 conuentum
de Couentr' (14 cent.).
Fine seal of the bishop on tag (see page 119).   Tag for another seal.
Size : 7 x 5 inches.
Texts : MS—Orig. Dij/72/2/13 (a large hole has been gnawed in the document).
Chor. I, no. 7.   Chor. II, no. 23.
Var. R. : *The words 7* archidiaconalibus *which occur in no. 454, l. 18, below, are
omitted here.*

ADD. CHART.

454. Grant and assignment by bishop Richard [Gravesend],
with the consent of W[illiam] the dean and the chapter, by

apostolic authority, of the portion of the church of Hibaldstow
which is of the bishop's patronage by the gift of the prior and
convent of Newstead [on Ancholme, co. Lincoln] of the Gilbertine
order, for the fuller maintenance of the boys ministering in the
church of Lincoln. The bishop has also assigned for the maintenance of the boys the annual rent of two marks which was granted
by the prior and convent of Coventry to the ministers of the church
of Lincoln. At Buckden. 25 October, 1266.

Omnibus Christi fidelibus ad quos presentes littere
peruenerint Ricardus miseracione diuina Linc' episcopus
salutem in domino sempiternam . Decens 7 debitum arbi-
tramur (vt qui assumuntur in sortem domini ·' hereditatis
5 ipsius participium assequantur . 7 patrimonii eius sustententur
stipendiis ·' cuius obsequiis 7 laudibus sunt ascripti . Ea
propter porcionem ecclesie de Hybaldestowe que de nostro
est patronatu ex collacione religiosorum virorum . prioris 7
conuentus de Nouo Loco ordinis sancti Gilberti de Semping-
10 ham ad uberiorem sustentacionem puerorum in ecclesia
Linc' ministrancium (accedente ad hoc consensu .W. decani
7 capituli nostri Linc' (auctoritate pontificali damus concedimus 7 assignamus . volentes 7 tenore presencium expressius concedentes vt cedente seu decedente dicte porcionis
15 ecclesie supradicte rectore ·' possessionem memorate porcionis
per magistrum seu procuratorem suum libere ingredi valeant
7 eam propriis 7 perpetuis suis vsibus applicare . saluis in
omnibus episcopalibus consuetudinibus 7 archidiaconalibus
7 Linc' ecclesie dignitate . De eorundem eciam decani 7 capituli
20 consensu assignamus ad sustentacionem dictorum puerorum
duas marcas annui redditus a priore 7 conuentu Couentr'
ministris ecclesie Linc' concessas . In cuius rei testimonium
presentibus litteris sigillum nostrum duximus apponendum .
Testibus . W. decano Lincoln' .R. archidiacono Oxon' .
25 magistris .J. de Maydenestan' 7 .W. de Haueton' canonicis
Linc' ecclesie .W. de Wotton' capellano .G. de Barton' 7 .J.
de Stounisby clericis . Dat' apud Bugeden' viij kalendas
Nouembris . anno domini millesimo . ducentesimo .lx°. sexto
7 pontificatus nostri . octauo.

Endorsed : Appropriacio porcionis ecclesie de Hibaldestowe (13 cent.).
Tag for seal, and slit for another tag. Size : 7⅝ x 4 inches.
Texts : MS—Orig. Dij/72/2/15. Chor. I, no. 8. Chor. II, no. 24.
Note : No. 453 above, is a duplicate of this document. The portion of the
church of Hibaldstow, which is here appropriated to the use of the boys, consisted
of a fourth part.

ADD. CHART.

455. Sale by Mariota of Hibaldstow, daughter of Hugh the

miller of the same, to the Dean and Chapter, for the use of the
boys ministering in the choir, of a toft with a house situate therein
in the village of Hibaldstow and without. (Circa 1265.)

Sciant presentes 7 futuri quod ego Mariota de Hybaldestowe
filia Hugonis molendinarii eiusdem ville . concessi . vendidi .
7 hac presenti carta mea confirmaui . domino decano 7 capitulo
Linc' ecclesie ad opus puerorum ministrancium in choro
5 predicte ecclesie vnum toftum cum quadam domo situata
in eodem 7 cum omnibus aliis pertinenciis suis 7 aysiamentis
in villa 7 extra de Hybaldestowe . videlicet abutizans uersus
partem occidentalem super communem viam apud ecclesiam
7 uersus partem orientalem super curiam Ricardi Hund' 7
10 uersus austrum super curiam predictorum puerorum 7 uersus
aquilonem super aliam viam communem . Habendum 7
tenendum predictis decano 7 capitulo 7 eorum successoribus
ad opus predictorum puerorum inperpetuum sine aliqua
alienacione . Reddendo inde annuatim Radulpho filio Willelmi
15 eiusdem ville 7 heredibus suis vel assignatis duos solidos
videlicet ad festum sancti Botulphi .xij. denarios 7 ad festum
sancti Martini .xij. denarios pro omni seculari seruicio consuetudine . exaccione . 7 demanda . Et ego Mariota 7 heredes
mei predictum toftum cum domo 7 omnibus aliis pertinenciis
20 suis libertatibus 7 aysiamentis predictis domino decano 7
capitulo 7 eorum successoribus ad opus predictorum puerorum
contra omnes homines . warentizabimus . aquietabimus . 7
defendemus inperpetuum . Vt autem hec mea concessio .
vendicio . 7 presentis carte mee confirmacio rata 7 stabilis
25 permaneat : hanc presentem cartam sigilli mei munimine
roboraui . Hiis[1] domino Simone priore de Neusted' . magistro
Petro Orger' . magistro Petro rectore ecclesie de Ouneby .
Johanne filio Oliueri . Ricardo Westiby . Thoma de Lund .
Philippo Dautr' . Nicholao a la Uerteplac' . 7 multis
aliis.

Endorsed : Carta cuiusdam tofti de Hybaldestowe . Reddendo inde annuatim
duos solidos Radulfo filio Willelmi eiusdem ville . scilicet ad festum sancti Botulphi
.xii. denarios 7 ad festum sancti Martini .xii. denarios (contemp.).
Tag for seal. Size : 8½ x 3¾ inches.
Texts : MS—Orig. Dij/72/2/17. Chor. I, no. 9. Chor. II, no. 25.
Var R. : [1] testibus has been omitted.
Note : Peter of Ingoldemeles was instituted to the church of Owmby [by Spital]
in 1261–2 (L.R.S. xx, 89). The handwriting of the text suggests a date about 1265.

Add. Chart.

456. Notification by Nicholas of Waltham, rector of a fourth
portion of the church of Hibaldstow, that he has appointed master
John de Maydenstane, archdeacon of Bedford, as his proctor to
resign in his name the portion of the church of Hibaldstow, which

he has by the gift of bishop Richard at the bishop's pleasure.   At Paris. 1268.

Hybaldestowe (rubric).

[N]otum sit omnibus presentes litteras inspecturis ⸗ quod ego Nicholaus de Waltham ⸗ rector quarte porcionis ecclesie de Hybaldestowe ordino 7 constituo dilectum michi in Christo
5   magistrum Johannem de Maydenstan' archidiaconum Bedeford' procuratorem meum ⸗ ad resignandum nomine meo supradictam porcionem quam ex collacione venerabilis patris Ricardi dei gracia Lincoln' episcopi habeo ad sue beneplacitum voluntatis . Ratum 7 gratum habiturus quicquid dictus
10   magister .J. Nomine meo fecerit in hac parte Dat' Paris' . anno domini . millesimo .CC. LXᵒ. octauo.

Texts : MS—Chor. I, no. 10.   Chor. II, no. 26.

ADD. CHART.

457. Resignation by John archdeacon of Bedford in the name of Nicholas of Waltham of the same fourth part.   At Stow [Park]. 18 September, 1268.

Hybaldestowe (rubric).

[N]ouerint vniuersi ⸗ quod ego .J. archidiaconus Bedeford' habens ad hoc specialem potestatem a discreto viro magistro Nicholao de Waltham rectore quarte porcionis ecclesie de
5   Hybaldestowe Linc' dioc' dictam porcionem in manus reuerendi patris domini Ricardi dei gracia Linc' episcopi nomine dicti magistri Nicholai pure ⸗ simpliciter (7 absolute resigno . In cuius rei testimonium sigillum meum presentibus est appensum . Dat' apud Stowe . quartodecimo kalendas
10   Octobris . anno domini . Mᵒ. CCᵒ. LXᵒ. octauo.

Texts : MS—Chor. I, no. 11.   Chor. II, no. 27.

ADD. CHART.

458. Resignation by Nicholas of Waltham of the same fourth part.   At Paris. 16 November, 1268.

Notum sit omnibus presentes litteras inspecturis quod ego Nicholaus de Waltham clericus quondam rector quarte porcionis ecclesie de Hybaldestowe non vi . non metu . nec dolo inductus . set ex certa sciencia 7 non per errorem libero
5   arbitrio . motuque spontaneo in manibus reuerendi patris domini Ricardi dei gracia Linc' episcopi dictam porcionem dicte ecclesie pure resigno 7 simpliciter . In cuius rei testimonium presentibus sigillum meum apposui . Data Parisius¹ anno domini .Mᵒ. C. C. LXᵒ. octauo . octauo . idus . Nouembris.

Endorsed : Domino episcopo Linc'.
Strip for seal and, below it, a ribband.   Size : 6¼ x 1¼ inches.
Texts : MS—Orig. Dij/72/2/12.   Chor. I, no. 12.   Chor. II, no. 28.
Var. R. : ¹ sic.

ADD. CHART.

459. A similar resignation. At Paris. December, 1268.

Hybaldestowe (rubric).

[U]niuersis presentes litteras inspecturis ⸲ Nicholaus de
Waltham clericus quondam rector quarte porcionis ecclesie
de Hybaldestowe ⸲ salutem in domino . Nouerit vniuersitas
5   vestra ⸲ quod ego Nicholaus supradictus ⸲ non vi ⸲ non metu ⸲
nec dolo inductus . Set ex certa sciencia ⸲ 7 non per errorem ⸲
libero arbitrio ⸲ motu que spontaneo in manibus reuerendi patris
domini Ricardi dei gracia Linc' episcopi dictam porcionem
ecclesie supradicte simpliciter 7 pure dignum duxi resignare .
10 In cuius rei testimonium presentibus sigillum meum apposui .
Dat' Paris' . anno domini . millesimo .cc°. lx°. octauo . mense
Decembri.

Texts : MS—Chor. I, no. 13.   Chor. II, no. 29.

ADD. CHART.

460. Quitclaim in alms by Ralf son of William of Hibaldstow,
clerk, to the Dean and Chapter, for the better maintenance of
the choir-boys, of the yearly render of twelve shillings which he
received from the boys for the croft called Milnercroft in Hibaldstow,
which is now joined to the manse of the boys.   (Circa 1270.)

Quieta clamacio duorum solidorum apud Hybaldestowe
(rubric in Chor. I).

Sciant presentes 7 futuri quod ego Radulfus filius Willelmi
de Hibaldestowe clericus ⸲ dedi concessi ⸲ 7 hac presenti carta
5   mea confirmaui ⸲ ac omnino de me 7 heredibus meis quietum
clamaui ⸲ . . decano 7 capitulo Linc' ecclesie in liberam puram
7 perpetuam elemosinam ad uberiorem sustentacionem
puerorum de choro ⸲ illum annuum redditum duorum solidorum
quem percepi de dictis pueris annuatim pro illa placea que
10 vocatur Milnercroft in villa de Hibaldstowe ⸲ nunc coniuncta
manso dictorum puerorum ibidem . Habend' 7 tenend' dictis
decano 7 capitulo ad opus predictum ⸲ libere quiete bene
7 in pace in perpetuum . Et ego predictus Radulfus 7 heredes
mei 7 assignati ⸲ dictum redditum ⸲ predictis decano ⸲ 7 capitulo
15 ut predictum est ⸲ warantizabimus adquietabimus 7 defendemus inperpetuum contra omnes . In cuius rei testimonium ⸲ huic scripto sigillum meum apposui . Hiis testibus
Johanne Oliuer ⸲ de Hibaldestowe ⸲ Galfrido de Lunda ⸲
Willelmo Kising ⸲ Henrico de Kaistorp ⸲ Filippo fratre suo ⸲
20 de eadem . Alano Malebise de Enderby ⸲ Ricardo clerico de
eadem ⸲ 7 aliis.

Endorsed : (1) Per .W. de Langworth (contemp). (2) De quieta clamacione
duorum solidorum de Milnercroft apud Hybaldestowe (13 cent.).
Tag for seal.   Size : 10¾ x 3½ inches.
Texts : MS—Orig. Dij/72/2/18.   Chor. I, no. 14.   Chor. II, no. 30.

L

461. Grant by brother Martin prior of Haverholme, with the consent of the convent, to the chapter of Lincoln and the ministers serving in the church of Lincoln of one hundred shillings a year to supplement their food. June, 1267.

Carta de .v. solidis . de Hauerholm' (rubric).

[U]niuersis sancte matris ecclesie filiis ad quos presentes
littere peruenerint ⸗ frater Martinus prior 7 vtriusque sexus
conuentus de Hauerholm' ordinis de Sempingham ⸗ salutem
5 in domino sempiternam . Considerantes multiplicia bona
que nobis 7 domui nostre per matricem ecclesiam Lincoln'
peruenerunt . Miserantes etiam super tenuitate victus
quam pacientur ministri in eadem ecclesia seruientes ⸗
vnanimi consensu tocius conuentus nostri dedimus ⸗ concessi-
10 mus 7 hac presenti carta nostra confirmauimus capitulo
Lincoln' ⸗ 7 ministris in ecclesia Lincoln' seruientibus
centum solidos sterlingorum annuos ad supplecionem victus
eorum ⸗ quam pecuniam nos bona fide promittimus procuratori dictorum ministrorum in capitulo Linc' solituros[1]
15 medietatem scilicet infra octabas sancti Martini yemali
7 aliam . medietatem infra octabas Pascha proximo
sequentis [sine diffi]cultate qualibet 7 contradiccione . [Et
si] forte quod absit in aliquo termino [solucio]nis defecerimus ⸗
volumus 7 concedi[mus quo]d per officialem domini Linc'
20 qui pro [tem]pore fuerit vel per archidiaconum Linc' [p]ossimus
ad plenam solucionem faciendam submoto quolibet appella-
cionis vel tergiuersacionis diffugio festinanter compelli per
sequestracionem vel subtractionem ecclesiasticorum bonorum
que in diocesi Linc' optinemus ⸗ siue per aliam penam quam
25 magis viderint competentem ⸗ 7 que nos plus artare valeat
ad obseruandum illud quod tam sincera 7 tam spontanea
deuocione nos promisimus solituros[1] . In cuius rei memoriam
presenti scripto sigillum nostrum duximus apponendum .
Actum . anno domini . millesimo .cc^mo. LX. septimo . mense
30 Junio.

Texts : MS—Chor. I, no. 15.   Chor. II, no. 31.
Var. R. : *The portions enclosed within square brackets have been supplied from*
Chor. II.   [1] *sic.*

462. Letters of M[artin] the prior and the convent of Haverholme stating that, whereas the right of advowson of the churches
of Old Sleaford and Quarrington, and of the mediety of the church
of Ruskington belongs to them, the churches being now vacant,
they, on account of their own poverty, submit their right in and

to these churches to the ordination of bishop Richard [Gravesend].
At Haverholme. 7 April, 1267.

Vniuersis ad quos presens littera peruenerit . frater .M.
prior 7 vtriusque sexus conuentus de Hauerholm ordinis de
Sempingham Lincoln' diocesis salutem in domino sempiternam .
Cum ius aduocacionis seu patronatus veteris Lafford' 7 de
5 Querinton' ecclesiarum ac medietatis ecclesie de Riskinton'
Lincoln' diocesis nunc vacancium ad nos spectare de plano
dinoscitur . nos illa ratione variis occasionibus 7 maxime
pretextu pauperitatis nostra . ac nostrorum tenuitatis
prouentuum quandoque plus debito turbati . ecclesias pre-
10 dictas . 7 totum ius quod habemus in ipsis vel ad illas cum
omnibus suis appendiciis ordinacioni . voluntati . 7 gracie
reuerendi patris domini Ricardi Lincoln' episcopi . pure .
simpliciter . 7 absolute . deliberato consilio submittimus . 7
vnanimiter supponimus . promittentes pro nobis 7 succes-
15 soribus nostris . nos per omnia ratum 7 firmum habituros
quicquid idem reuerendus . pater ad pacem 7 quietem nostram
super ecclesiis 7 iure nostro predictis duxerit ordinandum
prouidendum seu statuendum . In cuius rei testimonium
commune capituli nostri sigillum presentibus fecimus apponi .
20 Datum apud Hauerholm .vij. idus Aprilis . anno domini .
Mᵒ. CᵒCᵒ. sexagesimo septimo.

Endorsed : De submissione de Hauerholm' (13 cent.).
Strip for seal and, below it, a ribband. Size : 7 x 3⅜ inches.
Texts : MS—Orig. Dij/87/1/31. Chor. I, no. 17. Chor. II, no. 33.

ADD. CHART.

463. Letters of the same requesting the bishop to make an
ordination with respect to the same churches. June, 1267.

Reuerendo in Christo patri 7 domino karissimo Ricardo
dei gracia Linc' episcopo . Deuoti sui¹ frater Martinus prior
vtriusque sexus conuentus de Hauerholm' ordinis de Sempingham salutem . reuerenciam 7 obedienciam . tam debitam
5 quam deuotam . Hanc de vobis reuerende pater gerimus
fiduciam quod licet omnium parochianorum nostrorum curam
geratis . illos tamen propensiori zelo 7 affectione intra sinum
vestre dilectionis confouetis 7 complectimini qui non solum
parochiali lege . set patronatus presidio vestre clemencie
10 sunt subiecti . Cum igitur ius aduocacionis seu patronatus
veteris Laffordie 7 de Querintona ecclesiarum . ac medietatis
ecclesie de Riskintona nunc uacancium ad nos ab antiquo
ex dono fidelium 7 deuotorum spectare dinoscatur . Nos
tamen attendentes quod ex huiusmodi iure patronatus ad
15 nos spectante frequenter nobis incumbunt labores plurimi .
7 sumptus onerosi 7 nullum aut modicum domui nostre
subsidium peruenire ⸴ totum ius quod habemus in dictis

ecclesiis vel ad illas cum omnibus suis pertinenciis ordinacioni .
7 voluntati vestre pure simpliciter . 7 absolute deliberato
20 consilio submittimus . 7 vnanimiter supponimus . promittentes pro nobis . 7 successoribus nostris . nos per omnia
ratum 7 firmum habituros 7 imperpetuum obseruaturos
quicquid a vestra paternitate super dictis ecclesiis fuerit
ordinatum prouisum aut statutum . In cuius rei testimonium
25 sigillum capituli nostri est appositum Actum anno domini
.Mᵒ. .CᵒCᵒ. LXᵒ. septimo . mense Junio.

Endorsed : (1) Dormiant in eternum (13 cent.). (2) De submissione uoluntaria
(14 cent.). (3) Conuentus de Hauer Holm' . de ecclesiis.
Tag for seal. Size : 7½ x 3½ inches.
Texts : MS—Orig. Dij/87/1/23. Chor. I, no. 16. Chor. II, no. 32.
Var. R. : ¹ sic.
Note : The bishop, on 9 June, 1267, appropriated the church of Old Sleaford
and the mediety of the church of Ruskington to the priory (see addition to Liber
Antiquus Hugonis Wells, ed. A. Gibbons, pp. 105–6). No early ordinations of
the vicarages were made. The bishop did not appropriate the church of Quarrington
to Haverholme.

ADD. CHART.

464. Gift by the abbot and convent of Selby to the church of
Lincoln of three marks a year from the revenues of their churches
of Crowle, Luddington, Redbourne, and Stallingborough for the
maintenance of the ministers of the church of Lincoln, according
to the ordinance of bishop Oliver and the dean and chapter. At
Selby. August, 1288.

Carta de Seleby de tribus marcis (rubric).

[O]mnibus Christi fidelibus ad quorum noticiam peruenerit
presens scriptum . . Abbas monasterii de Seleby Eboracensis
diocesis 7 eiusdem loci conuentus ' salutem in domino
5 sempiternam . Lincoln' ecclesiam in cuius diocesi bona
suscepimus (7 in qua de dicte ecclesie gracia ecclesiastica
beneficia retinemus congruis 7 votiuis honoribus liberaliter
respicere cupientes (contemplacione venerabilis patris domini
Oliueri dei gracia Lincoln' episcopi (necnon bone memorie
10 domini Ricardi predecessoris sui (qui se prius nobis ac
monasterio nostro in nostris secum agendis secundum deum
7 iusticiam fauorabiles multipliciter exhibuerunt (ex
deliberato consilio 7 omnium nostrum consensu vn[anim
. . . .] 7 assignauimus (damus que 7 perpetu[is
15 tem]poribus concedimus in futurum deo [7 ca]thedrali ecclesie
beate Marie Linco[ln' ad] augmentum cultus diuini (7 su[sten]-
tacionem ministrorum in eadem tres marcas annuas de bonis
monasterii nostri predicti (videlicet de prouentibus ecclesiarum nostrarum de Crull' (Ludington' (Redeburne 7
20 Stalingburg' in diocesi Lincoln' existencium integre 7 plenarie
percipiendas 7 secundum disposicionem 7 ordinacionem dicti
domini Oliueri 7 successorum suorum episcoporum Lincoln' (

ac . . decani 7 capituli loci eiusdem in ipsius ecclesie Linc'
vtilitatem 7 decus pro suo libito conuertendas ⸢ quam quidem
25 pecunie summam in octabis sancti Martini ⸢ . . sacriste Lincoln'
qui pro tempore fuerit in thesauraria ibidem pro nobis 7
successoribus nostris de bonis 7 prouentibus nostris supradictis soluendam promittimus bona fide . Si vero in eiusdem
pecunie annua solucione termino supradicto facienda ces-
30 sauerimus ⸢ quod absit ⸢ volumus 7 expresse concedimus
per presentes ⸢ quod . . episcopus Lincoln' ⸢ aut eiusdem
ciuitatis vel Stowie archidiaconi qui pro tempore fuerint ⸢
vel eorum aliquis ad solam 7 nudam interpellacionem dictorum
. . decani 7 capituli nobis irrequisitis ⸢ 7 non vocatis de bonis
35 nostris apud Crull' ⸢ Ludington' Redeburne 7 Stalingburg'
inuentis 7 pro dicta prestacione annua exnunc specia-
. . . . que omnia in dictis locis nostris . . . .
bona ecclesiastica reputari ⸢ volumus in hoc casu dictam
pecunie summam . . . . de ipsius solucione per nos statim
40 . . . . . atur nostris sumptibus redigi faciant [7] leuari ⸢ Ita
quod illi quos iidem . . episcopus vel archidiaconi aut eorum
aliquis ad huiusmodi leuacionem faciendam deputauerint ⸢
seu deputauerit tanquam ministri nostri a nobis dati ⸢ sub-
rogati ⸢ seu assignati specialiter censeantur . Volumus insuper
45 7 expresse concedimus ⸢ quod dicti dominus . . episcopus
vel . . archidiaconi vel eorum aliquis ad aliam cohercionem
per censuram ecclesiasticam contra nos de plano procedere
possint aut possit ⸢ si in huius solucione contumaces fuerimus
aut rebelles . Renunciantes omnibus excepcionibus 7 cauilla-
50 cionibus ⸢ regiis prohibicionibus ⸢ remediis ⸢ iuris nobis
competentibus tam canonici quam ciuilis ⸢ ac omnibus 7
singulis per que presentis scripti tenor impediri poterit seu
differri ⸢ In cuius rei testimonium sigillum commune capituli
nostri presentibus est appensum . Dat' in capitulo nostro ⸢
55 mense Augusti anno domini .M°. CC°. octogesimo . octauo .

Texts : MS—Chor. I, no. 18. Chor. II, no. 34 (this text ends with the word
exhibuerunt in l. 12).
Var. R. : *The words enclosed within square brackets have been supplied conjecturally.*

ADD. CHART.

465. Appointment by brother John the abbot and the convent
of Selby of Nicholas of Cawood as their attorney to deliver to the
dean and chapter of Lincoln corporal possession, or as it were the
right of patronage, of the church of Saint Bartholomew behind the
Castle at Lincoln. At Selby. 3 May, 1295.

Monumentum de Seleby (rubric in Chor. I).

Pateat vniuersis per presentes ⸴ quod nos frater Johannes
permissione diuina [abbas de Sel]eby 7 eiusdem loci conuentus ⸢ facimus ⸢ ordinamus ⸢ 7 constituimus ⸢ dilectum

5 nobis in Christo Nicholaum de Cawode presencium exhibito-
[rem] procuratorem nostrum attornatum 7 nuncium sp[ecialem]
ad assignandum 7 tradendum . . dominis . . decano 7 capitulo
Linc' vel eorum attornato corporalem possessionem vel
quasi [iuris patronatus] ecclesie sancti Bartholomei retro
10 Castellum Linc' 7 ipsos seu eorum attornatum [in sey]sinam
inducendum . ac omnia 7 sin[gula facienda] pro nobis que
necessaria fuerint in hoc articulo vel oportuna . Ratum
habit[uri 7 firm]um quicquid idem fecerit in premissis [. In
cuius rei] testimonium sigillum nostrum commune presentibus
15 est appensum . Dat' in capitulo nostro de Seleby die Inuen-
[cionis sancte Crucis] . anno domini .Mᵒ. CCᵒ. nonagesimo .
quinto.

Endorsed : Pro ecclesia sancti Bartholomei (contemp.).
Strip for seal torn off. Size : 8 x 3 inches.
Texts : MS—Orig. Dij/74/2/33. Chor. I, no. 19.
Var. R. : *The words enclosed within square brackets have been supplied from*
Chor. I.

ADD. CHART.

466. Grant by brother John the abbot and the convent of
Selby to the dean and chapter of Lincoln of the advowson of the
church of Saint Bartholomew behind the Castle at Lincoln, with
its glebe, for the burial of the dead, since the burial ground of the
church of Lincoln does not suffice for the number of the dead who
are brought there. (Circa 1295.)

Aliud monumentum [de] Seleby (rubric in Chor. I).

Sciant presentes 7 futuri quod nos frater Johannes permissione diuina abbas 7 conuentus de Seleby ' attendentes atrium
ecclesie Linc' tam angustum esse quod propter frequentem
5 7 assiduam multitudinem moriencium illatorum commode
non sufficit ad sepulcra ' ob honorem dicte matricis ecclesie '
7 pro merito participando ' de huiusmodi pio opere caritatis ·'
concedimus ' damus ' 7 assignamus ' ac omnino quietum
clamamus 7 presenti carta nostra confirmamus . . decano 7
10 capitulo predicte ecclesie Linc' 7 successoribus suis aduocacionem exilis ecclesie parochialis sancti Bartholomei retro
Castellum Linc' cum gleba ipsius ecclesie ' nec non 7 cum
pertinenciis suis in puram liberam 7 perpetuam elemosinam
ad sepulturam mortuorum specialiter inibi faciendam .
15 Tenendam 7 habendam sibi 7 successoribus suis ad hoc opus
pium ' in liberam ' puram ' 7 perpetuam elemosinam ' bene
7 in pace inperpetuum . Et nos 7 successores nostri dictam
aduocacionem cum gleba 7 pertinenciis ' in liberam puram 7
perpetuam elemosinam ' dictis decano 7 capitulo 7 eorum
20 successoribus ' warantizabimus ' adquietabimus ' 7 defendemus inperpetuum contra omnes . In cuius rei testimonium sigillum nostrum commune presenti carte duximus

apponendum . Hiis testibus . Thoma de Wyberton' constabulario castri ⸰ Michaele cutelario . Gilberto de Leycestria
25 Allano retro castellum 7 toto capitulo nostro cum aliis.

Endorsed : De aduocacione ecclesie sancti Bartholomei data capitulo ecclesie
Linc' (contemp.).
Tag for seal.   Size :   9 x 4¼ inches.
Texts : MS—Orig. Dij/74/2/31.   Chor. I, no. 20.

ADD. CHART.

467. Grant by the abbot and convent of Selby to the dean and chapter of Lincoln of the advowson of the church of Saint Bartholomew behind the Castle at Lincoln with the glebe adjoining it. At Selby. 3 May, 1295.

Seleby (rubric in Chor. I).

Vniuersis Christi fidelibus ad quos presens scriptum peruenerit ⸱⸱ abb[as] de Selebi 7 eiusdem loci conuentus salutem in domino sempiternam . Nouerit [vniuersita¹]s
5 vestra ⸰ quod nos pro nobis 7 successoribus nostris ⸰ dedimus ⸰ concessimus quietum clamauimus ⸰ 7 hac presenti carta nostra confirmauimus ⸰ diuine caritatis intuitu . . decano 7
. . capitulo Linc' ecclesie 7 suis ⸰ successoribus ⸰ aduocacionem ecclesie sancti Bartholomei extra Castrum Lincoln' cum
10 gleba adiacente ⸰ 7 omnibus pertinenciis eiusdem ⸰ cuius tempore confectionis scripti presentis fuimus veri patroni . Habendam 7 tenendam dictam aduocacionem dicte ecclesie cum gleba ⸰ 7 pertinenciis suis ⸰ dictis decano 7 capitulo ⸰ ac successoribus suis adeo libere 7 quiete sicuti eam vnquam
15 liberius 7 quiecius tenuimus ⸰ in liberam puram 7 perpetuam elemosinam inperpetuum . Nos eciam abbas 7 conuentus et successores nostri aduocacionem dicte ecclesie cum gleba 7 omnibus eiusdem pertinenciis contra omnes gentes warantizabimus inperpetuum . In cuius rei testimonium
20 sigillum capituli commune presentibus est appensum . Dat' in capitulo nostro de Selby publice die Inuencionis sancte Crucis . anno domini .Mº. CºCº. nonagesimo quinto.

Endorsed : De aduocacione ecclesie sancti Bartholomei data capitulo ecclesie
Linc' (contemp.).
Tag for seal.   Size :   7½ x 4¾ inches.
Texts : MS—Orig. Dij/74/2/29.   Chor. I, no. 21.
Var. R. :   ¹ supplied from Chor. I.

ADD. CHART.

468. Appropriation by bishop Oliver [Sutton] of the church of Saint Bartholomew to the Dean and Chapter : The bishop assigns the church of Saint Bartholomew, which belongs to the patronage of the dean and chapter, and which for a long time has had no parishioner, and is for the most part extremely ruinous,

on the cession or death of the present rector, to the canons of
Lincoln, to serve as a place of burial, since their own burial ground
on account of the nearness of the public street and the trampling of
the place is very unsuitable, and since on account of the corruption
arising therefrom it may be a source of danger to the canons and
other inhabitants. Further, the bishop ordains that the fruits
of the same church shall be applied by the canons as an augmentation for the maintenance of the choir-boys, saving a sufficient portion of the fruits which are to be used for the fabric of the church.
At Wooburn [co. Buckingham]. 5 May, 1297.

Appropriacio ecclesie sancti Bartholomei (rubric in Chor. i).
Vniuersis sancte matris ecclesie filiis ad quorum noticiam
presens scriptum peruenerit (Oliuerus permissione diuina
Lincolniensis episcopus salutem in omnium Saluatore . Locis
5   deo sacratis quasi ad non esse iuxta condicionem seculi
vergentis in senium labentibus seu redactis ∴ decens est (vt
id quod post lapsum huiusmodi superesse videtur ad alicuius-
modi excercicium vtile 7 cultum deuotum episcopali studio
prouide deputetur . Sane ecclesia sancti Bartholomei ex
10   occidua parte castri Lincoln' dudum parochitana nullum
omnino parochianum a multo tempore optinente (7 pro
magna parte supreme subiecta ruine ∴ de eadem ecclesia
ministerio 7 cultu diuino impresenciarum penitus destituta
sicut extitit iam a diu (vt ad statum laudabilem atque pium
15   decetero reducatur (premissa deliberacione decreuimus
ordinare . Attendentes igitur qualitatem aree ecclesie nostre
cathedralis predicte ad sepulturam funerum deputate (quam
a strata pupplica pre ipsius loci conculcacione 7 vsu comuni
ad agenda quecumque quodammodo non multum distare (
20   7 alias in se ex causis variis ad hoc minus congruam fore
reputamus (7 preter indecenciam quamdam ex huiusmodi
funeracione patenter surgentem corrupcionem que ex inde
canonicis nostris 7 aliis ibidem circumquaque habitantibus
deinceps iminere poterit aduertentes ∴ memoratam ecclesiam
25   sancti Bartholomei in qua capitulum nostrum Lincoln' ius
patronatus habere dinoscitur cedente vel decendente rectore
eiusdem cum omnibus suis iuribus 7 pertinenciis quibuscumque (suadentibus necessitate (vtilitate 7 honestate
concurrente eciam ad hoc expressa voluntate omnium quorum
30   in hac parte de iure est requirendus assensus (ecclesie nostre
cathedrali pretacte pro sepultura corporum que canonici
eiusdem ecclesie residentes illuc inferre decreuerint deputamus (concedimus (7 perpetuo assignamus . decernentes (
ordinantes 7 statuentes ex nunc quod omnes fructus 7 prouen-
35   tus ad dictam ecclesiam sancti Bartholomei postquam illam

vacare contigerit spectantes qualitercumque in futurum (
ad vsus 7 aliquale augmentum sustentacionis puerorum
chori ecclesie nostre predicte per ipsos canonicos totaliter
conuertantur . Salua aliqua porcione huiusmodi fructuum 7
40 prouentuum ad fabricam prenotate ecclesie sancti Bartholomei
annuatim vel alias cum res exegerit pro dictorum canonicorum
residencium arbitrio conuertenda . In cuius rei testimonium
presens scriptum sigilli nostri munimine fecimus communiri .
Testibus : magistris Nicholao de Whitechirch' officiali nostro .
45 Waltero (Gocelyno Huntingdon*i*e 7 Stowe archidiaconis .
dominis Willelmo de Stok'ton' 7 Johanne Maunsel clericis
nostris familiaribus 7 ecclesie nostre canonicis . Dat' apud
Woubum' iuxta Wycumb' tercio nonas Maij anno domini
millesimo ducentesimo (nonagesimo septimo (7 pontificatus
50 nostri septimodecimo.

Endorsed : Appropriacio ecclesie sancti Bartholomei (contemp.).
Tag for seal. Size : 12¾ x 7¼ inches.
Texts : MS—Orig. Dij/74/2/41. Chor. I, no. 22. Linc. Epis. Reg. i, ff. 235, 235d.

ADD. CHART.

469. Letters of the abbot and convent of Selby to bishop
R[ichard Gravesend] presenting William son of Gernagan, clerk,
unto the church of Saint Bartholomew, Lincoln, vacant by the
resignation of master William of Foston. At Selby. 8 July, 1275.

Presentacio Willelmi Gernagani (rubric in Chor. I).
Reuerendo patri in Christo 7 domino .R. miseracione
diuina Lincoln' episcopo (deuoti filii abbas 7 conuentus
monasterii de Seleby salutem . cum obediencia . reuerencia
5 7 honore . Ad ecclesiam sancti Barthomei[1] extra Lincoln' .
vestre diocesis vacantem per resignacionem magistri Willelmi
de Fostun quondam rectoris eiusdem . et ad nostram presentacionem spectantem : dilectum nobis in Christo Willelmum
filium Gergani[1] de Lincoln' : clericum paternitati vestre
10 presentamus . Supplicantes deuote . quatinus ipsum ad
eandem admittentes : quod vestrum fuerit in hac parte
vlterius exequamini cum gracia 7 fauore . Dat' in capitulo
nostro apud Seleby . die Lune proxima ante festum sancte
Margarete virginis . anno domini Mᵒ. CCᵒ. septuagesimo
15 quinto.

No ancient endorsement.
Texts : MS—Orig. Dij/74/2/30. Chor. I, no. 23.
Var. R. : ¹ *sic.*
Note : William Gernagan's institution does not appear in bishop Gravesend's
roll of institutions, but the next charter proves that he became rector.

ADD. CHART.

470. Acceptance by bishop O[liver Sutton] of the resignation

at Lincoln, 1 May, 1295, of the same church by William Gernagan.
At the Old Temple, London. 21 July, 1295.

Resignacio .W. G'. 7 approbacio .O. episcopi (rubric).

[N]ouerint vniuersi (quod nos Oliuerus permissione diuina
Linc' episcopus resignacionem Willelmi Gernagani rectoris
ecclesie beati Bartholomei apostoli extra castrum Linc'
5 nobis oblatam per ipsius Willelmi patentem litteram sub
hac forma . Venerabili in Christo patri 7 domino reuerendo
domino .O. dei gracia Linc' episcopo (deuotus suus 7 humilis
Willelmus Gernagani rector exilis ecclesie sancti Bartholomei
extra castrum Linc' salutem (obedienciam (reuerenciam (
10 7 honorem . A cura 7 sollicitudine dicte ecclesie cupiens
liberari ʔ ipsam cum pertinenciis 7 totum ius quod habui
vnquam in eadem (in sacris manibus vestris pure sponte (
7 absolute resigno per presentes . In cuius rei testimonium
sigillum meum vna cum sigillo . . decani christianitatis Linc'
15 presentibus est appensum . Valete (diu in domino . Dat'
Linc' (die apostolorum Philippi 7 Jacoby . anno domini .
Mᵒ. CCᵒ. nonagesimo quinto . auctoritate pontificali admittimus
acceptamus 7 eciam approbamus . In cuius rei testimonium
sigillum nostrum presentibus est appensum . Dat' apud
20 Vetus Templum London' duodecimo kalendas Augusti .
anno domini supradicto.

Text : MS—Chor. i, no. 24.

ADD. CHART.

471. Licence of William Gernagan, rector of Saint Bartholomew,
on account of the straitness of the cemetery of the church of Lincoln,
granting to the Dean and Chapter, and especially to the Constable
of the Castle to bury their dead in the cemetery of Saint Bartholomew's church. At Lincoln. 8 April, 1295.

Consensus .W. Gernag*ani* appropriacioni ecclesie sancti
Bartholomei (rubric).

[P]ateat vniuersis per presentes (quod ego Willelmus
Gernegani rector ecclesie sancti Bartholomei extra Castrum
5 Lincoln' oculata fide considerans (atrium ecclesie Linc' (
tam angustum esse (quod propter frequentem 7 assiduam
multitudinem moriencium . . . . comode non sufficit
ad sepulcram ob . . . . . rem supradicte matricis ecclesie
mee 7 eu . . . . decani 7 capituli reuerenciam proficua . . . .
10 ac pro merito huius pii operis caritatis participando (concedo
eisdem dominis 7 maxime constabulario castri ius inferendi
mortuos suos quoscunque in cimiterio dicte ecclesie mee (
quando 7 vbi voluerint [7] eosdem inibi sepeliendi liberam 7
puram facultatem solum illis exceptis (quibus ecclesiastica
15 sepultura est de iure interdicta . In cuius rei testimonium

sigillum meum vna cum sigillo . . decani christianitatis Lincoln'
presentibus est appensum . Quibus de plano iurisdiccioni 7
cohercioni dictorum domini . . decani 7 capituli quocienscunque
forsan reluctari voluero (Ad obseruacionem premissorum
20 me suppono (excepcioni fori 7 omni alii iure[1] remedio
specialiter in hac par[te] renunciandum . Dat' Linc' die
Vener[is] proxima post festum Pascha . anno domini .cc°.
nonagesimo . quinto.

Text : MS—Chor. I, no. 25.
Var. R. : [1] *for* iuris.

ADD. CHART.

472. Appointment by J[ohn de Wystowe] the abbot and the
convent of Selby of Robert of Alkborough and Henry of Belton
[or Bolton] as their proctors to treat and arrange with the dean
and chapter of Lincoln concerning the advowson of the church
of Saint Bartholomew. At Selby. 26 April, 1295.

Vniuersis pateat per presentes quod nos J. permissione
diuina abbas de Seleby 7 eiusdem loci conuentus dilectos
nobis in Christo fratres Robertum de Hauteb' 7 Henricum
de Belton'[1] monachos domus nostre (ad tractandum 7 com-
5 ponendum cum discretis viris capitulo 7 canonicis ecclesie
beate Marie Linc' (super aduocacione ecclesie sancti Bartholomei extra Linc' (procuratores nostros constituimus per
presentes . Ratum habentes 7 firmum quicquid per eosdem
uel eorum alterum factum seu ordinatum fuerit in premissis .
10 In cuius rei testimonium sigillum nostrum commune presentibus fecimus apponi . Dat' apud Seleby . vj° kalendas
Maij . anno domini . M°. cc°. nonagesimo . quinto.

Endorsed : Pro ecclesia sancti Bartholomei.
Strip for seal.　Size : 7¼ x 2⅜ inches.
Texts : MS—Orig. Dij/74/2/32.　Chor. I, no. 26.　Chor. II. no. 35 (*begins at* de
Hauteb' *in l.* 3).
Var. R. : [1] Bolton Chor. I, no. 26　Chor II, no. 35.

ADD. CHART.

473. Grant by Almaric archdeacon of Bedford, rector of
North Kelsey, to Stephen of Stainsby of a grange and toft which
he bought, for a yearly render by Stephen of twelve pence to the
dean and chapter of Lincoln. (1231–1244.)

Sciant presentes 7 futuri quod ego Amauricus archidiaconus
Bedeffordie . rector ecclesie de Northkelles' dedi 7 concessi 7
hac presenti carta confirmaui Stephano de Stienebi pro
seruicio suo grangiam 7 tofftum cum pertinenciis . quam
5 grangiam 7 quod tofftum emi de Hugone de Huffledia Habend'
7 tenend' sibi 7 heredibus suis uel assignatis suis libere 7
quiete Reddendo annuatim capitulo Lincolnie . duodecim .

denarios . videlicet . sex . denarios ad festum sancti Michaelis
7 sex denarios ad Pasca pro omni seculari seruicio exactione
10 7 demanda . Totum etiam ius 7 totum clamium quod ego
Amauricus habui uel unquam habere potui in dicto tenemento .
dicto Stephano 7 heredibus suis uel suis assignatis in perpetuum quietum clamaui . Et ut hec mea donacio . concessio
7 quieta clamacio firmitatem perpetue stabilitatis obtineant ·
15 huic carte sigilli mei impressionem apposui Hiis testibus .
domino Paulino Peyuere magistro Petro Peyuere . Matheo
decano Bedefford' . Fulcone de sancto Johanne . Waltero
Limerun . Gerardo de Herdebi 7 aliis.

No ancient endorsement.
Tag for seal. Size : 8 x 3⅜ inches.
Text : MS—Orig. Dij/87/2/3.
Note : Almaric of Bugden was archdeacon of Bedford from 1231—1244.

ADD. CHART.

474. Grant by sir Gilbert of Stainsby in his prosperity to the
altar of Saint Andrew of Ashby [Puerorum] of half an acre in
Stainsby. (Circa 1260.)

Carta G[ilber]ti de [Staue]nisb' (rubric in Chor. I).
Vniuersis sancte matris ecclesie filiis ad quos presens
scriptum peruenerit dominus Gilbertus de Stauenisby in uero
Salutari salutem . Nouerit uniuersitas uestra me in bona
5 prosperitate mea dedisse concessisse 7 hac presenti carta
mea confirmasse deo 7 altari beati Andree de Askeby pro
anima mea 7 pro omnibus delictis meis si aliquo tempore
aliquid contra sanctam ecclesiam deliqui vnam dimidiam
acram prati in territorio de Stauenisby iacentem in duas
10 partes . Cuius prati vna pars iacet inter terram arabilem
dicti Gilberti de Stauenisby uersus solem . 7 inter pratum
domine Elicie vidue de eadem uersus occidentem . alia uero
pars illius prati iacet inter pratum Roberti filii Beatricie
uersus solem 7 inter pratum Roberti Douht de Henderby
15 uersus occidentem . Habendum . 7 tenendum de me 7
heredibus meis uel meis asignatis deo 7 altari beati Andree
de Askeby inperpetuum . libere . quiete . salute . integre .
7 pacifice . Ego uero Gilbertus 7 heredes mei uel mei assignati
dictum pratum ut supradictum est deo 7 altari beati Andree
20 de Askeby inperpetuum warentizabimus 7 defendemus . Et
ut hec mea donacio atque concessio rata 7 stabilis permaneat ·
presens scriptum sigilli mei munimine roboraui . Hiis testibus .
Thoma Rubeo de Askeby . Roberto de Stauenisby . Roberto
filio Beatricie de Parua Graham' . Michaele de eadem . Simone
25 le Wayt cum multis aliis.

Endorsed : Askeby de dimidia acra prati (13 cent.).
Tag for seal. Size : 8 x 3 inches.
Texts : MS—Orig. Dij/87/2/5. Chor. I, no. 27. Chor. II, no. 36.
Note : The church of Ashby Puerorum was dedicated to Saint Andrew.

475. Grant by Nicholas of Stainsby, son of William of
Hagworthingham, to David son of Thomas of Stainsby of a
toft in Stainsby with a house and three selions of land. (Before
1268.)

　　　　Sciant presentes 7 futuri quod ego . Nicholaus de
Stauennesby filius Willelmi de Hagwrdthingham . dedi
concessi 7 hac presenti carta mea confirmaui . Dauid filio
Thome de eadem . 7 heredibus suis uel suis assignatis . uel .
5　cuicunque 7 quandocunque dare legare vendere . uel . asignare
voluerit . totum illud toftum cum omnibus pertinenciis in
villa de Stauennesby quod quondam fuit Roberti filii Thome
cum vna domo ibidem edificata . iacens inter toftum . Hawisye
filie . Roberti 7 toftum Henrici Bond' . 7 tres seliones terre
10　arabilis in teritorio de Stawennesby . scilicet ex australi
parte uille . duos seliones . iacentes ultra Milnegat . inter
terram Walteri filii Roberti . 7 terram . Roberti . bercarii 7
habutant super Milnebec 7 ex nort parte uille vnum selionem
iacentem ultra viam extendentem uersus Hornecast' pro-
15　pinquiorem terre . Thome filii Walteri 7 vnum capud habutat
super culturam dicti Nicholai 7 aliud capud super Litteldall' .
cum libero introitu 7 exitu infra uillam 7 extra Habendum
7 tenendum . sibi 7 heredibus suis . uel . suis asignatis . de
me 7 heredibus meis . libere quiete . bene in pace 7 honorifice .
20　Redendo inde annuatim . michi 7 heredibus meis . uel . meis
asignatis . duodecim . denarios . ad tres terminos anni scilicet
ad festum sancti Botulfi . quatuor . denarios . 7 ad festum
sancti Andree . quatuor denarios . 7 ad Purificacionem beate
Marie . quatuor denarios pro omni seculari seruicio con-
25　suetudine exaccione secta curie 7 demanda . ad dictum toftum
7 terram pertinentibus . Et ego Nicholaus prenominatus 7
heredes mei . uel . mei asignati predictum toftum cum vna
domo ibidem edificata 7 predictam terram cum omnibus
suis pertinenciis vt prenominatum est ? predicto . Dauid . 7
30　heredibus suis . uel suis asignatis . vt supra dictum est pro
predicto seruicio warantizabimus defendemus 7 in omnibus
adquietabimus contra omnes homines inperpetuum . In
huius rei testimonium huic presenti scripto sigillum meum
apposui . Hiis testibus . magistro Waltero de Stawennesby .
35　Thoma le Rus de Askeby . Roberto filio Beatricie de Graham .
Alano de Winceby . Willelmo Sumeridby . Willelmo de
Salmundby . Willelmo filio Dionisse de Enderby . Willelmo
clerico . 7 aliis.

Endorsed : Staunesby . de vno tofto 7 tribus selionibus terre (13 cent.).
Tag for seal. Size : 9 x 5¾ inches.
Text : MS—Orig. Dij/87/2/6.

ADD. CHART.

476. Grant in alms by David son of Thomas of Stainsby to
master Roger de Herteburn, rector of Ashby [Puerorum] of four
selions of land at Stainsby, for the render of a needle. (1250–1268.)

Sciant presentes 7 futuri quod ego Dauid filius Thome de
Stauenesby concessi . dedi . 7 hac presenti carta mea confirmaui
magistro Rogero de Herteburn' rectori ecclesie de Parua
Askeby 7 successoribus suis in puram 7 perpetuam elemosinam
5 quatuor seliones terre arabilis in teritorio de Stauenesby
videlicet tres seliones insimul iacentes ex australi parte ville
de Stauenesby vltra le Milnegate inter terram Walteri filii
Roberti 7 terram quam Robertus bercarius tenere consueuit
7 abuttant super le Milnebek' . 7 vnum selionem iacentem
10 ex parte boriali dicte ville de Stauenesby vltra viam que se
extendit uersus Hornecastr' iuxta terram Thome filii Walteri
cuius vnum capud abuttat super culturam Nicholai de
Stauenesby 7 aliud super Litteldale . Habend' 7 tenend' de
me 7 heredibus meis uel meis assignatis dicto magistro Rogero
15 7 successoribus suis . cum omnibus pertinenciis in pratis .
pascuis . pasturis in viis in semitis 7 omnibus aliis asiamentis
infra villam 7 extra . libere . quiete . bene 7 in pace . Reddendo
inde annuatim michi 7 heredibus meis uel meis assignatis
vnam acum in festo Pentecostes pro omni seruicio seculari .
20 warda . releuio . maritagio . scutagio . forinseco seruicio 7
omnibus aliis exactionibus . consuetudinibus 7 demandis .
Ego vero predictus Dauid 7 heredes mei uel mei assignati
dictos quatuor seliones cum omnibus pertinenciis sicut prenotatum est supradicto magistro Rogero 7 successoribus
25 suis contra omnes homines 7 feminas warantizabimus .
deffendemus . 7 de omnibus seruiciis tam forinsecis quam
aliis adquietabimus inperpetuum . Et vt hec mea concessio
atque donacio rata 7 inconcussa permaneat inperpetuum (
presens scriptum sigilli mei inpressione corroboraui . Hiis
30 testibus . magistro Waltero de Stauenesby . Thoma le Rus'
de Askeby . Roberto filio Beatricie de Gretham . Alano de
Winceby . Willelmo de Somerby . Willelmo filio Dionisie
de Enderby 7 aliis.

Endorsed : Stauenesby de iiiior. selionibus terre (13 cent.).
Tag for seal. Size : 8¼ x 4¾ inches.
Text : MS—Orig. Dij/87/2/4.
Note : Master Roger de Herteburn was instituted to the church of Ashby
Puerorum on the presentation of the abbot and convent of Selby, in 1250–1 (L.R.S.
xi, 126) ; and the church was vacant by his resignation on 16 February, 1269
(*ibid.*, xx, 35).

ADD. CHART.

477. Grant by David son of Thomas of Stainsby to William

of Langton, rector of Ashby [Puerorum], of four selions in Stainsby.
(1269–1276.)

Carta Dauid de Stauenesby (rubric in Chor. I).

Notum sit omnibus tam presentibus quam futuris quod
ego Dauid filius Thome de Stauenesby concessi 7 confirmaui
domino Willelmo de Langeton' rectori ecclesie de Parua
5 Askeby in puram 7 perpetuam elemosinam quatuor seliones
terre arabilis in teritorio de Stauenesby . illos scilicet seliones
quos magister Rogerus de Herteburn' predecessor suus habuit
de dono meo . Habend' 7 tenend' eidem Willelmo 7 successoribus suis de me 7 heredibus meis cum omnibus pertinenciis
10 suis infra villam de Stauenesby 7 extra . libere . quiete . bene
7 in pace . Faciendo inde seruicium prout continetur . in
carta quam de me habuit predictus magister Rogerus predecessor eiusdem Willelmi . Et ego dictus Dauid 7 heredes
mei uel mei assignati predictos (quatuor seliones cum omnibus
15 pertinenciis suis sicut predictum est . memorato Willelmo 7
successoribus suis contra omnes homines 7 feminas inperpetuum warantizabimus adquietabimus . 7 deffendemus .
Vt autem hec mea concessio atque confirmacio rata 7 inconcussa permaneat in perpetuum presens scriptum sigilli mei
20 impressione corroboraui . Hiis testibus . magistro Waltero de
Stauenesby . Ricardo de Northorp' . Willelmo de Salmandeby .
Roberto de Vppelby . Willelmo de Belton' presbitero .
Willelmo Ruffo de Askeby . Johanne de Thorp' clerico .
Gilberto de Gretham clerico . 7 aliis.

Endorsed : Stanesby de iiij°ʳ. selionibus terre (13 cent.).
Slit for seal-tag. Size : 8¼ x 3½ inches.
Texts : MS—Orig. Dij/87/2/7. Chor. I, no. 28. Chor. II, no. 37.
Note : William of Langton was instituted to the church of Ashby Puerorum
16 February, 1269 ; and the benefice was vacant by his resignation 15 November,
1276, when he is called William de Hamilton (L.R.S. xx, 35, 71).

ADD. CHART.

478. *Inspeximus* by Henry [Mansfield] the dean and the
chapter, of the following declaration of Thomas of Louth, the
treasurer :

Whereas Thomas is dwelling in a lodging on the north side
of the Choristers' lodging, and needs a chamber suitable for his
household ; and whereas he has, by special licence of the
master of the choristers, caused such house for the greater
support of its weight to be erected upon the choristers' wall
which divides their lodging from his own, upon which wall
they had at one time a certain barn built, which was demolished
for the sake of the building of the battlemented wall of the
close ; he the said Thomas hereby declares that he has no

right or possession in the wall by reason of the building of
the house. At Lincoln. 4 April, 1323.

At Lincoln. 4 April, 1323.

De muro choristarum super quem thesaurarius erigi fecit
vnam latrinam (title).

[V]niuersis pateat per presentes . quod nos Henricus decanus
7 capitulum ecclesie Lincoln' litteras dilecti confratris nostri
5 magistri Thome de Luda thesaurarii ac canoni:i ecclesie
prelibate (inspeximus formam que sequitur continentes .
Nouerint vniuersi quod cum ego Thomas de Luda thesaurarius
ecclesie Lincoln' inhabitans hospicium ex parte boriali hospicii
choristarum eiusdem ecclesie situatum indigens quadam domo
10 familie mee apta (pro superfluo nature pondere deponendo :'
huiusmodi domum super murum dictarum¹ choristarum (
qui dictum hospicium meum diuidit ab hospicio eorumdem
choristarum . super quem iidem choriste quoddam orreum
quandoque edificatum habebant . quod propter constructionem
15 muri clausure dicte ecclesie (cum propugnaculis erecti dirutum
fuit (vt veraciter intellexi :' erigi fecerim (de magistri eorundem
choristarum licencia speciali :' profiteor 7 concedo pro me 7
successoribus meis habitatoribus dicti hospicij mei (me
s[eu] ipsos in dicto [mur]o nichil iuri[s vel] possessionis iu[ri]s
20 habere vel poss[e] al[iqua]liter vendicare pretextu ereccionis
di[cte do]mus . que proprietas 7 possessio iuris in dicto muro
ad dictos choristas pertinet ex causa pretacta a me vt premittitur intellecta In cuius rei testimonium [si]gillum meum
huic apposui indenture (inter [me] 7 magistrum dictarum¹
25 choristarum confecte :' 7 sigillum suum alteri parti huius
apposuit indenture . Dat' Lincoln' .ij. nonas . Aprilis anno
domini . millesimo .cccᵐᵒ. vicesimo tercio . Nos autem pro
iure 7 possessione iuris dictorum choristarum in dicto muro
testimonium perhibentes :' sigillum nostrum presentibus
30 apponi fecimus ad maiorem euidenciam premissorum . Dat'
Linc' .ij. nonas Aprilis . anno domini supradicto.

Texts : MS—Chor. I, no. 29.   Chor. II, no. 38.
Var. R. : *The words enclosed in square brackets have been supplied from* Chor. II,
Chor. I *being defective.*   ¹ *sic.*

Add. Chart.

479. Grant by pope Boniface [IX], remitting to those who,
being penitent, shall visit the church of Saint Bartholomew outside
the walls of Lincoln, on the festival of the saint, for two years, forty
days of enjoined penance each time they so visit it ; excepting, however, those who may be visiting the church with a papal indulgence
as yet unexpired. At Saint Peter's, Rome. 12 March, 1391.

Bulla indulgencie sancti Bartholomei (rubric in Chor. II).

Bonifatius episcopus seruus seruorum dei vniuersis Christi
fidelibus presentes litteras inspecturis salutem et apostolicam
5 benedictionem Splendor paterne glorie qui sua mundum
illu[minat] ineffabili claritate pia uota fidelium de clementis-
sima ipsius mages[tate] sperancium precipue benigno fauore
prosequitur cum deuota ipsorum humilitas sanctorum precibus
et meritis adiuuatur cupientes igitur ut ecclesia sancti Bar-
10 tholomei extra muros Lincolnienses congruis [ho]noribus fre-
quentetur . et ut Christi fideles eo libencius causa deuocionis
[c]onfluant ad eandem quo ex hoc ibidem dono celestis gracie
conspexerint se refectos de omnipotentis dei misericordia
et beatorum Petri et Pauli apostolorum eius auctoritate
15 confisi omnibus vere penitentibus et confessis [qui] in festo
eiusdem sancti prefatam ecclesiam deuote uisitauerint annuatim
duos [annos] et totidem quadragenas de iniunctis eis penitenciis
misericorditer relaxamus Volumus autem quod si alias
uisitantibus dictam ecclesiam uel ad eius fabricam seu
20 reparacionem manus adiutrices porrigentibus aut [in]ibi
pias elemosinas erogantibus seu alias aliqua alia indulgencia
imperpetuum vel ad certum tempus nondum elapsum duratura
per nos concessa fuerit presentes littere nullius existunt roboris
uel momenti Data Rome apud sanctum Petrum iiij idus
25 Marcii pontificatus nostri anno tercio.

Texts : MS—Chor. i, no. 30.　Chor. ii, no. 39.
Var. R. : *The words enclosed in square brackets have been supplied from* Chor. ii.

ADD. CHART.

480. Memorandum that sir Henry of Reepham, master and
instructor of the choristers, considering that the church of Saint
Bartholomew, which is a large part of the first foundation of the
choristers, has decreased to such a point that the oblations coming
to it on Saint Bartholomew's day and its vigil do not exceed one
mark, has, at his own expense, obtained the above-written bull
of indulgence, and has delivered it on the feast of the Assumption
[15 August], 1392, to the master of the choristers, on the condition
that the yearly oblations received there beyond one mark shall
be divided equally among the choristers ;　and that this condition
the masters of the choristers have promised faithfully to observe.
1392.

Memorandum quod dominus Henricus de Repham magister
7 instructor choristarum [considerans quod] ecclesia sancti
Bartholomei que est grandis porcio primarie [fundacionis
eorundem] per mundanas varietates 7 exinaniciones ad tantum
5 deuenit decrementum quod oblaciones ad eandem ecclesiam
obuenientes tam in die sancti Bartholomei [quam in] vigilia

M

eiusdem vnam marcam annuam non eccedunt . Volens quod
dictus dominus [Henricus] ob [singularem] affeccionem quam
versus dictos choristas gerebat eorum incrementum in [hac
10 parte pro] viribus procurare bullam papalem remissionis 7
indulgencie suprascriptam fecerat [impetrari sumptibus propriis 7 expensis . ac eandem bullam] in festo Assumpcionis
beate Marie virginis [anno] domini Mº [cccº nonagesimo]
secundo magistro dictorum choristarum realiter liberauit
15 [sub hac tamen] condicione quod omnes oblaciones ad dictam
ecclesiam sancti Bartholomei in festo [7 in vigilia eiusdem
annuatim] obuenientes vltra vnam marcam ad quam oblaciones
ibidem vt predicitur [extendere se] solebant inter dictos
choristas equiualenter diuidantur [7 eisdem] in manibus
20 realiter liberentur 7 istam condiccionem [omnes magistri]
dictorum choristarum gratanter admiserunt et quod perpetuis
futuris temporibus [debeat] obser[uari] fideliter promiserunt.

Texts : MS—Chor. i, no. 31 (written wholly in red ink). Chor. ii, no. 40.
Var. R. : The words enclosed in square brackets have been supplied from Chor. ii.

ADD. CHART.

481. Presentation of John of Raventhorpc to the vicarage of
Hibaldstow. At Lincoln. 13 August, 1329.

Vnde vacante dicta vicaria per mortem Galfridi de Whyten'
vltimi vicarii eiusdem dicta . . priorissa 7 conuentus de Goukewell' requisite per magistrum Walterum de Maydenstan'
subdecanum (Rogerum de Rothewell' comporcionarium
5 prebende de Kyrketun 7 Johannem de Scalleby canonicum
Linc' 7 custodem choristarum in eadem ecclesia Lincoln' (
vt presentarent coniunctim ad eandem (sicut fieri consueuit :
hac¹ facere renuerunt (7 quemdam alium per se ad ipsam
vicariam presentarunt (quo viso alii tres Johannem de
10 Raunthorp' capellanum per dictum magistrum Walterum
nominatum ad ipsam vicariam . . episcopo presentarunt :
sub hac forma . Reuerendo in Christo patri ac domino (
domino Henrico dei gracia episcopo Linc' (sui humiles 7
deuoti Walterus de Maydenstan' subdecanus (Rogerus de
15 Rothewell' canonicus ecclesie Linc' comporcionarius prebende
de Kyrketon' (Johannes de Scalleby canonicus Linc' custos
choristarum in eadem ecclesia Linc' (obedienciam cum
omnimodis subieccione reuerencia 7 honore debitis tanto
patri . Ad vicariam ecclesie de Hybaldestowe vestre dyocesis
20 per mortem domini Galfridi de Whyten' vltimi vicarii eiusdem
vacantem (7 ad nostram presentacionem spectantem (
dilectum nobis in Christo dominum Johannem de Rauenthorp'
capellanum per me Walterum subdecanum predictum hac
vice ad vicariam predictam specialiter nominatum (vestre
25 reuerende paternitati presentamus (supplicantes humiliter 7

deuote ⟨ quatinus eundem dominum Johannem ad dictam
vicariam velitis admittere ⟨ ipsumque vicarium canonice in
eadem instituere ⟨ vlterius que exequi in hac parte ⟨ quod
ad officium vestrum pastorale dinoscitur pertinere . Ad
30   regimen ecclesie vestre vos [conseruet[2]] altissimus per tempora
feliciter duratura . Dat' Linc' idus Augusti . anno domini ⟨
millesimo ⟨ ccc[mo]. xxix.

Texts : MS—Chor. i, no. 32.   Chor. ii, no. 41.
Var. R. :   [1] hanc Chor. ii.   [2] *supplied from* Chor. ii.
Note : The prebendary of Welton Ryval had a portion of the tithes of Kirton
in Lindsey.

ADD. CHART.

482. Memorandum of the last presentation to the vicarage of
Hibaldstow. 25 October, 1381.

Et memorandum quod magister Johannes de Beluero
subdecanus 7 porcionarius de Hybaldstowe vltimo nominauit
Johannem Olneyth de Boturwyk' ad dictam vicariam de
Hybaldstowe de consensu magistri Petri de Dalton' por-
5   cionarii eiusdem et magistri Johannis de Warsorp'[1] magistri
puerorum secundum tenorem 7 formam prescriptam vicesimo
quinto die mensis Octobris anno domini millesimo ccc[mo]
octogesimo primo.

Texts : MS—Chor. i, no. 33.   Chor. ii, no. 42.
Var. R. :   [1] Warsopp' Chor. ii.

ADD. CHART.

483. Mandate of the Official of the Archdeacon of Lincoln
commanding the dean of Lafford to recover from the prior and
convent of Haverholme the arrears of a yearly pension of one
hundred shillings granted by them to the dean and chapter of
Lincoln. At Lincoln. 3 May, 1355.

Officialis domini arch[idiac]oni Lincoln' decano Lafford'
salutem in Auctore salutis . Ex parte venerabilium virorum
decani 7 capituli ecclesie Lincoln' nobis extitit conquirendo
monstratum quod cum olim prior 7 conuentus vtriusque
5   sexus prioratus de Hauerholm' ecclesias parochiales Veteris
Laffordie[1] 7 medietatem ecclesie parochialis de Ryskyngton'
in archidiaconatu nostro Linc' [in] propriis vsibus obtinentes .
ad soluendum annuatim singulis annis vnam pensionem
centum solidorum eisdem capitulo 7 ministris eiusdem ecclesie
10   ad duos anni terminos pro equali porcione videlicet medietatem
dicte summe infra octabas sancti Martini in yeme 7 aliam
medietatem infra octabas Pasce proxima sequentis hactenus
fuerunt 7 sunt astricti pariter 7 obligati prout ex inspeccione
munimentorum sigillo eorundem religiosorum communi con-
15   singnatorum que visui supposuimus nobis constat euidenter
execucio que ad compellendum eosdem religiosos ad solucionem dicte annue pensionis quocienscumque 7 quandocunque

in huiusmodi pensionis solucione vel aliqua parte eiusdem
cessauerint vel ipsam non soluerint terminis ad hoc statutis
20 7 superius declaratis de consensu eorundem religiosorum in
scriptis redactis per predecessores nostros qui pro tempore
fuerant archidiaconi Linc' nobisque extitit 7 est commissum
Dicti tamen religiosi prout intelleximus huiusmodi pensionem
prefatis capitulo 7 ministris dicte ecclesie Lincoln' pro duobus
25 terminis videlicet pro terminis Pasce 7 sancti Martini in yeme
vltimo preteritorum hucusque soluere aut de eadem satisfacere
non curauit² set minus iuste dictam pensionem soluere con-
tempserunt Vnde idem capitulum 7 ministri ad nos accedentes
nobis supplicarunt vt dictos religiosos ad solucionem dicte
30 annue pensionis pro terminis supra dictis per eos subtracte
induceremus 7 eosdem per sequestracionem fructuum 7
prouentuum omnium 7 singulorum ad dictam ecclesiam
parochialem Veteris Lafford' 7 medietatis ecclesie de Ryskyngton' ad dictos religiosos³ qualitercunque pertinentes inuentos
35 siue obuenturos³ soluere compellamus prout nobis ad hoc
faciendum quociens in solucione dicte pensionis cessauerint
de eorum expresso concensu in munimentis super hiis per
eosdem confectis patet euidenter Nos igitur prefatis dominis
capitulo ecclesie Lincoln' 7 ministris eiusdem in hac parte
40 volentes facere iusticie complementum vt tenemur vobis in
virtute obediencie qua nobis estis astricti firmiter iniungendo
mandamus quatenus priorem dicti monasterii de Hauerholm'
[si ipsum] personaliter inuenire poteritis alioquin ad ecclesiam
parochialem Veteris Lafford' . 7 medietatis ecclesie de
45 Ryskyngton' . [quas iidem] religiosi habent in propriis vsibus
personaliter accedentes coram procuratoribus eorundem
religiosorum ac [etiam ca]pellanorum parochialium in dictis
ecclesiis ex parte eorundem religiosorum morantibus palam
7 publice nuncietis Ac eciam [priorem 7] conuentum de
50 Hauerholm' moneatis 7 inducatis quod de dictis centum
solidis que a retro sunt pro terminis supra [dictis] prefatis
capitulo ecclesie Lincoln' 7 eius ministris infra quindecim
dierum spacium a tempore monicionis [vestre per] vos in
hac parte eis faciende continue numerandorum sepedictis
55 capitulo ecclesie Linc' 7 eius ministris integre [satisfaciat]
prout tenetur indilate alioquin fructus vniuersos 7 prouentus
ad dictam ecclesiam parochialem 7 medietatis² alterius ecclesie
[ad dictos] religiosos spectantes qualitercumque prouenientes
inuentos aut obuenturos ex tunc sequestretis 7 sub [arto]
60 custodiri faciatis sequestro quousque de dicta summa pecunie
que a retro est eisdem plenarie fuerit satisfactum Ad que
omnia 7 singula facienda 7 exequenda vobis vices nostras
committimus cum cohercionis canonice potestate In cuius
rei testimonium sigillum meum presentibus apposuimus Dat'

65 Linc' v. nonas Maij anno [domini] millesimo ccc^{mo} quinquagesimo quinto.

Texts : MS—Chor. I, no. 34.   Chor. II, no. 43.
Var. R. : *The words enclosed in square brackets are supplied from* Chor. II.
¹ Chor. II. *adds, in a later hand,* 7 Querinton'.   ² *sic.*   ³ *this should probably read,*
pertinentes qualitercunque pertinentium inuentorum siue obuentorum.

Add. Chart.

484. Citation by Simon [Langham] the dean to Henry rector
of Gumley [co. Leicester] to account to the choristers with regard
to a yearly pension. At Lincoln. 7 July, 1356.

[Si]mon decanus 7 capitulum ecclesie cathedralis Lincoln'
discreto viro domino Henrico rectori ecclesie parochialis de
Gromundesley salutem in Autore salutis Vos tenore presentis
peremtorie citamus quod die Lune proxima post festum
5   sancti Michaelis archangeli proxima futura in capitulo dicte
cathedralis ecclesie Lincol' coram nobis aut dicti capituli
causarum auditore quocunque personaliter comperiatis
choristis dicte ecclesie Linc' super iniusta detencione 7
subtraccione cuiusdam annue pensionis eisdem choristis
10   debite [de] iusticia responsuri 7 iuri in omnibus parituri
vlteriusque facturi et recepturi quod fuerit iustum
[Sciturum] quod super tradicione presentium vobis fideliter
facienda latore earundem nuncio nostro speciali vobis in
[hac] parte iurato fidem firmam volumus adhiberi Dat'
15   Linc' die translacionis sancti Thome martiris anno [domini]
millesimo c°c°c° quinquagesimo¹ sexto.

At foot of folio :—Secundo . . . . . martis prox' ante festum sancti [Petri]
in cathedra.
Texts : MS—Chor. I, no. 35.   Chor. II, no. 44.
Var. R. : ¹ *for* quinquagesimo *read* lx Chor. II.

Add. Chart.

485. Memorandum of a bond dated at Coventry, 2 August,
1332, of the prior and convent of Coventry to pay to the vicar of
Saint Margaret's, Leicester, or the dean of Christianity, Leicester,
for the use of the choir-boys, the yearly pension of two marks,
which previously was payable to the treasurer or sacrist of Leicester
abbey for the same use. At Coventry. Circa 1332.

Memorand' (quod cum religiosi viri . . prior 7 conuentus
monasterij de Couentre (qui ad pensionem annuam thesaurario
vel sacriste monasterii beate Marie Leycestr' ad opus choristarum de choro ecclesie Lincoln' in octabas sancti Martini
5   ecclesie Lincoln' persoluendam obligabantur (pensionem
huiusmodi soluere per aliqua tempora . recusassent (licet
eandem per multa tempora dictis choristis Lincoln' per-
soluissent . Dictique thesaurarius 7 sacrista (faciente suo . .

abbate (huiusmodi pensionem recipere recusassent . licet
10 eam per multa tempora recepissent . 7 hoc pro eo (quod
capitulum Lincoln' ad eos compellendos (nichil pro se inuenire
poterant . quare eos ad recepcionem huiusmodi artari debebant .
Demum ad instanciam Henrici secundi Lincoln' episcopi (
dictis . . priori 7 conuentui de Couentr' presentis (iidem . .
15 prior 7 conuentus obligarunt se per litteram eorum patentem
ad soluendam dictam pensionem annis singulis termino
consueto in ecclesia prebendali beate Margarete Leycestr' (
ipsius ecclesie . . vicario (vel . . decano christianitatis eiusdem .
cuius quidem littere tenor talis est.
20   Vniuersis Christi fidelibus ad quos presentes littere
peruenerint (Frater Henricus ecclesie cathedralis Couentr'
prior (7 eiusdem loci conuentus (salutem in domino
sempiternam . Nouerit vniuersitas vestra (quod cum per
quoddam scriptum sigillo nostro communi consignatum
25 teneamur 7 firmiter obligamur deo 7 ecclesie beate Marie
Lincoln' ad augmentum cultus diuini in eadem (in duabus
marcis annuis in vsus 7 vtilitatem ministrorum dicte ecclesie
Lincoln' secundum disposicionem bone memorie domini
Ricardi dei gracia olim Lincoln' episcopi aut successorum
30 suorum episcoporum Lincoln' . . decanique 7 capituli ecclesie
Linc' conuertendis (ac soluendis annuatim integre 7 plenarie
ad opus predictum . . thesaurario beate Marie de Pratis
Leycestr' vel . . sacriste eiusdem infra octabas sancti
Martini (prout in dicto scripto nostro vidimus contineri .
35 Dominusque Ricardus dum vixit (ac . . decanus 7 capitulum
supradicti ordinauerunt 7 disposuerunt (quod dicte due
marce cedant in vsus 7 vtilitatem puerorum choristarum
dicte ecclesie Lincoln' qui easdem per manus thesaurarii
predicti per non modica tempora receperunt . 7 nunc prout
40 accepimus (. . abbas monasterii beate Marie de Pratis (7
eiusdem . . thesaurarius (ac . . sacrista ad recipiendum dictam
pecuniam nomine dictorum puerorum se reddant difficiles
atque duros (propter quod iidem pueri pecuniam predictam
tardius quam deberent multociens assequuntur . Vnde nos
45 ad instanciam 7 rogatum reuerendi in Christo patris domini
Henrici dei gracia nunc episcopi Lincoln' (7 capituli ecclesie
Lincoln' predicti volentes (quoad solucionem predicte
pensionis annue predictis pueris prospicere cum nostra
indempnitate quantum poterimus ne dicta pensione defraud-
50 entur (aut ipsam tardius assequantur (concedimus pro
nobis 7 successoribus nostris (nos dictas duas marcas soluturi
annis singulis in futurum in octabis sancti Martini termino
ad hoc ab olim constituto ad opus puerorum predictorum in
ecclesia prebendali beate Margarete Leycestr' . . vicario
55 eiusdem ecclesie (vel . . decano christianitatis Leycestr' qui

pro tempore fuerit (quorum quilibet predictam pensionem
nomine . . decani 7 capituli ac puerorum predictorum (
nobisque acquietanciam de receptis sub sigillo decani predicti
vel alio autentico libere faciendam (ab eisdem . . decano 7
60 capitulo sufficientem habeat potestatem[1] . Et ad hoc nos 7
successores nostros firmiter obligamus . Ita quod predicti
. . decanus 7 capitulum erga dictos . . abbatem . . thesaurarium
7 . . sacristam ac alios quoscunque Lincoln' ciuitatis 7
dyocesis (occasione solucionis predicte nos 7 successores
65 nostros in posterum saluent 7 conseruent indempnes . In
cuius rei testimonium (sigillum capituli nostri commune
presentibus duximus apponendum . Dat' Couentr' in capitulo
nostro in crastino sancti Petri ad Vincula . anno domini (
millesimo . ccc^{mo}. tricesimo . secundo.

Texts : MS—Chor. I, nos. 36 and 37. Chor. II, nos. 45 and 46 (the text of 46
is missing after *quilibet* in l. 56).
Var. R. : [1] The sentence is corrupt, but the meaning is that the vicar and the
dean shall have power to receive the pension, and to give an acquittance for it, in
the name of the dean and chapter and the boys. Cp. nos. 486 and 487, below.

ADD. CHART.

486. Indemnity granted by the Dean and Chapter, in consideration of the preceding bond, to the prior and convent of
Coventry, and the treasurer and sacrist of Leicester. At Lincoln.
9 August, 1332.

Vniuersis Christi fidelibus ad quos presentes littere
peruenerint (. . subdecanus 7 capitulum ecclesie Lincoln' (
. . decano eiusdem extra regnum agente (salutem in domino
sempiternam . Nouerit vniuersitas vestra (quod cum religiosi
5 viri . . prior 7 conuentus ecclesie cathedralis Couentr' per
quoddam scriptum teneantur 7 firmiter obligantur[1] deo 7
ecclesie nostre Lincoln' ad augmentum cultus diuini in eadem
in duabus marcis annuis in vsus 7 vtilitatem ministrorum
dicte ecclesie nostre secundum disposicionem bone memorie
10 domini Ricardi dei gracia olim Lincoln' episcopi aut successorum suorum episcoporum Lincoln' . . decanique 7 capituli
nostri Lincoln' conuertendis (ad soluendum annuatim
integre 7 plenarie ad opus predictum (. . thesaurario
monasterii beate Marie de Pratis Leycestr' (vel . . sacriste
15 eiusdem infra octabas sancti Martini (prout in dicto scripto
suo plenius continetur . Dominus que Ricardus episcopus
dum vixit (ac . . decanus 7 capitulum supradicti ordinauerunt
7 disposuerunt (quod dicte due marce cedant in vsus 7
sustentacionem puerorum chori dicte ecclesie nostre Linc'
20 qui easdem per manus thesaurarii predicti per non modica
tempora receperunt . Et nunc . . abbas monasterii beate
Marie de Pratis 7 eiusdem loci thesaurarius ac sacrista ad
recipiendum dictam pecuniam nomine puerorum predictorum

25 se reddant difficiles atque duros ⸌ propter quod iidem pueri
pecuniam predictam tardius quam deberent multociens
assequntur . Vnde predicti religiosi ad instanciam ⁊ rogatum
reuerendi in Christo patris ⁊ domini ⸌ domini Henrici dei
gracia nunc Lincoln' episcopi ⁊ nostram volentes quoad
solucionem annue pensionis predicte prefate ecclesie nostre
30 ⁊ pueris predictis prospicere ⸌ cum sua tamen prout decet
indempnitate pro se ⁊ successoribus suis se dictas duas marcas
soluturi annis singulis in futurum in octabis sancti Martini
ad opus puerorum predictorum in ecclesia prebendali beate
Margarete Leycestr' . . vicario eiusdem ecclesie ⸌ vel . . decano
35 christianitatis Leycestr' qui pro tempore fuerit iam denuo
concesserunt . Nos vero gratuitus obligacionem ⁊ concessionem ⸌ ac concedencium benignitatis promptitudinem
propensius considerantes vt quietius Altissimo valeant
famulari ⸌ eisdem religiosis vnanimiter concedimus ⁊ pro-
40 mittimus bona fide quod erga prefatos . . abbatem . .
thesaurarium . . sacristam ⁊ alios quoscunque Lincoln'
ciuitatis ⁊ dyocesis ab omnimodis tribulacionum incursibus ⁊
calumpniis hac occasione inferendis eisdem ipsos immunes
seruabimus ⁊ indempnes . Seruata semper forma solucionis
45 predicte per eos nouissime iam concessa . . vicario vel . .
decano predictis ⸌ vt prefatam pensionem recipiant termino
⁊ loco supradictis . ⁊ eosdem religiosos de receptis libere
adquietent nomine nostro ⁊ puerorum predictorum sub
sigillo . . decani predicti vel alio autentico plenam ex nunc
50 tenore presencium concedimus potestatem ⸴ In cuius rei
testimonium sigillum capituli nostri commune presentibus
duximus apponendum . Dat' Lincoln' in vigilia sancti
Laurencii . anno domini .Mᵒ. CCCᵒ. xxxᵒ. secundo.

Text : MS—Chor. i, no. 38.
Var. R. : ¹ sic.

ADD. CHART.

487. Appointment by the Dean and Chapter of the said vicar
and the dean of Christianity as their attorneys to receive the
said pension. At Lincoln. 21 October, 1332.

Nouerint vniuersi presentes litteras inspecturi ⸌ quod cum
religiosi viri . . prior ⁊ conuentus ecclesie cathedralis Couentr' ⸌
duas marcas annis singulis in octabis sancti Martini ad opus
puerorum choristarum in ecclesia Lincoln' . . vicario ecclesie
5 prebendalis sancte Margarete Leycestr' . vel . . decano
christianitatis Leycestr' ad hoc specialiter deputatis coniunctim ⁊ diuisim in dicta ecclesia sancte Margarete soluere
teneantur ⸴ Nos . . subdecanus ⁊ capitulum ecclesie Lincoln'
predicte . . decano eiusdem absente ⸌ ad recipiendum nomine
10 ⁊ ad opus dictorum puerorum annis singulis termino loco

superius nominatis predictas duas marcas . 7 ad faciendum
eisdem religiosis de eisdem cum 7 prout ipsas receperint (
sufficientes adquietancias siue appochas de soluto (sigillo
officii decanatus christianitatis predicte vel alio auctentico
15 consignatas (predictos . . vicarium 7 . . decanum coniunctim
7 diuisim 7 quemlibet eorum per se 7 insolidum nostros 7
eorundem puerorum sub nostra custodia existencium (veros
7 legittimos procuratores (siue attornatos (ordinamus (
facimus 7 constituimus per presentes . Ratum (gratum 7
20 firmum habentes 7 habituri quicquid iidem vicarius 7 . .
decanus vel alter eorundem nomine nostro 7 dictorum
puerorum fecerint vel fecerit in premissis . Prouiso (quod
ipsi vel alter eorum qui predictas duas marcas receperit (
nobis ad opus dictorum puerorum de eisdem prout ipsas
25 receperint (integre respondere teneantur . In cuius rei testimonium (sigillum nostrum commune presentibus fecimus
apponi . Dat' Lincoln' .xij. kalendas Nouembris . anno domini
millesimo .ccc°. tricesimo . secundo.

Text : MS—Chor. i, no. 39.

ADD. CHART.

488. List of obits in respect of which yearly payments are
due to the Choir-boys.   Circa 1330.

Obitus choristarum per annum.

	Obitus Willelmi de Ingham	..	.. ..	xijd.
	Ob' Simonis de Barton'	..	.. .. ..	xijd.
	Ob' Willelmi de Hemyngburgh'	..	.. ..	xijd.
5	Ob' Willelmi de Lexington'		.. .. ..	xijd.
	Ob' Ricardi de Mepham	..	.. .. ..	xijd.
	Ob' Juliane Benet'	..	.. .. ..	xijd.
	Ob' Nicholai Hiche	..	.. .. ..	ijs.
	Ob' Thome de Parariis	..	.. .. ..	xd.
10	Ob' Roberti Cadenay	..	.. .. ..	xijd.
	Ob' Ade de Brampton'	..	.. .. ..	xijd.
	Ob' Oliueri episcopi	..	.. .. ..	ijs.
	Ob' Henrici de Cicestria	..	.. .. ..	xijd.
	Ob' Henrici Burgherssh'	..	.. .. ..	xviijd.
15	Ob' Roberti Burgherssh'	..	.. .. ..	xviijd.
	Ob' Willelmi de Hancton'		.. .. ..	xijd.
	Ob' Ricardi Graueshend	..	.. .. ..	ijs.
	Ob' Henrici Edenestowe	..	.. .. ..	ijs.
	Ob' Johannis Vndill'		.. .. ..	xijd.
20	Ob' Johannis Dalderby	..	.. .. ..	ijs.
	Ob' Johannis Wydyngton'		.. .. ..	xijd.
	Ob' Ricardi de Stretton'	..	.. .. ..	xijd.
	Ob' Petri de Columpna	..	.. .. ..	xvjd.

	Ob' Willelmi Aueton'	..	..	..	..	xijd.
25	Ob' Johannis Flemyng'	..	..	..	..	xijd.
	Ob. Egidii Rufi	..	..	..	..	xijd.
	Ob' Rogeri filii Benedicti	..	..	..	..	xijd.
	Ob' Johannis Haryngton'	..	..	..	..	xxd.
	Ob' Thome de Luda	..	..	..	..	xijd.
30	Ob' Walteri Stauren'	..	..	..	..	xiiijd.
	Ob' Alani de Ebor'	..	..	..	..	xijd.
	Ob' Johannis Maidenston'	..	..	..	xijd.
	Ob' Willelmi Thornton'	..	..	..	..	xijd.
	Ob' Thome de Sutton'	..	..	..	..	xijd.
35	Ob' Heruei de Luda	..	..	..	..	xijd.
	Ob' Henrici Benyngworth'	..	..	..	xijd.
	Ob' Roberti Lacy	..	..	..	..	xijd.
	Ob' Simonis Baumburgh'	..	..	..	..	xviijd.
	Ob' Ricardi de Sutton'	..	..	..	..	xijd.
40	Ob' Johannis Derby	..	..	..	..	vjd.
	Ob' Roberti de Marisco	..	..	..	..	xijd.
	Ob' Johannis Brakhall'	..	..	..	..	xviijd.
	Ob' Mathei de Bokyngham	..	..	..	xviijd.
	Ob' Henrici Lexington'	..	..	..	..	iijs.
45	Ob' Ricardi Rothewell'	..	..	..	..	xijd.
	Ob' Ricardi Witwell'	..	..	..	..	xviijd.[1]
	Summa liijs.					

Text : MS—Chor. I, no. 40.

Var. R. : [1] *This entry is by a later 14th century hand.* *Whitwell died circa* 1352.
Note : This list of obits contains almost the same names as the list in Schalby's
Martilogium, which is printed in *Linc. Cath. Statutes* ii, pp. ccxlii–vi.

REGISTRUM CHORISTARUM II

ADD. CHART.

489. Appropriation by bishop John [Buckingham], of the
church of Irby [in the Marsh] to the master of the choristers and
the choristers for the augmentation of their maintenance, saving
a yearly pension of two shillings to the bishop. The choristers
also, before the bishop's death and after, are daily to sing an
antiphon at his tomb in the choir. At Dorchester. 29 May,
1380.

Appropriacio ecclesie . de . Irby (rubric).

Uniuersis sancte matris ecclesie filiis presentes litteras
inspecturis 7 precipue omnibus 7 singulis quorum interest
vel interesse poterit quomodolibet in futurum Johannes
5 permissione diuina Linc' episcopus . salutem in Eo qui est
omnium vera salus . Pastoralis officii sollicitudinem decet

deuotissime circa pietatis opera se exibere promptam 7
deuotam 7 presertim circa ea que ad profectum tendunt
cultus diuini liberalem pariter 7 attentam vt in suo statu
10 permaneant feliciter ordinata ne pereant 7 ad non esse
declinent que diuino instinctu fuerant sanctissime instituta .
Exhibite nobis siquidem pro parte choristarum in ecclesia
nostra Lincoln' . fundatorum peticionis series continebat .
quod cum celebris memorie Ricardus episcopus Linc' pre-
15 decessor . noster duodecim pueros nomine choristas in ecclesia
nostra Linc' caractere clericali insignitos considerans maiores
absque suffulcione inferiorum non posse in missis ceteris que
officiis in eadem celebrandis deo altissimo 7 eius piissime
matri obsequium placabile reddere in diuinis tanquam pater
20 7 fidelis dispensator instituit 7 eciam ordinauit et quod prius
pia mente gessit postmodum opere adimpleuit vt ipsi in
agro dominico plantati tanquam palmites fructuosi vigiliis
nocturnis diurnis que laboribus in ecclesia dei iuxta dicti
patris felicem disposicionem fructum afferant 7 augeant
25 actu strenuo iuxta vires Et ne dicti choriste vt adolescentes
secus viam positi veritatis de facili recederent ab eadem .
Statuit idem venerabilis pater quod prenominati choriste
habeant vnum magistrum qui eos in gramadica[1] 7 litterarum
sciencia instruat 7 informet 7 vnum canonicum qui magister
30 choristarum superiorum vulgariter nuncupatur . ad superuid-
endum . vt bonis moribus sint ornati vt luna sole que
irradiati scienciam lucis capiant in agendis 7 ne bona eisdem
pro neccessariis assignata inaniter 7 pueriliter sint vastata
et vt ipsi tanquam boni indoles de gradu in gradum 7 de
35 virtute in virtutem transientes labore 7 meritis eorundem
id exigentibus ad laudem dei in eadem ecclesia ad gradum .
assumi valeant altiorem aliis in complecionem prefati numeri
subrogandi . Et licet idem pater ipsos iuuenes pro eorum .
victu quibusdam pensionibus 7 ecclesiis tunc dotasset dicte
40 tamen pensiones per subtraccionem 7 iniuriosam detencionem
eorum qui ad solucionem eorundem sunt 7 fuerunt astricti
bona fide adeo sunt diminute quod eas recuperare non possunt
absque sumptibus grauibus 7 expensis quas supportare
choriste nequeunt supradicti Dicte que ecclesie licet ab inicio
45 tempore vnionis 7 assignacionis fuerint tenues 7 exiles nunc
tamen a tempore prime pestilencie populo pro maiori parte
ab eisdem subtracto sic quod prouentus quos ab antiquo
pro eorum sustentacione 7 oneribus percipere consuebant
non mediocriter decreuerunt in valore absque culpa 7 negli-
50 gencia eorundem seu eisdem in aliquo ministrancium que
quidem diminucio non solum inter iuuenes 7 minores viguit
7 viget set eciam quasi morbus inter prouecciores in singulis
partibus habitus religionis a tempore supradicto inualuit

55 manifeste adeo quod facultates quas habent in presenti considerato numero dictorum choristarum sic piissime in dicta ecclesia ordinato absque diminucione numeri pro eorum victu ceteris que oneribus eisdem incumbentibus sufficere non poterunt hiis diebus nisi aliunde eisdem de alicuius vberioris subuencionis remedio succurratur ecclesiam parochialem de
60 Irby iuxta Braitoft cuius ius patronatus eisdem ad effectum vt eam possent sibi facere apropriari legitime est collatum . et que tempore decime currentis ad octo marcas est taxata eorum superiori magistro dictis que pueris 7 eorum successoribus in diuini cultus augmentum ipsorum que puerorum
65 sustentacionem[2] vberiorem ac onerum incumbencium releuamen cum euidens vtilitas 7 vrgens necessitas id deposcant canonice annectere apropriare 7 vnire compassionis spiritu nostra paternitas dignaretur . Vnde nobis lacrimando humiliter supplicarunt vt consideratis causis supradictis 7 aliis per
70 ipsos nobis expositis 7 assignatis eorum indigencie sic notorie patenti benigno affectu compati . dictam ecclesiam de Irby iuxta Braitoft nostre diocesis vt ipsorum choristarum cuius ius patronatus ad ipsos dinoscitur pertinere dicto magistro superiori 7 ipsis choristis antedictis annectere apropriare 7
75 vnire in ipsorum que vsus proprios imperpetuum concedere dignaremur . Nos igitur cupientes quantum cum deo possumus predictis choristis quasi orphanis ac eorum necessitatibus 7 indigenciis paterna mansuetudine prouidere prehabito super hiis cum capitulo ecclesie nostre Linc' diligenti tractatu 7
80 solempni facta que inquisicione solerti super omnibus 7 singulis articulis memoratis quia inuenimus premissa omnia 7 singula veritatem continere . de concensu dilectorum in Christo filiorum capituli ecclesie nostre Linc' predicte vnanimi 7 expresso cause cognicione prehabita 7 aliis de iure requesitis[1]
85 subsequentibus que concessionibus . 7 aliis in huiusmodi apropriacione requisitis primitus obtentis in omnibus iuris ordine obseruato ad dictorum choristarum instanciam omnes 7 singulas causas predictas ad faciendum apropriacionem . huiusmodi legitimas iustas 7 veras fuisse 7 esse pronunciamus
90 ac declaramus predictam ecclesiam de Irby iuxta Braitoft cum ipsius fructibus prouentibus iuribus 7 pertinenciis vniuersis . de concensu capituli ecclesie nostre predicte prehabito vt prefertur prefatis magistro superiori 7 choristis supradictis 7 cetui eorundem imperpetuum apropriamus
95 annectimus 7 vnimus 7 in vsus proprios concedimus in hiis scriptis perpetuis temporibus possidendam 7 obtinendam in diuini cultus augmentum vberiorem que sustentacionem eorundem ac supportacionem onerum predictorum Volumus insuper 7 concedimus quod dicta ecclesia de Irby iuxta Bratoft
100 rectore qui nunc est cedente vel decedente seu si dicta ecclesia

vacet de presenti liceat predictis magistro 7 choristis antedictis 7 eorum successoribus per se vel eorum procuratorem
ad hoc specialiter constitutum dictam ecclesiam auctoritate
nostra 7 precencium litterarum ingredi omnes que fructus
105 redditus 7 prouentus oblaciones 7 iura eiusdem percipere
Necnon de ipsis omnibus 7 singulis disponere prout sibi
videbitur expedire nulla alia auctoritate seu licencia diocesani
super hoc petita vel obtenta . In recompensacionem vero
ecclesie nostre Linc' 7 propter indempnitatem eiusdem ac
110 in signum subieccionis ipsius ecclesie de Irby . que postquam
virtute apropriacionis huiusmodi eiusdem ecclesie vacantis
prefati choriste possessionem obtinuerunt corporalem cum
amplius non vacabit annuum censum siue pensionem annuam
duorum solidorum de fructibus 7 obuencionibus ipsius ecclesie
115 de Irby nobis 7 successoribus nostris Linc' episcopis qui
pro tempore fuerint sede plena 7 ea vacante decano 7 capitulo
ecclesie nostre Linc' predicte vel ipsi capitulo decano in
remotis agente aut decanatu ipso vacante stante apropriacione
supradicta per predictos choristas 7 eorum successores ad
120 festum sancti Michaelis archangeli annis singulis fideliter 7
perpetuo soluendum quem quidem censum annuum siue
pensionem annuam dicte ecclesie de Irby de concensu expresso
dictorum choristarum specialiter reseruamus quem quidem
censum annuum siue pensionem annuam iuxta submissionem
125 in nos factam indicimus 7 imponimus ac decernimus perpetuis
futuris temporibus per choristas supradictos 7 eorum successores in forma premissa fore prestandam fideliter 7
soluendam Vt autem choristarum huiusmodi facultatibus
sic excrescentibus eorum in diuinis obsequiis exinde deuocio
130 augeatur . volumus 7 ordinamus ac eisdem magistro 7 choristis
imponimus 7 adicimus ad premissa quod iidem choriste ad
dei 7 gloriose Virginis matris eius laudem 7 honorem nostri
que memoriam perpetuam tam in vita quam post mortem
ad locum tumuli nostri in choro ecclesie nostre Linc' predicte
135 adinuicem accedentes diebus singulis finito completorio
decantent antiphonam . NESCIENS MATER . a die scilicet
Natalis domini vsque ad festum Purificacionis eiusdem
Virginis 7 ex tunc eciam vsque ad Pasca antiphonam MATER
ORA FILIUM 7 a Pasca vsque ad festum sancte Trinitatis
140 REGINA CELI . 7 vlterius vsque ad festum Natalis reuolutum
MATER ORA FILIUM cum psalmo DE PROFUNDIS 7 cum ora-
cionibus DOMINUS QUI INTER APOSTOLICOS . DEUS QUI NOS
PATREM 7 MATREM . et FIDELIUM DEUS perpetuis temporibus
successiuis pro anima nostra 7 animabus domini Edwardi
145 tercij clare memorie regis Anglie 7 quondam nobilis viri
Thome comitis de Warwyk' patris que 7 matris nostrorum
ac benefactorum nostrorum 7 aliorum fidelium omnium

defunctorum Ordinamus insuper 7 futuris temporibus
inuiolabiliter volumus obseruari quod per vnum presbiterum
150 idoneum stipendiarium 7 mobilem et ad initum ipsorum
magistri et choristarum 7 hoc propter exilitatem fructuum 7
emolumentorum dicte ecclesie deseruiatur laudabiliter 7
congrue ipsi ecclesie vt expedit in diuinis 7 animarum cura
parochianorum eiusdem nullatenus negligatur iuribus dignitate
155 honore libertate officio iurisdiccione visitacione sinodatica
ceteris que oneribus 7 singulis que lege diocesis siue iurisdiccione nobis 7 ecclesie nostre Linc' predicte qualitercumque
competere dinoscitur de 7 in ecclesia de Irby supradicta
nobis 7 successoribus nostris in omnibus semper saluis Si
160 quid vero in premissis seu aliquo premissorum ambiguum
dubium vel obscurum in futurum contigerit illud declarandi
implendi 7 interpretandi nobis 7 successoribus nostris
specialiter reseruamus In quorum omnium testimonium
sigillum nostrum presentibus est appensum Dat' apud
165 Dorchestr' nostre diocesis xxᵒ ixᵒ die mensis Maij anno
domini Mᵒ cccᵐᵒ octogesimo . 7 nostre concens'[1] xviijᵒ.

Texts : MS—Chor. ii, no. 47.   Reg. xii, ff. 211–12.
Var. R. : [1] *sic.*   [2] sustentacionem *is repeated.*

ADD. CHART.

490. Confirmation by the Subdean and Chapter of the preceding appropriation. At Lincoln. 31 May, 1380.

Confirmacio capituli de apropriacione precedenti (rubric).
Et nos subdecanus 7 capitulum ecclesie cathedralis Linc'
decano eiusdem absente premissas apropriacionem annexionem
7 vnionem per suprascriptum venerabilem in Christo patrem
5 7 dominum factas approbamus 7 confirmamus ac eisdem
quantum in nobis est nostrum probemus[1] concensum pariter
7 assensum In cuius rei testimonium sigillum nostrum commune presentibus duximus apponendum Dat' in domo nostra
capitulari Linc' vltimo die mensis Maij anno domini supra-
10 dicto.

Text : MS—Chor. ii, no. 48.
Var. R. : [1] *for* prebemus.

ADD. CHART.

491. Royal licence granted to John de Welbourne and master
Geoffrey Lescrop', for twenty marks paid by the said John, to
alienate in mortmain to John de Warsop, master of the choristers,
and the community of choristers, the advowson of the church of
Irby by Braitoft, not held in chief ; and licence to the master

and community to receive the church and appropriate it in aid of their maintenance. At Westminster. 20 February, 1380.

Text : MS—Chor. ii, no. 49 (the latter part of the text is missing). Pd—*C.P.R.* 1377–1381, p. 438 (calendared).

ADD. CHART.

492. Part of a grant by Patrick . . . . to certain persons of a plot of land together with the advowson of the church of . . . . At Irby le Marsh. 5 August, 1357.

Et ego vero predictus Patricius 7 heredes mei predictam placeam terre simul cum aduocacione ecclesie predicte cum omnibus pertinenciis suis predictis dominis Ricardo Johanni magistris Antonio Radulfo Galfrido domino Ade
5 Nicholao Radulfo 7 Roberto heredibus eorum 7 eorum assignatis contra omnes gentes warantizabimus imperpetuum In cuius rei testimonium huic presenti carte sigillum meum apposui Hiis testibus dominis Johanne de Wylughby Willelmo Tawtheby militibus Willelmo de Skyppewyth' Thoma de
10 Cumburworth' Johanne de Hawlȝe Dat' apud Irby quinto die mensis Augusti anno regni regis Edwardi tercij post conquestum xxxj^{mo} 7 anno domini millesimo ccc^{mo} l^o septimo.

Text : MS—Chor. ii, no. 50 (the earlier part of the text is missing).
Note : The grantor is perhaps Patrick son of Sir William Skipwith, since most of the witnesses were connected with that family.

ADD. CHART.

493. Letters of John Percy, subdean, Vincent Clement, prebendary of Welton Ryval and porcionary of the prebend of Kirton in Lindsey, and Philip Tylney, canon residentiary and master or warden of the choristers, and also of the prioress and convent of Gokewell, to bishop John [Chedworth], presenting, on the nomination of the said Philip whose turn it is, Richard Cales, priest, to the vicarage of Hibaldstow, now vacant by the death of John Reve. At Lincoln. 5 July, 1453.

Text : MS—Chor. ii, no. 52.

ADD. CHART.

494. Note of a presentation to the vicarage of Hibaldstow by master Simon Grene *alias* Foderby, precentor and residentiary, and at that time master or warden of the choristers' house [*unfinished*]. 14 December, 1523.

Text : MS—Chor. ii, no. 53.
Note : The name of the vicar, which is not given in the text, was William Wardale, who was instituted 12 March, 1524 (Reg. xxvii, f. 91d).

Lincolnshire

ASGARBY

Add. Chart.

495. Notification by the chapter of Lincoln that Ralf of Caen, their fellow-canon, has, by their licence, given twelve acres on the east side and ten on the west side in his prebend of Asgarby to Edrich his liege man and his heirs in fee and inheritance, quit of villeinage and all service, for a yearly render of ten shillings. In all that belongs to justice Edrich shall be the liege man of the prebend, and he and his heirs shall be free tenants of Saint Mary of Lincoln, and shall be obedient and subject to Ralf and his successors. (Circa 1150.)

Istud tenementum cum terra tenet Johannes Dammesone.

Capitulum sancte Marie Lincoln' omnibus fidelibus sancte ecclesie salutem Notum sit presentibus 7 futuris Radulphum de Cadamo fratrem nostrum 7 concanonicum nostrum vtilitati
5 prebende sue prouidendo in futuro concessisse 7 dedisse assensu nostro et licencia nostra Edrichio homini suo ligeo 7 heredibus eius xij. acras terre ex orientali parte 7 .x. acras terre arabiles[1] ex parte occidentali cum omnibus pertinentiis suis in prebenda sua de Hasgreby solutas 7 quietas 7 liberas
10 de villenagio 7 ab omni seruicio tenendas in feudo 7 hereditate de eo 7 successoribus eius canonicis prebende predicte Reddendo annuatim .x. solidos . scilicet ad festum sancti Michaelis .ij. solidos vj. denarios . ad Natalem ij. solidos vj. denarios ad Pascha ij. solidos vj. denarios ad festum sancti Botulphi
15 ij. solidos vj. denarios 7 sciendum est quod si prefatus Radulphus uel successores eius canonici quesierint auxilium de hominibus de Hasgreby idem Edrichius uel heredes eius nichil consuetudinis nec seruicii propter terram prenominatam faciant preter .x. solidos prenominatos ad prefatos terminos
20 annuatim reddendos Preterea in omnibus que ad rectam iusticiam pertinebunt erit ipse Edrichius sicut homo ligius prebende de Asgreby 7 idem Edrichius 7 heredes eius sicut liberi tenentes predicte ecclesie sancte Marie Linc' 7 huic Radulpho prefato concanonico illius prebende 7 successoribus
25 eius canonicis erunt obedientes 7 obnoxii . Testes huius conuencionis Fredus subdecanus 7 cantor Willelmus archidiaconus Wigerus Gilbertus filius archidiaconi magister Alexander magister Ran' p[resbiter[2]] . Paganus Hilbertus . Rodbertus de Constanciis Alexander Mallebissa Willelmus
30 filius Fuch' Rogerus celerarius de Reuesbi . . . . . .

Oïbz sče mař eccłie filiuš. ad qš pšeent sc̄ptū puenir̄ Galf̄ de Gaře Hoīr̄ uniuerſiraſ uř̄a me deuiſſe ⁊ dceſſiſſe ⁊ hac mea carta c̄firmaſſe dc̄o ⁊ beare mar̄ ⁊ eccłie ſc̄e margarece de aſḡbi. Turkillū filiū radulfi de luceby nauiui meū cū tota ſequela ſua ⁊ cū tota ſequela ſua. ⁊ oībz karelluſ ſuuſ. libum ſolutū ⁊ qeū de me ⁊ heredib; meuſ impp̄ruū. ⁊ pdc̄e turkilluſ ⁊ heredeſ ſui poſt diſceſſū ipſi reddent dc̄e eccłie ſingł; anuuſ una libram cere ad feſtuutate ſc̄e margarece ⁊ oībz relig; Scit̄ ⁊ q̄ueraciōe pſate eccłie habīda · ſic lib̄ hōmo · Huſ teſtibz; Alano de haredi · Rad capellano de aſḡbi · Bopdino de luceby · Toma filio ał bree · Alano nepore p̄r de ead uiłła · Sunoe pſona de aſkebi · Sc̄tħo de łla uenefor · Hermo śmeorreham de kurkebi · henrico derzo de haredi no *presbiter* Dauid Vlph*us* Hugo Heuerard Lefstan*us* Ricardus Agmund*us* Achard*us* Walterus Ricardus 7 mult[is aliis²].

No ancient endorsement.
Text : MS—Orig. Dij/65/1/8 (a fifteenth century copy on paper cloth). Size : 8¾ x 4¾ inches.
Var. R. : ¹ *sic.*   ² *The document has been injured.*
Note : The first of the witnesses is Humphrey the subdean ; the second is William of Saint Clere, archdeacon of Northampton, who in other charters comes between Humphrey and Wiger (Dij/78/1/63, 64). Ranulfus presbiter appears about 1150 (A807).

ADD. CHART.

496. Grant by Walter Bec to the church of Saint Margaret of Asgarby of Turkill son of Ralf of Lusby, his serf, with his wife and offspring and chattels ; and Ralf and his heir shall render every year at the feast of Saint Margaret a pound of wax for all matters, to wit, for having the protection of the said church as a free man. (Henry II.)

Omnibus sancte matris ecclesie filiis ad quos presens scriptum peruenerit Walterus Bec salutem Nouerit uniuersitas uestra me dedisse 7 concessisse . 7 hac mea carta confirmasse deo 7 beate Marie 7 ecclesie sancte Margarete
5 de Asgerbi . Turkellu*m* filium Radulfi de Lucebi natiuum meum cum uxore sua 7 cum tota sequela sua . 7 omnibus katellis suis . liberum solutum 7 quietum de me 7 heredibus meis imperpetuum . 7 idem Turkellus 7 heredes sui post discessum ipsius reddent predicte ecclesie singulis annis unam
10 libram cere ad festiuitatem sancte Margarete pro omnibus rebus Scilicet pro proteccione prefate ecclesie habenda . sicut liber homo . Hiis testibus Alano de Harebi . Radulfo capellano de Asgerbi . Boydino de Lucebi . Toma filio Albree . Alano nepote Petri de eadem uilla . Simone persona de Askebi .
15 Willelmo de Stauenesbi . Henrico Smerrehorn de Kirkebi . Henrico clerico de Harebi.

Facsimile opposite.
Endorsed : Asgarby (18 cent.).
Slit for seal tag. Size : 7½ x 4¼ inches.
Text : MS—Orig. Dij/65/1/13.

ADD. CHART.

497. The liberties of the mother church of Lincoln : Record that the Dean and Chapter, by their attorney, came before the justices itinerant, and claimed that all the pleas both of the crown and the other pleas of assizes and other writs belonging to the king which come from the canons' prebends of Welton [by Lincoln] and Asgarby, and from the village of Friesthorpe which belongs to the common of the canons, ought to be held at the door of the

church of Lincoln, the justices sending a certain knight on behalf
of the king to be present and to hear that the pleas are dealt with
in a reasonable manner and brought to a due end. The county
testifies that the canons have had these liberties, so that certain
knights of the county have been present at the pleas by command
of the justices. Judgement that the canons have those liberties.
This was done before the justices itinerant at Lincoln in the third
year of the reign of Henry III [1219], between Christmas and
the feast of the Purification. Before that Christmas in winter the
lord Pandulf entered England as legate.

Libertates matricis ecclesie beate Marie Lincoln' (marg.).[1]
Decanus 7 capitulum Lincoln'[2] per attornatos eorum
venerunt coram iusticiariis 7 pecierunt libertates 7 iura
ecclesie sue de Lincoln'[2] . Dicunt enim quod omnia placita
5 tam de corona quam alia placita de assisis 7 aliis breuibus
ad dominum regem pertinencia que emerserunt[3] de prebendis
canonicorum de Welton'[4] 7 [5]de Asgerby cum pertinenciis[5] (
7 de villa[6] de Fristorp' que pertinent[7] ad ecclesiam[8] canonicorum Linc' (teneri debent ad hostium maioris ecclesie
10 Linc'[9] (Ita tamen quod iusticiarii illuc mittent[10] aliquem
militem discretum ex parte domini regis (qui illic intersit
7 audiat quod placita illa racionabiliter tractentur 7 fine
debito terminentur (Comitatus autem super hoc quesitus
recordatur communiter (quod temporibus omnium iustic-
15 iariorum de quorum itinere recolunt (habuerunt ipsi canonici
libertates illas (ita quod quidam ex militibus de comitatu
presentes fuerunt (qui dicunt (quod per preceptum
iusticiariorum interfuerunt ad placita illa (scilicet ad hostium
ecclesie[11] (Et ideo habeant libertates illas . Ista acta sunt
20 coram Justiciariis itinerantibus apud Linc'[12] coram Hugone
secundo Lincoln'[2] episcopo 7 Johanne Marescallo 7 Willelmo
de Albiniaco (7 Adam[13] de Nouo Mercato 7 Waltero Malclerc
7 Willelmo de Cressy[14] anno tercio[15] regis Henrici filii regis
Johannis inter Natale domini 7 festum Purificacionis ante[16]
25 Virginis Ante illud Natale in yeme[17] intrauit dominus
Pandulphus in Angliam legatus.

Texts : MS—R101. C,f.13d. Assize Roll (P.R.O.) 481, mem. 18 (3 Henry III).
Var. R. : [1] omit this title C AR. [2] Linc' C. [3] emerserint C. [4] Welleton' C AR ;
after Welleton' insert cum pertinenciis C AR. [5-5] read de villa de Asgerby cum
suis pertinenciis, all which is interlined, C ; AR omits the clause. [6] villa is a correc-
tion of terra in AR. [7] pertinet C. [8] for ecclesiam read, no doubt rightly, communam
C AR. [9] om. Linc' C. [10] mitterent C. [11] The entry in AR ends here. [12] insert
videlicet C. [13] Adam C. [14] Cressy C. [15] insert regni C. [16] for ante read beate C.
[17] hyem[e] C.
Notes : For the liberties granted to the prebend of Asgarby see volume i, 39,
40, 50–1, 71–5.
The legate Pandulf was received at St Paul's on 3 December, 1218 (Ramsay,
The Dawn of the Constitution, p. 18n).

ADD. CHART.

498. Pleas before the justices itinerant, at Lincoln, 1256 :

(i)   The jurors of the wapentake of Bolingbroke present, before the justices itinerant, at Lincoln, 40 Henry III [1256], that the four men and the reeve of Asgarby will not come before the justices nor answer to the articles because they are of the liberty of the mother church of Lincoln. William de Suthwell, canon of that church, comes and proffers a charter of Henry II, which witnesses that the village of Asgarby shall answer before the justices at the door of the church of Lincoln by the liberty which the canons have by that charter. 1255–6.

(ii)   The townships of Welton, Friesthorpe, and Asgarby each come by twelve jurors. Thomas son of Adam of Friesthorpe and Richard the parson's son, who have been coroners since the last eyre, come and answer by one roll, and are amerced because they did not return their rolls on the first day.

(iii)   The jurors present that Philip the carpenter, of Welton, was burnt in the house of Thomas son of John of Friesthorpe. No one is suspected. Judgement : misadventure. The township of Friesthorpe and Asgarby did not come to the inquest before the coroners ; and the twelve jurors made no mention in their verdict of the attachment of the first finder. Therefore they are in mercy.

(iv)   Richard Crane, of Bleasby [in Legsby], stole one carpet, three sheets, one axe, one napkin, and other trifles, at Bleasby mill, and afterwards was taken by the suit of William of Bleasby and Robert of Timberland, and acknowledged in the court of the dean and chapter that he had stolen those and other things. Therefore by judgement of the court he was hanged, etc. He had no chattels.

(v)   Thomas de Suthern and Thomas Stirchup are suspected of many robberies. Therefore let them be exacted and outlawed.

Juliana of Dunholme, who did not follow up a writ of trespass against Godfrey son of William of Asgarby and others, and her pledges also, are amerced ; and let Godfrey and the others go without a day.

(vi)   Bartholomew son of James Ranfray, of Barton on Humber, demands against the Dean and Chapter two messuages and five bovates in Welton. Both parties put themselves on the country, and a jury is to be summoned.

(vii)   Be it known that these pleas were pleaded at the mother church of Lincoln [before John de Vaux and his fellows], on the Monday after the quindene of Easter [1 May, 1256]. The said coroners were removed from their office on account of many transgressions, and Gilbert le Clerk was chosen *de novo* before the justices to be coroner in the whole liberty of the mother church in Welton, Friesthorpe, and Asgarby, and Roger de Sturs likewise, two coroners being sufficient, on account of nearness and poverty, where formerly there were four.

Request having been made to the barons with respect to the aforesaid liberty, nothing was pleaded because there was no process concerning the writ.

[i]   Juratores de wappentac de Bolingbrok'[1] presentauerunt coram iusticiariis itinerantibus apud Lincoln'[2] . anno regni regis . Henrici[3] .xl. quod quatuor homines 7 prepositus de villa de Asgerby[4] nolunt venire
5   coram iusticiar*iis* nec iurare coram eis nec aliquid respondere ad capitula eo quod sunt[5] de libertate matricis ecclesie . Et super hoc venit magister Willelmus de Suthewelle[6] canonicus eiusdem ecclesie 7 profert cartam domini regis 7 cetera . Et sciendum quod villa[7]
10   de Asgerby[4] de hoc respondit coram iustic*iariis* ad hostium[8] predicte ecclesie per libertatem quam predicti canonici Linc'[9] per cartam .H. regis aui domini regis nunc (quam iustic*iarii* inspexerunt (7 que hoc idem testabatur (Ideo dictum est predicte ville de Asgerby[4]
15   quod sequatur cum aliis prebendis predicte ecclesie beate Marie Linc' 7 respondeat coram prefatis iustic*iariis* ad hostium predicte ecclesie cum ibi venerint 7 cetera.

Texts : MS—R102. C,f.12. Orig. Dij/65/1/10 (a 14th cent. notarial copy, endorsed with notary's mark, and his name, 'Harris' : size 7¼ x 2¼ inches). Dij/65/1/5a is another and imperfect copy, which is not collated here.
Var. R. : [1] Bolingbrock' C ; Bulingborock' no. 10. [2] Linc' C. [3] H. C no. 10. [4] Asgarby C. [5] sint C no. 10. [6] Suwell' C ; Sywell' no. 10. [7] *for* villa *read* Willelmus C. [8] *insert* ecclesie predicte cum Welleton' 7 aliis prebendis no. 10. [9] *insert* ecclesie no. 10.
Notes : William de Suthewelle or Suwell' or Sywell' appears as William de Sywell in 1249–50, when he, with other canons, attests various acts of bishop Grosseteste (L.R.S. xi, 118, 127, 247(2), 248(2), 382, 500) ; and, in 1267–8, he presented to the vicarage of Asgarby (*ibid.* xx, 26). In 1260, as master W. de Suwell', he was the official of the bishop (*ibid.*, p. 4). In 1233–4, as William de Suwell', chaplain, he was instituted to the vicarage of Timberland on the presentation of the prior and convent of Thurgarton (*ibid.* ix, 215), which would indicate that he took his name from Southwell in Nottinghamshire.

The charter of Henry II which is mentioned in the text is printed above in volume i, p. 71, no. 118. In C, folio 12, a copy of it, in a thirteenth century hand, precedes the present charter, with the title, which also embraces nos. 497, 498 in this volume, 'Carte de Asgarby.'

Libertates matricis ecclesie beate Marie Lincoln'.

[ii]   Villata de Welton' de eadem libertate venit per .xij^{cim}.

Villate de Fristorp' 7 de Asgerby veniunt per .xij.

5   iuratores.

Isti fuerunt coronatores post vltimum iter (videlicet Thomas filius Ade de Fristorp'[1] 7 Ricardus filius persone de eadem qui veniunt 7 respondent ambo per vnum rotulum (set quia non reddiderunt rotulos suos primo

10   die (Ideo in misericordia.

Texts : MS—R103. Orig. Dij/65/1/5b (14 cent.).
Var. R. : [1] Fristhorp' no. 5b.

[iii]   Juratores presentant quod Philippus carpentarius de Welton'[1] combustus fuit in domo Thome filii Johannis de Fristorp'[2] 7 Hugo filius Roberti de Fristorp'[2] primus inuentor venit 7 non malecreditur (nec aliquis aliquis[3]

5   alius (Iudicium inf'[4] . Et villa[5] de Fristorp'[2] 7 Asgerby non venerunt ad inquisicionem coram coronatoribus et .xij. iuratores nullam fecerunt mencionem in veredicto suo de attachiamento primi inuentoris (Ideo in misericordia.

Texts : MS—R104. Orig. Dij/65/1/5c (14 cent.).
Var. R. : [1] Welleton' no. 5c.   [2] Fristhorp' no. 5c.   [3] om. the second aliquis no. 5c.   [4] for infortunium.   [5] villata no. 5c.

[iv]   Ricardus Crane de Bleseby furatus fuit vnum tapetum 7 tria linthiamina (vnam securim 7 vnam mappam 7 alias minutas res apud molendinum de Bleseby (7 postea captus fuit per sectam Willelmi de Bleseby

5   7 Roberti de Timberlund' (7 in curia decani 7 capituli recognovit se esse latronem de predictis furtis 7 aliis (Ita quod per consideracionem curie predicte . suspensus fuit 7 cetera . Nulla habuit catalla.

Text : MS—R105.

[v]   De indictatis dicunt quod Thomas de Suthern' 7 Thomas Stirchup' subtraxerunt se 7 malecreduntur in pluribus latrociniis (Ideo ipsi exigantur (7 vtlagentur . Nulla habuerunt catalla (Nescitur de francco

5   plegio quia vacabundi 7 cetera.

Juliana de Dunham (que tulit breue de transgressione versus . Godefridum filium Willelmi de Asgerby 7 alios in breui non est prosecuta (Ideo ipsa 7 plegii sui de prosequendo in misericordia (scilicet Thomas de Noua

10   Terra in Linc' (7 Simon carpentarius de eadem 7
cetera (Et Godefridus 7 omnes alii modo veniunt (
Ideo ipsi inde sine die 7 cetera.

Text : MS—R106.

[vi]   Bartholomeus filius Jacobi Ranfray de Barton' iuxta
Humbr*iam* (petit . versus . decanum 7 capitulum
ecclesie beate Marie de Linc' duo mesuagia 7 quinque
bouatas terre cum pertinenciis in Welton' iuxta Dunham
5   vt ius suum de quibus Simon filius Radulfi Lolie de
Barton' consanguineus predicti Bartholomei cuius heres
ipse est fuit seisitus in dominico suo vt de feodo die
quo 7 cetera . Et decanus 7 capitulum per attornatum
suum veniunt 7 defendunt ius suum quando 7 cetera (
10   7 dicunt quod non possunt ei ad hoc breue respondere (
quia dicunt (quod quidam Petrus de Bulle de Welton'
feoffauit ipsos decanum 7 capitulum (7 quemdam
Hugonem capellanum coniunctim de predictis tenementis que posuit in visu suo (7 quod possunt sine
15   ipso Hugone qui modo nominatur in breui (vnde petunt
iudicium de hoc breui 7 cetera . Et Bartholomeus dicit
quod predicti decanus 7 capitulum die impetracionis
breuis scilicet .xv. die Februarii tenuerunt predicta
tenementa in suo separabili absque hoc quod predictus
20   Hugo capellanus aliquid iuris non liberi tenementi
clamat prout in eisdem . Et de hoc ponit se super
patriam (7 decanus 7 capitulum similiter (Ideo fiat
inde iurata 7 cetera.

Text : MS—R107.

[vii]   Et sciendum quod ista placita placitata fuerunt
apud matricem ecclesiam[1] die Lune proxima post
quindenam Pasche 7 predicti coronatores amoti sunt
de officio suo pro pluribus trangressionibus (Et Gilbertus
5   le Clerk' de nouo electus est coram iustic*iariis* essendi
coronator in tota libertate matricis ecclesie in Welton'[2] (
Fristorp'[3] 7 Asgerby (7 Rogerus de Sturs[4] similiter
qui prestiterun[5] sacramentum 7 remanent coronatores
vbi fuerunt quatuor . Et propter propinquitatem 7
10   paupertatem duo coronatores sufficiunt (Et de baronibus
impetratis de predicta libertate nichil fuit placitatum (
quia nullum breue fuit prosecutum 7 cetera.

Texts : MS—R108. Orig. Dij/65/1/5d (14 cent.).
Var. R. : [1] *insert* in itinere J. de Vaus sociorumque eius no. 5d.   [2] Welleton'
no. 5d.   [3] Fristhorp' no. 5d.   [4] Stoures no. 5d.   [5] prestiterunt no. 5d.
Note : The assize roll of Easter, 40 Henry III, no longer survives. While final
concords were passed at Lincoln after Michaelmas in that year, no feet of fines
exist for the Easter term (Foster, *Final Concords* ii, 112–127, L.R.S., vol. xvii).
Dij/65/1/5d, which is probably the better text, states that the pleas were taken
in the eyre of John de Vaux, or de Vallibus, who otherwise only appears among

the justices itinerant from 1278 to 1286, on each occasion occupying the first place, except in 1278 when the abbot of Westminster is of course named before him (Dugdale, *Origines Juridiciales*, ed. 2, pp. 27, 29). From 1253 onwards he had served the king in various capacities at home and abroad (*Cal. Pat. Rolls*, 1247-1258, and 1258-1266).

ADD. CHART.

499. Memorandum of the Subdean and Chapter : Adam le Warner of Bolingbroke, a parishioner in the prebend of Asgarby, having been denounced as excommunicate, because he had violated the liberties of the prebend by erecting a sheepfold without obtaining the licence of the prebendary, and had attempted other injuries in the parish of Asgarby, being now sick unto death, has sent Henry of Langton, his proctor, to make his submission to the chapter, renouncing his claim to erect a sheepfold, and praying for absolution. The subdean and chapter grant absolution. In the chapter-house at Lincoln. 11 February, 1299.

In dei nomine amen . Memorandum quod cum per nos . . subdecanum (7 . . capitulum Linc' ecclesie Adam le Warner de Bolingbrok' parochianus in prebenda de Asgerby (eo quod iura 7 libertates prebende de Asgerby ad ecclesiam
5 Linc' spectantis ex erectione cuiusdam ouilis in parochia de Asgerby (7 aliarum iniuriarum ibidem per ipsum Adam attemptatarum notorie violauit (super quibus idem Adam tanquam ex notorietate facti dampnabilis extitit iudicialiter per processum legitimum conuictus in sentenciam maioris
10 excommunicacionis contra violatores seu perturbatores libertatum ecclesiarum promulgate (incidisse declaratus fuisset (iusticia exigente ; essetque idem Adam in partibus de Bolingbrok' ex causa premissa (pro excommunicato pupplice nunciatus ; quidam Henricus de Langeton' procurator
15 dicti Ade habens sufficiens mandatum in hac parte (prout in procuratorio suo apparuit euidenter coram nobis in capitulo nostro Linc' constitutus (asserensque dictum Adam dominum suum graui infirmitate detentum (7 quasi in extremis constitutum (nomine dicti Ada domini sui (ne ipse morte
20 preuentus absolucione non obtenta (dampnabiliter expiraret (a nobis humiliter postulauit (vt eidem domino suo . in personam suam (precipue cum in tanto periculo esset constitutus (beneficium absolucionis in forma iuris impendere dignaremur (offerens se pro dicto Ada domino suo (7 eius
25 nomine (statim emendam facere pro offensa (quam fatetur eundem dominum suum iam ex causa seu causis predictis incurrisse (7 ex habundanti caucionem offerre ydoneam (ac prestare (de parendo mandatis (7 iussionibus nostris (necnon 7 de satisfaciendo plenarie in omnibus (pro quibus idem
30 dominus suus sic fuerat excommunicatus (prout duceremus

super hoc ordinandum (sacramentum corporale (vnde nos (
subdecanus (7 capitulum supradicti (aduertentes (quod
ecclesia gremium suum non claudit penitentibus seu rede-
untibus ad eandem (ipsum procuratorem nomine dicti domini
35　sui sic penitentem (eo libencius duximus admittendum (
quod idem dominus suus (ex graui infirmitate debilitatus (
prout de hoc ibidem nobis extitit facta fides personaliter
adesse non potuit (prestito igitur iuramento a procuratore
predicto de parendo mandatis nostris (necnon de fideliter
40　respondendo (ad interrogaciones sibi ex parte nostra faciendas (
Idem procurator interrogatus recognouit in virtute iuramenti
prestiti (7 in animam dicti Ade domini sui (dictum Adam
dominum suum nullum ius (seu clamium habere (ad
erigendum (seu tenendum ouile (in parochia de Asgerby (
45　absque licencia prebendarii de Asgerby petita (7 optenta (
renuncians pro se (7 domino suo (ac omnibus successoribus
suis (omni iuri quod sibi competere poterit ex quacunque
causa in dicto ouili leuando (cum sibi hactenus nullum
compeciit (nec competit in presenti (7 sic absolucione a
50　nobis in forma iuris optenta (iniunctum est eidem Ade in
personam procuratoris sui predicti (quod faldam (seu ouile (
in parochia de Asgerby de cetero erigere (seu leuare non
presumat (nec quicquam in preiudicium libertatum prebende
de Asgerby per se vel per alium (clam (vel palam decetero
55　attemptabit (sub pena periurii (7 infamie (quam ex nunc
volumus ipsum Adam (ipso facto incurrere (si contra
iuramentum procuratoris sui (in animam ipsius prestitum
venerit quoquomodo (7 sub pena retrusionis in pristinam
sentenciam (7 sepulture christiane (eidem post mortem
60　denegande (quas penas procurator antedictus (ante abso-
lucionem (7 post (ipso facto (dictum Adam dominum suum
incurrere voluit (7 consensit expresse (si contra premissa (
aliqua attemptaret in hac parte (Nos insuper predicti (
subdecanus (7 capitulum (penam eidem Ade infligendam (
65　pro iniuriis (7 demeritis ipsius Ade hactenus in hac parte
. . . . ¹is (7 commissis (contra dictam prebendam
de Asgerby (7 ipsius libertates nobis specialiter reseruamus .
In cuius rei testimonium (sigillum capituli nostri . . . . . . .¹
mus (Acta sunt hec in capitulo nostro Linc' .iij° . idus
70　Februarii . anno domini . Mᵒ . CCᵒ . nonagesimo . octauo.

Endorsed : (1) Contra Warner' (14 cent.).　(2) Asgarby (18 cent.).
The strip for the seal has been torn away.　Size : 9½ x 6½ inches.
Text : MS—Orig. Dij/65/1/17.
Var. R. :　¹ *The bottom left-hand corner of the charter has been torn away.*

ADD. CHART.

500. Release by Adam son of . . . . . . le Warener to [the
Chapter] and sir Richard de Rowell, the prebendary of Asgarby,

of any right which he had, in respect of a messuage and land in
Asgarby, of erecting a sheepfold. (Probably 1299.)

    Omnibus Christi fidelibus presens scriptum visuris vel
audituris [Adam filius] . . . . ¹ le Warener de Bolinge-
brok' salutem . . . . vniuersitas vestra
me pro salute anime . . . .
5 sisse remisisse 7 omnino de me 7 heredibus [meis] 7 assignatis
inperpetuum quietum clamasse deo . . . .
. . . . 7 domino Ricardo de Rowell' prebendario
. . . . eiusque successoribus
vniuersis totum ius 7 clamium quod habui . . . .
10 . . . . . . uel aliquo modo habere potui in falda . . . . .
. . . . erigenda in territorio de Asgerby
pro bidentibus . . . . agistandis racione
vnius mesuagii 7 [? unius] . . . . . . terre cum pertinenciis
quam habui in Asgerby quod nec ego predictus Adam nec
15 heredes mei (nec assignati nec aliquis ex parte nostra racione
predictorum tenementorum aliquid iuris uel clamii in predicta falda leuanda seu erigenda pro bidentibus recipiendis
seu agistandis in dicto territorio de Asgerby vmquam decetero
exigere uel vendicare poterit . In cuius rei testimonium
20 presenti scripto sigillum meum apposui . Hiis testibus .
Johanne de Bolingbrok' clerico . . . . Warener .
Henrico filio Richeri . Roberto de North . . . . de Bolingbrok' .
Willelmo de Kellessay in Steping' . Willelmo Dauid . Ricardo
Hogge de Asgerby 7 aliis.

Endorsed : Askerby (15 cent.).
Slit for seal-tag. Size : 7½ x 2¾ inches.
Text : MS—Orig. Dij/65/1/7.
Var. R. : *The document is badly injured, and the missing words are represented
by dots or supplied conjecturally within square brackets. The tenor of the charter is
plain.* ¹ *Perhaps the missing name is* Radulfi ; *for Adam filius Radulfi is entered
under Bolingbroke in the subsidy roll of 6 Edward I* (Lay Subsidy 135/16, mem. 24,
column 1).

ADD. CHART.

501. Letter of the dean of Bolingbroke informing H[enry of
Benniworth] the subdean and the chapter that he has executed
their mandate, dated at Lincoln, 26 September, 1299, commanding
him to cite Henry called Gouk' of Hareby to appear before them
in chapter at Lincoln on the next law-day after the feast of the
Translation of Saint Hugh [7 October], to shew cause why he should
not be excommunicated for infringing the liberties and customs
of the prebendal church of Asgarby. At [Mavis] Enderby.
3 October, 1299.

    Venerande discrecionis viro (magistro .H. subdecano
ecclesie Linc' (7 eiusdem loci capitulo . . decanus de Bolingbrok' debitam subiectionem cum reuerencia 7 honore (

mandatum vestrum nuper recepi formam continens subse-
5 quentem (H. subdecanus 7 capitulum ecclesie Linc' (dilecto
sibi in Christo . . decano de Bolingbrok' salutem in auctore
salutis (Cum omnes 7 singuli ecclesias suo iure maliciose
priuantes (aut libertates (seu laudabiles consuetudines
earundem (per maliciam (7 contra iusticiam infringentes
10 seu perturbantes (in maioris excommunicacionis sentenciam
a sanctis patribus in huiusmodi presumptores promulgatam
innodati sint ipso facto (ac quidam Henricus dictus Gouk'
de Hareby vt accepimus iura 7 libertates (necnon 7 laudabiles
consuetudines ecclesie prebendalis de Asgerby (que vt pre-
15 benda ad ecclesiam nostram Linc' pertinere dinoscitur
perturbare ac infringere per excogitatam maliciam non
formidat (in dictam excommunicacionis sentenciam incidere
properam non verendo : vobis mandamus firmiter iniungentes
quatinus memoratum Henricum citetis (seu citari faciatis (
20 quod compareat coram nobis (seu vices nostras gerentibus
in capitulo nostro Linc' proximo die iurisdictionis post festum
Translacionis beati Hugonis proximo futuro (causam
rationabilem si quam habuerit (quare in dictam excommunicacionis sentenciam incidisse 7 excommunicatus esse
25 pupplice 7 solempniter denunciari non debeat (ostensurus
nobis quod ex officio super hiis que ad salutem anime ipsius
sibi obiciemus (de iusticia responsurus (procuraturus (7
responsurus vlterius quod est iustum . Et quid super hiis
fecerit (nos (seu vices nostras gerentes (dictis die 7 loco
30 certificetis (per litteras vestras patentes harum seriem continentes . Valete (Dat' Linc' .vj°. kalendas . Octobris . anno
domini . M°. CC°. nonagesimo . nono . Quod quidem mandatum
vestrum reuerenter sum executus . Valete . Dat' apud Enderby
die sabbati proximo post festum sancti Michaelis archangeli .
35 anno domini supradicto.

Endorsed : H. subdecanus 7 capitulum Linc' ecclesie . dilecto sibi in Christo . .
decano de Bolingbrok' salutem (in salutis auctore . Cum Henricus dictus Gouk'
de Hareby (qui pro eo quod iura 7 libertates ecclesie nostre Linc' multipliciter
violauit (13 cent.).

Strip for seal and below it a ribband. Size : 7½ x 4½ inches.
Text : MS—Orig. Dij/65/1/9.

ADD. CHART.

502. Inquisition made by Henry de Baiocis, one of the collectors
of the fifteenth in the county of Lincoln, with respect to the status
of the prebend of Asgarby. The jurors say that the prebend, with
its appurtenances within the boundaries of the village of Asgarby,
is a spiritual possession, and has no lay fee. At Lincoln. (Circa
24 June, 1302).

Inquisicio coram Henrico de Baiocis vno collectorum
quintedecime in comitatu Linc' apud Linc' , . . , . . , ... ,

Nativitatis beate Johannis Baptiste anno regni regis Edwardi
filii regis Henrici tricesimo super statu prebende de Asgerby
5 vtrum sit mere spiritualis ne[cne] facta per duodecim iuratos
videlicet Robertum de Stretton' Willelmum de Kelsay
Johannem Randolf' de Scamelesby Willelmum Cade de
Stretton' Johannem Amy de eadem Willelmum de Calkewell'
de Golgesby Rogerum Bardulf de Brinkel Ricardum de
10 Wynceby Thomam de Halton' Robertum de Hage de Beltesford Willelmum filium Hugonis de Scamelesby Johannem
de Lusceby 7 Johannem ad [? ecclesiam] de Kyrkeby qui
dicunt per sacramentum suum quod prebenda de Asgerby
cum omnibus su[is pertinenciis] infra limites predicte ville
15 de Asgerby est [mere] spiritualis 7 nullum habet laicum
feodum In cuius rei testimonium presenti inquisicioni
[Robertus Willelmus] Johannes Willelmus Johannes Willelmus
Rogerus Ricardus Thomas Robertus Willelmus Johannes
Johannes 7 Johannes sigilla sua apposuerunt.

Endorsed : Asgerby (late 13 cent.). Some of the words of a 12th cent. note are
legible on the back, among which may be read, ' domus de Noke[ton'] . . . . .
capelle de Sidham . . . . . ospitali leprosorum . . . . . [moni]alibus de Grenefeld.
Size : 11¾ x 2⅞ inches.
Text : MS—Orig. Dij/65/1/4.
Var. R. : The document has been badly injured. The missing words are here
represented by dots or supplied conjecturally within square brackets.
Notes : The fifteenth was granted to the king in 1301 (Ramsay, *The Dawn of
the Constitution*, p. 477).
The names of thirteen jurors are given in lines 6–12, and fourteen personal
names are recited in lines 17–19.

ADD. CHART.

503. Writ of *supersedeas* of Edward [I], commanding the
collectors of the fifteenth in the county of Lincoln to cease from
assessing the goods of Richard of Rowell, prebendary of the
prebend of Asgarby to the fifteenth, since it has been shewn to
the king that the village of Asgarby is a prebend of Lincoln, and
has been assessed among the other prebends and spiritual goods
of the church of Lincoln both to the tenth granted by the pope
to the king in aid of the Holy Land, and also to other contributions
heretofore imposed by the pope and other ordinaries. At York,
8 June, 1303.

Edwardus dei gracia rex Anglie dominus Hibernie 7 dux
Aquitanie ⁒ taxatoribus 7 collectoribus quintedecime sibi
concesse in comitatu Linc' salutem . Constat nobis per litteras
patentes fratris Gilberti prioris sancte Katerine extra Linc'
5 nuper collectoris decime nobis a summo pontifice in subsidium terre sancte in diocesi Linc' concesse 7 eciam per
sufficientem inquisicionem ⟨ quam ad mandatum nostrum
nuper fecistis ⁒ quod villa de Asgerby iuxta Bolingbrok'

10   cum suis pertinenciis est prebenda in ecclesia Linc' 7 inter ceteras prebendas 7 bona spiritualia eiusdem ecclesie taxata fuit tam ad dictam decimam quam ad alias contribuciones per dictum summum pontificem 7 alios ordinarios hactenus impositas . Et ideo vobis mandamus quod taxacioni dicte quintedecime de bonis Ricardi de Rowelle prebendarii dicte

15   prebende de Asgerby in eadem prebenda faciende omnino supersedeatis . Et districcionem si quam ea occasione ei feceritis sine dilatione relaxari faciatis eidem . Teste H. de Carleton' apud Eboracum .viij. die Junii anno regni nostri tricesimo primo .

Endorsed : Asgarby (14 cent.).
Size : 8 x 2⅞ inches.
Text : MS—Orig. Dij/65/1/2.

ADD. CHART.

504. Two documents relating to the immunity of the prebend of Asgarby from contribution to a lay subsidy :

(i)   Writ of *supersedeas* of Edward [III], commanding the collectors in the parts of Lindsey of the subsidy of 116 shillings from every parish in England granted to the king, that if, after making inquisition, it shall appear to them that all the temporalities in the village of Asgarby are annexed to the spiritualities of the prebend of Asgarby, and are wont to be assessed to the tenth with the clergy, they shall cease from assessing John of Welbourn, the prebendary there, to the said subsidy, provided that he shall be so assessed for any lands and tenements acquired by him or his predecessors since the twentieth year of the king's grandfather. At Westminster. 8 July, 1371.

(ii)   Inquisition held by Thomas of Fulnetby and William of Stain, two of the collectors of the subsidy of 116 shillings. The jurors say that the temporalities within the bounds of the village and territory of Asgarby are annexed to the spiritualities of the prebend and are wont to be assessed to the tenth with the clergy ; and that all the tenants of the village are tenants of the prebend, and their goods and chattels are wont to be assessed to contribute, at the will of the prebendary, to the tenth with the clergy, and not with any lay fee ; and, further, that neither John of Welbourn, the prebendary, nor his predecessors have acquired any lands or tenements since the twentieth year of Edward I. At Asgarby. 18 August, 1371.

[i]   Edwardus dei gracia rex Angl*ie* 7 Franc*ie* 7 dominus

Hibern*ie* *: collectoribus subsidii centum 7 sexdecim
solidorum de qualibet parochia regni nostri Angl*ie* nobis
per communitatem eiusd[em] regni concessi in partibus
de Lyndeseye in comitatu Lincoln' salutem Ex parte
Johannis de Welburn' prebendarii prebende de Asgarby
iuxta [Bo]lyngbrok' in ecclesia beate Marie Lincoln'
nobis est ostensum quod licet omnia temporalia in villa
predicta spiritualibus prebende sue predicte sint annexa
7 ad decimam cum clero in singulis prestacionibus
huiusmodi decime 7 non cum laicis taxari consueuerint
7 adhuc taxata existan[t] . . . . . tamen ad hoc consideracionem non habentes ipsum Johannem ad subsidium
predictum racione temporalium predictorum que ad
decimam taxant[ur] 7 de quibus decimam nobis datam
inter laicos assideri fecistis 7 ipsum inde onerare intenditis
minus iuste in ipsius Johannis dampnum non modicum
7 grauamen Et quia non est iustum nec consonum rationi .
quod idem Johannes pro eisdem temporalibus que ad
decimam sic taxantur 7 de quibus decimam nobis datam
de subsidio predicto oneretur vobis mandamus quod si
per inquisicionem inde faciendam aut alio modo legitimo
vobis constare poterit omnia temporalia in villa predicta
spiritualibus ipsius Johannis prebende sue predicte fore
annexa 7 ad decimam cum clero taxari consueuisse 7
adhuc existere 7 ipsum Johannem decimam nobis pro
eisdem temporalibus soluere vt predictum est *:* tunc
demande quam eidem Johanni pro subsidio predicto
racione temporalium predictorum ad opus nostrum
leuande facitis supersedeatis omnino ipsum ex causa
non molestantes in aliquo seu grauantes Prouiso semper
quod idem Johannes pro temporalibus suis que ad
decimam cum clero non taxantur ac pro terris 7 tenementis que per ipsum aut predecessores suos post annum
domini et quondam regis Angl*ie* aui nostri vicesimum
adquisita fuerint de subsidio predicto inter laicos iuxta
ratam eorundem oneretur vt est iustum Teste me ipso
apud Westm*onasterium* viij die Julii anno regni nostri
Angl*ie* quadragesimo quinto regni vero nostri Franc*ie*
tricesimo secundo.

[ii]   Inquisicio capta coram Thoma de Fulnetby 7 Willelmo
de Stayne duobus collectorum subsidii centum 7 sexdecim
solidorum de qualibet parochia regni Angl*ie* domino regi
per communitatem eiusdem regni sui concessi in partibus
de Lyndeseye in comitatu Lincoln' assignatis apud
Asgarby die Lune proximo ante festum sancti Bartholomei
apostoli anno eiusdem regni regis et tercii post conquestum quadragesimo quinto de temporalibus prebende

de Asgarby iuxta Bolyngbrok' in ecclesia beate Marie
Lincoln' vnde Johannes de Welburn' est prebendarius
7 si omnia temporalia in villa predicta spiritualibus
ipsius Johannis prebende sue predicte sint annexa 7
ad decimam taxari cum clero consueuerint 7 adhuc
taxata existant necne per sacramentum Hugonis de
Braytoft' Willelmi de Tetford' Roberti Warner de
Kirkeby Roberti de Tetford' de Cotes Johannis Baron'
de Ratheby Willelmi Boyland' de Toynton' Simonis de
Fendyk' de Thorp' Willelmi Valentyne de Westerkele
Hugonis de Hareby Ricardi Woderoue de Lusceby
Willelmi Damysell' de Kele 7 Ade Sparowe de Toynton'
iuratorum qui dicunt super sacramentum suum quod
omnia 7 singula temporalia infra metas 7 precinctum
ville 7 territorii de Asgarby spiritualibus prebende predicte sunt annexa 7 ad decimam cum clero a tempore
cuius contrarium memoria non existit taxari consueuerunt 7 adhuc taxata existunt Et dicunt quod
omnes tenentes ville predicte sunt integri tenentes
predicte prebende 7 eorum bona 7 catalla inter decimam
predictam 7 ad contribuenda eidem decime cum clero
7 non cum laico feodo ad voluntatem ipsius prebendarii
iuxta ratam taxata existunt absque hoc quod ipsi vel
eorum aliquis aut predecessores sui tenentes prebende
predicte per catalla sua aut quascunque possessiones
suas in villa predicta inter feoda laicalia assideri seu
taxari consueuerunt Et dicunt quod non sunt aliqua
alia terre seu tenementa per predictum Johannem de
Welburn' vel predecessores suos prebendarios prebende
predicte post annum domini et quondam regis Anglie
aui regis nunc vicesimum in dicta villa de Asgarby
adquisita seu approprieta [sic] . In cuius rei testimonium huic inquisicioni iuratores predicti sigilla sua
apposuerunt Dat' loco die 7 anno supradictis.

Endorsed : Asgarby (14 cent.).
Size : 10¼ x 9 inches.
Text : MS—Orig. Dij/65/1/1.

ADD. CHART.

505. Exemplification by John [of Sheepy] the dean and the
chapter, at the request of John of Southam, canon, and prebendary
of Asgarby ; of two writs of Henry II [*printed above, volume* i,
nos. 125 *and* 126) commanding that the prebendary and his men
of Asgarby shall have their revenue and common as they best had
them in the time of Henry I. In the chapter-house. 5 July, 1392.

Vniuersis sancte matris ecclesie filiis presentes litteras
visuris vel audituris Johannes decanus 7 capitulum ecclesie

cathedralis beate Marie Lincoln' salutem in omnium Saluatore
Noueritis nos ad rogatum dilecti confratris nostri magistri
5 Johannis de Southam canonici ecclesie nostre Lincoln' predicte 7 prebendarii prebende de Asgarby ac pro testificacione
veritatis tenorem concessionis super quadam libertate inter
alias dicti loci prebendario pro se 7 successoribus suis antiquitus pie facte in archiuis nostris existentis quam parati
10 erimus singulis quorum intererit ostendere in euentu de
verbo ad verbum fideliter transcribi fecisse in forma subscripta. [*Here is recited no.* 125, *see volume i,* 75.] Item.
[*Here is recited no.* 126, *see ibid., pp.* 75–6.] Vnde ad maiorem
huius rei euidenciam omnibus faciendam sigillum nostrum
15 commune presentibus duximus apponendum Dat' in domo
nostra capitulari Lincoln' quinto die mensis Julii anno domini
millesimo ccc^mo nonogesimo secundo.

No ancient endorsement.
Seal on a strip at the foot of the charter, pointed oval, 1¾ x 1¼ inches, green :
the full length figures of the archangel Gabriel (left) and the Blessed Virgin (right),
and a dove flying towards the latter. **AVE [MARIA] GRACIA [PLENA
DOMI]NVS TECVM**, being the third seal of the Chapter (see Appendix II).
Text : MS—Orig. Dij/65/1/11.

ADD. CHART.

506. Memorandum that William Bolle, lately the king's
escheator in Lincolnshire, did not answer in his account from
2 January to 24 November, 1394, in respect of divers goods and
chattels, worth forty shillings, belonging to Thomas son of Alan
Gardener of Hagworthingham, who stole an ox from Robert Naylor,
and fled, which goods and chattels came into the hands of the
constables and men of the township of Asgarby, who ought to
answer to the king therefor, as was contained in an inquisition
held before the escheator at Horncastle, on 8 April, 1394. Where-
fore the constables and men of Asgarby, having been attached,
came by their attorney, on 5 June, 1394, and said that they
ought not to answer to the king because the goods and chattels
did not come to their hands.

For the king it was answered that the said goods and chattels,
and other goods and chattels of the said Thomas, worth forty
pounds, came to the hands of the constables and men of Asgarby,
and that they ought to answer therefor. Both parties asked for
an inquest by the country. The sheriff was commanded to cause
them to appear in the octave of Michaelmas [1394]. The constables
and men of Asgarby appeared ; but the sheriff did not return the
writ ; wherefore a writ of *sicut alias* was directed to the sheriff

returnable in the octave of Saint Hillary [1395]; and a day was
given to the constables and men.

In memoranda de anno vicesimo regis Ricardi secundi
inter recorda de termino sancte Trinitatis rotulo viij°.
Lincoln' (marg.).

     Memorandum quod compertum est in rotulo de particulis
5 compoti Willelmi Bolle nuper escaetoris regis in comitatu
Lincoln' de exitibus eiusdem escaetoris in comitatu predicto
a secundo die Januarii anno xvij° regis nunc vsque xxiiij^{tum}
diem Nouembris anno regni eiusdem domini regis nunc xviij°
quod idem escaetor non respondit in compoto suo predicto
10 de diuersis bonis 7 catallis subscriptis videlicet ollis 7 patellis
eneis cunis lectis linthiaminibus 7 aliis vtensilibus domus
precii xl. solidorum que fuerunt Thome filii Alani Gardener
de Hagworthyngham qui felonice furatus fuit vnum bouem
de Roberto Nayler pro qua felonia fugam fecit 7 se retraxit
15 eaque de causa regi forisfact' 7 sic appreciat'. sicut continetur in quadam inquisicione inde coram dicto escaetore
ex officio suo capta 7 super dictum compotum liberata eo
quod bona 7 catalla predicta deuenerunt ad manus constabulariorum 7 hominum villate de Asgarby sicut continetur
20 in inquisicione predicta sed quibus quidem bonis 7 catallis
iidem constabularii 7 homines villate predicte debent regi
respondere Et visa inquisicione predicta de qua superius
fit mencio que est inter particulas compoti predicti cuius
tenor sequitur in hec verba . . Inquisicio capta apud Horn-
25 castell' die Mercurii proximi post festum sancti Ambrosii
anno regni regis Ricardi secundi post conquestum xvij° coram
Willelmo Bolle escaetore domini regis in comitatu Lincoln'
virtute officii sui per sacramentum Willelmi filii Adam de
Horsyngton' Johannis Smethe de eadem Thome Daues de
30 eadem Johannis filii Alani de eadem Roberti Caleys de Bam-
burgh' Willelmi de Northcotes de Hemyngby Johannis Gayn
de eadem Simonis Parkyn de Edlyngton' Ranulphi Droury de
Thymelby Willelmi de Sauxthorp' de Langton' Roberti
Writhte de Wadyngworth' Hugonis Taillour de Langton'
35 7 Willelmi Warde de eadem iuratorum Qui dicunt super sacramentum suum quod Thomas filius Alani Gardener de Hagworthyngham qui felonice furatus fuit vnum bouem de
Roberto Nayler 7 ea de causa fugam fecit 7 se retraxit 7
habuit eo facto bona 7 catalla subscripta videlicet ollas 7
40 patellas eneas cunas lectos linthiamina 7 alia vtensilia domus
precii xl. solidorum . que quidem bona 7 catalla deuenerunt
ad manus constabulariorum 7 hominum villate de Asgarby
vnde sunt domino regi responsuri eo quod clamant talem
libertatem Per quod prefati constabularii 7 homines villate
45 de Asgarby attachiati fuerunt essendi hic ad plures dies

preteritos 7 tandem in crastino sancte Trinitatis hoc termino
ad respondend*um* 7 satisfaciend*um* regi de xl. solidis predictis
de precio bonorum 7 catallis predictorum Et ad predictum
crastinum sancte Trinitatis Ricardus Taras 7 Johannes Langge
50 constabularii dicte ville de Asgarby 7 alii homines eiusdem
ville veniunt hic per Johannem Rothewell' attornatum suum
Et dicunt quod ipsi de xl. solidis predictis de precio bonorum
7 catallorum predictorum nec aliqua parcella eorundem regi
in premissis respondere neque satisfacere debent quia dicunt
55 quod bona 7 catalla predicta nec aliqua parcella eorundem
neque aliqua alia bona neque catalla que fuerunt predicti
Thome filii Alani Gardene*r* die felonie predicte facte nec
vnquam postea ad manus dictorum constabulariorum 7
hominum nec eorum alicuius deuenerunt nec aliqua causa
60 rationabilis subest quare iidem constabularii 7 homines nec
eorum aliquis de bonis 7 catallis predictis nec aliqua parcella
eorundem neque de aliquibus aliis bonis neque catallis que
fuerunt predicti Thome die felonie predicte facte nec vnquam
postea versus regem onerari neque eidem domino regi
65 respondere neque satisfacere debent Et hec omnia 7 singula
pretendunt verificare qualitercumque curia 7 c' per quod
petunt iidem constabularii 7 homines villate predicte de
xl. solidis predictis de precio bonorum 7 catallorum predictorum in premissis exonerari.
70   Ad quod dictum est pro rege quod predicta bona 7 catalla
precii xl. solidorum 7 amplius 7 diuersa alia bona 7 catalla
que fuerunt predicti Thome filii Alani Gardener die felonie
predicte facte 7 postea videlicet oues boues equi vacce iumenta
blada diuersi generis videlicet frumentum siligo ordeum fabe
75 pise 7 auene panni lanei 7 linei lecti mapperia vasa enea 7
lignea aurum 7 argentum in pecunia numerata iocalia 7
vtensilia domus ad valenciam xl. librarum 7 amplius ad
manus predictorum constabulariorum 7 aliorum hominum
predicte villate de Asgarby apud Asgarby predictam 7 alibi
80 in comitatu predicto deuenerunt causaque rationabilis subest
quare iidem constabularii 7 homines villate predicte de xl.
solidis predictis de precio predictorum bonorum 7 catallis
in dicta inquisicione contentorum 7 de xl librarum de precio
aliorum diuersorum bonorum que fuerunt predicti Thome
85 die felonie predicte facte 7 postea versus regem onerari 7
eidem domino regi inde respondere 7 satisfacere debent
Et hoc petitur pro domino rege quod inquiratur per patriam
Et predicti constabularii 7 homines dicunt vt prius dixerant
et petunt similiter Ideo fiat inde inquisicio . Et preceptum
90 vicecomite Lincoln' quod venire facias hic a die sancti
Michaelis in xv dies xviij° 7 cetera de visneto de Asgarby
quorum quilibet 7 cetera per quos 7 cetera 7 qui nulla

aff . . . . 7 cetera ad recognoscendum 7 cetera .
Et idem dies datus est prefatis constabulariis 7 hominibus
95 villate predicte ad audiend*um* 7 faciend*um* quod 7 cetera
Ad quem diem predicti constabularii 7 homines venerunt per
dictum attornatum suum Et vicecomes non retornauit breue
Ideo preceptum ei sicut alias 7 cetera ita 7 cetera a die sancti
Hillarii in xv dies . Et idem dies datus est prefatis constabu-
100 lariis 7 hominibus ad audiend*um* 7 faciend*um* quod 7 cetera.
Endorsed : Munimenta concernencia prebendam de Aschgardby (15 cent.).
Size : 11¼ x 16 inches.
Text : MS—Orig. Dij/65/1/20.

Add. Chart.

507. A further writ of Richard II, commanding the sheriff
of Lincolnshire to distrain the constables and men of the township
of Asgarby by their lands and goods ; and to have the constables
and men before the barons of the Exchequer at Westminster on
the morrow of Saint Hilary [14 January, 1397], to answer for certain
chattels, the goods of Thomas son of Alan Gardener, which are
forfeited. At Westminster. 4 November, 1396.

Sicut alias

Rex 7 c' vicecomiti Lincoln' salutem Precipimus tibi .
quod ⸴ non omittas propter aliquam libertatem quin iam
ingrediaris 7 distringas constabularios 7 homines villate de
5 Asgarby per omnes terras 7 catalla sua in balliua tua ita
quod (nec ipsi nec aliquis per ipsos ad ea manum appon*ant*
donec aliud inde tibi preceperimus . Et quod (de exitibus
eorundem nobis respondeas . Et quod habeas corpora eorum
coram baronibus de Scaccario nostro apud Westm*onasterium*
10 in crastino sancti Hillarii ad respondend' 7 satisfaciend'
nobis de ollis patellis eneis cunis lectis linthiaminibus ac aliis
vtensilibus domus precii xl solidorum que fuerunt Thome[1]
filii Alani Garden*er* de Hagworthyngham qui felonice furatus
fuit vnum bouem de Roberto Nayler pro qua felonia fugam
15 fecit 7 se retraxit eaque de causa nobis forisfact' vnde nondum
nobis est responsum . nec in aliquo satisfactum Et habeas
ibi tunc hoc breue Teste J. Cassy apud Westm*onasterium*
quarto die Nouembris anno regni nostri vicesimo . Per rotulum
compoti escaetoris in compoto videlicet Willelmi Bolle nuper
20 escaetoris regis in comitatu Lincoln' computantis de exitibus
eiusdem escaetoris videlicet a secundo die Januarii anno
xvij° regis nunc vsque xxiiij die Nouembris anno xviij° regis
nunc 7 breue retorn . . . . in crastino sancti Michaelis .
In fine magni breuis.
Endorsed : Copie breuiarum [*sic*] (15 cent.).
Size : 8¼ x 3½ inches.
Text : MS—Orig. Dij/65/1/18.
Var. R. : [1] Thome *is interlineated.*

ADD. CHART.

508. Memorandum that the constables and men of the township of Asgarby, who were required to answer to the king in respect
of the goods and chattels of Thomas son of Alan Gardener of
Hagworthingham, who stole an ox from Robert Nayler, and fled,
came, and were discharged, as is recorded in the memoranda roll
of the Trinity term, 20 Richard II. 1397.

Lincoln' (marg.).

[Memor]andum quod constabularii 7 homines villate de
Asgarby impetiti fuerunt ad respondend*um* 7 satisfaciend*um*
regi de [bonis] 7 catallis que fuerunt Thome filii Alani
5 Garden*er* de Hagworthyngham qui felonice furatus fuit
vnum bouem de Roberto Nayler pro qua felonia fugam
fecit 7 se retraxit ea de causa domino regi forisfactis .
Iidem constabularii 7 homines veniunt per Johannem
Rothewell' attornatum suum et exonerantur de bonis 7
10 catallis predictis sicut continetur in memorandis de anno
xx° Ricardi secundi inter recorda de termino sancte
Trinitatis rotulo viij°.

No ancient endorsement.
Size : 11¼ x 2½ inches.
Text : MS—Orig. Dij/65/1/19.

BOTTESFORD

ADD. CHART.

509. Grant by Guy de Ver [II] to the canons of Thornholme
[in Appleby, co. Lincoln] of the church of Bottesford [co. Lincoln]
with the appurtenances, excepting two shillings yearly which are
due to him and his heirs for half a bovate which William the miller
holds. (Circa 1190.)

Omnibus sancte matris ecclesie filiis presentibus 7 futuris :
Wido de Ver salutem . Nouerit uniuersitas uestra me pro
salute mea 7 heredum meorum [7] pro animabus patris 7
matris mee 7 omnium predecessorum meorum dedisse 7
5 concessisse 7 hac presenti carta [mea] confirmasse deo 7 beate
Marie de Torneholm[1] 7 canonicis ibidem deo seruientibus
ecclesiam beati Petri de Botenesfordia cum omnibus
pertinentiis suis in puram 7 perpetuam elemosinam . liberam
7 quietam [ab omni] seculari seruitio 7 exactione . excepto
10 quod debentur michi 7 heredibus meis [ann]uatim .ii. solidi
pro dimid[ia bouata terre q]uam Willelmus molendinarius
tenuit . Hiis . testibus . Willelmo presbitero[2] . Adam filio
Ernisii . Radulfo de [. . . . .]a . Willelmo Blanchard .
Willelmo de Fuilingham . Waltero de Helmeswel . Willelmo
15 de Ver . 7 Henrico fratre eius . Ricardo de Insula . Petro filio

Willelmi . Ricardo de Houtorp . Waltero de V*er* . Hugone de Torp.

No ancient endorsement visible.

Brown and green cord for seal. Size : $10\frac{1}{8}$ x $5\frac{1}{4}$ inches.

Texts : MS—Orig. Dij/67/1/11. R251.

Var. R. : *The charter has been badly injured, and the words enclosed in square brackets have been supplied from R.* [1] Thornholm' R. [2] *R omits all the witnesses except the first.*

Note : The following pedigree (compiled from Farrer, *Yorkshire Charters* iii, 61–2) ; Farrer, *Honors and Knights' Fees* ii, 209–10 ; *The Genealogist*, new series, xx, 73–7 ; Fowler, *The Coucher Book of Selby* (Yorks. Arch. and Top. Assoc., Record Series, xiii) ii, 224ff., 296–8), gives so many of the members of the families of Ver and Gousill (Goxhill) as are needed to explain the charters relating to the church of Bottesford. Perhaps de Ver is a corruption of the name de Vermis, for the two carucates in Scotton which Guy de Vermis held of Rannulf Meschin in 1115–18 (*The Lincolnshire Domesday*, p. 243), are represented by the knight's fee in that place which Walter de Ver held of the earl of Chester in 1212 (*Book of Fees* i, 191). The Gousill family held land at Goxhill, co. Linc., and Sproatley, co. York, and at other places in the same counties. The one carucate in Goxhill and the two carucates in Wootton, which were held by Roger of the bishop of Lincoln in 1086 (*The Lincolnshire Domesday*, 7/23 and 7/21), were held, in 1166, by Robert son of Ernulf or Erneis [de Gousill] as two knights' fees (*Red Book of the Exchequer* i, 375) ; and, in 1212, by Walter de Ver as three carucates, by the service of two knights (*Book of Fees* i, 159).

Guy de Ver I, =
temp. Henry I

Guy de Ver II, granted the church of Bottesford to Thornholme priory, *c.* 1190 =	Gilbert de Ver, abbot of Selby ; dead *c.* 1189	Robert son of Erneis de = Gousill ; dead in 1185

Gundreda de Ver, = Adam son of Erneis de Gousill,
dau. and heir   or de Sproatley ; died in or
                    before 1205

Walter de Gousill, prob. under age = Sybil=Nicholas de Chavencurt,
1205 ; took the name of Ver ;   2nd husband
died on or before 27 Jan., 1220

Simon de Ver I, knt, under = Roger de Ver, prior of the
age in 1213 ; died *c.* 1264   Hospitallers in England

Simon de Ver II, knt ; one of
the Disinherited, 1265 ; sold the
manor and advowson of Bottesford to his uncle Roger, in 1270

ADD. CHART.

510. Confirmation by Walter de Ver of the grant by Guy de Ver, his grandfather, of the church of Bottesford. (Circa 1210.)

    Cunctis Christi fidelibus presentib[us 7 futuris Walterus de Ver salutem . Nouerit vniuersitas vestra me pro salute mea] 7 meorum concessisse 7 h[ac presenti carta mea confirmasse deo 7 ecclesie beate Marie de Thornholm' 7 canonic]is
5 ibidem deo serui[entibus in liberam 7 puram 7 perpetuam elemosinam ecclesiam de Botenesford' cum] omnibus pertinenciis suis . Qu[am W]ido de V[er auus meus eis per cartam suam dedit sicut carta ipsius Widonis] de Ver exinde eis facta tes[ta]tur . Et ut hec mea concess[io] 7 confi[rmacio
10 firma permaneat ꞉ presenti scripto] sigillum meum apposui . Et ego 7 heredes mei warantizabimus [prefatam ecclesiam prenominatis canonicis in] perpetuum contra omnes homines . Hiis testibus . Herueo de [Arescy] . . . .
. . . . . Sim . . . . Simone de Messingham . Saphrido de
15 Barton' . . . . Mereton' . Waltero de Orreb' . Galfrido de Hesell' . Laur . . . .
. . . .[1]

No ancient endorsement remains.
Tag for seal. Size originally : circa 6½ x 3¾ inches.
Texts : MS—Orig. Dij/67/1/12. R252.
Var. R. : *No more than a third of the charter remains, and the parts that are missing have been supplied from R.* [1] R omits all the witnesses except the first.

ADD. CHART.

511. Agreement made before the justices itinerant whereby Nicholas de Chavincurt and Sybil his wife have leased to bishop Hugh II from Christmas, 1219, for six years, the third part of the close of Langeneia which they deraigned against the abbot and convent of Thornton, by reason of the dower which belongs to Sybil of the fee of Walter de Ver, formerly her husband. Circa Christmas, 1219.

Indented

ꟲꓯꟼA᙭ꓤꓱꟼꙨꓥꟼᴧM

    Hec est conuencio facta inter dominum Hugonem Lin*colniensem* episcopum secundum . ex una parte . 7
5 Nicholaum de Chauincurt 7 Sibillam uxorem suam ex alia . scilicet . quod predicti Nicholaus 7 Sibilla concesserunt 7 dimiserunt 7 presenti scripto confirmauerunt eidem episcopo terciam partem clausi de Langeneia cum omnibus pertinenciis suis quam dirracionauerunt uersus abbatem 7 conuentum de
10 Torenton' racione dotis que predictam Sibillam contingit de feodo Walteri de Ver quondam uiri sui ꞉ in curia domini

regis . ad faciendum ibi ipsi episcopo berkariam cum libero
7 saluo ingressu 7 exitu ouium suarum de pastura 7 ad
pasturam ⁊ Habendam 7 tenendam eidem episcopo uel hiis
15   quibus eam assignauerit a festo Pentecostes anno ab Incarnacione domini millesimo . ducentesimo decimo nono usque
ad sex annos proximo sequentes completos . Ita quod post
predictum terminum elapsum erit in eleccione episcopi uel
assignatorum suorum . ab ipsis Nicholao 7 Sibilla uxore sua
20   recipere quinque marcas pro edificio berkarie predicte . si
ipsa berkaria tantum ualeat [per arbitri[1]]um bonorum uirorum ⁊
uel ipsum edificium berkarie prout uoluerint inde amouere .
Completo autem predicto termino ⁊ sedes ipsius be[rkarie[1]]
ad eosdem Nicholaum 7 Sibillam integre 7 quiete reuertetur
25   absque reclamacione predicti episcopi uel assignatorum
suorum . Et si Sibilla uxor predicti Nicholai interim obierit ⁊
idem Nicholaus quietus erit ab hac conuencione . Parti autem
huius cyrographi [que[1]] ipsis Nicholao 7 Sibille uxori sue
remanet ⁊ predictus dominus episcopus sigillum suum
30   apposuit . Hiis testibus . Willelmo de Aubiniaco . Ada de
Nouo Mercato . Willelmo de Creissy . 7 Waltero Mauclerc ⁊
tunc iusticiariis itinerantibus in comitatu Lincolnie . Waltero
de Couentria . Alexandro de Pointon' . Theobaldo Hautein .
Willelmo de Neuton' . Jordano de Esseby . Roberto Griffin .
35   7 Galfrido de Heghfeld' . Galfrido filio Baldewini tunc
senescallo domini Linc' episcopi . Ricardo pincerna . 7 Rogero
fratre eius . Petro de Cotinton' 7 Simone de Sandwico 7 aliis
multis.

Endorsed : (1) CyroGraffum factum inter dominum episcopum ex vna parte
7 Nicholaum de Chauincurt' 7 Sibillam vxorem suam ex altera super tercia parte
clausi de Langeneya (13 cent.). (2) non valet . contingit episcopum (13 cent. ;
note by Q).
Tag for seal.   Size : 7½ x 5½ inches.
Text : MS—Orig. Dij/67/1/25.
Var. R. : ¹ *supplied from* Dij/67/1/26 (no. 512 below).
Notes : For the counterpart see no. 512 below.
The close of Langeneia has not been identified, but it was, perhaps, in Bottesford
since this charter is found amongst the charters of that parish.

ADD. CHART.

512. The counterpart of the preceding agreement, which
remained in the hands of Nicholas and Sybil de Chavincurt. This
counterpart substitutes for the corresponding clause in no. 511
the words : ' que domino episcopo remanet ⁊ predicti Nicholaus
7 Sibilla uxor sua sigilla sua apposuerunt.'

Indented

C Y R O G R A P H V M

Endorsed : contingit episcopum (13 cent. ; note by Q).
Two slits for seal-tags.   Size : 7½ x 5½ inches.
Text : MS—Orig. Dij/67/1/26 (damaged by mice).

ADD. CHART.

513. Notification by bishop Hugh [II] of an award made by himself and Robert [Hayles] archdeacon of Huntingdon to settle a dispute between Adam rector of Althorpe and Oliver parson of Bottesford about the tithes of the part of the village of Burringham which is in the fee of Ashby. Oliver complained that Adam, wrongfully admitting the parishioners dwelling in the aforesaid part of the village to burial and to the other sacraments of the Church, withheld the oblations of the parishioners for the living and the dead and their legacies to the prejudice of the church of Bottesford. The award is as follows : That the small tithes and half the tithe of sheaves of the said part of the village shall belong to the church of Bottesford, and that the church of Althorpe shall receive the other half of the tithe of sheaves, and shall retain the oblations of the parishioners dwelling in the said part and their legacies by admitting those parishioners to burial and to the other sacraments of the Church. The particular lands and tofts from which each of the two churches shall receive its half of the tithes of sheaves are described, and provision is made with respect to land which may hereafter be brought into cultivation. The church of Bottesford shall have all kinds of tithes and all parochial rights in respect of the land in Burringham and Butterwick which at the time of the award belongs to the fee of Nicholas de Chavincurt. The award is approved by the two rectors and by the patrons of the two churches. In chapter at Lincoln. 12 March, 1223.

Indented

CYROGRAPHVM

Omnibus Christi fidelibus ad quos presens scriptum peruenerit . Hugo dei gratia Linc' episcopus . salutem in
5 domino . Nouerit vniuersitas uestra quod cum inter Adam rectorem ecclesie de Althorp' actorem ex una parte . 7 Oliuerum personam ecclesie de Botlesford' parte rei fungentem ex altera . coram priore sancte Trinitatis Eboraci 7 coniudicibus suis auctoritate litterarum domini . pape . Honorii tercii
10 questio uerteretur super omnibus decimis de tota parte ville de Burringeham' que est de feodo de Askeby : Item cum dictus Oliuerus prefatum Adam coram priore Hospitalis . Linc' . 7 coniudicibus suis ab eodem domino . papa . delegatis traxisset in causam super eo quod idem Adam omnes parro-
15 chianos habitantes in predicta parte ville de Burringeham' ad sepulturam 7 ad alia sacramenta ecclesiastica iniuste

admittens obblationes[1] eorundem parrochianorum tam pro
uiuis quam pro mortuis ⁊ legata eorum in preiudicium ecclesie
de Botlesford retinuit ꝰ Tandem supradictus Adam persona
20 ecclesie de Althorp' . ⁊ magister ⁊ fratres militie Templi in
Anglia patroni unius medietatis eiusdem ecclesie . ⁊ prior
⁊ fratres hospitalis Eboraci patroni alterius medietatis .
item predictus Oliuerus persona ecclesie de Botlesford' . ⁊
prior ⁊ conuentus de Thornholm' qui se dicebant esse patronos
25 ipsius ecclesie ꝰ se sponte simpliciter ⁊ pure super omnibus
premissis nostre ⁊ dilecti filii Roberti archidiaconi Huntingdonie subiecerunt ordinationi . Nos igitur super iure ⁊ possessione que tam ecclesia de Althorp' quam ecclesia de Botlesford in hiis habere uidebatur ꝰ diligentem prius inquisitionem
30 facientes per testes ab utraque parte productos iuratos ⁊
examinatos diligenter ꝰ vt predictarum ecclesiarum que a
longis retro temporibus sepe sibi ad inuicem pro premissis
lites ingesserunt paci ⁊ tranquillitati de cetero prouideatur ꝰ
solum deum habentes pre oculis de consensu partium ita
35 duximus ordinandum . Videlicet quod omnes minute decime
totius predicte partis ville de Burringeham' que est de feodo
de Askebi ꝰ ⁊ medietas decime omnium garbarum eiusdem
partis ad ecclesiam de Botlesford integre ⁊ pacifice in perpetuum pertinebunt . Ecclesia autem de Althorp' aliam
40 medietatem decime omnium garbarum ipsius partis de
Burringeham que est de feodo de Askeby in perpetuum
percipiet ⁊ omnes oblationes omnium parrochianorum manen-
tium in eadem parte de Burringeham' que est de predicto
feodo de Askeby tam pro uiuis quam pro mortuis . ⁊ legata
45 eorum perpetuo retinebit omnes ipsos parrochianos ad sepulturam ⁊ ad alia sacramenta ecclesiastica admittendo . Et
ne pro diuisione garbarum facienda de predictis decimis lis
inter prefatas ecclesias de Althorp' ⁊ de Botlesford aliquo
tempore oriatur ꝰ totam terram quam homines tenuerunt in
50 tota sepedicta parte ville de Burringeham' que est de feodo
de Askeby tempore huius ordinationis cum toftis adiacentibus
in duas medietates equales diuidi fecimus ꝉ assignantes ecclesie
de Botlesford' omnes decimas garbarum de una medietate
prouenientes . Ecclesie uero de Althorp' omnes decimas
55 garbarum prouenientes ex altera medietate in perpetuum
percipiendas . Ecclesia igitur de Botlesford' percipiet in
perpetuum omnes decimas garbarum de terris ⁊ toftis subscriptis . scilicet de dimidia bouata terre Galfridi Blundi
cum tofto suo . de dimidia bouata ⁊ quarta parte unius bouate
60 terre Gileberti diaconi que fuit Ade Blundi cum tofto suo .
de dimidia bouata terre Walteri filii Ranulfi cum tofto suo .
de dimidia bouata terre Margarete filie Roberti filii Brand'
cum tofto suo . de dimidia bouata terre Willelmi filii Gileberti

cum tofto suo . de tercia parte vnius bouate terre Willelmi
65 filii Aylfled' . cum tofto suo . de dimidia bouata terre Ranulfi
filii Wybaldi cum tofto suo . de vna bouata terre Willelmi
filii Wacelini cum tofto suo . de uno tofto Matild*is* bracia-
tricis . de dimidia bouata terre Ricardi filii Higemund' cum
tofto suo . de uno tofto Ade Kappescore 7 de uno tofto
70 Hugonis fratris eius . de tercia parte unius bouate terre
Arnaldi filii Aelic*ie* cum tofto suo . de quarta parte vnius
bouate terre Ade filii Sigþerich' cum tofto suo . Ecclesia
autem de Althorp decimas garbarum habebit in perpetuum
de terris 7 toftis subscriptis . scilicet . de una bouata 7 quarta
75 parte unius bouate terre Johannis filii Gocelini cum tofto
suo . de una bouata terre Gwiot filii Rogeri cum tofto suo .
de tercia parte unius bouate terre Geralini filii Gocelini cum
tofto suo . de dimidia bouata terre Odonis filii Wiminan'
7 Thome fratris eius cum toftis suis . de tercia parte unius
80 bouate terre Ade filii Gam*ell*ini cum tofto suo . de tercia
parte unius bouate terre Willelmi Du . .² cum tofto suo . de
dimidia bouata terre Hugonis ad Fled cum tofto suo . de
tofto Thome fratris ipsius . de dimidia bouata terre Ade filii
*Christ*iani . cum tofto suo . de tercia parte unius bouate terre
85 Ade filii Habfede cum tofto suo . de tercia parte unius bouate
terre Hereberti fratris ipsius cum tofto suo . de tercia parte
unius bouate terre Aelic*ie* vxoris Walteri filii Berewald' cum
tofto suo . de uno tofto Gilberti diaconi . Si uero contigerit in
posterum quod aliqua terra alia a premissis que tempore
90 istius ordinationis fuit de feodo de Askeby apud Burringeham de nouo excolatur ⫶ prefate ecclesie de Botlesford' 7
de Alethorp' omnes decimas garbarum illius terre quecumque
illa sit ⫶ inter se in perpetuum equaliter dimidiabunt . saluis
in perpetuum ecclesie de Botlesford' omnibus minutis decimis
95 inde contingentibus . saluis etiam nichilominus in perpetuum
eidem ecclesie de Botlesford' omnimodis decimis cum toto
iure parrochiali de tota terra in Burringeham' 7 in Butterwic' .
que tempore huius ordinationis fuit de feodo Nicholai de
Chauincurt' . Quas quidem omnimodas decimas . 7 quod
100 totum ius parrochiale ipsa ecclesia de Botlesford' semper
pacifice possidebit . Nos igitur hanc ordinationem a nobis
7 dicto archidiacono factam 7 a partibus approbatam ⫶
auctoritate episcopali de consensu Willelmi decani 7 capituli .
nostri Linc' ⫶ confirmamus . Et in huius rei testimonium
105 presenti scripto sigillum nostrum 7 sigillum predicti capituli
nostri Linc' una cum sigillo prefati Roberti archidiaconi
Huntingdon*ie* coordinatoris nostri . 7 sigillis omnium predictarum partium ⫶ duximus apponend*a* . Hiis testibus .
Willelmo decano . Galfrido precentore . Ricardo cancellario .
110 Gileberto thesaurario . Johanne subdecano . Roberto

Huntingdon*ie* . Ada Oxon*ie* . Johanne Bedefordi*e* . 7 Willelmo
Stowe archidiaconis . Gileberto de Scardeburg' . magistris
Ricardo de Lindwode . Roberto de Grauel*e* . 7 Stephano de
Cicestr*ia* . Waltero Blundo . Rogero de Bristoll' . 7 Roberto
115 de Wassingburg' . magistro Willelmo de Linc' . Petro de
Hungar*ia* . 7 Willelmo de Aualon' . magistris Willelmo de
Cantuar*ia* . Nicholao de Euesham' . Amauricio de Bugeden' .
Waltero de Well' . 7 Roberto de Brincle . Radulfo de Warauill' .
Rogero de Bohun' . 7 Petro de Cheuremu*nt* canonicis Lincoln' .
120 Dat' per manum Petri de Bathon*ia* canonici Linc' . in capitulo
Lincoln' apud Lincoln' quarto idus Martii pontificatus nostri
anno quartodecimo.

Endorsed : Composicio inter personas de Botensford 7 de Aletorp (13 cent.).
Six slits for seal tags.   Size : 12¼ x 6½ inches.
Texts : MS—Orig. Dij/67/1/15.   Dij/67/1/15a (a 16th cent. copy on paper ;
injured ; not collated).
Var. R. : ¹ *sic.* ² *The last two letters are illegible.*
Notes : Oliver Chesney (*de Chedneto*) was instituted as parson in the church of
Bottesford, which the bishop of Lincoln conferred upon him, in 1219–20 (L.R.S.
iii, 213) ; and, in 1260–1, the church was vacant by his death (*ibid.* xx, 88–9, 290).
 In a terrier of the rectory of Althorpe, dated 11 July, 1612, it is stated that the
rector has ' the mortmanes, customes, and offeringes ' of Burringham (Diocesan
Registry, Terriers vi, f. 231).
 Stonehouse, writing in 1839, states that at that time Burringham constituted
part of the parish of Bottesford, though, ' until very lately, the inhabitants considered themselves as belonging, in ecclesiastical matters, to the Mother Church
of Althorpe ; and were frequently baptised, married, and buried there ' (*History and
Topography of the Isle of Axholme*, 373). It is probable that the rival claims of
Bottesford and Althorpe were not finally adjusted until Burringham was included
in the new ecclesiastical parish of Gunness which was formed in 1861.

ADD. CHART.

514. Release by Sir Simon de Ver [I], knight, to the prior and
convent of Thornholme of his right in the advowson of the church
of Bottesford, notwithstanding a chirograph made in the king's
court, by which he had, during his life, the right of electing and
sending to the prior and convent a suitable clerk for them to present
to the bishop. (Circa 1263.)

Vniuersis [Christi¹] fidelibus ad quos presens scriptum
peruenerit dominus Simon de Ver miles filius Walteri de
Ver salutem in Domino . Noueritis me quietum clamasse
priori 7 conuentui de Thornholm' inperpetuum de me 7
5 heredibus meis totum ius 7 clamium quod habui uel habere
potui in aduocatione ecclesie de Botenforde² cum pertinenciis
suis iure hereditarie³ . Totum insuper ius 7 clamium quod
habui uel habere potui in predicta aduocatione racione
cyrograffi in curia domini regis confecti super dicta aduoca-
10 tione inter me ex vna parte 7 dominos priorem 7 conuentum
de Thornholm' ex altera . ita scilicet quod liceat eis ex hac
libera quietaclamacione mea presentare decetero quemcumque voluerint clericum tanquam veri memorate ecclesie

patroni si casus qualiscumque presentandi[4] eis acciderit post
15 presentacionem meam iam factam de Alexandro de Hotheum
clerico[5] ad eandem : quamuis ex cyrograffo prenominato
ius habui eligendi 7 tradendi eisdem in tota vita mea clericum
meum ydoneum domino Lincholn'[6] episcopo presentandum .
quod quidem ius eisdem plene resingnaui . perpetuo quietum
20 clamaui . Ad maiorem iuris eorum declaracionem 7 mani-
festacionem . ac mei 7 heredum meorum warantizacionem .
7 ne malicie cuiusquam subtilitate uel racione qualicumque
processu temporis ius predictorum religiosorum periclitari
possit uel diminui : per me uel per heredes meos . quin plenum
25 ius habeant 7 eciam totum illud ius quod habui uel habere
potui iure hereditario seu ex cyrograffo predicto ut predictum
est sigillum meum presenti scripto apposui in testimonium
ueritatis . Hiis testibus . domino[7] Johanne de Santon'[8] .
domino Willelmo de Normanby . domino Willelmo de Coleby .
30 domino Johanne le Blunde militibus . Thoma de Kent .
Radulfo Pincon . magistro Roberto de Messingham . Bricio
de Messingham . Johanne filio Johannis Redemere . Roberto
coco de Appelby . Ricardo coco de Botenforde . Roberto ad
aulam de Askeby . Willelmo de Holm'[9].

Endorsed : (1) Symonis de Ver senioris (13 cent.). (2) Carta domini .S. de Ver
senioris . cum .ij. cyrograffis in curia . domini regis confectis .7 .ij. confirmacionibus
domini Symonis junioris (13 cent.). On fold : Botelford' (14 cent.).
Tag for seal. Size : 8¾ x 3¼ inches.
Texts : MS—Orig. Dij/67/1/13. R253.
Var. R. : [1] *supplied from* R, *there being a hole in the charter*. [2] Botenesford' R.
[3] hereditario R. [4] *om.* presentandi R. [5] *om.* clerico R. [6] Lincoln' R. [7] *om.* domino
R. [8] Saunton' R. [9] *for the names of the witnesses after the first witness* R *substitutes*
7 aliis.
Notes : By a final concord, dated in one month from Saint Hilary [10 February],
1230, Simon de Ver acknowledged the advowson of the church of Bottesford to
be the right of the prior and his church of Thornholme as that which the prior and
canons had by the gift of Simon's ancestors ; and for this the prior and canons
granted that Simon, as often as the church should be vacant during his life, should
elect a fit clerk (*Final Concords* i, 225). In an assize of darrein presentment, 13–14
Henry III, which preceded the final concord, it was shewn that Guy de Ver presented the last parson (*Genealogist*, new series, xx, 75).
Alexander de Hothum, subdean, was, in 1260-1, instituted to the church of
Bottesford, vacant by the death of Oliver [Chesney], on the presentation of sir
Simon de Ver, knight, who had recovered the advowson against the king of the
Germans and the abbot of Selby by an assize of darrein presentment (L.R.S. xx,
88-9, 290).

ADD. CHART.

515. Final concord made between John prior of Thornholme
and Simon de Ver [I] senior, relating to the same matter. At
Lincoln. (29 April, 1263.)

Hec est finalis concordia facta in curia domini regis apud
Linc' (a die Pascha in vnum mensem anno regni regis Henrici
filii regis Johannis quadragesimo septimo . coram Martino
de Littilbyr' Waltero de Bersted' Galfrido de Leukenor' 7
5 Ricardo de Hemington' iusticiariis itinerantibus 7 aliis

domini regis fidelibus tunc ibi presentibus (inter Johannem priorem de Thornholm querentem (7 Simonem de Ver seniorem de hoc quod idem Simon teneret predicto priori finem factum in curia domini regis apud Westmonasterium
10 inter predictum Simonem 7 Galfridum quondam predecessorem ipsius prioris de aduocatione ecclesie de Botlesford' cum pertinenciis (Vnde placitum finis facti summonitum fuit inter eos in eadem curia . scilicet quod predictus Simon recognouit predictam aduocationem predicte
15 ecclesie cum pertinentiis esse ius ipsius prioris 7 ecclesie sue de Thornholm . Habendam 7 tenendam eidem priori successoribus suis 7 ecclesie sue predicte de predicto Simone 7 heredibus suis in liberam puram 7 perpetuam elemosinam inperpetuum . Et predictus Simon 7 heredes
20 sui warantizabunt (acquietent 7 defendent predicto priori successoribus suis 7 ecclesie sue predicte predictam aduocationem predicte ecclesie cum pertinentiis vt puram 7 perpetuam elemosinam suam liberam 7 quietam ab omni seculari seruitio 7 exactione contra omnes homines inperpetuum .
25 Et sciendum quod cyrographum prius inde inter eos factum per istum finem penitus adnichilatur . Et predictus prior recepit predictum Simonem 7 heredes suos in singulis benefitiis / orationibus que decetero fient in ecclesia sua predicta inperpetuum.

Texts : MS—P.R.O., Feet of Fines, 131/45/no. 86.   R255 (a poor and incomplete text, which is not collated here).   Pd—*Final Concords* ii, 208 (abs.).

ADD. CHART.

516. Release by Simon de Ver [II], knight, son and heir of sir Simon, to John the prior and the church of Thornholme, whom he *viva voce* acknowledges to be the true patrons of the church of Bottesford, of all his right in the advowson of the said church. (Circa 1265.)

Omnibus Christi fidelibus ad quorum noticiam presens scriptum peruenerit Simon de Ver[1] miles filius domini Simonis de Ver[1] 7 heres :' salutem in domino sempiternam. Uniuersitati vestre presentibus notum facio me pro salute anime mee 7
5   meorum antecessorum 7 successorum omnium concessisse remisisse ac[2] de me [7[3]] heredibus meis 7 assingnatis michique quocumque modo vel casu succedentibus omnino quietum clamasse inperpetu[um deo 7 ecclesie[3]] beate Marie de Thornholm' 7 Johanni priori 7 eiusdem loci conuentui quos viua
10 voce fateor . 7 presenti scripto [m]eo[4] firmiter protestor . ecclesie de Botelforde veros esse patronos :' totum ius[5] 7 clamium quodcumque habui 7 quod ad me 7 heredes meos quocumque iure modo vel facto potuit pertinere in aduocacione dicte ecclesie de Botlesforde[6] cum pertinenciis suis ,

15 Ita videlicet quod defuncto Alexandro de **Hodhum** nunc
eiusdem ecclesie rectore vel eandem ecclesiam qualitercumque
resignante *.*/ liceat memoratis priori 7 conuentui eorumque
successoribus vniuersis quemcumque voluerint clericum ad
eandem ecclesiam presentare . seu non obstante quocumque
20 impedimento uel contradiccione mei uel heredum meorum
aut cuiuscumque viuentis in[7] nomine nostro auctoritate
domini episcopi Linc' mediante *.*/ eam in vsus proprios perpetuis temporibus retinere . Renuncians in hac parte pro
me 7 omnibus meis omni iuris remedio tam canonici quam
25 ciuilis 7 omnibus priuilegiis exceptionibus . cauillacionibus .
7 omnibus liter[is ta[3]]m regiis quam aliis impetradis[8] 7
impetrandis necnon a me ipso datis vel dandis . que michi
uel quibuscumque nomine meo [possint prodesse 7 pre[3]]fatis
priori 7 conuentui quocumque[9] modo nocere uel obesse .
30 Et ne ego Simon vel heredes mei aut quisq[uam nomine
nostro contra[3]] presens factum meum quacumque ex causa
processu temporis venire possimus ad omnia prescripta
fideliter obseruanda *.*/ dic[tis priori 7 conuentu[3]]i fidem prestiti
corporalem . Et ad maiorem huius rei securitatem presens
35 scriptum sigilli mei munimine du[xi roborandum[3]] Hiis
testibus[10] dominis Johanne de Santon' 7 Johanne le Blunt .
de Bercton militibus . domino Willelmo de Coleby milite .
Ricardo . . . . de eadem . Stephano de Lund . Petro
de Lund . Thoma de Hibaldstou clerico 7 multis aliis.

Endorsed : Symonis de Ver iunioris (13 cent.).
Tag for seal.   Size : 7½ x 5½ inches.
Texts : MS—Orig. Dij/67/1/17.   R.254.
Var. R. :   [1] Veer R.   [2] *om.* ac R.   [3] *supplied from* R, *there being two holes in the*
charter.   [4] *om.* meo R.   [5] *om.* ius R.   [6] Botelford' R.   [7] *om.* in R.   [8] impetratis
R.   [9] quoquo R.   [10] R *omits the witnesses.*

ADD. CHART.

517. Release by brother William de Hauel, prior of the
Hospital of Saint John of Jerusalem in England, and his brethren
to the prior and convent of Thornholme of their right in the advowson of the church of Bottesford. In chapter at Melchbourne [co.
Bedford]. 4 June, 1290.

     Vniuersis Christi fidelibus ad quorum noticiam presens
scriptum peruenerit frater Willelmus de Hauel prior Hospitalis
sancti Johannis Jerosolomit' in Anglia 7 confratres sui salutem
in domino sempiternam . Noueritis nos vnanimi consensu
5   7 assensu tocius capituli nostri concessisse remisisse 7 omnino
quietum clamasse de nobis 7 de omnibus successoribus nostris
viris religiosis . . priori 7 conuentui de Thornholm' totum ius
7 clamium quodcumque habuimus vel aliquo modo habere
poterimus in aduocacione ecclesie de Botenesford' iuxta

10 Messingham in Lyndes' quod ius nostrum aliquando fuisse
dicebamus . Ita videlicet quod nec nos qui nunc sumus (
nec aliquis successorum nostrorum in aduocacione predicte
ecclesie de Botenesford' aliquod ius vel clamium vendicare
vel habere possimus inperpetuum . In cuius rei testimonium
15 sigillum nostrum commune vna cum sigillo prioris supradicti
presentibus est appensum . Dat' in capitulo nostro apud
Melcheburne in octabis sancte Trinitatis . anno domini .
M⁰ . CC⁰ . nonagesimo.

Text : MS—R256.

Note : In 1270, Simon de Ver [II] granted in frank almoign to Roger de Ver, his
uncle, prior of the Hospitallers, the manor of Botnesford with all appurtenances
in Botnesford, Messingham, Yaldethorp, Burningham, and Butterwyk, with the
dower and assarts of Askeby and Brunneby, and the advowson of the church of
Botnesford (C.C.R. ii, 174). See *The Genealogist*, new series, xx, 76.

ADD. CHART.

518. Release by Richard the abbot and the convent of Selby
to the canons of Thornholme of any right that they had in the
church of Bottesford. (Circa 1290.)

Omnibus sancte matris ecclesie filiis presentibus 7 futuris
Ricardus dei gracia abbas de Selby 7 conuentus eiusdem loci
salutem in domino . Nouerit vniuersitas vestra nos paci 7
tranquillitati sicut decet viros religiosos insistentes remisisse
5 ecclesie sancte Marie de Thornholm' 7 canonicis ibidem deo
seruientibus quicquid iuris habuimus in ecclesia de Botenesford' inperpetuum . Et vt hec nostra remissio firma 7 perpetua
existat presens scriptum sigilli nostri capituli apposicione
roborauimus.

Text : MS—R257.

ADD. CHART.

519. Notification by bishop Oliver that, in accordance with
two royal writs which he has received, he has instituted master
Thomas Malherb of Louth, subdeacon, as rector of the church of
Bottesford on the presentation of the prior and convent of
Thornholme. At Sleaford. 21 July, 1290.

Vniuersis pateat per presentes (quod nos Oliuerus permissione diuina Lincoln' episcopus duodecimo kalendas
Augusti . anno domini . M⁰. CC⁰. nonagesimo . apud Lafford'
duo breuia domini regis sub sigillo suo diuisim seu separatim
5 recepimus inclusa (quorum primi tenor est talis . Edwardus
dei gracia rex Anglie dominus Hibern*ie* 7 dux Aquit*annie*
venerabili in Christo patri .O. eadem gracia episcopo Lincoln'
salutem . Sciatis quod cum . . prior hospitalis sancti Johannis
Jero*salomit*' in Anglia in curia nostra coram iusticiariis nostris
10 apud Westmonasterium summonitus esset ad respondendum

priori de Thornholm' de placito quod permittat ipsum
presentare ydoneam personam ad ecclesiam de Botenesford'
que vacat 7 ad suam spectat donacionem vt dicitur . Idem
prior Hospitalis venit in eadem curia nostra 7 recognouit
15 aduocacionem predicte ecclesie esse ius ipsius . . prioris de
Thornholm' 7 ecclesie sue de Thornholm' 7 illam remisit 7
quietam clamauit de se 7 successoribus suis 7 ecclesia sua
sancti Johannis Jero*salomit'* in Anglia predicto priori de
Thornholm' 7 successoribus suis 7 ecclesie sue de Thornholm'
20 inperpetuum . Et ideo vobis mandamus (quod non obstante
reclamacione predicti prioris hospitalis ad presentacionem
predicti . . prioris de Thornholm' ad predictam ecclesiam
ydoneam personam admittatis . Teste Johanne de Metingham
apud Westmonasterium sexto die Maii . anno regni nostri
25 decimo octauo . Item secundi talis est forma . Edwardus dei
gracia rex Anglie dominus Hibernie 7 dux Aquitannie (
venerabili in Christo patri .O. eadem gracia episcopo Linc'
salutem . Sciatis quod . . prior de Thornholm' in curia nostra
coram iusticiariis nostris apud Westmonasterium recuperauit
30 presentacionem suam versus abbatem de Seleby ad ecclesiam
de Botenesford' que vacat vt dicitur per quamdam iuratam
ibi inde inter eos captam . Et ideo vobis mandamus (quod
non obstante reclamacione predicti abbatis ad presentacionem
predicti prioris ad predictam ecclesiam ydoneam personam
35 admittatis . Teste Johanne de Metingham apud Westmonasterium decimo die Julii anno regni nostri decimo octauo .
Vnde finita questione in curia domini regis inter partes de
quibus breuia ista faciunt mencionem ? magistrum Thomam
Malerb' de Luda subdiaconum nobis ad dictam ecclesiam
40 per . . priorem 7 conuentum de Thornholm' canonice presentatum ad eam admisimus 7 rectorem canonice instituimus in
eadem . In cuius rei testimonium sigillum nostrum presentibus
est appensum . Dat' apud Lafford' die 7 anno supradictis.

Text : MS—R258.
Notes : The claim of the abbot and convent of Selby originated in Guy de Ver's
grant to them of the church of Bottesford, which was confirmed by king Richard,
in 1189, and by king John, in 1204 (J. T. Fowler, *The Coucher Book of Selby* (Yorks.
Arch. and Top. Assoc., Record Series x) i, 18, 27). The nature of the interest of
the abbey in the church is uncertain, but it must have been small, for the present
series of charters shews that the grant of Guy de Ver II giving the church to
Thornholme priory was effective (see no. 509 above).
The church of Bottesford being vacant by the death of sir Alexander de Hotham,
the prior and convent of Thornholme first presented William de Luda, and then
master Thomas Malherbe, subdeacon ; the prior of the Hospital of St John of
Jerusalem in England presented John of Lincoln, priest ; and the abbot and convent
of Selby presented Nicholas de Gerelthorpe, clerk. Malherbe was instituted as
stated in the present text but, failing to obtain ordination as priest within twelve
months, the church again became vacant in accordance with the provisions of the
Council of Lyons. He was instituted again as master Thomas called Malherb'
de Luda, 11 September, 1291, on presentation by the same patrons as before (Episc.
Reg. i, ff. 246, 247). He was dead on 16 October, 1295, when master William de
Langwath, subdeacon, was instituted to the church (*ibid.*, f. 249d.).

520. Appropriation by bishop John [Dalderby] of the church
of Bottesford, which is of the patronage of the Dean and Chapter,
to the common use of the canons actually residing in the church
of Lincoln ; reserving, however, to the bishop power to ordain a
fitting portion of the revenues of the church for the support of a
perpetual vicar who shall be instituted on the presentation of the
dean and chapter. At Lyddington. 4 March, 1305.

Johannes permissione diuina[1] Lincoln' episcopus ⟨ dilectis
in Christo filiis . . capitulo ecclesie nostre Lincoln'[2] ⟨ salutem ⟨
graciam 7 benediccionem . Subsunt cause multiplices precipue
7 moti[ue[3]] quibus [ecclesie[3]] nostre Lincoln'[2] [pre[3]]dicte
5 astringimur 7 tenemur . Ipsi coniuncti sumus specialis coniugii
vinculo ⟨ sicut sponse ipsius regimini principaliter presidemus .
nobisque in[cumbit eius[3]] vtilitatibus prouidere . Aduertentes
igitur quantum dicte ecclesie redditus 7 prouentus ⟨ in communes   vsus   residencium   deputati   ⟨   hiis   temporibus
10 deciderunt   ⟨   quantoque   [pressi   sunt[3]]   pondere   insolito
residentes ⟨ 7 labores ecclesie continuos ⟨ Hiis qui residere
deberent deficientibus ⟨ sustinentes[4] ⟨ 7 quam tenues 7 exiles
hiis diebus existunt pro[uentus[3]] residencium prebendales ⟨
quantaque onera vos . . capitulum precipue residentes ⟨ circa
15 conseruacionem 7 defensionem iurium ecclesie ⟨ que de bonis
huiusmodi communibus vsui residen[cium[3]] deputatis quamquam pro tanta ecclesia exilibus ⟨ quasi totaliter supportantur ⟨
que eciam onera bona huiusmodi communia ⟨ crescente
hominum malicia ⟨ multiplicatisque aduersariis indies [non
20 mediocriter ex[3]]tenuant 7 exhauriunt[5] ⟨ sustinuistis 7 sustinere oportebit in futurum ⟨ propter que in presenti ere
al[ieno v[3]]sque ad summam duorum milium marcarum existitis[6]
onerati [prout nobis de[3]] hoc legitime constat ⟨ Vt [vos[3]]
onera dicte ecclesie incumbencia [7[3]] indies crescencia ⟨
25 facil[ius[3]] supp[ortare ac iuria ecclesie[3]] in statu debito
fortius conseruare ⟨ 7 vos [7 ecclesiam pre[3]]dictam ab onere
dicti debiti facilius releuare possitis ⟨ ecclesiam de Botnesford'[7] nostre diocesis ⟨ que de dicte ecc[lesie Linc' pa[3]]tronatu
existit ⟨ vobis in vsus huiusmodi communes [ac[3]]tualiter
30 residencium in dicta ecclesia ⟨ deputamus ⟨ 7 concedimus ⟨
vt cedente vel decedente eo qui nunc dicte ecclesie de Botnesford'[7] curam gerit ⟨ ipsius possessionem cum om[nibus iuribus
7[3]] pertinenciis suis[8] ⟨ nostra auctoritate apprehendere ⟨ 7
in dictos vsus conuertere valeatis 7 tenere . Reseruata tamen
35 ordinacioni nostre de ipsius ecclesie prouentibus perpetuo
vicario [in dicta ecclesia[3]] pro tempore seruituro ⟨ 7 per nos
ac successores nostros ad presentacionem vestram instituendo ⟨ in ipsius ecclesie vicaria ⟨ congrua porcione ⟨ de

qua possit commode[9] sustentari [7 incumbencia sibi[3]] onera
40   supportare . Saluisque in omnibus (episcopalibus consuetudinibus 7 Lincoln'[2] ecclesie dignitate . In cuius rei testimonium sigillum nostrum presentibus est appensum . Dat'
apud Lydington' . Quarto nonas Marcii . anno domini . M°.
CCC°. quinto . et consecracionis nostre sexto.

No ancient endorsement.
Slit for seal-tag.   Size : 10½ x 8¾ inches.
Texts :   MS—Orig. Dij/67/1/24.   Orig. Dij/67/1/23 (seal-tag ;   size :   10½ x 8¼
inches ; badly injured).   R273.   Reg. ii, f. 89.
     Var. R. :   [1] om. diuina R. 273.   [2] Linc' Reg.   [3] supplied from Reg.   [4] sustinetis R.
[5] hauriunt Reg.   [6] existis No. 23 Reg.   [7] Botneford' Reg. ;   Botenesford' R.   [8] om.
suis No. 23 Reg. R.   [9] comode No. 23 R.

ADD. CHART.

521. *Inspeximus* and confirmation by Walter [Reynolds]
archbishop of Canterbury, in his metropolitical visitation of the
diocese of Lincoln, of a charter of Bishop Dalderby similar to, and
of the same date as, no. 520 above.   At Ramsey [co. Huntingdon].
6 January, 1320.

     Vniuersis Christi fidelibus ad quorum noticiam presentes
littere peruenerint (Walterus permissione diuina Cantuar*iensis*
archiepiscopus primas tocius Anglie salutem (in domino
sempiternam (Noueritis nos ecclesiam cathedralem ciuitatem
5   7 diocesim Lincoln' nostre prouincie iure metropolitico
actualiter visitando (vidisse 7 diligenter inspexisse litteras
venerabilis fratris nostri (domini Johannis dei gratia episcopi
Lincoln' ex parte discretorum virorum . . decani 7 capituli
ecclesie Lincoln' nobis super appropriacione ecclesie de
10   Botenesford' Lincoln' diocesis predicte quam iidem . . decanus
7 capitulum in vsus proprios optinent commune canonicorum
residencium in eadem ecclesia assignatam exhibitas in hec
verba (
     Johannes permissione diuina Lincoln'[1] episcopus (dilectis
15   in Christo filiis . . decano 7 capitulo ecclesie nostre Lincoln'[2] (
salutem graciam 7 benediccionem (Subsunt cause multiplices
precipue 7 motiue (quibus ecclesie nostre Lincoln'[2] predicte
astringimur 7 tenemur (Ipsi[3] enim coniuncti sumus specialis[4]
coniugii vinculo sicut sponse ipsius regimini principaliter
20   presidemus nobis que incumbit eius vtilitatibus specialiter[5]
prouidere (Aduertentes[6] igitur quantum dicte ecclesie redditus
7 prouentus hiis temporibus deciderunt (quanta que onera
vos . . decane 7 capitulum circa conseruacionem eorum que
supersunt crescente hominum malicia multiplicatis que[7]
25   aduersariis sustinetis 7 deficientibus hiis : qui residere deberent (
quanto pressi sunt pondere insolito residentes (quamque
tenues 7 exiles hiis diebus existunt prouentus residencium
prebendales [8]pinguibus prebendis 7 dignitatibus pro magna

parte ad exteros iam[9] translatis (7 vt timetur magis in antea
30 transferendis[8] .· vt vos onera dicte ecclesie incumbencia 7
indies crescencia facilius supportare ac iura ecclesie in statu
debito forcius conseruare possitis (ecclesiam de Botenesford'[10]
nostre diocesis que de dicte ecclesie[11] patronatu existit .· vobis
in vsus proprios deputamus 7 concedimus vt cedente vel
35 decedente eo qui nunc dicte ecclesie de Botenesford'[10] curam
gerit ipsius possessionem cum omnibus iuribus 7 pertinenciis
suis nostra auctoritate apprehendere 7 in dictos vsus conuertere
valeatis (Reseruata tamen ordinacioni nostre de ipsius ecclesie
prouentibus perpetuo vicario in dicta ecclesia pro tempore
40 seruituro 7 per nos ac successores nostros ad presentacionem
vestram instituendo in ipsius ecclesie vicaria congrua porcione
de qua possit comode sustentari 7 incumbencia sibi onera
supportare (Saluis que in omnibus episcopalibus consuetudinibus 7 Lincoln'[12] ecclesie dignitate ([13]In cuius rei
45 testimonium sigillum nostrum presentibus est appensum[13] (
Valete[14] (Dat' apud Lydington'[15] .iiij. nonas . Marcij (anno
domini (millesimo (ccc^{mo} (quinto ([16]7 consecracionis
nostre sexto[16] (

Nos igitur factum dicti domini episcopi ponderatis causis
50 ipsum ad hoc mouentibus quas presencium tenore tanquam
veras 7 legittimas[17] approbamus (auctoritate metropolitica
confirmamus (Et hoc omnibus quorum interest innotescimus
per presentes (In quorum testimonium sigillum nostrum
presentibus est appensum (Dat' apud Ramesey sexto die
55 mensis Januarij anno domini ·(millesimo (ccc^{mo} (decimo
nono.

Endorsed : (1) Botenesford' (14 cent.). (2) Confirmacio . . . Walteri Cantuariensis
archiepiscopi super appropriacione ecclesie de Botnesford' (14 cent.).
The portion containing the slit for the seal has been torn away. Size : 13 x 7½
inches.
Texts : MS—Orig. Dij/67/1/10. Orig. Dij/67/1/16 (a duplicate by the same hand ;
no ancient endorsement ; the foot of the charter has been torn away ; size : 11¾ x 7
inches). Texts of the inspected charter : MS—Reg. ii, f. 90. R271. R272.
Var. R. : ¹ Linc' Reg. ² Linc' R271. ³ insert 7 Reg. ⁴ spiritualis Reg. ⁵ om.
specialiter R271. ⁶ Auertentes R272. ⁷ om. que Reg. ⁸⁻⁸ om. R272. ⁹ iam
repeated R271. ¹⁰ Botnesford' Reg. ¹¹ insert Linc' Reg. ; add Lincoln' R272.
¹² Linc' No. 16 Reg. ¹³⁻¹³ om. Reg. ¹⁴ om. Valete R272. ¹⁵ Lidington' No. 16.
¹⁶⁻¹⁶ om. Reg. ¹⁷ legitimas No. 16.
At the end of the inspected charter Reg. adds the note, referring to the
preceding charter : Et est sciendum quod habuerunt decanus 7 capitulum aliam
litteram sub eadem forma (demptis illis verbis (pinguibus prebendis 7 dignitatibus
pro magna parte ad exteros iam translatis 7 vt timetur magis in antea transferendis.

ADD. CHART.

522. Inquisition ad quod damnum : The jurors say that it is
not to the king's damage that he should grant his licence to the
prior and convent of Thornholme to assign the advowson of the

church of Bottesford to the dean and chapter. They also say that
the advowson was held of Guy de Veer who held it of the king in
chief, and enfeoffed the prior and convent of Thornholme in it ;
that the church is worth twenty pounds a year ; and that there is
no mesne tenant between the king and the prior and convent.
At Lincoln. Sunday, 21 November, 1305.

Inquisicio capta coram Thoma de Burnhill' vicecomite
Lincoln' apud Lincoln' (die dominica proxima post festum
sancti Edmundi regis 7 martyris . anno regni regis Edwardi
tricesimo quarto Requisiti de quo vel de quibus aduocacio
5　illa teneatur 7 quantum ecclesia illa valeat per annum in
omnibus exitibus dicunt quod predicta aduocatio tenebatur
de Gwydone de Veer (qui de domino rege aduocacionem
dicte ecclesie tenuit in capite qui quidem Guydo priorem
7 conuentum de Thornholm inde feoffauit tenendam 7
10　habendam sibi 7 successoribus suis inperpetuum in puram
7 perpetuam elemosinam . dicunt etiam quod ecclesia illa
valet per annum in omnibus exitibus viginti libris dicunt
etiam quod non est aliquis medius inter dominum regem 7
predictos priorem 7 conuentum de Thornholm de aduocacione
15　supradicta . In cuius rei testimonium huic inquisicioni
predicti iurati sigilla sua apposuerunt . Dat' apud Lincoln'
die 7 anno supradictis si sit ad dampnum . vel preiudicium
domini regis aut aliorum si idem dominus rex concedat priori
7 conuentui de Thornholm quod ipsi aduocationem ecclesie
20　de Botenesforde iuxta Messingham dare possint 7 assignare
decano 7 capitulo ecclesie beate Marie Lincoln' (habendam
7 tenendam sibi 7 successoribus suis in perpetuum nec ne .
per sacramentum Roberti Turuy de Gerlethorp (Willelmi
le Veer de Lee (Adam de Imynghawe[1] de Belton (Johannis
25　le Warner de Belton' (Roberti le Gardiner de Belton (
Johannis Cole de Beltoft (Willelmi Berner de eadem (
Radulphi Broun de Ouston' (Thome filii Willelmi de eadem (
Laurentii atte Kirke de Eppeworth' (Roberti filii Mille de
eadem (7 Johannis Bertholomeu de Lee.

Texts : MS—P.R.O. Chancery inq. quod damnum file 57, no. 27. R259 (an
abbreviated copy which is not collated here).
Var. R. : [1] *sic*.
Note : The writ directing the sheriff to hold the inquisition is dated 18 October,
1305.

ADD. CHART.

523.　Royal licence granting to the prior and convent of
Thornholme that, notwithstanding the statute of mortmain, they
may assign the advowson of the church of Bottesford to the Dean
and Chapter ; and licence to the dean and chapter that they may

receive and appropriate the church to pious uses. At Oseney
[co. Oxford]. 29 November, 1305.

  Edwardus dei gracia rex Angli*e* dominus Hiberni*e* 7 dux
Aquit*annie* ⁊ omnibus ad quos presentes littere peruenerint ⁊
salutem . Licet de communi consilio regni nostri statuerimus (
quod non liceat viris religiosis (seu aliis ingredi feodum
5 alicuius (ita quod ad manum mortuam deueniat sine licencia
nostra (7 capitalis domini de quo res illa inmediate tenetur ⁊
per finem tamen quem dilecti nobis in Christo decanus 7
capitulum ecclesie beate Marie Lincoln' fecerunt nobiscum
coram cancellario nostro 7 . . tenente locum thesaurarii
10 nostri (concessimus 7 licenciam dedimus pro nobis 7 heredibus
nostris (quantum in nobis est (dilectis nobis in Christo priori
7 conuentui de Thornholm (quod ipsi aduocacionem ecclesie
de Botenesford' iuxta Messingham (dare possint (7 assignare
prefatis decano (7 capitulo (Habendam 7 tenendam (sibi
15 7 successoribus suis imperpetuum . et eisdem decano 7 capitulo (
quod ipsi aduocacionem predictam (a prefatis priore 7
conuentu (vt predictum est (recipere 7 ecclesiam illam sibi
7 successoribus suis appropriare 7 in vsus proprios imperpetuum retinere possint (tenore presencium similiter licenciam
20 dedimus specialem (Nolentes quod predicti prior 7 conuentus
uel successores sui (seu prefati decanus (aut¹ capitulum (
aut successores sui (racione statuti predicti (per nos vel
heredes nostros (inde occasionentur (molestentur in aliquo (
seu grauentur . In cuius rei testimonium (has litteras nostras
25 fieri fecimus patentes . Teste me ipso apud Oseneye vicesimo
nono die Nouembris (anno regni nostri tricesimo quarto.

  Endorsed : (1) de ecclesia de Botenesford' (14 cent.). (2) licencia regis (15
cent.).
  The seal-tag, with part of the foot of the document, has been torn away.   Size :
11 x 5¾ inches.
  Texts : MS—Orig. Dij/67/1/20. Orig. Dij/67/1/18 (a duplicate of no. 20, of
which the bottom right hand corner has been torn away.   Endorsed : (1) Licencia
regis super aduocacione ecclesie de Bottnesford (16 cent.) ;   Licencia regis pro
ecclesia de Botnesford' (16 cent.)).   R260.   P.R.O., Patent Roll, no. 127, mem. 39.
Pd—Cal. Patent Rolls, 1301–1307, p. 410 (calendared).
  Var. R. : ¹ *for* aut *read* 7 No.18 R.

ADD. CHART.

524. Quittance for the Dean and Chapter of one hundred
marks, being the fine for licence to receive the advowson of the
church of Bottesford ; and of ten pounds, being the fine for entering
it as a lay fee on the great roll of the king. (Circa December,
1305.)

  Decanus 7 capitulum Lincoln' quieti sunt de centum
marcis de fine pro licencia recipiendi aduocacionem ecclesie
de Botenesford iuxta Messingham . Et de .x. libris de fine pro

licencia ingrediendi laicum tenementum in magno rotulo de
5 anno Regni Regis Edwardi filii Regis Henrici .xxxv. 7 habetur
breue vicecomitis Lincoln' quod cesset a leuacione premissorum.

Text : MS—R270.

ADD. CHART.

525. Grant by the prior and convent of Thornholme to the
dean and chapter of Lincoln of the advowson of the church of
Saint Peter of Bottesford (*see* No. 526 below). **At Thornholme.**
6 December, 1305.

Omnibus Christi fidelibus presens scriptum visuris vel
audituris . . prior de Thornholm' 7 eiusdem loci conuentus
salutem in domino sempiternam . Noueritis nos vnanimi
consensu 7 voluntate dedisse (concessisse 7 hac presenti
5 carta nostra confirmasse deo 7 ecclesie beate Marie Linc' (
ac . . decano 7 capitulo ecclesie supradicte (aduocacionem
ecclesie beati Petri de Botenesford' iuxta Messingham (
Tenendam 7 habendam cum omnibus suis pertinenciis dicte
ecclesie 7 . . decano 7 capitulo predictis 7 suis successoribus
10 in liberam (puram (7 perpetuam elemosinam . Et nos dicti . .
prior 7 conuentus dictam aduocacionem ecclesie supradicte
cum suis pertinenciis contra omnes homines warantizabimus
adquietabimus 7 defendemus inperpetuum . In cuius rei
testimonium sigillum nostrum commune presenti carte
15 duximus apponendum . Hiis testibus dominis Johanne de
Marmiun domino de Wintringham (Radulpho Paynel domino
de Bergton' (Roberto de Neuill' domino de Scotton'
militibus (Ricardo de Dalby Johanne de Theuelby (Johanne
de Saunton' (Johanne Russel de Messingham 7 aliis multis .
20 Dat' in capitulo nostro apud Thornholm' (die sancti Nicholai .
anno domini . millesimo . ccc° . quinto.

Text : MS—R262.
Note : This grant is in the same terms as no. 526 below, except that the date is
added in the present text.

ADD. CHART.

526. Another text of the same grant, the date, however, being
here omitted. (1305.)

Omnibus Christi fidelibus presens scriptum visuris vel
audituris . . prior de Thornholm' (7 eiusdem loci conuentus
salutem in domino sempiternam (Noueritis nos vnanimi
consensu 7 voluntate dedisse (concessisse (7 hac presenti
5 carta nostra confirmasse (deo 7 ecclesie beate Marie Lincolnie[1]
ac . . decano 7 capitulo ecclesie supradicte (aduocacionem
ecclesie beati Petri de Botenesford' iuxta Messingham (
Tenendam 7 habendam cum omnibus [2]suis pertinenciis[2] (
dicte ecclesie (7 . . decano 7 capitulo predictis (7 suis suc-

10   cessoribus (in liberam (puram 7 perpetuam elemosinam (
     Et nos dicti . . prior 7 conuentus (dictam aduocacionem
     ecclesie supradicte cum suis pertinenciis (contra omnes
     homines warentizabimus adquietabimus 7 defendemus in
     perpetuum . In cuius rei testimonium sigillum nostrum
15   commune presenti carte duximus apponendum (Hiis testibus
     dominis Johanne Marmiun domino de Wyntringham³ (Radulfo
     Paynel domino de Bergton' (Roberto de Neuyl⁴ domino
     de Scotton' militibus (Ricardo de Dalby (Johanne de
     Theuelby (Johanne de Saunton' (Johanne Russel de
20   Messingham 7 aliis multis.

Endorsed : Concessio prioris de Thornholm pro Botnesford' (15 cent.).
Small fragment of seal on tag, enclosed in black morocco leather cover. Size :
8¾ x 4½ inches.
Texts : MS—Orig. Dij/67/1/19. R261.
    Var. R. : ¹ Lincoln' R. ²⁻² *read* pertinenciis suis R. ³ Wintringham R. ⁴ Neuill'
R.

    This grant is in the same terms as no. 525 above, except that the date is omitted
from the present text.

ADD. CHART.

527. Writ of Edward I : *precipe* [to the sheriff of Lincoln] that
he shall command John of Tealby and Maud his wife, Robert of
Greenfield and Joan his wife, and Thomas of Morton and Isabel
his wife to observe the covenant made between them and the Dean
and Chapter touching the advowson of the church of Bottesford ;
and that if they fail to do this, he shall cause them to appear
before the justices at Westminster. At Ringwood [Hants].
19 December, 1305.

     Breue (marg.).
     Edwardus dei gracia rex Anglie (dominus Hibernie 7 dux
     Aquitannie vicecomiti Linc' salutem . Precipe Johanni de
     Theuelby 7 Matildi vxori eius Roberto de Grenefeld' 7 Johanne
5   vxori eius 7 Thome de Morton' 7 Isabelle vxori eius quod iuste
     7 sine dilacione teneant . . decano 7 capitulo ecclesie beate
     Marie Linc' conuencionem inter eos factam de aduocacione
     ecclesie de Botenesford' (Et nisi fecerint ⸴ 7 predicti . .
     decanus 7 capitulum fecerint te securum de clamio suo
10   prosequendo . tunc summoneas per bonos summonitores
     predictos Johannem Matildem (Robertum Johannam (
     Thomam 7 Isabellam quod sint coram iusticiariis nostris
     apud Westmonasterium in octabis sancti Hillarii ostensuros
     quare non fecerint . Et habeas ibi summonitores 7 hoc breue
15   Teste me ipso apud Ringwode .xix. die Decembris (anno
     regni nostri tricesimo quarto.

Text : MS—R265.

ADD. CHART.

528. Writ of Edward I, commanding the Justices of the Bench
to allow a fine to be levied by the Dean and Chapter against the
prior and convent of Thornholme touching the advowson of the
church of Bottesford, notwithstanding the statute of mortmain.
At Kingston Lacy [co. Dorset]. 26 December, 1305.

     Breue (marg.).
     Rex iusticiariis suis de Bancco salutem . Cum per litteras
nostras patentes concesserimus 7 licenciam dederimus pro
nobis 7 heredibus nostris quantum in nobis est dilectis nobis
5   in Christo . . priori 7 conuentui de Thornholm' (quod ipsi
aduocacionem ecclesie de Botenesford' iuxta Messingham
dare possint 7 assignare (dilectis in Christo . . decano 7
capitulo ecclesie beate Marie Linc' (habendam 7 tenendam
sibi 7 successoribus suis inperpetuum (7 eisdem decano 7
10   capitulo quod ipsi aduocacionem predictam a prefatis . .
priore 7 conuentu recipere possint 7 tenere sicut predictum
est licenciam similiter dederimus specialem prout in litteris
nostris predictis plenius continetur (ac iidem . . decanus
7 capitulum breue nostrum de aduocacione versus prefatos . .
15   priorem 7 conuentum inde tulerint coram vobis in Bancco
predicto ad finem inde coram vobis ibidem leuandum . Vobis
mandamus (quod finem illum inter partes predictas coram
vobis in Bancco predicto secundum legem 7 consuetudinem
regni nostri 7 iuxta tenorem litterarum nostrarum predictarum
20   leuari permittatis statuto nostro de terris 7 tenementis ad
manum mortuam non ponendis edito non obstante Teste
me ipso apud Kingeston' Lacy .xxvj°. die Decembris . anno
regni nostri tricesimo quarto.
   Text : MS—R264.

ADD. CHART.

529. Writ of Edward I commanding Thomas of Burnham to
receive the attorneys whom the Dean and Chapter wish to appoint
in the suits referred to in the two preceding documents. At
Kingston [Lacy]. 26 December, 1305.

     Breue (marg.).
     Rex dilecto 7 fideli suo Thome de Burnham salutem .
Sciatis quod dedimus vobis potestatem recipiendi attornatos
decani 7 capituli ecclesie beate Marie Lincoln' quos coram
5   vobis loco suo attornare voluerint ad lucrandum vel per-
dendum in loquela que est coram iusticiariis nostris de Bancco
per breue nostrum inter ipsos decanum 7 capitulum 7 priorem
de Thornholm' de eo quod idem prior teneat prefatis . . decano
7 capitulo conuencionem inter eos factam de aduocacione

10   ecclesie de Botenesford' (Et in loquela que est coram prefatis
iusticiariis per aliud breue nostrum inter ipsos decanum 7
capitulum 7 Johannem de Theuelby 7 Matild*is* vxorem eius (
Robertum de Grenfeld' 7 Johannam vxorem eius (7 Thomam
de Morton' 7 Isabellam vxorem eius de eo quod iidem Johannes
15   Matild*is* Robertus Johanna Thomas 7 Isabella teneant
prefatis . . decano 7 capitulo conuencionem inter eos factam
de aduocacione ecclesie predicta . Et ideo vobis mandamus (
quod cum attornatos illos receperitis *:* de nominibus eorundem
attornatorum nobis sub sigillo vestro distincte 7 aperte
20   constare faciatis (Remittentes nobis hoc breue (teste me
ipso apud Kyngeston' .xxvi. die Decembris . anno regni
nostri tricesimo quarto.

Text : MS—R266.

ADD. CHART.

530.   Proceedings before the justices of the Bench in the Hilary
term, 1306, relating to the suits referred to in numbers **527** and
528 above.

Lincoln' . Coram Justiciariis de Bancco in termino sancti
Hillarii anno .xxxiiij⁰. rotulo .xxxvij⁰.

Prior de Thornholm' summonitus fuit ad respondendum
decano 7 capitulo ecclesie beate Marie Linc' de placito quod
5   teneat conuencionem inter eos factam de aduocacione ecclesie
de Botenesford' 7 cetera . Et prior per attornatum suum
venit . Et concordati sunt 7 cetera . Et decanus 7 capitulum
dant viginti solidos pro licencia concordandi 7 cetera . Et
super hoc decanus 7 capitulum proferunt litteras domini
10   regis que testantur quod idem dominus concessit 7 licenciam
dedit quantum in se est predicto priori 7 conuentui de Thornholm'[1] quod ipsi aduocacionem predictam dare possint 7
assignare prefatis . . decano 7 capitulo Tenendam sibi 7
successoribus suis inperpetuum 7 cetera . Proferunt eciam
15   breue domini regis iusticiariis hic (quod ipsi finem inter
partes predictas coram eis in Bancco[2] secundum legem 7
consuetudinem regni 7 cetera . leuari permittant 7 cetera .
Et habent cirograffum 7 cetera.

LINCOLN'.

20   Johannes de Theuelby 7 Matild*is* vxor eius Robertus de
Grenefeld' 7 Johanna vxor eius (7 Thomas de Morton' 7
Isabella vxor eius summoniti fuerunt ad respondend*um* . .
decano 7 capitulo ecclesie beate Marie Linc' de placito quod
teneat eis conuencionem inter eos factam de aduocacione
25   ecclesie de Botenesford' 7 cetera . Et Johannes 7 alii per
attorna*tum* suum veniunt (Et concordati sunt 7 cetera .
Et . . decanus 7 capitulum dant viginti solidos pro licencia
concordandi 7 cetera . Et super hoc . . decanus 7 capitulum

proferunt breue domini regis in hec verba . Edwardus dei
30 gratia Rex Anglie 7 cetera . iusticiariis suis de Bancco[2]
salutem . Cum dilecti nobis in Christo . . decanus 7 capitulum
beate Marie Linc' nuper adquisierunt de dilectis nobis in Christo
. . priore 7 conuentui de Thornholm'[1] aduocacionem ecclesie
de Bctenesford' iuxta Messingham Habendam sibi 7 suc-
35 cessoribus suis inperpetuum nostra ad hoc interueniente
licencia prout in litteris nostris patentibus plenius continetur .
Et postmodum Johannes de Theuelby 7 Matild*is* vxor eius
Robertus de Grenefeld' 7 Johanna vxor eius 7 Thomas de
Morton' 7 Isabella vxor eius se ius in aduocacione predicta
40 habere pretendentes huiusmodi ius suum prefatis . . decano
7 capitulo remittere 7 quietumclamare vt accepimus iam
proponant per quod iidem . . decanus 7 capitulum breue
regis de conuencione versus eosdem Johann*em* 7 Matild*em*
Robertum 7 Johannam 7 Thomam 7 Isabellam de consensu
45 ipsorum tulerunt ad finem inde inter eos coram vobis in
Bancco[2] predicto leuandum dominus rex securitati ipsorum
. . decani 7 capituli cupientes prospicere in hac parte vobis
mandamus quod finem illum inter partes predictas coram
vobis in Bancco[2] predicto leuari permittatis secundum legem
50 7 consuetudinem regni in statuto regni de terris 7 tenementis
ad manum mortuam[3] ponendis edito non obstante 7 cetera .
T' 7 cetera . Ideo habeant inde recognicionem 7 cetera.

Texts : MS—R267, 268. P.R.O., Assize roll, no. 158, mem. 37, 37d.
Var. R. in Assize Roll : [1] Thorneholm. [2] Banco. [3] *insert* non.

ADD. CHART.

531. Commendation for six months by bishop John [Dalderby]
to master Henry of Benniworth, priest, of the church of Bottesford,
on the presentation of the Dean and Chapter. At Buckden.
17 January, 1306.

Johannes permissione diuina Lincoln' episcopus dilecto in
Christo filio magistro Henrico de Beningworth' presbitero
salutem graciam 7 benediccionem (vtilitatem parochialis
ecclesie de Botenesford' nostre diocesis vacantis (ad quam
5 per . . decanum 7 capitulum ecclesie nostre Linc' nobis
presentatus existis (per te pro tempore procurandam
pensantes ; eandem ecclesiam tibi vnicum beneficium eccle-
siasticum cum cura animarum habenti (vsque ad sex menses
secundum formam vltimi Lugd*unensis* concilii commendamus (
10 saluis in omnibus episcopalibus consuetudinibus 7 Lincoln'
ecclesie dignitate . In cuius rei testimonium sigillum nostrum
presentibus est appensum . Dat' apud Buggeden' .xvj.
kalendas Februarii anno domini. M⁰ .CCC⁰. quinto . 7
consecracionis nostre sexto.

Text : MS—R263.

Note : The commendation is officially recorded in Reg. ii, f. 332. The church was vacant by the appointment of Jocelin of Kirmington to the deanery of Lincoln. Jocelin was instituted 14 March, 1302, on the presentation of the prior and convent of Thornholme (*ibid.*, f. 84). Henry of Benniworth was subdean of Lincoln, 1294–1318.

ADD. CHART.

532. Final concord made in the king's court, whereby Thomas prior of Thornholme has acknowledged the advowson of the church of Bottesford to be the right of the Dean and Chapter, who have given him one hundred pounds. At Westminster. 3 February, 1306.

Indented at the top and the left hand side

C Y R O G R A F V M

Hec est finalis concordia facta in curia domini regis apud Westmonasterium in crastino Purificationis beate Marie anno regni regis Edwardi filii regis Henrici tricesimo quarto . coram
5   Radulfo de Hengham . Willelmo de Bereford' . Elia de Bekingham . Petro Malorre . Willelmo Howard' . Lamberto de Trikingham . 7 Henrico de Gildeford' . iusti*ciariis* 7 aliis domini regis fidelibus tunc ibi presentibus . Inter Gocelinum decanum 7 capitulum ecclesie beate Marie Lincoln'[1] querentes
10   7 Thomam priorem de Thorneholm[2] deforciantes de aduoca- cione ecclesie de Botnesford'[3] . Vnde placitum conuencionis summonitum fuit inter eos in eadem curia scilicet quod predictus prior recognouit predictam aduocacionem [4]cum pertinenciis esse ius ipsorum decani 7 capituli 7 ecclesie sue
15   sancte Marie predicte . vt illam quam iidem decanus 7 capitulum habent de dono predicti prioris . Habendam 7 tenendam eisdem decano 7 capitulo 7 ecclesie sue sancte Marie predicte in liberam 7 puram elemosinam imperpetuum . Et predictus prior 7 successores sui warantizabunt eisdem
20   decano 7 capitulo 7 ecclesie sue sancte Marie predicte pre- dictam aduocacionem contra omnes homines imperpetuum . Et pro hac recognicione warant*ia* (fine (7 concordia . iidem decanus 7 capitulum dederunt predicto priori centum libras sterlingorum . Et hec concordia facta fuit per preceptum
25   ipsius domini regis.

Endorsed : Concordia inter decanum 7 capitulum 7 priorem et conuentum de Thornholm' super ecclesia de Botnesford' (15 cent.).

Size : 9¼ x 5 inches.

Texts : MS—Orig. Dij/67/1/14. R269. P.R.O., Feet of Fines, 135/72, no. 8 (not collated).

Var. R. : [1] Linc' R.   [2] Thornholm' R.   [3] Botenesford' R.   [4] *om.* cum pertinenciis R.

Note : The Foot of Fine has a note that the prior of the Hospital of St John of Jerusalem in England puts in his claim.

ADD. CHART.

533. Final concord made in the king's court, whereby John of Tealby and Maud his wife, Robert of Greenfield and Joan his wife, and Thomas of Morton and Isabel his wife have released the advowson of the church of Bottesford from themselves and the heirs of Maud, Joan, and Isabel to the Dean and Chapter of Lincoln ; who have given them one hundred marks. At Westminster. 3 February, 1306.

Indented at the top and the left hand side

CIROGRAPHVM

Hec est finalis concordia facta in curia domini regis apud Westmo*nasterium* in crastino Purificationis beate Marie . anno regni regis Edwardi filii regis Henrici tricesimo quarto .
5　coram Radulfo de Hengham . Willelmo de Bereford' . Elia[1] de Bekingham . Petro Malorre . Willelmo Howard' . Lamberto de Trikingham . 7 Henrico de Gildeford' . iustic*iariis* 7 aliis domini regis fidelibus tunc ibi presentibus . Inter Gocelinum decanum 7 capitulum ecclesie beate Marie Lincoln' querentes
10　7 Johannem de Theuelby 7 Matill*idem*[2] vxorem eius Robertum de Grenefeld' 7 Johannam vxorem eius (7 Thomam de Morton'(7 Isabellam vxorem eius deforciantes . de aduocacione ecclesie de Botnesford'[3] . Vnde placitum conuencionis summonitum fuit inter eos in eadem curia . Scilicet quod predicti Johannes
15　Matillis[2] (Robertus (Johanna (7 Thomas 7 Isabella recognouerunt predictam aduocacionem esse ius[4] ipsorum decani 7 capituli 7 ecclesie sue sancte Marie predicte . et illam remiserunt 7 quietumclamauerunt de se 7 heredibus ipsarum Matill*idis*[2] (. Johanne (7 Isabelle . predictis decano
20　7 capitulo 7 ecclesie sue sancte Marie predicte imperpetuum . Et pro hac recognicione remissione 7 quietaclamacione (fine (7 concordia . iidem decanus 7 capitulum dederunt predictis Johanni (Matill*idi*[2] (Roberto (Johanne 7 Thome 7 Isabelle centum marcas argenti . Et hec concordia facta
25　fuit per preceptum ipsius domini regis.

Endorsed : Concordia inter decanum et capitulum et J. Theuelby et aliis pro Bottnesford' (15 cent.).
Size : 9 x 4½ inches.
Texts : MS—Orig. Dij/67/1/22. R269a. P.R.O., Feet of Fines, 135/72/no. 7 (not collated).
Var. R : [1] Elya R. [2] Matild' R. [3] Botenesford' R. [4] *om.* ius R.
Note : The Foot of Fine has a note that the prior of the hospital of St John of Jerusalem in England puts in his claim.

ADD. CHART.

534. Ordination by bishop John [Dalderby] of a vicarage in the church of Bottesford which has been appropriated to the

Dean and Chapter. The vicar shall have for his manse part of the plot on the north side of the church, near the cemetery, which belongs to the chapter, which manse shall for this turn be built by the chapter. He shall also have half a bovate of the demesne land belonging to the chapter, with rights of common ; also the tithe of fallen branches and curtilages, and also all profits and issues under the name of altarage, except the tithe of wool, which together with the tithes of sheaves and hay, and with the desmesne land except the said half acre, and with the demesne hay and yearly rent and other matters except the altarage and the tithe of fallen boughs and curtilages and dikes by the foot, shall belong to the chapter. The chapter shall pay to the vicar one hundred shillings a year. Further, the vicar shall maintain a sufficient clerk ministering in the church, and by a chaplain to be maintained by him at his own cost bear the charge of a chantry to be made in the chapel of Ashby. He shall also pay procurations, synodals, and the other ordinary charges belonging to the church, except the building and reparation of the chancel. Further, he shall pay the extraordinary charges in the proportion which belongs to his vicarage which, for his relief, is here assessed, much below its value, at ten pounds. The chapter shall provide and repair the books and ornaments of the church for this turn, and thereafter the vicar shall provide and repair them at his own cost. In chapter at Lincoln. 12 May, 1310.

Ordinacio vicarie de Botenesford' (marg.).

Nouerint vniuersi presentes litteras inspecturis quod nos Johannes permissione diuina Lincoln' episcopus de consensu dilectorum in Christo filiorum . . capituli ecclesie nostre
5 Lincoln' vicariam in ecclesia de Botenesford' nostre diocesis quam idem . . capitulum sibi optinet in vsus proprios auctoritate legitima assignari in forma que sequitur ordinamus : Videlicet quod . . vicarius qui pro tempore erit in ecclesia antedicta habeat pro manso 7 habitacione partem illius aree
10 que est ex parte boriali dicte ecclesie prope cimiterium spectantis ad dictum capitulum (videlicet quatenus pro manso 7 habitacione huiusmodi nunc sufficienter est ordinatum 7 limitatum per idem capitulum de eadem sumptibus eiusdem capituli edificandam competenter ista vice (ab omni
15 exaccione 7 seculari seruicio liberam 7 inmunem bercaria 7 reliqua parte dicte aree predicto capitulo reseruatis . Quodque idem vicarius habeat dimidiam bouatam terre dominice ad dictam ecclesiam pertinentis (cuius pretextu pertinencia ad communam habere valeat in parochia ecclesie

20 antedicte (Quodque idem vicarius decimam terricidiorum (
    curtilagiorum fossorum pede[1] (7 eciam omnes obuenciones[2]
    7 prouentus sub nomine alteragii ad ipsam ecclesiam
    qualitercumque pertinentes (quocumque nomine censeantur (
    excepta dumtaxat decima lane (quam vnacum decimis
25 garbarum 7 feni 7 cum tota terra dominica (preter dimidiam
    bouatam terre supradictam (necnon 7 cum feno dominico
    ac redditu annuo (7 aliis preter alteragium (7 decimam
    terricidiorum 7 curtilagiorum predictorum ordinamus ad
    dictum capitulum pertinere debere (percipiat iure suo sine
30 obstaculo aliquali . Et quod . . capitulum soluat prefato . .
    vicario qui pro tempore fuerit centum solidos subscriptis
    terminis in festis scilicet sancti Martini in yeme 7 Pentecostes
    pro equalibus porcionibus annuatim (Volumus insuper ac
    eciam ordinamus quod vicarius huiusmodi clericum com-
35 petentem in dicta ecclesia inueniat[3] ministrantem 7 per
    capellanum per ipsum suis sumptibus inueniendum (onus
    cantarie faciende in capella de Askeby modo consueto
    procuraciones . . archidiaconi loci sinodalia 7 alia ordinaria
    onera quecumque ipsam ecclesiam contingencia (exceptis
40 construccione 7 reparacione [4]cancelli ecclesie (cum con-
    struccione 7 reparacione[4] indiguerit (integraliter . subeat 7
    agnoscat . Extraordinaria vero imposiciones papales (
    subuenciones contribuciones a clero faciendas (superindicta (
    7 alia emergencia quocumque nomine censeantur pro porcione
45 vicarie sue (quam solum ad decem libras ad releuacionem
    vicarii quo ad dicta onera quamquam in se longe plus valeat :
    taxamus : subeat 7 agnoscat perpetuis temporibus in futurum .
    Ordinamus insuper quod dictum capitulum libros ornamenta
    ecclesiastica inueniat competencia ista vice (7 defectus in
50 eis reparet competenter . Et[5] vicarius qui pro tempore fuerit
    libros 7 ornamenta huiusmodi postmodum inueniat reparet
    7 emendet suis sumptibus competenter . Rursum si quid
    in hac ordinacione nostra obscurum vel ambiguum apparuerit
    in futurum : illud declarandi (7 interpretandi (nobis 7
55 successoribus nostris potestatem specialiter reseruamus . In
    cuiusmodi ordinacionis testimonium sigillum nostrum pre-
    sentibus est appensum . Act' 7 dat' in capitulo ecclesie nostre
    Linc' quarto idus Maii . anno domini .M⁰ .CCC⁰. decimo.

Texts : MS—R274. Reg. ii, f. 93.
    Var. R. :   [1] *sic* Reg.   [2] obenciones Reg.   [3] inueniet Reg.   [4—4] *om.* Reg.   [5] *for*
Et *read* Ac Reg.

ADD. CHART.

535. Particulars of the bovate in the fields of Bottesford,
belonging to the church of the same place, of which bovate the
Chapter has half and the Vicar half. (Circa 1310.)

Particule vnius bouate terre in campis de Botenesford'
pertinentis ad ecclesiam eiusdem (vnde vicarius habet
medietatem.

Pars Capituli

5 Inprimis vnus selio ex westparte vie ducentis versus Askeby
scilicet in Le toftis continent'[1] dimidiam perticatam.
Item .ij. seliones iacentes dispersim in eisdem furlang' continentes dimidiam acram 7 dimidiam percatam.
Item medietas trium selionum ex est parte molendini que
10 medietas continet dimidiam perticatam 7 quartam partem
vnius perticate 7 iacet ex parte occidentali.
Item .ij. seliones simul iacentes super Langhou continentes
.iij. perticatas.
Item .ij. seliones subtus Mikelhou continentes dimidiam
15 acram.
Item .j. selio de duobus simul iacentes apud Tesacre continens . j perticatam videlicet ex parte occidentali.
Item .j. selio de aliis duobus simul iacentes in eisdem
furlang' continens .j. perticatam 7 dimidiam 7 est ex
20 parte occidentali.
Item .j. selio inter duas vias continens dimidiam acram 7
est propior versus villam.
Item .j. selio de duobus in eisdem furlang' continens
dimidiam acram 7 distat magis a villa.
25 Item medietas vnius selionis apud Le Coninger continens
dimidiam acram que est versus occidentem.
Item .j. selio de duobus simul iacentes apud Le Brill' continens
.j. perticatam versus orientem.
Item .j. selio apud Netherdodemanacre continens .j. perti-
30 catam propior ville.
Item .j. selio de duobus in eisdem furlang' continens dimidiam
acram propior versus villam.
Item .j. selio de tribus iacentes in Ouerdodemanacre continens
.j. particatam 7 dimidiam propior ville.
35 Item apud Le Schortbuttes .ij. seliones continentes .j.
particatam.
Item .j. selio de duobus simul iacentes continens .j. perticatam
7 dimidiam ex parte occidentali.
Item Le Wodecroft' .j. selio continens dimidiam acram.
40 Item ex suth' parte bosci .j. selio continens dimidiam perticatam.
Item .j. selio in Langhou incultus continens dimidiam
perticatam.

Pars Vicarii

45 In primis .j. selio ex westparte vie que ducit versus Askeby
continens dimidiam perticatam.

Item .ij. selionis iacentes dispersim in eisdem furlang' continentes dimidiam acram 7 dimidiam perticatam.

Item medietas trium seliones ex estparte molendini que
50　　medietas continet dimidiam particatam 7 quartam partem
.j. perticate 7 est ex parte orientali.

Item .j. selio iacens super Langhou continens .iij. perticatas.

Item .j. selio de duobus simul iacentes apud Tesacre continens .j. perticatam.

55　Item .j. selio de aliis duobus simul iacentes in eisdem furlang' continens .j. perticatam 7 dimidiam.

Item .j. selio inter duas vias continens dimidiam acram.

Item .j. selio in eisdem furlang' continens dimidiam acram proprior¹ ville.

60　Item medietas vnius selionis apud Le Coninger continens dimidiam acram que est versus orientem.

Item .j. selio de duobus simul iacentes in Netherdodemanacre continens .j. perticatam 7 dimidiam.

Item in eisdem furlang' .j. selio continens dimidiam acram
65　in loco distanciori a villa.

Item .j. selio de duobus simul iacentes apud Le Brille continens .j. perticatam ex parte occidentali.

Item in Ouerdodemanacre .ij. seliones continentes .iij. perticatas.

Item apud Hillerstob .j. selio continens dimidiam perticatam.

70　Item in eisdem furlang' .j. selio de .ij. simul iacentes continens .j. perticatam 7 dimidiam ex parte orientali.

Item .j. selio in Wodecroft' continens .j. perticatam 7 dimidiam.

Item .j. selio in eisdem furlang' continens .j. perticatam.

75　Item .j. selio iacens in Le Foulesik' continens dimidiam perticatam.

Text : MS—R275.
Var. R. : ¹ *sic.*

ADD. CHART.

536. A new ordination by bishop Henry [Beaufort] of the vicarage of Bottesford which was appropriated to the chapter, and which pope Boniface IX united and annexed to the table of the chapter in relief of the charges resting on the canons. In the chapter house at Lincoln. 1402.

In dei nomine amen Nos Henricus permissione diuina Lincoln' episcopus de consensu dilectorum filiorum capituli ecclesie nostre Lincoln' vicariam in ecclesia de Botenesford' [Lincoln'] diocesis quam ecclesiam idem capitulum sibi
5　obtinent in vsus proprios auctoritate legitima . et quam vicariam sanctissimus in Christo pater 7 dominus dominus Bonifacius [diuina] prouidencia papa nonus cum omnibus

240 ADDITIONAL CHARTERS No. 536

iuribus 7 pertinenciis suis mense capitulari eiusdem Lincolnien*sis* ecclesie in releuamen onerum eisdem capitulo
10 .... incumbencium auctoritate apostolica vniuit
annexuit 7 incorporauit iam de nouo assignari in forma que
sequitur Ordinamus videlicet quod vicarius [qui pro tempore]
erit in ecclesia de Botenesford' antedicta habeat pro manso
7 habitacione suis illud mansum quod est ex parte boriali
15 dicte ecclesie prope cimiterium .... capitulum 7
quod pro habitacione vicariorum qui ante¹ vnionem annec-
tionem 7 incorporacionem predictas in dicta ecclesia vicarii
fuerunt extitit .... idem vicarius habeat
dimidiam bouatam terre dominice ad dictam ecclesiam
20 pertinentis cuius pretextu pertinencia ad communam habere
valeat in parochia [antedicta (Quodque] idem vicarius decimas
terricidiorum curtilagiorum fossorum pede et eciam omnes
obuenciones 7 prouentus sub nomine alteragii ad ipsam
ecclesiam qual[itercunque pertinentes] quocumque nomine
25 censeantur exceptis dumtaxat decimis garbarum feni lane 7
canabi quas vna cum tota terra dominica preter dimidiam
bouatam terre sup[radictam (] necnon 7 cum f[eno domin]ico
ac redditu annuo 7 aliis preter alteragium 7 decimas terricidiorum 7 curtilagiorum predictorum ordinamus ad dictum
30 capitulum pertiner[e] debere prout a[nte vnio]nem annec-
tionem 7 incorporacionem predictas pertinuerunt percipiat
iure suo sine obstaculo aliquali Qui quidem vicarius pro-
curaciones archidiaconi loci sinodalia 7 alia ordinaria onera
quecumque ipsam ecclesiam contingencia exceptis construc-
35 tione 7 reparacione cancelli dicte ecclesie cum con[struc-]
tione 7 reparacione indiguerit integraliter subiet² 7 agnoscet
Extraordinaria vero imposiciones papales si conuenciones
contribuciones a clero [faciendas] superindicta 7 alia emer-
gencia quocumque nomine censeantur porcione vicarie sue
40 quam solum ad decem libras ad releuacionem vicarii quo
ad dicta onera quamquam in se longe plus valeat taxamus
subiet² ... idem vicarius 7 agnoscet perpetuis temporibus
in futurum . Rur[sum si quid in] hac ordinacione nostra
obscurum vel ambiguum apparuerit in futurum illud
45 decl[arandi] 7 interpretandi nobis 7 successoribus nostris
potes[tatem specialiter reseruamus . In cuiusmodi] vero
ordinacionis testimonium sigillum nostrum presentibus est
appensum . Dat' in domo capitulari ecclesie nostre Lincoln'
.... die mensis [...... anno domini]
50 millesimo cccc^{mo} secundo Et anno consecracionis nostre quinto.

No endorsement.
Tag for seal. Size : c. 12 x 6 inches.
Text : MS—Orig. Dij/67/1/27. The charter has been badly injured.
Var. R. : ¹ ante *is interlineated*. ² *for* subeat. *The words enclosed within square
brackets have been supplied conjecturally.*

NORTH CARLTON

ADD. CHART.

537. Confirmation by Robert of Sausthorpe, son of Robert of Sausthorpe, of the gift of the church of Dalby which Philip of Kyme, his lord, made to the prebend [of North Carlton]. (1184–1189.)

[Uniuer[1]]sis sancte m[atris[1]] ecclesie filiis Robertus de Sauzstorp' filius Roberti de Sauzstorp' ꞉ salutem . [Nouerit[1]] uniuersitas uestra me concessisse 7 hac presenti carta mea confirmasse donationem Philipp[i de Kyma[1]] domini mei
5　quam fecit de ecclesia de Dalgb' prebende . . . . . .[2] pia deuotione . . . .[2] constituit.　Hiis testibus . Ricardo decano Lincoln' ecclesie . . . .[2] thesaurario . magistro Alexandro canonico Lincoln' . Willelmo de . . . . . .[2] decano . Willelmo de Heli clerico . Willelmo Philippo filiis
10　Philippi de Kima . Waltero de Aufort . Ricardo de Ormesb' . Nicholao de Ros clerico . Johanne clerico filio Reinbald*i* . Thoma de Muleton' . Roberto patre meo . Nicholao de Chesn'.

Endorsed : Dalbi de prebenda (13 cent.).
Slit for seal. Size : 5¼ x 3 inches.
Text : MS—Orig. Dij/68/2/19.
Var. R. : [1] *supplied conjecturally, the charter having been injured.*　[2] *illegible.*
Note : North Carlton was also called Carlton Kyme and Carlton Wildeker after the families who held land there. The prebend is known as Carlton Kyme cum Dalby. For its foundation by Philip of Kyme, see above, vol. i, p. 142.

ADD. CHART.

538. Release by Philip of Kyme to the church of Lincoln and bishop John [Dalderby] of his right in the advowson of the prebend of Carlton Kyme with the church of Dalby. At Ingham. 8 July, 1310.

Uniuersis sancte matris ecclesie filiis ad quos peruenerit presens scriptum (Philippus de Kyma (salutem in domino . Nouerit vniuersitas vestra (nos pro salute anime nostre (7 animarum antecessorum nostrorum (concessisse (remisisse (
5　et de nobis 7 heredibus nostris inperpetuum quietum clamasse (deo 7 beate Marie 7 ecclesie Lincoln' (ac venerabili patri in Christo (domino Johanni dei gracia Linc' episcopo (suisque successoribus . . episcopis Lincoln' (totum ius 7 clamium (quod habuimus uel habere poterimus in aduocacione
10　seu iure patronatus prebende de Carletonkyme (in ecclesia Lincoln' (cum ecclesia de Dalby (7 aliis omnibus suis pertinenciis (Ita quod nec nos (nec heredes nostri (uel aliquis nomine nostro (seu pro nobis (aliquod ius uel clamium (in aduocacione seu iure patronatus (prebende predicte (in
15　toto uel in parte (seu in quacumque porcione dicte prebende

uel pertinenciarum eiusdem (exigere uel vendicare (seu
quempiam ad eandem presentare uel nominare (aut ipsam
quoquo modo conferre poterimus inperpetuum . Set volumus 7
concedimus pro nobis 7 heredibus nostris (quod . . episcopi
20 qui pro tempore fuerint dicte ecclesie Lincoln' (dictam
prebendam cum ecclesia de Dalby (7 omnibus aliis suis
pertinenciis (quocienscumque 7 quandocumque eam vacare
contigerit (prout expedire viderint (absque contradictione
nostra vel heredum nostrorum (libere conferant 7 assignent .
25 Volumus insuper 7 concedimus pro nobis 7 heredibus nostris (
quod . . prebendarii eiusdem prebende (qui pro tempore
fuerint (omnia iura 7 consuetudines (ac libertates quas-
cumque eidem prebende (seu prebendariis eiusdem (per
antecessores nostros (concessa (7 concessas ꞉ habeant .
30 Ita quod liceat quibuscumque . . prebendariis eiusdem prebende [omnibus¹] iuribus (consuetudinibus (7 libertatibus
libere vti inperpetuum (7 gaudere . In quorum omnium
testimonium sigillum nostrum presenti scripto duximus
apponendum . H[iis¹] testibus . dominis Eadmundo de Dayn-
35 court' . Roberto de Wilugby . Henrico de Bayous' . Ricardo
de Boselyngthorp' militibus . Alano de Raytheby . Johanne
de Crosholme . Simone Chaumberlayn . 7 aliis . Dat' apud
Ingham .viii. idus Julii . anno domini . millesimo . tres-
centesimo . decimo.

No ancient endorsement.
The foot of the charter, which presumably had the seal attached to it, has been
torn off.
Text : MS—Orig. Dij/68/2/5.
Var. R. : ¹supplied conjecturally where there is a hole in the charter.

ADD. CHART.

539. Grant by Thomas son of Stephen of North Carlton to
Henry son of Astin of the Bail of Lincoln of land in North Carlton.
(1238–1245.)

Sciant presentes 7 futuri quod ego Thomas filius Stephani
de Northkarletona dedi 7 concessi 7 hac presenti carta mea
confirmaui Henrico filio Astini de Ballio Lincoln' 7 heredibus
suis cuicunque 7 quibuscunque uel quandocunque vendere .
5 dare . legare . uel assingnare uoluerit quatuor acras terre
arabilis 7 vnam percatam 7 unam acram prati in territorio
de Northkarletona 7 tantam pasturam que defficit de acris
predictis quanta pertinere debet ad dimidiam bouatam terre
in eodem campo cum omnibus pertinenciis suis libertatibus
10 7 aysiamentis . Quarum in Northfeld super Aldfeld' iacent una
acra . 7 tres percate inter terram Petri de Ballio 7 terram
Johannis le Wyte . in Suthfeld tres percatas¹ super Esterscarthe
que abbutant super Hyckenildestrete 7 iacent inter terram

Petri de Ballio 7 terram Galfridi Wytlafe 7 tres percate super
15 Staynes que iacent inter terram Hugonis prepositi 7 terram
Radulfi Paylcerf' . 7 dimidia acra que abbutat super *Bradgate*
inter terram Petri de Ballio 7 terram Stephani Garvin . 7
dimidia acra in Haycroftedale inter terram Josephi Postel
7 terram Stephani Garuin . 7 dimidia acra prati ex parte
20 aquilonari de Biwell' que iacet inter pratum Rogeri filii
Heruici 7 pratum Petri de Ballio transuersans . le Tua
furlanges 7 dimidia acra prati super eisdem furlanges que
iacet inter pratum Rogeri carpentarii 7 pratum Eduse Postel .
Tenend' 7 habend' dicto Henrico 7 heredibus suis uel assing-
25 natis quibuscunque ut supradictum est libere quiete 7 paciffice .
reddendo inde annuatim michi 7 heredibus meis ad festum
sancti Botulfi unum obolum pro omni seruicio consuetudine
exaccione 7 demanda . Ego uero Thomas 7 heredes mei dictam
terram 7 pratum prescriptum cum pastura prenominata 7
30 omnibus pertinenciis suis dicto Henrico 7 heredibus suis uel
eius assingnatis ut superius dictum est ⫶ warantizabimus
deffendemus 7 adquietabimus contra omnes homines inperpetuum . Pro hac autem donacione 7 concessione dedit michi
dictus Henricus in magna necessitate mea dimidiam marcam
35 argenti . Et ut hec mea donacio 7 concessio stabilis inperpetuum perseueret ⫶ presenti scripto sigillum meum apposui .
Testibus Ricardo persona de Barkestona Hugone Makerel .
Willelmo Bad' de Linc' Mauricio del Bycth' Laurancio de
Redburn' Henrico filio Wal Roberto de Neuil' . Galfrido
40 Wytlafe Galfrido de Kyrketon clerico 7 aliis.

Endorsed : De tenement' in Northcarlet' (14 cent.).
Seal on tag : green, small pointed oval, with conventional device : . . . . . .
FIL STEPHANI.
Size : 5¼ x 5½ inches.
Text : MS—Orig. Dij/68/2/16.
Var. R. : ¹ *sic.*
Note : Richard held the parsonage of Little Carlton *alias* Barkeston from 1238
to 1245 (L.R.S. xi, 140, 148).

ADD. CHART.

540. Grant by Thomas son of Stephen of [North] Carlton to
Jordan the mercer, of the Bail, of land in [North] Carlton. (Circa
1250.)

Sciant presentes 7 futuri quod ego Thomas filius Stephani
de Karleton' dedi concessi 7 hac presenti carta mea confirmaui Jordano le mercer de Ballio Linc' . duos selliones .
super Fenfurlanges continentes tres percatas iacentes inter
5 terram Ernisii prepositi 7 terram . Willelmi Postel et vnum
sellionem ad Runewell' inter terram Ricardi de Aster*by*
cappellani 7 terram Johannis de Nettelham et duos selliones
super Stanj inter terram Hugonis filii Thome 7 terram .
Willelmi de Hackethorn' 7 vnam percatam ibidem super

10   Cliuum iuxta terram Radulfi Payldecerfe . Et dimidiam
     acram abuttantem super diuisam de Scampton' inter terram
     Ricardi le Frankys 7 terram Laurote 7 dimidiam acram
     abuttantem super Stockespit' iacentem inter terram Hugonis
     filii Thome 7 terram Gilberti filii Ranulfi et dimidiam acram
15   prati in Blacenge inter pratum quondam Willelmi Wype
     7 pratum Galfridi Wytlafe cum omnibus pertinenciis suis
     . Tenend' 7 habend' sibi 7 heredibus suis cuicumque 7 qui-
     buscumque uel quandocumque totam terram prescriptam
     uendere dare uel assignare uoluerit de me 7 heredibus meis
20   libere quiete 7 paciffice Reddendo inde annuatim michi 7
     heredibus meis ad festum sancti Botulfi vnum obolum pro
     omni seruicio consuetudine 7 demandis vniuersis . Ego vero
     Thomas 7 heredes mei terram 7 pratum prescriptum cum
     pertinenciis predicto Jordano 7 heredibus suis cui 7 quibus
25   7 quando illam assignare uoluerit ut predictum est warantiza-
     bimus defendemus 7 de omnibus demandis adquietabimus
     per predictum seruicium contra omnes homines 7 mortales
     inperpetuum In huius autem rei robur 7 testimonium presenti
     scripto sigillum meum apposui Testibus Ricardo de Aysterb'
30   cappellano Hugone Makerel Henrico Wale Roberto de Neuill'
     Ricardo Newbrid' . Willelmo Lango Johanne filio eius Thoma
     filio Juliane Galfrido de Kyrketon' clerico 7 aliis.

No ancient endorsement.
Seal on tag :   green, small round, with conventional device :   **S' TOM(€)
FIL' STEFANI.**
Text : MS—Orig. Dij/68/2/15.

ADD. CHART.

541. Release by Henry son of Astin of the Bail of Lincoln to
Jordan the mercer, of the Bail of Lincoln, of land which he (Henry)
has in North Carlton of the gift of Thomas son of Stephen and
Robert de Nevill, and in Middle Carlton of the gift of Maud late
wife of Gilbert Wytlafe. (Circa 1238–1245.)

     Sciant presentes 7 futuri quod ego Henricus filius Astini
     de Ballio Lincoln' . dedi concessi 7 hac presenti carta mea
     omnino quietam clamaui de me 7 heredibus meis inperpetuum
     totam terram meam pratum 7 pasturam cum pertinenciis
5   in territorio de Nortkarleton' que habui ex dono Thome
     filii Stephani per cartam eiusdem prout in eadem carta per
     particulas distinguntur . Item 7 totam terram meam pratum
     7 pasturam cum pertinenciis in eadem territorio que habui
     ex dono Roberti de Neuill' per cartam suam prout per
10   particulas distinguntur in eadem . Item 7 totam terram
     meam cum pertinenciis quam habui ex dono Matildis vxoris
     quondam Gilberti Wytlafe in territorio de Media Karleton'

per cartam suam prout distincta est per particulas suas in
eadem . Jordano le mercer de Ballio Linc' 7 heredibus suis
15 cuicunque 7 quibuscumque uel quandocunque terras prata
7 pasturas in cartis memoratorum Thome filii Stephani .
Roberti de Neuill' 7 Matildis Wytlafe contentas . vendere
dare legare uel assignare uoluerit . Tenend' 7 habend' libere
quiete 7 paciffice faciendo inde seruicium memoratis dona-
20 toribus 7 eorum heredibus uel assignatis in cartis eorundem
contentum quas quidem cartas eidem Jordano tradidi . Ita
scilicet quod nec ego Henricus uel heredes mei siue aliquis
ex parte mea uel heredum meorum aliquid iuris seu clamii
in dictis terris pratis 7 pasturis uel aliquam partem in eisdem
25 exigere in posterum poterimus aut contra istam quietam
clamacionem venire debeamus :/ hoc presens scriptum sigilli
mei munimine duxi roborandum . Hiis testibus Hugone
Makerel Henrico Wale Ricardo Neubride de Carleton'
Willelmo de Torkeseye Thoma de Fiskerton' Galfrido de
30 Crosseby Ada Walense Johanne speciario Alano speciario
7 aliis.

No ancient endorsement.
Broken seal on tag : Green, small pointed oval.   Size : 9¼ x 5 inches.
Text : MS—Orig. Dij/68/2/13.

ADD. CHART.

542. Confirmation by Thomas son of Stephen of North Carlton
of Henry son of Astin of the Bail's gift to Jordan the mercer of
land in North Carlton. (1246–1263.)

Omnibus Christi fidelibus ad quos presens scriptum
peruenerit Thomas filius Stephani de North Karleton' .
salutem . Nouerit vniuersitas uestra quod illam donationem
quam Henricus filius Astini . de Ballio Linc' fecit . Jordano
5 le mercer de Ballio 7 heredibus suis 7 suis assignatis . de
terris pratis pascuis pasturis . 7 cum omnibus pertinenciis
suis . in territorio . de Nortkarleton' prout per particulas .
distinguntur in quadam carta quam idem Henricus habuit de
me 7 per affeffamentum meum firmam 7 stabilem in per-
10 petuum habeo :/ 7 illam eidem Jordano 7 heredibus suis 7
suis assignatis prout de memoratis terris per cartam dicti
Henrici infeffatur :/ hac presenti carta mea . sigilli mei inpressione . roborata :/ confirmo . Hiis testibus . Alexandro persona
de Barkeston' Hugone Makerel Roberto de Neuill' Ricardo
15 Neubrid' Henrico Walle Thoma filio Jordani Galfrido de
Kyrketon clerico 7 aliis.

No endorsement.
Tag for seal.   Size : 7½ x 3½ inches.
Text : MS—Orig. Dij/68/2/14.
Note : Alexander was rector of Little Carlton *alias* Barkeston from 1246 to 1263
(L.R.S. xi, 150 ; *ibid.* xx, 89).

543. Confirmation by Robert de Nevill of Henry son of Astin of the Bail's grant to Jordan the mercer of land in North Carlton. (Circa 1250–1260.)

Omnibus Christi fidelibus ad quos presens scriptum peruenerit . Robertus de Neuilla salutem . Nouerit vniuersitas
uestra quod illa donacio que facta est Jordano le mercer 7
heredibus suis 7 suis assignatis per Henricum filium Astini
5   de Ballio . de terris pratis pasturis 7 pascuis cum pertinenciis
in territorio de Northkarleton' prout per particulas distinguntur . in quadam carta quam idem Henricus habuit
de me 7 de affeffamento meo . illam donacionem 7 concessionem ratam habeo 7 stabilem inperpetuum . 7 eidem Jordano
10   7 heredibus suis uel suis assignatis hoc presenti scripto sigilli
mei munimine roborato ? confirmo Hiis testibus Hugone
Makerel Ricardo de Aysterby cappellano Thoma filio Stephani
Thoma filio Juliane Ricardo Neubrid' Willelmo de Bannebyr'
Galfrido de Kyrketon' clerico 7 aliis.

No ancient endorsement.
Seal on tag: green, small round, with conventional device: **SIGILLVM
ROBER.** . . . .
Size: 7⅜ x 2¼ inches.
Text: MS—Orig. Dij/68/2/8.

544. Grant by Robert de Nevill, with the consent of Tiffany his wife and their heirs, to Henry son of Astin of the Bail of Lincoln of several parcels of land in [North] Carlton. (Circa 1250–1260.)

Sciant presentes 7 futuri quod ego [Robertus de Neuilla
. . . . de[1]] consensu 7 bona uoluntate Theph-
anie vxoris mee 7 heredum [nostrorum dedi concessi 7 hac
presenti carta mea[1]] confirmaui Henrico filio Astini de Ballio
5   Linccoln' . duos selliones . . . .
. . . . scilicet vnum sellionem iacentem super Blackethornhille iuxta terram . . . .
. . . . iacentem super
montem ex orientali parte inter terram Willelmi de Burton'
10   . . . . 7 vnum sellionem . .
. . . thenutdayle qui continet dimidiam acram 7 iacet inter
terram quondam Thome filii Stephani 7 terram Walteri de
Wyldeker . 7 vnam percatam 7 dimidiam super Sayches
que iacet ex parte occidentali . del Bradgate 7 terram quondam
15   Willelmi Wyppe 7 terram quondam Rogeri Postel . 7 dimidiam
acram que iacet in campo australi iuxta Estbradgate inter
terram Hugonis Makerel' 7 capita 7 dimidiam acram in campo
aquilonari super Stockespyt . que iacet inter terram quondam
Willelmi de Burton' 7 terram Ernisii prepositi et duas percatas

20 prati in Lingedayle que iacent inter pratum Gocelini bercarii
7 pratum Agnetis le Francays 7 vnum forarium prati sub
cliuo 7 vnam percatam prati que abutat super dictum forarium
inter pratum Willelmi de Burton' 7 pratum Josephi filii
Henrici . 7 dimidiam acram prati in Rededayle que iacet
25 inter pratum Gocelini 7 pratum Ede Postel 7 vnam percatam
prati in latere aquilonari del Rededayle inter pratum Ricardi
de Aysterby capellani 7 pratum Josephi filii Heruig 7 vnam
acram prati dimidiam in Weste Enge heuedlande in duobus
locis cuius vna pars iacet ad capud occidentale inter pratum
30 Hugonis Makerel 7 pratum Eduse Postel . 7 alia pars ad
capud orientale inter pratum Hugonis Makerel 7 pratum
Josephi Postel cum omnibus pertinenciis suis pascuis 7
pasturis . 7 ad hoc tantam pasturam quantam pertinet ad
vnam bouatam terre in eodem territorio Tenendum 7 habendum
35 sibi 7 heredib[us suis¹] cuicumque 7 quibuscumque uel
quandocumque vendere dare legare uel assignare uoluerit
de me 7 heredibus meis libere quiete 7 paciffice Reddendo
inde annuatim michi 7 heredibus meis vnum par albarum
cyrotecharum ad pretium vnius oboli uel vnum obolum ad
40 festum sancti Botulfi pro omni seruicio consuetudine exactione
7 demanda . Et ego Robertus 7 heredes mei terram 7 pasturam
prescriptas cum omnibus pertinenciis predicto Henrico 7
heredibus suis cui 7 quibus uel quando ille dare uendere
legare uel assignare uoluerit warantizabimus 7 deffendemus
45 ac adquietabimus contra omnes homines 7 feminas inperpetuum Et vt hec mea donacio concessio 7 confirmacio
perpetue firmitatis robur optineat ꞉ presenti scripto sigillum
meum apposui Hiis testibus Hugone Makerel Radulfo
Payldecerfe Thoma filio Stephani Henrico Wale Ricardo
50 Neubride Mauricio de Neuport' Willelmo Bade Gilberto de
Scamton' Laurancio de Redburn' Simone filio Astini Galfrido
de Kyrketon' clerico 7 aliis.

Endorsed : (1) De ten' in Carleton' (14 cent.).   (2) North Carleton (15 cent.).
Seal on tag : The same as in no. 545 below.
Size : 7 x 7¾ inches.
Text : MS—Orig. Dij/68/2/9.
Var. R. : ¹ *supplied conjecturally, the charter having been injured (cp. no. 545
below*).

ADD. CHART.

545. Grant by Robert de Nevill, with the goodwill of Tiffany
his wife and their heirs, to Jordan the mercer, of the Bail, of several
parcels of land in North Carlton. (Circa 1250–1260.)

Sciant presentes 7 futuri quod ego Robertus de Neuilla
de consensu 7 bona uoluntate Thephanie¹ vxoris mee 7
heredum nostrorum dedi concessi 7 hac presenti carta mea
confirmaui Jordano le mercer de Ballio Lincoln' tres percatas

5 prati in Blacenge in campo de Northekarleton'² que iacent
inter pratum Hugonis Makerel 7 pratum Laurote . Et tres
percatas prati³ in Wluedayle⁴ . habentes latitudinem . quatuor
percatarum que⁵ iacent inter pratum Gocelini bercarii . 7
pratum Rogeri carpentarii cum omnibus⁶ pertinenciis suis
10 Tenend' 7 habend' sibi 7 heredibus suis cui 7 quibus uel quando
uendere dare legare uel⁷ assignare uoluerit libere quiete 7
paciffice reddendo inde annuatim michi 7 heredibus meis
vnum obolum ad festum sancti Botulfi pro omni seruicio
consuetudine exactione 7 demanda . Et ego Robertus 7
15 heredes mei predictum pratum cum pertinenciis predicto
Jordano 7 heredibus suis 7 suis assignatis ut predictum est
warantizabimus 7 deffendemus contra omnes homines in
perpetuum . Et vt hec mea donacio perpetue stabilitatis
robur obtineat presenti scripto sigillum meum apposui Hiis
20 testibus Ricardo de Aysterby cappellano Hugone Makerel
Thoma filio Stephani Henrico Wale Ricardo Neubride Thoma
filio Juliane Galfrido de Kirketon'⁸ clerico 7 aliis.

No ancient endorsement on either text.
Seal on tag of either charter : green, small round, with conventional device :
SIGILLVM ROBERTI DE NEVIL.
Size : No. 10—7⅜ x 3 inches ; No. 11—8¼ x 4 inches.
Texts : MS—Orig. Dij/68/2/10. Orig. Dij/68/2/11.
Var. R. in no. 11 : ¹ Tephanie. ² Nort Karleton'. ³ om. prati. ⁴ Wylthedayle.
⁵ for que read 7. ⁶ om. omnibus. ⁷ om. uendere dare legare uel. ⁸ Kyrketon.

ADD. CHART.

546. Ratification by John son of Robert and Tiffany de Nevill
of the preceding grant to Jordan the mercer. (Circa 1250–1260.)

Omnibus Christi fidelibus ad quos presens scriptum peruenerit Johannes filius Roberti de Neuilla salutem . Nouerit
vniuersitas uestra me ratam 7 firmam habere illam donacionem
de tribus percatis prati in Blake enge 7 tribus percatis prati
5 in Wylthedayle quam pater meus Robertus de uoluntate
Tefanie matris mee 7 mei heredis sui . per cartam suam fecit
eidem Ita scilicet quod si contingat dictum Jordanum uel
heredes suos pro deffectu warantizacionis uel aliquo alio
casu dictum pratum perdere quod ego uel heredes mei de
10 terra mea in Barkeston valorem perficiam . eidem Jordano
7 eius assignatis uel heredibus In cuius rei testimonium ?
presenti scripto sigillum meum apposui . Testibus Ricardo
de Aysterby cappellano Hugone Makerel Thoma filio Stephani
Henrico Wale 7 Ricardo Neubride Thoma filio Juliane .
15 Willelmo Lango de Bannebyr' Galfrido de Kyrketon' clerico
7 aliis.

No ancient endorsement.
Broken seal on tag : green, small round, with conventional device : . . . .
HANIS . . . . . .
Size : 8 x 2¼ inches.
Text : MS—Orig. Dij/68/2/12,

ADD. CHART.

547. Release by Ingeram the abbot and the convent of Barlings
to the Dean and Chapter of thirteen pence of rent from the mill
of the abbey in Newport, and two shillings of rent for two bovates
of the gift of sir Peter of the Bail, of the abbey's fee, in [North]
Carlton. (Circa 1250–1270.)

    Remissio abbatis 7 conuentus de Barlyngȝ de xiij denariis
7 ij solidis . vt in carta (R. marg.).

    Omnibus sancte matris ecclesie . filiis . ad quos presens
scriptum peruenerit . Ingeramus dei permissione abbas de
5 Barling'[1] . et eiusdem loci conuentus ./ salutem in domino .
Nouerit vniuersitas uestra nos concessisse . remisisse . et
imperpetuum pro nobis . 7 successoribus nostris quietos
clamasse . domino decano . et capitulo matricis ecclesie Linc' .
tresdecim denarios annui redditus . in quibus [2]idem decanus
10 nobis tenebatur[2] de molendino suo in Neuport' . et duos
solidos annui redditus . in quibus decanus 7 capitulum nobis
tenebantur pro duabus bouatis terre 7 vna parte vnius
mesuagii cum suis pertinenciis . que habent de feudo nostro
ex dono domini Petri de Ballio in Karleton'[3] . iuxta Linc' .
15 Ita quod nos uel successores nostri nullum ius seu clamium .
in eisdem redditibus nec in aliquo alio seruicio . aliquo tempore
imposterum nobis vendicare poterimus . set eisdem . dicta
tenementa . in liberam . puram . 7 perpetuam elemosinam
confirmamus . In cuius rei testimonium presenti scripto
20 sigillum capituli nostri cum impressione sigilli[4] abbatis est
appensum . Teste deo[5] . 7 capitulo nostro.

Endorsed : (1) .I. (2) Quieta clamacio abbatis de Barling' de .xiij. denariis . de
molendino in Neuport 7 de .ij. solidis in Karleton'. (14–15 cent.)
    Tag for seal. Size : 9¼ x 6¾ inches.
    Texts : MS—Orig. Dij/68/2/25. R1220.
    Var. R. : [1] Barlinges R. [2–2] *the text in* R *has been altered in a* 14*th cent. hand,
using a paler ink, to read,* iidem decanus 7 capitulum nobis tenebantur. [3] Carleton'
R. [4] *om.* sigilli R. [5] *om.* deo R.

ADD. CHART.

548. *Inspeximus* and confirmation by bishop Oliver of a friendly
composition, made at Lincoln, 28 October, 1292, between Thomas
de Birland, canon of Lincoln and prebendary of Carlton Kyme,
and the abbot and convent of Barlings about the small tithes issuing
from the manor of the late Walter de Wildeker in North Carlton.
Thomas renounces his right to the said tithes, and the abbot and
convent shall pay him half a mark yearly. At Mere [co. Lincoln].
20 September, 1293.

    Vniuersis pateat per presentes (quod nos . Oliuerus per-
missione diuina Linc' episcopus composicionem dudum initam

inter dilectum in Christo filium magistrum Thomam de
Birland' canonicum ecclesie nostre Linc' ⟨ 7 prebendarium
5 prebende de Karleton Kyme ex parte vna ⟨ ac dilectos in
Christo religiosos viros . . abbatem 7 conuentum de Barling'
ordinis Premonst*ratensis* Linc' diocesis ex altera ⟨ inspeximus
sub hac forma . In dei nomine amen . Cum inter venerabilem
virum magistrum Thomam de Birland' rectorem ecclesie
10 prebendalis de Karleton' Kym*e* ⟨ actorem ex parte vna ⟨ 7
religiosos viros abbatem 7 conuentum de Barling' ordinis
Premonst*ratensis* Linc' diocesis reos ex altera ⟨ super minutis
decimis ⟨ lactis videlicet ⟨ lane ⟨ agnorum 7 ortorum 7 omnibus
aliis decimis ⟨ exceptis blado 7 feno ⟨ de manerio 7 terris
15 quondam domini Walteri de Wildeker ⟨ sito 7 iacentibus
infra parochiam dicte ecclesie de Karleton in quibus dicti
religiosi dicto Waltero dum viueret successerunt prouenientibus ⟨ suborta esset materia questionis ⟨ 7 lis aliquamdiu
uentilata ⟨ tandem interuenientibus communibus amicis
20 recessum est a lite 7 sic amicabiliter compositum inter partes ⟨
videlicet ⟨ quod dictus Thomas pro se 7 successoribus suis
renunciauit liti 7 omni iuri quod habuit uel habere potuit
ad petend*um* decimas supradictas pro quibus dicti abbas
7 conuentus 7 successores eorum ⟨ dicte ecclesie de Karleton'
25 7 rectoribus qui pro tempore fuerint dimidiam marcam
soluent annuatim inperpetuum ad festum Omnium Sanctorum ⟨ sine dilatione vlteriori ⟨ 7 contradiccione qualibet
numerandam . Sane ut hec amicabilis composicio quam
partes se seruaturas fideliter promiserunt perpetuum robur
30 optineat firmitatis ⟨ facta fuit interueniente consensu 7
auctoritate venerabilis patris domini .O. dei gracia Linc'
episcopi ⟨ 7 eiusdem loci capituli . hoc nouimus acto 7 expresse
concesso a partibus quod eas ad obseruacionem dicte pacis
seu composicionis dictum capitulum per censuram eccle-
35 siasticam appellacione remota compellere valeat 7 artare .
In quorum omnium testimonium sigilla dictorum venerabilis
patris 7 capituli ⟨ huic scripto in modum cyrographi confecto
vna cum sigillis parcium sunt appensa . Dat' Linc' in festo
apostolorum Symonis 7 Jude ⟨ anno gracie . Mᵒ. CCᵒ. nona-
40 gesimo secundo . Nos igitur composicionem huiusmodi ratam
habentes ipsam auctoritate pontificali capituli nostri Linc'
ad hoc concurrente consensu ⟨ tenore presencium confirmamus .
In cuius rei testimonium sigillum nostrum vna cum sigillo
nostri capituli predicti ⟨ presentibus est appensum . Dat' apud
45 Mer*e* . duodecimo . kalendas . Octobris . anno domini .Mᵒ.
CCᵒ. nonagesimo tercio . 7 pontificatus nostri quartodecimo.

Endorsed : Composicio de Barling' (contemp.).
Three slits for seal-tags and two seal-tags. Size : 10 x 5¾ inches.
Text : MS—Orig. Dij/68/2/4.

MIDDLE CARLTON

ADD. CHART.

549. Grant by Henry son of Wale of Middle Carlton to the Common of the Canons of a toft and an acre containing three selions in Middle Carlton. (Circa 1230.)

> Westreng' Laurys (R. marg.) . Carleton' (R. marg.) . Carleton' media (R. marg.).
>
> Omnibus Christi fidelibus . Henricus filius . Wale de Media Karltun'[1] . salutem . Noueritis me . dedisse concessisse 7
> 5 hac presenti carta mea confirmasse deo 7 beate Marie 7 commune canonicorum Linc' ecclesie . vnum toftum cum pertinenciis in Media Karltun'[2] 7 iacet inter toftum Margarete relicte Reynfrey . 7 toftum . Radulfi Fransigine cum una acra terre in teritorio[3] eiusdem uille . cuius vnus
> 10 sellio[4] . iacet super Blacpornhyl[5] inter terram prefate Margarete 7 terram Willelmi filii Willelmi . alter sellio[4] iacet inter terram Ricwardi 7 terram Josephi filii Heruey[6] tercius sellio[4] . iacet super collem inter terram Ernisii filii Willelmi . 7 terram Roberti de Neuilla . Tenendum 7 habendum prefatis
> 15 canonicis in puram 7 perpetuam elemosinam liberam 7 quietam . ab omni seruicio 7 exactione seculari . Et ego 7 heredes mei defendemus warantizabimus totum prefatum tenementum cum pertinenciis . prefatis canonicis . contra omnes homines inperpetuum . Et in huius rei robur 7 testi-
> 20 monium presens scriptum iuramento mediante sigillo meo confirmaui . Hiis testibus . Helya[7] succentore . Henrico sacrista . Willelmo capellano custode[8] maioris altaris Adam socio suo . Willelmo . de Bannebur'[9] . Thoma . Makerel . Hugone filio suo . Roberto de Neuilla . 7 aliis.

Endorsed : (1) In Media Karleton' toftum (contemp.). (2) Westreeng' . in wapen*taco* de Lauris (14 cent.). (3) Scru*tata* (14 cent.). (4) .i. (5) I
Slit for seal-tag. Size : 6 x 3½ inches.
Texts : MS—Orig. Dij/68/2/17. R1219.
Var. R. in R : [1] Carleton. [2] Carletun'. [3] territorio. [4] selio. [5] Blacthornhill'. [6] Heruei. [7] Helia. [8] *om.* custode. [9] Bannebyr'.
Note : Middle Carlton is an extinct village, lying between North Carlton and South Carlton, which was known variously as Little Carlton, Carlton Makerel, Barton, Carlton Barton, and Barkeston. (Foster, *Final Concords* ii (L.R.S. xvii), pp. lvii–viii.)

ADD. CHART.

550. Grant by Gilbert Wytlafe son of William of Middle Carlton to Henry son of Astin of the Bail of two selions which make an acre and a half, and three roods and pasture in [Middle] Carlton. (1238–1245.)

> Sciant presentes 7 futuri quod ego Gilbertus Wytlafe filius Willelmi de Media Karleton' dedi 7 concessi 7 hac presenti carta mea confirmaui Henrico filio Astini de Ballio Linc' 7 heredibus

suis cuicumque 7 quibuscumque uel quandocumque tam in
5 sanitate quam in infirmitate vendere . dare . legare uel
assingnare uoluerit . duos selliones in Aldefeld in campo
aquilonari ville de Karleton' qui iacent pro vna acra 7 dimidia
inter terram Walteri de Wildeker 7 terram Henrici filii .
Wale 7 tres percatas ex parte australi ville que iacent inter
10 culturam Walteri de Wyldeker ex parte occidentali 7 terram
Hugonis Makerel . 7 pasturam quantum pertinet ad dimidiam
bouatam terre in eodem campo cum omnibus pertinenciis
suis libertatibus 7 aysiamentis Habend' 7 tenend' dicto Henrico
7 heredibus suis uel assingnatis quibuscunque ut supradictum
15 est libere . quiete . 7 paciffice Reddendo inde annuatim michi
7 heredibus meis ad festum sancti Botulfi vnum par albarum
cirotecarum uel vnum obolum pro omni seruicio consuetudine
exactione 7 demanda . Ego uero Gilbertus 7 heredes mei
terram predictam 7 pasturam cum omnibus pertinenciis
20 suis dicto Henrico 7 heredibus suis uel assingnatis quibuscumque warantizabimus deffendemus 7 adquietabimus contra
omnes homines 7 feminas inperpetuum . Pro hac autem
concessione 7 donacione dedit michi dictus Henricus in magna
necessitate mea decem solidos argenti Et ut hec mea donacio
25 7 concessio stabilis inperpetuum perseueret ? presenti scripto
sigillum meum apposui . Hiis testibus . Ricardo persona de
Barkeston' Hugone Makerel . Willelmo Bad . de Linc' .
Maricio del Bycthe . Laurancio de Redburn' Henrico filio
Wal Thoma filio Stephani Roberto de Neuil Galfrido de
30 Kirketon' clerico 7 aliis.

No ancient endorsement.
Tag for seal. Size : 7¾ x 4¼ inches.
Text : MS—Orig. Dij/68/2/6.

ADD. CHART.

551. Grant by Maud daughter of Margery, late wife of Gilbert
Wytlafe of Middle Carlton, to Henry son of Astin of the Bail of
the same land as in no. 550. (Circa 1238–1245.)

Sciant presentes 7 futuri quod ego Matildis filia Margerie
quondam vxor Gilberti Wytlafe . de Media . Karletona dedi
7 concessi 7 hac presenti carta mea confirmaui in libera
uiduitate mea Henrico filio Astini de Ballio Linc' 7 heredibus
5 suis cuicunque uel quibuscunque 7 quandocunque tam in
sanitate quam in infirmitate . vendere . dare . legare uel
assignare uoluerit duos selliones in Aldfeld' in campo
aquilonari ville de Media Karletona qui iacent pro vna acra
7 dimidia inter terram Walteri de Wyldeker 7 terram Henrici
10 filii Wale 7 tres percatas ex parte australi ville que iacent
inter culturam Walteri de Wyldeker ex parte occidentali
7 terram Hugonis Makerel 7 pasturam quantum pertinet

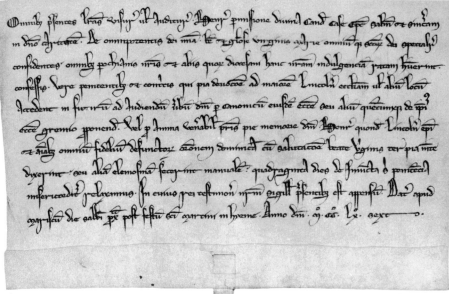

VIII

Omnibus presentes literas visuris vel audituris Henricus permissione divina Cantuariensis ecclesie episcopus salutem et sincam [...] in domino [...] De omnipotentis dei misericordia et gloriose virginis atque omnium quorum [...] dei specialius confidentes omnibus parochianis nostris et aliis quorum diocesani hanc nostram indulgenciam gratam fuerint confessis vere penitentibus et contritis qui pia devocione ad maiorem Lincolniensem ecclesiam vel alium locum accedentes in futurum ad audiendum sibi domini per canonicum eiusdem ecclesie seu alium quicumque de episcopo ecclesie gremio ponentur vel pro anima venerabilis patris pie memorie domini Henrici quondam Lincolniensis episcopi et aliarum omnium fidelium defunctorum orationem dominicam cum salutacione beate virginis ter pia mente dixerint seu aliam elemosinam facere manuale [...] quadraginta dies de iniuncta sibi penitencia misericorditer relaxamus. In cuius rei testimonium nostrum sigillum presentibus est appensum. Datum apud [...] die [...] proximo post festum sancti [...] martiris in hyeme. Anno domini [...] sexto [...]

Notum sit presentibus et futuris me Willelmum constabularium Alexandri episcopi Lincolniensis dedisse ecclesie sancte Marie Lincolniensis in prebendam ecclesiam de Karletona et ecclesiam de Turlebi perhenniter possidendas

Ego Willelmus Conestabularius Alexandri episcopi lincolniensis presencium testimonio literarum in memoriale eternum notifico omnibus fidelibus ecclesie clericis et laicis tam presentibus quam futuris me concedere dare Roberto filio meo in augmentum prebende suo ecclesie sancte Marie lincolniensis in eternam possessionem ecclesiam de Carletona et ecclesiam de Torolbea et hanc concessionem et donacionem feci in communi capitulo cui prefuit dominus Alexander episcopus presente Philippo decano humfrido subdecano Willelmo thesaurario Willelmo archidiacono lincolniensi Osberto archidiacono Jordano Hugone archidiacono bedefordie Radulpho archidiacono legrecestrie Willelmo archidiacono northamtona Ricardo archidiacono buchingeheie henrico archidiacono humerstan Waltero archidiacono oxineford Willelmo filio Osberti Odone filio Willelmi comite Gislebro filio Ricardi archidiacono Et multis aliis Et de mea parte ego ipse affui et Hugone filio meo et hugone pratuensis nepos meus et Walterus de Amundevilla et helias filius et [...] Rat de Aluers Roberto de Buscerville helias de Haisa Johanne de Rou

ad dimidiam bouatam terre mee in eodem campo cum omnibus
pertinenciis suis libertatibus ac aysiamentis . Tenend' 7
15   habend' dicto Henrico 7 heredibus suis uel eius assignatis . quibuscunque ut supradictum est libere quiete 7 paciffice Reddendo
inde annuatim michi 7 heredibus meis ad festum sancti Botulfi
vnum par albarum cirotecharum uel unum obolum pro omni
seruicio consuetudine 7 exaccione . Ego uero Matildis 7 heredes
20   mei terram predictam 7 pasturam prescriptam cum pertinenciis suis predicto Henrico 7 heredibus suis uel eius
assignatis . warantizabimus deffendemus 7 adquietabimus
contra omnes homines inperpetuum Et ut hec mea donacio
stabilis inperpetuum perseueret ꞉ presenti scripto sigillum
25   meum apposui Testibus Ricardo persona de Barkestona
Hugone Makerel . Willelmo Bad de Linc' Mauricio del Bych'
. Laurancio de Redburn' Henrico filio Wale Thoma filio
Stephani Roberto de Neuill' Galfrido de Kyrketon' clerico 7
aliis.

No endorsement.
Broken seal on tag : green, small round, with conventional device.
Size : 8 x 3¾ inches.
Text : MS—Orig. Dij/68/2/7.

SOUTH CARLTON

ADD. CHART.

552. Grant by William constable of bishop Alexander of the
church of [South] Carlton and the church of Thurlby [by Lincoln]
to the church of Lincoln *in prebendam.* (Before 1140.)

> Notum sit presentibus *&* futuris me Willelmum con-
> stabularium Alexandri episcopi Linc' dedisse ęcclesię sanctę
> Marię Linc' in prebendam ęcclesiam de Karletona *&* ęcclesiam
> de Turlebi perhenniter possidendas.

Facsimile facing p. 253.
Endorsed : (1) Turleby (13 cent.). (2) Tangentem prebendam de Carleton'
cum Thurleby (14 cent.).
Strip for seal, and ribband. Size : 7 x 2⅝ inches.
Text : MS—Orig. Dij/68/2/21.
Notes : This gift provided the principal part of the endowment of the prebend
of Carlton cum Thurlby. The church of Saint Laurence and the church or chapel
of Saint Leonard in Lincoln were also appropriated to the prebend (see above,
i, 205 ; *Taxatio Ecclesiastica . . . Papae Nicholai,* p. 56 ; *Feudal Aids* iii, 334).
    South Carlton was also called Carlton Paynel, and the prebend is known as that
of Carlton cum Thurlby otherwise Carlton Paynel. Thurlby lies between Lincoln
and Newark.

ADD. CHART.

553. Grant by William constable of bishop Alexander, made
in common chapter, of the churches of [South] Carlton and Thurlby

to Robert his son, in augmentation of his prebend and of the church
of Lincoln. (Before 1143; probably circa 1135.)

Ego Willelmus conestabularius Alexandri episcopi Lincolie .
presentium testimonio litterarum in memoriale eternum
notifico omnibus fidelibus ecclesie clericis 7 laicis tam presentibus quam futuris . me concedere 7 dare Roberto filio
5 meo in augmentum prebende sue . 7 ecclesie sancte Marie
Lincolie in eternam possessionem . ecclesiam de Carlentona .
7 ecclesiam de Torolbeia . Et hanc concessionem 7 donationem
feci in communi capitulo . cui preerat dominus Alexander
episcopus . presente Philippo decano . 7 Hunfrido subdecano
10 7 . Willelmo thesaurario . Willelmo archidiacono Lincolie
Osberto archidiacono . Jordano . Hugone archidiacono .
Bedefordie . Waltero archidiacono Legrecestrie . Willelmo
archidiacono Norhantonie . Ricardo archidiacono Buching-
hehamie . Henrico archidiacono Huntendunie . Waltero
15 archidiacono Oxinefordie . Willelmo filio Osberti . Odone
fratre Willelmi vicecomitis . Gisleberto filio Ricardi archidiaconi . et multis aliis . Et de mea parte ego ipse affui .
7 Hugo filius meus . 7 Hugo Pictauiensis nepos meus . 7
Walterus de Amundeuill' . 7 Helias frater eius . 7 Radulfus
20 de Aluers . 7 Robertus de Busceruill' . Helias de Maisei .
Johannes de Stov.

Facsimile facing p. 253.
No endorsement.
Strip for seal, and ribband.   Size : 6¾ x 2⅞ inches.
Text : MS—Orig. Dij/68/2/20.
Note : Philip de Harcourt, the dean, became bishop of Bayeux in 1142.

ADD. CHART.

554. Request by Peter de Colonna, cardinal deacon of Saint
Angelo, to the Dean and Chapter that his nephew Nicholas Capocie,
their fellow-canon, who is engaged in his service, may, though
non-resident, enjoy the fruits of his prebend [of Carlton cum
Thurlby], excepting the daily distributions, like the canons who
reside. At Avignon. 26 May, 1322.

Petrus de Columpnia miseracione diuina sancti Angeli
diaconus cardinalis . ven' viris ⟨ dominis . . decano 7 capitulo
[Li¹]ncolniensibus amicis suis dilectis ⟨ salutem in domino .
Ad uestri noticiam deducimus per presentes ⟨ quod dilectus
5 [d¹]eo nepos noster ⟨ Nicolaus Capocie ⟨ concanonicus vester ⟨
capellanus 7 familiaris noster domesticus commensalis ⟨
nostris continue institit hactenus et nunc insistit obsequiis ⟨
propter quod volumus ipsum gaudere priuilegio apostolico
nobis concesso ⟨ quo capellani seu clerici nostri domestici
10 commensales ⟨ nostris obsequiis insistentes ⟨ possunt fructus

7 prouentus beneficiorum suorum cum ea integritate cotidianis distribucionibus dum taxat exceptis percipere (cum
qua illos perciperent si in ecclesiis in quibus beneficia obtinent (
perpetualiter residerent . Quare discretionem vestram (
15 requirimus . rogamus et ortamur attente (quatenus dicto
nepoti nostro (uel procuratori suo eius nomine (fructus 7
prouentus prebende sue (quam in uestra ecclesia obtinet (
tam pro proximo preterito quam presenti annis faciatis iuxta
dicti priuilegii tenorem integre 7 libere consignari . vt ex inde
20 uobis teneamur (non ad compulsiua remedia sed potius
ad merita gratiarum . In cuius rei testimonium presentes
litteras fieri fecimus nostri sigilli appensione munitas . Dat'
Auinion' (die vicesimo sexto Maii (sub anno domini a
natiuitate eiusdem (millesimo ccc⁰ vicesimo secundo (indic-
25 tione v. pontificatus sanctissimi patris 7 domni nostri (domni
Johannis xxijᵈⁱ . anno sexto ;

Endorsed : (1) Presentatio istarum litterarum facta fuit (decano 7 capitulo
ecclesie Linc' (vij. idibus Septembris anno domini ᴹ" ccc⁰⁰ . xxiij° (indictione
sexta (presentibus domino cancellario . magistro W. de Okham magistro Egidio
de Redmer (Thoma de Corbrig' . Ricardo de Stretton' Benedicto de Feriby 7
Johanne de Sutton (14 cent.). (2) . . pro prebenda de Carleton cum Thorleby
(14 cent.).
Slit for seal-tag. Size : 8½ x 5¾ inches.
Text : MS— Orig. Dij/68/2/23.
Var. R. : ¹ *the charter has been injured.*

ADD. CHART.

555. Similar request by John de Colonna, cardinal deacon of
Saint Angelo, to the Dean and Chapter that his chaplain Nicholas
Capocie, canon of Lincoln and provost of Saint Omer in the diocese
of Térouanne, who is engaged in his service at the Roman court,
may, though non-resident, receive the fruits of his prebend, excepting
the daily distributions, as if he were resident.   At Avignon.
14 February, 1332.

Johannes de Columpna (miseracione diuina sancti Angeli (
diaconus cardinalis (venerabilibus viris dominis decano 7
capitulo ecclesie Lincolniensis (salutem in domino . Ad
noticiam uestram presencium tenore deducimus quod
5 venerabilis vir dominus Nicolaus Capocie canonicus ecclesie
vestre (ac prepositus ecclesie sancti Audomarij Marinen'
diocesis consobrinus 7 capellanus noster carissimus a duobus
annis citra continue in Romana curia nostris obsequiis institit
7 insistit . et quod per hoc nobis in persona indulgetur ipsius (
10 qui quam diu nostris institit et instabit obsequiis in ecclesiis
in quibus beneficiatus existit residere minime teneatur et
ad id compelli non possit 7 quod fructus redditus 7 prouentus
canonicatuum 7 prebendarum dignitatis 7 prelationis ac

officii (que obtinet interim (cum ea integritate percipiat
15 cum qua illos perciperet (cotidianis distribucionibus dum
taxat exceptis (7 cum qua percepturus esset eosdem si in
eisdem ecclesiis personaliter resideret pro ut in apostolicis
litteris nobis inde concessis plenius continetur . Quare prouidenciam uestram requirimus 7 affectuose rogamus contra .
20 eum dictum dominum Nicolaum (in perceptione fructuum
prebende quos in uestra ecclesia obtinet (tamquam residentem
in ipsa 7 non foraneum pertractantes eidem uel procuratori
suo circca fructus eosdem nullam molestiam inferatis nec
ab eo uel procuratore predicto petatis (id quod exigitur a
25 vobis (cum non residetis in ecclesia vestra predicta (uel
quando ab ipsa (absque uestri capituli licencia redditis uos
absentes cum in utroque casu ipsum statuta uestre ecclesie
non inuoluant In premissis taliter uos habentes quod de
sincere caritatis affectibus (ad eundem concanonicum vestrum (
30 7 de reuerencia ad indulgenciam supradictam (possitis merito
commendari . Nosque reddatis ad honores vestros 7 commoda
prompciores . In quorum testimonium presentes litteras
nostras nostri sigilli appensione munitas vobis prouidimus
transmittendas Dat' Auinion' die .xiiij. Februarii anno domini
35 millesimo trecentesimo tricesimo secundo secundum Romanam
ecclesiam pontificatus sanctissimi in Christo patris 7 domni
nostri domni Johannis diuina prouidencia pape xxij anno
sextodecimo . quintodecima indictione.
¹Iste est prebendarius de Carleton' cum Thurleby.¹

No ancient endorsement.
Tag for seal. Size : 9¾ x 6¾ inches.
Text : MS—Orig. Dij/68/2/24.
Var. R. : ¹⁻¹ *written by another, but contemporary, hand.*

Add. Chart.

556. Grant for life by Roger son of William Chamberlain of
Burton by Lincoln to master William of Burton, his son, of a
messuage, gardens, and two bovates in South Carlton which he
(Roger) has of the feoffment of Nicholas of Baumber. At South
Carlton. 16 February, 1326.

Indented at the top

Sciant presentes 7 futuri quod ego Rogerus filius Willelmi
Camerarius de Burton' iuxta Linc' dedi concessi 7 hac
presenti carta mea confirmaui magistro Willelmo de Burton'
5 filio meo (vnum mesuagium cum gardinis in Carletone Paynel
et duas bouatas terre arabilis cum pratis pascuis pasturis (
et vnam perticatam terre arabilis 7 vnam perticatam prati
iacentes in campis 7 pratis eiusdem ville cum omnibus suis
pertinenciis (libertatibus (commoditatibus (7 aysiamentis (

10 dictis (mesuagiis (duabus bouatis (7 vni perticate terre
arabilis (7 prato (quouis modo spectantibus sine vllo penitus
retenemento (que (habui de dono 7 feoffamento Nicholai
de Baumburgh' (in villa (campis 7 pratis de Carletone Paynel
supradictis . Habenda 7 tenenda (omnia (predicta (terras (7
15 tenementa cum omnibus suis pertinenciis (predicto magistro
Willelmo filio meo (ad terminum vite sue de me 7 heredibus
meis . Reddendo inde annuatim michi (heredibus (vel
assignatis meis (ad festa (sancti Michaelis (7 Pasch' (triginta
solidos sterlingorum (per equales porciones (pro vniuersis
20 secularibus seruiciis 7 demandis (prima uero solucione dictorum
triginta solidorum redditus incipiente (ad festum sancti
Michaelis proximum sequens post datam confectionis presentis
carte . Et ego predictus Rogerus 7 heredes mei (totum predictum mesuagium cum gardinis (7 predictas duas bouatas
25 terre arabilis cum pratis pascuis (pasturis (et predictas (
vnam perticatam terre arabilis (7 vnam perticatam prati
cum omnibus suis pertinenciis (libertatibus (commoditatibus
7 aysiamentis (predictis (mesuagiis (duabus bouatis (7
vni perticate terre arabilis (7 prato qualitercunque spec-
30 tantibus (sine vllo penitus retenemento vt supradictum
est : predicto magistro Willelmo filio meo ad terminum vite
sue contra omnes homines warantizabimus acquietabimus 7
defendemus . In cuius rei testimonium presenti carte indentate
sigilla nostra mutuo apposuimus . Hiis testibus (Johanne
35 Gernun de Nettilham (Alano Faukes de Linc' . Johanne
filio Ricardi de Burton' (Roberto Pategrys de eadem (Johanne
de Whitewelle de eadem (Gilberto Attepipe de eadem (Adam
de Vpton' de eadem (Gilberto clerico 7 aliis. Dat' apud
Carleton' Paynel die dominica proxima post festum sancti
40 Valentini martyris (anno domini millesimo tricentesimo
vicesimo sexto.

No ancient endorsement.
Tag for seal. Size : 11 x 5 inches.
Text : MS—Orig. Dij/68/2/22.

HOUGHAM

ADD. CHART.

557. Final concord whereby, in a plea of *utrum iuris*, Herbert
of Hougham and Geoffrey his son acknowledged that six bovates
and a toft in Hougham were not their lay fee, but the free
alms of the church of Dunholme of which William [de Thornaco],

archdeacon of Stow, was parson. At Lincoln. 25 November, 1218.

Indented at the top and at the left hand side

C Y R O G R A P H V M

Hec est finalis concordia facta in curia domini Regis apud Lincoln' a die sancti Martini in xv dies anno regni regis .
5 Henrici . filii regis . Johannis . tercio coram domino H. Linc' episcopo .J. Marescallo . Willelmo de Albeniaco . Ada de Nouo Mercato Waltero Mauclerc . Willelmo de Cressy iusticiariis itinerantibus 7 aliis fidelibus domini regis tunc ibidem presentibus inter Willelmum archidiaconum de Stowa[1]
10 personam[2] ecclesie de Dunham[3] petentem 7 Herbertum de Hagham[4] 7 Gaufridum filium suum tenentes de sex bouatis terre 7 vno tofto cum pertinenciis in Hagham[4] Vnde recognicio sumonita fuit inter eos in prefata curia ad recongnoscendum[5] vtrum predicte sex bouate terre 7 toftum cum
15 pertinenciis sint libera elemosina pertinens ad ecclesiam ipsius .W. archidiaconi persone de Dunham[3] an laicum[6] feodum ipsorum Herberti 7 Gaufridi Scilicet quod predicti Herbertus 7 Gaufridus recongnouerunt[7] totam predictam terram 7 toftum cum pertinenciis esse ius ipsius .W. archi-
20 diaconi 7 ecclesie predicte de Dunham[3] 7 illam remiserunt 7 quietam clamauerunt de se 7 heredibus eorum ipsi .W. archidiacono persone de Dunham[3] 7 successoribus suis 7 predicte ecclesie inperpetuum.

Endorsed : (1) De Akham . Cyrographum (13 cent.). (2) Cirographum terre de Agham (13 cent.).
Size : 7 x 3¾ inches.
Texts : MS—Orig. Dij/72/1/18. Dij/72/1/19 (a 13 cent. copy). P.R.O., Feet of Fines, case 128, file 14, no. 87 (not collated). Pd—*Abstracts of Final Concords* (Lincolnshire) i, 142 (abstract).
Var. R. in No. 19 : [1] Stowya. [2] persona. [3] Donham. [4] Agham. [5] recognoscendum. [6] laycum. [7] recognouerunt.
Note : The land in this concord belonged to the prebend of Dunholme *alias* Dunham and Newport, the income of which was derived from the churches of Dunholme and Saint John's, Newport, outside the walls of Lincoln, land (originally one carucate), and the tithe of the demesne of the Basset family in Hougham (cp. above, i, 198, 206 ; cp. *Taxatio Ecclesiastica . . . Papae Nicholai*, p. 56). In 1545, the land in Hougham was called ' The Canon Lands ' (L.R.S. xiii, 100).

FILLINGHAM : BRATTLEBY : GREAT CARLTON : RISEHOLME

ADD. CHART.

558. Submission by Robert the abbot and the convent of Lessay to the ordination of bishop Hugh [II] with respect to the churches of Fillingham, Brattleby, [Great] Carlton, and Riseholme and their advowsons ; and notification that they have appointed

Thomas their clerk as their attorney in this behalf. February, 1228.

[Omnibus[1]] Christi fidelibus ad quos presens scriptum peruenerit :' Robertus dei gracia abbas de Exaquio 7 eiusdem loci [conuen[1]]tus eternam in domino salutem . Nouerit vniuersitas vestra quod nos simpliciter 7 absolute super 5 ecclesiis de [Filingha[1]]m . Brobtelbi[2] . Karleton' 7 Risum 7 earum aduocacionibus venerabilis patris nostri . Hugonis . [dei gracia[1]] . Linc' episcopi subiecimus ordinacioni . ratum habituri 7 gratum quod dilectus clericus noster [. . . . . T[1]]hom' quem in hac parte procuratorem nostrum con- 10 stituimus coram eodem domino episcopo vice [nostra[1]] faciendum . Et in huius rei testimonium presens scriptum sigillorum nostrorum munimine [duxim[1]]us confirmare . Act' anno gracie . M⁰ . CC⁰ . vicesimo septimo . mense Febvarii.

Endorsed : (1) Submission*es* de ecclesiis de Filingham Brotelby 7 ceteris (13 cent.). (2) . . . abbas 7 conuentus subiecerunt se episcopi de ecclesiis istis [? ordinacioni] (13 cent.). (3) x (13 cent.).
Two holes for the seal-cord remain. Size : c 5½ x 2 inches.
Text : MS—Orig. Dij/68/2/26.
Var. R. : ¹ *supplied conjecturally, the left hand end of the charter having been torn off.* ² *sic.*

ADD. CHART.

559. Ratification by [*query* Robert abbot of Lessay] of the ordination with respect to the churches of Fillingham, [Brattleby, and Great Carlton] made by bishop Hugh II ; and consent to [*query* what has been done by . . . . in his] name. 12[28?].

Omnibus Christi fidelibus [present[1]]es litteras inspecturis uel audituris . . . . .² me ratam habere 7 g[ratam ordina[1]]cionem super ecclesiis de Fill . . . . .² patrem Lincoln' episcopum Hugonem 5 secundum :' Et in eandem . . .² nomine a . . . . .² consensisse . In cuius rei testimonium :' presentibus litteris sigillum meum . . . . .² beate Virginis anno incarnationis domini millesimo ducentesimo . . . . .²

Endorsed : (1) Filigham . Brotelby . Karleton' . submissio (14 cent.). (2) .xl. (14 cent.).
Size : 4½ x 1½ inches.
Text : MS—Orig. Dij/68/2/27.
Var. R. : ¹ *illegible.* ² *The right hand side of the charter is worn away.*

ADD. CHART.

560. Fragment of a charter, probably relating to the same churches. (*Query* circa 1230.)

Omnibus . . . .
conuen . . . .

Filingham . . . .
dei gracia . . . .
5 .R. de Bo . . . .
nostra duxerit . . . .
dignum duxim . . . .

Text : MS—Orig. Dij/68/2/28.

Add. Chart.

561. Letter of R. the abbot and the convent of Lessay to
bishop Hugh [II] informing him that they have received him not
only as their brother but even as their father ; and that, besides
the common benefit of their church, they will, when they hear
of his death, do for him as for an abbot, and observe the anniversary
of his death in perpetuity ; and, further, that they have sent as the
bearer of the present letter their brother A., the prior of **Boxgrove**
[co. Sussex]. (Circa 1230.)

Venerabili patri 7 domino suo in Christo karissimo .H. dei
gratia Linc' episcopo .R. diuina permissione dictus abbas
Exaq*uii* . 7 eiusdem loci conuentus humiles salutem . 7
obedientiam cum sincera dilectione karitatis . Satis nouit
5 uestra paternitas pater sanctissime quomodo disposicionem
ecclesiarum quas in uestra diocesi habemus uestre fidelitati
iam diu est commisimus pro ut uestre sanctitatis beneplacito
sederit ordinandam . tantam de uestra benignitate 7 dilectione erga nos non nostris meritis exigentibus fiduciam
10 reportantes : ut licet mora trahere uideatur periculum de
benignitatis uestre preposito scrupulum aliquod suspicari
audeamus nullatenus uel sinistrum . Et quia uobis tamen
ignorantibus negotium illud necdum est effectui mancipatum :
tamquam uestre sanctitatis pedibus prouoluti humiliter
15 supplicamus quatinus negotium illud iuxta quod decet
sanctitatem uestram ita mancipare uelitis effectui vt ab eo
qui nullum bonum irremuneratum nullum malum inpunitum
relinquit : . . . .¹ am retributionem 7 a nobis illud quod
possumus munus orationum habeatis . vobis 7 enim presentibus
20 significamus nos unanimi assensu capituli nostri recepisse
uos non solum in fratrem uerum etiam . tanquam in patrem
7 preter commune beneficium ecclesie nostre uobis specialius
concessisse quod quando deo uolente diem uestre . . . . .¹
onis audierimus : pro uobis tanquam pro abbate nostro
25 proprio eadem die 7 singulis annis in anniuersario die obitus
uestri in perpetuum faciemus . Et hoc in martirologio nostro
iam annotari fecimus . ut futurorum tanquam presentium
memorie conmendetur . Quia uero in propria persona ad uos
accedere uel negotio supradicto procurando interesse non

30 possumus : dilectum 7 fidelem fratrem nostrum .A. priorem
de Bosgraua latorem presentium ad hoc negotium pro-
curandum de uestra fidelitate 7 gratia confidentes : ad uos
tanquam ad patrem filium destinamus . ratum 7 gratum
habituri quicquid eidem loco nostri super negotiis premissis
35 uestra duxerit paternitas faciendum . Preterea uestram
rogamus sanctitatem quatinus latori presentium in negotiis
nostris in partibus nostris promouendis que uobis ostenderit
si placet consilium 7 auxilium benignius inpendatis . 7 per
ipsum beneplacitum uestrum nobis signare uelitis . Valeat
40 sanctitas uestra bene 7 diu.

Endorsed : Exhortacio abbatis 7 conuentus de Exaquio xix (13 cent.).
The tag for the seal has been torn away.   There is a ribband at the foot of the
charter.   Size : 7¾ x 2¾ inches.
Text : MS—Orig. Dij/68/2/29.
Var. R. : ¹ *There is a hole in the charter.*

FRODINGHAM

ADD. CHART.

562. Proceedings in a suit between Richard of Cornwall rector
of Frodingham and the prior and convent of Thornholme concerning
tithes. (Early fourteenth century.)

In dei nomine amen . In causa decimarum inter dominum
Ricardum de Cornub*ia* rec[torem ecclesie parochialis de
Froth¹]ingham ex parte vna (et religiosos viros . . priorem
7 conuentum de Thornholm' ex altera mota . Rect[or uenit
5 7 dicit ecclesi¹]am suam predictam . et se nomine eiusdem .
per necligenciam seu facilitatem procuratoris sui pretextu .
omissionis [. . . . . .¹] predictorum suis priuilegiis
suis que sint contrario resultantis . enormiter lesos . petit
[idem rector de Frothingh'²] . . . . . . ecclesie sue predicte
10 [. . . . . .¹] ipsa ecclesia et idem rector nomine ecclesie
predicte fuissent 7 sint infra tempus legitimum restitucionis
petende aduersus conclusionem . . . . . . memorata factam
et aduersus terminum peremptorium ad audiendum sentenciam
si liqueret . necnon aduersus omnia 7 singula que eiusdem
15 rectoris ecclesieque sue memorate restitutionem impedire
poterunt in hac parte recisso prius decreto conclusionis si
q . . . . necnon terminus peremptorium ad audiendum sentenciam si liqueret . 7 aliorum que restitutioni
memorate obesse possent (Probatis hiisque incumbunt in
20 forma que sequitur restitui cum effectu (Coram uobis domine
Iudex dominus Ricardus de Cornub*ia* rector ecclesie parochialis
de Frothingha*m* nomine ecclesie sue prefate contra religiosos

viros . priorem 7 conuentum de Thornholm' 7 contra quem-
cunque pro eisdem legitime interuenientem necnon contra
25 excepcionem immunitatis 7 bullam ad probacionem excep-
cionis predicte per prefatos religiosos in iudicio exhibitam
intencionem actoris iuuando exceptionem que ac bullam
dictorum religiosorum repplicando . dicit 7 in iure proponit :
quod licet religiosis memoratis immunitas de decimis pre-
30 dialibus [personalibus²] et mystis per priuilegium sedis
apostolice aliquo tempore specialiter fuisset concessa (quod
rector prefatus non fatetur . illud tamen priuilegium ipsos
religiosos iuuare non posset nec debet in hac parte nec rectori
memorato eiusque ecclesie in aliquo obesse iure refragante (
35 pro eo quod idem religiosi vniuersales decimas omnium
fructuum apud Tresouns infra limites ecclesie parochialis
predicte faciencium ecclesie de Frothingham eiusdemque
rectoribus ibidem existentibus spacio quadraginta annorum
continue 7 sine lite soluebant vel saltem pro dictis decimis
40 videlicet predialibus [personalibus²] 7 mystis 7 decimis ortorum
predicte ecclesie eiusque rectoribus ad uoluntatem predictorum
rectorum tempore predicto continue 7 sine lite satisfecerunt
ipsorum priuilegio si quod habuerint et eius effectui per
contrarium factum vt premittitur penitus in hac parte
45 renunciato quod rector memoratus nomine ecclesie sue
predicte coniunctim seu diuisim offert se legitime probaturum
non autans³ se ad omnia 7 singula premissa probanda sed
quatenus probauerit de premissis eatenus optineat inpetitis
petens hiis probatis vel eorum aliquo quod sibi sufficere
50 poterit in hac parte statui 7 discerni in causa principali iuxta
ipsius naturam 7 qualitatem . Hoc dicit rector predictus in
omnibus iuris beneficio sibi 7 ecclesie sue saluo.

No endorsement.
Strip at foot torn away. Size : 6⅞ x 6 inches.
Text : MS—Orig. Dij/70/2/67.
Var. R. : ¹ *A piece at the head of the charter has been gnawed away. The words
enclosed within square brackets have been supplied conjecturally.* ² *struck out.* ³ *sic ;
probably for* autorans.
Note : Richard of Cornwall was instituted to the church of Frodingham 17 October, 1297 (Reg. i, f. 251d.) ; and the church was vacant by his death 5 September,
1332 (*ibid.* iv, f. 103).

GAINSBOROUGH

ADD. CHART.

563. Agreement made between Jordan de Tolebu and Simon
his brother, whereby Jordan grants to Simon [the fee of] Gainsborough with its appurtenances except the land of Thrussington
[co. Leicester] which he keeps in his hand ; and releases all the

IX

CIROGRAFVM (display heading in large decorative letters)

Sciant presentes & futuri quod Ego ... Comicto ... Iordan de Tolebu ... Simone fratre ... quod Ego Iordan ... dedi & concessi Simoni de Tolebu fratri meo Geinesburch & omnibus pertinentiis suis excepto ... de Turtletton ... in ... mea retineo ... de Calinzby quas habeo in ... Lincolies ... excepto ... Woltthorp ... humelby ... dedi hug de Hedone & sorore ... & terra ... quod si forte tota terra mea de ... amittere mediocate ... petichaui ... scilicet de Geinesburch ... Calinnis Adglari quas predictus Simon in manu sua teneret ... occasione ... interposita ... igenio precipere. Et ita quod si forte predictus Simon de Tolebu totam terram ... amitteret ad mediatisse ... ptinentiis suis recuperare ... igenio. Et ita quod si Simon ... sua ... mutaret ... scilicet de ... filio uel filia uxoris sue sponse predicto Iord heredi suo pocie terre ... Absq ullo ... predictus Simon illas dare possit excepto dote uxoris sue. Et per hanc donationem & quietacione predictus Simon ... Calinnde in duab; ... Normann scilicet de terre patris mei ... marcas meas & duuidon meam ... clamauit. Et has conuenciones predicto Iordan Simon fratri suo tenendas affidauit. Et Simon predicto Iordo similiter affidauit. Et ita predictus Simon predicto Iord. per ista quietacione & donacione fecit homagium & fidelitate ... homines salua fidelitate domini Regis per tale seruicium sicut predicte terre debet. Hii sunt testes. Ioh Danedale. Drogo de ... Canonie ... colib. Regni de Marknil. Simon ho Iohis Duued. Rog de Rubbleuut. Hubt etce ... Offec Ioh fil Witti. Rog de ... Rabel de ... Drogo de ... In multi alii.

Omnibus xpi fidelibus ad quos presens scriptum puenit Hug di gra Linc eps sale in dno. Nouerit universitas ura nos ratam habere & presenti carta confirmasse concordiam factam in curia dni Regis cora Iustic ... sup eccia de ... inter capitlm Linc eccie & capitlm de Warice. ... sc qd eccie Lincoln in ppetuu remanebit aduocacio predicte eccie ... tota eccia in prebendam. Et canonie eidem prebende & successores eius soluent ca pitlo de Warice in ppetuum singlis annis. Sciat sot ... de eade eccia ad duos terminos. scilicet ad festum sci Botulfi ... sot. y ad festum sci Martini ... soldos. Et ut ratu & firmu pmaneat psenti scripto sigilli nri apposici one comunit ... confirmauim. Hiis testibus. H. Linc eccie decano. Magro Rog A... Laure. Magro ... de Swaledine. Rob de capell. Reimud. Gilfrid de ... Hug de sco edelbardo. Rob de Dunestapl. ... & multos aliis.

claims which he has in Lincolnshire, except the land of Yawthorpe and of Owmby [by Spital] which he has given to Hugh of Headon [co. Nottingham] with his [Jordan's] sister ; on condition that if Jordan shall lose his land of Offton [co. Suffolk], he shall recover from Simon half the aforesaid lands, namely Gainsborough and the lands acquired through Jordan's quitclaim ; and that if Simon shall lose all his land, he shall recover up to the half of Offton ; on condition also that if Simon shall change his life, or depart from this world without son or daughter by his espoused wife, the land, except for the dower of Simon's wife, shall revert to Jordan and his heir. And by this donation and agreement Simon has released all claims in England and Normandy, namely, in respect of the lands of Jordan's father and mother and uncles. And by this agreement and gift Simon has done homage and fealty to Jordan against all men, saving the fealty of the king, by such service as the aforesaid lands owe. (Late twelfth century.)

C I R O G R A F V M

Sciant presentes 7 futuri quod ego[1] Hec est conuentio inter Jordanum de Tolebu 7 Simonem fratrem eius quod ego Jordanus do 7 concedo Simoni de Tolebu fratri meo
5 Geinesburch cum omnibus pertinentiis suis excepto[1] terram de Tursteinton' quam in manu mea retineo 7 omnes calumnnas quas habeo in prouintia Lincoliensi quietas clamo excepto terram de[2] Wolthorp 7 de Hvinesbi quam dedi Hugoni de Hedone cum sorore mea[3] Et ita ei concedo quod
10 si forte totam terram meam de Hoffet' ammitterem medietatem predictarum terrarum scilicet de Geinesbuch[1] 7 de calumniis adquisitis quas predictus Simon in manu sua teneret omni occasione remota 7 fide illorum interposita sine ullo ingenio recuperarem . Et ita quod si forte predictus . Simon
15 de Tolebu totam terram ammitteret ∴ ad medietatem Offet' cum pertinentiis suis recuperaret sine ingenio . Et ita quod si Simon uitam suam mutaret uel ab hoc seculo discederet sine filio uel filia uxoris sue sponse predicto Jordano 7 heredi suo predicte terre reuerterentur . absque ullo alio predictus
20 Simon illas dare posset . excepto dotem vxoris sue . Et per hanc donationem 7 conuentionem predictus Simon omnes calumnias in Anglia 7 in Normannia scilicet de terris patris mei 7 matris mee 7 auunculorum meorum quietas clamauit . Et has conuentiones predictus Jordanus Simoni fratri suo
25 tenendas affidauit . et Simon predicto Jordano similiter affidauit . Et ita predictus Simon predicto Jordano . per

istam conuentionem 7 donationem fec*it* homagium 7 fideli-
tatem contra omnes homines salua fidelitate domini regis
per tale seruitium sicut predicte terre deb*ent* . Hi sunt testes .
30   Johannes de Uuedale Drogo de Frauill' . canonicus Lincoln'[4] .
Regin*aldus* de Maihnil . Simon homo Johannis de Uued*ale* .
Rogerus de Trubbleuill' . Hereb*ertus* clericus de Offet'
Johannes filius Willelmi . Rogerus de Nieuwerch . Rabel de
Jumeches . Drogo de Hosebo . 7 multi alii.

Facsimile facing p. 263.
No ancient endorsement.
Tag for seal.   Size :   7½ x 7½ inches.
Text : MS—Orig. Dij/70/3/12.
Var. R. :   [1] *sic.*   [2] de *is interlineated.*   [3] mea *is interlineated.*   [4] n *has been erased
after* Lin *in* Lincoln'.

The identification of Wolthorp and Hvinesbi with Yawthorpe and Owmby by
Spital must be accepted with great caution, for these forms are so eccentric that
if the identifications are correct the charter must have been written by a clerk with
little or no knowledge of Lincolnshire. These places are both in Lindsey.
Yawthorpe is found in the following forms : Hioltorp, Ioletorp, Ioltorp, Iolthorp,
Yolthorp', etc.   Part of it belonged to the Mowbray fee of which the heirs of Simon
de Tolebu, seemingly the Simon named in the text, held two knights' fees in Gainsborough, in 1212, although Gainsborough and Yawthorpe belonged to two different
mesne tenancies (*Book of Fees* i, 192–3).   Owmby is found as Ounebi, Ounesbi,
Ounabi, etc., and the family had an interest there, for Alais de Tolebu, circa 1200,
granted a toft and land in Ounebi to the common of the canons (A, no. 271).

ADD. CHART.

564. Grant by Alexander son of Roger of Gainsborough to
the canons of Torksey of a toft, a bovate, a grove, part of the fishery
of Clivesende, and a furlong in Gainsborough, when the canons
received him into brotherhood, and he chose his place of burial
there.   (1210–1218.)

Omnibus sancte matris ecclesie filiis Alexander filius Rogeri
de Gainesburc salutem in domino . Nouerit uniuersitas uestra
me concessisse 7 dedisse . 7 presenti carta mea confirmasse
deo 7 ecclesie sancti Leonardi de Torkes*ei* . 7 canonicis ibidem
5   deo seruientibus unum toftum in uilla de Gainesburc . illum
scilicet . toftum quem Hugo Hermer tenuit de me . 7 unam
bouatam terre in territorio eiusdem uille propinquiorem terre
Ricardi cognati mei . 7 totum nemus meum in territorio de
Gainesburc . 7 partem piscarie de Cliuesende que me con-
10   tingit . 7 culturam meam de Milnehil . cum omnibus pertinentiis suis . in pratis . 7 pascuis . in aquis . 7 semitis . 7
cum omnibus aliis libertatibus 7 aisiamentis suis infra uillam
7 extra . in puram 7 perpetuam elemosinam . perpetuo
habendam 7 possidendam . liberam 7 quietam ab omni
15   seculari seruitio 7 exactione . Hanc autem donationem feci
deo 7 ecclesie sancti Leonardi de Torkes*ei* . 7 canonicis pro
salute anime mee . 7 pro anima Alicie uxoris mee . 7 pro
animabus patris 7 matris mee . 7 pro animabus omnium
antecessorum 7 heredum meorum . quando predicti canonici

20   me in confratrem suum receperunt . 7 ego sepulturam corpori
meo ibidem elegi . Et ego .A. 7 heredes mei warantizabimus
predictis canonicis 7 de omnibus rebus adquietabimus pre-
nominatas terras 7 omnia suprascripta contra omnes homines .
Et ut hec donatio firma sit 7 stabilis imperpetuum ? eam
25   presenti scripto . 7 sigilli mei testimonio corroboraui .
Testibus . Willelmo de Le quondam decano . Galfrido de
Torkese*i* capellano . Johanne capellano . Willelmo Wascelin .
Ricardo de Gainesburc . Waltero Escrop . Waltero Pikenot .
Radulfo de Torkese*i* . Roberto fratre suo.

Endorsed : (1) Alexandri de Geynes*bur*g super nemore 7 vna bouata 7 quibusdam
aliis terris in territorio de Geinesburg' (13 cent.).   (2) De cultura de Milnhill'.   (15
cent.).
Slit for seal-tag.   Size : 5¾ x 5½ inches.
Text : MS—Orig. dij/70/3/17.
Note : The charters, nos. 564–570, are written by early thirteenth century hands,
nos. 564 and 566–568 being by a more old-fashioned scribe than the rest.   Nos. 565,
569 and 570 are written by the same hand.   ' The time of war ' in nos. 566 and
567 is probably A.D. 1216.   The archdeacon in no. 570 cannot be after 1218.

ADD. CHART.

565. Confirmation by Richard of Gainsborough, son of Odo
of Gainsborough, to the canons of Torksey of the gifts of Alexander
his kinsman (see no. 564).   (1210–1218.)

Omnibus Christi fidelibus ad quos presens scriptum
peruenerit Ricardus de Gaynesburg filius Odonis de Gaynesburg salutem . Nouerit vniuersitas uestra me diuine pietatis
intuitu concessisse et confirmasse deo 7 ecclesie sancti Leonardi
5   de Thorkese*i* 7 canonicis ibidem deo seruientibus omnes
donaciones quas Alexander cognatus meus fecit dictis canonicis
videlicet illum toftum quem Hugo Hermer tenuit . 7 vnam
bouatam terre in territorio eiusdem uille propinquiorem
terre méé . 7 totum nemus suum quod habuit in territorio
10   de Geynes*bur*g . 7 partem piscarie de Cliuesende que illum
contingebat . 7 culturam suam de Milnehil cum omnibus
pertinenciis 7 libertatibus 7 aisiamentis suis infra villam de
Geynesb*ur*g 7 extra in puram 7 perpetuam elemosinam 7
ab omni seculari seruicio liberam 7 quietam sicut carta predicti
15   Alexandri testatur . Et ego Ricardus 7 heredes mei warantizabimus predictis canonicis 7 de omnibus rebus adquietabimus
prenominatas terras 7 omnia suprascripta contra omnes
homines in perpetuum . Testibus . Willelmo de Le quondam
decano magistro Ada de Ramtun' . Roberto de Gaynesb*ur*g .
20   Hugone de Burtun' capellanis . Waltero Escrop . Waltero
Pikenot . Radulfo de Thorkesei . Roberto Absalone fratribus .
Nigello forestario . Waltero Nigro.

Endorsed : (1) Confirmatio Ricardi de Geynes*bur*g super donationibus Alexandri
cognati sui (13 cent.).   (2) Gaynesburg' (13 cent.).
Tag for seal.   Size : 9¼ x 7 inches.
Text : MS—Orig. dij/70/3/38.

Add. Chart.

566. Release by Alexander son of Roger of Gainsborough to the canons of Torksey of a bovate in Gainsborough ; and because the charter which he had from them was taken away in time of war, he grants that, if it can be found, it shall have no force. (1216–1218.)

Omnibus Christi fidelibus hoc scriptum visuris uel audituris Alexander filius Rogeri de Geynesburg' salutem . Nouerit vniuersitas uestra me pro salute anime méé 7 Alicie vxoris mee remisisse 7 quietam clamasse de me 7 heredibus meis
5 inperpetuum deo 7 ecclesie sancti Leonardi de Torkesey 7 canonicis ibidem deo seruientibus vnam bouatam terre in territorio de Geynesburg' cum omnibus pertinenciis suis . Illam scilicet que iacet propinquior terre Ricardi [cog¹]nati mei . quam aliquo tempore de predictis canonicis tenui .
10 Habendam 7 tenendam in puram 7 perpetuam elemosinam libere 7 quiete ab omni seculari seruicio 7 exactione . Quia uero carta de predicta bouata terre quam de supradictis canonicis habui tempore gverre sublata fuit . concedo benigne quod si aliquo tempore [inueniri possit¹] nullas vires aut robur
15 aliquod ad detrimentum predictorum canonicorum habeat . quia volo ut predicti canonici habeant 7 possideant predictam bouatam terre in usus proprios suos . Et ut hec quieta clamacio firma 7 stabilis in posterum permaneat . hoc scriptum sigilli mei appositione corroborare dignum duxi . Hiis testibus .
20 Willelmo de Le quondam decano . Roberto de Geynesburg' capellano . Hugone fabro de Torkeseya . Roberto Joi . Ricardo Lumbard . domino Roberto decano de Strettun' . Waltero Pikenot . Waltero de Feribi . Henrico de Kney . Rogero filio Abrahe . Odone preposito de Geynesburg' . Gilberto de
25 Hauercroft . Ricardo filio Walteri . Johanne filio Hosberti Johanne scementario . Godefrido tunc temporis seruiente domini regis . Hugone Heremer.

No endorsement.
Tag for seal. Size : 6¼ x 3¼ inches.
Text : MS—Dij/70/3/37.
Var. R. : ¹ supplied conjecturally, the document having been injured ; cp. no. 567 below.
Note : Havercroft is an extinct hamlet in Gainsborough (The Lincolnshire Domesday, p. lvii).

Add. Chart.

567. Ratification by Alice wife of Alexander son of Roger of Gainsborough of the foregoing release. (1216–1218.)

Omnibus Christi fidelibus hoc scriptum visuris uel audituris . Alicia vxor Alexandri filii Rogeri de Geynesburg' salutem . Nouerit vniuersitas uestra me ratam 7 gratam habere illam

quietam clamationem quam Alexander filius Rogeri de
5   Geynesburg' fecit deo 7 ecclesie sancti Leonardi de Torkesey
7 canonicis ibidem deo seruientibus super vna bouata terre
in territorio de Geynesburg' . cum omnibus pertinenciis suis .
Et quia carta de predicta bouata terre quam de supradictis
canonicis habui tempore gverre sublata fuit concedo benigne
10   quod si aliquo tempore ab aliquo inueniri possit *?* nullas
vires aut aliquod robur ad detrimentum predictorum canonicorum habeat . Ad maiorem uero securitatem istius quiete
clamacionis . . . . .[1] ia tactis sacrosanctis iuraui quod nunquam per me uel per aliquem alium aliquam calumpniam
15   uel questionem uel controversiam predictis canonicis super
predicta bouata terre mouebo . In huius rei testimonium .
sigillum meum huic scripto apposui . Testibus . Willelmo
de Le quondam decano . Roberto de Gey[nesburg'[2]] capellano .
Hugone fabro de Torkese*ia* . Roberto Joi . Ricardo Lumbard .
20   Waltero Pikenet . [Walte[2]]ro de Feriby . Henrico de Knei .
Rogero filio Abrahe . Odone preposito de Geynesburg' .
Gilberto de [Ha[2]]uercroft . Ricardo filio Walteri . Johanne
filio Hosberti . Johanne cementario . Godefrido tunc temporis
seruiente domini regis . Hugone Heremer.

Endorsed : Gaynesburc (13 cent.).
Tag for seal. Size : 6¾ x 4 inches.
Text : MS—Orig. Dij/70/3/13.
Var. R. : ¹ *illegible.* ² *cp. no.* 566 *above.*

ADD. CHART.

568. Grant by Richard of Gainsborough son of Odo to the
canons of Torksey of a toft and half a bovate in Gainsborough
which Osbert son of Ketell held, and of Osbert himself and his sons.
Richard made this grant when he chose the church of the priory
for his burial, and the canons received him as a brother. (1210–
1218.)

Omnibus Christi fidelibus ad quos presens scriptum
peruenerit *?* Ricardus de Geynesburg filius Odonis salutem .
Nouerit vniuersitas uestra quod ego Ricardus concessi 7
dedi 7 hac presenti carta mea confirmaui deo 7 ecclesie sancti
5   Leonardi de Torkesei . 7 canonicis ibidem deo seruientibus
vnum toftum in Geynesburg quem Hosbertus filius Ketelli
tenuit . 7 dimidiam bouatam terre in territorio eiusdem
ville cum omnibus pertinenciis suis . 7 ipsum Hosbertum 7
Johannem 7 Henricum filios eiusdem Hosberti cum omni
10   sequela eorum 7 cum omnibus rebus 7 catallis suis sine ullo
retinemento in puram 7 perpetuam elemosinam . 7 ab omni
seculari seruicio liberam 7 quietam pro salute anime méé .
7 pro animabus patris 7 matris méé . 7 pro animabus omnium

antecessorum meorum 7 heredum meorum . Et ego .R. 7
15 heredes mei warantizabimus sepedictis canonicis prenominatas
terras 7 omnia suprascripta contra omnes homines . Hanc
autem concessionem feci ego R. supradictis canonicis ecclesie
sancti Leonardi quando ego elegi sepulturam corpori meo
penes eandem ecclesiam . 7 ipsi receperunt me in fratrem
20 ecclesie sue . Testibus . Willelmo de Le quondam decano .
Waltero de Lund . Alexandro filio Rogeri . Gilberto filio
Hamonis . Odone de Torkeseia . Alexandro filio eius . Galfrido
presbitero . Thoma Pelinge . Ricardo de Beltun' diacono .
Willelmo clerico . Andrea dispensatore . Waltero Nigro .
25 Nigello forestario . 7 pluribus aliis.

Endorsed : (1) Ricardus de Geynesburg super vno tofto in Geynesburg . 7 vna
bouata terre . 7 super homagio Hosberti 7 sequele sue (contemp.). (2) Gaynesburg'
(13 cent.).
Tag for seal, and slit for a second tag. Size : 6¼ x 4¼ inches.
Text : MS—Orig. Dij/70/3/27.

ADD. CHART.

569. Grant by Richard of Gainsborough, son of Odo of Gainsborough, to the canons of Torksey of the toft and land and essart
in Gainsborough which were Alexander his kinsman's. (1210-
1218.)

Notum sit omnibus hoc scriptum uisuris uel audituris
quod ego Ricardus de Gaynesburg filius Odonis de Gaynesburg concessi dedi 7 presenti carta mea confirmaui deo 7
ecclesie sancti Leonardi de Thorkesei 7 canonicis ibidem
5 deo seruientibus cum corpore meo vnum toftum in villa de
Gaynesburg scilicet illum toftum qui fuit Alexandri cognati
mei et in quo idem Alexander mansit . 7 culturam de Bene-
croft cum prato adiacenti . 7 quatuor selliones desuper
curiam que fuit dicti Alexandri . 7 culturam de Athelstan
10 Apelgard cum prato adiacenti . et totum sartum uersus
Sumerdebi que fuerunt predicti Alexandri cum omnibus
pertinenciis suis 7 cum omnibus aliis libertatibus 7 aisiamentis
suis infra villam de Gaynesburg 7 extra in puram 7 perpetuam elemosinam 7 ab omni seculari seruicio 7 exactione
15 liberam 7 quietam . pro salute anime méé 7 pro animabus
patris et matris méé 7 Alexandri cognati mei . 7 pro animabus
omnium antecessorum 7 heredum meorum . Et ego predictus
Ricardus 7 heredes mei warantizabimus predictis canonicis
prenominatas terras 7 omnia suprascripta contra omnes
20 homines . 7 de omnibus rebus adquietabimus . Testibus .
Willelmo de Le quondam decano magistro Ada de Ramtun'
Roberto de Gaynesburg Hugone de Burtun' capellanis .
Waltero Escrop . Waltero Pikenot , Radulfo de Thorkesei

Roberto Absalone fratribus . Nigello forestario Waltero
25 Nigro.

Endorsed : (1) Ricardi Geynesburg super tofto qui fuit Alexandri . 7 aliis terris
in territorio de Geynesburg (contemp.).   (2) Gaynesburg' (13 cent.).   (3) pro cultura
de Bencroft (15 cent.).
Slit for seal-tag.   Size : 6⅛ x 5¼ inches.
Text : MS—Orig. Dij/70/3/16.

ADD. CHART.

570. Confirmation by Walter de Evermue to the canons of
Torksey of the gifts of Richard and Alexander of Gainsborough,
which are of his fee. (1210–1218.)

Omnibus sancte matris ecclesie filiis ad quos presens
scriptum peruenerit *:* Walterus de Euermu salutem . Sciatis
me pro salute anime méé 7 Beatricis vxoris méé 7 pro
animabus patris 7 matris 7 omnium antecessorum 7 heredum
5 nostrorum concessisse 7 hac presenti carta mea confirmasse
deo 7 ecclesie sancti Leonardi de Torkes . . .[1] canonicis
ibidem deo seruientibus omnes terras 7 possessiones 7 donaciones quas [? habent per concessionem Ricar[2]]di de Geynesburg' filii Odonis de Geynesburg' . 7 Alexandri filii Rogeri
10 de Geines[burg . . . . infra[2]] villam
de Geynesburg' et extra que sunt de feodo meo sicut cart[e
. . . . tes[2]]tantur . videlicet duas bouatas terre
in territorio de Geynesburg' cum omnibus pert[inenciis
. . . .[2]] suis . 7 totum nemus dictorum Ricardi
15 7 Alexandri quod habuerunt in territorio de Gey[nesburg'
7 pa[2]]rtem piscarie sue de Cliues[en[2]]de que eos contingebat .
et culturam suam de Milnehil . 7 cu[lturam de Be[2]]necroft *:*
cum prato adiacenti . 7 octo selliones desuper curiam que
fuit dicti Alexandri et culturam suam [de Athelst[2]]an Apel-
20 gard cum prato adiacenti . 7 totum sartum suum uersus
Sumerdebi . que fuerunt predictorum Ricardi 7 Alexandri .
et unum toftum in Geynesburg' quem Hugo Hermer tenuit .
7 illum toftum in eadem villa quam Hosbertus filius Ketel
tenuit . 7 dimidiam bouatam terre in territorio eiusdem uille
25 cum omnibus pertinenciis suis . 7 ipsum Hosbertum cum
omni sequela sua 7 cum omnibus rebus 7 catallis suis sine
ullo retinemento . et unum toftum in predicta uilla de Geyns-
burg' qui fuit prefati Alexandri in quo idem Alexander mansit .
cum omnibus pertinenciis . . . .[1] is 7 liber-
30 tatibus suis infra uillam de Geynesburg' 7 extra [. . . . . .
. . . . liber[2]]am elemosinam 7 ab omni seculari seruicio
liberam 7 quietam . Et ut ista conc[essio . . . .[2]]
firma 7 stabilis [in[2]]perpetuum permaneat *:* eam presenti
scripto confirmaui . 7 sigill[i mei impressione ro[2]]boraui .
35 Testibus . domino Hugone de Sancto Edwardo tunc temporis

archidiacono . . . .[1] decano . magistro
Stephano de Linc' filio Hosberti . Thoma de Hardres .
Willelmo de Le [quondam decano . magistro Ada de[2]] Ramtun' .
Roberto de Geynesburg' . Hugone de Burtun' Alexandro de
40 Cnai capellanis . [Waltero filio Hugonis d[2]]e Mistertun .
Waltero Pykenot . Waltero Escrop . Radulfo de Thorkese*i*
clerico Roberto preposito Absalone . . . .[1] filio
Ade . .[1] Nigello.

Endorsed : Confirmacio Walteri de Euermu (15 cent.).
Slit for seal-tag. Size : 6¾ x 7½ inches.
Text : MS—Orig. Dij/70/3/35.
Var. R. : [1] *The charter has been injured.* [2] *supplied conjecturally from the
subsequent charters.*
Note : The archdeacon was probably of Stow, and his date cannot have been
after 1218.

ADD. CHART.

571. Confirmation by William Talbot, son of Simon Talbot,
to the canons of Torksey of all the lands and gifts which they have
from Richard and Alexander of Gainsborough. (Circa 1222.)

Omnibus sancte matris ecclesie filiis ad quos presens
scriptum peruenerit Willelmus Talebot filius Simonis Tolebo*t*
salutem . Sciatis me pro salute anime méé 7 pro animabus
patris 7 matris méé 7 omnium antecessorum 7 heredum
5 meorum concessisse 7 hac presenti carta mea confirmasse
deo 7 ecclesie sancti Leonardi de Torkese*i* 7 canonicis ibidem
deo seruientibus omnes terras 7 possessiones 7 donaciones
quas habent ex dono Ricardi de Geynesburg filii Odonis 7
Alexandri filii Rogeri de Geynesburg cognati eiusdem Ricardi
10 cum omni communa eiusdem ville 7 cum omnibus aliis
pertinenciis 7 aisiamentis 7 libertatibus suis infra villam
de Geynesburg 7 extra ad predictas terras pertinentibus
in puram 7 perpetuam elemosinam . et ab omni seculari
seruicio liberam 7 quietam . Et ut ista concessio 7 confirmacio
15 firma 7 stabilis inperpetuum permaneat ꞏ' eam presenti scripto
confirmaui 7 sigilli mei testimonio corroboraui . Testibus .
domino Willelmo filio Fulconis tunc temporis archidiacono de
Stow . Alexandro de Torkese*i* quondam decano . magistro
Stephano de Lincolnia . Thoma de Hardres magistro Ada de
20 Ramton' . Roberto de Geynesburg . Hugone de Burton'
capellanis . Golino de Lettres . Helya de Marteni . Radulfo
de Trihamton' . Thoma de Neouill' . Waltero filio Hugonis
de Mistertun' Waltero Escrop . Waltero Pykenot . Roberto
de Burton' . Rogero Fili*n*got Henrico de Stretton' . Rogero
25 Haldmog'.

Endorsed : Confirmacio Willelmi Talebot de terra de Gaynesburg' (13 cent.).
Slit for seal-tag. Size : 4¼ x 6½ inches.
Text : MS—Orig. Dij/70/3/15.

ADD. CHART.

572. Lease by Adam of Gainsborough and Basilia his wife to the canons of Torksey of the fourth part of a bovate in Gainsborough. 7 June, 1237.

Indented

ХYОГΒАРΗUΜ

Hec est conuencio facta inter priorem sancti Leonardi de Torke*sey* ex una parte 7 Adam de Gaynisburg' 7 Basiliam
5   vxorem suam ex altera . Scilicet quod dicti Adam 7 Basilia dimiserunt 7 concesserunt dicto priori de Torkesey 7 canonicis ibidem deo seruientibus totam quartam partem suam illius bouate terre in teritorio de Gaynisburg' quam Alicia de Manneby habuit in teritorio predicto nomine dotis post
10 decessum Alexandri uiri sui . Habendam 7 tenendam eisdem priori 7 canonicis libere . quiete 7 pacifice cum omnibus pertinenciis in pratis pascuis uiis 7 semitis donec inde plenarie quattuor receperint vesturas . 7 dicti Adam 7 Basilia 7 eorum heredes warantizabunt totam illam quartam partem suam
15 illius bouate terre prenominate priori 7 canonicis prenominatis usque ad supra scriptum terminum contra omnes homines 7 feminas . Et est sciendum quod hec conuencio facta fuit anno gracie millesimo ducentesimo tricesimo septimo ad Pentecost*en* . 7 pro hac dimissione 7 concessione dedit dictis
20 Ade 7 Basilie dictus prior in magna necessitate sua sex solidos argenti in principio huius conuentionis . Et in huius rei testimonium presenti scripto sigillum Ade 7 Basilie est appensum . Testibus . Johanne filio Osberti . Odone de Morton' . Ada de Sandeby Henrico fabro.

Endorsed : Gaynesburg' (13 cent.).
Slit for seal-tag. Size : 5½ x 4 inches.
Text : MS—Orig. Dij/70/3/26.

ADD. CHART.

573. Lease by Richard de Waucre (*perhaps* Walkerith) and Alice sister of Richard son of Odo of Gainsborough, his wife, to the canons of Torksey of a toft and croft in Morton and a bovate and a half in Gainsborough. 19 May, 1241.

Omnibus Christi fidelibus hoc scriptum visuris uel audituris Ricardus de Waucre 7 Alicia soror Ricardi filii Odonis de Gainesburc vxor predicti Ricardi de Waucre salutem in domino . Nouerit vniuersitas uestra nos dedisse 7 concessisse
5   ad firmam priori 7 canonicis sancti Leonardi de Torkesey toftum illum 7 croftum in Morton' quos Jollanus quondam tenuit 7 illam bouatam terre 7 dimidiam in Gaynesbu*rc* quas habuimus de terris dicti Ricardi de Gaynesbu*rc* . tenend'

7 habend' eisdem priori 7 canonicis libere quiete 7 pacifice usque ad terminum quatuordecim annorum cum omnibus pertinenciis 7 aisiamentis infra uillam 7 extra ad dictum toftum 7 croftum 7 dictam bouatam terre 7 dimidiam quocumque iure spectantibus . saluis tribus solidis per manus dictorum prioris 7 canonicorum annuatim in Pasca 7 in festo sancti Michaelis nobis de predictis tofto 7 crofto 7 bouata terre 7 dimidia fideliter persoluendis . scilicet octodecim denarios ad Pasca 7 octodecim denarios ad festum sancti Michaelis . 7 nos 7 heredes nostri de terris rebus 7 possessionibus ad nos uel heredes nostros quocumque iure spectantibus warantizabimus predictum toftum 7 terras cum omnibus pertinenciis usque ad prefatum terminum contra omnes homines 7 feminas 7 ab omni seculari seruicio acquietabimus 7 defendemus 7 hec omnia fideliter 7 sine aliquo malignandi ingenio ut prescripta sunt tenere .' tactis sacrosanctis ewangeliis iurauimus 7 in huius rei testimonium presenti scripto sigilla nostra apposuimus . Dat' anno ab incarnatione domini Mº. CCº. xl. jº. ad Pentecost*en* . Testibus . Roberto de Apetoft . Willelmo Buchart . Roberto filio Ailiue . Johanne filio Hosberti . Roberto de Hundington' . Hugone de Roma . Johanne Pungnant baronibus 7 aliis.

Endorsed : (1) Gaynesburg' (14 cent.). (2) x croftum 7 toftum . . . quas Jolanus tenuit . toftum in Morton (15 cent.).

Seals : (1) Slit for seal-tag. (2) Pointed oval, 1$\frac{3}{4}$ x 1$\frac{1}{4}$ inches, green wax, a fleur-de-lis : . . . . RICARDI DE WAR . . . .

Size : 5$\frac{3}{4}$ x 5$\frac{1}{2}$ inches.

Text : MS—Orig. Dij/70/3/10.

Note : The use of the word *baronibus* in line 30 is noticeable.

ADD. CHART.

574. Confirmation by Alexander Puniand, son of Gilbert Puniand, of Havercroft [in Gainsborough], to the canons of Torksey of the gifts of Richard and Alexander of Gainsborough. (Circa 1250.)

Omnibus sancte matris ecclesie filiis ad quos presens scriptum peruenerit .' Alexander Puniand filius Gilberti Puniand de Hauercrofte salutem . Sciatis me pro salute anime mee 7 pro animabus patris 7 matris 7 omnium antecessorum 7 heredum meorum concessisse 7 hac presenti carta mea confirmasse 7 eciam de me 7 heredibus meis inperpetuum quietum clamasse .' deo 7 ecclesie sancti Leonardi de Thorkesseia 7 canonicis ibidem deo seruientibus omnes terras 7 possessiones 7 donaciones quas habent ex dono Ricardi de Gaynesburye filii Odonis de Gaynesburye . 7 Alexandri filii Rogeri de Gaynesburye cognati eiusdem Ricardi infra villam 7 extra sicut carte predictorum Ricardi 7 Alexandri testantur videlicet duas bouatas terre in territorio

de Gaynesburye cum omnibus pertinenciis 7 asiamentis
15 suis . 7 totum nemus dictorum Ricardi 7 Alexandri quod
habuerunt in territorio de Gaynesburye . 7 partem piscarie
sue de Cliuesende que eis contingebat . Et culturam suam
de Milnehil . et culturam suam de Benecrofte cum prato
adiacenti . et octo selliones de super curiam que fuerunt
20 dicti Alexandri . et culturam suam de Adhelstan Apelgard
cum prato adiacenti . et totum sartum suum uersus Sumerdeby .
que ? fuerunt predic[torum] Ricardi 7 Alexandri . et vnum
toftum in Gaynesburye quem Hugo Hermer tenuit . et illum
toftum in eadem uilla quem Hosbertus filius Ketel tenuit .
25 et dimidiam bouatam terre in territorio eiusdem uille cum
omnibus pertinenciis suis . et ipsum Hosbertum cum omni
sequela sua 7 cum omnibus rebus 7 catellis suis sine ullo
retinemento . et unum toftum in predicta uilla de Gaynesburye qui fuit prefati Alexandri in quo idem Alexander
30 mansit . et ex dono meo vnum annuum redditum duorum
solidorum quem Stephanus de Northolme michi reddere
consueuit . scilicet duodecim denarios ad Pascha . 7 duodecim
denarios ad festum sancti Michaelis . et totum dominium
quod habui uel quod habere potui infra uillam 7 extra de
35 Geynesburye 7 Hauercrofte cum omnibus pertinenciis 7
asiamentis 7 libertatibus suis in puram 7 perpetuam
elemosinam . 7 ab omni seculari seruicio liberam 7
quietam . Et ut ista concessio 7 confirmacio 7 perpetua
quieta clamacio firma 7 stabilis inperpetuum permaneat .
40 eam presenti scripto confirmaui . 7 sigilli mei testimonio
corroboraui . Testibus . domino Willelmo milite de Stotewil .
domino Alexandro vicario de Gaynesburye . Willelmo de
Stockyese . Roberto Mauluwel . Willelmo Pikenot . Symone
filio Humfrar . Rogero fabro . Roberto fabro . Stephano de
45 Norholme . Rogero fabro . 7 aliis.

Endorsed : Gaynesburg' (13 cent.).
Slit for seal-tag. Size : 8⅛ x 6⅞ inches.
Text : MS—Dij/70/3/39.
Var. R. : *The charter has five small holes, and the missing words and letters are
here supplied conjecturally enclosed in square brackets.*
Note : The spelling of the final syllables of the names Gainsborough and Stock-
with is unusual. The letter which is printed here as *y*, which might possibly be
intended for the letter thorn (Þ), is indistinguishable from the letter *y* in the first
syllable of *Gaynesburye*, and like that letter it is sometimes dotted and sometimes
not.

CHAPELRY OF HORNCASTLE

ADD. CHART.

575. Letters of bishop Hugh [I] to the effect that, on the
presentation of Richard Revell, with the consent of king Richard,

he has admitted Osbert de Bisshoppesduna, clerk, to the chapelry of Horncastle, namely, to the church of Horncastle with its appurtenances, to wit, the churches of [West] Ashby, [High] Toynton, Mareham [on the Hill], and [Wood] Enderby, and has instituted him in the chapelry. (1196–1199.)

    Omnibus Christi fidelibus ad quos presens scriptum peruenerit ∶ Hugo dei gratia Linc' episcopus salutem in domino . Nouerit uniuersitas uestra . nos ad presentationem Ricardi Reuell' de consensu illustris regis Anglorum Ricardi .
5 recepisse dilectum filium nostrum Osbertum de Bisshoppesduna clericum ad capellaniam de Hornecastra . videlicet ad ecclesiam de Hornecastra cum omnibus ad eam pertinentibus . scilicet ecclesia de Askebi . ecclesia de Tinton'[1] Maiori . ecclesia de Maringes . 7 ecclesia de Enderbi . 7 in ipsa capel
10 lania eundem .O. instituisse . Saluo iure clericorum qui quasdam earum nunc tenent sub annuis pensionibus eidem .O. soluendis . videlicet Willelmi capellani in ecclesia de Askebi . Johannis filii Simonis in ecclesia de Tinton'[1] . Reginaldi capellani 7 Johannis clerici in ecclesia de Maringes . Prefatus
15 igitur .O. predictam capellaniam perpetuo possidebit ∶ Saluis episcopalibus consuetudinibus 7 Linc' ecclesie dignitate . Quod ut ratum permaneat ∶ presenti scripto 7 sigilli nostri patrocinio confirmamus . Hiis testibus . Rogero decano . Ricardo subdecano . magistro Roberto de Manecestria .
20 magistro Ricardo de Swalewecliua[2] . magistro Alexandro de Bedefordia . magistro Girardo de Rowell' . Andrea 7 Hugone ∶ canonicis ∶ Linc' ecclesie . magistro Willelmo filio Fulconis . Hugone de Rowell' . Eustachio de Wilton' . 7 aliis mvltis. ,

Facsimile . . . .
Endorsed : (1) Si rector ecclesie de Hornecastr' aliquo tempore indigeat litteris istis ∶ tradantur ei ad tempus certum sub bona pena . infra quod ipsas restituat sine contradictione (13 cent.). (2) De ecclesia de Horncast'. (Q). (3) iij.
Slit for seal-tag.   Size : 6 x 4½ inches.
Texts : MS—Orig.Dij/72/3/35.   R1808.
Var. R. in R : [1] Tincton. [2] Swalwecl'.
Note : Osbert was still rector of Horncastle with its dependent churches in 1219 and 1226–8, at which times the king was patron (Book of Fees i, 384, 262).

KINGERBY : ELSHAM : OWERSBY

ADD. CHART.

576. Grant by Walter de Amundevill, steward of bishop Robert [II], to the church of Lincoln and the prebend of Adam son of Jordan the treasurer, his nephew, of two parts of the tithes of his demesne of Kingerby and of his demesne of Elsham and the

X

[Medieval Latin charter — text in heavily abbreviated hand]

Omnibus christi fidelibus ad quos presens scriptum pervenerit. Hugo dei gratia Linc(olniensis) Ep(iscopu)s sal(utem) ... Honor...
... nos ad presentationem Ric(ardi) ... de consensu illustris Regis Angl(ie) Ric(ardi) ... recepisse de ...
... filium nostrum ... de Bishopesdun ... ad Capellaniam de Horncastr(ia) ... ad ecclesiam
de Horncastr(ia) cum omnibus ad eam pertinentibus ... ecclesia de Ask(eb)y, ecclesia de Tynton maiori, ecclesia
de Maringes et ecclesia de Enderby ... Capellanie eiusdem ... Salvo iure ...
quasdam ... ne tenet sub Annuis pensionibus ... solvendis ... Will(elm)i Capellani ... ecclesia
de Ask(eb)y ... filius Simon ... ecclesia de Tynton ... Capellani ... et ... ecclesia de
Maringes ... Capellania penitus possideb... Salvis ... consuetudinibus ...
Linc(olniensis) ecclesie dignitate ... ut ratum permaneat presens scriptum sigilli nostri patrocinio confirmavi...
His Testibus. Rog(er)o ... Ric(ard)o Subdecano ... magistro ... de ... magistro ...
de ... magistro Alex(andro) de Bedeford ... magistro ... de Rowell, Andr(ea) ... Burton ...
... Linc(olniensis) ecclesie ... magistro Will(elm)o filio Fulcon ... Hug(one) de Rowell ... Eustach(io) de ...
...

6 in. × 4½ in.   575

R. dei gratia Linc(olniensis) ep(iscopu)s. W. de Amundavill dapifero suo, et Omnibus hominibus suis francis
et anglis sal(utem). Sciatis me dedisse et concessisse et presenti carta nostra confirmasse ... Ric(ar)-
do filio suam fratrem de Herelh... et heredibus suis una mansura et quatuor bovatas terre
quas tenet in villa de Herelh... de me et successoribus meis tenend(as) x sol(idos) ... den(ariis)
... omni servicio Annuati(m) solvendo. ... volo et firmiter ... quod predictas bovatas
cum mansura prenominata ... et heredes sui bene et in pace, honorifice et quiete ... dictum servi-
cium ... teneat et hereditario ... Test(ibus) W. de Amundavill et magistro thesaurario et magistro ... et Alex(andro)
... Ric(ardo) de Lecton... et ... clerico thesaurarii ... de Lingol... et hug... de buss...

6¾ in. × 3⅜ in.   611

XI

Watt de Amundauill dap dm Robti lnc epi. Omib; fidelib;
dï: salt. Sciatis me dedisse ꝗ impetuū gcessisse ecctie lnc ꝗ pbende Ade
filij Iordani Thesaur nepotis mei duas partes omniū decimationum
dominij mej de kimereb. simult ꝗ duas partes decimationū de domi
nio mo de ellesha. ꝗ totā decimā de dominio mo de Ouresb: cū oi
integritate. Et qm uolo qd ecctia lnc ꝗ pdicta pbenda nepotis mei
Ade ꝗete ꝗ honorifice ꝗ absq; sctan seruicio p salute anime meę ꝗ
pdecessor meoꝛ oms pdictas decimas possideant: eas psenti carta
mea gfirmo ꝗ impetuā elemosinā ecctie lnc ꝗ prꝼture pbende con
cedo. Test dño ꝑ oꝼ lnc eꝑ ꝗ Adel . . . . †

. . . . . . undauill ꝗ helia

ꝗ Witt de Da . a :, Witt filio Robt. ꝗ Witt . . . . ay oi ic
ꝗ mag pet. ꝗ Witt de Bingh.

tithe of his demesne of Owersby. (Before 1167, probably circa 1162.)

>Walterus de Amundeuill' dapifer domini Roberti Linc' episcopi . Omnibus fidelibus dei : salutem . Sciatis me dedisse 7 inperpetuum concessisse ęcclesię Linc' 7 prebende Adę filii Jordani thesaurarii nepotis mei duas partes omnium decima-
5 tionum dominii mei de Kinierebia . similiter 7 duas partes decimationum de dominio meo de Ellesham . 7 totam decimam de dominio meo de Ouresbia : cum omni integritate . Et quoniam uolo quod ecclesia Linc' 7 predicta prebenda nepotis mei Adę quiete 7 honorifice 7 absque seculari seruitio pro
10 salute animę meę 7 predecessorum meorum omnes predictas decimas possideant : eas presenti carta mea confirmo 7 in perpetuam elemosinam ęcclesię Linc' 7 pretaxatę prebendę : concedo . Testibus domino Roberto Linc' . ep[iscopo¹] 7 Adel[elmo decano . . . . Willelmo de
15 Am¹]undauill' 7 Helia[s fratre suo 7 Adam fratre suo¹] 7 Willelmo de Ba[d¹]a . 7 Willelmo filio Roberti . 7 Willelmo . . . . magistro Malgero . 7 magistro Petro . 7 Willelmo de Bingham.

Facsimile opposite.
Endorsed : Augmentum prebende Ade filii Jordanis thesaurarii . . . . . . nepotis.
Slit for seal-tag. Size : 6¾ x 7⅛ inches.
Text : MS—Orig.Dij/73/1/25.
Var. R. : ¹ supplied conjecturally, the charter having been injured.
Note : With the witnesses in the text compare those in another charter of Walter de Amundevill, dated 1162, namely, William de Amundevill, Elias his brother, and Adam his brother, and William de Bada (A290).

MELTON ROSS : SCAMBLESBY : ULCEBY

ADD. CHART.

577. Ratification by bishop Hugh [I] of a concord made in the king's court between the chapter of Lincoln and the chapter of Warter [co. York] concerning the church of Melton [Ross], whereby it is agreed that the advowson of that church shall remain to the church of Lincoln, and the whole church in prebendam ; and that the canon of the prebend shall pay one hundred shillings a year to the chapter of Warter. (1191–1195.)

>Omnibus Christi fidelibus ad quos presens scriptum peruenerit Hugo dei gracia Linc' episcopus salutem in domino . Nouerit uniuersitas uestra nos ratam habere 7 presenti carta confirmasse concordiam factam in curia domini regis coram
5 iusticiariis eius super ecclesia de Mealton'¹ inter capitulum

Linc'² ecclesie 7 capitulum de Wartre . Ita scilicet quod
³ ecclesie Lincoln'³ in perpetuum remanebit aduocacio predicte
ecclesie . 7 tota ecclesia in prebendam . Et canonicus eiusdem
prebende 7 successores eius soluent capitulo de Wartre in
10 perpetuum singulis annis . centum solidos apud Mealton'⁴ .
de eadem ecclesia ad duos terminos . scilicet ad festum sancti
Botulfi . quinquaginta solidos . 7 ad festum sancti Martini
quinquaginta solidos . Quod ut ratum 7 firmum permaneat
presenti scripto sigilli nostri appositione communito ? con-
15 firmauimus . Hiis testibus . H. Linc'⁵ ecclesie decano . magistro
Rogero archidiacono Leircestrie⁶ . magistro Ricardo de Swale-
cliue⁷ . Roberto de Capella . Reimundo⁸ . Galfrido de Deping⁹ .
Hugone de Sancto Edtwardo¹⁰ . Roberto de Dunestapl'¹¹ .
Rogero Bacun¹² . 7 multis aliis.

Facsimile facing p. 263.
Endorsed : (1) Confirmatio episcopi Hugonis . super ecclesiæ de Maltona (13
cent.).
Seal-tag torn away.   Size :   7 x 4¼ inches.
Texts :   MS—Orig. Dij/83/3/21. Orig. Dij/83/3/19(ii). Orig. Dij/83/3/21a(i). Bodl.
Lib., Fairfax MS 9 (Warter Priory cartulary), f.23a (no witnesses given ; not
collated here).
Var. R. : ¹ Melton' No. 19 ; Milton' No. 21a.   ² Lincoln' No. 19 No. 21a. ³⁻³ Linc'
ecclesie No. 19, ecclesie Linc' No. 21a.   ⁴ Melton' No. 19 No. 21a. ⁵ Lincol' No. 21a.
⁶ Leycestr' No. 19 No. 21a.   ⁷ Swalecliua No. 21a.   ⁸ Reymundo No. 19 No. 21a.
⁹ Deping' No. 19 No. 21a.   ¹⁰ Edwardo No. 19 No. 21a.   ¹¹ Dunstapl' No. 19 ;
Dunstaple No. 21a.   ¹² Bacun No. 19.

ADD. CHART.

578. *Inspeximus* by the official of the court of York of the
muniments of the prior and chapter of Warter concerning a yearly
pension of one hundred shillings in the church of Melton [Ross],
and their portion in the church of Ulceby [near Brigg] :

(i)   Ratification of concord by bishop Hugh [I] (see no. 577,
above).   (1191–1195.)

(ii) Ratification of the same concord by H[aimo] the dean
and the chapter of Lincoln (see no. 580(i), below).   (1191–
1195.)

(iii) Confirmation by Geoffrey son of William Trusbut to the
canons of Warter of the gift of his predecessor, Geoffrey
Fitz-Pain, namely, of the church of Saint James of Warter
with its chapels, tithes, and six bovates which of old time
belonged to the church.   Also grant by the same Geoffrey
Trusbut in Lindsey, namely, that part of the church of Ulceby
which Geoffrey the king's chaplain held.   (Before 1178.)

(iv) Confirmation by bishop Hugh [I] to the canons of Warter
of the appropriation of the mediety of the church of Ulceby

which Geoffrey the king's chaplain held, and which they
possess by the gift of Geoffrey Trusbut of happy memory,
saving a suitable vicarage.   (1189–1195.)

(v)   Confirmation by pope Alexander III to the canons of
Warter of their possessions, and expressly of the site of their
church with the church itself and its chapels ; the church
of Nunburnholme [co. York] with the chapel of Thorpe [le
Street] ; the churches of Askham and Clifton in Westmore-
land ; a portion of the church of Ulceby [near Brigg] ; land
in Warter, Seaton Ross, Storthwaite [in Thornton near
Pocklington], Wilberfoss, and Lockington [co. York] ; and
grant of various privileges.   At Saint Peter's, Rome.   25 April,
1178.

At York, 4 February, 1285.

Vniuersis sancte m[atris] ecclesie filiis ad quos presentes
littere peruenerint . . officialis curie Ebor' salutem in domino .
Noueritis nos inspexisse munimenta religiosorum virorum . .
prioris 7 conuentus de Wartre super annua pensione centum
5   solidorum in ecclesia de Melton' Lincoln' dyocesis 7 porcione
sua in ecclesia de Vlseby eiusdem dyocesis in hec verba

[i]   Omnibus Christi fidelibus ad quos presens scriptum
peruenerit Hugo dei gracia Linc' episcopus [as in no.
577, above].

10   [ii]   Vniuersis sancte matris ecclesie filiis .H. decanus
Lincoln' ecclesie 7 capitulum [as in no. 580[i], below].

[iii]   Omnibus hominibus suis Francis 7 Anglis omnibusque
sancte matris ecclesie filiis tam presentibus quam futuris
has litteras audientibus Gaufridus Trussebut in Christo
15   salutem . Noscat dileccio vestra quod ego Gaufridus
filius Willelmi Trussebut concedo illam donacionem
quam Gaufridus filius Pagani predecessor meus fecit
canonicis regularibus de Wartre 7 quantum ad me
pertinet do 7 hac carta mea confirmo in elemosinam
20   perpetuam videlicet ecclesiam sancti Jacobi eiusdem
ville cum capellis 7 decimis 7 sex bouatas terre que
antiquitus predicte ecclesie adiacebant 7 cum omnibus
aliis rebus iure eidem ecclesie pertinentibus . 7 cetera .
In Lindes' quoque do eis in Vlseby totam illam partem
25   ecclesie quam Gaufridus capellanus regis tenuit . Hec
omnia predicta tam terras quam ecclesias do eis 7 concedo in perpetuam elemosinam liberam 7 quietam ab
omni terreno seruicio 7 seculari exaccione de me 7
heredibus meis pro salute anime mee 7 pro anima
30   patris mei 7 matris mee 7 Gaufridi filii Pagani 7
omnium predecessorum meorum 7 cetera Hiis testibus . 7
cetera.

[iv]   Omnibus Christi fidelibus ad quos presens scriptum
peruenerit Hugo dei gracia Lincol' episcopus salutem
35   in domino . Ad vniuersitatis vestre volumus peruenire
noticiam nos auctoritate episcopali concessisse 7 confirmasse deo 7 beate Marie 7 beato Jacobo 7 canonicis
de Wartre medietatem ecclesie de Vlseby quam Galfridus
capellanus domini regis tenuit in proprios usus perpetuo
40   possidendam sicut eam ad presens iuste 7 pacifice ex
donacione bone memorie Galfridi Trussebut possident
salua competenti vicaria . Saluis eciam episcopalibus consuetudinibus 7 Linc' ecclesie dignitate . Quod vt firmum
cunctis diebus permaneat presenti scripto sigilli nostri
45   apposicione communito ꝛ roborauimus . Hiis testibus
Hamone Lincol' ecclesie decano . magistro Ricardo de
Swalecliue . magistro Gerardo de Rowell' . Roberto de
Capella . Reymundo . Galfrido de Deping' . magistro
Willelmo de Fryseby . Willelmo filio Fulconis . Roberto
50   de Dunstaple . 7 multis aliis.
[v]   Alexander episcopus seruus seruorum dei dilectis filiis
Ricardo abbati ecclesie sancti Jacobi de Wartre eiusque
fratribus tam presentibus quam futuris regularem vitam
professis inperpetuum . Quociens a nobis aliquid petitur
55   quod religioni 7 honestati conuenire dinoscitur animo
nos decet libenti concedere 7 petentium desideriis con-
gruum suffragium inpertiri . Ea propter dilecti in domino
filii vestris iustis postulacionibus clementer annuimus .
7 prefatam ecclesiam in qua diuino mancipati estis
60   obsequio sub beati Petri 7 nostra proteccione suscipimus
7 presentis scripti priuilegio communimus . In primis
siquid statuentes (vt ordo canonicus qui secundum dei
timorem 7 beati Augustini regulam in ipsa ecclesia
institutus esse dinoscitur perpetuis ibidem temporibus
65   inuiolabiliter obseruetur . preterea quascunque possessiones quecunque bona eadem ecclesia in presenciarum
iuste 7 canonice possidet aut in futurum concessione ponti-
ficum largicione regum uel principum oblacione fidelium
seu aliis iustis modis prestante . domino poterit adipisci (
70   firma vobis vestrisque successoribus 7 illibata permaneant . In quibus hec propriis duximus exprimenda
vocabulis . locum ipsum in quo predicta ecclesia sita
est 7 ipsam ecclesiam cum toto ambitu suo cum capellis
7 omnibus pertinenciis suis . ecclesiam de Brunnum
75   cum capella de Thorp 7 omnibus pertinenciis suis in
Westmeria . ecclesiam de Aschum in Westmeria cum
omnibus pertinenciis suis . ecclesiam de Clyfton' cum
omnibus pertinenciis suis . 7 porcionem quamdam in
ecclesia de Vlseby . 7 omnia que continentur in carta

80 Gaufridi Trussebut . vndecim bouatas terre de dominio
ipsius Gaufridi 7 quatuor bouatas de[1] terra rusticorum
7 totam terram inter Westbeck' 7 Westris de feodo
suo . 7 vnum molendinum super Westbeck' . 7 decimam
molendinorum suorum in Wartre . 7 totam terram infra
85 vestrum curtum . In Seton' Prestwyk' cum parte nemoris
sui 7 viginti duas acras 7 dimidiam de prato 7 in turbario
quantum sufficit vobis (7 hominibus vestris . 7 pasturam
sufficientem mille ouibus (7 nonaginta animalibus .
Item in Wartre quinque bouatas terre de feodo Henrici
90 militis . 7 quatuor de feodo Gaufridi Dagun (7 tres de
feodo Willelmi filii Astini (7 heremum de Storthwayt (
7 quatuor bouatas in Wilberfosse 7 Akenberg' 7 Belagha .
in Lokington' (octo acras terre 7 vnum mansum 7
communem pasturam 7 multuram hominum vestrorum .
95 sane noualium vestrorum que propriis manibus aut
sumptibus colitis (siue de nutrimentis animalium
vestrorum (decimas a vobis nullus presumat exigere .
Nulli autem ecclesiastice seculariue persone vos fas sit
nouis exaccionibus seu consuetudinibus aggrauare .
100 Preterea liceat vobis clericos uel laicos e seculo fugientes
liberos 7 absolutos ad conuersionem in ecclesia vestra
recipere 7 eos sine contradiccione aliqua retinere .
Prohibemus insuper vt nulli fratrum vestrorum post
factam in eodem[2] professionem nisi obtentu arctioris
105 religionis aliqua leuitate sine prioris sui licencia fas sit
de claustro recedere . Discedentem vero absque com-
munium litterarum caucione nullus audeat retinere .
Sepulturam quoque illius loci liberam esse concedimus (
vt eorum deuocioni 7 extreme voluntati qui se illic
110 sepeliri deliberauerint (nisi forte excommunicati sint
uel interdicti nullus obsistat . Salua tamen iusticia
illarum ecclesiarum a quibus mortuorum corpora assumuntur . Cum autem generale interdictum terre fuerit ᛫
liceat vobis clausis ianuis exclusis excommunicatis (7
115 interdictis (non pulsatis campanis (suppressa voce
diuina officia celebrare . Obeunte vero te nunc eiusdem
loci abbate (uel tuorum quolibet successorum (nullus
ibi qualibet subrepcionis astucia seu violencia
preponatur . nisi quem fratres communi assensu[3] .
120 uel fratrum pars sanioris consilii secundum dei timorem
7 beati Augustini regulam prouiderint eligendum .
Nulli preterea hominum liceat sine manifesta 7
racionabili causa ecclesias vestras interdicto subicere
aut in personas vestras suspensionis aut excommuni-
125 cacionis sentenciam promulgare . Decernimus ergo vt
nulli omnino hominum liceat prefatam ecclesiam temere

perturbare aut eius possessiones aufferre (uel ablatas
retinere (minuere (aut aliquibus vexacionibus fatigare ;
set omnia integra conseruentur (eorum pro quorum

130   gubernacione 7 sustentacione concessa sunt usibus omnimodis pro futura (salua apostolice sedis auctoritate (
7 diocesani episcopi canonica iusticia . Si qua igitur in
futurum ecclesiastica secularisue persona hanc nostre
constitucionis paginam sciens contra eam temere venire

135   temptauerit secundo tercioue commonita si non satis-
faccione congrua emendauerit (potestatis honorisque
sui careat dignitate (reumque se diuino iudicio existere
de perpetrata iniquitate cognoscat . 7 a sacratissimo
corpore 7 sanguine dei 7 domini Redemptoris nostri

140   Ihesu Christi aliena fiat (atque in extremo examine
diuine vlcioni subiaceat . Cunctis autem eidem loco sua
iura seruantibus sit pax domini nostri Ihesu Christi
quatinus 7 hic fructum bone accionis percipiant ; 7
apud districtum Iudicem premia eterne pacis inueniant .

145   Amen . Dat' Rom' apud sanctum Petrum per manum
Alberti sancte Romane ecclesie presbiteri cardinalis
7⁴ cancellarii .vij. kalendas Madii indiccione xjᵃ incarna-
cionis dominice (anno .Mᵒ. Cᵒ. lxxviij. pontificatus vero
domni Alexandri pape III. anno .xviiij.

150   In cuius rei testimonium presentibus sigillum officialitatis
curie Ebor' apposuimus . Dat' Ebor' .ij. nonas Februarii (
anno domini .Mᵒ. CCᵒ. octogesimo quarto.

Endorsed : Confirmacio archiepiscopi de centum solidis de prebenda de Scamelesby
(14 cent.).
Slit for seal-tag torn away. Size : 10¾ x 9⅞ inches.
Texts : MS—Orig.Dij/83/3/21a. Copies of Nos. [iv] and [v] above are given
in Bodl. Lib., Fairfax MS 9, ff. 23, 20 (of which only the papal document has been
collated here).
Var. R. : ¹ om. de Fairfax. ² supply loco Orig. Fairfax. ³ consensu Fairfax.
⁴ om. 7 Fairfax.
Note : For a similar and longer charter of Geoffrey Trusbut than no. [iii] above,
see Mon. vi, 299. The editor is indebted to Professor W. Holtzmann for collating
no. [v] with the Fairfax MS.

ADD. (EXTRAN.) CHART.

579. Confirmation by Robert Trusbut to Warter priory of
the church of Melton [Ross], which is founded in his fee, for the
souls of his father and mother and the soul of Geoffrey Trusbut
his brother and lord. (Probably late twelfth century.)

Dominus Robertus Trussebut de patronatu ecclesie de
Meltona (title).

Omnibus 7c. Robertus Trussebut salutem . Sciatis me
concessisse 7 dedisse 7 per cartam meam confirmasse ecclesie

5   sancti Jacobi de Wartria 7 canonicis deo ibidem seruientibus
ecclesiam de Mealtona in Lyndeseya que in meo feudo fundata

est in honore omnium sanctorum pro anima patris mei 7
matris mee 7 pro salute anime mee 7 Gaufridi Trussebut
fratris 7 domini mei 7 omnium heredum meorum animabus in
10 liberam 7 perpetuam elemosinam Et quicquid iuris 7 dominii (
donacionis 7 patronatus ad me pertinet super eadem ecclesia :
totum ecclesie de Wartria 7 predictis canonicis do 7 confirmo
in elemosina perpetua . Ita libere 7 quiete 7 honorifice sicut
aliquis laycus melius 7 liberius 7 honorificencius 7 quiecius
15 aliquibus canonicis uel alicui ordinato potest aliquam ecclesiam
uel elemosinam dare uel concedere . Volo 7 concedo ut predictam ecclesiam de Meltona habeant 7 teneant cum terris
7 pascuis 7 pratis 7 omnibus eidem ecclesie iure pertinentibus
libere 7 quiete ab omni seculari exaccione . Hiis testibus 7c.

Text : MS—Bodleian Library, Fairfax MS 9, f. 23.
Note : The editor is indebted to Mr T. Gambier Parry for this text.

ADD. CHART.

580. *Inspeximus* by Nicholas [Heigham] the dean and the
chapter of two charters belonging to the muniments of Warter
priory :
(i) Ratification of concord by H[aimo] the dean and the chapter
of Lincoln. (1191–1195.)
(ii) Ratification of the same concord by bishop Hugh [I] (see
no 577 above). (1191–1195.)
At Lincoln. Michaelmas day, 1280.

Vniuersis sancte matris ecclesie filiis presentes litteras
inspecturis vel audituris : Nicholaus decanus 7 capitulum
ecclesie Lincoln' . salutem in domino sempiternam Noueritis
nos inspexisse munimenta religiosorum virorum . . prioris 7
5 conuentus de Wartria Eboracensis dyocesis super annua
pensione centum solidorum de ecclesia de Melton' que est
prebenda ecclesie nostre Linc' per manus eiusdem ecclesie
canonici 7 prebendarii percipiendorum (in forma subscripta .
[i] Vniuersis sancte matris ecclesie filiis : H. decanus Linc'
10 ecclesie 7 capitulum (salutem . Vniuersitati vestre notum
facimus (nos ratam habere 7 presenti carta nostra
confirmasse concordiam factam in curia domini regis coram
justiciariis eius super ecclesia de Melton' inter capitulum
nostrum 7 capitulum de Wartria . Ita scilicet (quod
15 ecclesie nostre inperpetuum remanebit aduocacio predicte
ecclesie 7 tota ecclesia in prebendam . 7 canonicus eiusdem
prebende 7 successores eius (soluent capitulo de Wartria
inperpetuum singulis annis : centum solidos apud Melton'
de eadem ecclesia ad duos terminos . scilicet ad festum
20 sancti Botulphi : quinquaginta solidos . 7 ad festum sancti
Martini : quinquaginta solidos .

[ii]   Omnibus Christi fidelibus ad quos presens scriptum
peruenerit ⁊ Hugo dei gracia Linc' episcopus [as in no.
577 above].

25 In cuius rei testimonium ⁊ presentibus sigillum capituli
nostri duximus apponendum . Dat' Linc' ⟨ die sancti Michaelis
archangeli . anno domini ⟨ M°. CC°. lxxx^mo.

Endorsed : De C solidis de ecclesia de Melton' priori de Wartre (14 cent.).
Tag for seal. Size : 9½ x 8 inches.
Texts : MS—Orig. Dij/83/3/19. Bodl. Lib., Fairfax MS 9 (no witnesses given ;
not collated here).   For another inspection of the two charters inspected here see
Orig. Dij /83 /3 /21a.

ADD. CHART.

581. Notification by the prior and convent of Warter to master
Robert Hareward, prebendary of Scamblesby and Melton, informing
him that they have given to the dean and chapter of Lincoln one
hundred shillings of yearly rent which they were wont to receive
from the church of Melton [Ross], and requesting him in future
to pay the rent to the dean and chapter. In chapter at Warter.
20 November, 1330.

Reuerendo 7 discreto viro magistro Roberto Hareward'
prebendario prebende de Scamelesby 7 Melton' in ecclesia
beate Marie Lyncoln' prior 7 conuentus de Wartria ⟨ salutem
in domino sempiternam . Sciatis nos de licencia excellentissimi
5 principis . 7 domini nostri domini Edwardi dei gracia regis
Anglie illustris tercii a conquestu ⟨ vnanimi assensu 7 consensu
tocius capituli nostri dedisse 7 concessisse reuerendis viris
7 nobis in Christo dilectis dominis decano 7 capitulo dicte
ecclesie beate Marie Lyncoln' ⟨ illas centum solidatas annui
10 redditus cum pertinenciis quas nos 7 predecessores nostri
de prebenda vestra predicta vt de ecclesia de Melton' eidem
prebende annexa nuper percipere consueuimus 7 habere .
Habendas 7 percipiendas dictas centum solidatas annui
redditus cum pertinenciis de eadem prebenda prefatis decano
15 7 capitulo 7 successoribus suis quibuscunque inperpetuum ⟨
ad inueniendum quemdam capellanum diuina pro anima
magistri Henrici de Mammesfeld' nuper decani predicte
ecclesie beate Marie 7 animabus omnium fidelium defunctorum
singulis diebus in eadem ecclesia beate Marie vel alibi iuxta
20 ordinacionem dictorum decani 7 capituli ⟨ necnon executorum
testamenti ipsius nuper decani celebraturum 7 eciam pro
obitu eiusdem nuper decani in predicta ecclesia beate Marie
vel alibi annuatim faciendum iuxta ordinacionem supradictam
Quo circa amiciam vestram requirimus 7 rogamus quatinus
25 easdem centum solidatas annui redditus prefatis decano 7
capitulo 7 eorum successoribus inperpetuum ex nunc soluatis
in forma supradicta . volumus enim 7 concedimus pro nobis

et successoribus nostris quod nos 7 iidem successores nostri
a tempore quo hunc rogatum nostrum adimplendo predictas
30 centum solidatas annui redditus predictis decano 7 capitulo
soluere duxeritis in forma predicta et de eisdem (ipsis vos
attornaueritis (inperpetuum simus exclusi quicquam petendi
exigendi siue vendicandi a vobis seu successoribus vestris (
siue de eadem prebenda vestra (de dictis centum solidatis
35 annui redditus infuturum (et quod vos 7 dicti successores
vestri 7 prebenda vestra predicta (de predictis centum solidatis annui redditus (erga nos 7 dictos successores nostros
inperpetuum sitis exonerati . In cuius rei testimonium commune sigillum capituli nostri in eodem capitulo presentibus
40 apponi fecimus . Dat' in capitulo nostro Wartrie die sancti
Edmundi regis 7 martiris (anno domini millesimo trecentesimo
tricesimo.

Endorsed : De c solidis concessis capitulo de ecclesia de Mealton' per priorem
7 conuentum de [Wa]rtr*i*a (14 cent.).
Tag for seal. Size : 9¾ x 5½ inches.
Text : MS—Orig. Dij/83/3/20.

___

MARTON : NORTH ORMSBY : WYHAM : UTTERBY

ADD. CHART.

582. Release by William son of William of Wyham to William
son of Ralf of Wyham of his right in a toft and a bovate in Wyham.
(Early thirteenth century.)

Omnibus presentibus 7 futuris ad quos presens scriptum
peruenerit . Willelmus filius Willelmi de Wyum salutem .
Nouerit vniuersitas uestra me quiteclamasse[1] de me
7 de[2] heredibus meis in perpetuum Willelmo filio Radulfi
5 de Wyum . 7 heredibus suis : totum ius 7 clamium quod
habui uel habere potero in uno tofto 7 una bouata terre cum
pertinentiis in Wyum : quas Radulfus filius Seward*i* aliquando
tenuit . Pro hac autem . quiteclamacione[3] predictus Willelmus
michi dedit duas marcas argenti in magno negocio meo . Et
10 ut hec quiteclamacio[4] rata 7 inconcussa in perpetuum permaneat : hanc cartam sigilli mei apposicione corroboraui .
Hiis testibus . Galfrido filio Baldewini . Radulfo de Warauilla .
Matheo Vanin'[5] de Wyum . Radulfo de Kateb*y*[6] . Alano de
Beseb*y*[7] . Hakett' de Vtterb*y*[8] . Waltero Malerb'[9] de Luda .
15 Jordano filio Simonis . Thoma filio Johannis . Jordano filio
Gilberti Campion' . Willelmo clerico . Geruasio de Thorp .
Ricardo clerico filio Johannis.

Endorsed : (1) xj. (2) Carta Willelmi filii Willelmi de Wihun . facta Willelmo
filio Radulfi de Wihun de tofto . 7 bovata. (3) Lutesk'. (4) Wihum (all 13 cent.).
Tag for seal. Size : 6½ x 3¼ inches.
Texts : MS—Orig. Dij/83/1/41. R1658.
Var. R. in R : [1] quiteclamasse. [2] *om.* de. [3] quietaclamacione. [4] **quietaclamacio.**
[5]Vanyn. [6] Cateby. [7] Beseby. [8] Utterby. [9] Malherb'.

583. Release by Ralf of Wyham, with the assent of bishop Hugh II, to Richard the bishop's butler of four bovates and two tofts in Wyham which are of those seven bovates which Ralf gave to Richard in exchange for seven bovates in Ormsby in return for the release of an agreement made with Richard concerning the marriage of Ralf's eldest daughter. Each of the four bovates is to consist of twelve acres in each of the two fields of Wyham. (Circa 1215.)

Sciant presentes 7 futuri quod ego Radulfus[1] de Wyun[2] assensu 7 voluntate domini mei Linc' episcopi Hugonis secundi dedi 7 concessi 7 reddidi 7 quietas clamaui Ricardo pincerne eiusdem domini Linc' quatuor bouatas terre 7 duo tofta
5   cum pertinenciis in Wyun[3] . de illis septem bouatis terre cum pertinenciis quas ego ei commiseram in escambio pro septem bouatis terre quas ei dedi de terra quam nouerca mea tenuit in Ormesbi[4] . pro quieta clamacione conuencionis inter me 7 ipsum Ricardum facte de maritagio filie mee primogenite .
10   ita quod quelibet istarum quatuor bouatarum terre cum pertinenciis sit viginti quatuor acrarum terre [5]scilicet duodecim acrarum terre[5] in vno campo ville de Wyun[2] ? et duodecim acrarum terre in alio campo . scilicet toftum illud quod Ricardus Stiberd tenuit . et toftum quod Siled tenuit .
15   et in campo australi eiusdem uille ? nouem acras ex parte orientali magne forarie ? 7 habutissant super eandem forariam . et quatuor acras in Scortebuttes . et quinque acras in furlanges vltra uiam ex orientali parte . et nouem acras in quinque particulis iuxta[6] toftum Wigodi vnde quedam pars habutat[7]
20   super idem toftum Wygodi[8] et quatuor acras que habutant[9] contra uiam que uadit in villam uersus austrum . et duas acras 7 dimidiam . 7 vnam perticatam 7 dimidiam que habutant[9] contra gardinum Agnetis . apud Toindale septem perticatas . apud Hullebusc tres acras 7 dimidiam . apud Liteldale in
25   duobus locis sex acras terre 7 dimidiam . et in eadem Liteldale in alio loco duas acras 7 dimidiam . et in campo aquilonari eiusdem ville sex acras terre 7 dimidiam in Graiwang scilicet in orientali parte culture Mathei Vanin . apud Depedale in tribus locis septem acras 7 dimidiam . apud Westwude
30   ende quinque acras 7 dimidiam . 7 tenet[10] in se latitudinem nouem perticarum . et quatuor acras in tribus locis que habutant[9] super boscum Mathei Vanin . et vnam acram que habutat[7] super uiam que uadit uersus Linc' . et septem acras 7 dimidiam 7 vnam perticatam ? super Leirlandes que habu-
35   tant[9] super boscum . 7 super easdem Leirlandes[11] vnam vnam [sic] acram 7 dimidiam in duobus locis . et octo acras

7 dimidiam 7 vnam perticatam sub Lidh . et super Swan-
stanges ultra boscum Mathei ⫶ tres acras 7 dimidiam . et
vnam acram de terra domine Amice que iacet ex occidentali
40 parte de Graiwang . Et predictus Ricardus 7 eius heredes
tenebunt predictas quatuor bouatas[12] terre . 7 predicta duo
tofta . cum communiis[13] . 7 aisiamentis . 7 aliis pertinenciis .
infra villam 7 extra . in capite de eodem domino meo Linc'
episcopo 7 eius successoribus . quieta de me 7 heredibus meis
45 inperpetuum . per seruicium duodecime partis feodi vnius
militis [inde[14]] faciendum ipsi episcopo 7 successoribus suis
pro omni seruicio . Et ego Radulfus . et heredes mei
warantizabimus ipsi Ricardo 7 heredibus suis predictas
quatuor bouatas terre 7 duo tofta cum omnibus pertinenciis
50 suis contra omnes gentes . Et pro hac donacione . 7 concessione . 7 quieta clamancia . 7 warantizacione . 7 presentis
carte mee confirmacione ⫶ idem Ricardus aquietauit me de
quinquaginta 7 vno solidis . 7 octo denariis . uersus Heliam[15]
Judeum de Linc' quos ei debui super duas cartas quas
55 ei feceram . et uersus eundem de quinque solidis de lucro
cat[all[14]]i predicti . Et preterea idem Ricardus dedit michi
quatuor marcas argenti ad aquietandum me de minutis
debitis meis que debebam in villa Linc' . Et ne ego uel aliquis
heredum meorum contra hanc donacionem 7 quietam clama-
60 cionem uenire possimus ⫶ presenti scripto sigilli mei munimen
apposui . Hiis testibus . Haraldo filio Hunfridi[16] milite .
Galfrido filio Baldewini senescallo domini Linc' . Hereberto[17]
de Stowa camerario . Waltero Malherbe . Willelmo clerico .
Jordano filio Simonis . Thoma filio Johannis . Randulfo
65 Berkario[18] . burgensibus de Luda . Willelmo de Winceby .
Roberto de Keileby[19] . Willelmo de Camera . 7 multis aliis.

No ancient endorsement.
Seal on tag : green, pointed oval, 1¾ x 1⅛ inches, a fleur de lis : + SIGILLVM
RADVLFI DE WIVN.
Size : 7¼ x 6 inches.
Texts : MS—Orig. Dij/83/2/48. R183.
Var. R. in R : [1] read Reginaldus for Radulfus. [2] Wyum. [3] for Wyun read
illis (a copyist's mistake). [4] Ormesby. [5-5] om. [6] iuxto. [7] abuttat. [8] Wigodi.
[9] abuttant. [10] tenent. [11] Leyrlandes. [12] om.bouatas. [13] communis. [14] sup-
plied from R, the charter having been injured. [15] Eliam. [16] Vmfridi. [17] Herberto.
[18] Bercario. [19] Keilby.

ADD. CHART.

584. Grant by Elias son of William of Retford to Richard the
butler, of half an acre and a rood in Marton. (Circa 1215.)

Sciant presentes 7 futuri quod ego Helias filius Willelmi
de Retford' dedi . concessi . 7 hac presenti carta mea confirmaui Richardo[1] pincerne vnam dimidiam acram . 7 vnam
rodam terre arabilis in territorio de Marton' . scilicet illam
5 dimidiam acram que iacet ad Linpittes . 7 vnam rodam que

abbutissat super Martinmare[2] : Tenend' 7 habend' sibi 7
heredibus suis . vel cui uel quibus assignare uoluerit in feodo .
7 hereditate . libere . quiete 7 pacifice cum omnibus pertinenciis
suis 7 libertatibus 7 aisiamentis infra villam 7 extra . Reddendo
10 michi 7 heredibus meis annuatim vnum denarium ad festum
sancti Michaelis de eadem terra . pro omni seruicio quod ad
me uel ad heredes meos pertinet uel in perpetuum pertinere
potest . Et ego 7 heredes mei warantizabimus predicto
Ricardo . 7 heredibus suis uel cui uel quibus predictam terram
15 assignauerit . totam predictam terram cum suis pertinenciis
in perpetuum pro predicto redditu annuo[3] vnius denarii .
Hiis testibus . Rogero de Suthwell' . Hereberto camerario .
Anketino Peal de Lou . Herueio Hok . Roberto de Burton' .
Reginaldo filio Roberti . 7 multis aliis.

Endorsed : (1) .D.   (2) Carta Elie filii Willelmi de Ridford in Marton' (13 cent.).
Seal on tag : cream, round, 1¼ inches ; a fleur de lis : + **SIGILL' ELIS FIL'**
WILLELMI.
Size : 7 x 3½ inches.
Texts : MS—Orig. Dij/83/2/51. R181.
Var. R. in R : ¹ Ricardo. ² Martunmare. ² *om.* annuo.

ADD. CHART.

585. Grant by Ralf of Wyham, with the assent of bishop
Hugh II, to Richard the butler (in return for the release that
Richard gave to Ralf in respect of an agreement made between
Ralf and him concerning lands and tenements to be given to him
in free marriage with Ralf's eldest daughter), of seven bovates
in Ormsby. Until Ralf can give the seven bovates to Richard,
Ralf shall give him seven bovates of his demesne in Wyham.
(Circa 1218.)

    Sciant presentes 7 futuri quod ego Radulfus de Wyun¹
de assensu domini mei Lincol' episcopi Hugonis secundi dedi
7 concessi 7 hac presenti carta mea confirmaui Ricardo
pincerne suo pro quieteclamancia² quam idem Ricardus
5 michi fecit super conuentione inter me 7 ipsum facta de terris
7 tenementis ei dandis in liberum maritagium cum primogenita
filia mea si eam ducere uellet in uxorem : septem bouatas
terre in Ormesby quas nouerca mea tenuit . habendas 7
tenendas cum omnibus pertinenciis . libertatibus . 7 liberis
10 consuetudinibus suis sibi 7 heredibus suis iure hereditario
de ipso episcopo 7 successoribus suis in capite libere 7 quiete .
integre 7 pacifice absque omni reclamatione mei uel heredum
meorum . Faciendo inde pro me 7 heredibus meis ipsi episcopo
7 successoribus suis regale seruitium quod ad tantum terre
15 pertinet pro omni seruicio . exactione . 7 demanda . Donec
autem predictas septem bouatas terre in Ormesby ego uel
heredes mei dicto Ricardo uel heredibus suis integre habere

fecerimus bene 7 in pace libere 7 quiete ut predictum est
possidendas ⁊ dedi 7 concessi eidem Ricardo septem bouatas
20 terre de dominico meo in Wyun¹ cum omnibus pertinenciis .
libertatibus . 7 liberis consuetudinibus suis habendas interim
7 tenendas predicto modo sibi 7 heredibus suis similiter in
capite de memorato episcopo ⁊ 7 successoribus suis . que
quidem septem bouate terre ad me uel heredes meos reuertentur
25 libere 7 quiete de ipso Ricardo 7 heredibus suis . ex quo ei
uel heredibus suis predictas septem bouatas terre in Ormesby
integre habere fecerimus ⁊ ut predictum est . Ego uero 7
heredes mei warantizabimus contra omnes homines predicto
Ricardo 7 heredibus suis predictas septem bouatas terre de
30 dominico meo in Wyun¹ cum pertinentiis . donec habuerint
ut predictum est ⁊ septem bouatas terre in Ormesby . ³Et
illas septem bouatas terre in Ormesby³ ex quo eas habuerint .
warantizabimus eisdem⁴ contra omnes homines inperpetuum .
Hec igitur omnia predicta sine dolo 7 malo ingenio firmiter
35 7 fideliter tenenda eidem Ricardo 7 heredibus suis . iuraui
tactis sacrosanctis ewangeliis pro me 7 heredibus meis . 7
presenti carte méé sigillum . meum apposui ⁊ ad eiusdem
concessionis perpetuum robur 7 testimonium . Hiis testibus .
domino Joscelino Bathon*iensi* 7 Glaston*iensi* episcopo Willelmo
40 de Hammes precentore Well*arum* Roberto de Heil' Huntingdon*ie*⁵ 7 Willelmo de Thornaco . Stowe archidiaconis . Thoma
de Fiskerton' 7 Rogero de Bristoll' cappellanis . Petro de
Bathon*ia*⁶ 7 Stephano de Cicestr*ia*⁷ canonicis Linc' . magistro
Willelmo de Linc' Oliuero de Chedneto clericis . Willelmo
45 de Well*is* Haroldo de Saltfeteby⁸ Matheo Vanyn . militibus .
Galfrido filio Balde*wini* senescallo domini episcopi . Thoma
de Lauerkestok' . Willelmo de Burton' . Willelmo de Stokes .
seruientibus . Waltero Malherb' . Thoma filio Thome . Thoma
filio Johannis . Willelmo clerico ⁊ burgensibus de Luda . 7
50 multis aliis.

No ancient endorsement.
Seal on tag : green, pointed oval, 1¾ x 1 inches ; a fleur-de-lis : + SIGILLVM
RANVLFI DE WIVN.
Size : 7⅜ x 7⅝ inches.
Texts : MS—Orig. Dij/83/2/49. R182.
Var. R. in R : ¹ Wyum. ² quieta clamancia. ³⁻³ *om.* ⁴ eidem. ⁵ Hunting-
don'. ⁶ Bathon'. ⁷ Cicestria. ⁸ Salfeteby.

ADD. CHART.

586. Grant by bishop Hugh [II] to Richard his butler of five
roods in Marton, being the bishop's escheat, which Hacon father
of John Toht held, together with the manses belonging thereto.
At Lincoln. 12 June, 1218.

Omnibus Christi fidelibus ad quos presens carta peruenerit .
Hugo dei gratia Lincol[n' episcopus ⁊ salutem in domi¹]no .

Nouerit vniuersitas uestra nos de assensu Rogeri decani 7
capituli nostri Linc' concessisse 7 dedisse 7 presenti carta
5 confirmasse d[ilecto 7[1]] fideli Ricardo pincerne nostro pro
homagio 7 seruitio suo quinque rodas terre in villa de Martun'[2]
tanquam exscaetam[3] nostram . quas Haconus pater Johannis
Toht tenuit in eadem uilla . simul cum mansis ad eandem
terram pertinentibus . vno scilicet manso uersus partem
10 australem 7 occidentalem eiusdem uille a manso qui fuit
Willelmi clerici cum curtillis [7 cro[1]]ftis ad mansum illum
pertinentibus sicut villa se extendit . 7 ex transuerso .' quantum
extenditur crofta eiusdem mansi . 7 alio manso ex par[te
bori[1]]ali cum saliceto 7 mora extendentibus se quantum se
15 extendit ipse mansus . cum pratis etiam . pascuis . 7 pasturis .
7 omnibus aliis a[isia[1]]mentis ad terram illam tam infra
villam quam extra . pertinentibus . habendas 7 tenendas ei
7 heredibus suis de nobis 7 successoribus nostris in per-
p[etuum[1]] iure hereditario . bene 7 in pace . libere 7 quiete
20 cum omnibus libertatibus 7 liberis consuetudinibus suis .
Reddendo inde nobis 7 successoribus nostris pro omni seruitio
ad nos pertinente .' decem solidos annuatim ad quatuor anni
terminos . videlicet ad festum sancti Michaelis duos solidos .
7 sex . denarios . ad Natale domini duos solidos . 7 sex .
25 denarios . ad Pascha . duos solidos . 7 sex . denarios . ad festum
sancti Johannis Baptiste .' duos . solidos . 7 sex . denarios .
Quod ut ratum sit 7 stabile .' sigillum[4] nostrum una cum
sigillo predicti capituli nostri Lincolnie presenti carte duximus
apponendum Hiis testibus . Rogero decano . Galfrido pre-
30 centore . Rogero cancellario . Reginaldo subdecano . Reimundo
Leircestrie . Roberto Norhamtonie[5] . Alexandro Bedefordie .
Willelmo Bukingehamie . archidiaconis . Hugone de Sancto
Edwardo . magistris Willelmo filio Fulconis . 7 Adam de
Sancto Edmundo . Thoma de Fiskertona . 7[6] Rogero de
35 Bristollia capellanis . Petro de Bathonia canonicis Linc' .
Galfrido filio Baldewini . Willelmo Walensi . Willelmo de
Burton' . seruientibus . 7 aliis . Dat' per manum Willelmi
de Thornaco archidiaconi Stowe apud Linc' .ij. idus Junii .
pontificatus nostri anno nono.

No ancient endorsement.
Two seals on tags : (1) The bishop's seal, the lower half missing ; green wax.
(2) The chapter seal, the edge and top right hand side broken away ; green wax.
Descriptions of the two seals will be found in Appendix II (3), and facsimiles in the
Frontispiece.
Size : 8 x 5½ inches.
Texts : MS—Orig. Dij/83/2/53. R178.
Var. R. in R : [1] supplied from R, the charter having been injured. [2] Martun.
[3] escaetam. [4] signum. [5] Northampton'. [6] om. 7.

ADD. CHART.

587. Grant by Alice daughter of Roger son of Hacon, in her

widowhood, to Richard the bishop's butler of a toft and a croft
in Marton. (Circa 1220.)

    Sciant presentes 7 futuri quod ego Alicia filia Rogeri filii
Hacun in viduitate 7 ligia potestate mea dedi 7 concessi 7
hac presenti carta mea confirmaui Ricardo pincerne domini
Linc' pro homagio 7 seruicio suo vnum toftum 7 vnam croftam
5 cum pertinenciis in Marton' . scilicet illud toftum 7 illam
croftam que Adam filius Galfridi Drailun tenuit . 7 preterea
Adam Drailun cum tota terra sua . 7 tota sequela sua . 7
toto seruicio suo . scilicet de[1] quarta parte unius rode terre[2]
cum pertinenciis quam de me tenuit . scilicet nouem denarios
10 per annum . 7 tres precarias in autumpno . 7 vnum hominem
ad falcandum tempore falcacionis . Habenda 7 tenenda ipsi
Ricardo 7 heredibus suis uel illi cui ipse illa assignare uoluerit .
de me 7 heredibus meis . in feodo . 7 hereditate . libere . 7
quiete in perpetuum cum omnibus libertatibus . communiis[3]
15 7 aisiamentis 7 aliis pertinenciis . sine aliquo retenemento
per liberum seruicium duorum denariorum per annum
Reddendo ad festum[4] sancti Michaelis pro omni seruicio .
Ego autem 7 heredes mei warantizabimus ipsi Ricardo 7
heredibus suis uel eius assignatis croftam predictam 7 toftum
20 7 seruicium contra omnes homines 7 aquietabimus . 7
defendemus versus omnes ꞉ de omnibus seruiciis 7 consuetudinibus ad ea pertinentibus per predictum seruicium .
Et pro hac donacione 7 concessione . 7 warantizacione . 7
presentis carte mee confirmacione idem Ricardus dedit michi
25 vnam marcam argenti . Hiis testibus . Galfrido filio Baldewini
senescallo domini Linc' . Hereberto[5] camerario . Herweio[6]
de Stowa . Roberto de Burton' . Anketino Peaudelu[7] . Roberto
fratre persone . Reginaldo filio Rogeri . Willelmo de Burton' .
Willelmo Walensi . Johanne de Cestria . Ricardo de Cernay .
30 Rogero Marescallo . Petro de Codinton'[8] . Waltero venatore
seruientibus domini Linc' . 7 multis aliis.

Endorsed : Carta Alicie Hacun (13 cent.).
Seal on tag: green, small pointed oval, a fleur-de-lis : ✠ SIGILL' ALI
. . . .
Size : 6¾ x 3¾ inches.
Texts : MS—Orig. Dij/83/2/52. R179.
Var. R. in R : ¹ om. de. ² om. terre. ³ communis. ⁴ ad festum is repeated.
⁵ Herberto. ⁶ Herveio. ⁷ Peaudeleu. ⁸ Codington'.

ADD. CHART.

588. Confirmation by Richard son of Alice daughter of Roger
son of Hacon of his mother's gift to Richard the bishop's butler.
(Circa 1220.)

    Sciant presentes 7 futuri quod ego Ricardus filius 7 heres
Alicie filie Rogeri filii Hacun . concessi 7 hac presenti carta

mea confirmaui Ricardo pincerne domini Linc' donum matris
mee Alicie[1] secundum quod in carta quam ipse Ricardus
5 habet de matre mea Alicia ∴ continetur Habend*um* 7 tenend*um*
sibi 7 heredibus suis uel cuicunque assignare uoluerit de me
7 heredibus meis libere . quiete . solute ab omnibus seruiciis
saluo seruicio duorum denariorum reddendo ad festum sancti
Michaelis . Et ego predictus Ricardus filius Alicie 7 heredes
10 mei warantizabimus predictum donum predicte matris mee
Alicie Ricardo pincerne 7 heredibus suis uel eius assignatis .
7 aquietabimus[2] 7 defendemus versus omnes gentes de
omnibus seruiciis . 7 demandis . 7 consuetudinibus saluo
predicto seruicio predictorum duorum denariorum . Hiis
15 testibus . Herberto Camerario . Herueio de Stowa . Anketino
Peaudelu[3] . Roberto de Burt*on*' . Roberto fratre[4] persone de
Marton' . Rogero de Kestesbi[5] . 7 multis aliis.

Endorsed : Carta Ricardi filii Alicie Hacun (13 cent.).
Seal on tag : green, pointed oval, 1⅜ x ⅞ inches, conventional device. **Legend :**
+ SIGILL' . RICARDI . FI . . . .
Size : 7 x 2½ inches.
Texts : MS—Orig. Dij/83/2/50. R180.
Var. R. in R : [1] *om.* Alicie. [2] adquietabimus. [3] Peaudeleu. [4] *for* fratre *read* filio. [5] Kesteby.

ADD. CHART.

589. Grant by William son of Reginald of Marton to bishop
Robert [Grosseteste] of forty pence of yearly rent which John
son of Nicholas Baston was wont to render to him for a toft and
one and a half roods in Marton, and one penny of yearly rent which
Hugh le Wayte was wont to render to him for a toft there.
(1235–1254.)

Sciant presentes 7 futuri quod ego Willelmus filius Reginaldi
de Marton' dedi . concessi . 7 hac presenti carta mea confirmaui
domino Roberto Lincol' episcopo quadraginta denarios annui
redditus . quos Johannes filius Nicolai Baston' michi reddere
5 solebat per annum pro vno tofto in villa de Marton' 7 pro
vna roda terre arabilis 7 dimidia in teritorio de Mart*on*' . quam
de me tenuit . cum omnibus pertinenciis suis infra villam 7
extra . cum homagiis . releuiis . wardis . 7 omnibus escaetis
que michi 7 heredibus meis vel assignatis vnquam poterunt
10 accidisse . Recipiendo de dicto Johanne . scilicet ad Pasca
Floridum .x. denarios . 7 ad festum sancti Johannis Baptiste
.x. denarios . 7 ad festum sancti Michaelis .x. denarios . 7
ad festum sancti Andree .x. denarios . Et vnum denarium
annui redditus de Hugone le Wayte de Marton' . quem michi
15 reddere solebat per annum pro vno tofto in villa de Marton'
quem de me tenuit . cum omnibus pertinenciis . suis infra
villam 7 extra . homagiis . releuiis wardis 7 escaetis que
michi vel meis vnquam . poterunt accidisse . Recipiendo de

dicto Hugone die Pasce . Habend' 7 tenend' de me 7 heredibus
20 meis vel asignatis . sibi 7 successoribus suis . vel asignatis .
suis libere . quiete . pacifice . Reddendo inde annuatim michi
7 heredibus meis vel asignatis meis vnum . denarium . ad
festum sancti Michaelis pro omnibus seruiciis consuetudinibus
. . . . demandis . . . . dictus Wil-
25 lelmus 7 heredes mei vel assignati . dicto Roberto 7 successoribus suis . vel asignatis suis . predict . . . .
. . . . pertinenciis suis vt predictum est contra
omnes homines warantizabimus . adquietabimus . 7 inperpetuum defendemus . Pro ista vero donacione 7 concessione
30 dedit michi dictus . . . . . duas marcas argenti pre manibus
in mea necessitate . In huius rei testimonium huic scripto
sigillum meum apposui . Hiis testibus . domino Willelmo de
Engilbi milite . Hugone filio . . . . Rogero de Moyse .
Roberto Mariscallo . Roberto de Marton' clerico . Ricardo
35 filio Johannis de eadem . Waltero filio Reneri de Kestesbi .
Roberto Laton' de eadem . Hugone Balister . de Wyvillingham .
7 aliis.

Endorsed : (1) Stowe (13–14 cent.).   (2) .xx.
Tag for seal.   Size : 8 x 5 inches.
Text : MS—Orig. Dij/83/2/42.   The charter has been injured.

ADD. CHART.

590. Release by Helewise, who was the wife of Roger of Sowe,
to bishop Henry [Lexington] of her right in the name of dower
in the third part of the lands and tenements of her late husband
in Marton and Biggleswade and elsewhere.   (1254–1258.)

Notum sit omnibus hominibus presentibus 7 futuris quod
ego Helewysa quondam vxor Rogeri de Sowe in libera
viduitate 7 potestate mea remisi 7 quietum clamaui domino
Henrico Linc' episcopo 7 successoribus eius totum ius 7
5 clamium quod habui uel quod habere potui nomine dotis
in tercia parte tocius terre 7 tenementi quondam dicti Rogeri
viri mei cum pertinenciis videlicet in Marton' 7 Bykeleswade
7 quibuscumque aliis locis in Anglia vbi dictus Rogerus de
Showe terras habuit 7 tenementa . Ita videlicet quod nec
10 ego uel aliquis alius nomine meo seu per me in tercia parte
dictarum terrarum 7 tenementorum cum pertinenciis aliquod
ius uel clamium [nomine[1]] dotis seu quocumque alio modo
exigere poterit uel vendicare . In cuius rei testimonium has
litteras meas predicto [. . . . . .[1]] Henrico Linc' episcopo
15 fieri feci patentes . Hiis testibus . domino Roberto de Handes-
acr' . domino Ricardo de Heminton' . Simone [. . . . .[1]]
Brimintona . Ada de Pincon' . Petro de Powyk' rectore ecclesie
de Tinghurst' . Simone de Jarewell' . Stephano de Notehal'

capellano . Johanne de Caterham . Johanne de Pilkinton'
20 clerico 7 aliis.

Endorsed : (1) . . . requir*itur* scribi (13 cent.). (2) Stowe (13 cent.). (3) .ix.
Tag for seal. Size : 8¼ x 3¼ inches.
Text : MS—Orig. Dij/83/2/41.
Var. R. : ¹ *The charter has been injured.*

ADD. CHART.

591. Release by William son of Reginald of Marton to bishop
Henry Lexington of the homages and services of Geoffrey of
Swalcliffe, Richard son of John of Marton, W[? illiam] son of
Alexander, Geoffrey Storm, ... brother of William son
of Reginald, Hawise, Alice, Basilia, Beatrice, and Maud . . . . ,
Cecily sister of William son of Reginald's father, ... chaplain of Marton, John Stroc, William son of Robert, John the carter
of Torksey, Hugh Wayte, Mauger . . . . , and Emma who
was the wife of John son of Thore, and, after her death, of the
land which Agnes of Burton holds in the name of dower. (1254–
1258.)

Omnibus presentes litteras inspecturis .⸴ Willelmus filius
Re[ginaldi] de Marton' salutem in domino . Noueritis me
reddidisse . remisisse 7 quietum clamasse . de me 7 heredibus
meis inperpetuum . venerabili patri domino Henrico de
5 Lessinton' Linc' episcopo homagium 7 seruicium Galfridi de
Swalucliue 7 hered[um suorum] 7 homagium 7 seruicium
Ricardi filii Johannis de Marton' 7 heredum suorum 7
homagium 7 seruicium W . . . . xandri 7 heredum
suorum 7 homagium 7 seruicium Galfridi Storm 7 heredum
10 suorum . 7 homagium 7 ser[uicium . . . . . .] fratris mei
7 heredum suorum . 7 homagia 7 seruicia Hawyse . Alicie .
Basilie . Beatricis 7 Matildis [. . . . . 7 hered]um
suorum . 7 homagium 7 seruicium Cecilie sororis patris mei
7 heredum suorum . 7 homagium [7 seruicium . . . . .
15 cap]pellani de Marton' 7 heredum suorum 7 homagium 7
seruicium Johannis Stroc 7 heredum suorum [7 homagium 7
seruic]ium Willelmi filii Roberti 7 heredum suorum 7 homagium
7 seruicium Johannis carectarii de Torkes[. . . . 7 heredum
suo]rum [7] homagium 7 seruicium Hugonis Wayte 7 heredum
20 suorum 7 homagium 7 seruicium Mauger . . . .
7 heredum suorum 7 homagium 7 seruicium Emme que fuit
vxor Johannis filii Thore 7 heredum suorum . . . . am
terram cum pertinenciis suis que Angnes de Burton' tenet
nomine dotis post mortem ipsiu[s cum] homagiis . wardis .
25 releuiis . escaetis . seruiciis . 7 consuetudinibus omnium [. . .
. . .] eorum heredum que . . . . . facere debuerunt 7
consueüerunt pro tenementis que de me tenuerunt [. . . . .

Ma]rton' 7 cum omnibus aliis pertinenciis suis ad predictam
terram 7 tenementa pertinentibus sine [ullo rete]nemento .
30 In cuius rei testimonium ꞉ presenti scripto sigillum meum
apposui . Hiis testibus . Radulfo [de] Tryhampton' . Roberto
filio suo . Willelmo de Ingelby . Rogero Moyse de Stowe .
Galfrido de Swalucliue . Roberto de Burton' . Roberto de
Marton clerico . Henrico filio Bernardi de eadem . Willelmo
35 filio Willelmi de eadem . Hugone filio Juliane de Stowe .
Hugone filio Herberti de eadem . Johanne carectario de
Torkesey . Galfrido de Ripariis . 7 aliis.

No ancient endorsement.
Slit for seal-tag. Size : 7⅜ x 5 inches.
Text : MS—Orig. ᴅɪj/83/2/55.
Var. R. : *Three holes have been eaten in the charter. Suggestions to replace the*
missing words have been enclosed within square brackets.

ADD. CHART.

592. Grant by Alice of Marton to Hugh son of Henry Wayte
of Marton, after her death, with her daughter, of that part of her
daughter's land with which Ralf son of Juetta was invested and
seised on the day of his death. (Circa 1260.)

Sciant presentes 7 futuri quod ego Aelicia de Marton'
dedi 7 concessi 7 hac presenti carta mea confirmaui Hugoni
filio . Henrici Wayte de Marton' post dies meos cum filia
mea suam partem illius terre qua Radulfus filius Juette die
5 illa qua decessit in fata uestitus fuit 7 saysiatus libere quiete
integre solute tenendam 7 habendam 7 ut hec donatio 7
concessio rata sit 7 in posterum permaneat sigilli mei munimine roboraui . Hiis testibus . Adam . . . . [Roberto]
fratre persone . Johanne filio Thore . Roberto . . . .
10 . . . . ld' de Marton' 7 multis aliis . Roberto de
. . . . de . . . .

Endorsed : (1) . . . . . . (2) xxiij (13 cent.).
Tag for seal. Size : 4¾ x 3 inches.
Text : MS—Orig. ᴅɪj/83/2/45. The charter is attached by a string to no. 593,
below. A large hole has been gnawed in it.

ADD. CHART.

593. Grant by Cecily daughter of Reginald of Marton to
Alexandra wife of Hugh Wayte of . . . . in the village of
Marton on the west side of the barn of Reginald of Marton and
between the toft of the said Reginald and . . . . (Circa
1260.)

[. . . . . C]ecilia filia Reginaldi de
Marton' dedi 7 concessi 7 hac presenti carta mea confirmaui
Alexandre vxori Hugonis Wayte de . . . .
. . . . villa de Marton' ex occidentali parte orrey Reginaldi

5 de Marto*n*' 7 inter tofftum Reginaldi prenominati ex vna
[. . . . . tene]nd' 7 habend' . . . .
heredibus meis sibi 7 heredibus suis uel eius assignatis libere
7 quiete pacifice plenarie 7 . . . .
michi 7 heredibus . . . . denarios . scilicet
10 . . . . terminos . ad festum sancti Andree .j obolum .
7 ad Passca .j. obolum . 7 ad festum sancti [Mich]aelis .j.
obolum . pro omni seruicio seculari exactione 7 demanda .
Et ego uero Cecilia 7 heredes mei warantizabimus . . . . .
. . . . Alexandre 7 heredibus suis uel assignatis
15 contra omnes homines 7 feminas inperpetuum pro predicto
seruicio . Pro hac autem . . . . dedit michi
predicta Alexandra vnam marcam premanibus . Et vt donacio
concessio 7 confirmacio rata . 7 stabilis perma[neat. . . . . .]
apposui . Hiis testibus Roberto filio Roberti de Borto*n*'
20 Willelmo filio Alexand*ri* . Roberto clerico . Rogero de Souwe .
Henrico filio Bernardi [clerico] . . . . aliis.

Endorsed : (1) Carta Hugonis le Wayte (13 cent.). (2) .c.
Tag for seal. Size : 6½ x 2¼ inches.
Text : MS—Orig. Dij/83/2/44.
Var. R. : *Part of the charter has been gnawed away, and the words enclosed within*
square brackets have been supplied conjecturally.

ADD. CHART.

594. Grant by Alice of Marton, in her widowhood, to her son
Michael of Swalcliffe of a messuage and land in Marton which she
inherited after the death of Richard le Butiler, her father. (Circa
1260.)

Sciant presentes et futuri quod ego Alicia de Martona .
in pura et libera uiduitate . et legitima potestate mea dedi
concessi . et hac presenti carta mea confirmaui . Michaeli
de Swalecliue filio meo pro seruitio suo vnum mesuagium
5 et totam terram meam in uilla de Martona . cum toftis .
croftis . redditibus . homagiis . wardis . releuiis . eschaetis .
pratis . pascuis . et pasturis . et cum omnibus aliis libertatibus
et liberis consuetudinibus et aysiamentis[1] . ad predictam
terram infra uillam et extra pertinentibus . Illud scilicet
10 mesuagium et totam terram cum redditibus quam habui
in uilla de Martona iure hereditario post mortem Ricardi
le Butiler patris mei . Tenend*a* et habend*a* predictum mesuagium et totam predictam terram cum redditibus . et omnibus
aliis rebus et aysiamentis[1] . predictis . predicto Michaeli et
15 heredibus suis uel assignatis de me et heredibus meis . libere .
quiete . integre . bene . et in pace inperpetuum . Reddendo
inde annuatim michi et heredibus meis decem solidos argenti
ad quatuor anni terminos . videlicet ad festum sancti Michaelis
duos solidos 7 sex denarios . et ad Natale domini duos solidos

20 et sex denarios . et ad Pascha duos solidos et sex denarios .
et ad Natiuitatem sancti Johannis Baptiste duos solidos et
sex denarios . pro omnibus seruiciis secularibus . exactionibus .
sectis curiarum et demandis . Et si contingat quod dictus
Michael sine herede de corpore suo me uiuente obierit ? pre-
25 dictum mesuagium et tota predicta terra cum omnibus
pertinenciis suis sine contradictione aliqua heredum uel
assignatorum dicti Michaelis ad me libere reuertetur . Et
ego predicta Alicia et heredes mei predictum mesuagium et
totam predictam terram cum redditibus et omnibus aliis
30 pertinenciis suis predicto Michaeli et heredibus suis uel
assignatis contra omnes gentes christianos et judeos
warantizabimus acquietabimus et defendemus imperpetuum .
Pro hac autem donacione . concessione . et presentis carte
confirmacione et warantizacione² ? dedit michi predictus
35 Michael quinquaginta libras argenti premanibus . Et ut hec
mea donatio . concessio . et presentis carte confirmatio robur
firmitatis optineat imperpetuum ? presenti carte sigillum
meum apposui . Hiis testibus . domino . Radulfo de Trehamp-
ton' . Thoma de Ouneby tunc balliuo . Johanne de Swale-
40 cliue³ . Andrea de Swalecliue . Gilberto de Kyrketona⁴ clerico .
Roberto Joillano de Stowa . Heruico tunc seruiente . Ricardo
forestario de Bramptona . Johanne de Newerca⁵ . Willelmo
Suthytun' Willelmo filio Alexandri . Ada Paulin⁶ . Hugone
filio Radulfi Hurt de Burton' . Hugone filio Roberti Hurt .
45 Willelmo filio Roberti . Henrico filio Bernardi clerico . et
aliis.

Written on the fold : Iste Michael obiit sine herede Alicie de Martun superfate
vnde tenementa reuertebantur ad eandem Aliciam (13–14 cent.).
No ancient endorsement.
Seal on tag : green, pointed oval, 1¼ x ⅞ inches : the Virgin seated with the Child.
Legend : **S' ALICIE DE SWALECLIF.**
Size : 12 x 7 inches.
Texts : MS—Orig. Dij/83/2/46.   R184.
Var. R. in R :   ¹ aisiamentis.   ² om. et warantizacione.   ³ Sualecliue.   ⁴ Kirke-
ton'.   ⁵ Newerk'.   ⁶ Paulyn.

ADD. CHART.

595. Release by Amice, who was the wife of William son of
Reginald of Marton, to bishop Sutton of the right which she had
in the name of dower in the said William's lands in Marton. (Circa
1285.)

Omnibus Christi fidelibus presens scriptum visuris vel
audituris (Amicia quondam vxor Willelmi filii Reginaldi de
Marton' salutem . Noueritis me in pura 7 legitima viduitate
mea remisisse (concessisse 7 omnino quietum clamasse (
5 domino Oliuero Linc' episcopo 7 successoribus suis totum
ius 7 clamium quod habui seu habere potui nomine dotis

mee (in omnibus terris (tenementis siue redditibus que
fuerunt dicti Willelmi filii Reginaldi in villa de Marton' .
pro quadam summa peccunie quam idem episcopus michi
10 dedit pre manibus . Ita quod nec ego nec aliquis pro me in
dictis terris (tenementis (siue redditibus (aliquid iuris vel
clamii de cetero poterimus exigere vel vendicare (nomine
dotis (inperpetuum . In cuius rei testimonium huic scripto
sigillum meum apposui . Hiis testibus ; Thoma de Ouneby .
15 Willelmo de Byningword' . Willelmo filio Alexandri de
Marton' . Nicholao de Neuwerk' de eadem . Rogero le Bercher
de eadem . Ada Paulyn (de eadem . Henrico Bernard' . 7
multis aliis.

Endorsed : (1) Stowe (13 cent.). (2) .xj.
Tag for seal. Size : 7¼ x 2½ inches.
Text : MS—Orig. Dij/83/2/39.

ADD. CHART.

596. Final concord whereby Simon son of Simon Geylin of
Sowe has released to bishop Oliver, whom Walter of Ludham
vouched to warrant, a messuage and a carucate in Marton, as the
right of the bishop and his church of Lincoln. At Lincoln. 14
May, 1284.

Indented at the top and the right-hand side

ᴄʏʀᴏɢʀᴀᴘʜʏ

Hec est finalis concordia facta in curia domini Regis apud
Lincoln' a die Pascha in quinque septimanis . anno regni regis
5 Edwardi filii regis Henrici duodecimo . coram Johanne de
Vallibus . Willelmo de Saham . Rogero Loueday . Johanne
de Metingham . 7 magistro Thoma de Sudinton' iusticiariis
itinerantibus 7 aliis domini regis fidelibus tunc ibi presentibus .
Inter Simonem filium Simonis Geylin de Sowe petentem .
10 7 Oliuerum episcopum Lincoln' quem Walterus de Ludeham
vocauit ad warantum . 7 qui ei warantizauit de vno mesuagio
7 vna carrucata terre cum pertinenciis in Marton' iuxta
Thorkeseye . Et vnde placitum fuit inter eos in eadem curia .
scilicet quod predictus Simon recognouit predicta mesuagium
15 7 terram cum pertinenciis esse ius ipsius episcopi 7 ecclesie
sue sancte Marie de Lincoln' . 7 illa remisit . 7 quietaclamauit
de se 7 heredibus suis predicto episcopo 7 successoribus suis
episcopis predicte ecclesie . 7 ecclesie sue predicte inperpetuum . Et pro hac recognicione . remissione quieta clama-
20 cione . fine . 7 concordia . idem episcopus dedit predicto
Simone ; sexaginta solidos sterlingorum.

No endorsement.
Size : 6½ x 3½ inches.
Texts : MS—Orig. Dij/83/2/40. P.R.O., Feet of Fines, case 133, file 58, no. 87.

ADD. CHART.

597. Confirmation by Alice of Marton, formerly wife of Geoffrey of Swalcliffe, to bishop Oliver [Sutton] of all her lands and tenements in Marton. (Circa 1295.)

Carta de tenementis in Marton' facta Oliuero episcopo (marg.)
Omnibus Christi fidelibus hoc presens scriptum visuris vel audituris (Alicia de Martona quondam vxor Galfridi de Swalecliue salutem in domino . Nouerit vniuersitas vestra
5 me dedisse (concessisse (7 hac presenti carta mea confirmasse venerabili patri domino Oliuero Linc' episcopo omnes terras 7 tenementa que habui iure hereditario in villa 7 in territorio de Marton' Tenenda 7 habenda dicto domino Oliuero 7 heredibus suis vel suis assignatis (cum pratis (pascuis (
10 pasturis (moris (mariscis (7 cum omnibus suis pertinenciis (tam infra villam de Marton' quam extra ad predicta tenementa spectantibus de capitalibus dominis feodi per seruicia debita 7 consueta . Et ego Alicia 7 heredes mei omnes predictas terras 7 tenementa cum omnibus suis pertinenciis contra
15 omnes homines warantizabimus 7 defendemus . In cuius rei testimonium huic presenti scripto sigillum meum apposui . Hiis testibus dominis Waltero de Ludeham (Johanne Burdon' (Roberto de Saundeby militibus (dominis Roberto de Swiling-ton' (Willelmo de Stoketon' Johanne Maunsel canonicis
20 Linc' (domino Hugone de Normanton' 7 multis aliis.
Text : MS—R185.

ADD. CHART.

598. Appointment by the same Alice of Marton of John of Utterby, her clerk, to be her attorney to deliver to bishop Oliver seisin of her lands and tenements in Marton. (Circa 1295.)

Pateat vniuersis quod ego Alicia de Marton' quondam vxor Galfridi de Swalucliue dedi potestatem Johanni de Vtterby clerico meo ad deliberand' seisinam venerabili patri domino Oliuero Lincoln' episcopo (vel suo certo attornato
5 de omnibus terris 7 tenementis in Marton' Tenend' 7 habend' sibi 7 heredibus suis vel suis assignatis secundum formam feoffamenti quam de me inde habet . In cuius rei testimonium has litteras meas sibi fieri feci patentes . Dat' .
Marginalia : Littera atornat'.
Text : MS—R185a.

ADD. CHART.

599. Grant by Alice of Marton, formerly wife of Geoffrey of Swalcliffe, to bishop Oliver [Sutton] of all her lands and tenements in Ormsby and Utterby. (Circa 1295.)

Feoffamentum de tenementis in Ormesby 7 Vtterby domino Oliuero episcopo (marg.).

Vniuersis hoc scriptum visuris vel audituris Alicia de
Marton' vxor quondam Galfridi de Swalecliue salutem in
5 domino . Nouerit vniuersitas vestra me in mea legia potestate
7 pura viduitate concessisse dedisse 7 hac presenti carta
mea confirmasse (venerabili patri domino Oliuero Linc'
episcopo omnes terras 7 tenementa que habui in Ormesby
7 Vtterby cum omnibus villinagiis (villanis (7 eorum sequelis
10 7 omnimodis aliis suis pertinenciis ad predicta terras (7
tenementa qualitercumque spectantibus (Habenda 7 tenenda
predicto domino Oliuero 7 heredibus suis vel suis assignatis
de capitalibus dominis feodi per seruicia inde debita 7 consueta (
libere (quiete (integre (bene (7 in pace sine vllo penitus
15 retenemento inperpetuum . Et ego predicta Alicia 7 heredes
mei predicto domino Oliuero 7 heredibus suis vel suis assignatis
omnia predicta terras 7 tenementa cum omnibus suis pertinenciis (villinagiis (villanis 7 eorum sequelis (libertatibus
7 aisiamentis vt predictum est .' contra omnes gentes
20 warantizabimus 7 inperpetuum defendemus . In cuius rei
testimonium huic presenti carte sigillum meum apposui .
Hiis testibus dominis Waltero de Ludham Johanne Burdon' (
Roberto de Saundeby militibus dominis Roberto de Swylling-
ton' (Willelmo de Stoketon' Johanne Maunsel canonicis
25 Linc' (domino Hugone de Normanton' 7 aliis.
Text : MS—R186.

ADD. CHART.

600. Appointment by the same Alice of Marton of John of
Utterby, her clerk, to be her attorney to deliver to bishop Oliver
seisin of her lands in Ormsby and Utterby. At Lincoln. 3 March,
1295.

Pateat vniuersis per presentes quod ego Alicia de Marton'
vxor quondam Galfridi de Swalecliue constitui Johannem
de Vtterby clericum meum attornatum meum ad deliberandam
seysinam venerabili patri domino Oliuero Lincoln' episcopo
5 in omnibus terris 7 tenementis (villinagiis villanis (cum eorum
sequelis in Ormesby 7 Vtterby (tenenda secundum formam
feoffamenti quod inde de me habet . In cuius rei testimonium .'
has meas litteras sibi fieri feci patentes sigillo meo signatas .
Dat' Lincoln' die Iouis proxima post festum sancti Mathie
10 apostoli . anno regni regis Edwardi vicesimo tercio.
Marginalia : Littera attorn'.
Text : MS—R187.

ADD. CHART.

601. Letters patent of Edward [I] to bishop Oliver granting
licence to alienate in mortmain to the Dean and Chapter three
messuages, two tofts, one carucate and ten bovates, and nine pence

of rent in Marton, Ormsby, Wyham, and Utterby for the maintenance of a chaplain to celebrate for blessed Hugh, bishop
and confessor, in the church of Lincoln.   At Llanfaes [in Anglesea].
3 May, 1295.

    Carta Regis de licencia quod idem Oliuerus episcopus
possit dare omnia tenementa decano capitulo (R. marg.).

    Edwardus dei gracia rex Anglie (dominus Hibernie 7
dux Aquitannie omnibus ad quos presentes littere peruenerint

5 salutem (Licet de communi consilio regni nostri statuerimus
quod non liceat viris religiosis seu aliis ingredi feodum alicuius (
ita quod ad manum mortuam deueniat sine licencia nostra
7 capitalis domini de quo res illa inmediate tenetur (Volentes
tamen ob reuerenciam beati Hugonis episcopi 7 confessoris

10 venerabili patri Oliuero Lincoln' episcopo graciam facere
specialem quantum in nobis est (quod ipse tria mesuagia
duo tofta vnam carucatam 7 decem bouatas terre 7 nouem
denaratas¹ redditus cum pertinenciis in Marton' (Ormesby (
Wyum (7 Vtterby dare possit 7 assignare (dilectis nobis

15 in Christo decano 7 capitulo cathedralis ecclesie Linc' ad
sustentacionem vnius capellani pro anima ipsius episcopi in
ecclesia predicta diuina perpetuo celebraturi . Habenda 7
tenenda eisdem decano 7 capitulo 7 successoribus suis
inperpetuum in forma predicta (7 eisdem decano 7 capitulo (

20 quod ipsi predicta mesuagia tofta (terram 7 redditum ab
eodem episcopo sic recipere possint tenore presencium similiter
licenciam concedimus specialem . Nolentes quod idem episcopus
vel successores sui (seu predicti decanus 7 capitulum aut
successores sui racione statuti predicti per nos vel heredes

25 nostros inde occasionentur in aliquo seu grauentur (Saluis
tamen capitalibus dominis feodi illius seruiciis inde debitis
7 consuetis . In cuius rei testimonium ; has litteras nostras
fieri fecimus patentes . Teste me ipso apud Launuays (tercio
die Maij (anno regni nostri vicesimo tercio.

Texts : MS—R190. Patent Roll, 23 Edward I, mem. 14. Pd—Cal. Pat. Rolls,
1292–1301, p. 134.
  Var. R. : ¹ sic.

ADD. CHART.

602. Grant by John of Utterby, clerk, to bishop Oliver [Sutton]
of all the lands and tenements in Wyham, which he had of the
gift of Alice of Marton, his lady. (Circa 1295.)

    Feoffamentum de tenementis in Wyhum domino Oliuero
episcopo (marg.).

    Vniuersis hoc presens scriptum visuris vel audituris Johannes
de Vtterby clericus salutem in domino . Nouerit vniuersitas

5 vestra me concessisse (dedisse (7 hac presenti carta mea
confirmasse venerabili patri domino Oliuero Linc' episcopo
omnes terras 7 tenementa que habui ex dono domine Alicie

de Marton' domine mee in Wyum cum omnibus suis
pertinenciis (libertatibus 7 aisiamentis ad predicta terras 7
10   tenementa qualitercumque spectantibus sine vllo penitus
retenemento (Habenda 7 tenenda predicto domino Oliuero
7 heredibus suis vel suis assignatis (libere (quiete (integre (
7 in pace (inperpetuum de capitalibus dominis feodi per
seruicia inde debita 7 consueta . Et ego predictus Johannes
15   7 heredes mei predicto domino Oliuero 7 heredibus suis vel
suis assignatis omnia predicta terras 7 tenementa cum omnibus
suis pertinenciis (libertatibus 7 aisiamentis contra omnes
gentes warantizabimus 7 inperpetuum defendemus . In cuius
rei testimonium huic presenti carte sigillum meum apposui .
20   Hiis testibus dominis Waltero de Ludham (Johanne Burdon' (
Roberto de Saundeby militibus dominis Roberto de Swillington' (Willelmo de Stocton' (Johanne Maunsel canonicis
Lincoln' (domino Hugone de Normanton' 7 aliis.

Text : MS—R188.

603. Release by Alice of Marton, formerly wife of Geoffrey
of Swalcliffe, to bishop Oliver of all the lands and tenements in
Wyham which he has of the gift of John her clerk. (Circa 1295.)

Quietaclamacio de eadem eidem domino Oliuero (marg.).

Vniuersis hoc presens scriptum visuris vel audituris Alicia
de Marton' quondam vxor Galfridi de Swalecliue salutem
in domino . Noueritis me concessisse 7 omnino de me 7
5   heredibus meis inperpetuum quietum clamasse venerabili
patri domino Oliuero Linc' episcopo 7 heredibus suis vel
suis assignatis omnes terras 7 tenementa cum omnibus suis
pertinenciis que habet de dono Johannis clerici mei in Wyum (
Habenda 7 tenenda de capitalibus dominis feodi per seruicia
10   inde debita 7 consueta (Ita videlicet quod nec ego predicta
Alicia nec heredes mei (nec aliquis nomine nostro in predictis
terris 7 tenementis decetero aliquid iuris vel clamii exigere
vel vendicare poterimus inperpetuum . In cuius rei testimonium huic presenti scripto sigillum meum apposui . Hiis
15   testibus Waltero de Ludham (Johanne Burdon' Roberto
de Saundeby militibus (Roberto de Swillington' (Willelmo
de Stocton' (Johanne Maunsel canonicis Linc' (domino
Hugone de Normanton' 7 aliis.

Text : MS—R189.

604. Grant by bishop Oliver to the Dean and Chapter of the
lands and tenements which he has of the gift of the lady Alice of
Marton, namely, one messuage, two tofts, one carucate, and nine

pence of rent in Marton, one messuage and four bovates in Wyham, and one messuage and six bovates in Ormsby and Utterby, for the maintenance of a chaplain to celebrate for the bishop himself, and after his death to perform his obit. (Circa 1295.)

Feoffamentum per dictum Oliuerum episcopum factum decano 7 capitulo de tenementis predictis (marg.).

Vniuersis sancte matris ecclesie filiis ad quos presentes littere peruenerint Oliuerus permissione diuina Lincoln'[1]
5   episcopus salutem in domino . Noueritis nos de licencia 7 concessione domini Edwardi regis Anglie illustris dedisse (concessisse (7 hac presenti carta nostra confirmasse Decano 7 Capitulo nostre Lincoln' ecclesie omnes terras 7 tenementa que habuimus ex dono 7 feoffamento domine Alicie de Marton' (
10 videlicet vnum mesuagium duo tofta (vnam carucatam terre 7 nouem denaratas[2] redditus in Marton' (vnum mesuagium 7 quatuor bouatas terre in Wyum (vnum mesuagium 7 sex bouatas terre in Ormesby 7 Vtterby cum villanis 7 villenagiis 7 omnibus aliis pertinenciis
15 ad predicta tenementa spectantibus . Tenenda 7 habenda predictis decano 7 capitulo (libere (quiete (bene (7 in pace (Faciendo inde nobis 7 successoribus nostris omnia seruicia que predicta Alicia 7 antecessores sui nobis 7 predecessoribus nostris pro predictis tenementis facere solebant
20 7 soluendo ad sustentacionem vnius capellani pro nobis in ecclesia predicta diuina perpetuo celebraturi (7 ad obitum nostrum die anniuersarii nostri annis singulis faciendum (duodecim marcas secundum formam que in quodam scripto inter nos 7 predictos decanum 7 capitulum cirograffato plenius
25 continetur . Et nos Oliuerus 7 heredes nostri omnes predictas terras 7 tenementa predictis decano 7 capitulo contra omnes homines warantizabimus inperpetuum . In cuius rei testimonium ([3]tam nos Oliuerus (quam predicti decanus 7 capitulum[4] huic presenti scripto in modum cirograffi confecto
30 [5]sigilla nostra alternatim apposuimus[6] . Hiis testibus (dominis Johanne Beck'[7] (Roberto le Venur (Ricardo de Boselingthorp' (Johanne de Hoyland' (Waltero de Ludham (Johanne Burdun (Roberto de Saundeby militibus 7 multis aliis.

Marginalia in R192 : Duplicatur.
Texts : MS—R191. R192.
Var. R. in R192 : [1] Linc'. [2] denarios. [3-4] om. [5-6] sigillum nostrum est appensum. [7] Bek'.

ADD. CHART.

605. Lease for five years from Michaelmas, 1295, by Philip the dean and the chapter to their fellow-canon, John Maunsel, of the same lands, which were given to the dean and chapter by bishop Oliver to keep his obit. 1295.

Indented at the top with letters cut through

Pateat vniuersis per presentes quod nos Philippus decanus
7 capitulum Lincoln' ecclesie attendentes pro certo con-
dicioni tenementorum [nuper[1]] nobis collatorum per venera-
5 bilem patrem nostrum dominum .O. dei gratia Lincoln'
episcopum ad obitum suum [exinde pro tempo[1]]re faciendum
per industriam 7 fidelitatem domini Johannis Maunsel confratris nostri effici meliorem ' 7 cen[sum impositum nobis[1]]
iuxta formam statuti nostri de firmis ' solui promptius per
10 eundem ' predicta tenementa scilicet ' vn[um mansum du[1]]o
tofta ' cum vna carucata terre 7 annuo redditu nouem
denariorum ' in villa 7 territorio de Marton' ' vnum mesuagium
cum quatuor bouatis terre in villa 7 territorio de Wihum . 7
vnum mesuagium cum sex bouatis terre in villis 7 territoriis
15 de Ormesby 7 Vterby ' cum villanis 7 villenagiis ' 7 omnibus
aliis pertinenciis ad predicta tenementa qualitercumque
spectantibus ' supradicto concanonico nostro ' saluis terminis[2]
aliorum concedimus 7 damus ad firmam ' per quinquennium '
a festo sancti Michaelis . anno domini .m⁰. c⁰c⁰ . nonagesimo .
20 quinto ' continue connumerandum possidenda . Reddendo
nobis annuatim durante termino in festis sancti Martini 7
Pentecostes pro equalibus porcionibus ' duodecim marcas
sterlingorum ' secundum ordinacionem de dicto obitu con-
fectam pro temporis oportunitate dispensandas ' 7 faciendo
25 nichilominus ' domino Lincoln' episcopo pro dictis tenementis '
seruicium debitum 7 consuetum . Et est sciendum quod quia
dictus dominus Johannes terram de Marton' recepit non
warectatam eandem in fine cum feno tamen sic dimittet .
nisi de gratia secus velit . Set mansos 7 domos per loca '
30 superfluis 7 non neccessariis de nostro ex nunc consensu sub
visu prepositi nostri demoliendis ' in statu sustentabit competenti . Ac preter hoc sollicitudinem 7 curam circa defensionem iurium 7 placitorum de dictis tenementis si forsan
inciderint tempore medio ' diligenter adhibebit ' sumptus
35 tamen appositos bona fide ' per assercionem eiusdem
declaratos sibi de censu predicto pensata semper equitate '
faciemus libenter allocari spem ex nunc ' post lapsum
quinquennii ' de termino prorogando sibi preceteris preferendo '
secundum temporum varietatem firmiter relinquentes . In
40 cuius rei testimonium sigillum nostrum ' 7 sigillum dicti
domini Johannis ' presenti scripto bipartito alternatim sunt
appensa . Et incipiet prima solucio ' post primos fructus '
in terminis supradictis.

No ancient endorsement.
Marginalia : Conuencio R.
Tag for seal.   Size : 7 x 6¼ inches.
Texts : MS—Orig. Dij/83/2/38.   R193.
    Var. R. :   [1] *supplied from* R, *the charter having been injured.*   [2] **corrected from**
terris in Orig.

606. Memorandum concerning the chantry and obit for the soul of bishop Oliver Sutton. (Circa 1330.)

De obitu Oliueri de Sutton quondam episcopi (L rubric).

Cantaria pro anima bone memorie Oliueri de Sutton' quondam episcopi Linc' ordinata ad altare quod decanus 7 capitulum assignare voluerint de vno capellano preficiendo
5 per . . decanum 7 capitulum infra quindecim dies . alioquin (per . . episcopum post lapsum quindecim dierum . 7 percepturo de communa annis singulis sex marcas . Item de ordinacione obitus sui de sexaginta solidis recipiendis similiter de communa.

Text : MS—Cant. 5.

ADD. CHART.

607. Ordination by bishop Oliver with respect to certain lands and tenements which he has given to the Dean and Chapter, to the yearly value of at least twelve marks, for a perpetual chantry for himself, and for performing his obit every year after his death : Out of the twelve marks, the chaplain of the chantry shall receive six marks a year. On the day of the bishop's death there shall be distributed sixty shillings as specified below, and the remaining twenty shillings shall be assigned to the use of the chapter to provide a chaplain and whatever else is needed for the celebration of mass. The collation of the chantry to a fit clerk shall belong to the bishop's executors, and after their death to the dean and chapter and, in case of their neglect, to the bishop. The chaplain, whether he be a vicar or not, shall follow the choir ; and if he does not take part when the office of the dead is said, he shall make it good by saying it himself. He shall be bound to say Placebo, Dirige, and Commendation, except on the days of greater solemnity. He shall celebrate divine service every day : in case of temporary impediment, he shall find another to supply his place. If he labours under permanent disability, or is not of honest behaviour, he shall not retain the chantry. The dean and chapter shall provide an altar for the chantry ; and the chaplain shall celebrate for bishop Oliver whether living or dead and for other persons. Of the sixty shillings assigned for the obit, the canons shall have thirty-two shillings, if they number sixteen without counting the warden of Saint Peter's altar, each shall have two shillings ; if more than sixteen, each shall have an equal share ; if fewer than sixteen, the surplus shall be paid to the poor. The vicars

shall receive eighteen shillings, the poor clerks three shillings, the
clerk of the hospital four pence, the sacrist if he is not a vicar
eight pence, his clerk three pence, the clerk of the common eight
pence, the clerk of the chapter six pence, two chaplains celebrating
for the soul of Richard of Faldingworth six pence, the lay sacrist
four pence, his groom two pence, the watchman three pence, the
sweeper three pence, the bell-ringers six pence, the warden of the
head and shrine of blessed Hugh four pence, and the warden of
the tomb of blessed Robert [Grosseteste] four pence if they are not
mentioned before ; care also must be taken that no one, whether
wearing the habit or not, shall receive anything unless he be present
at the office for celebrating the obit unless he have lawful excuse.
And if anything remain after this distribution it shall be given to
the poor. (Circa 1295.)

Indented at the top

C Y R O G R A P H V M

In dei nomine amen . Pateat vniuersis quod cum nos Oliuerus
     permissione diuina Lincoln'¹ episcopus ⟨ ad vnam cantariam
5   pro nobis perpetuo ⟨ 7 obitum nostrum cum decesserimus
     annis singulis faciendam terras quasdam 7 tenementa cum
     pertinenciis decano 7 capitulo nostre Lincoln'¹ ecclesie
     contulerimus valencia per annum duodecim marcas ad minus ⟨
     que sunt in carta a nobis super hac collacione confecta
10   expressius nominata ⫽ De illis duodecim marcis per nos 7
     dictos decanum 7 capitulum ita est ordinatum . Quod capellanus
     debens cantariam facere memoratam ⫽ ad sui² sustentacionem
     percipiat a decano 7 capitulo annuatim ⟨ sex marcas . In die
     uero obitus nostri ⫽ distribuantur sexaginta solidi secundum
15   modum inferius annotatum . et residui viginti solidi vsibus
     capituli deputentur . ita tamen quod per ipsum prouideatur
     capellano ⫽ de ministracione 7 aliis omnibus que ad missam
     celebrandam requiruntur . Per nos uero 7 nostros exequtores
     dum vixerint ⫽ conferetur cantaria prefata . post quorum
20   mortem . vel si exequtores in conferendo per mensem fuerint
     negligentes³ ⫽ ad decanum 7 capitulum collacio deuoluetur .
     Qui si per quindecim dies negligentes⁴ fuerint ⫽ ad episcopum
     prouidere de capellano ydoneo pertinebit . Capellanus uero
     siue fuerit vicarius siue non ⫽ chorum sequetur . Et si forte
25   non interfuerit quando a choro dicitur officium mortuorum ⫽
     per se dicendo suplebit . Tenebitur siquidem diebus singulis
     dicere Placebo ⟨⁵ Dirige 7 Commendacionem ⫽ exceptis
     maioribus sollempnitatibus quibus est ob earum reuerenciam
     quoad huiusmodi dicere deferendum⁶ . Ipse quidem diebus
30   continuis celebraturus diuina ⫽ in casu egritudinis vel alterius

iusti impedimenti temporalis (quod per se non potest (per
alium suplere curabit . Sed[7] si perpetua laborauerit impotencia[8]
vel non conuersetur honeste ⁏ non licebit ei cantariam de
qua agitur retinere . Idem autem capellanus ⁏ quociens de
35 nouo assumetur (iuramentum corporale prestabit (quod
impositum sibi officium fideliter exequetur . Et sciendum
quod de stipendio prenotato recipiet in festo sancti Michaelis
vnam marcam . in festo sancti Thome apostoli (vnam marcam .
in festo Annunciacionis beate Virginis[9] vnam marcam . in
40 festo Pentecostes (vnam marcam . in festo sancti Petri ad
vincula (vnam marcam . et vnam marcam (in festo Natiuitatis
Virginis gloriose . Assignabitur quoque a[10] decano 7 capitulo
ad hanc cantariam faciendam ⁏ certum altare . Et celebrabit
sepedictus capellanus pro nobis Oliuero episcopo siue viuo
45 siue defuncto (7 pro animabus patris 7 matris nostre (7 pro
aliis viuis 7 defunctis specialius (quibus nos dum viximus
siue ex debito siue ex voto nos reputauimus specialius obligatos.
ac pro ceteris viuis 7 defunctis fidelibus vniuersis . De sexaginta
solidis obitui assignatis ⁏ habeant canonici triginta duos
50 solidos . ita quod quilibet habere . possit duos solidos
si fuerint sexdecim (annumerato custode altaris beati
Petri . si uero plures fuerint ⁏ fiat defalcacio de duobus solidis (
ita quod distribucio omnibus equa fiat . Si autem fuerint[11]
pauciores ⁏ illud quod superest vltra duos solidos cuilibet
55 assignatos (pauperibus erogetur . Vicarii octodecim solidos
percipiant (inter se equaliter diuidendos . Pauperes clerici (
tres (solidos . Clericus hospitalis (quatuor denarios . Pueri (
duos solidos . Sacrista si non sit vicarius (octo denarios .
Clericus suus (tres denarios . Clericus commune (octo denarios .
60 Clericus capituli (sex denarios . Duo capellani celebrantes
pro anima Ricardi de Faldingwrth'[12] (sex denarios . Sacrista
laicus[13] (quatuor denarios . Garcio suus (duos denarios .
Vigilator (tres denarios . Scoparius (duos denarios . Pulsantes
classicum (sex denarios . Custos capitis 7 feretri[14] beati
65 Hugonis (quatuor denarios . Et custos tumbe beati Roberti
quatuor denarios (si non sint de prius nominatis . Atten-
dendum[15] quoque est ⁏ quod de prefata distribucione nullus
portancium habitum aliquid debet recipere[16] (nisi presens
fuerit in officio pro obitu celebrando (dummodo non fuerit
70 per infirmitatem vel aliud impedimentum legittimum[17]
excusatus . et de impedimento vtrum legittimum[17] sit ⁏
erit capituli iudicare . Idem intelligendum est de ministris
ecclesie habitum non portantibus ⁏ qui presentes non fuerint
7 in ecclesia suis ministeriis intendentes . Si quid autem
75 superfuerit de sexaginta solidis supradictis (quod non fuerit
per distribucionem modo prefato ordinatam consumptum ⁏
totum pauperibus fideliter erogetur . Ad hanc igitur

ordinacionem perpetuis temporibus inuiolabiliter obseruandam *'* nos decanus 7 capitulum pro nobis et successoribus nostris
80 nos obligatos esse fatemur . et cohercioni episcopi qui pro tempore fuerit nos submittimus *'* vt possit nos per quamcunque viam decreuerit si necesse fuerit ad ipsius obseruanciam cohercere . In quorum omnium testimonium 7 robur perpetuum *'* tam nos Oliuerus episcopus quam predicti
85 decanus 7 capitulum sigilla nostra presentibus duximus apponenda. Hiis testibus . Philippo decano (Johanne cancellario (Ricardo thesaurario (Rogero archidiacono Bedefordie (Henrico subdecano . 7 aliis pluribus Lincoln'[18] ecclesie canonicis.

Endorsed : (1) De cantaria 7 obitu domini Oliueri episcopi (13 cent.). (2) Ordinacio cantarie Oliueri (13 cent.).
Marginalia : Cantaria pro anima Oliueri de Sutton quondam episcopi Lincoln' (Cant.61). Oliuerus Sutton' (Cant.366).
The seal-tag has been torn away with part of the bottom edge of the charter. Size : 10½ x 10⅜ inches.
Texts : MS—Orig. Dij/52/2/2. R194. Cant.61. Cant.366.
Var. R. : [1] Linc' R Cant.61 Cant.366. [2] om. sui R. [3] necgligentes R ; negligentes Cant.366. [4] necgligentes R. [5] insert 7 R. [6] differend' R. [7] Set R Cant.61 Cant.366. [8] inpotencia R. [9] for Virginis read Marie Cant.61. [10] om. a R. [11] fuerin R. [12] Faldingworth' R Cant.61 Cant.366. [3] laycus Cant.61. [14] pheretri Cant. 61 Cant.366. [15] attendum R. [16] percipere R. [17] legitimum R Cant.61 Cant. 366. [18] Linc' R.

ADD. CHART.

608. Release by bishop John [Dalderby] to the Dean and Chapter of ten shillings of yearly rent which they were wont to pay in respect of lands and tenements given to them by bishop Oliver for a chantry and his yearly obit in the church of Lincoln. For this the chapter has set its common seal to a certain charter granted by the bishop to Geoffrey of Bridgford, his groom, of a messuage in Kirkgate, Newark, for which Geoffrey shall pay to the bishop ten shillings more than the service heretofore due in place of the said ten shillings of yearly rent. At Nettleham. 16 April, 1309.

Vniuersis pateat per presentes (quod nos Johannes permissione diuina Linc' episcopus (remisimus 7 quietum clamauimus . . Decano 7 Capitulo nostro Linc' decem solidatas annui redditus quos annuatim nobis reddere solebant pro
5 terris 7 tenementis in Marton' que bone memorie Oliuerus proximus predecessor noster dedit dictis decano 7 capitulo pro quadam cantaria 7 obitu suo in ecclesia Linc' singulis annis faciendis (ita quod nos vel successores nostri dictos decem solidatos annui redditus a dictis decano 7 capitulo
10 nullo modo exigemus vel vendicabimus in futurum (Pro hac quidem concessione 7 quietaclamacione capitulum supradictum cuidam carte Galfrido de Brigeford' vallecto nostro

per nos concesse 7 sigillo nostro roborate (de quodam mesuagio
in Kirkegate in Newerk' quod aliquando fuit Willelmi de
15 La Haye pro quo idem Galfridus decem solidos loco dictorum
solidatorum dictis decano 7 capitulo remissorum ·/ nobis 7
successoribus nostris soluet vltra seruicium prius debitum
7 consuetum (sigillum suum apposuit commune . Et nos
in remissionis 7 quiete clamacionis predictarum in forma
20 pretacta concessarum testimonium ·/ sigillum nostrum presentibus duximus apponendum . Dat' apud Netelham die
Mercurii proxima post festum sancti Gutlaci confessoris .
Anno domini . Mº. CCCº. nono.

Text : MS—R195.

NETTLEHAM

ADD. CHART.

609. Grant by Roger abbot of Saint Evroult to bishop H[ugh
II] and the canons of the advowson of the church of Nettleham,
saving to the abbey a yearly pension of forty shillings which it was
wont to receive therefrom. (Probably 1219.)

Omnibus Christi fidelibus presentem cartam visuris uel
audituris ·/ Rogerus . dei gracia abbas sancti Ebrulfi salutem
eternam in domino . Nouerit uniuersitas uestra nos dedisse
concessisse . 7 presenti carta nostra confirmasse . deo 7 ecclesie
5 Lincolniensi . 7 venerabili patri .H. Lincoln' episcopo 7
successoribus suis . 7 canonicis ibidem deo seruientibus ·/
in liberam puram 7 perpetuam elemosinam aduocacionem
ecclesie de Netelham¹ . Habendam 7 tenendam inperpetuum .
tanquam ius² suum 7 ecclesie sue . adeo integre pacifice 7
10 quiete cum omnibus pertinenciis libertatibus . 7 liberis consuetudinibus suis ·/ sicut nos uel antecessores nostri eam
unquam melius³ liberius 7 integrius tenuimus uel debuimus
tenuisse ·/ quietam prorsus de nobis 7 successoribus nostris
7 ecclesia sancti Ebrulfi ·/ inperpetuum . salua nobis 7 ecclesie
15 nostre annua 7 debita pensione quadraginta solidorum ·/
quam inde percipere consueuimus . Quod ut ratum 7 firmum
permaneat ·/ in huius rei testimonium presenti carte sigillum
nostrum apposuimus . Testibus . fratre Willelmo de sancta
Eugenia capellano nostro . Jordano de Warewyc'⁴ . 7 magistro
20 Johanne de sancto Ebrulfo clericis nostris . magistris Willelmo
de Lincoln' .⁵ Ricardo⁶ Tyngehurst'⁷ . Oliuero de Kaesneto .
Petro de Keuermund⁸ . Ricardo de Neuport clericis . 7
aliis.

Endorsed : Netelham aduocatio .j. (13 cent.).
No. 2 : Slit for seal-tag.   Size : 6¾ x 4⅛ inches.   No. 5 : Slit for seal-tag.   Size : 8¼ x 6¼ inches.
Texts : MS—Orig. Dij/84/2/2.   Orig. Dij/84/2/5.   R 385.
Var. R. :   ¹ Netelham' No. 5.   ² om. ius R.   ³ insert 7 No. 5.   ⁴ Warewych' No. 5; Warewic' R.   ⁵ insert 7 No. 5.   ⁶ insert de No. 5 R.   ⁷ Tingehurst No. 5; Tingehirst' R.   ⁸ Cheuermund No. 5.
Note : Bishop Hugh's charter confirming, with the consent of the dean and chapter, the pension of three marks to the abbot and convent of Saint Evroult is dated at Lincoln, 27 February, 1219 (Gibbons, *Liber Antiquus*, pp. 91–2).

ADD. CHART.

610. Grant by the same to the same effect.   (Probably 1219.)

Omnibus ad quos presens scriptum peruenerit Rogerus dei gracia abbas totusque conuentus sancti Ebrulfi salutem in domino . Nouerit vniuersitas uestra nos dedisse . concessisse 7 hac presenti carta nostra confirmasse deo 7 ecclesie
5 Lincoln' 7 venerabili patri nostro .H. Lincoln' episcopo 7 successoribus suis 7 canonicis ibidem deo seruientibus in liberam puram 7 perpetuam elemosinam aduocacionem ecclesie de Netheham¹ Habendam 7 tenendam in perpetuum tamquam ius suum 7 ecclesie sue adeo integre pacifice 7 quiete
10 cum omnibus pertinenciis suis² libertatibus 7 liberis consuetudinibus³ . sicut nos umquam eam melius . liberius 7 integrius tenuimus uel debuimus tenuisse quietam prorsus de nobis 7 ecclesia nostra sancti Ebrulfi inperpetuum Salua nobis 7 ecclesie nostre annua debita pensione . trium
15 marcharum⁴ quam inde percipere consueuimus . Quod ut perpetuam obtineat firmitatem presenti carta 7 sigillorum nostrorum munimine⁵ duximus roborandum . Hiis testibus Girardo priore sancti Ebrulfi . Ricardo de Nunceto⁶ Willelmo de sancta Eugenia . Reinoldo de Parnis . Nicholao de Midelton'
20 monachis sancti Ebrulfi . Rogero presbitero sancti Ebrulfi . Johanne diacono . magistro Johanne de sancto Ebrulfo . Radulfo de Ciseio . Walterio Juuene . Willelmo Russel⁷ . laicis 7 multis aliis.

Endorsed : No. 4—(1) Netelham aduocatio (13 cent.).   (2) .j.
No. 4 : two slits for seal-tags.   Size : 6¼ x 3¾ inches.   No. 7 : tag for seal and slit for seal-tag.   Size : 6¼ x 4 inches.   Attached by a string is a label with the words, ' De aduocacione ecclesiarum de Yftelee Oxon' 7 de Netelham iuxta Lin[c'] (13 cent.).
Texts : MS—Orig. Dij/84/2/4.   Orig. Dij/84/2/7.   R386.
For the charter relating to Iffley see vol. iii, below, which is now detached from the string.
Var. R. :   ¹ Netelham R.   ² om. suis No. 7.   ³ insert suis No. 7.   ⁴ marcarum R. ⁵ munime R.   ⁶ Nunceto R.   ⁷ Rossel No. 7.

ADD. CHART.

611. Grant by bishop Robert [II] to Richard son of Swain the reeve of Nettleham of a messuage with four bovates in the village of Nettleham.   (1148–1166 ; query circa 1150.)

.R' dei gracia Linc' episcopus .W. de Amudauill' dapifero

suo . 7 omnibus hominibus suis Francis 7 Anglis :' salutem .
Sciatis me dedisse 7 concessisse 7 presenti carta nostra confirmasse huic Ricardo filio Suani prepositi de Netelham 7
5   heredibus suis unam mansuram 7 quatuor bouatas terre quas
tenet in uilla de Netelham de me 7 successoribus meis tenend'
.x. solidos 7 .vj. denarios pro omni seruicio annuatim soluendo .
Quare uolo 7 firmiter precipio quatinus predictas bouatas
cum mansura prenominata ipse 7 heredes sui bene . 7 in pace .
10   honorifice . 7 quiete . per predictum seruicium iure teneant
hereditario . Testibus .W. de Amudauill' . 7 Martino
thesaurio[1] . 7 magistro Malgerio . 7 Alexandro clerico . 7
Ricardo de Ecchetona 7 Radulfo clerico[1] thesaurarii . 7 Elia de
Ringesdon' 7 Hugone de Bussei.

Facsimile facing p. 274.
Endorsed : Netelham (13 cent.).
Slit for seal-tag. Size : 6¾ x 3⅜ inches.
Text : MS—Orig. Dij/84/2/1.
Var. R. : [1] *sic.*

612. Confirmation by the Dean and Chapter of the preceding
grant. (1148–1166.)

Capitulum sancte Marie Linc' . vniuersis sancte matris
. . . .
curauimus . nos concessisse . 7 ratum habuisse . . . .
. . . . Linc' episcopus .
5   Robertus secundus . fecit Ricardo filio . . . .
. . . . 7 .iiij[or]. bouatis terre tenen-
dis de episcopo . . . .
. . . . .x. sol' . 7 vi. den' . Quare uolumus . . . .
. . . . ipse Ricar-
10   dus 7 heredes sui . . . .
. . . . seruicium scilicet in villa . . . .
. . . .

Endorsed : Netelham .xxvi. (13 cent.).
Text : MS—Orig. Dij/84/2/3. About two-thirds of the text have perished.

613. Release by Ivo son of Ulf, made in the court of bishop
Robert [II], to master Malger of Newark, of all his land in Nettleham
for fifteen marks. (Circa 1162–1166.)

Sciant presentes 7 futuri quod ego Iuo filius Vlfi assensu
7 consilio heredum meorum dedi 7 concessi magistro Malgero
de Newerc' 7 heredibus suis totam terram meam quam habui
in Netelham . 7 quicquid iuris in ea habui ipsi 7 heredibus
5   suis quietum clammaui de me 7 heredibus meis . pro quindecim marcis argenti quas michi 7 heredibus meis dedit .

Hoc autem feci in curia domini Roberti Linc' episcopi . 7
ut hoc ratum sit in posterum ⁊ sigilli mei impressione confirmaui . Hiis testibus . Rogero precentore . Baldrico . de
10 Sigillo . Waltero dapifero . magistro Hamone cancellario .
Radulfo subdecano . Ileberto 7 Pagano canonicis . Johanne
de Stoua . 7 Hugone eius filio . Milone de Norton'.

Facsimile opposite.
No endorsement.
    At foot a ribband and, below it, a strip for the seal, both torn off. Size : 7¾ x 3
inches.
Text : MS—Dij/84/2/10.

ADD. CHART.

614. Confirmation by bishop Robert [II] to master Malger
of Newark, his clerk, of the messuage with four bovates in Nettleham which Ulf formerly held, to hold of the bishop ; for Ivo son
of Ulf, who deraigned it against the heirs and wife of Godwin who
had occupied it unjustly, granted and released it to Malger in the
bishop's court for fifteen marks. (Circa 1162–1166.)

Robertus dei gracia Linc' episcopus .A. decano . totique
capitulo beate Marie Linc' . Waltero dapifero . 7 omnibus
hominibus suis Francis 7 Anglis . salutem . Sciatis me concessisse 7 presenti carta confirmasse magistro Malgero de
5 Newerc' . clerico meo 7 heredibus suis mansionem cum .iiij.
bouatis terre quas Vlfus antiquitus tenuit in Netelham .
reddendo michi 7 successoribus meis annuatim pro omnibus
seruiciis [x. soli¹]dos .7 vj. denarios . sicut Vlfus solet reddere .
Et uolo 7 firmiter precipio quod de me 7 suc[cessori¹]bus
10 meis hanc tenuram bene 7 in pace 7 honorifice teneat . 7
hereditarie possideat . Iuo namque filius Vlfi qui eam aduersus
heredes Godwini 7 uxorem suam qui eam iniuste occupauerant
diracionauerat ⁊ illam cum omnibus que ad eam pertinent
predicto Malgero . 7 heredibus suis dedit pro quindecim
15 marcis . 7 in curia mea quietam reddidit . Hiis testibus .
Baldrico de Sigillo . magistro Hamone cancellario . magistro
Rogero Kersinton' . Ricardo 7 Gileberto . capellanis episcopi .
Waltero dapifero.

Facsimile opposite.
Endorsed : (1) Netelham. (2) .xij. (13 cent.).
    At the foot a strip for a seal and, below it, a ribband. Written at the left hand
bottom corner is ' .a.' Size : 6½ x 4¾ inches.
Text : MS—Orig. Dij/84/2/13.
Var. R. : ¹ *There is a hole in the charter.*

ADD. CHART.

615. Render by Geoffrey of Kirton to his lord, bishop H. as
chief lord, of four bovates in Nettleham (of which he had seisin

XII

7⅞ in. × 3 in.   613

6½ in. × 4¾ in.   614

through the king and Brian de Insula his bailiff), in such wise that
he shall not be able to claim the land against the bishop, saving
however the hereditary right of himself and his heirs.   At
Northampton. 21 September (early thirteenth century).

      Omnibus Christi fidelibus ad quos presens scriptum
peruenerit . Gaufridus de Kirketon' . salutem . in domino .
Nouerit vniuersitas uestra . quod ego die sancti Mathei
ewangeliste apud Norhampton*iam* . spontanea voluntate
5 mea . reddidi domino meo .H. Lincoln' episcopo . ut capitali
domino . quatuor bouatas terre cum pertinenciis in Netele-
ham' . quarum saisinam ego habui per dominum regem .
7 per Brianum de Insula balliuum suum . Ita quod occasione
illius saisine quam per eos habui . nullum ius in terra illa
10 michi uendicare potero . Saluo tamen michi 7 heredibus
meis iure nobis inde hereditarie contingente . Et in huius
rei testimonium has literas patentes sigillo meo signatas .
eidem . domino episcopo liberaui Valete.

   Endorsed : Netelham .xiij. (13 cent.). On the face of the document at the lower
left hand corner is ' J '. Nos. 614, 615 and 620 are filed on a string, with a label
on which is written, ' Nettelham vt prius ' (14 cent.).
   Strip for seal-tag and a ribband. Size : 7¼ x 2½ inches.
   Text : MS—Orig. Dij/84/2/14.

ADD. CHART.

616. Probably the grant of master John of Newark referred to
in the following charter. (Circa 1215.)

       O . . . .
. . . . salutem . . . .
. . . . phano elemos . . . . . .
. . . . consan-
5 guinee mee ⁊ m . . . .
. . . . tenuit in Netelham . . . .
. . . . heredibus suis de me 7 her . . . .
. . . . dendo inde michi 7 heredibus meis per
annum ⁊ d . . . .
10 unam libram piperis ad festum sancti Johannis Ba . . . .
. . . . seculari . Et ut hec mea
donatio rata 7 stabilis . . . .
. . . gilli mei appositione corroboraui . Hiis testibus . Rogero
[decano Linc' . magistro Johanne de] Tynemuth' . magistro
15 Willelmo filio Fulconis . 7 Thoma de [Fiskerton' canonicis
Linc' Henrico de] Coleuill' . Galfrido de sancto Mauro .
Willelmo de . . . . [Petro] de Cheuermund . Roberto de Campvi . . . .

   Endorsed : (1) Netelham .ix. (2) Carte S. (3) Carte de terra Stephani elemosi-
narii de Netelh' (all 13 cent.).
   Text : MS—Orig. Dij/84/2/15. Only a fragment of the charter has survived.
   Var. R. : *The words within brackets **have been** supplied conjecturally from the
following charter.*

ADD. CHART.

617. Ratification by master Clement of Newark of the gift of master John his brother to Stephen the almoner of the lord Roger the dean, and to Amabel daughter of Lauretta master Clement's kinswoman, of the messuage with four bovates which Ulf formerly held in Nettleham, to hold in fee and inheritance. (Circa 1215.)

Sciant presentes 7 futuri [quod[1]] ego magister Clemens de Newerc ratam 7 gratam habeo donationem quam magister Johannes frater meus fecit Stephano elemosinario domini Rogeri Lincoln' ecclesie decani . 7 Amabilie filie Laurette
5 consanguinee mee . de quadam mansione cum quatuor bouatis terre ꞉ quam Vlfus antiquitus tenuit in Netelham . Habenda [7[1]] tenenda cum omnibus pertinenciis suis sibi 7 heredibus suis de eodem Johanne 7 heredibus suis in feodo 7 hereditate libere 7 quiete . Reddendo inde per annum ꞉ decem solidos
10 7 sex denarios 7 preterea unam libram piperis ad festum sancti Johannis Baptiste ꞉ pro omni seruicio 7 exactione seculari . In huius itaque rei robur 7 testimonium ꞉ presens scriptum sigilli mei appositione corroboraui . Hiis testibus . Rogero decano Linc' . magistris Johanne de Tinem*uth*' .
15 Willelmo filio Fulconis 7 Thoma de Fiskerto*n*' canonicis Linc' . Henrico de Coleuill' . Galfrido de sancto Mauro . Willelmo de Rolueston' . Symone de Whitington' . Petro de Cheuermund . Willelmo filio Gwar*n*e*ri* . Willelmo nepote Gwar*n*e*ri* . Stephano clerico 7 aliis.

Endorsed : Netelham .vij. (13 cent.).
Slit for seal-tag. Size : 5¾ x 4¼ inches.
Text : MS—Orig. Dij/84/2/16.
Var. R. : [1] *There is a hole in the charter.*

ADD. CHART.

618. [Grant by bishop Hugh II], with the assent [of the Dean and Chapter] to Stephen the almoner and Amabel [his wife], daughter of [Lauretta, of a messuage with four bovates of land in Nettleham which Ulf] formerly held there, with the tofts [. . . . . . . and] all [that belongs] to the said bovates and tofts [in the village of] Nettleham ; those, namely, which Stephen and Amabel claimed to be [their] right and inheritance ; [and] two bovates in Stow [Saint Mary], to hold to Stephen and Amabel and the heirs of their bodies of the bishop for a yearly render of one pound of cummin. Stephen and Amabel shall warrant the four bovates in Nettleham to the bishop. If, after the death of Stephen, Amabel or her heirs shall lay claim to the four bovates in Nettleham, it shall be lawful

for the bishop to take into his hands the two bovates in Stow ; and
before they shall implead the bishop they shall return the forty
shillings which he paid them in order to effect an agreement.   In
the chapter of Lincoln, and afterwards in the full [court of the
shire], Stephen and Amabel make oath to observe all this, and
the present writing is made in the manner of a chirograph.   In
the chapter at Lincoln.   16 April, 1229.

Indented

[C I R O G R] A F ᴍ

. . . .
. . . . t uniuersitas uestra nos de assensu.
5   . . . .
. . . . phano Elemosinario 7 Amabilie filie . . . .
. . . . quondam tenuit
ibidem cum toftis . . . .
10   7   omnibus   ad   dictas
quatuor bouatas 7 tof . . . . Netelham . 7
. . . . bus . videlicet quas dictus Stephanus 7
Amabil . . . . . . sua clamabant esse ius 7 heredita . . . . . .
. . . . ue ꞉ duas bouatas terre in Stowe . videlicet
15   illam bouatam quam Alanus Buk' . . . . cum tofto
in Westgate quod iacet inter toftum prioris sancti Leonardi
de Torkes*ei*a 7 toftum Rogeri Thurstan' . 7 aliam . bouatam
que . . . . as Virgil' tenuit cum tofto in Estgate
quod iacet inter toftum Roberti filii Wlfward' 7 toftum
20   Ricardi Richegod' . Habend' 7 tenend' ipsis Stephano 7
Amabilie vxori sue 7 heredibus suis qui de eis processerint .
integre 7 quiete . libere 7 pacifice cum omnibus pertinenciis
suis . de nobis 7 successoribus nostris iure hereditario imperpetuum . Reddendo inde nobis 7 successoribus nostris annua-
25   tim unam libram cimini in Natiuitate beate Marie Virginis
pro omni seruicio 7 consuetudine ad dictam terram pertinente .
qui dictas quatuor bouatas apud Netelham cum omnibus
pertinenciis suis supradictis ꞉ nobis 7 successoribus nostris
warantizabunt inperpetuum contra omnes homines . Adiectum
30   est insuper quod si dicta Amabilia mulier uel heredes sui
post decessum dicti Stephani ius exegerint uel clamium
posuerint in predictis quatuor bouatis terre 7 toftis in Netelham uel aliquibus pertinenciis suis contra nos uel successores
nostros licebit nobis 7 successoribus nostris ex tunc cum
35   uoluerimus sine contradiccione qualibet in manus nostras
saisire predictas duas bouatas de Stowe cum toftis predictis
7 omnibus pertinentiis suis tanquam ius nostrum 7 ecclesie
nostre . 7 ab eis per clamium suum sic forisfactum . 7 reddent

nobis uel successoribus nostris ante quam nos uel ipsos inde
40 implacitent . quadraginta solidos quos eis pacauimus pre
manibus . Et hec omnia bona fide 7 sine dolo 7 malo ingenio
firmiter imperpetuum tenenda ፧ iurauerunt d[icti] Stephanus
7 Amabilia uxor sua pro se 7 heredibus suis in capitulo
Lincoln*ie* 7 postmodum in pleno . . . . um .
45 Ad perpetuam igitur omnium predictorum firmitatem factum
est hoc scriptum inter nos 7 predictum Stephanum 7 Amabiliam
in modum cyrographi . 7 parti que residet penes nos 7 capitulum
nostrum ፧ apposita sunt [sig]illa ipsius Stephani 7 Amabilie
vxoris sue . parti uero dictis Stephano 7 Amabilie remanenti ፧
50 appositum est sigillum nostrum 7 sigillum capituli nostri .
Hiis testibus . Radulfo filio Reginaldi tunc vicecomite Lincoln' .
Johanne fratre suo . Gilberto de Treilly . tunc senescallo
nostro . Galfrido seruiente nostro de Stowa . Eustachio seruiente
nostro de Netelham' . Herberto camerario 7 Anketino de
55 Stowa . Willelmo de Rolleston' . Rogero de Latun . Roberto
Wale . Nicholao de Marton' . Galfrido Bernard' . Willelmo
de Burton' . Rogero Marescallo . Rogero Walensi . 7 aliis .
Actum in capitulo Lincoln' sextodecimo . kalendas Maii
pontificatus nostri ፧ anno vicesimo.

Endorsed : (1) Netelham .v. (13 cent.).   (2) Contra Stephanum elemosinarium
7 Amabiliam Neth' (13 cent.).   On the fold of the charter is written ' H '.
Two slits for seal-tags.   Size : 6¼ × 7¾ inches.
Text : MS—Orig. Dij/84/2/17.   The top of the charter has been eaten away,
and there are also four holes.   In the English summary the probable purport of
the document has been supplied with the aid of the preceding texts.

ADD. CHART.

619. Grant by bishop Robert [Grosseteste] to Michael de
Ponte and Alice his wife and the heirs of Alice of two bovates and
a messuage in Nettleham which Alice's father, Ivo de Ponte, held.
(1247–1253.)

Omnibus Christi fidelibus presentem cartam inspecturis
uel audituris Robertus dei gracia Lincoln' episcopus salutem
in domino . Nouerit vniuersitas uestra nos quantum in nobis
est concessisse dedisse 7 hac presenti carta nostra confirmasse
5 Michaeli de Ponte 7 Alicie vxori sue duas bouatas terre 7
vnum mesuagium cum pertinenciis in Nettelham[1] . que Iuo[2]
de Ponte pater ipsius Alicie tenuit . Tenend*as* 7 habend*as*
prefatis Michaeli 7 Alicie 7 heredibus ipsius Alicie de nobis
7 successoribus nostris . libere pacifice . integre 7 quiete cum
10 mesuagio 7 aliis pertinenciis suis infra villam 7 extra .
Reddendo inde nobis 7 successoribus nostris vnam marcam
argenti annuatim[3] . ad terminos quibus alius redditus noster
illius manerii reddi consueuit . Et nos 7 successores nostri
dictam terram 7 mesuagium cum pertinentiis suis prefatis

15　Michaeli 7 Alicie 7 heredibus ipsius Alicie contra omnes
　　homines warantizabimus imperpetuum . Quod ut perpetuam
　　optineat firmitatem : presentem cartam sigilli nostri apposi-
　　tione roborauimus . Hiis testibus . Johanne de Crachal'⁴
　　canonico Lincoln'⁵ . tunc senesc[allo nostro⁶] . [Willelmo⁶]
20　de Engelby . Willelmo de Amundeuill'⁷ . Petro de Campania
　　[Ga⁶]lfr[ido⁶] de Swalecliue [7 Ricardo fratre⁶] eius Stephano
　　de Grafham . Philippo de Merle . 7 aliis.

Endorsed : Netelham . vj (13 cent.).
Slit for seal-tag. Size : 6¾ x 4 inches.
Texts : MS—Orig. Dij/84/2/9. Orig. Dij/84/2/11 (see no. 620, below).
Var. R. : ¹ Nettelham' No. 11. ² Yuo No. 11. ³ annuam No. 11. ⁴ Crakehall'
No. 11. ⁵ Linc' No. 11. ⁶ supplied from No. 11, since there is a hole in this text.
⁷ Amundeavill' No. 11.

ADD. CHART.

620. *Inspeximus* and ratification by H[enry Lexington] the
dean and the chapter of the preceding grant. (Circa 1247–1253.)

　　Omnibus Christi fidelibus presens scriptum visuris uel
　　audituris .H. decanus 7 capitulum Linc' salutem in domino .
　　Inspeximus cartam venerabilis patris nostri R. dei gracia
　　Lincolniensis episcopi in hec uerba . Omnibus Christi fidelibus
5　presentem cartam inspecturis uel audituris . Robertus dei
　　gracia Lincoln' episcopus salutem [*etc.*, *as in No. 619, above*].
　　Nos igitur dictam concessionem ratam 7 gratam habentes :
　　eam sigilli nostri munimine corroborauimus.

Endorsed : Netelham . .iiij. (13 cent.).
Slit for seal-tag. Size : 9½ x 4 inches.
Text : MS—Orig. Dij/84/2/11.

ADD. CHART.

621. Grant by bishop Robert [Grosseteste] to Hugh son of
Sybil of Nettleham and Gunhild his wife and the heirs of Gunhild
of two bovates and a messuage in Nettleham which Hugh heretofore
held. (1247–1253.)

　　Omnibus Christi fidelibus presentem cartam inspecturis
　　uel audituris : Robertus dei gracia Lincoln'¹ . episcopus
　　salutem in domino . Nouerit vniuersitas uestra nos quantum
　　in nobis est : concessisse . dedisse . 7 hac presenti carta nostra
5　confirmasse : Hugoni filio Sibille² de Netthelham'³ et Gunnilde
　　vxori sue duas bouatas terre 7 vnum mesuagium cum per-
　　tinenciis in Netthelham'³ : que idem Hugo prius tenuit .
　　Tenend' 7 habend' prefatis Hugoni 7 Gunnilde . 7 heredibus
　　ex dicta Gunnilda prouenientibus : de nobis 7 successoribus
10　nostris : libere . pacifice integre . 7 quiete . cum mesuagio 7
　　aliis pertinenciis suis infra uillam de Netthelham'³ 7 extra .
　　Reddendo inde nobis . 7 successoribus nostris . viginti solidos

argenti annuatim ⫶ ad terminos quibus alius redditus noster
illius manerii reddi consueuit . Et nos 7 successores nostri
15   dictam terram 7 mesuagium cum pertinenciis suis prefatis
Hugoni 7 Gunnilde 7 heredibus ex ea prouenientibus contra
omnes homines warantizabimus inperpetuum . Quod ut
perpetuam optineat firmitatem ⫶ presentem cartam sigilli
nostri apposicione roborauimus . Hiis testibus . Johanne de
20   Crachal'⁴ canonico Lincoln'¹ tunc senescallo nostro . Willelmo
de Engleby⁵ . Willelmo de Amundeuill'⁶ . Petro de Campania .
Galfrido de Swalecliue . Ricardo fratre eius . Stephano de
Grafham' . Philippo de Merle 7 aliis.

Endorsed : Netelham ij (13 cent.).
Seal on tag : A fragment of the bishop's seal, as described in Appendix II (4).
Size : 6¾ x 5 inches.
Texts : MS—Orig. Dij/84/2/21. Orig. Dij/84/2/19 (see no. 622, below).
Var. R. in No. 19 : ¹ Linc'. ² Sybille. ³ Netelham. ⁴ Crachale. ⁵ Engelby.
⁶ Amundauill'.

ADD. CHART.

622. *Inspeximus* and ratification by Henry [Lexington] the
dean and the chapter of the preceding grant. (1247–1253.)

    Omnibus Christi fidelibus ad quos presens scriptum
peruenerit . Henricus decanus 7 capitulum Linc' ecclesie
salutem eternam in domino . Cartam venerabilis patris 7
domini nostri Linc' episcopi inspeximus in hec uerba . Omnibus
5   Christi fidelibus presentem cartam inspecturis vel audituris .
Robertus · dei gracia Linc' episcopus salutem in domino
[*etc., as in No.* 621, *above*]. Nos uero dictam concessionem 7
donacionem quantum in nobis est ratam habentes . 7 firmam ⫶
eam presenti scripto 7 sigilli nostri apposicione ⫶ confirmaui-
10   mus . Testibus . dominis .R. precentore . N. cancellario .R.
thesaurario .H. subdecano . magistris Serlone . Roberto de
Graueleya . Roberto de Pereton' . Ricardo Amys . dominis .
Ricardo de Wysebech' . Roberto de Bollesou*er* . Thoma de
Askeby . Johanne de Barton' canonicis Linc' magistro Johanne
15   de Derbeya . Rollaino sacrista . Guthredo de Magdalena .
Ricardo succentore . Rogero de Thuruill' clerico . 7 aliis.

Endorsed : Netelham .xj (13 cent.).
Seal of the chapter on tag, green wax, the edge broken ; for description see
Appendix II (8) and facsimile in Frontispiece.
Size : 7¼ x 6¾ inches.
Text : MS—Orig. Dij/84/2/19.

ADD. CHART.

623. *Inspeximus* and ratification by Henry [Lexington] the
dean and the chapter of the grant by bishop Robert [Grosseteste]
to Agnes beyond the Water, late wife of Alan son of Robert of

Nettleham and her heirs of two bovates and a messuage in Nettleham which Alan heretofore held.　(1247–1253.)

　　Omnibus Christi fidelibus ad quos presens scriptum
peruenerit ⁊ Henricus decanus 7 capitulum . . . . .¹
salutem eternam in Domino . Cartam venerabilis patris 7
domini nostri Linc' episcopi inspeximus in hec uerba . Omnibus
5 Christi fidelibus presentem cartam inspecturis uel audituris .
Robertus dei gracia Linc' episcopus salutem in Domino .
Nouerit vniuersitas uestra nos quantum in nobis est concessisse . dedisse 7 hac presenti carta nostra confirmasse .
Agneti vltra aquam quondam vxori Alani filii Roberti de
10 Netelham . duas bouatas terre 7 vnum mesuagium cum
pertinenciis in Netelham . que predictus Alanus prius tenuit .
Tenend' . 7 habend' predicte Agneti 7 heredibus suis de
nobis 7 successoribus nostris . libere . pacifice . integre . 7
quiete . cum mesuagio 7 aliis pertinenciis suis infra villam
15 de Netelham 7 extra . Reddendo inde nobis 7 successoribus
nostris vnam marcam argenti ad terminos quibus alius
redditus noster illius manerii reddi consueuit . Et nos 7
successores nostri dictam terram 7 mesuagium cum pertinenciis
suis prefate Agneti 7 heredibus suis contra omnes homines
20 warantizabimus in perpetuum . Quod ut perpetuam optineat
firmitatem ⁊ presentem cartam sigilli nostri apposicione
roborauimus . Hiis testibus . Johanne de Crachal' canonico
Linc' tunc senescallo nostro . Willelmo de Engelby . Willelmo
de Amundauill' . Petro de Campania . Galfrido de Swaleclyue .
25 Ricardo fratre eius . Stephano de Grafham . Philippo de
Merle . 7 aliis . Nos uero dictam concessionem 7 donacionem
quantum in nobis est ratam habentes 7 firmam ⁊ eam presenti
scripto 7 sigilli nostri apposicione ⁊ confirmamus . Testibus .
dominis .R. precentore .R. thesaurario .N. cancellario .
30 magistris Serlone . Roberto de Graueleya . Roberto de Pereton' . Ricardo Amys . dominis Ricardo de Wysebech' .
Roberto de Bollesouer . Thoma de Askeby . Johanne de
Barton' . canonicis Lincoln' . Rollaino sacrista . Ricardo
succentore . Guthredo de Magdalena . Rogero de Thuruill'
35 7 aliis.

Endorsed : Netelham . .x. (13 cent.).
Slit for seal-tag torn away.　Size : 8 x 5¾ inches.
Text : MS—Orig. Dij/84/2/20.
Var. R. : ¹ *There is a hole.*
Note : Since the bishop's manor was on the south side of the stream which flows
through the village, it would seem that Agnes ultra aquam lived on the north side
of the water.

ADD. CHART.

624.　*Inspeximus* and ratification by Walter [of Maidstone]
the subdean and the chapter of a grant for life by bishop Henry

[Burghersh], dated at London, 4 December, 1330, to Adam Attesloo of a messuage and four bovates in Nettleham, which Richard le Tailleur formerly held.   In chapter at Lincoln.   2 May, 1332.

Indented

CIROGRAPHVM

Vniuersis presentes litteras inspecturis *:* Walterus subdecanus 7 capitulum ecclesie Lincoln' salutem in domino
5   sempiternam Noueritis nos inspexisse cartam reuerendi in Christo patris 7 domini (domini Henrici dei gracia episcopi Lincoln' factam Ade Attesloo in hec verba (Sciant presentes 7 futuri (quod nos Henricus permissione diuina Lincoln' episcopus (dedimus (concessimus (7 hac presenti carta nostra
10   confirmauimus (dilecto valletto nostro Ade Attesloo (vnum mesuagium 7 quatuor bouatas terre cum pertinenciis in Nettelham (que quidem mesuagium 7 terram (Ricardus le Tailleur quondam tenuit in eadem (Habend' 7 tenend' dicta mesuagium 7 terram cum suis pertinenciis ad terminum
15   vite dicti Ade (Reddendo inde annuatim nobis 7 successoribus nostris triginta solidos 7 sex denarios sterlingorum ad quatuor anni terminos vsuales per equales porciones pro omnibus seruiciis secularibus (exaccionibus (7 demandis (In cuius rei testimonium huic presenti carte sigillum nostrum est
20   appensum (Hiis testibus (magistris Antonio de Beek ecclesie nostre Lincoln' decano (Thoma de Northwod' eiusdem ecclesie thesaurario (Johanne de Harington' (Hugone de Walmesford' (Waltero de Maydestan (7 Willelmo Bacheler canonicis (7 aliis (Dat' London' die Martis proximo post festum sancti
25   Andree apostoli (anno regni regis Edwardi tercij a conquestu (quarto (Nos igitur factum dicti domini . . episcopi in hac parte ad preiudicium dicte ecclesie Lincoln' minime tendere reputantes (eidem nostrum prebemus assensum (ipsum que quatenus ad nos pertinet ratificamus (7 eciam approbamus (
30   In cuius rei testimonium (presentibus in modum indenture confectis (tam sigillum nostrum commune parti videlicet predicto Ade liberate (quam sigillum eiusdem Ade (parti penes nos remanenti (alternatim sunt appensa (Hiis testibus (magistris Waltero de Stouren' (thesaurario (Egidio de
35   Redemer' (Thoma Beek' Johanne de Scalleby Johanne de Sutton' (Johanne de Harington' (Ricardo de Stretton' (Hugone de Walmesford' Willelmo Bacheler (7 Ricardo de Whitewell' canonicis ecclesie predicte (ac magistro Willelmo de Baiocis (7 aliis (Dat' in capitulo nostro Lincoln' in presencia
40   dicti patris (die Sabbati in crastino apostolorum Philippi 7 Jacobi (anno domini (millesimo (ccc^{mo} (tricesimo (secundo.

No endorsement.
Tag for seal.   Size : 10¼ x 5¾ inches.
Text : MS—Orig. Dij/84/2/6.

BISHOP NORTON

ADD. CHART.

625. Grant by Geoffrey Columban to John de Stanford of half a bovate in [Bishop] Norton and one toft in Spital in the Street. (Late twelfth century.)

Sciant tam presentes quam futuri . quod ego Gaufridus Colunban*us* . dedi . 7 concessi . 7 hac presenti carta confirmaui . Johanni de Stanford' pro homagio 7 seruicio suo . unam dimidiam bouatam terre in Norton' . 7 unum toftum
5 in Hospitale cum omnibus pertinentiis illis pertinentibus . illam dimidiam bouatam terre scilicet quam Outi filius Leppe tenuit in eadem uilla de Norton' illi 7 heredibus suis . habendum 7 tenendum de me[1] heredibus meis . libere 7 quiete 7 integre 7 honorifice . in . pratis . in . pascuis . in aquis
10 in stagnis . in uiis in . semitis . 7 in omnibus libertatibus . Reddendo inde annuatim michi 7 heredibus meis .iij. solidos argenti . ad .iij. terminos anni videlicet ad festum sancti Martini .xij. denarios . ad Pascha .xij. denarios . ad vincula sancti Petri .xij. denarios pro omni seruicio . saluo forinseco
15 seruicio . quod est .vj. denarii ad scutagium si forte acciderit . 7 .vj. denarii ad wardam faciendam si acciderit . Et ego . 7 heredes mei warantizabimus totam predictam terram . prefato Johanni uel heredibus suis contra omnes homines Et hoc sigillo meo confirmaui Hiis testibus . Simone de Kimbe .
20 Simone de Caun*ci* . Willelmo Basset . Rogero de Alneto . Rogero de sancto Martino . Willelmo de Baios . Ada de sancto Laudo . Roberto de Hatheradebi . Willelmo de Crosholm' . Roger filio Walteri . 7 multis aliis.

Endorsed : De dimidia bouata terre in Norton et tofto in Hospitale (16 cent.).
Tag for seal. Size : 6⅔ x 3⅞ inches.
Text : MS—Orig. Dij/84/1/17.
Var. R. : [1]et *should be supplied here.*
Notes : Geoffrey Columban and his son witnessed a charter in 1187 (Stenton, *Danelaw Charters,* p. 16).
The *Hospitale* must be identified as the hamlet of Spital in the Street, so called from a hospital on Ermine-street. The hamlet lies in the parishes of Hemswell, Bishop Norton, and Glentham, the chapel of Saint Edmund, King and Martyr, and the hospital being situated in the first-named parish. Nothing is known of the foundation of the hospital, and the present text contains the earliest evidence of its existence. On 26 June, 1324, the sheriff of Lincoln was ordered, by letters patent, to cause proclamation to be made in his county [court] that a market should be held in the Queen's manor of Spettle in the Strete on Friday in every week, and a fair on the eve of Saint Ed[mund] the King and Martyr and the six following days (*Cal. Close Rolls,* 1323–1327, p. 119). Cp. *ibid.,* p. 249, where the manor is described as the king's). On 20 June, 1322, and on 2 June, 1334, licences in mortmain were granted for the alienation of land to the chaplain of the chapel of Saint Edmund the Martyr in Spital in the Street (*Cal. Pat. Rolls,* 1321–1324, p. 190 ; *ibid.,* 1330–1334, p. 546). In 1341 it was evidently one of the places where the sheriff was wont to hold his tourn (*ibid.,* 1340–1343, p. 137) ; and later, petty and quarter sessions were held there. The sessions-house now forms part of the buildings of a farmstead on the south side of the present chapel. On 18 July, 1395, Thomas de Aston, canon of Lincoln, received licence to rebuild a house adjoining

the western side of the chapel of Saint Edmund the King and Martyr, Spitell othe
Strete, and to alienate the house so built and certain lands to a chaplain celebrating
divine service in the said chapel, and for the maintenance of the poor inmates of
the house rebuilt as above (*ibid.*, 1391–1396, p. 598; see also *ibid.*, p. 617). According
to an inscription carved in stone over the door of the present chapel, the first chapel
was rebuilt in 1398, in Aston's time, and rebuilt again in 1616, and restored or
rebuilt in 1850:

1850

Fvi A° 1398   ⎫
Non fvi 1597   ⎬   DOM. DEI
Svm 1616   ⎭   & PAVPERVM
QVI HANC DEVS HVNC
DESTRVET

The date ' 1850 ' is a later addition.

ADD. CHART.

626. Grant by Richard of Paris to bishop Hugh [II] of the
homages and services of seven of his men. (Circa 1230.)

> Omnibus Christi fidelibus ad quos presens carta peruenerit ·'
> Ricardus de Paris . salutem . Nouerit vniuersitas vestra
> me concessisse 7 dedisse venerabili patri 7 domino meo episcopo
> Lincoln' Hugoni secundo et successoribus suis et ecclesie
> 5   Linc' in perpetuum homagia et seruicia Roberti nepotis
> Joscelini qui tenuit de me duas bouatas terre per quatuor
> solidos michi inde annuatim reddendos . Willelmi filii
> Baldewini qui tenuit de me dimidiam bouatam terre per
> sexdecim denarios michi inde annuatim reddendos . Hugonis
> 10   filii Athelardi qui tenuit de me duas bouatas terre 7 dimidiam
> per quinque solidos michi inde annuatim reddendos . Walteri
> capellani qui tenuit de me dimidiam bouatam terre per
> dimidiam libram cimini michi inde annuatim reddendam .
> Johannis filii Alexandri qui tenuit de me dimidiam bouatam
> 15   terre per duodecim denarios michi inde annuatim reddendos .
> Radulfi filii Fulconis qui tenuit de me nouem acras terre
> per sex denarios michi inde annuatim reddendos . 7 Reginaldi
> prepositi qui tenuit de me duodecim acras terre per vnum
> denarium michi inde annuatim reddendum . Concessi eciam
> 20   et dedi eidem episcopo et successoribus suis et ecclesie Linc'
> in perpetuum quicquid michi uel heredibus meis accidere
> posset de predictis hominibus et heredibus suis et terris
> prenominatis in dominicis . seruiciis . releuiis . et eschaetis .
> absque ullo retenemento ad opus meum uel heredum meorum .
> 25   Habenda et tenenda omnia predicta sibi et successoribus
> suis et ecclesie Linc' tanquam liberam . puram . et perpetuam
> elemosinam suam quieta de me et heredibus meis in per-
> petuum . Pro hac uero concessione . donatione . 7 quieta
> clamatione dedit michi dictus episcopus duas marcas argenti .
> 30   et quietos clamauit me 7 heredes meos de se et successoribus
> suis in perpetuum de vndecim solidis et vndecim denariis
> quos predicti homines michi reddere consueuerunt per annum ,

et quos ei tenebar soluere vna cum duobus solidis 7 vno
denario de redditu annuo . Et in huius rei testimonium presenti
35 carte sigillum meum duxi apponendum Hiis testibus . domino
Aluredo de Glentham . domino Rogero de sancto Martino .
Oliuero de Vendou*ere* . Philippo de Northon' . Jacobo fratre
suo . Ada de Prilly . Roberto de Etheredeby . Roberto filio
suo . Waltero de Etheredeby . Johanne de Stanford' . Anketino
40 Peudelov . Willelmo de Rolueston' . Hereberto de Cam*era* .
7 aliis.

Endorsed : (1) Nortton' (13 cent.). (2) .xviij. (3) Carta Ricardi de Paris super
homagiis 7 seruiciis Roberti nepotis Joscel*ini* . Willelmi filii Bald*wini* . Hugonis
filii Adelardi . Walteri capellani . Johannis filii Alexandri . Radulfi filii Fulconis .
7 Reg*inaldi* prepositi . facta domino Linc' episcopo Hugone secundo (13 cent.).
(4) Northton (16 cent.).
Tag for seal. Size : 7¾ x 4 inches.
Text : MS—Orig. Dij/84/1/18.
Note : The hand indicates a date circa 1230. Bishop Hugh died in 1235.

ADD. CHART.

627. Grant by bishop Robert [Grosseteste] to Ralf of Norton
and Lettice his wife and the heirs of her body of the bovate and
messuage which Ralf's father, Roger, held in [Bishop] Norton.
(1248–1253.)

Omnibus Christi fidelibus presentem cartam inspecturis
uel audituris ∴ Robertus dei gracia Lincoln' episcopus salutem
in domino . Nouerit vniuersitas uestra nos quantum in nobis
est concessisse . dedisse . 7 hac presenti carta nostra con-
5 firmasse Radulpho filio Rogeri de Northon'¹ et Leticie vxori
eius vnam bouatam terre 7 vnum mesuagium cum pertinenciis
in Northon'¹ ∴ que Rogerus pater eiusdem Radulphi tenuit .
Tenend' 7 habend' prefatis Radulpho 7 Leticie 7 heredibus
ex dicta² Leticia prouenientibus de nobis 7 successoribus
10 nostris libere . pacifice . integre . 7 quiete cum mesuagio 7
aliis pertinenciis suis infra villam de Northon'³ 7 extra .
Reddendo inde nobis 7 successoribus nostris ∴ decem solidos
argenti annuatim ∴ ad terminos quibus alius redditus noster
illius manerii reddi consueuit . Et nos 7 successores nostri
15 dictam terram 7 mesuagium cum pertinenciis suis prefatis
Radulpho 7 Leticie 7 heredibus ex ea prouenientibus contra
omnes homines warantizabimus inperpetuum . Quod ut
perpetuam optineat firmitatem ∴ presentem cartam sigilli
nostri apposicione roborauimus . Hiis testibus . ⁴Johanne
20 de Crachal' canonico Lincoln' tunc senescallo nostro . Willelmo
de Engleby⁵ . Willelmo de Amundeuill'⁶ . Petro de Campania .
Galfrido de Swalecliue . Ricardo fratre eius . Stephano de
Grafham' . Gilberto de Swalecliue . Alexandro de Kanuill' .
7 aliis.

Endorsed : (1) Northton' (13 cent.). (2) .ij.
Episcopal seal on tag, green, the middle part missing. For description see
Appendix II (4).
Size : 6½ x 5 inches.
Text : MS—Orig. Dij/84/1/19. Inspected in Dij/84/1/20.
Var. R. in 84/1/20 : ¹ Nortun'. ² *om.* dicta. ³ *om.* de Northon'. ⁴ *insert* domino.
⁵ Engelby. ⁶ Amundauill'.

ADD. CHART.

628. Ratification by Henry [Lexington] the dean and the
chapter of the next preceding charter. (1248–1253.)

Omnibus Christi [fidelibus[1]] ad quos presens scriptum
peruenerit . Henricus decanus 7 capitulum Linc' ecclesie ?
salutem eternam in domino . Cartam venerabilis patris 7
domini nostri Linc' episcopi . inspeximus in hec uerba .
5 Omnibus Christi fidelibus presentem cartam inspecturis uel
audituris Robertus dei gracia Linc' episcopus [*as in* no. 627,
above]. Nos uero dictam concessionem 7 donacionem quantum
in nobis est ratam habentes 7 firmam eam presenti scripto
7 sigilli nostri apposicione ? confirmamus . Testibus . dominis
10 .R. precentore . N. cancellario . R. thesaurario . H. subdecano .
magistris Serlone . Roberto de Grauel' . Roberto de Pereton' .
Ricardo . Amys . dominis Ricardo de Wysebech' . Roberto
de Bollesou*er* . Thoma de Askeby . Johanne de Barton'
canonicis Linc' . magistro Johanne de Derbeya . Rollaino[2]
15 sacrista . Guthredo de Magdalena . Rogero de Thuruill' .
7 aliis.

Endorsed : (1) Norton' (13 cent.). (2) .j.
Chapter seal on tag, green, the lower part missing. For description see Appendix
II (8) and facsimile on Frontispiece.
Text : MS—Orig. Dij/84/1/20.
Var. R. : ¹ *There is a hole in the charter.* ² *generally* Rollano.
Note : Ralf of Leicester was treasurer *circa* 1248 to 1253.

ADD. CHART.

629. Confirmation by Geoffrey of Stow to bishop **Henry**
Lexington of the lands which the bishop has in exchange for the
lands which Geoffrey has from the bishop's men in [Bishop] Norton.
(1254–1258.)

Vniuersis Christi fidelibus presens scriptum visuris uel
audituris Galfridus de Stowa salutem . Nouerit vniuersitas
vestra me pro me 7 heredibus meiis[2] concessisse 7 hoc presenti
scripto meo confirmasse venerabili patri Henrico de Lexing-
5 ton' dei gratia L[incoln episcopo[1]] et successoribus suis omnes
terras quas habet per escambium terrarum quas habeo de
hominibus suis de Norton' . . . . selionem
iacentem inter terram Lambini 7 terram Amabilie de la
Grene continentem vnam perticatam . . . .
10 . . . . . . Norton' pro vno selione quem habeo de Willelmo

preposito continente vnam perticatam terre iacente iuxta
. . . . vna   parte   7   terram
Johannis filii Willelmi Reynfrei ex altera . et vnum selionem
iacentem inter terram Radulfi Ful . . . . [Johannis]

15 Galepyn buttantem super forarium quondam Radulfi fabri .
pro vno selione vnius perticate terre de Johanne filio Willelmi
iac . . . . terram Willelmi prepositi 7 terram
quam ego habeo in escambio de predicto Henrico episcopo .
et vnum selionem super Westwange . . . . . . tem inter

20 terram dicti Henrici episcopi 7 terram que fuit quondam
Heruei continentem in se vnam perticatam terre 7 dimidiam
pro vno selione quem habeo de Amabilia de la Grene buttante
super toftum meum 7 super Suthbeck' iacente inter terram
meam 7 terram quondam puellarum continente in se plus

25 quam vnam perticatam terre . Habend' 7 tenend' omnes
predictas terras sicut predictum est per predictum escambium
. libere . quiete 7 solutas ab omni seculari seruicio 7 exaccione
a me v[el¹] heredibus meiis² predicto Henrico episcopo 7
successoribus suis uel suis assignatis inperpetuum . Et ego

30 Galfridus 7 heredes mei dicto Henrico episcopo 7 successoribus
suis predictas terras per predictum excambium contra omnes
gentes warantizabimus adquietabimus 7 defendemus in
perpetuum . Hiis testibus . domino Ricardo tunc temporis
decano Linc' ecclesie . domino Ricardo de Sutton' . magistro

35 Johanne de R[?i]bya . domino Willelmo de Hemigbur' canoni*cis*
Lincoln' . domino Ricardo de Hemington tunc temporis
senescallo domini Linc' episcopi Johanne de Stanford' .
Willelmo filio Fulg' . Gilleberto . de Kirketon' 7 aliis.

Endorsed : (1) Norton' (13 cent.).   (2) .iij.   (3) Carta Galfridi de Stowe super
permutacione quarundem terrarum in Norton' (late 13 cent.).
Tag for seal.   Size : 7½ x 5⅜ inches.
Text : MS—Orig. Dij/84/1/21.
Var. R. : ¹ *supplied conjecturally, the charter having been injured.*   ² *sic.*

ADD. CHART.

630. Agreement between bishop Henry [Lexington] and
Walter son of William of Norton touching an exchange of lands
in [Bishop] Norton.   (1254–1258.)

Indented at top

. . . . R O G R A F . .

Noscant vniuersi presens scriptum visuri uel audituri quod
hec est conuencio facta inter dominum Henricum Lincoln'

5 episcopum ex vna parte 7 Walterum filium Willelmi de Norton'
ex altera . videlicet quod dictus Walterus dedit concessit
de se 7 heredibus suis inperpetuum ∶ predicto domino episcopo
7 successoribus suis ecclesieque sue Linc' . vnam acram 7
tres rodas terre que iacent inter terras dicti domini episcopi

10 ad capud orientale ville de Norton' . Habend' 7 tenend'
predicto domino episcopo 7 successoribus suis ecclesieque
sue Linc' in liberam puram 7 perpetuam elemosinam . quam
etiam acram 7 tres rodas terre predictus Walterus 7 heredes
sui prefato domino episcopo 7 successoribus suis ecclesieque
15 sue Linc' tanquam puram 7 perpetuam elemosinam contra
omnes gentes warentizabunt inperpetuum . Pro hac autem
donacione . concessione 7 warentizacione ᛬ predictus dominus
episcopus dedit 7 concessit dicto Waltero 7 heredibus suis
in escambium vnam acram 7 tres rodas terre 7 vnum toftum
20 quod iacet extra curiam dicti Walteri inter capitale mesuagium
dicti Walteri 7 toftum Rogeri filii Radulfi . exceptis tamen
sex pedibus in latitudine ex transuerso . Reddendo inde
annuatim domino episcopo 7 successoribus suis vnum denarium
ad festum sancti Michaelis . Et vnde predicta acra 7 tres
25 rode terre iacent in campis de Norton' . vnde dimidia acra
terre iacet inter terram Lamberti le Newecumen 7 Johannis
de Newerk' . 7 vna roda iacet inter terram Galfridi de Swalecliue 7 Johannis Galepin . 7 dimidia acra iacet inter terram
predicti Galfridi 7 terram Radulfi Gunewar' 7 vna roda 7
30 dimidia iacet inter terram Idone quondam vxoris fabri 7
terram Walteri Bonde 7 dimidia roda iacet inter terram
Jacoby filii Galfridi 7 terram Lamberti le Newecumen . quam
etiam acram terre 7 tres rodas terre dictus dominus episcopus
7 successores sui predicto Waltero 7 heredibus suis contra
35 omnes gentes warentizabunt . Et ut hec conuencio rata
stabilis 7 inconcussa permaneat ᛬ huic scripto modo cyrograffi
confecto ᛬ sigilla parcium mutuo sunt apposita . Testibus .
magistro Ricardo de Graueshend' tunc decano Lincoln'
ecclesie . dominis Johanne de Crakehal' . Ricardo de Sutton' .
40 Willelmo de Ingeham' . canonicis Lincoln' ecclesie dominis
Ricardo de Hemmikton' . Willelmo de Hengelby . militibus .
Galfrido de Parco . 7 aliis.

Endorsed : (1) Norton (13 cent.).   (2) .iiij.
Seal on tag : green, small pointed oval, ;with conventional device ; legend :
. . . . WALTERI FIL' WIL' D' NORT . .
Size : 8 x 5⅝ inches.
Text : MS—Orig. Dij/84/1/22.

ADD. CHART.

631. Release by Gervase son of William Paris of Crosholme [in
Bishop Norton] to bishop Richard [Gravesend] of his right in a
toft and half a bovate in [Bishop] Norton, which Ralf of Norton
formerly held. At Lincoln. (Circa 1263.)

Omnibus Christi fidelibus presens scriptum visuris vel
audituris ᛬ Geruasius filius Willelmi Paris de Crosholm
salutem . Nouerit vniuersitas vestra me remississe . et

    quietumclamasse de me et heredibus meis deo et eclesie
 5 beate Marie de Lincolnia Ricardo episcopo eiusdem ecclesie
    et successoribus suis totum ius et clamium quod habui . vel
    aliquo modo habere potui . in vno tofto 7 dimidia bouata
    terre cum pertinenciis in Norton' . quam quidem terram
    cum tofto Radulfus de Norton' aliquando tenuit in eadem
10 villa . et vnde placitum fuit inter dictum Ricardum episcopum
    7 me per breue domini regis in curia domini regis apud Lincoln'
    coram domino Martino de Littelbiri 7 sociis suis tunc
    iusticiariis ibidem itinerantibus anno regni regis Henrici
    filii regis Jhoannis quadragesimo septimo . ita quod nec ego
15 nec heredes mei in dicta terra cum tofto 7 pertinenciis :
    aliquid iuris . clamii . vel seruicii decetero exigere . uel clamare
    poterimus . Et pro hac remissione . et quietaclamacione :
    dedit michi dictus Ricardus episcopus viginti solidos
    . . . . de bonis eclesie sue . In cuius rei
20 testimonium : presenti scripto sigillum meum apposui .
    Hiis testibus . . . .
    . . . [? Galfrido de Leu]kenore . domino Ricardo de Hemming-
    ton' . Galfrido Russel . Henrico de Perpunt' . Ricar[do]

25 de Fiskerton' . Jho*anne* de Crosholm . et aliis . Dat' apud
    Lincoln' die Mercurii proxima ante . . . .
    . . . .

Endorsed : (1) Norton .v. (13 cent.).   (2) .o.
Tag for seal.   Size : 7 x 3⅝ inches.
Text : MS—Orig. Dij/84/1/23.

ADD. CHART.

632. Grant by Geoffrey of Swalcliffe to the church of Saint
Peter of [Bishop] Norton and William of Hemingbrough, rector
of the same church, of four cottages in [Bishop] Norton. (1251–
1278.)

    Omnibus Christi fidelibus hoc presens scriptum visuris
    vel audi[turis] Galf[ridus de] Swalecliue . salutem in domino .
    Nouerit vniuersitas vestra me pro salute anime mee . ante-
    cessorum . 7 successorum meorum dedisse . concessisse 7 hac
 5 presenti carta mea confirmasse deo 7 ecclesie beati Petri
    de Northon' et domino . Willelmo de Hemmingburg' rectori
    eiusdem ecclesie 7 omnibus successoribus suis . quatuor
    cotagia in villa de Northon' . cum omnibus pertinenciis
    suis . libertatibus . commoditatibus . 7 aisiamentis ad predicta
10 cotagia infra villam 7 extra pertinentibus in perpetuam
    elemosinam . videlicet . illa cotagia que iacent circumdata
    cimiterio uersus orientem . et via regia uersus boream . et
    grangia dicti domini Willelmi de Hemming*burge* . uersus
    partes australes . et via regia uersus partes orientales cum

15 tota longitudine . 7 latitudine . Tenenda 7 habenda sibi 7
successoribus suis . libere . quiete . integre . honorifice . 7
pacifice . inperpetuum . Reddendo inde annuatim Johanni
de Newerk' 7 heredibus suis tres solidos argenti . videlicet
pro omni seculari seruicio . exaccione . consuetudine . secta
20 cuiuscunque . 7 demanda vniuersa . Et ego vero predictus
Galfridus 7 heredes mei vel assignati . predicto domino
Willelmo de Hemmingburg' . et omnibus successoribus suis
predicte ecclesie beati Petri de Northon' deseruientibus :
predicta quatuor cotagia ut supradictum est warentizabimus .
25 acquietabimus . 7 pro predicto seruicio capitali domino faciendo
inperpetuum defendemus . In cuius rei testimonium : presenti
scripto sigillum meum apposui . Hiis testibus . domino .
Ricardo de Hemmington' tunc temporis senescallo domini
.R. Linc' episcopi . domino . Alexandro tunc temporis
30 senescallo de Kirketon' . Johanne de Staunford' . Gilberto
de Kirketon' clerico . Johanne de Newerck' : Andrea de
Swalecliue . et aliis.

Endorsed : Carta .G. de terra Northon' (13 cent.).
Tag for seal. Size : 7⅜ x 4 inches.
Text : MS—Orig. DIJ/84/1/27.
The charter has been injured, and missing words have been supplied conjecturally
within square brackets.
Note : Bishop Norton was a prebendal church, and William of Hemingbrough's
institution must be placed after 3 March, 1251, when he witnesses after the canons,
and before 7 June in the same year when he is described as canon (L.R.S. xi, 248).
He was instituted to the church of Horkstow in 1241-2 (*ibid.*, p. 64), and vacated
it by death before 7 June, 1278 (*ibid.* xx, 80).

ADD. CHART.

633. Confirmation and release by John son of Geoffrey of
Swalcliffe of his father's gift of four cottages in [Bishop] Norton
(no. 632, above). (1251-1278.)

Omnibus Christi fidelibus presens scriptum visuris uel
audituris Johannes filius Galfridi de Swalecliue salutem in
domino . Noueritis me concessisse 7 quietum clamasse 7
hac presenti carta mea confirmasse domino Willelmo de
5 Hemmigebur' canonico Lincolnie et successoribus suis rectoribus ecclesie de Nortona . quatuor tofta que habet ex
dono Galfridi patris mei sita iuxta cimiterium de Nortona
versus orientem . Tenenda 7 habenda . sibi in tota uita sua
7 successoribus suis rectoribus ecclesie de Nortona . in
10 posterum . libere . quiete . pacifice . 7 integre . inperpetuum .
Reddendo inde annuatim . Johanni de Newrk' 7 heredibus
suis . tres solidos terminis statutis in carta Galfridi patris
mei pro omni seculari seruicio . exaccione . consuetudine .
7 demanda . In cuius rei testimonium presenti scripto sigillum
15 meum duxi apponendum . Hiis testibus . domino Galfrido

rectore ecclesie de Hakethorn' . Andrea de Swalecliue .
Johanne de Stanford' . Rogero de Middeltona . Nicholao de
Wodingham . et aliis.

Endorsed : Conting' prebendam de Norton' (14 cent.).
Tag for seal. Size : 7¾ x 3 inches.
Text : MS—Orig. Dij/84/1/28.

ADD. CHART.

634. Grant and release by William Fraunceys of Norton to
bishop Oliver Sutton of a yearly render of twelve pence from a
toft and an acre of land in [Bishop] Norton. (1280–1299.)

     Omnibus Christi fidelibus presens scriptum visuris uel
audituris Willelmus Fraunceys de Norhttona salutem . Nouerit
vniuersitas vestra me dedisse . concessisse . 7 hac presenti
carta mea confirmasse . 7 omnino de me 7 heredibus meis
5 inperpetuum quietum clamasse domino Oliuero de Suthtona
episcopo Linc' 7 heredibus suis 7 assignatis redditum
duodecim denariorum cum pertinenciis de Thoma Proude
de Norhtona annuatim recipiendarum pro vno tofto 7 vna
acra terre arrabilis cum pertinenciis in eadem ad duos anni
10 terminos videlicet ad festum sancti Botulfi sex denarios .
7 ad festum sancti Michaelis sex denarios . et eciam quicquid
michi uel heredibus meis racione dicti redditus poterit accidere
uel euenire ꞉ omnino de me 7 heredibus meis inperpetuum
quietum clamasse predicto domino Oliuero 7 heredibus suis
15 7 assignatis . Habend' 7 tenend' dicto domino Oliuero Linc'
episcopo 7 heredibus suis 7 assignatis libere . quiete . bene .
in pace . iure 7 hereditarie inperpetuum . Et ego dictus
Willelmus 7 heredes mei predictum redditum annualem
duodecim denariorum cum omnibus pertinenciis dicto domino
20 Oliuero de Suthtona Linc' episcopo 7 heredibus suis 7
assignatis pro quadam summa argenti quam michi dedit
pre manibus contra omnes gentes warantizabimus . adquietabimus 7 de omnibus seruiciis secularibus defendemus inperpetuum . In cuius rei testimonium huic scripto sigillum meum
25 apposui . Hiis testibus . Johanne de Swalcliue . Johanne de
Crossolme . Rogero le Despenser in Norhtona . Willelmo
filio Leticie de eadem . Waltero fratre eius . Waltero ad
ecclesiam de eadem . 7 Andrea le Mercer' . et aliis multis.

Endorsed : Norton' (13 cent.).
Seal on tag : small pointed oval, green wax, a two-headed eagle displayed.
Legend : **WILL' FIL' HVG . . . CRORSHOLM.**
Size : 9¾ x 3½ inches.
Text : MS—Orig. Dij/84/1/25.

ADD. CHART.

635. Ratification by N[icholas Heigham] the dean and the

chapter of a grant by bishop Oliver manumitting Walter son of
Lettice of [Bishop] Norton. At Lincoln. 10 October, 1282.

Indented at top

ꓕ ꓱ ꓷ ꓛ ꓭ ꓯ

Vniuersis sancte matris ecclesie filiis presentes litteras
visuris uel audituris .N. decanus 7 capitulum Linc' salutem
5 in domino sempiternam . Noueritis nos litteras venerabilis
patris domini Oliueri Lincoln' episcopi (non abolitas (non
cancellatas nec in aliqua sui parte viciatas vero eiusdem
sigillo signatas . inspexisse in hec uerba . Omnibus sancte
matris ecclesie filiis presentes litteras visuris uel audituris (
10 Oliuerus permissione diuina Lincoln' episcopus salutem in
domino . Nouerit vniuersitas vestra nos consensu capituli
nostri caritatis intuitu manumisisse Walterum filium Leticie
de Northton' cum tota sequela sua (7 cum omnibus catallis
suis inperpetuum . Ita quod nec nos nec successores nostri (
15 in predicto Waltero (nec in sequela sua nec etiam eorum
catallis (aliquod clamium uel ius seruitutis ᛁ de cetero
vendicare poterimus . In cuius rei testimonium ᛁ presenti
scripto (sigillum nostrum apposuimus . Hiis testibus . magistris
Ricardo de Horton' . Thoma de Perar*iis* 7 domino Johanne
20 de Wydington' canonicis Lincoln' domino Roberto de
Svuilington' . Gilberto de Thornton' (Thoma de Ouneby (
7 aliis . Et nos decanus 7 capitulum antedicti predictam
manumissionem ratificantes vnanimiter premissis (nostrum
damus confirmatorium assensum . In cuius rei testimonium
25 presentibus sigillum capituli nostri est appensum . cuius
transcriptum penes nos residet cyrographatum . Dat' Linc'
die Sabbati proxima post translacionem sancti Hugonis .
anno domini . Mᵒ. CCᵒ. octogesimo secundo.

No endorsement.
Slit for seal-tag. Size : 7¼ x 3½ inches.
Text : MS—Orig. Dij/84/1/30.

ADD. CHART.

636. Ratification by N[icholas Heigham] the dean and the
chapter of a grant of bishop Oliver manumitting William son of
Lettice of [Bishop] Norton. At Lincoln. 10 October, 1282.

Indented at top

ꓭ ꓛ ꓷ ꓱ ꓘ ꓯ

Vniuersis sancte matris ecclesie filiis (presentes litteras
visuris uel audituris .N. decanus 7 capitulum Linc' salutem
5 in domino . sempiternam . Noueritis nos litteras venerabilis
patris domini Oliueri Linc' episcopi (non abolitas (non
cancellatas (nec in aliqua sui parte viciatas (vero eiusdem

sigillo signatas inspexisse in hec verba . Omnibus sancte
matris ecclesie filiis presentes litteras visuris uel audituris .
10 Oliuerus permissione diuina Linc' episcopus (salutem in
domino . Nouerit vniuersitas vestra nos consensu capituli
nostri caritatis intuitu manumisisse (Willelmum filium
Leticie de Northton' cum tota sequela sua (7 cum omnibus
catallis suis inperpetuum . Ita quod nec nos nec successores
15 nostri in predicto Willelmo nec in sequela sua (nec
etiam eorum catallis (aliquod clamium uel ius seruitutis ; de
cetero vendicare poterimus . In cuius rei testimonium ; presenti
scripto sigillum nostrum apposuimus . Hiis testibus ; magistris
Ricardo de Horton' . Thoma de Perariis (7 domino Johanne
20 de Wydington' canonicis Lincoln' . domino Roberto de
Svuilington' . Gilberto de Thornton' (Thoma de Ouneby 7
aliis . Et nos decanus 7 capitulum antedicti predictam
manumissionem ratificantes vnanimiter premissis ; nostrum
damus confirmatorium assensum . In cuius rei testimonium
25 presentibus ; sigillum capituli nostri est appensum . cuius
transcriptum penes nos residet cyrograffatum . Dat' Linc'
die Sabbati proxima post translacionem sancti Hugonis ;
anno domini м°. сс°. octogesimo secundo.

No endorsement.
Slit for seal-tag.　Size : 7¼ x 4¼ inches.
Text : MS—Orig. ᴅɪj/84/1/31.

NORTON DISNEY

ADD. CHART.

637. Release by R[oger] the prior and the chapter of the order
of Sempringham and G. the prior and the convent of Saint
Katherine's, Lincoln, to bishop Hugh [I] and the chapter of
Lincoln of their right in the church of Norton [Disney]. (Circa
1196–1198.)

　Cunctis sancte matris ecclesie filiis presentibus 7 futuris .R.
misericordia dei prior ordinis de Sempingham 7 capitulum 7
.G. prior 7 conuentus canonicorum sancte Katerine Lincoln'
salutem . Nouerit universitas uestra nos deuocionis intuitu
5 quam erga .H. uenerabilem Lincol' ecclesie episcopum 7
eiusdem ecclesie capitulum habuimus communi 7 spontaneo
omnium nostrum assensu quietum clamasse eidem episcopo
7 successoribus eius 7 prefato capitulo quicquid iuris in
ecclesia de Nortun' uel in pertinenciis suis uendicauimus in
10 perpetuum . 7 absolute in manu ipsius episcopi resignasse .
ita quod nos uel successores nostri prefato episcopo 7
successoribus eius 7 iam dicto capitulo super pretaxata
ecclesia Nortun' nullam unquam mouebimus questionem .
set liceat eis inde quicquid eis libuerit facere ; absque omni

15 contradictione nostra 7 reclamacione . Ut autem hec nostra
    quieta clamacio firma perseueret 7 immobilis . 7 ut nulla
    possit elidi malignancium cauillacione : eam presenti scripto
    7 sigillorum nostrorum appensione communire dignum
    duximus . His . testibus .R. decano Lincoln' . 7 G. de sancta
20 Katerina Lincoln' . 7 C. de Sixle . 7 B. de Cattel' . 7 J. de
    Suldham . prioribus . Willelmo precentore . Willelmo cancel-
    lario . Jocelino thesaurario . Ricardo . subdecano . Winemero
    de Norhantun' . Roberto . de Huntedun' . Stephano . de
    Bugingham' . Reimundo . de Legrecestria . Laurentio de
25 Bedeford' . Waltero de Oxneford' . Alexandro . de Westriding' .
    archidiaconis . Eudone . Albino . Rogero . Augustino . 7
    Ranulfo . canonicis ordinis de Sempingham . Ricardo de
    Kima . Roberto Bardolf . Rogero de Wirecestria . Radulfo
    de Virein . Ricardo . de Sualecliue . Galfrido de Deping' .
30 Roberto de Manecestria . Petro de Hungeria . Rogero .
    Scotto . Andrea . Roberto . de Capella . Philippo Apostolorum .
    canonicis matricis ecclesie Lincolnie.

Endorsed : Super ecclesia de Morton' [sic] .viij. (13 cent.).
Three tags for seals, and fragment of seal on the first tag :   small oval, cream,
the upper part of an ecclesiastical figure ; legend : . . . . **ORDI'**
D' SE . . . . . .
Size : 6¾ x 6¾ inches.
Text : MS—Orig. Dij/84/1/15.
Notes : William of Blois became precentor in 1196; and Winemer archdeacon
of Northampton resigned in 1198.
The church of Norton Disney was given by bishop Chesney to the Gilbertine
priory of Saint Katherine, Lincoln (*Liber Antiquus . . . Hugonis Wells*, p. 72).
Notwithstanding the present charter, the master, prior, and convent of Sempring-
ham were the patrons of the church during the thirteenth century (L.R.S. xi, 36,
77), and until the church was appropriated to the priory (Reg. ii, ff. 5, 74).

ADD. CHART.

638. Notification by Gilbert rector of the order of Sempringham to H[ugh II] the bishop and R[oger] the dean and the chapter
of the ratification of the grant by R[oger] his predecessor of the
church of Norton [Disney] to bishop Hugh [I]. Also release of
several parcels of land which the bishop's rustics, and not the
bishop himself, gave to the churches of Newton [on Trent] and
Marton. (Probably 1213–1223.)

     Reuerendo in Christo patri 7 domino H. dei gracia Lincoln'
    episcopo 7 viris venerabilibus .R. decano . 7 capitulo Lincoln' .
    Gilebertus rector ordinis de Sempingham salutem 7 promptam
    cum dilectione 7 subiectione reuerenciam . Nouerit paternitas
5   vestra quod nos ratam habemus concessionem quam super
    ecclesiam de Norton' . fecit R. quondam rector ordinis de
    Sempingham predecessor noster .H. sancte recordacionis
    quondam Lincoln' episcopo 7 successoribus suis . Itemque

presentibus litteris uobis resignamus dimidiam acram terre
10 quam Seman dedit ecclesie de Newton' . et dimidiam acram
quam Hugo Gille dedit . et dimidiam acram quam Rogerus
filius Svayn dedit . et dimidiam acram quam Robertus de
Neweit dedit . 7 unam acram quam Hugo filius Wlfou
dedit . et dimidiam acram quam Robertus filius Toke dedit .
15 et dimidiam acram quam Bela uidua dedit . et dimidiam acram
quam Robertus filius Hugonis . dedit . et dimidiam acram
quam Adam filius Roberti dedit . et dimidiam acram quam
Reginaldus filius Seman dedit . et dimidiam . acram quam
Robertus . in the Wro dedit . et tres rodas 7 dimidiam
20 quas Robertus . Palmar*ius* . dedit . et tres rodas 7
dimidiam . quas Hugo Bonde dedit . 7 vnam rodam 7
dimidiam quas Robertus Croce dedit . et vnam rodam 7
dimidiam quas Hugo Julian' . dedit . et vnam rodam 7
dimidiam . quas Willelmus Hauekesey dedit . 7 vnam magnam
25 rodam quam Albreda de Lahtreton' tenuit . item vnam
acram terre quam Godwin*us* Plouhwricth dedit ecclesie de
Marton' . Et quinque . rodas terre 7 dimidiam acram prati
quas antecessor Haconis dedit . et vnam rodam terre . 7
vnam rodam prati quas antecessor Roberti filii Martini
30 dedit . et vnam rodam terre quam antecessor Ricardi le Viel
dedit . Has scilicet terras resignamus quas ecclesie de
Newton' . 7 de Marton' tenuerunt de dono rusticorum
episcopi . 7 non de dono episcopi . Vt autem hec nostra
resignacio perpetuam optineat firmitatem ꞉ eam presenti
35 scripto 7 sigilli nostri patrocinio communimus.

Endorsed : Ratificatio Gileberti . magistri ordinis de Simplingeha*m* . facta de
ecclesie de Norton' . super concessione quam fecit .H. Linc' episcopus . de eadem
ecclesia . Item resignatio eidem quarundam terrarum que pertinent ad ecclesiam de
Norton' (13 cent.).

Seal on tag : Obverse : green, pointed oval, $2\frac{1}{8}$ x $1\frac{1}{4}$ inches ; an ecclesiastical
figure, standing ; legend : . . . . **ORDINIS SEMPINGHA** . .
Reverse : round, $\frac{3}{4}$ inch ; three birds ; legend : **NIGRA SVM SET VIRT-V[O]SA.**
Size : $6\frac{3}{8}$ x 6 inches.
Text : MS—Orig. DIj/84/1/14.
Note : Bishop Hugh did not return to England until 1213, and Roger the dean
died in 1223. The second legend may have been suggested by *Canticles* i, 5.

STURGATE

ADD. CHART.

639. Sale by Wiger of Sturgate to Walter of Newark of a
bovate with a toft which he held in Sturgate [in Springthorpe]
of the church of Lincoln in respect of the prebend of Corringham.
(1230–1239.)

Sciant presentes 7 futuri quod ego Wygerus de Sterisgard' .
dedi 7 vendidi 7 concessi et hac presenti carta mea

confirmaui Waltero de Neuu*er*chia 7 heredibus suis . uel eius
assignatis vnam bouatam terre cum tofto 7 cum omnibus
5 pertinenciis illi bouate terre pertinentibus . videlicet illam
bouatam terre cum tofto quam tenui de deo 7 de beata Maria
de prebenda de Coringham in uilla de Sterisgard' . Tenendam .
et habendam sibi 7 heredibus suis uel eius assignatis de deo
7 de beata Maria de prebenda de Coringham . libere et quiete
10 pacifice reddendo inde annuatim quatraginta denarios deo
7 beate Marie et prebende de Coringham ⁊ ad quatuor terminos .
videlicet ad Natale domini decem denarios . ad Pascha decem
denarios . et ad Natale sancti Johannis Baptiste decem
denarios . et ad festum sancti Michaelis decem denarios .
15 pro omnibus seruiciis 7 demandis . pro hac autem donacione
7 vendicione concessione 7 confirmacione dedit michi predictus
Walterus centum solidos esterlingorum in stricto negocio
meo . Et vt hec donacio 7 vendicio . concessio et confirmatio
rata 7 stabilis permaneat hoc scriptum sigilli mei appocisione¹
20 coroboraui . Hiis testibus . magistro Willelmo Blund*o* tunc
cancellario Lincoln' . Gilberto deacono¹ de Kyrketon' .
Anketillo Pell de Lupo . Thoma de Nouilla de Bliton' .
Hugone de Tatersale . Henrico clerico de Coringh*am* . Waltero
de Northgard' filio Hugonis de Beltof . Elya de Sterisgard' .
25 Henrico filio Hugonis de Sterisgard . Galfrido cim*it*ario 7
multis aliis.

Endorsed : Carta tangens prebendam de Coringham que ponatur inter cartas
prebende in thesaur*aria* Linc'.
Slit for seal-tag. Under the fold of the document there are four or five illegible
words, and ' .a.' Size : 7 x 5 inches.
Text : MS—Orig. Dij/69/1/3.
Var. R. : ¹ *sic.*

ADDENDA

ADD. CHART.

640. *Inspeximus* by Edward III of part of a fine levied in
the court of Henry III, at Lincoln, in eight days of Michaelmas,
10 Henry III, between bishop Hugh [II] as guardian of Robert
son and heir of Philip de Rye, plaintiff, and William de Burgo
and Kenna his wife, touching the plaint that William without
licence of the bishop married Kenna, who was in the gift of the
bishop as guardian of Robert, and that Kenna gave herself to
William without licence ; whereof there was a plea between the
parties in the said court ; whereupon it was agreed that the bishop
has quitclaimed to William and Kenna all claim arising from the

marriage, and that in return for this William and Kenna have granted to Robert certain land and marsh in Gosberton which was part of the dower assigned to Kenna in respect of the land of her late husband, Philip de Rye. At Lincoln. 6 October, 1226.

Inspeximus insuper partem cuiusdam finis dudum in curia domini .H. quondam regis Anglie proaui nostri leuate in hec verba . Hec est finalis concordia facta in curia domini regis apud Lincoln' in octabis sancti Michaelis anno regni
5   regis Henrici filii regis Johannis decimo coram Alexandro abbate de Burgo Johanne de Lascy constabulario Cestrie (Martino de Pateshull' (Henrico de Braybroc (Willelmo de Insula (Ricardo Duket iusticiariis itinerantibus 7 aliis domini regis fidelibus tunc ibi presentibus inter dominum Hugonem
10   Lincoln' episcopum custodem Roberti filii 7 heredis Philippi de Rya querentem (et Willelmum de Burgo 7 Kennam vxorem eius de hoc quod idem Willelmus sine licencia ipsius episcopi duxit in vxorem predictam Kennam que fuit de donacione ipsius episcopi racione custodie terre 7 predicti
15   heredis predicti Philippi (7 de hoc quod ipsa Kenna permisit se desponsari predicto Willelmo sine licencia ipsius episcopi (Vnde summonitum fuit inter eos in eadem curia scilicet quod predictus episcopus pro se 7 successoribus suis remisit 7 quietum clamauit predictis Willelmo 7 Kenne transgres-
20   sionem illam de predicto maritagio imperpetuum . Et pro hac remissione (quieta clamancia fine 7 concordia idem Willelmus 7 Kenna concesserunt 7 reddiderunt predicto Roberto viginti octo acras terre 7 dimidiam cum pertinenciis in Goseberdchirche de terra que ipsi Kenne assignata fuit
25   in dotem de hereditate que fuit Philippi de Rya quondam viri sui in eadem villa (scilicet tresdecim acras terre 7 vnam perticatam in Lickinges (7 vndecim acras terre 7 vnam perticatam in Gangetoft 7 quatuor acras terre in Algaretoft et illas viginti octo acras terre 7 dimidiam cum pertinenciis
30   remiserunt 7 quietas clamauerunt de se (ipsi Roberto 7 heredibus suis imperpetuum . Et preterea predicti Willelmus 7 Kenna remiserunt 7 quietumclamauerunt de se ipsi Roberto 7 heredibus suis totum ius 7 clamium quod habuerunt vel habere potuerunt in quodam marisco in eadem villa qui
35   vocatur Frid' . de quo marisco aliquando dicebant terciam partem pertinere ad dotem ipsius Kenne . Ita quod idem Willelmus 7 Kenna tenebunt se contentos nomine dotis imperpetuum (de residuo illius terre que prius eidem Kenne assignata fuit in dotem de hereditate que fuit predicti Philippi
40   de Rya quondam viri sui.

Texts : MS—lvii(5).   P.R.O., Charter roll, 3 Edward III, mem. 2.   MS—*C.C.R.* iv, 150 (calendared).   Cp. *Final Concords* i, 218–19.

ADD. CHART.

641. Letter from R[oger de Rolveston] dean of Lincoln to
Bishop H[ugh I] : William de Coleville has presented Roger de
Gineto, clerk, to the oversight of the church of Somerby [by
Grantham] vacant by the death of W. de Marinis. Now it is certain
that the right of presenting belongs without dispute to W. de
Coleville by reason of the custody of Thomas son of Osbert of
Somerby who is under age. You may therefore, if you please,
reasonably admit the said presentee, saving the perpetual vicarage
of Theobald de [? Fr]ewyill', so that the same [Roger] may have
the said church to hold subject to a pension of four marks a year.
May your Holiness fare well in the Lord. (1195–1200.)

Reuerendo patri 7 domino in Christo . karissimo .H. de^i
gratia episcopo Lincolliensis .R. Lincolliensis ecclesie .
decanus . salutem etiam tam . . . . am quam debitam
subiectionis 7 obedientie reuerentiam . Nobilis vir Willelmus
5   de Coleuill' . dilectum in Christo Rogerum de Gineto clericum
ad episcopatum ecclesie de Sumerdebi . in obitu W. de
Marinis . uacantem presentauit . Certum est autem ius
presentandi ad dictum .W. de Coleuill' . ratione custodie
Thome filii . Osberti . de Sumerdebi . qui est infra etatem .
10   sine controuersia pertinere . Poteritis itaque si placet . ipsum
presentatum . rationabiliter admittere . salua perpetua
uicaria . Theobaldi de [? Fr]ewyill' . ita uidelicet . ut idem .T.^{1}
dictam ecclesiam cum omnibus . . . . sub
pensione .iiij^{or}. marcarum . annuatim [? habeat tenen]dam .
15   Valeat sanctitas uestra in domino.

No endorsement.
Fragment of seal on a strip, and below the strip a ribband. Size : 4¼ x 3¼ inches.
Text : MS—Orig. Dij/87/1/41 (badly faded, and some words illegible).
Var. R. : ^{1} T. *seems to be a mistake for* R.
Note : The writing clearly indicates Hugh I as the bishop, who died in 1200.
Roger became dean in 1195.

APPENDIX I

Facsimiles of the charters of Henry II of which facsimiles were not supplied in volume I.

XIII

8 in. × 3⅝ in.

119

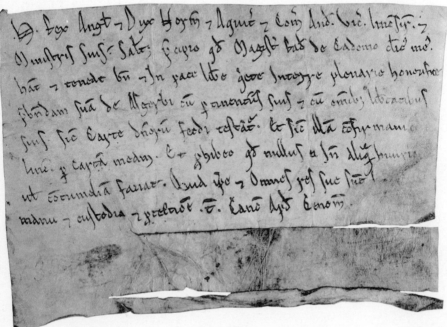

121

5½ in. × 3⅝ in.

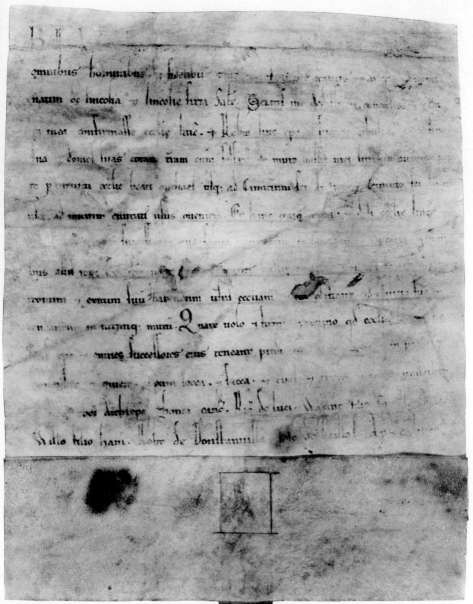

omnibus hominibus fidelibus suis [...] hominibus [...]
natim de incola 7 incolie hira fale. Sciatis me de [...] concessisse [...]
[...] mea confirmasse ecclie sancte [...] 7 Roberto [...]
na domos suas coram viam [...] de muro [...] mei sunt in [...]
[...] porticu ecclie beati [...] usq; ad Cimiterium [...]
usq; ad [...] Cimiterii illius [...] Et hanc [...] ecclie sancte [...]
[...]
illius sunt reg [...]
coram 7 cetera suis baronibus usui eccliam [...] de incura [...]
[...] in eadem muro. Quare uolo 7 firmi precipio qd ecclia [...]
[...] omnes successores eius teneant pre [...]
[...] omni iocos. 7 sicca. 7 civil 7 [...]
[...] dei diebus Thomas cancell. Ric de lucis. Waltero filio [...]
Willo filio ham. Robto de Donstanuilla [...]

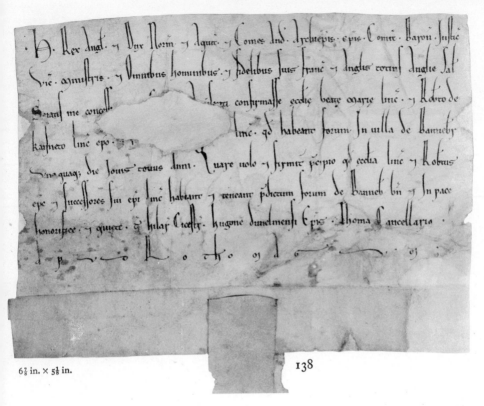

XV

6⅞ in. × 5⅛ in.

138

9 in. × 4¼ in.

143

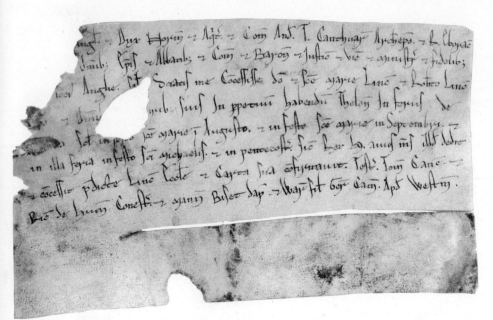

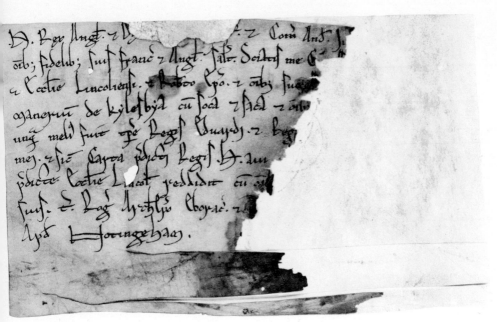

5⅝ in. × 3½ in.   159

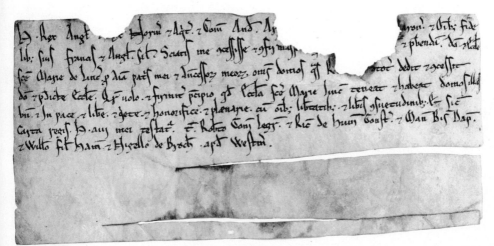

7¼ in. × 3¼ in.   168

XVIII

H. Rex Angl᷑ ꝯ Dux Normꝰ ꝯ Aquit᷑ ꝯ Com᷑ And᷑. Archiepiſ. Epiſ. Abbiꜩ. Comiꜩ᷑. Baroniꜩ᷑ ꝯ oiꜩ᷑ fidelibꜩ ſuiſ totꝯ Angl᷑ ꝯ Sat᷑. Sciatꝯ me ꝯcceſſiſſe ꝯ pñti carta mᷓ ꝯfirmaſſe ꝯcclı̃e Linc᷑ ꝯ Robto epõ Linc᷑. ꝯ ſucceſſoribꜩ ſuiſ uña ferıam de .v. diebꜩ ad caſtellm̃ ſuũ de Sleaforð. Scilıc᷑ die poſt beat᷑ Marıe Magdalene ꝯ .iiij. ꝯ̃mıuſ pꝛecedentibꜩ diebꜩ. Itaꝗ uolo ꝯ firmıt᷑ ꝯcıpıo qð oẽſ illı uudeꝗ ſıntꝯ ꝗ illuc uenıunt cauſa emendı ut uendendı mea firmᷓ pace habeant in eundo ꝯ redeundo. Et ꝓhibeo ne quıſ eoſ iuuſte diſturbet ut uereat eoꝝ unde ꝯ in ferıa ſuaſ rectaſ debitaſ ꝯſuetudineſ. ſup᷑ .x. librꝯ forıſfactuꝝ. Et hanc pꝛedictaᷓ ferıaᷓ cũ lıbtatibꜩ ſuıſ ꝯcedo ꝯ ꝯfirmo epõ Linc᷑ ſıcut carta Henr᷑ Regıſ aui mı teſtat᷑. T. Rog᷑ Archepõ Eboꝝac᷑. H. Lincoln᷑ epõ. ꝯ Ricardꝯ de Luc᷑. apð Eboꝝacıῖ.

XIX

8½ in. × 8⅝ in.

ḣ. Rex Angl. æ' Dux Norm. æ' Aquit. ꝛ Com Anđ. Archiepis. Epis. Comitab;
Baron. Iustic. Vic. ꝥpositis. æ' Omnib; hominibus. ꝛ fidelib; suis totius Anglie
franc. ꝛ Anglis Salt. Sciatis me concessisse. æ' carta mea confirmasse. Ecclie be
ate Marie lincoł. ꝛ Epo donationem qm Willtꝰ Rex Anglie Antecessor nꝵ dedit
eis in ꝓpriam elemosinam. Videlic; ecclam de Vchintona. æ' quicquid ad eam ꝑ
tinebat tempꝛ regis Edwardi. æ' ecclam de Cathetete. æ' ecclam de Elleburna. æ'
ecclam de Mamettete. æ' capellas que sunt in bertscril que adiacent ꝓdicut maniꝰ
Quare volo æ' firmit ꝑcipio qđ ꝓdicta ecclia lincoł. ꝑdictas ecclias. æ' capellas har
et teneat bn̄. ꝛ in pace. libe. quiete. honorifice. integre æ' plenarie cum omnibus
ꝑtinentiis suis in tris æ' decimis. ꝛ in omnibus rebus. sicut carta Willi regis An
glie antecessoris mei quam indi testatur. Ꞇ. Thom Cant Archiepo. Henr Winton
bil ꞇic epis. Rob Cnstabr. Ric de luci. Ragin de Sco Walico. Ric de humet
Const. apṛ ...

APPENDIX II

SEALS

Such are the vicissitudes to which the charters at Lincoln have been subjected, that but very few of the seals of magnates have survived. The little seals of humbler people, being less liable to injury, still remain in a large number of instances. The earliest surviving seal of a bishop is that of Saint Hugh (1186–1200), described below. The earliest known Chapter seal is represented by only a single impression. Of the second Chapter seal which served, at least, until the fifteenth century, no more than about four examples remain.

In the British Museum there are seals of all the pre-Reformation bishops of Lincoln from Alexander to Longland, except bishops Fleming, Grey, Alnwick, Lumley, and Rotherham (Birch, i, 255–66). Birch gives facsimiles of the seals of bishop Alexander and bishop Robert Chesney (vol. i, plate VI).

---

(1) *Seal of Bishop Hugh of Avallon*, A.D. 1186–1200

Pointed oval : 3 x $1\frac{7}{8}$ inches. The bishop, full length, vested in alb, chasuble, and mitre, with maniple, on a columnar pedestal, lifting up the right hand in benediction, and holding a pastoral staff in the left hand. Legend :

+ **HVGO : [DEI] : GRACIA : L[INCOLNIENSIS : E]PISCOP'**

Only one example has been found at Lincoln, namely, Dij/66/3/8, A.D. 1189–1195. It is in very good condition, except that part of the edge has been broken off. The missing parts of the legend have been added within square brackets from Harleian charter 43 H. 38B (Birch, i, 257). The Lincoln charter will appear, under Banbury, in volume III of this series.

---

(2) *Seal of Bishop William of Blois*, A.D. 1203–1206

Obverse—Pointed oval : $2\frac{3}{4}$ x $1\frac{3}{4}$ inches. The bishop, full length, on a platform or pedestal, lifting up the right hand in benediction, and holding a pastoral staff in the left hand. Legend in ornamental letters :

. . . . . ILL'S DEI GRACIA LI . . OLNIENSIS EPISCOP . . .

Reverse—pointed oval counterseal : 1¾ x 1⅛ inches. The Virgin enthroned, lifting up the right hand in benediction, and with the left hand holding the Child on her knee. Legend :

+ AVE MARIA GR̄A PLENA DN̄S TECV̄.

There is no example at Lincoln, and the description is taken from Birch, i, 257.

---

(3) *Seal of Bishop Hugh of Wells,* A.D. 1209–1235
Facsimile in the Frontispiece

Obverse—Pointed oval : 3 x 2 inches. The bishop, full-length, vested in alb, chasuble, and mitre, with the right hand raised in benediction, and the left hand holding a pastoral staff. On the right hand side, near the centre, is the numeral II, signifying that he was the second bishop of the name of Hugh. Legend :

+ HVGO DEI GRATIA LINCOLNIENSIS EPISCOPVS

Reverse—Pointed oval counterseal : 2⅜ x 1¾ inches. The Virgin seated, with the Child. In the base, under an arch the bishop, half-length, in profile to the right, vested, with mitre, holding a scroll. Legend :

+ VITA SIT HVGONIS HIIS INFORMATA PATRONIS

Only one fairly good example of the seal has been found at Lincoln, namely, Dij/83/2/53, 12 June, 1218 (*see* p. 288, above). Birch (vol. i, 258) gives one very imperfect impression, A.D. circa **1227.**

---

(4) *Seal of Bishop Robert Grosseteste,* A.D. 1235–1253

Obverse—Pointed oval : 3¼ x 2 inches. The bishop, full length, vested in alb, chasuble, and mitre, standing on a carved Gothic bracket, lifting up the right hand in benediction, and holding a pastoral staff in the left hand. In the field on either side, in a niche, is the head of an ecclesiastic, one of them being, as Birch suggests, that of Saint Hugh. The background is diapered lozengy, with a small cinquefoil placed on the lines at each point of intersection. Above the niche on the right hand side is the numeral III, the bishop being the third Robert who held the see. Legend :

+ ROBER[TVS] DEI GR[ACIA LI]NCOLNIEN[SIS EP]ISCOPVS

In no surviving example of the seal can the letters enclosed in brackets be deciphered.

Reverse—Pointed oval : 2¼ x 1½ inches. The Virgin, enthroned, holding in the right hand a sceptre fleury, and in the left arm the Child. In base, under a Gothic arch, the bishop, half-length, in profile to the right, vested, with mitre, praying. Legend :

+ AVE [MARIA] GRACIA PLENA DOMINVS TECVM

The letters V and M are conjoined, one stroke serving for the last element of V and the first of M in TECVM.

Only one good example exists at Lincoln, namely, Dij/84/1/19, A.D. 1248–1253 (*see* no. 627, above). Birch describes three imperfect examples (vol. i, 258). The seal has a general likeness to bishop Hugh's seal above, but it is larger and more finely executed.

(5) *Seal of Bishop Henry Lexington*, A.D. 1254–1258

Obverse—Pointed oval : 2¾ x 1¾ inches. The bishop, full length, on a finely carved pedestal, lifting up the right hand in benediction, and holding a pastoral staff in the left hand. Legend :

+ HENRI . . . . . . RA' . LIN . . . . EPISCOPVS.

Reverse—A smaller pointed oval counterseal : 2 x 1¼ inches. Under a trefoiled gothic canopy, the Virgin, enthroned, with the Child on her left knee. In base, under a trefoiled arch with architectural details at the sides, the bishop, half length, in prayer to the left. Legend :

+ SALVE REG[INA] · MIS[ERICO]RDIE

No example has been found at Lincoln, and the description is taken from Sloane charter xxxiv. 64 (Birch, i, 259).

(6) *Seal of Bishop Richard Gravesend*, A.D. 1258–1279

Obverse—Pointed oval : 2¾ x 1¾ inches. The bishop, full length, vested in alb, chasuble, and mitre, on a foliated corbel, under a

trefoiled canopy carved in representation of the cathedral church,
lifting up the right hand in benediction, and holding a pastoral staff
in the left hand. The field is diapered lozengy. Legend :

> RICARDVS : DEI : GRACIA : LINCOLNIENSIS : EPISOOPVS

Reverse—A smaller pointed oval counterseal : 1⅞ x 1⅛ inches.
The Virgin, enthroned under a trefoiled canopy, with the Child.
In base, under a trefoiled arch, the bishop in prayer, towards the
left hand. Legend :

> + TE · RICARDE · [REGO · PORTA · SAL]VTIS . EGO

One example has been found at Lincoln, namely, Dij/72/2/13,
circa 1260 (no. 453, above). The bottom part has been broken,
and the description given here has been completed from Birch, i,
259.

---

(7) *The First Seal of the Chapter*

Pointed oval : 3½ x 2 inches. Very like the obverse of the
Second Seal, described below, but of less fine workmanship. The
Virgin's feet appear to rest upon a plain footboard. Legend on
a concave bevelled edge :

> + SIGILLV̇ EΛPITVLI SACTE MΛRIE LINCOLINEN . . .

There is no counterseal.

Only one example remains at Lincoln, namely, Dij/83/3/10, in
brown wax, attached to a grant of R[ichard Fitz-Nigel] the dean
and the Chapter, dated circa 1184–1189. The edge, with the
legend, is broken off all round. The inscription has been supplied
from the only example described by Birch, namely, Add. Ch. 20,863.
Professor F. M. Stenton, who has printed this charter, dates it as
circa 1150 (*Danelaw Charters*, no. 440). Birch (Plate XI) supplies
a facsimile.

---

(8) *The Second Seal of the Chapter*
Facsimile in the Frontispiece

Obverse—Pointed oval : 3 x 2⅛ inches. The Virgin, crowned
and throned, holding in the right hand a sceptre fleury, with the
Child seated on her left knee. The Virgin and Child have each
a cruciform nimbus. The Child is lifting up the right hand in

benediction, and with the left hand is holding an open book. The Virgin's feet rest upon a footboard supported by two arches. Legend on a concave bevelled edge :

SIGILLVM · CAPITVLI · SANCTE · MARIE · LINCOLNIENSIS · ECCLESIE ·

Reverse—Pointed oval counterseal : 2⅛ x 1¼ inches. Full-length standing figures of the angel Gabriel and the Virgin, with a dove flying towards the latter. Legend :

+ AVE · MARIA · GRACIA · PLENA · DOMINVS · TECVM ·

This seal was used from the end of the twelfth century to the fifteenth century. Since there is no perfect impression, the illustration in the frontispiece has been made up from the several impressions attached to the following charters granted by :

Roger [de Rolveston] the dean and the chapter, early 13 cent. (Dij/78/2/9).

Roger [de Weseham] the dean and the chapter, circa 1240 (Dij/66/3/26). This is the most perfect existing example of the seal.

The same, circa 1240 (Dij/88/3/2).

Henry [Lexington] the dean and the chapter, circa 1250 (Dij/84/1/20). *See* no. 628, above.

Birch (vol. i, 271) gives descriptions of ten examples of this seal, none of which is perfect, A.D. 1195–1393.

---

(9) *The Third Seal of the Chapter*

Birch (*ibid.*, p. 272) has six examples of this seal, which consists of the counterseal of the Second Seal used alone, A.D. 1509–1555.

---

(10) *The Chapter Seal ad Causas*

Pointed oval : fourteenth century : in a double niche, with gothic canopy, trefoiled arches, and open work at the sides, the Virgin (?) holding a small model of a church ; an angel addressing her. The corbel at the base is enriched with foliage. In the field, over the canopy, a crescent and estoile. Legend :

. . . . . . **CAPITVLI : ECCLESIE : LINCOLN' : AD : CAVSAS : ET : NEGOTIA : NEC : NON : AD : ALIEN[ATIONES]**

(Birch, i, 272.) No example of this seal has been found at Lincoln.

INDEX OF PERSONS AND PLACES

Alexander III, pope, confirmation by, 277–80
Alexander bishop of Lincoln, 8–9
  charters addressed to, 10
  constable of. *See* Constable
  grant by, 20–1 (2)
  grant to, 6, 16
  great nephew of. *See* Alvers
  men of, witn., 17, 254
  presides over chapter, 254
Alexander :
  abbot of Peterborough, justice itinerant, 333
  archdeacon of Stow, witn., 330
  master, canon of Lincoln, witn., 192, 241. *Cp.* Aunest' ; Malebis
  the clerk, witn., 309
  the king's chaplain, witn., 10
  parson of Middle Carlton, 245 ; witn., 245
  seneschal. *See* Kirton in Lindsey
  son of Gilbert. *See* Puniand
  son of Odo. *See* Torksey
  son of Roger, witn., 268. *See also* Gainsborough
  speciarius, witn., 107
  vicar of Gainsborough, witn., 273
  his son. *See* John ; William
Alford, Auford, co. Linc. :
  church of, 45
  ——, chapel of. *See* Rigsby
  Rigsby in, *q.v.*
  Walter of, witn., 241
Algar. *See* Stoke
Alheile, Ralf, of Slawston, 104 (2)
Alice, Aelice, 292
  dau. of Roger son of Hacon, 288–90
  wife of Walter son of Berewald', 217
  her son. *See* Arnald
Alkborough, Haltebarg', Hauteb', co. Linc. :
  priory, prior of. *See* Hugh
  Robert of, monk of Selby, 171
Almaric. *See* Buckden
Almoner, the. *See* Gilbert
Alneto, Roger de, witn., 319
Althorpe, Alethorp', Aletorp, Althorp', co. Linc., 218
  church of, 215–17
  ——, rector of. *See* Adam ; Arundel
Alured abbot of Stirling, witn., 39
Alvers :
  Ralf de, man of bishop Alexander, witn., 17, 254
  Robert de, great nephew of bishop Alexander, 6
Alvingham, co. Linc. :
  church of, 25, 30
  priory, 25, 30
Amabel dau. of Lauretta, kinswoman of Clement of Newark, wife of Stephen the almoner, 312 (2)
Ambrose, master, witn., 15

Ameri, Roger de, man of Alexander bishop of Lincoln, witn., 17
Amewic. *See* Anwick
Amice, the lady, 285
Amundavill, Amudauill', Amundeuilla, Mandeuill' :
  Adam de, son of Jordan treasurer of Lincoln, canon of Lincoln, 274–5
  Robert de, knt of Hugh of Wells, bishop of Lincoln, witn., 66
  Walter de, witn., 5, 254
  ——, steward of bishop Robert Chesney, 274–5 (2), 308 : witn., 309
  ——, Elias brother of, witn., 254
  William de, witn., 275 (2), 315–17, 321
  ——, Elias and Adam brothers of, witn., 275 (2)
Amy, John, juror, 203
Amys, master Richard, canon of Lincoln, witn., 316–17, 322
Ancaster, Anecastra, co. Linc. :
  church of, 25, 31
  Thomas of, dwelling in Sleaford, 37–8
Andegavum. *See* Angers
Andrew, canon of Lincoln, witn., 274, 330
Anecastra. *See* Ancaster
Angers, Andegavum [Maine-et-Loire, France], abbot of. *See* Gollanus
Anketin. *See* Peaudelu
Anwick, Amewic, co. Linc., 46
  church of, 45–6
  Geoffrey son of Roger of, 46
  Ralf son of Fulk of, 46
Apelgard, Athelstan, 268–9, 273
Apetoft, Robert de, ' baron,' witn., 272
Apostolorum, Philip, canon of Lincoln, witn., 330
Appleby, Appelby, co. Linc., 219
  Raventhorpe in, *q.v.*
  Thornholme in, *q.v.*
  Geoffrey of, knt, witn., 114
Archibald bishop of Moray, 129
Arescy, de. *See* Darcy
Arnald son of Alice, 217
Arsic, Osbert, witn., 85
Arundel, co. Sussex :
  earl of. *See* Aubigny
  master Alard of, parson of Althorpe, 56 ; parson of Asfordby, 54–6 ; witn., 65, 84
Aschby. *See* Ashby Puerorum
Aschgardby. *See* Asgarby [by Spilsby]
Aschum in Westmeria. *See* Askham
Asfordby, Effordeby, Esfordeby, co. Leic. :
  church of, 54–6 (2)–7
  parson of. *See* Arundel
  John *serviens* of, 72
Asgarby [by Sleaford], Asgareby, co. Linc. :
  fee of bishop in, 82–3
  Boughton in, *q.v.*

Beckering [in Holton], Bekering', co.
    Linc. :
    Peter of, 108
    ——, Alice wife of, 108, 110
Becket, Thomas, archbishop of Canterbury, 12, 134 ; witn., 12
Beckingham, Bekingham, Elias de, justice itinerant, 234–5
Bedford, Beddeford', Bedefordia, co.
    Bedf. :
    archdeacons of. See
        Buckden, Almaric of
        Elstow, Alexander of
        Houton, John of
        Hugh
        Laurence
        Maidstone, John of
        Octon, John
        Rowell, Roger de
    dean of. See Matthew
    master Alexander of, canon of
        Lincoln, witn., 274
    Robert of, precentor of Lincoln,
        witn., 316–17
Beek'. See Bek
Beesby, Beseby, [co. Linc.], Alan of,
    witn., 283
Bek, Bec, Beck', Beek' :
    Anthony de, dean of Lincoln, witn.,
        318
    John, witn., 153
    ——, knt., witn., 301
    Thomas, canon of Lincoln, witn.,
        318
    Walter, 193
Bekering'. See Beckering
Bekingham. See Beckingham
Bela the widow, 331
Belchford, Beltesford, co. Linc., 203
Bello Fago, de. See Beaufoe
Belmes :
    Robert de, witn., 7
    Walter de, 10–11
Beltesford. See Belchford
Beltoft [in Belton in the Isle of Axholme], Beltof, co. Linc., 227 (2)
    Hugh of, Walter son of. See Northgard'
Belton, [co. Linc.], William of, priest,
    witn., 175
Belton in the Isle of Axholme, Beltun',
    co. Linc., 227 (3)
    Beltoft in, q.v.
    Richard of, deacon, witn., 268
Belton or Bolton, Henry of, monk of
    Selby, 171
Belvoir, de Beluero, [co. Leic.], John of,
    subdean of Lincoln, 179
Bench, Justices of the, 231–3
Benedict, his son. See Roger
Benet', Juliana, obit of, 185
Beningeword'. See Benniworth
Benington, W. of, witn., 99
Benniworth, Beningeword', Beningworth', Byningword', co. Linc. :

Benniworth—cont.
    Henry of, subdean of Lincoln,
        201–2, 234 ; witn., 306 ; obit of,
        186
    master Henry of, priest, 233
    William of, witn., 296
    ——, subdean of Lincoln, 61 ; witn.,
        54–5, 60, 63
    master William of, canon of Lincoln, witn., 35–6
Bercarius. See Shepherd
Bercher, Roger le, of Marton, witn., 296
Bercton [unidentified], 221
Bereford', William de, justice itinerant,
    234–5
Berengar, Ralf, vicar choral, witn., 107
Berewald', Walter son of, s.v. Alice
Bergates, Eustace de, witn., 28
Bergton'. See Broughton by Brigg
Bern, John, citizen of Lincoln, witn., 111
Bernard prior of Kenilworth, witn., 17
Bernard :
    Geoffrey, witn., 314
    Henry, witn., 296
    his son. See Henry
Berner, William, of Beltoft, witn., 227
Bersted', Walter de, justice, 219
Bertholomeu. See Bartholomew
Berton'. See Burton
Beseby. See Beesby
Beurere, Drew de, 20
Beverley, de Beuerlaco, Beuerlacus, co.
    York, E.R. :
    the Bedern, 22–3
    master Lambert of, canon of Lincoln, witn., 3, 52, 57
Biggleswade, Bykeleswade, co. Bedf., 291
Bigod, Hugh le, 2nd earl of Norfolk,
    witn., 12
Billingborough, Bilingburc, Billingeburg',
    co. Linc., church of, 24, 27, 45
Billinghay, Bilingheie, Bilinghey, co.
    Linc. :
    church of, 24, 28
    Catley in, q.v.
    Peter son of Henry of, 28
    William of, witn., 85
Bingham, William de, witn., 275
Birkethorp'. See Birthorpe
Birland, Thomas de, canon of Lincoln
    (Carlton Kyme preb.), rector of
    North Carlton, 249–50
Birthorpe [in Stow, afterwards in Sempringham], Birkethorp', co. Linc.,
    chapel of, 24, 26
Bishop Auckland, Aucland, co. Durham,
    charter dated at, 130
Bisshoppesduna, Osbert de, clerk, rector
    of Horncastle, 274 (2)
Black, Niger, Walter, witn., 265, 268–9
Blanchard, William, witn., 211
Bleasby [in Legsby], Blesby, co. Linc.,
    195, 197
    mill of, 195, 197
    William of, 195, 197

Blesby. *See* Bleasby

Bleys, William, archdeacon of Buckingham, witn., 288

Bliton'. *See* Blyton

Blois, Henry de, bishop of Winchester, 12 ; witn., 12

Blois, William of, precentor of Lincoln, 330 ; witn., 330 ; subdean of Lincoln, witn., 27 ; bishop of Lincoln, grant by, 41 ; grant to, 42 ; seal of. *See* Appendix II (2)
clerk of. *See* William son of Fulk

Blund, Blundus, Blunt :
> Adam, 216
> Geoffrey, 216
> Hugh, witn., 10
> Sir John le, knt, of Bercton', witn., 219, 221
> master Walter, canon of Lincoln, witn., 43, 82, 218
> William, chancellor of Lincoln, witn., 35–6, 54–5, 60, 63, 332

Blunt. *See* Blund

Blyton, Bliton', co. Linc., 332
> Wharton in, *q.v.*

Bo . . . . . , R. de, 260

Bof, Geralinus le, witn., 18

Bohun :
> Jocelin de, bishop of Salisbury, 12 ; witn., 12
> master Roger de, canon of Lincoln, witn., 30, 43, 218

Bokyngham. *See* Buckingham

Bolingbroke, Bulingbrock', co. Linc., 199, 201
> dean of, 201–2
> wapentake of, jurors of, 195–6
> Adam son of Ralf of, 201
> John of, clerk, witn., 201

Bolle, William, escheator, 207–8, 210

Bollesouer. *See* Bolsover

Bolsover, Bollesouer, co. Derby, master Robert of, canon of Lincoln, 61 ; witn., 55–6, 60, 63, 65, 84, 316–17, 322

Bolton. *See* Belton

Bolton, co. York, W.R., abbey, prior of, 90–1

Bond :
> Henry, 173
> Hugh, 331
> Walter, 324

Bonet, John, sheriff of Lincolnshire, witn., 85

Boniface IX, pope, 239
> bull of, 176–7

Bos'. *See* Boseat

Bosco :
> Ernald de, witn., 5
> ——, man of the earl of Leicester, witn., 17
> William de, witn., 46

Boseat, Bos', Buzas, master Theobald de, canon of Lincoln, witn., 30, 31

Boselyngthorp'. *See* Buslingthorpe

Boteler, Alexander le, witn., 150

Bottesford, Botelford', Botenesford' iuxta Messingham in Lyndes', Botenforde, Botlesford', co. Linc., 211–40
> church of, 211–12 (2)–13, 215–20 (2), 222–3 (4)–4, 226, 229, 233–4, 237–8
> ——, advowson of, 212, 220–2 (2), 226–7 (2)–8 (2)–31 (2)–2 (3)–5
> ——, appropriation of, 225–6
> ——, ordination of vicarage in, 235–6, 239–40
> field names in, 238–9
> Langeneia, Langeneya, in, close of, 213–14
> manor of, 212, 222
> particulars of bovate in, 237–9
> rector of. *See*
>> Chesney, Oliver
>> Hotham, Alexander de
>> Kirmington, Jocelin of
>> Langwath, William de
>> Malherbe, Thomas
> vicar of, 237–8
> Ashby ; Holme ; Yaddlethorpe in, *q.v.*

Boturwyk'. *See* Butterwick

Boughton [in Asgarby], Baketon', co. Linc., fee of bishop in, 82–3

Boultham, Buletham, co. Linc., 18

Bourne, Brunna, co. Linc., abbey, abbot of, 71, 75. *See also* David

Bovington, Ingerard of, and Joan his wife, 71

Boxgrove, co. Sussex, priory, prior of. *See* A.

Boydin. *See* Lusby

Boyland', William, of Toynton, juror, 206

Brackenborough, Brakeberga, co. Linc., Jordan of, witn., 85

Bradewell'. *See* Bradwell

Bradley, Braidel', co. Linc., dean of. *See* William

Bradwell, Bradewell'. co. Buck., priory, prior of, 71, 75

Braidel'. *See* Bradley

Brailsford, family of, 9

Brakeberga. *See* Brackenborough

Brakhall', John, obit of, 186

Brampton, Adam of, obit of, 185

Brampton, Bramton, co. Hunt. :
> church of, preb. of Lincoln, 80–2, 335. *See also* Hayles ; Pollard
> Harthay in, *q.v.*

Brampton [in Torksey], co. Linc. :
> Richard the forester of, witn., 295

Brand, Robert son of, *s.v.* Margaret

Brand, Walter, citizen of Lincoln, witn., 111

Branston, co. Linc., Mere in, *q.v.*

Branteston. *See* Braunston

Bratoft, Braytoft', co. Linc., Hugh of, juror, 206

Chaumberlayn. *See* Chamberlain
Chauncy, Caunci, Chanci, Chancy :
Jocelin de, witn., 85
Simon de, 18 ; witn., 85, 319
——, father of, 18
Chause :
Robert, bishop of Carlisle, 125
——, seal of, 126
Chavencurt, Chauincurt' :
Nicholas de, 212–14 (2)–15, 217
Sybil de, 212–14 (2)
Chedneto, de. *See* Chesney
Chenildewrda. *See* Kenilworth
Chesham, Cestresham, co. Buck., church
of, 13, 14
Chesney, de Chedneto, Chesn', de Kaesneto, Robert, bishop of Lincoln,
12, 309, 330 ; witn., 14, 20, 275
bestows preb. of Canwick on St
Katharine's priory, 39–41
charters addressed to, 2, 11, 17 (2)
composition about jurisdiction, 11–
13
fee of, 6, 33
grants by, 21–2, 24, 26, 28, 32–4,
38, 41–2, 308
grant to, 1, 19 (2), 335
grant of Old Temple to, 15–16
grant made in his presence, 20
houses and butlery of, at Lincoln,
34–5
steward of. *See* Amundavill
Chesney :
Nicholas, witn., 241
Oliver, parson of Bottesford, 215–
16, 218 (2)–19 ; canon of Lincoln,
witn., 52, 57–8, 287 ; clerk, witn.,
307
Chester, de Cestria, co. Chester :
bishop of. *See* Clinton
constable of. *See* John ; Lacy
earl of, 212. *See also* Gernon
John of, servant of bishop Hugh
of Wells, witn., 289
See also Cestria
Chesterfield, Cestrefeld, co. Derby :
church of, 7–9, 335
parson of, 8–9
See also Hasland ; Tapton
Chevermunt, Cheuermunt, Cheuermund,
Cheuremunt, Keuermund, Keuermunt, Peter de, witn., 311–12 ;
canon of Lincoln (Decem Librarum
preb.), 43 ; witn., 80, 82, 218,
307
Chichester, Cicestria, co. Sussex :
bishop of. *See* Hilary ; Nevill ;
Poor, le
Henry of, obit of, 185
master Stephen of, canon of Lincoln,
witn., 43, 54–5, 60, 63, 82, 218,
287
Chicksands, Chikesand', co. Bedf. :
church of, 25, 31
priory, 25, 31

Child, Ralf, 27
Chima. *See* Kyme
Choventrensis. *See* Coventry
Christian, her son. *See* Adam
Cicestria. *See* Chichester
Cimitarius. *See* Sexton
Ciseio, Ralf de, laic, witn., 308
Clark, ... , citizen of Lincoln, 135–6
Clement abbot of York, witn., 12
Clement :
Vincent, canon of Lincoln (Welton
Ryval preb.), 191
William, canon of Lincoln, witn., 33 ;
prior of Elsham, 44
Clerk, Gilbert le, coroner, 196, 198
Clerk, the. *See* Alexander ; Charles ;
Eustace ; Gilbert ; Henry ;
Hervey ; John ; Peter ; Richard ;
Robert ; Roger ; Stephen ;
Thomas ; William
Clifton, Clyfton', co. Westm., church of,
277
Clinton, Roger de, bishop of Chester, 7–8
Clyfton'. *See* Clifton
Cnai. *See* Knaith
Cnigtetuna. *See* Knighton
Cnossenton'. *See* Knossington
Cobbe. *See* Wood Newton
Cockerington, North, Cokeringtun', co.
Linc., church of, 25, 30
Cockerington, South, co. Linc., church
of, 25, 30
Cocus. *See* Cook
Codex, Robert, witn., 29
Codington, Codinton', Cotington, Cotin-
ton', Peter of, servant of bishop
Hugh of Wells, 71 ; witn., 65,
214, 289
Coggepol. *See* Cople
Cokeringtun'. *See* Cockerington, North
Cole, John, of Beltoft, witn., 227
Coleby, [in West Halton, co. Linc.],
William of, knt, witn., 219,
221
Colegrim, his demesne in Stoke, 20
Coleville, Koleuill' :
Henry de, [knight of bishop Hugh of
Wells], witn., 35–6, 85, 311–12
Maud de, wife of Richard Salvein,
37
William de, 334 ; witn., 5
Colonna, Columpna, Columpnia :
John de, cardinal deacon of St
Angelo, 255
Peter de, cardinal deacon of St
Angelo, 254
——, rector of Langford, canon of
Lincoln (Langford Ecclesia preb.)
41–2 ; obit of, 185
Columban, Geoffrey, 319 (2), and his
son, 319
Columpna, Columpnia. *See* Colonna
Conisholme, Kuningholm', co. Linc.,
Walter of, rector of Raithby by
Louth, witn., 114–16

Constable, the:
Hugh, of bishop Alexander, witn., 17
William, of bishop Alexander, 253 (2)–4
nepos of. *See* Poitou
Hugh son of, witn., 254
Robert son of, canon of Lincoln (Carlton cum Thurlby preb.), 254
Constanciensis, Constanciis, de. *See* Coutances
Cook, Cocus, the. *See* Hugh; Richard; Robert
Copland', William de, 59
Cople, Coggepol, co. Bedf., church of, 25, 31
Corbridge, co. Northumb. *See* Corbrig'.
Corbrig', Thomas de, canon of Lincoln, witn., 255
Coringham. *See* Corringham.
Cornwall, Cornuwalensis, co. Cornw.:
master John of, witn., 34
Richard of, canon of Lincoln, 61
——, rector of Frodingham, 261–2
Corringham, Coringham, co. Linc.:
church of, burning of, 18
preb. of Lincoln, 331–2 (2)
Somerby; Yawthorpe in, *q.v.*
Henry the clerk of, witn., 332
Cotele, Kotele:
Elias, 72
Richard, witn., 35–6
——, knight of the bishop of Bath, 70, 75
——, ——, daus. of, 75
Cotes. *See* Keal Cotes
Cotington, Cotinton'. *See* Codington
Cotty, Henry, citizen of Lincoln, witn., 111
Coutances, Constanciensis, de Constanciis, [Manche, France]:
bishop of. *See* Hugh
Robert of, witn., 192
Walter of, bishop of Lincoln, grant by, 33
Covenham St Bartholomew, co. Linc., Cawthorpe in, *q.v.*
Coventry, Choventrensis, co. Warw.:
charter dated at, 125–6, 156–7, 181, 183
priory, prior of. *See* Henry; W.
——, prior and convent of, 140, 156, 158, 181–3
Walter of, witn., 214
Coventry and Lichfield, bishop of, 123. *See also* Longespée; Peche, de
Crachal'. *See* Crakall'.
Crakall', Crachal', Crakehal', John de, clerk of bishop Hugh of Wells, 74; witn., 65; canon of Lincoln, 88; witn., 324; seneschal of bishop Robert Grosseteste, witn., 315–17, 321
Crakehal'. *See* Crakall'

Crane, Richard, of Bleasby, 195, 197
Cranwell, Cranewell, co. Linc., church of, 45
Crawenhou, William de, vicar of Slawston, 104
Creissy. *See* Crescy
Cresci, Creissy, Cressy, William de, justice itinerant, 194, 258; witn., 214
Cressy. *See* Cresci
Croce, Robert, 331
Crombwell'. *See* Cromwell
Cromwell, Crombwell', co. Nott.:
fee of bishop Hugh of Wells in manor of, 70–1
Ralf of, witn., 85
Crosby, Crosseby, co. Linc., Geoffrey of, witn., 245
Crosholme [in Bishop Norton], Crosholme, Crossolme, co. Linc., 324
John of, witn., 242, 325, 327
William of, witn., 319
William son of Hugh of, seal of, 327
Crosseby. *See* Crosby
Crossolme. *See* Crosholme
Crowle, Crul, Crull', co. Linc., church of, 119, 164–5
Crul, Crull'. *See* Crowle
Cumber, William le, 34, 36
Cumberworth, co. Linc., Thomas of, witn., 191
Cunning, Ralf, Robert son of, 109–10
Curru, de. *See* Chariot
Cusyn, Gilbert, witn., 85
Cutler, Michael the, of Lincoln, witn., 167

Dagun, Geoffrey, 279
Daired, his neighbour. *See* Erneis
Dalby, Dalgb', co. Linc.:
church of, 241 (2)–2
Richard of, witn., 229–30
Dalderby, John, bishop of Lincoln, 241; chancellor of Lincoln, witn., 306
commendation by, 233
grants, etc., by, 147, 224–5, 306
groom of. *See* Bridgford, Geoffrey of
indulgence granted by, 131–2
obit of, 185
ordination of vicarage by, 235–6
tomb of, 134
Dalgb'. *See* Dalby
Dalton', Peter de, canon of Lincoln (Welton Ryval preb.), 179
Dammesone, John, 192
Damysell', William, of Keal, juror, 206
Dapifer. *See* Walter
Darcy, de Arescy, Darci, Hervey, witn., 85, 213
Daubeny. *See* Aubigny, de
Daues, Thomas, of Horsington, juror, 208
Dautre, Philip, witn., 159

Gwiomar, his son. *See* Roger
Gwiot son of Roger, 217
Gyrun, Robert, of Slawston, 104

Habfede, his son. *See* Adam; Herbert
Hacam. *See* Hough on the Hill
Hackthorn, Hackethorn', Hakethorn',
  Haketorn', co. Linc.:
  church of, 25 (2), 28–9
  rector of. *See* Geoffrey
  Geoffrey of, vicar choral, witn., 62
  William of, 243
Hacon, 331
  his son. *See* John; Roger
Hage, Robert de, of Belchford, juror, 203
Hagham. *See* Hougham
Hagnes. *See* Haynes
Hagworthingham, co. Linc., 207–8, 210–
  11
  William of, son of. *See* Stainsby,
    Nicholas of
Haia, Haye:
  Nichola de la, castellan of Lincoln
    castle, letters of protection granted
    by, 23–4
  William de la, 307
Haimo, Hamon:
  chancellor of Lincoln, witn., 14, 20,
    38, 310 (2)
  dean of Lincoln, 39–40, 276–7, 281;
    witn., 26 (2)–7, 29–30 (2)–1 (2)–2,
    40, 276, 278
  his son. *See* Gilbert
Hakethorn' Haketorn'. *See* Hackthorn
Hakett'. *See* Utterby
Hal', Simon de, witn., 35–6
Haldingham. *See* Holdingham
Haldmog', Roger, witn., 270
Haltebarg'. *See* Alkborough
Halton Holegate, Halton', co. Linc.,
  Thomas of, juror, 203
Halton, West, co. Linc., Coleby in, *q.v.*
Halton, John, bishop of Carlisle, 133
Haltona, Walter de, witn., 2
Hambleton, Hameldon, Hameledon',
  Hamesdon', co. Rutl.:
  church of, 53–4, 76–9
  ——, rector of. *See* St John
Hamby [in Welton le Marsh], co. Linc.,
  John of, witn., 85
Hameldon. *See* Hambleton
Hamelin, dean of Lincoln, witn., 30
Hameringham, co. Linc., church of, 25,
  29
Hamesdon'. *See* Hambleton
Hamilton, William de, *alias* of Langton,
  q.v.
Hammes, William de, precentor of Wells,
  witn., 52, 57, 287
Hamon. *See* Haimo
Hampton, Hamtona, Hancton':
  Nicholas of, canon of Lincoln, witn.,
    38

Hampton—*cont.*
  William of, canon of Lincoln, **witn.**,
    99, 114–16
  ——, obit of, 185
Hancton'. *See* Hampton
Handesacre, sir Robert de, witn., 291
Hankin of the Bakery, *q.v.*
Harald son of Humphrey, witn., 85;
  knt, witn., 285
Harcourt, Harecourt, Harewecurt:
  Ivo de, witn., 5
  Philip de, dean of Lincoln, 8–9,
    254; witn., 254
Hardres:
  master Robert de, canon of Lincoln,
    witn., 29–30; archdeacon of
    Huntingdon, witn., 26–7, 31, **330**
  Thomas de, witn., 270 (2)
Hareby, co. Linc., 201–2
  Alan of, witn., 193
  Henry the clerk of, witn., 193
  Hugh of, juror, 206
Harecourt. *See* Harcourt
Hareward, master Robert, canon of
  Lincoln (Scamblesby and **Melton**
  preb.), 282
Harewecurt. *See* Harcourt
Harington'. *See* Harrington
Harowald'. *See* Harrold
Harrington, Harington', Haryngton', co.
  Linc.:
  John of, canon of Lincoln, witn.,
    318 (2); obit of, 186
  Richard of, knt, witn., 114
Harrold, Harowald', co. Bedf., **priory,**
  prior of, witn., 39
Harthay [in Brampton], Herteya, Hert-
  hey, co. Hunt., 80–1
  bishop's wood of, 79–80
  chapel or chantry at, 80–2
Haselont. *See* Hasland
Hasgreby. *See* Asgarby [by Spilsby]
Hasland [in Chesterfield], Haselont, co.
  Derby, 7–8
Hatheradebi. *See* Atterby
Hauel, William de, prior of the hospital
  of St John of Jerusalem in Eng-
  land, 221
Haueton. *See* Aueton
Haukesey, William, 331
Hauteb'. *See* Alkborough
Hautein, Theobald, witn., 214
Hauuyle. *See* Hauvill
Hauvill, Hauuyle:
  Gilbert de, 89
  Walter de, witn., 150
Havercroft [in Gainsborough], **Hauer-**
  crofte, co. Linc., 266, 272–3
  Gilbert of, witn., 266–7
Haverholme, co. Linc.:
  priory, 46
  ——, charter dated at, 163
  ——, prior and convent of, 141,
    162 (2)–4, 179–80. *See also*
    Martin

Hugh—*cont.*

son of Henry. *See* Wayte
son of Herbert. *See* Stow St Mary
son of John. *See* Stow St Mary
son of Julian. *See* Stow St Mary
son of Ralf. *See* Hurt
son of Robert. *See* Friesthorpe ; Hurt
son of Swynild. *See* Nettleham
son of Sybil. *See* Nettleham
son of Thomas, 243–4. *See also* Makerel
son of William. *See* Constable, William the
son of Wlfou, 331
vicar of Ashby Puerorum, 143
See also Asgarby [by Spilsby]
his son. *See* Gilbert ; Henry ; John ; Robert ; Walter ; William
Humberstone, Humberstain, co. Linc., abbey, abbot of, 71, 75
Humet, Richard de, baron, witn., 13
Humfrar, his son. *See* Simon
Humphrey, Fredus, Vmfrey :
canon of Lincoln (Newport and Dunham preb.), 21
subdean of Lincoln, witn., 14, 20, 38, 192–3, 254 ; precentor of Lincoln, witn., 192
his son. *See* Harald
Hund', Richard, 159
Hundington', Robert de, ' baron,' witn., 272
Hungary, Hungeria, master Peter of, canon of Lincoln, witn., 43, 56, 60, 63, 80, 82, 218, 330
Huntedon'. *See* Huntingdon
Hunter, venator. *See* Walter
Huntingdon, Huntendun, co. Hunt. :
archdeacon of, 155. *See also*
Gilbert
Hardres, Robert de
Hayles, Robert
Huntingdon, Henry of
Wotton, Walter de
priory, prior of, 71, 75
Henry of, archdeacon of Huntingdon, witn., 14, 38, 254
Huntingdon, Huntedon', [earl of], fee of, 104
Hurt :
Ralf, Hugh son of, of Burton, witn., 295
Robert, Hugh son of, witn., 295
Husey, Hesey, master Hubert, canon of Lincoln, witn., 52, 57
Huwell'. *See* Howell
Hvinesbi. *See* Owmby by Spital
Hyckenildestrete. *See* Carlton, North
Hyde, Hida, co. Hants, abbey, abbot of, 91
Hylbert. *See* Ilbert

Idona wife of the smith. *See* Ralf

Iffley, Yftelee, co. Oxford, advowson of the church of, 308
Igmund. *See* Higemund'
Ilbert, Hylbert, Ilebert, canon of Lincoln, 22 ; witn., 38, 192, 310 ; house of, 22
Imynghawe, Adam de, of Belton, witn., 227
Ingelby. *See* Engelby
Ingeram abbot of Barlings, 249
Ingerard. *See* Bovington
Ingham, Ingeham', co. Linc. :
charter dated at, 241–2
church of, 24–5, 28–9
W[illiam] of, canon of Lincoln, witn., 96, 324 ; obit of, 185
Ingham. *See* Hengham
Ingoldmell, William de, rector of Great Carlton, 68
Ingoldmells, Ingoldemeles, co. Linc., master Peter of, rector of Owmby by Spital, witn., 159
Innocent III, pope, 41–2 (2)
Innocent IV, pope, 50–1
bulls of, 46–50, 90–4
Insula :
Brian de, 311
Richard de, witn., 211
Robert de, witn., 26
Roger de, chancellor of Lincoln, witn., 80, 288
William de, justice itinerant, 333
Ioletorp, Iolthorp, Ioltorp. *See* Yawthorpe
Irby in the Marsh, Irby iuxta Braitoft, co. Linc. :
appropriation of church of, 186–91
charter dated at, 191
Isabel, Queen, chantry for. *See* LINCOLN (9)
Ispania, Richard de, 72
Ivo :
son of Ulf, 309–10
his son. *See* Adam

J. :
cardinal priest of St Lorenzo in Lucina, 92
official of archdeacon of Worcester, 46–7
prior of Shouldham, witn., 330
James, Jacoby :
son of Geoffrey, 324
his son. *See* Bartholomew
Jarewell'. *See* Yarwell
Joan prioress of Legbourne, 115
Jocelin :
nepos of. *See* Robert
[of Sempringham], Agnes dau. of, 26
——, ——, son of. *See* Musteil
——, Roger son of, 26
treasurer of Lincoln, witn., 330
his son. *See* Gilbert
Cp. Gocelin

Ludham—*cont.*
    Walter de, 296
    ——, knt., witn., 297–8, 300 (2)–1
Lugd', Lugdun'. *See* Lyons
Luitonia. *See* Luton
Lumbard, Richard, witn., 266–7
Lund, Lunda :
    Geoffrey de, witn., 161
    Hugh de, witn., 34
    Jocelin, Gilbert son of, witn., 14–15
    Peter de, witn., 221
    Stephen de, witn., 221
    Thomas de, witn., 159
    Walter de, witn., 268
Lupus, William, 72
Lusby, Lucebi, Lusceby, co. Linc., 206
    Alan *nepos* of Peter of, witn., 193
    Boydin of, witn., 193
    John of, juror, 203
    Thomas son of Albrea of, witn., 193
    Turkill son of Ralf of, 193
Lusceby. *See* Lusby
Luscy. *See* Luci
Luton, Luitonia, co. Bedf., church of,
    13–14
Lyddington, Lidinton', Lydington', co.
    Rutl., 89
    charter dated at, 224–6
Lydington'. *See* Lyddington
Lyndeseye. *See* Lindsey
Lynwode. *See* Linwood
Lyons, Lugd', Lugdun', [Rhone, France] :
    bull dated at, 91
    council of, 223, 233

Mablethorpe, Malbertorp', co. Linc.,
    Gilbert of, canon of Lincoln,
    witn., 42
Magdalena, Guthred de, witn., 316–17,
    322
Maidstone, Maidenston', Maydenstane,
    [co. Kent] :
    master John of, canon of Lincoln,
    witn., 158 ; archdeacon of Bed-
    ford, 159–60 (2) ; obit of, 168
    Walter of, canon of Lincoln, witn.,
    318 ; subdean of Lincoln, 178,
    317–18
Maihnil, Reginald de, witn., 264
Maisei, Helias de, witn., 254
Makerel :
    Hugh [of Middle Carlton], 246–8,
    252 (2) ; witn., 243–5 (2)–8, 252–3
    Thomas, witn., 251
    ——, Hugh son of, witn., 251
Malbertorp'. *See* Mablethorpe
Malclerc. *See* Mauclerc
Malebis, Malebissa :
    Alan, of [Mavis] Enderby, witn.,
    161
    Alexander, witn., 192
Malger, master. *See* Newark on Trent

Malherbe, Malerb' :
    Roger, witn., 90
    Thomas, witn., 90
    ——, of Louth, subdeacon, rector
    of Bottesford, 222–3 (2)
    Walter, burgess of Louth, witn.,
    85, 283, 285, 287
Mallore, Malorre, Peter, justice itinerant,
    234–5
Malmesbury, co. Wilts, abbey, abbot
    of. *See* Gregory
Malorre. *See* Mallore
Malton, co. York, N.R. :
    priory, 25, 31
    ——, prior and convent of, 140,
    154–6
Mammesfeld'. *See* Mansfield
Manby [? in Broughton by Brigg],
    Manneby, [co. Linc.], Alice of,
    widow of Alexander, 271
Mandeuill'. *See* Amundavill
Mannecestre, Manecestria, master Robert
    de, canon of Lincoln, witn., 274,
    330 ; archdeacon of Northampton,
    witn., 288
Mansel. *See* Maunsell
Mansfield, co. Nott., church of, 335
Mansfield, Mammesfeld', Henry, dean of
    Lincoln, 140, 175–6, 282
Mape, Walter, witn., 34 ; archdeacon of
    Oxford, witn., 330
Mareham [on the Hill], Maringes, co.
    Linc., church of, 274
    chaplain in. *See* Reginald
    clerk in. *See* John
Mareham Lane, the Roman road, 33
Marescallus. *See* Marshall
Mareseya, master Hugh de, canon of
    Lincoln, witn., 52, 57
Margaret dau. of Robert son of Brand,
    216
Margery :
    dau. of Wigot. *See* Cam
    her dau. *See* Maud
Marin', Hugh de, archdeacon, witn., 14
Maringes. *See* Mareham [on the Hill]
Marinis, W. de, rector of Somerby by
    Grantham, 334
Mariota dau. of Hugh the miller. *See*
    Hibaldstow
Mariscus [*unidentified*], charter dated at,
    126
Markby, Markeby, co. Linc., priory,
    prior of, 71, 75
Marmiun :
    John de, lord of Winteringham,
    knt., witn., 229–30
    Robert, fee of, 18
Marsh, de Marisco :
    master Robert, canon of Lincoln,
    official of bishop Robert Gros-
    seteste, 88 ; dean of Lincoln, 118
    ——, obit of, 186
Marshall, *Marescallus* :
    Gilbert, rector of Oakham, 77–79

Newcomen, Newecumen, Lambert le, 324 (2)

Neweit, Robert de, 331

Newerca, Newerck'. *See* Newark on Trent

Newmarch, de Novo Mercato :
  Adam of, justice itinerant, 194, 258 ; witn., 214
  William of, man of the earl of Leicester, witn., 17

Newstead on Ancholme [in Cadney], Neusted', de Nouo Loco, co. Linc. : priory, prior of, 145. *See also* Simon
——, prior and convent of, 158

Newton, Neuton', William of, witn., 214

Newton on Trent, co. Linc., church of, 330–1

Newton, Wood. *See* Wood Newton

Nicholas :
  abbot of Eynsham, 72
  bishop of Tusculum, papal legate, 63
  son of Gervase, witn., 14
  son of William. *See* Stainsby
  his son. *See* John ; Ralf ; William

Nieuwerch. *See* Newark on Trent

Nigel :
  bishop of Ely, 12 ; witn., 12, 16
  the forester, witn., 265, 268–70

Niger. *See* Black

Nocton, Noket', co. Linc., dean of. *See* Robert

Nocton Park, Noketon', co. Linc. :
  priory, 203
  ——, prior of, 71, 75

Noket'. *See* Nocton

Norfolk, earl of. *See* Bigod

Norhampton, Norhanton. *See* Northampton

Norholme. *See* Northolme

Norhtona, Norhttona. *See* Norton, Bishop

Normanby, William of, knt, witn., 219

Normandy, lands in, 262

Normanton, sir Hugh of, witn., 297–8, 300 (2)

North . . . . , Robert de, of Boling-broke, witn., 201

Northampton, Norhampton, Norhanton, co. North'ton :
  abbey of St James without, abbot and convent of, 141, 156. *See also* John
  archdeacon of. *See*
    Houton, John of
    Mannecestre, Robert de
    St Clere, William de
    Winemer
  archidiaconal synod at, 4
  charter dated at, 156, 311
  countess of. *See* Ghent, Alice of
  earl of. *See* St Liz
  meadow called Fordales, 1, 19

Northcotes, William de, of Hemingby, juror, 208

Northgard', Walter de, son of Hugh of Beltoft, witn., 332

Northkelles'. *See* Kelsey, North

Northolme, Norholme, Stephen de, 273 ; witn., 273

Northon'. *See* Norton, Bishop

Northorpe, Richard de, witn., 175

Northton'. *See* Norton, Bishop

Northwod'. Thomas de, treasurer of Lincoln, witn., 318

Nortkarleton'. *See* Carlton, North

Norton :
  Miles of, witn., 310
  Thomas of, canon of Lincoln, witn., 55, 63

Norton, Bishop, Norhtona, Norhttona, Northon', Northton', co. Linc., 319 (2)–24 (2)–5 (2)–7 (3)–31
  church of St Peter of, 325–6 (2)
  ——, rector of. *See* Hemingborough
  places in, 323
  Atterby ; Crosholme in, *q.v.*
  Philip of, witn., 321
  ——, James brother of, witn., 321
  Ralf son of Roger of, 321, 324–5
  ——, Lettice wife of, 321
  ——, Roger father of, 321
  Roger le Despenser in, witn., 327
  Walter at the church of, witn., 327
  Walter son of William of, 323–4
  ——, seal of, 324
  Walter son of Leticia of, 328 ; witn., 327
  William son of Leticia of, 328–9 ; witn., 327

Norton Disney, Nortun', co. Linc., 329–31
  church of, 329–30 (2)–1 (2)

Nortun'. *See* Norton Disney

Norwich, de Norwico, co. Norf. :
  diocese of, 47
    bishop of, 123. *See also* Skerning ; Turbe
  Ralf of, justice itinerant, witn., 83
  Vincent of, witn., 46

Notehal', Stephen de, chaplain, witn., 291–2

Nouilla. *See* Nevill

Nouo Castro, de. *See* Newcastle

Nouo Loco, de. *See* Newstead on Ancholme

Novo Mercato, de. *See* Newmarch

Nuefuilla. *See* Nevill

Nunburnholme, Brunnum, co. York, E.R. :
  church of, 277–8
  Thorpe le Street in, *q.v.*

Nunceto, Richard de, monk of St Evroult, witn., 308

Nutel'. *See* Nutley

Nuthall. *Cp.* Notehal'

Nutley, Nutel', co. Buck., abbey, abbot of, 71, 75

Walter—*cont.*
　Juuenis, laic, witn., 308
　prior of Caldwell, 120
　rector of Great Carlton, 95
　son of Berewald', Alice wife of, 217
　son of Hugh. *See* Misterton ; North-
　　gard'
　son of Leticia. *See* Norton, Bishop
　son of Rannulf, 216
　son of Rener. *See* Kexby
　son of Robert, 173–4
　——, of Harthay, 79–80 (2)–1
　son of William. *See* Norton, Bishop
　See also Asgarby [by Spilsby]
　his son. *See* Gilbert ; Richard ;
　　Robert ; Roger ; Simon ; Thomas ;
　　William
Waltham :
　John of, witn., 46
　Nicholas of, rector of the fourth
　　part of the church of Hibaldstow,
　　159–60 (3)–1
Waravill', master Ralf de, canon of
　　Lincoln, 71, 73–4 ; witn., 35–6,
　　56, 60, 63, 65, 218, 283 ; probably
　　chapter clerk, 43
Wardale, William, vicar of Hibaldstow,
　　191
Warde, William, of Langton, juror, 208
Warewyc', Jordan de, clerk of St-Evroult,
　　witn., 307
Warin :
　chaplain of bishop Hugh of Wells, 74
　his son. *See* William
Warkworth, co. North'ton, 335
Warner, Warener :
　. . . . . . , witn., 201
　Adam le, of Bolingbroke, parishioner
　　of Asgarby, 199–201
　John le, of Belton, witn., 227
　Robert, of East Kirkby, juror, 206
　Cp. Gwarner
Warsop, Warsopp', [co. Nott.], John of,
　　canon of Lincoln (Louth preb.),
　　master of the choristers, 179, 190
Warter, Wartre, Wartria, co. York,
　　E.R., 277, 279
　priory of St James, 276–7
　　'abbot' of. *See* Richard
　　chapter of, 275–6 (3)–7 (2)–8 (2),
　　　281
　　charter dated at, 282–3
　　prior of, 46, 90–1
　　prior and convent of, 280–2 (2)
　　muniments of, 276–7, 281
　mills of, 279
　Westbeck near, 279
　Westris near, 279
Warwick, Warwyc', co. Warw. :
　earl of. *See* Beauchamp
　Cp. Warewyc'
Wascelin, William, witn., 265
Wassingburn', Wassingburg', master
　　Robert de, canon of Lincoln,
　　witn., 82, 218

Watamest', Alfred de, witn., 15
Wathamstede. *See* Wheathampstead
Watsand, Alan de, justice itinerant, 112
Waucre. *See* Walkerith
Wayte, Wayt :
　Henry, of Marton, Hugh son of, 293
　Hugh le, of Marton, 290, 292
　——, Alexandra wife of, 293–4
　Simon le, witn., 172
Wburn'. *See* Woburn
Welbourn, Welburn', [co. Linc.], John
　　of, canon of Lincoln (Asgarby
　　preb.), 190, 204–6
Well, Welle, co. Linc., Robert of, knt,
　　witn., 114
Wellesbourne, Welleburn, co. Warw.,
　　charter dated at, 130–1
Wells, co. Somerset :
　archdeacon of. *See* Bardney
　bishop of. *See* Bath
　hospital of St John the Baptist,
　　70–5
　precentor of. *See* Hammes
　relations of bishop Hugh of Wells
　　at, 72
　master Hugh of, canon of Lincoln,
　　witn., 43
　Ivo of, witn., 37
　Jocelin of, bishop of Bath, brother
　　of bishop Hugh of Wells, 70–5 ;
　　witn., 52, 57, 69, 287
　Robert of, cook of William de
　　Thornaco, dean of Lincoln, 72
　master Walter of, canon of Lincoln,
　　witn., 56, 60, 63, 218
　William of, knt, witn., 287
Wells, Hugh of, bishop of Lincoln, 44–5,
　　50–86 *passim*, 95, 213, 284–6,
　　308 (2), 310–11, 330–3 ; justice
　　itinerant, 194, 258
　　altar near tomb of, 70, 72
　　brother of. *See* Wells, Jocelin of
　　butler or cellarer of. *See*
　　　LINCOLN (5) ; Richard
　　chamberlain of. *See* Stow, Her-
　　　bert of
　　chantry of, at altar of St Hugh,
　　　54, 56–60
　　chaplain of. *See* Gilbert ;
　　　Richard ; Robert ; Warin
　　clerk of. *See* Burg ; Burgo, de ;
　　　Crakall' ; Newark, Malger of
　　confirmation of prior by, 44
　　fee of, 37, 70–1, 82–5 (2)–6
　　grants, letters, etc., by, 43,
　　　50–1 (2)–65, 79–86, 91, 215,
　　　287, 310, 312
　　grants, letters, etc., to, 34–5,
　　　37, 68–9, 75, 260, 307, 320–1
　　houses at Lincoln, keeper of.
　　　See Robert the clerk
　　knights of, 85. *See also* Amund-
　　　avill ; Coleville ; Nevill
　　letter of indulgence to his
　　　clergy, 86

INDEX OF COUNTIES AND COUNTRIES

BEDFORDSHIRE

Astwick	Dunstable	Houghton Regis
Bedford	Elstow	Keysoe
Biggleswade	Flitwick	Luton
Caldwell	Harrold	Melchbourne
Chicksands	Haynes	Stotfold
Cople		

BUCKINGHAMSHIRE

Aylesbury	Fingest	Nutley
Bradwell	Hillesdon	Quarrendon
Buckingham	Linslade	Wendover
Chesham	Missenden	Woburn

CAMBRIDGESHIRE

Cambridge	Ely	Wisbech

CHESHIRE

Chester

CORNWALL

Cornwall

CUMBERLAND

Carlisle

DERBYSHIRE

Ashbourne	Derby	Tapton
Bolsover	Hasland	Wingerworth
Chesterfield	Repton	

DEVONSHIRE

Exeter

DORSETSHIRE

Kingston Lacy

DURHAM

Bishop Auckland   Durham

GLOUCESTERSHIRE

Bristol	Lechlade	Winchcombe
Gloucester		

HAMPSHIRE

Hyde	Ringwood	Winchester

HEREFORDSHIRE
Hereford

HERTFORDSHIRE
St Albans

Walden, King's

Wheathampstead

HUNTINGDONSHIRE
Brampton
Buckden
Harthay
Huntingdon

Leighton Bromswold
Paxton
Ramsey
St Neots

Sale
Sawtrey
Stilton
Thurning

KENT
Canterbury

Maidstone

Rochester

LEICESTERSHIRE
Asfordby
Belvoir
Garendon
Gumley
Knighton
Knossington

Laund
Leicester
Melton Mowbray
Owston
Packington

Prestwold
Scraptoft
Sheepey
Slawston
Thrussington

LINCOLNSHIRE
Aby
Alford
Alkborough
Althorpe
Alvingham
Ancaster
Anwick
Appleby
Asgarby [by Sleaford]
Asgarby [by Spilsby]
Ashby [in Bottesford]
Ashby de la Launde
Ashby Puerorum
Ashby, [West]
Asterby
Atterby
Bardney
Barlings
Barton on Humber
Bassingham
Baumber
Beckering
Beesby
Belchford
Beltoft
Belton
Belton in the Isle of Axholme
Benniworth
Billingborough
Billinghay
Birthorpe
Bleasby
Blyton
Bolingbroke
Bottesford

Boughton
Boultham
Bourne
Brackenborough
Bradley
Brampton
Branston
Bratoft
Brattleby
Brinkhill
Broughton by Brigg
Brumby
Bullington
Burgh le Marsh
Burringham
Burton, Gate
Burton by Lincoln
Burton on Stather
Buslingthorpe
Butterwick
Butterwick, [East and West]
Bytham, Castle
Cadeby
Cadeby, South
Cadney
Cadwell
Calcethorpe
Calkwell
Canwick
Carlton
Carlton, Great
Carlton, Middle
Carlton, North
Carlton, South
Castlethorpe

Catley
Cawthorpe
Cawthorpe, Little
Cockerington, North
Cockerington, South
Coleby
Conisholme
Corringham
Covenham St Bartholomew
Cranwell
Crosby
Crosholme
Crowle
Cumberworth
Dalby
Deeping
Dunholme
Dunsby [near Bourne]
Edlington
Elkington, South
Elsham
Enderby, Bag
Enderby, Mavis
Enderby, Wood
Epworth
Faldingworth
Ferriby
Fillingham
Firsby
Fiskerton
Foston
Fotherby
Friesthorpe
Friskney
Frodingham

SUSSEX

Arundel
Boxgrove

Chichester

Lewes

WARWICKSHIRE

Coventry
Kenilworth

Sowe
Warwick

Wellesbourne

WESTMORELAND

Askham

Clifton

WILTSHIRE

Lacock

Malmesbury

Salisbury

WORCESTERSHIRE

Evesham

Pershore

Worcester

YORKSHIRE

Beverley
Bolton
Cawood
Hemingborough
Lockington
Malton
Nunburnholme

Richmond
Scarborough
Seaton Ross
Selby
Sproatley
Storthwaite

Thornton near Pockling-
ton
Thorpe le Street
Warter
Wilberfoss
York

SCOTLAND

Dunkeld, co. Perth
Galloway

Glasgow, co. Lanark
Moray

Orkney
Stirling, co. Stirling

WALES

Llandaff, co. Glamorgan

Llanfaes, co. Anglesey

FRANCE

Angers, Maine-et-
Loire
Aubigny, Pas-de-Calais
Aumale, Seine-Inférieure
Avallon, Yonne
Avignon, Vaucluse

Bayeux, Calvados
Coutances, Manche
Lessay, Manche
Lyons, Rhone
Normandy

Paris, Seine
Poitiers, Vienne
Poitou
St-Evroult, Orne
St-Omer, Pas-de-Calais

ITALY

Perugia

Rome

Tusculum

MISCELLANEOUS

Holy Land, The

Hungary

Spain

UNIDENTIFIED

Bercton

Brimintona

Mariscus

INDEX OF SUBJECTS